国家社会科学基金重点项目

# Mediation in Comparative Perspective

# 中国与世界

徐 昕○主 编

黄艳好○执行主编

中国政法大学出版社

2013·北京

图书在版编目（ＣＩＰ）数据

调解：中国与世界 / 徐昕主编. -- 北京 ：中国政法大学出版社，2013.6
ISBN 978-7-5620-4861-9

Ⅰ．①调… Ⅱ．①徐… Ⅲ．①调解（诉讼法）－司法制度－研究－中国 Ⅳ．①
D925.04

中国版本图书馆CIP数据核字(2013)第141381号

------------------------------------------------------------------------------------------------------------------

书　　　名　　调解: 中国与世界 TIAOJIE: ZHONGGUO YU SHIJIE
出版发行　　中国政法大学出版社(北京市海淀区西土城路 25 号)
　　　　　　北京 100088 信箱 8034 分箱　　邮政编码 100088
　　　　　　邮箱 zhengfadch@126.com
　　　　　　http://www.cuplpress.com（网络实名：中国政法大学出版社）
　　　　　　(010) 58908586(编辑室) 58908285(总编室) 58908334(邮购部)
承　　印　　固安华明印刷厂
规　　格　　720mm×960mm　　16 开本　　28.75 印张　　470 千字
版　　本　　2013 年 8 月第 1 版　　2013 年 8 月第 1 次印刷
书　　号　　ISBN 978-7-5620-4861-9/D · 4821
定　　价　　69.00 元

# ■作者

| | | |
|---|---|---|
| 前言、第25章 | 徐　昕 | 北京理工大学法学院教授，司法研究所主任 |
| 第1章 | 陈柏峰 | 中南财经政法大学法学院教授 |
| 第2章 | 於兴中 | 美国康奈尔大学法学院教授 |
| 第3章 | 傅华伶 | 香港大学法律学院教授 |
| 第4、21章 | 徐　昀 | 燕山大学文法学院副教授，法学博士 |
| 第5、6章 | 曾令健 | 西南政法大学应用法学院讲师，法学博士 |
| 第7章 | 明克胜 | 美国福特汉姆大学法学院教授 |
| 第8章 | 罗金寿 | 江西师范大学政法学院讲师，法学博士 |
| 第9、12、22章 | 吴　俊 | 清华大学法学院博士研究生 |
| 第10章 | 潘炫明 | 美国哥伦比亚大学访问学者，香港中文大学法学博士 |
| 第11章 | 黄艳好 | 北京理工大学博士研究生，司法研究所研究人员 |
| 第13章 | 周建华 | 北京理工大学法学院讲师，法国蒙彼利埃第一大学法学博士 |
| 第14章 | 程　蕊 | 法国里昂让·穆兰第三大学比较法研究所博士候选人 |
| 第15、18章 | 毋爱斌 | 西南政法大学2010级博士研究生 |
| 第16章 | 张　勤 | 汕头大学法学院副教授，汕头大学地方政府发展研究所兼职研究员 |
| 第17章 | 熊易寒 | 复旦大学国际关系与公共事务学院副教授，政治学博士 |
| 第19章 | 王启梁 | 云南大学法学院教授，博士生导师 |
| | 张熙娴 | 云南省高级人民法院法官 |
| 第20章 | 韩　宝 | 甘肃政法学院民商经济法学院讲师 |
| 第23章 | 田　璐 | 西南政法大学法学院讲师，法学博士 |
| | 吴　俊 | 清华大学法学院博士研究生 |
| | 徐　昕 | 北京理工大学法学院教授，司法研究所主任 |
| 第24章 | 樊　堃 | 香港中文大学法学院助理教授 |

# 前　言

调解是最古老的纠纷解决方式之一。中国传统法律文化向来以"和为贵"、"无讼"、"中庸"为特征，历史上曾经出现官府调解、乡治调解、宗族调解、民间调解等多种形式的调解，自古以来在纠纷解决中调解就发挥着重要作用。而在现代社会，尤其是当下冲突多发的社会转型时期，作为多元化纠纷解决机制中最重要的类型，调解更是焕发出勃勃生机。

但长期以来，调解面临各种问题，存在较多缺陷，影响其功能的充分发挥。以人民调解为例，人民调解的纠纷解决能力急剧下降，人民调解员年均处理民间纠纷不到一件，人民调解委员会受理的纠纷与法院受理一审民事案件的数量比由 1980 年代初的 17∶1 降至目前的 1∶1。纠纷解决能力急剧下降，其最重要的原因就在于，晚清以来，由于革命、建设等基层权力结构的重建和改造，民间调解资源遭受了严重破坏，士绅调解、宗族调解、乡治调解等传统民间调解所依靠的自治性权威结构被摧毁，而作为替代的人民调解并不具备足够的纠纷解决权威。而当前的调解政策是否有效、纠纷解决的公共政策是否合理、不加区分地对待法院调解与法院外调解是否适当、调解与法治的冲突如何平衡等问题，亦值得反思。实际上，近年来国家大力倡导的"大调解"基本停留在理念和口号上，远不能应对纠纷频发并日益呈现的多样化、复杂化、扩大化、激烈化的现实。此外，调解文献的理论性不足，实证研究薄弱，导致现有研究的水准不足，无法适当地回应实践需要。如此种种，皆构成本书的问题意识。

本书力图有所进展。在总结和反思数千年特别是近几十年来中国调解实践的基础上，从法学、政治学、社会人类学、经济学等跨学科视角出发，着力提升调解的理论研究水平，并立足本土资源，借鉴域外经验，为中国调解制度的完善指明方向，从而促进调解发挥更大的作用。全书分为调解的理论框架与历史考察、比较法视野下的调解、调解的中国经验、调解的制度完善四编，共二十五章。

## 第一编　调解的理论框架与历史考察

调解研究的方法论缺陷是调解理论提升的重要障碍。第 1 章是调解的文献综述，但不求面面俱到，而侧重于方法论的反思。陈柏峰在系统梳理社会功能分析、文化解释和权力技术分析三种研究范式的基础上，指出既有研究因材料来源或方法缺陷而缺乏对"作为生活实践的调解"的关注，难以全面理解底层调解实践，进而倡导一种深入底层/村庄调查研究的实证方法。

如何基于中国经验，构建深度的调解理论？本书试图从社会学、人类学、哲学等跨学科视角以及司法改革、审判理论等基础法学理论切入。第 2 章，康奈尔大学法学院於兴中教授从人民调解的"广安经验"如何理论化的问题出发，探讨了学术概念的生成路径以及由概念发展学说的哲学方法。

第 3 章旨在加深对影响法治因素的理解，试图厘清调解在法治发展中的定位。香港大学法律学院傅华伶教授通过梳理司法调解兴起、消退和复兴的演变过程，解释了民事司法改革初期司法调解如何在政治边缘上获得了机遇和空间，分析了推动司法调解向司法判决转变的各项因素，审视了肖扬时代民事司法改革第二个阶段的推动力，以及后肖扬时代民事司法改革停滞甚至部分倒退的原因，由此强调调解应在法律的阴影下得到合理地运用，法院最核心的功能仍是发现法律、运用法律、倡导法律。第 4 章提出民事审判结构理论，以此揭示"调解优先，调判结合"内在的转换逻辑，并从社会结构、"政法型"司法体制、民事审判结构三大层面对该政策进行反思。徐昕认为，该政策将会从正反两方面产生"叠加效应"，对民事审判结构、司法体制、社会结构转型施加双倍的负面影响，"调判结合"仍然是当前最恰当稳健的应对方式。

第 5 章基于结构主义视角，概括了人民调解的结构样态，认为在人民调解的过程与结果层面均突显合意、契合和自治等诸特征。曾令健提出，在积极型国家与乡土社会的二元划分的语境下，人民调解是一条制度性通道，"行动者－结构"分析框架和迈向实践的人民调解研究是可能拓展的方向。进而，他在第6章将人民调解的既有制度及实践概括为"政府推动型人民调解",梳理了人民调解制度的产生、发展以及演变过程,论述了新民主主义革命时期、新中国成立后至改革开放前夕、改革开放以降的制度意涵变迁。而在人民调解自治化的渐进式改革过程中,在未来相当长的时间内,还需要坚持制度实践及改革的政府推动传统。

近年来,官方转向调解优先,审判的作用受到轻视,第7章对此进行了深刻分析。福特汉姆大学法学院明克胜(Carl Minzner)教授认为,这种转变明显是应对中国特色制度下产生的压力的内部政治反应,也是因"维稳"需要而产生的自上而下的专制式反应。这种重视短期"维稳"的做法将带来长期的严重后果——司法制度逐渐崩溃,甚至国家的动荡。该章还反思了中国法学研究,提出法律学者应拓展视野,关注法律外的领域,才可能完整地理解法律体系的运作并预测未来的走向。

历史使人明智。民国时期是调解由传统转入现代的关键阶段,故本书专门讨论。第8章,罗金寿通过梳理民国时期调解制度的历史脉络,介绍和分析了息讼会、区乡镇坊调解委员会、法院调解等制度的建设及运行情况。这些对于现实具有诸多启示意义。

## 第二编　比较法视野下的调解

调解并非只是"东方经验",而是古往今来世界各国诸民族纠纷解决的普遍做法。比较出真知。"中国的问题,世界的眼光",不只是本编的基本视角,也是全书的用意所在。

台湾、香港对中华传统的继承胜于大陆,在调解方面亦有相当的经验可供借鉴。第9章,吴俊介绍了中国台湾地区的纠纷调解体系,包括社会团体运作的调解、行政调解(调处)、仲裁调解及法院调解,进而建议大陆的调解应当迈向法治促进型调解。第10章,潘炫明描述了香港诉讼调解改革的发展历程,分析了诉讼调解的基本特点及程序规范,讨论了改革过程中的重要背景因素及其对内地的启示。香港民事司法改革采取"自愿调解"与"转介调解"结合的诉讼调解模式,通过程序保障和法官的积极介入促进调解在民事诉讼中的运用。

百年来,美国在成熟的法治空间滋生出替代性纠纷解决机制(ADR),并引领了ADR发展的世界性潮流。本书以两章的篇幅介绍美国的调解。第11

章，黄艳好回顾了美国调解制度从产生到衰落再到复兴的发展历程，全面介绍了法院附设调解、法院和解、民间调解和行政调解等实践中调解的具体类型，并在此基础上，概括和分析了美国调解不同于中国调解的特点和优势。第12章基于美国平等就业机会委员会（EEOC）的经验，介绍美国的行政调解。EEOC将调解程序融入行政性的就业歧视控诉处理机制，从调解利用者即当事人选择纠纷解决方式的立场践行"调解优先"，提供了程序化、专业化、规范化的调解服务。进而，吴俊倡导中国迈向行政程序法治，并附设职权领域的调解机制。

对于欧洲的调解，本书以法国为例，包括第13章、第14章。周建华介绍了法国调解的产生与发展，分析法国调解发展缓慢的原因。法国调解制度给予中国的启示主要有：推进法院委托调解的改革，强化法院委托调解的运用；厘清调解与政治的关系，减少政治对调解的干预；法国调解注重调解员的客观和中立，中国调解的改革应重在保障当事人的合意，并规范目前问题良多的调解员制度。程蕊则着力研究富有特色的法国劳资调解委员会，介绍其组织结构、运作方式、救济途径等方面的经验，提出在劳动立法规定、管辖设置、人员选任及经费保障等方面可能的借鉴。

## 第三编　调解的中国经验

本编是全书的重点，主要运用法社会学、法人类学等跨学科方法对调解进行实证研究，旨在探索当下中国调解可能的经验及面临的挑战。

第15章是关于人民调解中国经验的总体概括。毋爱斌广泛收集全国各地人民调解的实践创新样本，从网络化、行业化、专业化和社会化四方面进行类型化分析，提炼出调解的中国经验，进而提出人民调解制度的未来发展方向以实现自治性为目标。

当传统遭遇现代，调解将呈现何种面貌？这是调解研究必须回答的基本问题。第16章选择传统文化相对兴盛的潮汕地区，关注基层调解最重要的领域——村落调解。张勤教授利用历史文献和粤东饶平、普宁、陆丰3个县市30个村的统计数据，描述了村调解委员会的历史变迁，并考察了潮汕地区别具特色的老人协会，进而分析村调解委员会在村级权力结构中的地位与作用，以期把握新时期基层调解的内涵和特征。

既关注乡村，也关注都市。与潮汕相比，上海是现代都市的代表。多年来，上海的人民调解经验受到广泛认可。熊易寒教授在第17章，对上海杨伯寿人民调解工作室进行实证考察，揭示出上海近年来人民调解社会化的实质乃是对人民调解的再组织，发掘了人民调解的复兴基础不在于熟人/半熟人社区，而在于依托基层政府的组织资源，转向半程序化的合意型治理。

接下来的几章从人民调解转向法院调解。第18章讨论司法ADR浪潮下兴起的法院附设型人民调解，毋爱斌分析了该机制兴起的原因及其功能，考察其实践运作的状态和结果，进而提出完善路径。第19章、第20章运用法社会学和法人类学进行调解的经验研究。第19章从制度转向个案，王启梁、张熙娴以云南E县民一庭调解案件为样本，展示了基层法官在调解过程中所采取的行动和手段，包括各种正式和非正式程序的运用、话语建构方式、场景安排和氛围营造等，进而解读隐藏的行动逻辑。第20章是西北地区S省3个基层法院的实地观察，韩宝揭示了基层法院的司法过程具有明显的调解倾向，在探究原因的基础上，讨论了中国基层法院语境下当事人在调解中的作用。

第21章回到应当如何对待法院调解的基础问题。徐昀利用民事审判结构理论，对相当一段时期内法院调解遵循的"调判结合"原则进行反思。由于调解与判决之间的矛盾，该政策会导致法院对调解有所偏好而忽略审判。

## 第四编　调解的制度完善

在对调解进行理论思考、历史考察、比较研究和实证分析的基础上，完善调解制度成为本书必须直面的问题。但我们并不力求提出全面而宽泛的改革措施，而是从调解立法、制度样本、经验推广、制度创新和发展方向等关键问题入手，力图解决调解发展的核心问题。

《人民调解法》是中国第一部人民调解的专门法律，有助于规范并推进调解工作。但由于该法定位为"规范"而非"促进"人民调解工作上，使其总体上偏于保守。第22章对这部法律进行了系统深入地评价，吴俊认为该法缺乏立法的系统考虑，在法政策上失当，且部分规定脱离实际，进而提出借鉴域外经验，制定统一的"调解法"。

人民调解的广安模式，是课题组参与的司法改革行动项目的实践成果。几年来，项目组在四川广安进行人民调解制度的地方性试点改革，取得了一定经验，并提炼出人民调解的广安模式。第23章全面介绍人民调解广安模式的实践运作和制度创新，概括了建立专家库、搭建调解组织发展平台、促进人民调解的规范化、完善人民调解组织网络体系等四大制度优势和自治性、社会化、法治化等三大发展理念，同时也看到了完善人民调解制度所面临的种种困难。

第24章从调解的历史发展入手，描述了调解在传统社会和毛泽东时代的发展基础和模式。在此基础上，香港中文大学法学院樊堃教授分析了转型时期中国文化、法律、经济和社会结构等因素的变化，进而讨论转型社会调解在理念、制度和模式等方面的发展和创新。她认为，在继续加强法制建设的同时，应强调调解理念的自治性和调解解决社会纠纷的功能；应强化商事调解在中国的运用，加强专业调解员的队伍建设；还应继续发展和完善调解与仲裁、审判等其他争端解决方式相结合的模式。

人民调解制度向何处去？古老的调解在现代中国如何焕发出新的生机和活力？这是本书贯穿始终的核心问题。在全面深入研究的基础上，本书最后一章力图回答这一基本问题。人民调解制度面临纠纷解决能力较低等严重问题，既有制度本身的缺陷，更有体制方面的深层原因，即它是一种外生型和政府控制型调解，缺乏民间调解制度本应具有的内在活力。人民调解制度的发展方向是迈向社会自治型的人民调解，实现从外生型调解向内生型调解的转变，充分保障调解的自愿性、自发性和自治性，使其真正成为群众自我管理、自我教育、自我约束、自我服务的纠纷解决机制。同时，积极发展多种形式的民间调解机构，只要有助于解决纠纷，皆可大胆尝试。

本书是我主持的国家社科基金重点项目"中国特色的人民调解制度研究"（10AFX010）的最终成果。感谢各位参与者的支持。四川省广安市人大常委会主任余仪先生、广安市司法局王正力局长等广安的朋友，不仅为调研提供了极大的便利，而且促成了"通过试点推进调解制度改革"的司改行动。参与调研，合作试点，召开研讨会，建立长江调解事务所……课题组成员，我在西政指导的博士生和硕士生，乃至我在北理指导的研究生，都在广安这片充满光荣与梦想的土地上，留下了美好的回忆。本课题在调研期间，我离渝北上。重庆剧变，转眼间物是人非，倍感人生如戏，亦表明坚守独立思想自由精神，乃学者的唯一选择。到北京后，我继续从事司法研究机构的建设，更集中关注司法改革领域，开展司法改革行动项目，组织撰写《中国司法改革年度报告》及司改专项报告。本书亦属司法改革系列项目之一。建设司法研究所是我多年以来的追求，期望联合学界同仁及社会力量，"立足司法，推动法治，影响社会"，努力使之成为中国司法研究的中心和中国司法改革的思想库。

徐　昕

2013 年 3 月 17 日

两会闭幕，微博仍禁言之时

于北京昆玉湖畔

# 目　录

# 第一编

## 调解的理论框架与历史考察

# 第 1 章　调解、实践与经验研究

　　自人类社会存在以来，各种纠纷便不断地上演，以调解方式解决纠纷是早期人类面对纠纷的普遍选择；在现代民族国家建立和发展的过程中，国家开始试图将调解纳入到自己的治理范围。如果我们放宽视野，很容易发现在"调解"这个看似简单的概念之下，包含了丰富的而繁杂的内容，其中既包括初民社会独特的纠纷解决方式，也包括目前西方国家流行的 ADR 运动，还包括作为一种悠久传统的中国调解。就中国调解而言，既包括法院调解、司法调解，也包括人民调解和民间调解；既包括传统中国的调解，也包括建国初期的调解和改革开放以来的调解。当前，调解制度及其方式仍然顽强而富有生命力，内容逐渐丰富，方法也日渐多样化，调解研究也因此吸引了法学界、社会学界、人类学界和历史学界的众多学者的注意力。他们从不同的角度和学科背景出发，揭示了调解制度和相关实践背后所反映的问题或隐藏的行为逻辑。本章试图分析这些调解研究的贡献和不足，并展示我所在学术群体的相关研究思路。

## 一、调解究的既有路径

　　按照强世功的梳理，中国调解制度研究是在三种路径或范式下展开的，即调解制度的社会功能分析、文化解释和权力技术分析。[1] 这三种路径构成了学者理解调解制度和相关实践的三种不同理论立场。

　　在文化解释的路径下，调解不仅仅是一种纠纷解决的方式，还是特定文化下的产物，中国调解作为一种普遍的制度安排体现了中国人关于社会秩序

---

　　[1]　强世功编：《调解、法制与现代性：中国调解制度研究》，中国法制出版社 2001 年版，导言。

的安排甚至宇宙秩序的安排，体现了一种特殊的文化价值趋向，它是传统中国儒家文化的追求自然秩序和谐的理想产物，是中国人生智慧的体现。[1] 在这一路径下，梁治平根据清代地方诉讼档案、刑科题本、人类学民族志中的相关法律材料展开了对传统中国社会调解制度的讨论，建构出了传统中国社会调解运作的图景。[2] 梁治平的进路并非不理会调解的社会功能，但是它更注重的是调解的文化意义，或者说是"制度的文化性格"。所以，它总是追问调解制度背后的文化"根据"。尽管他的研究主要是以清代为背景提出的，但实际上具有更广泛的意义，包括如何看待类似于调解的"小传统"，如何通过调解去理解错综复杂的文化，并在广阔的文化背景下解释调解等习惯法。

梁治平的研究深受海外汉学历史研究的影响，所不同的是，梁治平的研究比海外汉学的相关研究要多一些文化自觉，这也许是由他所处的学术时代背景决定的，他的研究很大程度上是在反对"西方中心主义"、种族式的"中国中心主义"，以及现代人自以为是的"现代中心主义"的背景下进行的。海外汉学中，对梁治平产生了影响的至少包括斯普林克尔和黄宗智。这种影响主要体现在三个方面，一是探讨问题的材料上，与传统中国法律史学不同，而与海外汉学一样，对下层民众生活方面材料的运用较多；二是社会科学方法的借鉴，包括人类学、社会学、心理学等西方社会科学的方法；三是分析框架的借鉴，尽管梁治平对黄宗智所运用的分析框架多有反省，但他最后并没有完全放弃国家——社会的二元框架。

斯普林克尔主要利用人类学民族志中的相关调解记载，将清代的中国村庄想像成一个像宗族和行会一样的实体；认为传统中国的调解就是村首领拥有习惯法上的管辖权，并对村庄内部的纠纷进行管辖；他还生动地描述出了其中的调解运作过程。[3] 而黄宗智则主要根据清代地方诉讼档案研究认为，清代法律制度的实际运作与政府的官方表达之间存在着"表达"与"实践"的背离。国家在人民面前摆出集儒家的仁者和法家的严肃于一身的"父母官"形象，给人们的印象是多用调解的方法处理案件，用道德教诲子民；但在实

---

〔1〕 梁治平：《寻求自然秩序的和谐》，中国政法大学出版社 2002 年版；梁治平编：《法律的文化解释》，三联书店 1994 年版。

〔2〕 梁治平：《清代习惯法：社会与国家》，中国政法大学出版社 1996 年版，第 148 页以下。

〔3〕 ［英］斯普林克尔：《清代法制导论——从社会学角度加以分析》，张守东译，中国政法大学出版社 2000 年版，第 99 页以下。

践中，衙门要么让庭外的社区和亲族调解解决纠纷，要么依法听讼断案。因此，在国家法庭和民间调解相互作用的空间中，存在一个官方司法制度和民间调解制度都作用于其中的"第三领域"。[1]无论是斯普林克尔还是黄宗智，他们在考察调解时，都将它与儒家文化特殊的价值和生活秩序取向联系起来了，将调解的实践放在儒家生活理想的范畴中考察其一致或背离。因此，在我看来，他们在广义上属于文化解释的路径。

其实，中国法制史和社会史学界也有很多研究涉及到了调解问题。[2]尽管这些研究大多只是定位于"对事实的追寻"，并没有"文化解释"的抱负，但由于这些研究的宏观关注点在于探求中国传统法律的精神，因此从广义上也可归入文化解释的范畴之内。

文化解释论的学者坚持认为，新中国的调解制度和传统的调解在文化上具有连续性，这至少包括柯恩和高见泽磨。柯恩认为，尽管儒教和"毛泽东思想"这两种调解的指导思想之间存在重大差别，但它们也存在诸多共同点，如都对诉讼怀有恶感，都高度倚重"批评——教育"，自我批评和"自愿"；新中国调解制度所依赖的党员、共青团员、警察、官僚、工会积极分子、调解委员会成员以及其他半官方的人物正是解决村庄、宗族和行会大多数纠纷的士绅和特权人物的继任者；新中国区分敌我矛盾和人民内部矛盾，民事纠纷属于人民内部矛盾，因此采用民主、批评、说服和教育的方法，而不是强迫、压制的方法来解决。[3]而高见泽磨在分析了司法运作实态、纠纷形态和纠纷认识等方面的翔实资料后认为，在中国解决纠纷，无论是通过诉讼手段还是非诉讼手段，都具有调解性质这一共同特征；他把这种特征概括为"说理——心服"模式，并认为无论是在传统中国固有法下解决纠纷，还是在毛泽东时代的新中国法律下解决纠纷，其风格都属于这种模式。[4]

如果说，文化解释方法对于传统中国的调解制度有很强的解释力的话，那么在面对新中国以来的调解时则遇到了一些困难，因为调解制度在新中国

---

〔1〕 ［美］黄宗智：《清代的法律、社会与文化：民法的表达与实践》，刘昶、李怀印译，上海书店出版社 2001 年版。

〔2〕 仅举一例，韩秀桃：《明清徽州的民间纠纷及其解决》，安徽大学出版社 2004 年版。

〔3〕 ［美］柯恩："现代化前夕的中国调解"，王笑红译，载强世功编：《调解、法制与现代性：中国调解制度研究》，中国法制出版社 2001 年版。

〔4〕 ［日］高见泽磨：《现代中国的纠纷与法》，何勤华等译，法律出版社 2003 年版。

以来确实存在一个转型。正是看到了这个转型，有学者从功能主义的路径对新中国的调解制度进行了观察和分析，其中的典型代表人物是陆思礼。陆思礼认为，传统调解的形式和技术依赖体现了传统中国的价值观和权威关系；但共产党则在调解制度中以自己的价值观取代了传统的价值观，在儒家劝导和解之外鼓励斗争。因此，不能简单地通过外在的调解现象就将新中国的调解看作是传统调解的延续，而要看到调解在新中国发挥的新功能。在他看来，共产党重新界定了调解者的身份和作用，给调解赋予了新的政治功能，并在调解原则中输入了关于正确和错误的绝对标准。通过对调解者之纠纷观和用于解纷的标准的指导，政治介入取代了调解的消极性，调解成了中国共产党贯彻政治主张的重要途径，它贯彻共产党改造社会的"政治功能"远远超过了其解决纠纷的"社会功能"。[1]

陆思礼对邓小平时代的中国调解制度的研究很大程度上是对毛泽东时代的调解制度的研究的延续。[2] 但是，正如强世功所说，这项研究看起来更像是在完成一项任务，我们从中看不到功能主义的比较研究，而只能看到对一些现象的描述。[3] 相反，傅华伶、彭文浩等人对邓小平时代调解的研究则继承了他的功能主义视角。傅华伶认为，毛泽东时代的调解精神是斗争哲学，它鼓励调解；而邓小平时代的调解精神是预防纠纷，它批评调解的缺陷并逐步使调解失去意义。这种变化的背后，是经济改革和法制的兴起，以及与此相关的社会结构和价值诉求的变化。改革开放以来，政府可以运用传统价值和非官方的社会组织将纠纷遏制于萌芽之时，而一旦纠纷升级，它更趋于鼓励争执者诉诸法律机制。[4] 彭文浩将邓小平时代的中国调解看作是一种"制度复兴"，他超越了"文化复兴"来理解，强调调解的"结构性的条件"。在他看来，经济的发展，权利意识的兴起，诉讼的增加，这些"结构性的条件"导致了纠纷无法严格按照法律通过审判方式来解决，而只能采取调解的方式

---

〔1〕〔美〕陆思礼："毛泽东和调解：共产主义中国的政治和纠纷解决"，许旭译，载强世功编：《调解、法制与现代性：中国调解制度研究》，中国法制出版社 2001 年版。

〔2〕〔美〕陆思礼："邓小平之后的中国纠纷解决：再谈'毛泽东和调解'"，矫波译，载强世功编：《调解、法制与现代性：中国调解制度研究》，中国法制出版社 2001 年版。

〔3〕强世功："笼中鸟：法律制度还是法律理论？"载《中外法学》2000 年第 3 期。

〔4〕傅华伶："后毛泽东时代中国的人民调解制度"，王晴译，载强世功编：《调解、法制与现代性：中国调解制度研究》，中国法制出版社 2001 年版。

避免对错之间的两难选择。最后，调解成为一种保全法律的"面子"的折衷途径。[1]因此，在他看来，邓小平时代的调解制度是传统中国调解文化的复兴。

调解制度的文化解释和功能分析两种路径存在诸多缺陷，[2]强世功等人看到了这一点，因此放弃将调解制度作为体现文化传统普遍性或制度构造普遍性的法律实践来加以处理，而将它作为中国历史进程中一个独特性的"历史事件"来对待，在福柯的"知识考古学"和"谱系学"的意义上理解调解，将调解和共产党的意识形态、组织技术等放在一起分析，采取的"关系/事件"的分析方法，将"事件"和围绕事件、构成事件的一系列权力关系结合起来分析。[3]在这种视角下，共产党的调解制度作为一种司法技术与权力的组织网络结合在一起，成为了一种独特的权力组织技术，成为了共产党治理社会的重要工具。他们用这种视角去分析特定的调解案件，"情、理、法"的调解模式就成了特定的权力关系，通过不同的权力技术和策略对不同的权力资源的运用所体现出的一种效果；法律和情理、政策一样被理解为一种权力资源，一种提供合法性的知识。[4]因此，在调解过程中，法官就可以利用这种知识之间的模糊性，制作出"模糊的法律产品"。[5]

在新中国调解制度的研究中，众多学者都关注了调解与法制的关系，实际上，这也是一个无法回避的问题。尽管功能主义的解说路径对改革开放以来中国调解制度的理解存在着分歧，但它们仍然共享调解与审判是两种不同的"理想型"的基础。而在权力技术分析路径那里，法律和情理、政策一样被理解为一种权力资源，调解和法制则被理解成不同的权力技术对不同的权力资源的运用所体现出的效果。这种不同权力技术和权力资源对抗的背景就是国家法与民间法或者国家与社会之间的征服与反抗之间的复杂关系。权力资源的变化和权力技术的变化不过是这种权力结构的变化的一部分。从这里

---

〔1〕　彭文浩："中国调解制度的复兴：法院调解"，王笑红译，载强世功编：《调解、法制与现代性：中国调解制度研究》，中国法制出版社2001年版。

〔2〕　强世功编：《调解、法制与现代性：中国调解制度研究》，中国法制出版社2001年版，导言。

〔3〕　强世功：《法制与治理——国家转型中的法律》，中国政法大学出版社2003年版。

〔4〕　强世功："'法律'是如何实践的"、赵晓力："关系/事件、行动策略和法律的叙事"，载王铭铭、王斯福主编：《乡土社会的秩序、公正与权威》，中国政法大学出版社1997年版。

〔5〕　杨柳："模糊的法律产品"，载《北大法律评论》第2卷第1辑，法律出版社1999年版。

出发，这种微观的权力技术分析就通向了对中国法律的现代性的宏观把握。苏力曾指出，现代法律在中国的兴起是与国家政权的建设联系在一起的，因此，法律知识在权力技术中的不同运用应与国家权力扎根乡村社会的努力联系起来。在苏力看来，乡村社会的调解实践和"送法下乡"的实践是处在同样的"层"中，调解和"下乡"一样，都是重建国家与乡村社会之间权力支配关系的努力。[1]

实际上，当前的中国调解研究大多都带有对中国法律现代性的关注，尽管其中的许多人可能并没有强世功、苏力等人那么明确的方法论自觉。季卫东从中国法律发展和法制建设角度关注了这个问题，他将调解与西方的 ADR 运动、公民参与、审判制度、规则形成等问题放置在一起，分析了调解在法政策上的逻辑悖论及其现实矛盾，探讨了调解与法制化之间的连接点和连贯性。[2]范愉、王亚新、何兵等人则从更加技术性的层面关注调解制度的现代性，他们对调解制度进行分析和实证研究，以对调解的实际运行状况进行把握和评估，并提出政策性建议。[3]另外，还有一些研究者从社会变迁的角度研究调解，并将调解置于宏大的时代背景下进行考察，试图通过调解个案的研究来理解整个中国的政治社会变迁。其中一些研究关注政治学上的"国家的触角到达何处"，分析"村庄与国家关系过程"，[4]另一些研究则关注国家政治经济过程与村落调解传统之间的关系，关注国家法与民间法之间的关系。[5]

有必要提及的是，最近几年，中国社会诉讼有增加的趋势，司法系统面临着越来越大的审判压力，地方政府"维稳"的压力也有所加大，因此政府

〔1〕 苏力：《送法下乡——中国基层司法制度研究》，中国政法大学出版社 2000 年版。

〔2〕 季卫东："调解制度的法律发展机制"，易平译，载强世功编：《调解、法制与现代性：中国调解制度研究》，中国法制出版社 2001 年版。

〔3〕 范愉：《非诉讼纠纷解决机制研究》，中国人民大学出版社 2000 年版；何兵：《现代社会的纠纷解决》，法律出版社 2003 年版；王亚新等：《法律程序运作的实证分析》，法律出版社 2005 年版。

〔4〕 唐军：《蛰伏与绵延——当代华北村落家族的生长历程》，中国社会科学出版社 2001 年版；应星：《大河移民上访的故事》，三联书店 2000 年版；陈心想："从陈村计划生育中的博弈看基层社会运作"，载《社会学研究》2004 年第 3 期；邱梦华："'讨价还价'：国家与农民间的利益博弈过程"，载《中共浙江省委党校学报》2004 年第 2 期。

〔5〕 赵旭东：《权力与公正——乡土社会的纠纷解决与权威多元》，天津古籍出版社 2003 年版；陈心想："一个游戏规则的破坏与重建——A 村村民调田风波案例分析"，载《社会学研究》2000 年第 2 期。

和司法系统都在压力下不断强调调解，各地政府和司法机关也在此方面有一些创新机制，国家也颁布了《人民调解法》。新的形势以及调解制度的强化和创新进一步刺激了学者的研究，一些学者着力于思考调解的制度走向，[1]另一些学者则将调解的新发展与能动司法的理论结合在一起思考。[2]还有一些学者深入实践，试图从各地调解制度创新实践中进行经验总结，包括江苏南通的大调解经验、浙江的枫桥经验、山东的陵县经验等，其中学术研究切入较深的可能是徐昕教授带领的学术团队在广东东莞、四川广安所做的研究。[3]当然，上述几个路向的研究常常又是结合在一起，并非截然两分，总体而言他们的研究都建立在当下调解制度实践的基础上。

### 二、调解研究与生活实践

仔细思索上述中国调解制度的相关研究，我们不难看出，研究的路径是由学者的基本立场决定的。从总体上看，中国调解制度的研究主要有两种立场和出发点。第一种是西方国家出于了解中国法制的需要而展开的研究，因此，海外汉学家研究中国调解制度，主要目的是向西方政府和社会回答"共产党中国的法律政策是怎样的"这样的问题。第二种是改革开放以来，尤其是20世纪90年代以来，中国学者在中国法律现代性展开的过程中基于现代化建设的需要而对中国调解制度展开的研究。这种研究蕴涵着明显的价值关怀，他们常常并不是将调解制度作为一种普遍性的纠纷解决机制来理解，而是试图通过调解制度来理解现代性在中国展开过程中所面临的种种问题。

前一种研究在在学术谱系上对后一种研究产生了重要影响。毫无疑问，这种影响有着非常积极的意义，有助于中国学者将习以为常的中国调解制度问题化、学术化。但另一方面，这种影响也有着明显的消极意义，它局限了

---

[1]　范愉："有关调解法制定的若干问题"，载《中国司法》2005年第10、11期；范愉："调解的重构"，载《法制与社会发展》2004年第2、3期；范愉："当代中国非诉讼纠纷解决机制的完善与发展"，载《学海》2003年第1期；范愉："浅谈当代'非诉讼纠纷解决'的发展及其趋势"，载《比较法研究》2003年第4期；王亚新："中国社会的纠纷解决机制与法律相关职业的前景"，载《华东政法学院学报》2004年第3期。

[2]　苏力："关于能动司法与大调解"，载《中国法学》2010年第1期；陈金钊："能动司法及法治论者的焦虑"，载《清华法学》2011年第3期。

[3]　其成果较为集中地收录于徐昕主编：《司法·第5辑·调解的中国经验》，厦门大学出版社2010年版。

中国学者研究调解制度的视野。诚如强世功所说，"所谓的理论路径甚至理论范式不过为了更好地理解问题而采取的方法或者策略，重要的还是问题本身"。但在第一种研究的影响下，强世功等中国学者却将问题本身定位在"中国的调解制度和实践在近代以来面临现代性问题挑战所展现的独特形态"。〔1〕从某种程度上讲，这正陷入了海外汉学的学术路径中。就法律政策而言，西方政府和社会最关心的问题就是共产党中国的法律制度如何应对现代性的挑战，这种应对方式与传统中国有什么不同？与1840年以来的历届中国政府又有什么不同？海外汉学的调解研究乃至法律研究主要是围绕着这个主题进行的。我们沿着这样的思路走下去，实际上只是在试图回答西方人关心的问题，而难以全面顾及我们自己应当关心的更多问题。

当然，"中国的调解制度和实践在近代以来面临现代性问题挑战所展现的独特形态"的确也是当代中国所面临的，中国学者所应当面对的一个重大问题，但它最多只是众多问题中的一个，绝不就是"问题本身"。将这一问题当作"问题本身"，很容易让人感觉到，除社会功能分析、文化解释和权力技术分析三种范式之外，中国调解制度的研究似乎终结了，再难有理论上的突破。如果是这样，为什么迄今为止的中国调解研究，仍然给人隔靴搔痒的感觉，从而被人称为"书本或黑板上的民间调解"〔2〕呢？当然，建立在关注当下调解实践基础上的一些研究从某种意义上已经开始脱离"黑板"。但从总体上而言，既有的调解研究忽略了对村庄实际生活的关注，调解发生在人们的生活当中，同生活中的其他要素紧密相连，脱离生活妄谈调解，当然只是"书本或黑板上的民间调解"。明确这一点，我们就可以判断，在"调解的现代性挑战"这一问题之外，有着更为重要的问题，即"作为生活实践的调解"。作为生活实践的调解要求我们阐述村庄生活中的调解，阐述调解在村庄生活中是如何具体实践的，阐述调解机制的内在生活逻辑及其决定性因素，并且要求我们通过调解阐述村庄生活如何。

"作为生活实践的调解"同之前的调解研究最大的一点区别在于对经验材料的获取和处理上，而经验材料的来源和处理方法本身会影响研究的可靠性

---

〔1〕 强世功编：《调解、法制与现代性：中国调解制度研究》，中国法制出版社2001年版，导言。

〔2〕 董磊明："村庄纠纷调解的研究路径"，载《学习与探索》2006年第1期。

和真实性。在这里，我必须对比一下不同领域、不同研究进路下的学者在调解制度研究中所面临的问题、各自的优势及不足。

从文化解释路径研究调解的中国学者大多有史学功底，其材料来源主要包括中国古代地方诉讼档案、刑科题本、古人史料笔记中与法律问题相关的材料、人类学民族志中的相关法律材料等。史学专业的训练非常严格，规范要求比较高，某一具体领域常用的史料虽然繁杂，却也往往有限，并被圈内的学者所共同熟悉，而新材料的应用在具体领域往往能推进研究，从而能够受到同行学者的广泛注意，因此史学界更容易结成学术共同体，这一领域的学者对材料的把握能力也很容易被同行辨别。这些都使得史学领域对具体问题的讨论能够建立在更加有效的基础之上，不至于像社会学界的学者一样，常常拿着来源各不相同的材料自说自话，研究结论难以证实也难以证伪。

同时，史学领域的调解研究的缺陷也出在史料上。因为史料是古人留下来的，古人留下这些史料时有着他们的个人偏好、个人目的或者他们那个时代的特定目的、要求和偏好，而不可能按照今天学者和当代社会的要求和偏好记录社会生活。当然，古人对封建王朝歌功颂德的文献完全可能成为今天我们研究古代社会生活样式的重要材料。但这些材料需要史学学者的梳理，这个梳理的过程其实是一个发挥想象力的过程。因为古人没有按照我们当今的要求讲述当时社会生活及其中的故事，因而我们常常就只能根据他们的只言片语，结合我们在今天社会中的生活经验进行揣度和猜测。这个过程添加了我们今天的想象和当代思想背景，甚至添加了我们的相关诉求，正是在这个意义上，克罗齐才说"一切历史都是当代史"，柯林武德才说"一切历史都是当代思想史"。

虽然对于一个民族来说，历史研究是必不可少的。但具体到调解领域，史学界的研究由于添进了太多诸如文化解释的当代关怀，反而使得我们对调解的认识偏离了生活本身，无论是对古人的生活还是今人的生活，反而使我们无法弄清真正的调解。比如，在对我国古代司法调解形态的认识上，日本学者和美国学者对于调解中规则被遵从的程度长期以来就存在很大的分歧，[1]这种分歧很大程度上是由他们各自不同的想象所决定的。而面对这种

---

〔1〕　美国学者的研究参见前引黄宗智的相关著作，日本学者的观点参见［日］滋贺秀三等：《明清时期的民事审判与民间契约》，王亚新等译，法律出版社 1998 年版。

分歧，任何倾向性的结论也只是我们的学术想象力的产物，因为有限的史料并没有原本告诉我们过去的调解实态。我本人最近的一项研究表明，在不同类型的纠纷中，规则被遵守的程度并不相同，这反映的是村庄生活中权力支配关系在不同领域的具体体现。[1] 这提醒我们应当注意调解实践及其背后的生活实践的复杂性，而对从有限的史料中所得出的结论要保持警惕和反思。

同样，前面提及的斯普林克尔对清代的中国村庄调解的想象也存在同样的问题。他认为村庄首领对村庄内部的纠纷拥有习惯法上的管辖权，并想象出具体的纠纷调解过程。这种想象生动而整齐划一，但是其真实可靠性显然不足。从我们已经进行的村庄史方面的访谈研究来看，新中国以前的村庄生活中，其实并不存在整齐划一的调解运作实践。比如，在江西、福建等南方宗族型村庄中，宗族内的调解机制发达而运作良好，而在华北平原，村庄内的老年人调解则更为常见。中国调解制度的文化解释这种史学路径显然无法解决真实性问题，因为历史已经过去，除去零散的史料和我们丰富的想象以外，我们不可能再有其他作为。而丰富的想象虽然常常是有益的，但也有可能是误导性甚至破坏性的。

部分文化解释论的研究以及几乎所有的功能主义研究主要是在冷战时期进行的，尽管延续到了改革开放之后，但由于这些研究所关注的侧重点在于中国的法律政策，研究者不可能也没有很大的兴趣真正走进中国人的生活中去理解调解制度。这类研究的材料来源主要包括史学、人类学方面的海外汉学著作和中国新闻媒体的相关法制新闻报道。这种从二手材料中得出的中国调解制度运作状况的一般结论，显然容易受到意识形态的影响，难以深入法律行动者的内心深处，了解人们在法律生活中的真实想法。可以说，材料来源的局限性决定了这种研究在学术层面的局限性。

前已叙及，调解的权力技术分析路径受到了功能主义研究的影响，但权力技术分析路径对中国法律现代性问题的感受和关注更加明确，而且这种研究已经具备了开展实证调查的条件。在调解的权力技术分析中，实证研究过于关注法制的现代性这种宏观问题，其问题意识并不主要来自于材料本身，讨论也并不仅仅依托材料来展开，而要借助于其他宏观层面的话语。这样一来，在具体的讨论中，这种研究往往容易过于急迫地进入了宏观层面的话语

---

〔1〕 陈柏峰：“规则之治时代的来临？”载《法律和社会科学》第3卷，法律出版社2008年版。

系统，而无法看到材料本身的细微复杂之处，也就很难充分重视和挖掘材料本身的意义。这种路径下的调解研究虽然在讨论中也会不时顾及材料，但这种顾及却是为了宏观层面上讨论的需要，它主要是从法制的现代性这种宏观话语系统获得意义的。因此，可以说，这种路径下的调解实证研究更多的是一种姿态。

同时，这种研究很容易以学术想象代替现实状况，从而建构出"漂亮"却可能是背离实践的理论框架来。如苏力将"调解"放在"送法下乡"的同一层面进行实证研究时，他在简单介绍完案例后，本应对材料细细展开，但他没有这么做，相反却仓促地指出，司法下乡是为了保证或促使包括法律力量的国家权力向农村有效渗透和控制，它是 20 世纪初以来建立现代民族国家的基本战略的一种延伸和发展。[1]这一结论下得太快而缺乏细致的分析，从而必定不是基于经验做出的。这个分析展开的基础是，实证案例"依法收贷案"的发生地是"法律不入之地"，在那里，国家权力不够强大。做出这一判断的事实依据是，案件发生地在靠近沙漠的陕北农村，当地政府上午 10 点半以后就可能找不到人了，当地欠贷不还的情况比较普遍。[2]但实际上，这些事实依据并不能支持其判断。岂不知，上午 10 点半在乡镇找不到人，这在全国很多地方都比较普遍，如山东、湖北的很多乡镇，工作人员一般是早晨上班时碰头，然后就各忙各的去了，在政府里找不到人太正常了。而众所周知，农民欠贷不还也是一个非常普遍的现象，如在湖北咸宁农村，前些年欠贷不还的比还贷的还普遍。这与国家权力的强弱并没有多大联系，相反，其背后体现了人们对国家权力的信任，许多欠贷者认为，"欠共产党的钱，共产党不会将你往死里逼"。

相对于调解制度的文化解释路径而言，功能主义和权力技术分析这两种路径在材料把握上显得有些不足。从某种程度上讲，史学领域的调解制度文化解释路径是一种深入的经验研究，只不过由于材料本身的缺陷而难以接近真正的现实生活；而调解的功能主义研究限于政治环境的影响，难以获取真正意义上的经验材料；权力技术分析研究受宏观现代性问题关注的影响，无

---

〔1〕　苏力：《送法下乡——中国基层司法制度研究》，中国政法大学出版社 2000 年版，第 30 页。

〔2〕　苏力：《送法下乡——中国基层司法制度研究》，中国政法大学出版社 2000 年版，第 37 页以下；强世功："'法律不入之地'的民事调解"，载《比较法研究》1998 年第 3 期。

法实在地将经验研究贯彻到底，无法将经验放到本体论的意义上进行考察；那些关注社会变迁等宏观问题的微观研究也存在同样的问题。在这个意义上，这些研究方法对材料的把握倒不如那些在技术性的层面关注调解制度的研究，这是因为技术性的研究没有非常明确的宏观关注，反而对具体制度修改完善的细节关注十分微观具体，因而其针对性往往更强，也因此往往能在实践中找到迫切需要应对的问题。

近来从各地不同的制度实践切入所进行的实证研究，是法学界值得称道的转向，有助于深入理解实践，理解国家宏观上的调解制度变迁。但这种实证研究也存在一些问题，例如在方向上存在纯叙事、过度理论等误区，在实证研究的技术上也存在诸多问题。[1] 此外，这种研究往往过于关注"模式"的创新，关注一个地方的调解制度与其他地方或过去通行的做法有何不同，而较少关注这种模式创新与地方社会特性之间的联系，因此其推广适用性往往难以得到有力证明。

除了上述经验材料把握方面的问题之外，既有的调解研究还存在一个问题，即这些研究过于关注宏观问题，却普遍忽略了对村民生活的关注，没有专门从关注村民生活角度出发进行调解研究。制度是为了解决人们的生活问题而设，但一旦人们将目光仅仅局限在制度上，却反而容易忘记了制度的最初目的。当研究者关注宏观问题时，一般来说，能进入他们视野的调解案件往往是那些"故事性"比较强，同宏观问题有明显联系的纠纷，因此既有的调解研究对法院调解、司法调解关注得比较多，而对人民调解、民间调解就缺乏系统的关注。尤其是民间调解，由于其事件琐碎，"故事性"不强而难以进入研究者的"法眼"。然而，在平静如水的村庄生活中，更多的往往是这些偶起"涟漪"的小纠纷，它们才真正能够反映人们的真实生活和生活的真实逻辑。因此，不关注村庄生活，既有的调解研究就被引入了一个误区，即将某些非常态的纠纷及其调解作为了中国经验的全部。而且，不关注村庄生活和村庄生活的逻辑，却过于关注宏大问题，尤其是当这些宏大问题是来源于西方理论的"启发"时，研究便很容易陷入应星曾背负的那种方法论焦虑中，即把复杂的关系、丰富的材料简单处理成用以证实或反驳某种整体概括的

---

[1] 徐昕："司法的实证研究：误区、方法与技术"，载《暨南学报（哲学社会科学版）》2009年第3期。

"个案"或理论分析的"例子",从而犯下布迪厄所批判的将理论强加在充满模糊感和权宜性的实践"逻辑"上的致命错误。[1]中国之大,情况之复杂,发展之不平衡,任何西方理论都可能在中国找到个案或材料来获得证实或证伪,甚至找出众多个案和材料都很容易,并在此基础上生发出无限可以争论的问题,甚至热点问题来。然而,这种意义上的争论除了导致虚假的学术繁荣以外,并没有更多的意义。

### 三、到村庄生活中研究调解

正是看到了上述调解研究在经验材料把握和问题关注点上的缺陷,董磊明才提出在村庄中语境化的理解、研究调解,[2]我本人才在村庄中对调解进行专题研究。这种研究方法首先要求我们在村庄生活中收集材料,以保证材料的丰富性和真实性,其次要求我们将这些材料放在村庄生活中来理解,从而避免将材料同实际生活割裂开来。实践中,我们研究调解的经验材料主要来自对村庄生活的参与式观察,以及对村民和调解人员的深度访谈,当然也包括查阅相关的案卷材料和档案记录。由于这种研究所针对的对象主要是当下正在发生的社会实践,因此只要我们方法得当,肯下功夫,就一定能探究出社会生活的真实来,而不像史学界的调解研究,面临着材料来源的困境。

参与式观察具有诸多优点:调查者长期生活于调查的社区,与当地人相处,很容易获得当地人的信任并获取第一手材料,能够相当熟悉当地发生的事件,更好地从当地人的角度去了解其生活意义,更好地理解当地的社会结构及社会文化中各种因素之间的功能关系。深度访谈则要求访谈者事先对被研究地区的文化和被访者的日常生活有一定的认识,然后以"悬置"社会科学知识体系的态度进入现场,以日常生活及生活史为结构展开访谈,让被访谈者进入一种"自然"的状态,以发现问题,追究问题,从而进行全方位观察,最后在反思性的基础上讨论访谈者的目的、动机和访谈个案的真实性及其普遍性意义。[3]在访谈过程中,访谈者的任务主要是确定大的主题,并激

---

〔1〕 应星:《大河移民上访的故事》,三联书店 2000 年版,第 341 页。

〔2〕 董磊明:"村庄纠纷调解的研究路径",载《学习与探索》2006 年第 1 期;董磊明:"农村调解机制的语境化理解与区域比较研究",载《社会科学辑刊》2006 年第 1 期。

〔3〕 关于"深度访谈",参见杨善华、孙飞宇:"作为意义探究的深度访谈",载《社会学研究》2005 年第 5 期。

发被访谈者表述的热情，然后让被访谈者放开讲述。访谈者应该竭力保持反思状态，竭力将自己已有知识的逻辑置于一边，而从被访谈者的生活逻辑，从实践的逻辑，来发现自己既有理论逻辑的破绽，并将经验本身作为一个整体来把握，贯彻毛主席反复强调的"从实践中来，到实践中去"的教导，以最终达到理解真实的村庄生活及其生活逻辑。[1]

要理解真实的村庄生活和生活逻辑，就必须将经验研究提升到本体论的角度，也就是将经验实践而不是理论放到本体的位置上。村庄生活是复杂的，当我们用被学科武装起来的理论去看时，就显得更加复杂。通常我们用既有理论去把握村庄生活时，却常常自信可以将农村分割开来进行研究，从而缺少对这种研究的反省。一旦农村的完整结构和内在逻辑被我们分割开来，并纳入到自己的分析框架中，农村本身就被我们切割成了诸多碎片，这些碎片就成了各种各样的理论表达自己立场的证据。如果这样任何学者都可以从农村中选取任何自己需要的材料，用来讨论自己愿意讨论的任何东西。

对于经验或实践与理论之间的关系，孙立平和黄宗智的讨论非常具有启发意义。孙立平在讨论国家与农民的关系时，提出寻找一种"能够将再现复杂而微妙的事情并能够对其进行清楚解释的方法"，即"过程——事件分析"方法，这一方法的核心就在于关注、描述、分析"有事情的时候"的事件与过程，对其中的逻辑进行动态的解释。[2] 在孙先生看来，只有在有事情的时候，真正的社会关系才能真正地展示出来，而静态结构中则具有不确定性和不可见性。当然，"有事情的时候"确实能反映实践状态，但实际上，平静的日常生活也会在另外一个层次反映问题，我们可以从事件中深入实践，也可以从日常生活中深入实践。所以关键在于贯彻黄宗智先生所说的，"走向从实践出发的社会科学和理论"。这要求我们从实践的认识出发，进而提高到理论层次，最终再回到实践去检验，如此反复。[3] 在理论与实践的关系层面上，理论最终要指向经验实践，为指导经验实践服务。我们的一切理论来源于经验研究和实践的逻辑，最终又要为推动经验研究和实践发展服务。这也就是

---

〔1〕 参见贺雪峰：《什么农村，什么问题》，法律出版社 2008 年版，第 288～292 页。

〔2〕 孙立平："'过程——事件分析'与当代中国国家－农民关系的实践形态"，载《清华社会学评论》特辑，鹭江出版社 2000 年版。

〔3〕 ［美］黄宗智："认识中国——走向从实践出发的社会科学"，载《中国社会科学》2005 年第 1 期。

我们所说的将经验放到本体论意义上。

将经验放在本体论意义上，要求我们将经验实践本身作为一个整体来把握。在进入农村调查时，我们所获取的对经验的认识是许多具体知识的碎片，只有当这些具体碎片能够组合起来表现村庄内在自洽的生活逻辑时，我们才进入实践的逻辑当中。调解对于村庄生活而言，其实不过是碎片对于整体，因此只有当我们将调解放在村庄生活的整体中时，我们才可能真正理解其中的实践逻辑。而且，更为重要的一点是，我们必须在经验研究中发现意外。因为每个人在进入田野时都会有自己的社会科学知识体系，这构成了我们的预设和理论框架，即使我们提倡悬置它们，但完全的悬置实际上是不可能的，因为有什么样的预设和前见决定了我们能看到什么样的经验实践。即便如此，经验研究中总会出现我们的预设和前见之外的东西，这就是"意外"，这时我们就不能轻易放过"意外"，而应当在经验的逻辑中去试图解释"意外"，这样便会有新的发现，也才更加深入生活实践的逻辑中。

董磊明之所以感觉到当前的纠纷调解研究是一种"黑板上的纠纷调解"，是因为这些研究大多将研究对象从具体的村庄中抽离出来，在村庄之外讲述村庄生活的故事，导致很多的农村调解研究实际上与农村无关，农村只是为他们的研究提供了支离破碎的素材，这类研究无助于理解广大的中国农村，研究者并没有考察纠纷在乡村社会中的位置和意义，也就不可能关注到村落和乡村社会本身。因此，纠纷调解研究应当把调解事件和调解过程放回村庄，结构化地理解各种村庄现象，形成对村庄的整体认知，从而理解法律现象与其他村庄政治社会现象之间的关联。在村庄中理解调解，通过调解理解村庄。[1]

之所以要在村庄中研究调解，是因为调解案件和调解过程是村民的法律生活的重要部分，它们发生在特定的时空坐标里和特定的村庄生活逻辑中，是村庄生活的一个侧面，它同村庄的其他社会生活是纠缠、交融在一起的，我们不能简单、粗暴地把它从村庄日常生活中剥离出来。村庄是一个自治的伦理共同体，我们应该从村庄的社会生态中寻找村民法律生活的逻辑。如果我们抛开村庄生活，而只关注纠纷调解本身，就很难真正理解村庄的纠纷解

---

〔1〕　董磊明："农村调解机制的语境化理解与区域比较研究"，载《社会科学辑刊》2006 年第 1 期；陈柏峰：《暴力与秩序——鄂南陈村的法律民族志》，中国社会科学出版社 2011 年版。

决机制及其背后的逻辑。为此，我们必须进入具体的村庄生活之中，既关注矛盾激烈、曲折、"故事性"很强的事件，又不能忽略潜伏着没有外显的矛盾；既要了解具体的纠纷过程及其前因后果，又要关注纠纷所导致的村民之间日常关系的分化组合；既要关注纠纷双方当事人在国家法层面的是非曲直，又要关注围绕着具体纠纷的各种舆论，以及纠纷在村庄伦理层面的意义。

孟德斯鸠曾结合政体、地理、气候、宗教信仰、财富、人口、风俗习惯等因素来研究法律现象，[1] 今天我们研究乡村法律生活时，同样需要对作为一个有机联系的整体的村庄生活进行把握，借助于村庄自然环境、地理位置、社会环境、村落文化、村治状况等来理解村民的法律生活。这种研究需要大量的相关细节，在这些细节基础上我们才能够发现村民法律生活的隐秘。尽管如此，在田野考察和研究中，我们需要用整体的观点来观察村落，应当将截然不同的现象的观察综合起来，创造出"社会"的整体架构，把它作为理解调解的语境。这种认识同人类学的"整体论视角"一样，它强调社会整体中的部分对于社会整体的维持的功能，即强调社会因素之间的相互关联对于构成一个整体的意义。

我们还主张通过村民的法律生活，包括调解来研究村庄。回到村庄生活中理解村民的法律生活，不但能加深对村庄法律生活的理解，还能通过法律生活来加深对村庄的理解，加深对中国农村基层社会的理解，从而最终加深对中国法律运作的社会基础的理解。因为，村民的法律生活往往能深刻反映出村民之间的社会关系状况。村庄的常态是平静如水的生活，只有在法律事件中，人们才更容易清晰地观察到其中的隐秘。在村庄法律生活中，我们往往能清楚地看到村民对是非曲直的理解，对国家法律的认知，对正义价值的解释，对生活意义的生产，对村落共同体的认同程度，能看到村落伦理规范的规则、力量及运作，村庄的开放程度，能看到村庄中利益冲突以及各种不同力量之间的较量，而所有这些是平静如水的日常生活所难以反映的。因此，深刻地研究村庄中的调解，我们就能深刻地理解村庄生活。

在村庄中研究调解还要求我们将调解进一步放到区域比较中去，从而理解和把握作为一个整体的中国乡村社会。在调解研究中，选择一个村庄中影响调解的内生性法律现象因素作为视角和切入点，并通过它树立起不同区域

---

〔1〕 ［法］孟德斯鸠：《论法的精神》，张雁深译，商务印书馆1963年版。

的个案比较视野，由此既能加深对个案村庄的理解，又能发现法律现象的区域差异与共性。这样，通过一定数量村庄的调解研究，就能在农村层面上达致对调解制度的全面理解。正是在这个意义上，董磊明初步将村庄调解划分为"无事件"型、民间精英主导型、民间精英与村庄体制精英联合主导型、村庄体制精英主导型、公力救济主导型、无救济型等六种类型。[1]当然，这种划分还比较粗糙，需要我们积累更多的实证经验和材料来进一步推进，但无疑是一种调解新研究和新方法的起步。

区域比较研究的视野显然是受了贺雪峰等人的影响。贺雪峰在大量的农村田野调查经验的基础上，发现农民在大部分政治、经济、文化、社会领域中都很难构成独立的行动主体，核心家庭、联合家庭、小亲族、户族以及宗族、村民小组、行政村等群体才是农民生活中的行动单位，而且在不同的农村区域占主导地位的认同与行动单位是不同的。他从认同与行动单位的视角切入，发现同一区域的村庄在生育观念、非正常死亡率、住房竞争、老年人地位、姻亲关系强度、第三种力量、村内纠纷状况、价值生产能力等村貌上，以及群体上访、计生工作、干部报酬、一事一议、农民负担、村级债务、选举竞争等村治上有很大的趋同性；而不同区域的村庄则差异很大。[2]在比较研究的基础之上，他对中国农村的区域差异有了整体把握。实践表明，这种以代表性村庄为考察对象展开的区域比较研究，对于研究制度的政治、经济、文化和社会基础有重大意义。罗兴佐结合自己参与主持的湖北荆门五村的水利实验，就水利供给与村庄的关系作了具体研究，他关注了不同区域、不同社会文化基础的村庄与水利供给这一政治社会现象的关联，为制度的社会基础区域比较研究提供了一个范例。[3]

这种区域比较研究为我们了解中国基层的整体状况提供了一个开放性的总体框架，也对我们概括不同村庄的调解实践大有帮助。既然在现实中，同一区域的村庄在村貌特征和村治特征上表现趋同，而且在历史中，同一区域的村庄也分享了相同或相似的社会结构、文化方式、生活经历等，那么我们通过个案进行村庄研究调解的可行性问题就迎刃而解了。我们的经验研究表

---

〔1〕　董磊明："农村调解机制的语境化理解与区域比较研究"，载《社会科学辑刊》2006 年第 1 期；陈柏峰：《暴力与秩序——鄂南陈村的法律民族志》，中国社会科学出版社 2011 年版。

〔2〕　贺雪峰：《村治的逻辑：农民行动单位的视角》，中国社会科学出版社 2009 年版。

〔3〕　罗兴佐：《治水：国家介入与农民合作》，湖北人民出版社 2006 年版。

明，一个村庄的调解状况绝不是孤立的，而是能够代表一个特定的区域。同一区域村庄的调解状况，往往也是共性多于异性。

当我们深入村庄来研究调解，就能对村民法律生活作一个整体的把握，在此基础上进行不同区域的比较研究，能对中国乡村社会的调解状况及其社会文化基础有一个整体的关照。具体个案村的调解研究结论不能贸然上升为一般结论，但是通过个案村的研究，一方面能获得灵感，形成真正的问题意识，同时在大量个案研究的基础上能形成对中国基层社会区域性差异的整体性认知，由此将中国农村划分为若干不同的文化生态区，再对每个区域之间的典型个案进行比较研究。这样最终不但可以对不同文化生态区域的村庄的调解制度作出具体的理解，还能对中国乡村社会调解制度乃至法律生活及其社会文化基础的共性作出总体性判断。

当我们对当下转型期的中国乡村性质有了深刻的认识，对中国乡村社会调解实践和法律生活及其社会文化基础有了总体性判断时，我们就能在宏观上把握它，从而有可能指向法律实践。通过经验研究深入到生活实践的逻辑体系中，对调解有了深刻的质性认识，也就有了可能我们就能认识到调解在中国乡村实践的关键性因素，从而有可能获得把握调解及其法律实践的种种相关因素。从经验研究中获得了对各个区域的调解状况的深刻把握后，我们一方面能有效指导中国的调解及其法律实践，另一方面在本土经验上提炼理论，进而指导实践。

# 第 2 章　调解实践的理论化：从概念到哲学

## 一、中国调解传统与实践的理论化问题

欧美国家 20 世纪 70 年代逐渐形成的替代诉讼的纠纷解决机制（Alternative Dispute Resolution，简称 ADR）并不是受到了中国经验的启发，而是西方社会进入后现代以后，司法制度变得僵化，诉讼费用昂贵，诉讼时间漫长，以致无法适应日益纷繁的纠纷要求，因而采取的一种诉讼外的纠纷解决机制。

为了给这种实践赋予理论上的意义，西方学者们往往愿意在西方文化的源头寻找依据。经常看到有人从古希腊罗马文化中发掘灵感。很多词典、百科全书、以及专著中关于调解（Mediation）的词条都会从拉丁语 mediatio 入手。Mediation 这个词大概来自中古法语 Mediation/Mediacion。相近词有 Mediari（"介入"）和 Medius（"中间"）。据权威字典的解释，该词在英语中大约出现在 14 世纪，意为调解的行为或过程，尤其指介入当事人的纠纷，以期促成和解、解决或妥协。这种做法显然只是在为 ADR 制度寻求一种文化上的归属感，并不能证立西方有一个调解的传统。但无论如何，绝大多数西方研究 ADR 的学者不会认同西方的 ADR 的制度借鉴自中国的调解传统的说法。而中国的调解制度及实践在国际上也不像有些朋友们所说的，享有"东方经验"、"东方一枝花"的美誉。

然而，凡是具有中国文化背景的人，都会相信调解作为中国特色的纠纷解决机制，具有悠久的传统。史学家们指出，《周礼》"地官"中即有"调人"之设，"掌司万民之难而谐和之"（《周礼·地官·调人》）；秦汉以后，地方治安、微罪处罚、民事争执等，大都由地方自治或"调处"解决。此后，历朝历代的统治者都极其重视调解在社会治理方面的作用，将"调处"作为解决纠纷的主要方式。明清律明文规定民间调处的法律地位，一旦未经调处

而先上诉即以"越诉"处置；康熙"圣谕十六条"即规定了"和乡党以息争讼"、"明礼让以厚风俗"、"息诬告以全良善"等原则。

问题在于，中国的调解传统从未经过系统的理论化，经验只是流落在民间，未经概念化或认真研究过。我们不能排除历史上曾经有过致力于研究调解的尝试，但截至目前，我们还没有看到关于调解的经典著述或者详细记录，很难判断我们的传统如何影响了西方的 ADR 的实践。现在中国举国上下都在提倡调解，这为总结经验将其概念化、理论化提供了实践基础。

## 二、广安经验可否以及如何理论化？

我在新华网上读到一则关于赞美四川"大调解"的报道，感觉到有些问题不是很清楚。这则报道说，四川大调解是一个党委、政府领导的，政法机构综合协调，司法行政、法制部门和人民法院分别牵头，有关部门各司其职，社会广泛参与，人民调解、行政调解、司法调解既充分发挥作用又相互协调、配合的工作机制，其"横到边、纵到底，全覆盖"的组织网络，目的在于着力解决影响社会和谐稳定的源头性、根本性、基础性问题。[1]

读了这篇报道以后，我心中产生了如下问题：

1. 统一领导与各部门的具体职责？

2. 各部门如何协调？

3. 三种调解如何协调？如何才能做到"既充分发挥作用，又相互协调配合"，尤其是司法调解和行政调解之间如何协调？

4. 在这种从上往下的体系中当事人如何坚持自愿调解的权利？

5. 如何界定"大调解"？它与以前的"综合治理"有什么不同？

6. 除了制定政策法规，建立制度网络之外，还有哪些经验可以推广？

7. 对司法的权威性的影响？

8. "大调解"对建设社会主义法治国家的影响？

9. 如何协调法律、政策及道德之间的关系？

10. 个人纠纷如何会影响社会稳定？经费由谁负责？

---

〔1〕"四川全面构建'大调解'工作体系纪实"，载 http://big 5. xinhuanet. com/gate/big 5/news. xinhuanet. com/politics/2010 – 03/22/content_ 13222368_ 1. htm。本书引用的链接，皆于 2013 年 3 月 11 日重新访问。

　　徐昕教授说广安的实践很有特色，值得研究。我因此抱着学习的态度来参加这次会议，希望对广安的调解实践有一点初步的了解。同时，我也意识到我并不能专心致志地研究广安的经验。不过，作为一个学者，我对理论研究的一些心得也许可以供有心研究广安经验的人参考。因此，我就不揣冒昧，在此谈谈如何将经验概念化、理论化，如何能使广安的经验为全国，乃至国际社会所接受。

　　研讨会上我听了王正力局长的报告，观看了介绍广安经验的短片，深有感触。为了解决由一起学生溺水事件而引起的纠纷，广安的各级领导、司法官员、人民群众同心协力、共同探索，找到了一种理想的途径。在此基础上，将获得的经验推而广之，创造性的发展出一套具有广安特色的有效解决纠纷的机制，称之为人民调解的广安模式。广安市还建立了调解专家库和大调解体系，各个机构之间相互对接，以人为本、和谐共生，真心解决问题，解释政策法律、是非观等等。

　　人民调解的广安模式对中国纠纷解决机制做出了很大的贡献，但在理论与实践方面可能还需要进一步的研究，尤其是需要进一步挖掘其中一些宝贵的经验，把它理论化。具体来说，有以下四个方面的问题：第一，描述、评价广安模式。广安模式建立了 50 个网络体系，还是一种制度性的建构。从制度主义的角度来说，制度起关键性的作用，但是需要与制度的参与者和制度参与后产生的结果、制度背后的文化背景相结合，才能使它的运作有效健康。因此，对其理论化的第一步就是描述、评价该模式、展示制度是如何一步一步发展的。第二，抽象出制度背后的指导思想。我们看到这个模式是各个机构怎么来协调，怎么来制定各种法规，但是我们没有看到这个制度背后的主要价值是什么。法治依据的是理性、规则、对法的权威的尊重等。而调解所依据的理论价值是什么？也有一些研究，比如和、让、心诸如此类。这方面的价值可能需要从广安的经验中进一步挖掘。第三，如何从方法论和认识论高度来认识调解。广安模式对调解的定义还有很多值得探讨和商榷的地方。第四，如何界定调解的权利义务问题。从对人民调解的各种报道中可以看出几个主要的矛盾，其中一个就是运用政策、法律、社会规范进行调解时政策与法律之间是有矛盾的。司法调解和行政调解之间也是有矛盾的。在司法中，权利义务是通过法律来调整，那么在调解中权利义务应该通过什么调整？这些都需要我们进一步研究。

广安的经验可否理论化？一般而言，经验是个别的、非理性的、很难普遍化或者理论化，但并不是绝对没有理论化的可能。如何理论化？这是学者们的任务。实践部门的人忙于实务，极少有时间考虑理论问题。加之他们的关注点并不在于建构理论框架或发展理论，而在于解决现实中的实际问题。但没有从事实践的人的支持，学者们的理论则无处落脚。中国文化传统中理论化的层面比较薄弱。在此方面很需要探讨。

### 三、现实概念化的若干环节

（一）把握实践中的问题

现实生活中肯定出现了许多值得研究的做法，需要认真对待，适当的把握。

（二）对现实的概念化

现实存在和对现实的概念化之间存在着很大的距离。同样的现实存在可能有不同的概念表达，取决于理论工作者的视野、知识背景和对现实的认识程度，也取决于特定文化传统和历史条件的限制。

（三）概念的表达

概念的表达需要精确、清晰并符合逻辑，应该避免一些含糊不清的词语。比如程度不同的相对形容词：大小（关于"大调解"）、新旧、薄厚、好坏、高低、中西、黑红、深浅。再如数词。用数词表达概念是中国文化的特点，便于记忆，但不能成为理论分析的概念，更何况，它起过限制思想的作用，也会限制理论的发展。再如含糊不清的抽象词语：必然性、必然规律、必然要求；有机统一；有机结合；既矛盾，又统一……

"大调解"这个名词有区别于其他调解的地方，是反映现实的、比较正确的一个名词。但是，"大"这个词是不可以理论化的，"大"是个"相对形容词"，是不精确的也是比较难把握的。如果"大调解"是广安模式的乳名的话，我们还要给它一个学名。找一个比较精确的词来概括现实，是需要我们进一步思考的。

（四）概念的组织与归类

由于概念范畴是对现实存在的概念化，而现实存在是丰富多彩的，概念范畴便必然是千姿百态的。但是在众多的概念范畴中，有些起着决定或制约的作用，而另一些却并非如此。起决定作用的概念范畴为主要概念范畴，不起决定作用的范畴称为次要概念范畴。比如说，德、仁这个概念，在中国的文明秩序中是一个主要概念，而法则不是主要概念；利在当代西方的法律秩序中是一个主要概念，而义（righteousness）则不是一个主要概念。

概念范畴有原生和派生之分。原生概念范畴即反映原初倾向的概念范畴，略有点像 root metaphor，它可以派生出一系列与之有联系但又有区别的概念。比如德可以产生出"五德"来，而权利则可以产生出所谓财产权、人身权、政治权利以及经济权利等等。

概念范畴又可以分为抽象与具体，可数与不可数之分。抽象的概念范畴指形而上学的，思辨型的，高度概括的概念范畴；具体的概念范畴指具有操作性的，工具性的，可用来分析个案的概念范畴。一般而言，抽象的概念范畴不可数，而具体的概念范畴是可数的。在有些语言中，这种区分不甚明显，而在另一些语言中，语言形式、单复数就表达了这种区分：前者如汉语，后者如英语。这种区分表面上看似乎没有意义，但当我们进入具体讨论不同的概念范畴时，它们便会发挥巨大作用。

（五）与同类研究进行比较

概念和概念之间需要对比，对比之后看有什么共同的东西是可以提炼的。比如"广安模式"与"桃源经验"有何异同？再如，如何分清调解与司法的界限？是不是提倡大调解就不要司法制度，还是在适当尊重司法制度的前提下开展调解？

（六）评估概念的理论重要性

一个概念是否具有理论价值需要仔细评估，这需要相当的理论功底和对某一特定研究领域的详尽把握，需要集众人的智慧来共同完成。

（七）发表

当一个概念被评估为具有理论重要性之后，就应该以相应的形式和风格予以表达，公之于众，接受学界的批评和考验。发表的学问，犹如广告的学问，不可小觑。

## 四、从概念发展到学说、理论、哲学

欧洲大陆的学问里有这样的区别：概念、学说、理论、哲学。由概念发展为学说；由学说发展为理论；由理论发展为哲学。就调解而言，概念化以后接下来要做的就是将概念如何发展为学说。学说是将不同的概念结合在一起，发展成一套可以自圆其说的东西。我们把各种经验抽象出共同的东西后发展一套调解的学说。我们可能产生不同的学说。将不同的学说结合到一块发展出共同的东西就是理论。在这些理论中找出其中最具体最根本的概念来构成调解的哲学，就像法哲学中的权利、义务、公平等词一样。

### 五、调解哲学的基本概念范畴

如前所述，概念范畴可分为主要范畴与次要范畴、原初范畴与派生范畴、抽象范畴与具体范畴、可数范畴与不可数范畴。通过发掘，可以总结出调解哲学的如下基本概念范畴：和、让、关系、心、感情、定纷止争、中立、说服、是非观、保密、合法、自愿等等。那么，这些概念范畴又需要与司法中的主要概念，诸如权利、义务、诉讼、客观性、合法性、理性、公正、强制、融贯性、司法独立、中立等进行比较、区分。

实务部门关注调解实践的人确实很多，理论界也应当从实践中反思和提炼出经验、学说，比如像广安模式这样的经验很值得研究。需要徐昕教授的团队，还有有兴趣的学者进一步挖掘其中的一些宝贵经验，把它理论化。将调解上升到哲学的高度，需要进一步概念化，然后从概念到学说，从学说到理论，最后从理论到哲学。

# 第 3 章　回到调解？中国民事司法改革的局限

## 一、导论

回到调解是近些年来中国民事司法改革最醒目的变化之一。民事司法改革的起源可追溯至 1979 年，而尤以 2006 年之前那 10 年为甚。这一政策转向的标志就是从着重判决回到着重调解。在 2006 年，最高人民法院公开承认司法改革的部分失败，并发布了一系列司法解释来引导法官通过法院调解来解决争端。这一政策出台之后，地方法院纷纷调整其激励机制以鼓励和奖励法官在解决争端时优先适用调解。律师与法学家也开始重新发掘法院调解的效率、效益及其人道精神。[1]

中国法院在传统上就扮演着通过法庭调解解决个体纠纷的角色。自中华人民共和国成立之日至 80 年代末，中国共产党的意识形态要求法院通过民主方式解决纠纷，即通过说服与教育当事人的方式，而不是通过依法判决的方式解决争端。[2] 即使在后毛泽东时代的民事司法制度俱已建立，政治统治和社会道德仍在弱化着法律的作用，法院仍然继续将调解作为解决争端的基本方式。由此，法院提供了一个平台，在这个平台上适用的是中国式的谈判规

---

〔1〕　黄松有主编：《诉讼调解要务》，人民法院出版社 2006 年版。

〔2〕　Stanley B. Lubman, *Bird in a Cage*: Legal Reform in China after Mao, (Stanford: Stanford University Press, 1999), p. 275; Michael Palmer, "The Revival of Mediation in the People's Republic of China (2): Judicial Mediation", W. E. Butler (ed.), *Yearbook on Socialist Legal System*1989, (Dobbs Ferry, N. Y.: Transnational Publishers, Inc., 1990), pp. 145～171; Donald C. Clarke and James V. Feinerman, "Antagonistic Contradictions: Criminal Law and Human Rights in China", 141 *The China Quarterly* 135 (1995); and Fu Hualing, "Putting China's Judiciary into Perspective: Is It Independent, Competent and Fair?", Erik Jensen & Tom Heller (eds.), *Beyond Common Knowledge*: *Empirical Approaches to the Rule of Law*, (Stanford: Stanford University Press, 2003), Chapter 6.

则，而不是法律规则。

通过一系列旨在使民事诉讼程序正规化和职业化的改革，最高人民法院试图弱化法官在审判过程中的能动的、干预的和纠问的角色，同时给当事人双方在案件处理中更多的自主和自由，并允许一定程度对抗型因素的渗入。与此同时，法官也不再满足于解决个人纠纷，而期望在发现法律、适用法律及宣示的过程中扮演更为积极的角色。自1988年以后的将近20年里，法院达到了一定程度的机构自主。民事司法领域的职业化与法治逐渐建立起来（这反映在程序规则的复杂化、法庭诉讼的程式化，以及日益提升的法官教育与培训）。这一改革的直接后果就是19世纪80年代末到21世纪初这段时间法庭调解稳定又显著下降。

然而，发生在法院内部的司法改革仅仅局限于处理普通民事和商业纠纷的民事司法系统。这一改革对政治体制没有产生任何影响，也没有显著提升司法机关的权威，以及其相对于其他国家机关的独立性。因为上述改革中缺乏真正的政治资源，司法改革的进程和民事司法的独立性都没有加强。2003年社会冲突加剧，表现在上访和影响社会稳定的事件突然增多。对现状不满的农民、工人和其他社会成员纷纷绕过司法机关，将民事纠纷直接诉诸于北京的中央政权。法院成了社会矛盾加剧的替罪羊，并为真实与想象中的司法低效而受指责。结果是，司法改革受阻，甚至部分逆转。

法院回归调解是法院外部力量对法院职业化和规范化改革的影响的直接后果之一。近来对法院调解的推广，其标志性特征就是对司法效率的关注，而这种关注是出于工具主义的考量。正式的（对抗式的）司法判决，被沦为不能有效解决日益增长的社会冲突，也不能为改革中的体制提供合法性的地位。由于这一政治冲击，法官被迫退回到一个更为大众化的角色，寻找合适的规则，解决争端。

本章探讨司法调解的兴起、消退与再度兴起这样一个演变的过程。本章共有6个部分。在导论之后，第二部分详细描述了民事司法体系的发展，并解释它在政治上的边缘地位是如何为后来的民事司法改革创造了机遇和空间。第三部分分析民事司法改革的第一个阶段，包括推动司法调解向司法判决转变的各项因素。第四部分审视了从肖扬上任最高人民法院院长开始的民事司法改革第二个阶段的推动力。第五部分回顾并梳理了导致民事司法改革停滞甚至部分倒退的诸项因素。第六部分是结论。

## 二、民事司法的兴起

### （一）民事司法的边缘化

后毛泽东时代中国法院最醒目的变化就是民事法律和民事司法的兴起。在 50 年代至 70 年代中国的法院主要扮演的是刑事法院的角色，因为虽说民事案件在逐年增加，中国法院所处理的案件从数量上和本质上来讲都是刑事案件。1979 年以前法院所受理的案件大约一半都是刑事案件，并且有些年刑事案件的数量大大超过了民事案件的数量。从 80 年代早期开始，法院受理民事案件的数量开始超过刑事案件的数量，并且两者在数量上的差距仍呈扩大之势（见图 3 – 1）。

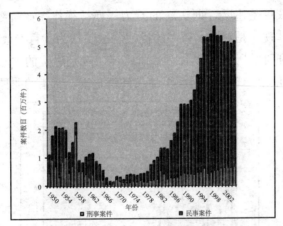

**图 3 – 1：1950 ~ 2005 年中国法院刑事和民事案件的收案数量**[1]

早期的刑事案件不但数量多，也被认为比民事案件具有更大的政治和社会影响力。那时刑事司法的显著特征就是刑事案件的政治化，法院成为党的政治控制的工具。毛泽东的“矛盾论”长期指导着中国对社会冲突的治理。中国的人民民主专政经常被解释为对人民的民主和对敌人的专政。已废除的

---

〔1〕　图 3 – 1 中“民事案件”包含 1950 ~ 1998 年的民事案件、1983 ~ 1998 年的经济案件，以及 1987 ~ 1998 年的行政诉讼案件。1950 ~ 1998 年的数据，参见最高人民法院研究室编：《全国人民法院司法统计历史资料汇编 1949 ~ 1998（刑事部分）》，人民法院出版社 2000 年版（以下简称《刑事司法统计》）；最高人民法院研究室编：《全国人民法院司法统计历史资料汇编 1949 ~ 1998（民事部分）》，人民法院出版社 2000 年版（以下简称《民事司法统计》）。关于图中所显示 1999 ~ 2005 年的数据，参见 2000 ~ 2006 年的《中国法律年鉴》，中国法律年鉴社出版 2007 年版。

1975 年《宪法》这样写道：

> 社会主义社会是一个相当长的历史阶段。在这个历史阶段中，始终存在着阶级、阶级矛盾和阶级斗争，存在着社会主义同资本主义两条道路的斗争，存在着资本主义复辟的危险性，存在着帝国主义、社会帝国主义进行颠覆和侵略的威胁。这些矛盾，只能靠无产阶级专政下继续革命的理论和实践来解决。[1]

毛泽东将社会冲突划分为两类矛盾：一类是敌我矛盾；另一类是人民内部矛盾。如同其他的革命国家一样，[2]中华人民共和国有两套司法系统，一套适用于支持政权的人民，一套适用于反对政权的敌人。《刑法》就是长期被人民用来对付敌人的工具。

犯罪不再仅仅是违反《刑法》的行为，亦被视作无产阶级与资产阶级之间阶级斗争的体现，是对政治秩序的挑战。法院作为实行专政的场所与工具，负有阶级斗争和阶级压迫的使命。惩罚反革命者是法院的中心职责。50 年代至 70 年代期间法院受理的大量反革命案件就是以上所指的明证（见图 3 - 2）。

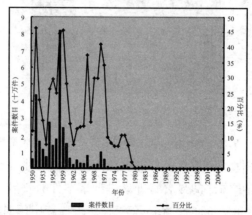

图 3 - 2：1950 ~ 2005 年中国法院一审反革命案件数量 [3]

---

〔1〕1975 年《宪法》前言。

〔2〕Richard L. Abel（ed.），*The Politics of Informal Justice*，New York：Academic Press，1982.

〔3〕图中 1999 ~ 2005 年的数据包含"军人违反职责罪"案件。百分比代表一审反革命案在全部一审刑事案件中所占的比例。1950 ~ 1998 年的数据，参见《刑事司法统计》，图 1 中"民事案件"包含 1950 ~ 1998 年的民事案件、1983 ~ 1998 年的经济案件，以及 1987 ~ 1998 年的行政诉讼案件。

"矛盾论"指出人民内部矛盾的非对抗性，这种矛盾应该用民主方法加以解决。民主的方式就是在"团结—批评—团结"公式下的说服教育。毛泽东的目的是要强调，在与阶级敌人斗争的同时，承认人民内部矛盾的存在是必要的。人民内部矛盾应该被耐心且宽大地处理并在法庭之外解决。对于毛泽东来说，两种矛盾有两种不同的解决方式，每种方式都有其自己的逻辑、制度、程序和后果。

法院是用来处理严重罪行的。民事纠纷都在社区和单位内部被消化了。警察惩治轻微的罪行。确实，左倾思想的领导还提出"专政机关不管人民内部矛盾"，否则无产阶级专政会被破坏。在处理大量的刑事案件的过程中法院缺乏机构自主性。有时，共产党直接控制了刑事案件的审理过程，地方党委书记个人决定案件的审理结果。但大多数时候，共产党是通过警察来控制刑事案件的办案过程的，法院更多扮演的是一个象征性的角色，以协助镇压反革命分子以及其他阶级敌人。

（二）民事纠纷与民事司法

民事司法的兴起要归功于中国自 20 世纪 70 年代启动的三大政治法律制度的改革。第一个改革是"改革开放"以及从革命到现代化的国策转变。以中共召开第十一届三中全会和 1978 年《宪法》的颁布为起点，中共开始修正并取消过激的政治和法律意识形态和政策。法律和政治机构不再被视为无产阶级的专政工具，而被认为是为新的经济政策和"四个现代化"服务的。

第二个改革是，政治审判从数量上和质量上都逐渐下降。反革命案的数量已减少到微不足道的比例，也对司法的发展毫无影响。的确，到了 70 年代末，显而易见大量犯罪者都不再是阶级敌人，而是青少年。他们是工人、农民阶级的后代。以此而论，与"专政"和"阶级斗争"相关联的旧机制和旧程序都不再适用了，刑事诉讼需要被重塑和柔化以适应人民内部矛盾的处理。

第三个改革是民事纠纷在数量上与质量上的变化。不仅是民事案件在数量上持续增长，纠纷类型也在变化。80 年代前的民事司法主要负责处理婚内纠纷、邻里纠纷、个体间的小额债务，以及熟人之间的争吵。这些纠纷主要发生于家庭成员之间、邻居之间、同事之间。在静态的经济和社会关系中，民事司法主要通过解决上述纠纷来重建紧密社群中的人际关系。而改革开放后的社会经济改革可能产生新类型的纠纷，为法院带来新的挑战。

正是在这一历史时刻最高人民法院开始重构民事司法制度。在一系列民事审判工作的会议上，最高人民法院启动了长达 30 年的民事司法改革的进程。例如 1978 年 12 月到 1979 年 1 月，青岛举行了全国民事审判工作会议，最高人民法院的前任院长江华就在会议上谈起民事司法的重要性。[1]首先，他指出除了文革那 10 年，民事案件的数量比例一直都超过刑事案件。他预测民事纠纷在不远的将来会继续攀升。其次，他亦提出民事司法与刑事司法一样重要，因而应受到同等对待。民事司法的边缘化是激进的政治思维导致的：

> 长期以来，由于受了人民法院是专政的"刀把子"这种片面的司法理念的影响，人民法院的民事审判工作不受重视。人民法院内部盛行"重刑轻民"的思想，不少民事审判人员包括一些领导干部对民事审判工作的重要性认识不足。[2]

因此，没有理由再坚持"重刑轻民"的理念，绝大多数的刑事案件都不再是反革命案了。即使在刑事案件的审判中，法院也主要是处理"人民内部矛盾"。借着这样有创意地界定犯罪，江华得以将民事审判与刑事审判等量齐观。既然刑事与民事司法都是用来处理人民内部矛盾，将民事与刑事司法区分开来的阶级斗争与敌我矛盾的理论就不能继续有效指导法院的运作了。

另一方面，对于江华来讲，"民事案件包括各种各样的人民内部纠纷，涉及面广、情况复杂、政策性很强。"他预言未来 30 年民事司法将主导司法话语：

> （民事案件）关联着国家、集体和个人的利益，……关系到家庭和睦、社会安定和四个现代化建设。……人民法院审理民事案件，必须从大局出发，不仅要合法，还要合情合理。[3]

趁着强调民事审判工作的重要性和特殊性之机，最高人民法院重新定位

---

〔1〕"民事审判工作同等重要"，载《江华传》编审委员会编：《江华传》，中共党史出版社 2007 年版，第 16 章第 5 节。

〔2〕"民事审判工作同等重要"，载《江华传》编审委员会编：《江华传》，中共党史出版社 2007 年版，第 16 章第 5 节。

〔3〕"民事审判工作同等重要"，载《江华传》编审委员会编：《江华传》，中共党史出版社 2007 年版，第 16 章第 5 节。

了自己在司法制度中的位置并开始主张其机构自主性。头一件事就是梳理法院工作与党的领导之间的关系。毫无疑问，法院是在党的领导之下的，正如最高人民法院副院长曾汉周所说，只有当法院处于党的领导之下时民事审判才是完整的。曾汉周指出在四种情况下法院应该直接向党委汇报以寻求指示：

(1) 民事纠纷的起伏、特点和趋势，民事审判工作所面临的主要难题；

(2) 重大、疑难和涉外的民事案件；

(3) 上级法院做出的重要判决；

(4) 上级法院的判决改变了党委批准的本级法院的判决。

上述需要党委批准和指示的案子只占了 20 世纪 70 年代的民事案件总数的很小的比例。更重要的是，曾汉周号召法院独立判案，而且主张在具体案件的审理中，当党委的指示与法律条款不符时，法院可以对党委指示存有异议。曾汉周说：

在认定案件事实和适用政策法律的原则问题上，人民法院与同级党委如有不同意见，可以提出理由和根据，申请党委复议，也可以向上级人民法院请示汇报。人民法院的领导同志和民事审判干部，都要本着对党和人民负责的精神，随时坚持真理，修正错误，把案件办好。[1]

这是在后毛泽东时代有关司法独立的早期迹象之一。在接下来的章节里，曾汉周谈到一个更加敏感的话题，即对党忠诚和对法律忠诚之间的关系与张力。他说中国已经进入了一个新的发展阶段，正在加强社会主义法制建设，"人民法院的领导同志和审判人员，一定要坚持人民法院依照法律规定，独立进行审判，不受任何机关、团体或个人的干涉的司法原则。[2] 认定某一案件的事实，适用政策、法律，只能由人民法院审判人员、合议庭及审判委员会确定。"[3]

曾汉周接着批评了有人提出的服从法律就是不服从党委领导的观点。他解释说，法律经过党中央的审定，并由全国人大或其常委会通过和公布，是

---

[1] "民事审判工作同等重要"，载《江华传》编审委员会编：《江华传》，中共党史出版社 2007 年版，第 16 章第 5 节。

[2] 特别的是，四年后，同样的表述被载入 1982 年《宪法》。

[3] "民事审判工作同等重要"，载《江华传》编审委员会编：《江华传》，中共党史出版社 2007 年版，第 16 章第 5 节。

党和人民都必须遵守的。依法办事与党的领导是一致的。将党的权力置于宪法的框架内，最高人民法院其实是在论定党在理论上不应、不能、也不会做出违反法律的决定。如果一项决定与法律不符，那么这项决定就不会被承认是党委的决定。

这一篇比较激进的演讲重新界定了最高人民法院与党的关系。这一宣告是在全国司法会议的公开场合做出的，还被《人民日报》详细报道过。[1]

（三）民事司法的自主性

民事案件的主导性和民事司法的显著性也引起了一场示范性的变革。"政治任务"的减少意味着法院的政治色彩的减弱，从而留下了更多自主酝酿和制定司法政策的空间。从机构设置上来说，无论是在民事司法还是刑事司法的领域，法院都有其相对的自主性。民事司法体系中的法院，主要是自主对应双方当事人的法律诉求。的确，外在的权威设计了众多机制与程序来监督法院，包括党的领导、人大监督和检察院的约束。然而这些外在的控制都是间接的，未能有效地触及到民事司法的程序。

法院在民事司法的法律制定和实施上的权力清楚体现出司法的自主性。首先，法院可以相当自由地制定和实施有关民商事纠纷的法律规则。针对中国法院的研究容易被忽视的一面就是，由于民商事领域的非政治化的特征，最高人民法院在有关民事司法方面有近乎垄断的立法权。而且，法院因其适用法律和解决纠纷的机构能力在这些领域也取得了相对于其它机构的优势地位。一个威权体制中，法院或许是弱势的，但立法机关会更为弱势。最高人民法院是民事诉讼程序立法的主要推手，它作出的民事司法改革的安排一般都被全国人大及其他机构的首肯。民事诉讼程序的规则是高度技术化的，权力机构因此都乐意让最高人民法院自己去斟酌。更重要的是，最高人民法院在解释国家法律方面不受限制。1981年，全国人大常委会授权最高人民法院自主解释有关民事纠纷的国家法律。有了这项释法权，最高人民法院发展出一套有效地改写全国法律以配合司法实践的惯例。最高人民法院的司法解释比法律更加具体，并可以被直接适用于具体案件。逐渐地，中国法院遵行的

---

〔1〕 "正确处理人民内部纠纷，发展安定团结局面"，载《人民日报》1979年2月6日。

不再是全国法律，而是最高人民法院的司法解释。[1]

最高人民法院不光有权制定和解释民事诉讼的规则，它还有权应用这些规则并且改造全国司法体系中的民事司法。例如，作为最高一级的司法权威，在一些外部条件制约的状况下，最高人民法院仍然可以自由地促成主要的民事司法改革。中文与英文的文献探讨了很多中国法院对政权的依赖，强调地方党委和政府控制的大事权和财政权。然而除了在这些方面之外，最高人民法院和高级人民法院实际上掌控事权，尤其是民事司法的运作，包括民事法庭的结构、审判程序、证据规则等。最高人民法院还有权决定调解的地位，以及调解与判决的关系。在民事司法领域，中国最高人民法院兼立法权、司法权、行政权于一身，为他国少有。

### （四）民事司法的典型

主导中国民事司法的原则从 20 世纪 50 年代到 80 年代一直在演变，但倾向调解甚于判决的主导思想却从未改变。在新中国成立以前，中共政府广泛地在其控制地区使用调解。随着新中国的成立和司法系统的构建，调解被视为司法解决纠纷的必要和关键的一环，要求法院必须在裁决之前先行调解。到了 1958 年，关于调解的要求已经既具体又清晰。法官要遵循一个十二字指引："调查研究、调解为主、就地解决"。随后这十二字指引发展为十六字方针："依靠群众、调查研究、调解为主、就地解决。"

最高人民法院在 20 世纪 70 年代后期启动了民事司法改革，当时的司法改革仅限于一些基础的和形式上的事项。首先，最高人民法院要求民事案件要公开审判，使法官正式、公开、负责地审判。特别是，公开审判需要正式规则和程序以供法官遵循，这也为以后进一步的诉讼程序改革打下基础。其次，最高人民法院承认了当事人在民事司法中的实体和程序权利。这使得当事人得以在诉讼中扮演更积极和有意义的角色，这也为若干年后进一步发展对抗式的诉讼程序打下了基础。

司法机关一边为民事司法寻找新的形式，一边还要处理日益增长的纠纷，它必须依赖其最熟练的方法。所以，司法机关继续依赖调解。在 80 年代，调解依然是中国民事司法的重要原则，民事诉讼发展为包含调解在内的四步曲：

---

[1] Liu Nanping, *Judicial interpretation in China: Opinions of the Supreme* People's Court, Hong Kong: Sweet & Maxwell, 1997; Susan Finder, "The Supreme People's Court", 7 *Journal of Chinese Law* 111 (1994).

访问、调查、调解、判决。收到控诉，法官会询问双方以理解各自的要求和辩辞。然后法官会主动调查案件事实，并收集证据来证实双方的主张和辩护理由。一旦法官确定了案件的事实和所依据的法律，他们就召集纠纷的各方来参与调解。只有调解一再失败的情况下，纠纷才需要裁决。法官在审理案件过程中积极介入成为民事司法的关键。大量的诉前调查，使得法官主导整个过程；相对地，诉讼各方成为比较被动的参与者，不得不依赖法官的能力与品格。

直到 80 年代末，调解仍然是中国民事司法的范式。主审法官接受的是毛泽东"矛盾论"的理论训练，而没有解决民事纠纷的其他理论。法院将调解视为民事司法的核心，而审讯则因此形同虚设。只有在少部分法官接受了正式的法律教育的情况下，法官自然会更多依赖调解，致力于使法院达到较高的调解成功率。

### 三、民事司法改革

司法政策向判决的转移发生于三个层面。在个人的层面，经过正式培训的法官取代了过去一代革命干部出身的法官；在意识形态的层面，司法机关提倡司法职业化和民事司法的形式主义；在政策的层面，司法机关强调判决在建设规则和法治的过程中的重要性。司法政策的移转逐渐和稳定地限制了调解的适用。

#### （一）新的一代

新中国的法学院在 20 世纪 50 年代早期开始招生，在 1956 年达到高峰，当时全国法学院共有 2516 名学生。[1] 但从 1958 年起，法学院招生数目开始下降，1966 至 1971 年间甚至停步。吉林大学从 1972 年开始招收法律专业的学生（36 人），接着北京大学从 1973 年开始招收法律专业学生（61 人）。中国在 1977 年重新启动高考，在此之前，中国的高校已经录取了共 16 557 名法学专业学生，并有 19 709 名毕业生，包括从其他专业转到法学专业的（见图 3－3）。这些早期接受法学训练的人在后毛泽东时代的法学教育与法制体系的重建中扮演了重要角色。

---

〔1〕 资料显示，1953 年全国政法院系法律本科招生人数为 1175 人。霍宪丹：《不解之缘：二十年法学教育之见证》，法律出版社 2003 年版，第 369～370 页。

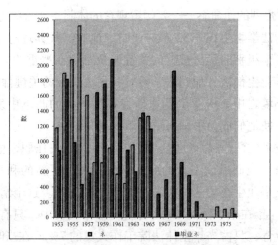

图 3 - 3：1953 ~ 1976 年全国政法院系法律本科招生及毕业生统计 [1]

　　1978 年，中国的法学院校重新开启大门并大规模地招收法律学生。1978 年六所法学院校一共招收了 729 名学生；1979 年这个数额增长到 1947 名；1980 年增长到 2557 名；1981 年增长到 3483 名；1982 年增长到 3678 名。[2] 早期的法律专业学生有一些在今日的法律学生身上已经看不到的特点。首先，这些学生在入学时年纪都偏大。其次，这些学生在入学以前有生活和工作经验，也更为成熟。最后，这些学生是近 20 年来首批的法律专业学生。[3]

　　这些学生所接受的是政治色彩重于法制色彩、理想性重于实用性的法学教育。在那个年代中国的法律很少，但对法律所能提供的期望则很高。法律学生学到的关于法制史和法律哲学（中国与西方）的知识多过实际应用的技术层面的知识。在文革结束之后，党和社会有一种文化共识，即文革中的混乱与暴力不应该再发生，而民主与法治就是最好的防范机制。大多数法律学生如同政治领导一样，都是文革中的幸存者，文革中的经历更坚定了他们对法律的信念。新的一代不仅旨在适用和实践法律，更立志用法律来改造社会。他们自喻为中国法制进程中的分水岭，代表了无序与法治之间的区分。在部分法律学

　　〔1〕　资料显示，1953 年全国政法院系法律本科招生人数为 1175 人。霍宪丹：《不解之缘：二十年法学教育之见证》，法律出版社 2003 年版，第 369 ~ 370 页。

　　〔2〕　霍宪丹：《不解之缘：二十年法学教育之见证》，法律出版社 2003 年版，第 369 ~ 370 页。

　　〔3〕　霍宪丹：《不解之缘：二十年法学教育之见证》，法律出版社 2003 年版，第 369 ~ 370 页；陈慧谷："寻找社会变迁的印迹——以毕业 20 年的法律大学生群体为分析单位"，载《比较法研究》2006 年第 3 期。

生中间还有一种强烈的使命感——要颠覆现存的体制，开始新的一套做事方法。

当新一批的法学学生在 1982 年毕业时，他们实践其理想的机会亦是前所未有的。当时各个级别的司法机关的关键职位都存在严重的人才短缺。因此，大部分的法学毕业生都被分配到法学教育和司法决策的关键部门。[1] 在那个急需人才的大环境之中，毕业生迅速地在司法机关的改革中发挥作用。才华与机遇的结合，使他们成为中国司法改革的催化剂。

随着越来越多的法学院校的毕业生进入司法机关任职，他们形成了法院内部的重要一派。他们形成了新的身份认同，发展了新的利益。正规法学教育培养出的法学毕业生在司法机关占据着较小的比例。这个情况在 80 年代很明显。比如 1983 年在全中国的 13 万名法院工作人员中，只有大约 8000 人接受过法学高等教育，只占当年全体法院工作人员的 7%。在当时的法官中，只有少于 3% 的人是法学院校的毕业生，[2] 他们大部分都是在 60 年代接受法学培训。[3] 一份最高人民法院的报告声称，只有 500 名法学院校毕业生在 1980 至 1983 年期间被分配到全国各地的法院。10 年后，接受过正规法学专业培训的人员依然只占中国法院里很小的一个比例。[4]

虽然这个比例反映实际数字，但它可能会产生误导。我们知道在 80 年代超过 80% 的法学院校毕业生加入了中央和省级以及沿海城市的各种司法机关。[5] 他们中的许多人加入了最高人民法院、最高人民检察院、司法部以及省级的这些部门。这些都是高级别的决策机构。对 80 年代上半期的法学毕业生而言尤其如此。

法学毕业生中的另一支队伍，尤其是对于 80 年代后半期的法学毕业生，加入了沿海大型城市如上海、广州和深圳的司法机关。[6] 到了 80 年代后期，

---

〔1〕 陈慧谷："寻找社会变迁的印迹——以毕业 20 年的法律大学生群体为分析单位"，载《比较法研究》2006 年第 3 期。

〔2〕 苏泽林：　"司法考试打造职业门槛"，载 http://www2. qglt. com. cn/wsrmlt/jbzl/s/suzelin/su1. html.

〔3〕 张建军："我国司法官遴选制度的建构"，载《国家检察官学院学报》2005 年第 5 期。

〔4〕 中国法院里大概有 24.7 万名干部，其中 628 人（0.25%）拥有法学研究生学位；1.4 万人（5.6%）拥有法学本科学位；6.87 万人（26.31%）拥有法学的文凭。参见霍宪丹：《不解之缘：二十年法学教育之见证》，法律出版社 2003 年版，第 369～370 页。

〔5〕 赵晓秋："恢复是一切的开始——法学教育 30 年的变迁"，载《法律与生活》2007 年第 14 期。

〔6〕 潘剑锋："中国司法制度改革的若干问题"，载《烟台大学学报（哲学社会科学版）》2001 年第 2 期。

如果以接受正规法学教育为衡量标准的话，最高人民法院和高级人民法院以及沿海和经济发达地区的法官，是高度职业化的。

法学毕业生中的第三个团体，本科毕业后，或在大陆或在海外进修后加入了法学学术圈。他们立即（常常是理想化地）引进国外的法制实践，并推广在民事诉讼领域的法制改革，以加强中国民事司法的现代化和制度化。通过教学和研究，他们也影响了未来一代的法官。

这三股力量加在一起，形成了一个自由化思想的法律职业群体，他们共享关于法制改革的理念，也彼此相熟。他们一起发起和开展了中国民事司法体系的自由化改革。学院派的律师利用其职业的自由度，发动了对现有实践的批评，并推进和支持司法改革的议题。最高人民法院的法官依据学术知识和沿海城市的法制改革的经验来制定并推动改革的决策。

这个法律职业共同体中的每一方都对民事司法改革做出了自己的贡献。在高级人民法院法官的支持下，最高人民法院的法官在这个改革过程中扮演着主导的角色。地方的法院提供了改革的试验田，也为 80 年代后期和 90 年代初期的民事司法改革提供了示范模型。法律学术圈担任了改革的吹鼓手。

（二）对调解的冲击

在传统的模式里，法院在民事司法体系中的功能是解决个体间的纠纷。中国的法院，如其他国家的法院一样，在双方当事人的纠纷中做出决定。解决纠纷的功能很重要，但中国的司法改革者们还希望法院在使用和宣告规则时扮演一个更为重要的角色。以调解为重心是毛泽东时代中国法院的最显著特征；而现代化的法院，则以确定共同规则为首任。

对于新一代中国法院的法官而言，如果一个法院仅仅是解决纠纷，而不是判断是非，这样的法院不能被称之为法院；[1]如果激励机制只是让法官无原则地定纷止争，这亦不能被视为是司法过程。调解的问题在于它将社会问题个体化/私有化。如果最终目的是解决一个案件，案件的个体化就成为一种趋势。调解关注的是特定的纠纷和争执者，而非个案之后的普遍性规则。中国的司法改革者们强调使用普遍规则的重要性，而非用道德、经济、政治或其他标准来解决纠纷，所以法官可以发展预定的、规范的、和

---

[1] Theodore L. Becker, *Comparative Judicial Politics：The Political Functionings of Court*, Chicago：Rand MaNally, 1970, p. 100.

确定性的规则。

逐渐地，法官和学者们对调解制度提出了系统的批判。大量的研究调查表明，法院调解并非自愿，法官经常通过利诱或胁迫的方式迫使一方让步。因此，法院达成的调解协议常常是不公平的，很可能的是弱势的一方（尤其是原告）在达成协议时被迫作出妥协。同时，一般认为调解的过程不正规、不透明。另外，由于责任制度的缺位，调解亦容易导致腐败的出现。[1]

与审判相比，调解是劳动密集的工作，而且通常比判决需要更长的时间。但需要注意的是，按天计算，调解则比判决需要较短的时间。例如一项关于基层法院和中级法院调解和判决的研究表明，在基层法院，法院要花费 61.8 天来判决一个案件，但只需 23.6 天就可以调解一个案件。将县的法院（民一庭）与法庭分开来看，民一庭要花费 72.4 天来判决一个案件，43.2 天调解一个案件；法庭则要花 51.2 天判决，33.2 天调解。中级法院处理上诉案件也有相似的时间表（57 天用于判决，41 天用于调解）。[2]唐应茂在他关于 2500 个民事案件的研究中有类似的发现。根据他的发现，1558 个用判决解决的案件平均需要 99 天做出判决；562 个用调解解决的案件平均需要 59 天达成协议。[3]

但是仔细观察这些研究，就会发现虽然调解花费更少的天数，它却花费了更多的小时。法官常常要高强度地工作，以较快地达成协议，免得当事人一方改变主意。就像一位作者所评论的，由于责任制的存在，判决使法官花费更多脑力劳动；调解则使法官花费更多的体力劳动，因为协议的达成需要额外的精力和时间。[4]

因此，如果以小时来计算（本该如此计），调解比判决花费更多时间。这就解释了为什么在高压的时间表下工作的法官，尤其是城市中的法官，倾向于判决而非调解。当工作量稍轻的时候，法官倾向于调解以规避责任；但当

---

〔1〕 王勇等："转变调解观念、深化调解改革、充分发挥调解作用——对深圳市两级法院民商事调解工作的调查分析"，载邓基联主编：《调解制度改革与探索》，海天出版社 2003 年版，第 20～30 页。

〔2〕 吴晖："民事诉讼调解与判决之效率量化比较"，载 http://www.chinacourt.org/html/article/200404/05/110070.shtml；唐应茂："一个关于判决、调解和执行关系的实证研究"，载《中外法学》2006 年第 6 期。

〔3〕 剩下的 284 宗案件被归入其他类别，包括撤销、管辖权的转移，等等，平均要花费 66 天。参见唐应茂："一个关于判决、调解和执行关系的实证研究"，载《中外法学》2006 年第 6 期。

〔4〕 唐应茂："一个关于判决、调解和执行关系的实证研究"，载《中外法学》2006 年第 6 期。

案件数量攀升, 法官无法承受调解的反复繁琐, 他们因此就倾向于简单的判决以使案件快速完结。

更重要的是, 调解不见得一定比判决更有效。法官可以借拖延审判或其他手段迫使当事人双方达成调解协议, 但这个协议直到法院执行才有法定效力。[1] 于是很自然地当事人双方都可能以调解作为一个拖延策略: 答应达成协议, 但进行长期的谈判, 又拒绝履行协议。

即使在调解协议被正当执行产生效力, 当事人双方, 通常是原初的被告方, 仍然会要求法庭重审, 理由是这过程是非自愿的、结果是不合法的。[2] 法院判决执行难是众所周知的问题。[3] 一般认为, 调解可以提高执行率, 因为协议是双方合意做出的, 一旦当事人双方离开法庭, 便是案结事了。然而, 实际证据表明并非如此。执行一项调解协议可能与执行一个法庭判决一样困难。虽然不乏媒体关于调解协议得到近乎完美的执行的报道, 但更多严肃的研究指出调解协议的绝大部分没有得到自愿的履行。一项福建的研究表明, 闽南一个基层法院的不履行率在 2003 年高达 83.5%; 2004 年高达 71.6%; 2005 年高达 82.2%。[4] 的确, 当事人双方绝少自愿履行其调解协议的。一项关于安徽的研究指出, 就有 53.32% 的调解协议进入到执行阶段。[5] 唐应茂对 1998 到 2004 年间 3000 例经济纠纷的执行状况的研究亦得出了相似的结论。[6] 不管拒不履行的理由如何, [7] 失利的一方总不情愿认真对待调解协议。

对于最高人民法院的法官而言, 最重要的是调解阻碍了法官职业化改革与法治进程。在法院调解中, 法官不仅是律师和教育家, 而且还成了处理更

[1]　《民事诉讼法》第 214 条。

[2]　《民事诉讼法》第 203 条。

[3]　最高人民法院前副院长黄松有提到, 60% 的法院判决或调解协议不会得到自愿遵行。唐应茂:"一个关于判决、调解和执行关系的实证研究", 载《中外法学》2006 年第 6 期。

[4]　樊美清等:"调解: 要防'案结事未了'", 载《人民法院报》2007 年 4 月 26 日。

[5]　吴晖:"民事诉讼调解与判决之效率量化比较", 载 http://www.chinacourt.org/html/article/200404/05/110070.shtml。

[6]　唐应茂的结论是, 适用判决的案件和适用调解的案件, 进入到执行程序的百分比是大致相同的。参见唐应茂:"一个关于判决、调解和执行关系的实证研究", 载《中外法学》2006 年第 6 期。

[7]　福建调查的作者们提到三个理由是: (1) 法官在当事人双方不同意的情况下强加给他们一个协议; (2) 当事人只把调解作为谋取自身利益的缓兵之计; (3) 协议本身没有起草好。樊美清等:"调解: 要防'案结事未了'", 载《人民法院报》2007 年 4 月 26 日。

深纠纷根源的社工。调解在中国依靠生活经验和人际技巧，只运用少量的法律知识和技术。[1] 由于法律与规则不是调解的核心，法官并不能通过调解提高自身的法律修养和技巧。[2]

从更深一层看，调解阻碍了规则和制度的发展。Owen Fiss 和 David Luban 抓住了这个中国特色，犀利地指出大行其道的调解是如何和为何侵蚀了公共领域，并降低了作为社会基础的规则的出现、澄清和强化的机会。对 Luban 而言，法庭是一个容纳不止是当事人双方，还有更广泛大众的公共论坛。通过判决的过程，法庭区分对错、确定规则、证实社会价值，由此搭建了一个社会与法的框架来支配公民行为。Luban 认为调解牺牲原则、规避公共议题，并制造了一个拒绝公共参与和担责的"私人空间"。[3]

法庭调解到底是否倚赖和发展了可持续与独立的原则与规则，这点还有待商榷。但在中国的语境下，调解既缺乏道德说教，又毫无法律原则，剩下的仅仅是实用主义的考虑。

### （三）法院调解的改革

最高人民法院在 1988 年启动民事审判改革，目标之一旨在限制调解的适用。最高人民法院一边强调调解在解决纠纷中的重要性，一边否认用调解率来衡量法院和法官的表现这样一种衡量标准的合法性。最高人民法院还用严厉的言辞批评了普遍存在的强制调解的现象。到了 80 年代后半期，最高人民法院已不再着重调解，并开始强调以自愿和合法作为衡量调解的效率和正当性的核心价值。当时的主流话语是，若不是出于当事人双方的真实的同意，法院不应该将调解强加于双方。调解必须在实质和程序上都符合法律规定。

意识到法庭调解是司法体系一个不可缺少的部分，司法决策者开始区分哪

---

〔1〕 这也部分地解释了为什么中国缺少专门关于调解的培训和培训材料。因为调解被视作一门艺术，而不是一门科学，所以调解技术很难由一个人传授给另一个人。

〔2〕 在对法官的访问中发现，法官的教育背景影响其是否把调解作为优先选择。受过正式法律教育的年轻的法官一般会优先考虑判决而非调解。在深圳的调查中，当问到"为什么不更多适用调解"时，44.9%的法官回答说因为不知道该怎么做。这也部分地解释了为什么中国缺少专门关于调解的培训和培训材料。因为调解被视作一门艺术，而不是一门科学，所以调解技术很难由一个人传授给另一个人。

〔3〕 Owen M Fiss, "Against Settlement", 93 *Yale Lale Law Journal* 1073（1984）; David Luban, "Bargaining and Compromise: Recent Work on Negotiation and Informal Justice", 14 *Philosophy and Public Affairs*6 397（1985）; David Luban, "Settlements and the Erosion of Public Realm", 83 *Georgetown Law Journal* 2619（1995）.

些案件应鼓励调解、哪些案件准许调解和哪些案件不宜调解，当中最重大的发展就是再审的案件不适用调解。在行政案件中若有行政相对人向法院起诉政府的行政行为，请求法院对该行政行为的合法性进行审查，中国法律明确规定不适用调解，[1] 这是因为当事人双方力量悬殊和案件本身的公共本质。另一个同样重要但不是很明显的发展，是对离婚案件中过渡泛滥的调解的控制。

1991 年的《民事诉讼法》是从调解到判决的一个里程碑。该法强调作为一个法律原则，调解应该是自愿与合法的结合。一旦调解失败，法官就应该立即进入判决的程序。[2] 最高人民法院进一步澄清，如果一方当事人或双方当事人都拒绝调解，法官就应该开始判决。即使在离婚案件中，调解是判决的必要前提，如果当事人一方或双方坚持不愿调解，法官也不应久调不决。[3]

合法性是一个重要要求，只有立足于对事实的清楚发现和对是非的清楚区分的调解才是合法的。[4] 新规定的法院处理案件的时限要求，是对调解的一个重要限制。依据此法，人民法院适用普通程序审理的案件应当在立案之日起 6 个月内审结；适用简易程序审理的案件应当在立案之日起 3 个月内审结。[5] 原则上，这一法律强制规定使法官不能再用漫长和重复的调解来处理案件。法院采取进一步行动来限制甚至否定调解。80 年代后期和 90 年代初期设立的旨在处理城市法庭中新增经济案件的经济纠纷调解中心被取消了；"一步到位"的程序被广泛采纳。

新一代的法官对法院的角色、对法治的委身，以及对调解的价值有不同于他们前辈的理解。但他们对法律与法院的理解也受其周遭环境和经手的案件所影响。法院受理的案件在稳步递增，更重要的是，城市的法院，尤其是大型沿海城市的法院不成比例地感受到这种递增。在审限内结案的压力使得法官走向形式化的判决，尽快地审结案件。在这样的条件下法官只有少量的

---

〔1〕《行政诉讼法》第 50 条规定："人民法院审理行政案件，不适用调解。"对于这条规定的重要性的讨论，见 Michael Palmer, "Controlling the State: Mediation in Administrative litigation in the People's Republic of China", 16 *Transnational Law and Contemporary Problems* 165 (2006 ~ 2007).

〔2〕《民事诉讼法》第 9 条。

〔3〕《最高人民法院关于适用〈中华人民共和国民事诉讼法〉若干问题的意见》第 92 条。

〔4〕《民事诉讼法》第 93 条。

〔5〕《民事诉讼法》第 149、161 条。第 149 条规定："人民法院适用普通程序审理的案件，应当在立案之日起六个月内审结。有特殊情况需要延长的，由本院院长批准，可以延长六个月；还需要延长的，报请上级人民法院批准。"

时间和有限的耐心来考虑他们所做判决的短期或长期的社会效果。

## 四、肖扬院长的司法改革

正是在上述的时代背景下，自 1999 年起，肖扬大法官启动了他的司法改革五年计划。[1] 当肖扬上任最高人民法院院长时，加速和系统化前面进行的零碎的司法改革的时机已经成熟。同时，中国亦签署了《公民与政治权利国际公约》，依法治国被写入《宪法》和《中国共产党党章》。肖扬对自己进行系统化司法改革的能力也很自信。

肖扬领导的司法改革的核心是加强司法效率与公正。两个词汇都有明确的涵意，也指明了中国法院的新功能和新角色。程序正义寄希望于精通法律并依法办事的法官。许多这样学院派的法官加入了最高人民法院等其他决策部门，那里的职位为他们提供了制定和影响司法政策的平台。通过设计具体规则，年轻的法官将他们的职业信条制度化，并实践自己对于正义的信仰。在整个 80 年代后期和 90 年代初期，最高人民法院发布了一系列关于民事司法规则的文件，以完善民事司法程序。律师和法官也开始适用这些规则。逐渐地，法律与事实之间的概念区别变得明晰，法官开始考虑他们平衡法律与事实的责任，以及区别法律与事实上的方法。司法改革者们梦想有一个现代化和形式化的法制系统，这个系统的特点就是能够在混乱的事实中澄清和发扬法律的准则。

公正意味着在民事案件中双方当事人的意思自治，举证责任也由法官转移到当事人双方。这一阶段民事司法改革的核心，就是从法官中心向当事人中心的转移。纠问式的法官撤退至幕后，而双方当事人及其律师则扮演一个更积极的角色，以营造一个对抗的过程。法院将大部分的责任交给当事人，以将法官从发现事实的工作中解放出来。如同法律专家一样，法官负责法律适用本身的精确性。在这种情况下，法官乐见到当事人中心主义的出现，也乐于给当事人更多的自由。纠纷的猛增，使法官的纠问式角色、耗时日久的事实调查和反复的调解难以为继。

最高人民法院为民事司法创造了新的证据规则，包括对当事人出示证据时限上的安排、开庭审理前的证据交换，以及对上诉期间新证据的排除规则。这些新的证据规则不仅将举证责任转交至当事人双方，更驱使他们在履行其

---

[1] 最高人民法院研究室编：《人民法院五年改革纲要》，人民法院出版社 2000 年版。

举证责任时各尽其责。

　　既然当事人双方在开庭审理前要做更多的准备工作，法官的角色也随之转变了。一个自然而然随之而来的变化就是取消了所有审理前的调查工作，于是在 90 年代初期民事诉讼的四步曲缩减为一步到位。作为打击司法腐败的一个步骤，法官不再与当事人或他们的律师背靠背的联系，以保证审判过程在形式和实质上的公正。

　　这一改革的最后一环是当庭宣判。最高人民法院要求法官在大多数的案件审理中当庭宣读判决。当庭判决是一个长期被研讨的话题，第一次被提出和讨论是在 20 世纪 80 年代后期，当时的讨论重点是刑事诉讼中的当庭判决——审理完毕后即可公开宣判，以达到最大化的威慑。1991 年《民事诉讼法》规定了当庭宣判是两种宣判方式的其中之一，但没有进一步细化其程序步骤。[1] 当庭判决是肖扬的司法改革五年计划里的重头戏。[2] 最高人民法院提倡当庭判决主要是为了加强法官个人的决策权，这样法官就可以行使他们的自由裁量。法官，而非他们的上级，负责审判。民事司法的中心既不是开庭审理前的调查也不是审判后的批准。此外，有一种期待认为当庭判决可以提高法庭工作的透明度和效率，并降低（来自法庭内和法庭外）潜在干预审判工作的机会。如果法官当庭宣判，这个过程中的干预就大大减少了，法官也得以更加独立地审判。

　　在最高人民法院的大力推广下，当庭宣判率从 90 年代初期的 20%[3] 提高到 2002 年的 60%～90%。当然对这些数据人们存在着很大怀疑。有证据指出这些数据并不准确，因为地方法院可能将调解案件和撤诉案件也统计在内了。真实的当庭宣判率可能只有 10%。法官迫于提高当庭宣判率的压力，也许会"先定后审"，虚报数据。[4] 不管怎样，还是有其他研究证明改革在提高主审法官的决策权、提高审判过程的透明度，以及快速审判方面还是有一定效果的。但这些研究也指出当庭宣判率高的压力，使得法官的失误也增多了。[5]

---

　　〔1〕　根据《民事诉讼法》第 148 条的规定，法院还可以采用定期宣判。
　　〔2〕　五年计划和其他最高人民法院文件都要求"逐步提高当庭宣判率"。最高人民法院研究室编：《人民法院五年改革纲要》，人民法院出版社 2000 年版。
　　〔3〕　蒋利玮："质疑当庭宣判"，载《法学》2005 年第 2 期。
　　〔4〕　蒋利玮："质疑当庭宣判"，载《法学》2005 年第 2 期。
　　〔5〕　潘昌锋、张广兄："论民事案件当庭宣判失误及其矫正"，载《法律适用》2007 年第 4 期。

司法效率的概念也被狭义化了。司法效率的一个标准是审限，这一标准被严格遵行了。根据《民事诉讼法》，人民法院适用普通程序审理的案件应当在立案之日起 6 个月内审结；适用简易程序审理案件应当在立案之日起 3 个月内审结。尽管法院时常会违反这一时限规定，[1] 这一规定却是法官们不得不面对的制度性要求。负责案件流量管理（城市的法院都用计算机来管理案件流量了）的法官，严密监视着时限的执行并不时提醒法官要遵守时限。

另一个司法效率的标准是结案率。结案率的政治色彩重于法制色彩。结案率要求法院在年底审结所有，或者说绝大多数当年受理的案件。大多数法院可以达到百分百的结案率，也就是说他们可以审结当年受理的全部案件。这一政策没有很明确的依据，法官也很难解释为什么有这样的政策，只能说中共及其政府要求其所有部门都在年终的时候履行完毕这一年的责任。

司法效率的第三个衡量标准牵涉到一审法院和二审法院的关系：当事人的上诉率、上诉法院的改判率/发回重审率以及审监率。上诉率衡量当事人对判决的满意度，较低的上诉率显示的是一个有效率的一审。改判率/发回重审率说明上诉法院对下级法院审判水平的评价。审监率则检验了法院外部的监督力量。这些标准旨在激励法官在审判工作中更加勤勉和谨慎，但这些标准造成的问题多于它们解决的问题。最严重的副作用就是一审法院的法官普遍咨询二审法院的意见。如果一个法官对手头的案件犹豫不定，他/她就会适用调解以规避责任。调解不成，法官或法院就与上级法院联系，正式或非正式地寻求上级法院的意见。因为法律意见来自上级法院，那上诉也变得冗余和形同虚设了。

不过事实显示在这方面的进展甚微。1980 年，6.2% 的民事案件的一审判决被提出上诉；24.4% 的上诉案件被改判或发回重审。1999 年，上诉率略有

---

〔1〕 一个通行的解释是，在城市，法院拖延时间主要是因为案件量的增多使法官不能按照时限审结案件。而在农村，则是因为法院和当事人之间地理距离遥远，尤其是因为交通和通讯上的不便导致法官不能按时完成任务。在广州市中级人民法院 2003 年的 11 086 个民事案件中，61% 的案件是按时审结的。参见孙海龙、邓娟闰："论超审限之客观成因及其应对"，载 http://www.hicourt.gov.cn/theory/article_ list.asp? id =3087&1_ class =3. 关于县级法院所面对的问题的探讨，参见吉布敏、吉进宁："我省法庭超审限民事案件的成因与对策"，载 http://www.hicourt.gov.cn/theory/article_ list.asp? id = 2111&1_ class =4.

攀升，达到 6.7%，改判和发回重审率达到 30%。2005 年，上诉率达到 9%，但改判率和发回重审率则下降到 23.1%。在 1999 到 2005 年间，一审案件下降了 13.8%，上诉率则提高了 15%，改判和发回重审率下降了 11.1%。看起来诉讼当事人更为主张自己的上诉权利，上诉法院在这方面有点滞后，没有更积极地（通过上诉机制）发挥其监督作用。[1] 对于一审法官来说，判决所带来的改判和发回重审的风险在降低。

如果说上诉是司法责任的正式渠道、是上级法院的权威来源，法院判决的终局性就是司法在社会里是否有权威的终极考验。众所周知，中国法院的判决缺乏终局性。诉讼当事人经常用尽一切法院外的制度，试图重启已判决生效的案件。

检察机关与法院对于民事审判监督的争夺战可谓历史悠久。在肖扬作为最高人民法院院长的第一届任期内，法院取得上风。通过最高人民法院自 1999 年开始对省高级人民法院作出的一系列回复，最高人民法院逐步削弱了检察机关在民事审判监督中的权威，其累计效应就是，到了 2005 年检察院的民事司法审判已经大幅减弱。与此同时，最高人民检察院将审判监督的程序标准化，并缩减了对法院审判监督的范围。在 1999 至 2005 年间，法院的一审案件下降了 13.8%，但主要由检察院实施的审判监督，则下降了 49.4%。司法机关变得更有效率和权威，因为外部机构对法院监督的难度加大了，并且判决一旦做出，上诉一旦受理，同一案件再诉诸法院的机会大大减少了。

在司法职业化改革、程序正义改革、对抗式诉讼改革的多重"夹击"下，案件的调解率从 20 世纪 80 年代中期到 21 世纪的头五年稳步下降（见图 3-4）。诉讼程序的改革，以及加强程序正义和效率的努力，使得调解较少出现在民事纠纷中。

---

〔1〕　在中国的情景下，有两种解释：一是初审的质量提高了，所以改判的可能就减少了；二是在上诉之前，上级法院已经通过其他途径（例如对案件预先给予其法律意见）加强了对下级法院的监督。支持第二种解释的证据更充分。

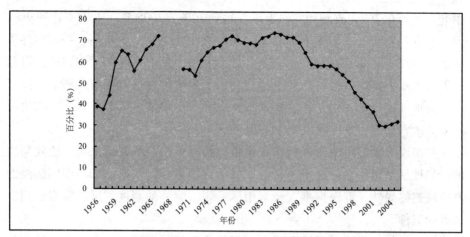

**图 3 - 4：1956～2005 年以调解结案的民事案件占所有民事案件的百分比**〔1〕

调解率的下降广泛存在于中国的各级法院，在县级法院下降得尤为剧烈。调解率从 1982 年开始稳步下降。1996 年之前，用调解解决的案件在数量上有所回升，但比例是下降的。1997 年之后，用调解解决的案件在数量和比例上都下降了。〔2〕以广东省的法院为例，调解率从 1989 年的 67.7% 下降到 2001 年的 23.6%。〔3〕2001 年深圳法院的调解率低至 12%。〔4〕在深圳的一个区法院，调解率跌至 8%。〔5〕这样的稳步下降和低调解率在市区的法院很普遍，尤其是沿海城市的法院。另一方面，在县法院和小城市的法院，调解依然大行其道，虽然也有明显的下降。

〔1〕 关于 1956～1998 年的数据，参见《民事司法统计》，关于 1999～2005 年的数据，参见 2000～2006 年的《中国法律年鉴》关于图中所显示 1999～2005 年的数据，参见 2000～2006 年的《中国法律年鉴》，中国法律年鉴社出版 2007 年版。作者的资料搜集过程中未能找到 60 年代后期的相关数据。

〔2〕 黄松有主编：《诉讼调解要务》，人民法院出版社 2006 年版，第 25 页。

〔3〕 季媛："民事诉讼中的调解研究"，载邓基联主编：《调解制度改革与探索》，海天出版社 2003 年版，第 43 页。

〔4〕 王勇等："转变调解观念、深化调解改革、充分发挥调解作用——对深圳市两级法院民商事调解工作的调查分析"，载邓基联主编：《调解制度改革与探索》，海天出版社 2003 年版，第 20～30 页。上诉法院的民事案件的调解率下降到 2%。另见季媛："民事诉讼中的调解研究"，载邓基联主编：《调解制度改革与探索》，海天出版社 2003 年版，第 43 页。

〔5〕 朱珠："调解制度重构之研究"，载邓基联主编：《调解制度改革与探索》，海天出版社 203 年版，第 91 页。福田区法院受理的 6577 宗民事案件中，只有 578 宗案件是通过调解解决的。

### 五、纠纷、稳定和法院的政治化

民事司法改革是封闭自治的，因为它的影响仅限于法官和法院，而不涉及其它关键的和强大的国家机关。的确，人们对司法改革大为激赏的同时，眼光里也流露出惊愕和揶揄。只要执政党对民事案件不感兴趣，法院就在其默许下保持着自主权并得以继续推进改革。但党对民事司法改革没有兴趣的前提是，它认为民事案件对它而言是无关紧要的。一旦民事案件从边缘走向中心，党就可能对其大加关注了。

执政党在 21 世纪的头几年开始把注意力投向民事案件。除了民事案件的大量增多之外，公众所表露的不满和当事人广泛采取的对抗型的路径都让党特别的警醒。中国访民的数量一直都是惊人的，[1] 但让执政党领导尤为惊心的是 21 世纪初猛增的进京上访。于建嵘指出访民对地方政权丧失了信心，所以把诉求直接带到北京。访民变得更加激进，要在体制外寻求救济。如果不能满足上访者的诉求，中央政权的信誉会受到影响。[2]

这与法院和法院调解有何相干？人们将矛头直指法院，认为进京上访的大部分都是"涉法"上访。在于建嵘所采访的 632 位上访者中，401 位（63.4%）进京上访前都尝试了法院途径。172 个上访案例（42.9%）都表示法院拒绝受理他们的案件；220 个案例（54.9%）表示法院作出了对上访者不利的判决；9 个案例（2.2%）表示法院无力执行对上访者有利的判决。一些进京访民还声称他们上访是因为司法腐败。[3] 于建嵘的研究有官方数据的支持，而全国人大信访办更宣称80%的上访是有充分根据的。[4]

对这些上访诉求，法官都已经做出或应该做出生效判决以求结束争端，然而法院的判决却很少达到定纷止争的目的。当事人会尝试以各种机制来达到解决他们的纠纷的目的，而法院诉讼只是其中一个选择。诉讼当事人对法

---

〔1〕 从 1993 年起上访量稳步上升。王永前、黄海燕："国家信访局局长：80%上访有道理"，载《半月谈》2003 年 11 月 20 日。

〔2〕 于建嵘："信访的制度性缺失及其政治后果——关于信访制度改革的调查"，载《凤凰周刊》2004 年第 32 期。

〔3〕 于建嵘："信访的制度性缺失及其政治后果——关于信访制度改革的调查"，载《凤凰周刊》2004 年第 32 期。然而涉法上访的统计数据并不一致。一般认为涉法上访应该占上访总数的 40% 还要多。参见李昌凤："转型时期农民涉法信访问题探析"，载《社科纵横》2005 年第 2 期。

〔4〕 2003 年，中国上访潮达至高峰。

院判决不满的时候，会上访政治机构以及更高级别的国家机构。终于，所有的愤怒和挫败感都集聚北京。对于执政党来说，法院不仅在定纷止争上面失败了；拜处理案件的官僚作风、过高的诉讼费用以及真实存在在人们印象中的司法腐败所赐，法院还把矛盾激化了。这也是对法院过高的期望带来的失望。法院程序和形式主义的改革，以及对公平正义的高调宣扬，都让法院的"消费者"在法院不能履行承诺时更加失望和沮丧。

法院的职能是解决纠纷，而在中国执政党的眼中，法院还是一个不能完成基本政治任务的失败者，原因在于其盲目的职业化的改革。一个简单也常具误导性的问题是：为什么曾经在解决纠纷方面大展身手，让当事人和执政党都颇为满意的中国民事司法制度现在不行了？许多的批评矛头指向司法改革，尤其是将判决作为解决纠纷的首要手段这一改革。调解与判决有着不同的理想模式。就调解而言，法官在说服当事人双方妥协和达成协议方面扮演着一个积极的角色。正如上文提及，这个过程，不但非常辛苦和费时，而且要求很高。最终，符合党的经验和期许，法官应该说服双方当事人自愿或被迫妥协，结束争端。因为大部分案件都在司法体制内得以解决，只有少量案件会上诉到上级法院，只有更少的案件会从司法领域流出，进入政治领域。

但是判决，以其对中国的实践而言，代表着剧烈的变化。法官被要求扮演一个中立的第三方角色，公正公平地适用法律。一位公正的法官听取当事人双方出示的证据，并依据法律做出判决，没有单方接触、没有说服。当事人，尤其是原告，应当接受和理解判决。

民事司法改革的批评者指出，法官和法院改革者们所期待的结果并未发生。规范化的程序和法庭内的形式主义没有加强法院判决的合法性和有效性。当事人并没有遂法官所愿结束争端。尽管有法官发现法律并适用法律，但这些法律并没有对当事人产生有效的说服力，数量可观的当事人群体并没有被判决束缚。新的司法过程遭遇了合法性危机。法官被指责为过分注重法律技巧，而忽视法律的社会背景和政治影响。他们的眼中只有法律这一亩三分地，而没有政治的大局。

对司法改革的批评者而言，近来民事司法改革的教训把司法改革局限在司法系统内部的做法是不可行的。司法改革的成功还需外部支持机制。由于形式主义和程序复杂的新花样，法院的确变得更加官僚化和远离群众了。司法程序所设定的门槛使司法机关对社会需求的反应不再灵敏。民事案件中的举证责任交付给当事人双方也埋下一个长远隐患。新的证据规则使得法官的被动成为必需。对于改革者而言，这种被动正是司法理性主义和职业化的表征。但是对于批评者而言，法官的被动代表着司法的官僚化。批评者指出转移举证责任给当事人和法官带来既得利益。法官青睐新的"对抗式"诉讼模式只是因为法官再也无须负责开庭审理前的调查工作和乏味的调解工作了。

举证责任的转移应该放在中国发展司法的职业化和规则导向这样的背景下理解。法律思维是专业化的，在适用法律进行判决的时候，法官和律师都需要梳理混乱的事实，将纷繁复杂的事实与其政治和社会背景脱离，放置到不同类别的法律盒子里。法官变得对法律和自己的官僚利益更为反应灵敏，而对社会需求反应迟钝。中国在发展一套专门化的法律知识和程序；律师和法官试图垄断法律知识，利用这种专门化的知识来合法化自己的权力和谋取尊重、认同和利益。不过面对政治要求和社会道德，这种专门化的法律知识还没有建立起权威性和合法性。

诉讼中的法律推理与政治和道德说教相比还是显得粗浅。在调解中，法官用更为宽广的视野来审视一宗纠纷，也将争执者放到更广阔的社会关系中来理解。法官用全局性的眼光来考虑一宗案件，将法律和法律外的因素都考虑在内。调解不仅解决纠纷，也一并解决了纠纷的症结。诉讼则是提供一个基于规则的解决方案，并在过程中强调把法律因素与政治和社会因素区分开来。因此，在解决深植于特定社会情境和社会关系的矛盾冲突方面，诉讼可能不如调解有效。

针对司法改革的主要批评不是专业化或官僚化，而是改革的社会效果（或者说缺乏社会效果）。法官更为精英化，法院丧失了把握社会脉搏的能力（这是法院从前的职责）。他们不再专注于对社会需要做出反应。法院的官僚化和法官的精英化将许多案件都排挤出了法院。太多进入司法途径的案件也没有得到妥善解决。法官也许会把判决书写得更长、包含了更多的法律依据和推理以在法律上更站得住脚，但他们对理解纠纷的本质和帮助当事人解决问题并不热心，其判决亦欠缺说服当事人的权威。

没有强大和专业化律师队伍和法律援助的支撑，成熟法制体系的民事司法尚会崩溃，何况一个律师职业和法律援助体系都还未健全、大部分当事人在诉讼中没有律师代理的国家，对抗式诉讼模式更是一个挑战。在一个成熟的法律体系中，律师不仅在帮助其委托人达成协议方面卓有成效，也作为法院和当事人之间的缓冲区，缓和了对抗色彩的司法过程中的紧张气氛。

## 六、结论

本章的主要目的是对中国民事司法制度中，从调解到诉讼，再回归调解的路径进行一个简单梳理。它告诉我们中国法治建设的艰辛，并帮助我们理解影响法治发展的因素。

从调解到诉讼的演变，是一个渐进的过程。它是后毛泽东时代新一代的法律人努力的结果。这一代人和当时的领导人一样，经历了文革无法无天的动荡，对法治有美好的向往和崇高的期望。刚毕业的法律学生，满怀热情，下定决心要尽其所能，以法治国，重整河山。他们的热情和愿望，在肖扬主导的司法改革中得到了认可并予以制度化。从这个角度来看，中国的司法改革是源于对文革的反思，是中国法学教育改革的一个必然结果。这一代法律人对法律情有独钟，固执地推动着法律的发展。

法官职业化改革有其缺陷。当改革者声称民事司法改革能为中国的法治走向快行道打开大门时，他们的确言过其词。在对案件性质、法院级别不加区分的前提下，全面推动诉讼制度的改革，忽视了调解在纠纷解决的固有的功能；在推动程序正义的同时，轻视了法庭规则在中国社会适用的可行性。法院的改革也没有必需的政治和社会支持。

如果肖扬主导的法官职业化改革旨在将社会和经济纠纷法律化，并通过审判程序来改革来解决问题，而后肖扬时代的法院被迫用政治手段解决法律问题。社会矛盾的尖锐化和表面化造成执政党的惊慌。在没有仔细研究社会矛盾状况和深层原因的前提下，执政党把责任算在法院，特别是法官职业化的头上。在它看来，民事司法改革不仅没有解决问题，反倒成为问题的一部分。无奈之下，执政党只好回到它所熟悉的大调解的时代。

调解是解决纠纷的有效办法之一，也应是泛意的诉讼过程的一个组成部分。调解应该得到合理地运用。但法院最核心的功能是发现法律、运用法律、倡导法律。法官职业的核心是用法律规则解决纠纷，并在解决纠纷的过程中发展法律规则。法官不应迷信法律，但必须忠诚于法律。调解虽好，但必须在法律的影子下进行。一阵惊慌之后，法院还得准备如何回到诉讼。

# 第 4 章 "调解优先"的反思

## ——以民事审判结构理论为分析框架

自 2002 年司法政策开始重视调解，到 2007 年最高人民法院确定"能调则调，当判则判，调判结合，案结事了"的调解"新十六字方针"以来，司法政策和司法实践对调解的强调达到了一个新的高潮，审判方式改革以来被边缘化的调解正乘着这一轮的"新调解运动"而强势"回归"。然而，对于民事司法政策这样的重大转型，民事诉讼学界的反应却相对冷淡，除了少数批评的声音，几乎没有正面的回应。[1] 调判结合原则本身似乎正处于某种困境之中，以致从最高人民法院到基层法院都毫无例外地偏离了"调判结合"的轨道，而进一步指向了强化调解。[2] 在这一背景下，某些地方的司法实践部门倡导全面回归马锡五审判方式，[3] 而该做法在法学界（不是民事诉讼学界）[4] 又引起了强烈的争论，[5] 最高人民法院在这样的争论中似乎立场微妙。[6] 法院调

---

〔1〕 批评的立场，参见周永坤："论强制性调解对法治和公平的冲击"，载《法律科学》2007 年第 3 期；张卫平："诉讼调解：时下势态的分析与思考"，载《法学》2007 年第 5 期。

〔2〕 徐昀："'调判结合'的困境：以民事审判结构理论为分析框架"，载《开放时代》2009 年第 6 期。

〔3〕 如河南高级人民法院院长就明确提出回归马锡五审判方式。参见苏永通："不按'法理'出牌的高院院长"，载《南方周末》2009 年 2 月 19 日。

〔4〕 尽管这是一个民事司法的问题，但实际上却意味着该问题在更高层次上与中国是否要迈向法治存在密切关联。

〔5〕 反对的立场，参见贺卫方："司法改革必须按法理出牌"，载《上海商报》2009 年 2 月 27 日；张千帆："回到司法改革的真问题"，载《南风窗》2009 年第 7 期。最新的批评意见，参见张卫平："回归'马锡五'的思考"，载《现代法学》2009 年第 5 期。赞成的立场，如高一飞，参见高一飞、卢荣荣："河南高院张院长新政合乎法理吗?"，载《新京报》2009 年 3 月 21 日。

〔6〕 除了在 2009 年工作报告中提出了"继承和发扬'马锡五审判方式'"和"调解优先，调判结合"之外，最高人民法院并没有在之后发布的《人民法院第三个五年改革纲要（2009—2013）》中提及马锡五审判方式，对调解也是"轻描淡写"，直到 2009 年 7 月底召开的全国法院调解工作经验交流会上才正式确定了强化调解的基本方向。

解下一步该何去何从？是理性地反思过度重视调解的问题？还是顺势而为地进一步推动调解？或者在两者间保持某种微妙的张力？这一切似乎正在酝酿之中。

不过，从事态的发展来看，偏重调解的倾向已经不可逆转。2009 年 3 月 10 日，最高人民法院院长王胜俊在最高人民法院工作报告上首次提出"调解优先，调判结合"原则；2009 年 7 月 28 日至 29 日，最高人民法院召开全国法院调解工作经验交流会，正式提出"调解优先，调判结合"原则，并定下了将来法院调解工作的基调——强化调解。因此，民事司法政策，已经从 2007 年确定的"能调则调，当判则判，调判结合，案结事了"原则，正式过渡到 2009 年确定的"调解优先，调判结合"原则。法院调解政策的变迁，几乎达到了令学界和基层实践部门瞠目结舌的程度，应该如何认识和评判这一变迁，恐怕是学术界已经不能也不该回避的问题。本章将以民事审判结构理论为分析工具，以全国法院调解工作经验交流会的内容为基础，结合最近出台的《关于建立健全诉讼与非诉讼相衔接的矛盾纠纷解决机制的若干意见》（本章简称《若干意见》）以及《中央政法委员会关于加强和改进涉法涉诉信访工作的意见》（本章简称《意见》），对法院调解的这一最新动向及其原因、问题进行尽可能深入地剖析。

## 一、全国法院调解工作经验交流会的主要内容

### （一）会议的主要精神

根据最高人民法院院长王胜俊在会议上的发言，会议的主要精神包括：[1]

第一，要全面加强调解工作，将调解工作的原则改成"调解优先，调判结合"。

第二，加强调解是继承中华民族优秀文化和发扬人民司法优良传统的必然要求；我国当前正处于社会转型的重要时期，既是经济社会发展黄金机遇期，又是社会矛盾高发期，加强调解也是维护社会和谐稳定的必然要求。

第三，调解既是高质量的审判，能够实现化解纠纷与保护权利的有机统

---

[1] 参见陈永辉、吕爱哲："全面理解和正确把握'调解优先、调判结合'原则，积极推动建设诉讼与非诉讼相衔接的矛盾纠纷解决机制"，载《人民法院报》2009 年 7 月 29 日。

一；也是高效益的审判，既可以减轻当事人的讼累，解决当事人诉讼难的问题，又可以节省大量的司法资源，缓解巨大的审判压力。

第四，要全面理解和把握"调解优先、调判结合"原则，必须紧紧围绕"案结事了"这个目标，尽可能加大调解工作力度，努力实现调解结案率和服判息诉率的"两上升"，实现涉诉信访率和强制执行率的"两下降"。

第五，要科学把握适用调解或者判决方式处理案件的基础和条件，对于有调解可能的，要认真进行调解，对于根本没有调解可能的，要及时判决；在加强调解的同时，要防止不当调解和片面追求调解率的倾向。

第六，要积极推动诉讼与非诉讼相衔接的矛盾纠纷解决机制建设，努力完善中国特色社会主义调解制度。

（二）强化调解的措施

根据最高人民法院副院长沈德咏在会议上的发言，法院系统强化调解主要有以下几方面的措施：[1]

第一，在思想上，增强调解意识，更加积极主动做好调解工作。

第二，在时间上，根据案件的具体情况，充分运用法律法规和司法解释规定，合理放宽对调解案件适用时间、期间和审限的限制。

第三，在资源配置上，优先考虑调解工作的实际需要，在法官配置、经费保障、物质装备等方面向调解倾斜，有效整合一切有利于调解的资源。加大保障力度，夯实调解工作基础。建立健全调解保障机制，合理配置司法资源，优先解决调解经费不足、条件欠缺、队伍不强等问题。

第四，在工作机制上，积极建立健全科学的工作成效考评机制，健全调解激励机制，创新调解方法，提高调解水平。进一步总结推广调解工作经验；建立健全调解机制，谋求调解工作长远发展。重点抓好建立健全案件类型化调解机制和建立健全调解考评及激励机制。加强调解能力建设，提高调解工作水平。注重提高做群众工作的能力，进一步树立法官"公正、文明、亲民、务实、廉洁"的良好形象，逐步搭建起"学有平台，外有压力，内有动力"的调解能力培养长效机制。

第五，紧紧围绕解决诉讼难、执行难、息诉难问题，进一步抓好调解工

---

〔1〕 参见陈永辉："必须紧紧围绕'案结事了'这一目标，进一步贯彻'调解优先、调判结合'原则"，载《人民法院报》2009年7月30日。

作重点环节。各级人民法院要紧紧围绕"两上升，两下降"的目标要求，努力抓好三个重点环节：一是抓好全程、全员、全面调解。要把调解工作贯穿于立案、审判、执行的各个环节，贯穿于一审、二审、再审、信访的全过程，要采取"引进来、托出去"等方式充分调动法院内外一切有利于调解的力量形成调解合力。二是抓好立案调解，充分发挥立案前的案件分流作用、立案后的调解引导作用、开庭前的调解解纷作用。三是抓好委托调解。坚持法院对委托调解全程的指导，不能将案件一托了之，放任自流，确保工作规范有序；坚持依法确认调解协议效力，调解达成协议的，人民法院要及时依法审查并制作调解书。

第六，紧紧围绕"大调解"格局建设，进一步发挥中国特色社会主义调解制度的优越性。要加强诉讼外纠纷解决机制的司法保障，做好对诉讼外调解协议的审查确认和强制执行工作。在加强各种纠纷解决方式的衔接配合上下工夫，尽快建立资源共享、工作协调、职能互补工作机制，推动建立人民调解、行政调解、法院调解"三位一体"的大调解格局。

（三）"调判结合"的回应

值得特别关注的是，高级人民法院在强化调解的同时也特别强调了不要片面调解，这一点，至少在话语层面回应了"调判结合"，意味着高级人民法院在偏重调解的同时力图在调与判之间保持一定的张力，而不是纯粹的"一边倒"，在一定程度上秉持了理性、冷静与客观的立场。例如，王胜俊在会议上指出：

不论是调解还是判决，都必须立足于有效化解纠纷矛盾，定纷止争，案结事了，实现法律效果与社会效果的有机统一。在司法实践中，要科学把握适用调解或者判决方式处理案件的基础和条件。对于有调解可能的，要认真进行调解；对于根本没有调解可能的，要及时判决。[1]

沈德咏也强调：

坚持"调解优先"，是为了更好地实现"案结事了"。在加强调解的同

---

〔1〕 参见陈永辉、吕爱哲："全面理解和正确把握'调解优先、调判结合'原则，积极推动建设诉讼与非诉讼相衔接的矛盾纠纷解决机制"，载《人民法院报》2009 年 7 月 29 日。

时，要防止不当调解和片面追求调解率的倾向。对于当事人作虚假陈述或者使用诉讼技巧意在以调解拖延诉讼的，对于一方当事人提出的方案显失公平，勉强调解可能纵容违法者、违约方，应当及时作出判决；对于双方当事人恶意串通的，应当认真履行对调解协议审查确认职责，必要时可以依职权主动调查取证，确保调解协议不存在侵害国家利益、社会公共利益和他人的合法权益的情形，不存在违反法律、行政法规的强制性规定的内容，不违背善良风俗和社会公共道德；对于当事人坚持要求法院裁判明确是非的，应当尊重当事人选择，辨法析理，及时裁判。[1]

同样，在《若干意见》第三部分也规范了调解程序。例如，经过 ADR 仍然调解不成的，法院应当及时立案、审判；开庭前从事调解的法官原则上不参与同一案件的开庭审理；调解作出的让步和承诺原则上不得作为判决的证据等。

除高级人民法院的人士强调了不要片面调解外，与会学者也重申了调解的自愿原则。[2] 不过，在习惯于"运动式"地理解主流话语的司法科层系统中，这样的关照究竟能在多大程度上避免地方司法部门对调解"一边倒"的理解，仍然值得关注。[3]

## 二、"调解优先，调判结合"的原因分析：以民事审判结构理论为基础

### （一）民事审判结构理论

所谓民事审判结构理论，是指以民事审判结构模型为核心，包括与之相关的司法体制结构模型，以及上述两个结构模型之间以及结构模型的诸要素之间的相互关系、结构的生成机制、结构变迁的原因/动力机制、结构变迁的规律等，是一组旨在解释并预测我国民事审判制度发展变迁的理论假说。[4]

---

〔1〕 参见陈永辉："必须紧紧围绕'案结事了'这一目标，进一步贯彻'调解优先、调判结合'原则"，载《人民法院报》2009 年 7 月 30 日。

〔2〕 参见陈永辉："找准历史定位，指明前进方向——全国法院调解工作经验交流会讨论侧记"，载《人民法院报》2009 年 7 月 29 日。

〔3〕 参见陈永辉："找准历史定位，指明前进方向——全国法院调解工作经验交流会讨论侧记"，载《人民法院报》2009 年 7 月 29 日。

〔4〕 关于该理论的初步建构，参见徐昕："民事诉讼中的'非正式开庭'"，载王亚新等：《法律程序运作的实证分析》，法律出版社 2005 年版，第 319~360 页；徐昕："'调判结合'的困境：以民事审判结构理论为分析框架"，载《开放时代》2009 年第 6 期。

民事审判结构理论认为，我国的民事审判结构由两大部分构成：一方面是马锡五审判方式，这代表了民事审判结构中非程序化、强调实体公正、注重调解、人民满意、司法为民、群众路线的一极；另一方面是正式开庭，这代表了民事审判结构中强调程序、注重判决、法官消极中立、规范庭审运作的一极。简而言之，民事审判结构模型＝"马锡五审判方式＋正式开庭"。民事审判结构模型的两个组成部分之间存在结构性矛盾，这种结构性矛盾，正是促使民事审判结构不断发展变迁的内在动力（内因），并决定了其变迁的基本走向，必然是一时偏向马锡五审判方式，一时又偏向正式开庭。不过，这一模型本身尚不能回答结构于何时转变，以及转变到何种程度的问题。

从民事审判结构的变迁史分析，民事审判结构的变迁正好对应了国家司法体制结构或者框架中的"政治——法律"维度的变迁。这样的思路不仅能够回答上述问题，也同时可以建构一个新的结构模型。据此，民事审判结构理论提出，现行的司法体制结构不单纯是法律层面上的，而是由政治与法律两方面的因素构成的，即司法体制结构模型＝"政治＋法律"，或者简称为"政法型"司法体制结构模型。同理，司法体制结构模型的两个组成部分之间也存在结构性矛盾，这种结构性矛盾，也是促使司法体制结构不断发展变迁的内在动力（内因），并决定了其变迁的基本走向，必然是一时偏向法律，一时又偏向政治。

上述两个结构模型之间的关系是，政治与法律这两者在司法体制中的结构及变迁决定了司法体制的状况，而这又进一步决定了"马锡五审判方式＋正式开庭"的结构及变迁，包括两者强弱对比、构成状况、动态变迁等，因此，民事审判结构模型变迁的外部动力（外因）即是"政法型"司法体制。而司法体制结构中政治与法律之所以变迁，外部的直接原因是党与国家的政治决策，而深层原因则是为解决社会转型过程中所凸现的矛盾和问题。故社会结构转型就是司法体制结构模型变迁的外部动力（外因），而从最终意义上分析，社会结构转型也是民事审判结构变迁的外因。

总而言之，民事审判结构理论将民事审判结构、司法体制结构与社会结构理解为相互关联的从低到高的三个层次，这三个层次的外部关系是社会结构转型导致了司法体制结构的变化，而司法体制结构的变化进一步导致了民事审判结构的变化。而且，只有恰当地回应社会结构转型的司法体制结构变化与民事审判结构变化才是具有外部合理性的妥当的制度变化。同时，司法体制结构与民事审判结构内部构成要素的结构性矛盾，使得具备外部合理性的结构恒常处于一种或强或弱的内部紧张状态。"调判结合"就是这样一种典型的外部合理但内部紧张的结构。[1]

（二）"调解优先，调判结合"的原因分析

所谓"调解优先，调判结合"，就是在处理案件过程中，首先要考虑用调解方式处理；不论是调解还是判决，都必须立足于有效化解纠纷矛盾，定分止争，案结事了，实现法律效果与社会效果的有机统一。[2]

该原则与 2007 年正式提出的"能调则调，当判则判，调判结合，案结事了"原则相比，已经有了一个重要的变化：调判结合原则是指调解与判决处于一个相对平衡的地位，而"调解优先，调判结合"原则则是调解处于优先于判决的地位。以此为标志，法院的民事审判原则，已经从"能调则调，当判则判，调判结合，案结事了"，过渡到"调解优先，调判结合"，但目的仍然是"案结事了"。因此，我国的民事审判结构，不论从形式还是实质，已经偏离了调判结合的中间状态，而进一步偏向了马锡五审判方式一极。[3]不过，从话语层面分析，这一偏离才刚刚开始，两者仍然有"调判结合"共识。值得注意的是，高级人民法院在强调调解的同时，也对一味追求调解的动向给予了适度的警觉，对判决给予了适度的关照。

根据民事审判结构理论，由于调解与判决之间的内在矛盾，调判结合的运作很容易倒向偏重调解；而在司法实践中，在"调解优先"提出之前，实际上已经在偏重调解的结构上运作了。因此，最高人民法院此时正式提出"调解优先，调判结合"，可以认为是对司法实践中普遍现象的一种确认，并不会让大家感到惊讶。不过，这仍然是话语层面的重大改变，如果不真正地刻意重视判决并反思过度重视调解的倾向，这样的运作很可能会完全偏向调解，推动民事审判结构向极端化的马锡五审判方式移动，并解构审判方式改

---

〔1〕　徐昕："'调判结合'的困境：以民事审判结构理论为分析框架"，载《开放时代》2009 年第 6 期。

〔2〕　参见陈永辉、吕爱哲："全面理解和正确把握'调解优先、调判结合'原则，积极推动建设诉讼与非诉讼相衔接的矛盾纠纷解决机制"，载《人民法院报》2009 年 7 月 29 日。

〔3〕　徐昕："'调判结合'的困境：以民事审判结构理论为分析框架"，载《开放时代》2009 年第 6 期。根据该文，法院的实践从实质上偏离了"调判结合"，而在当前，即便是形式上也已经偏离。此外，根据民事审判结构理论，这一偏离不仅表现在对调解的强调，而且表现在"人民法官为人民"、巡回审判、马锡五审判方式等其实质为司法的群众路线的话语、制度与实践。

革以来形成的法治新传统。

除了民事审判结构的内在矛盾导致结构的变迁之外，民事审判结构变迁也存在深层的社会结构方面的原因，究竟是什么社会结构方面的原因导致了2007年以后调解政策的强化？调判结合存在的两条主线是"和谐社会——纠纷解决——调解"与"法治社会——秩序建构——判决"，[1]如果说要强化调解，很可能是法院面临的前一主线的任务越来越重大。事实上，在最高人民法院看来，社会转型期社会矛盾的加剧，导致了"和谐社会——纠纷解决——调解"这一主线显得越来越重要。王胜俊在会议上指出：[2]

当前，我国正处于社会转型的重要时期，既是经济社会发展黄金机遇期，又是社会矛盾高发期，人民法院化解社会矛盾、保护人民利益、维护社会稳定的任务越来越繁重。面对新形势、新任务和新要求，各级人民法院必须深刻认识调解在促进社会和谐稳定中的独特优势和重要作用，把通过调解方式化解矛盾纠纷摆到重要位置。实践证明，在过去案件数量较少，案件类型较少，法律关系简单和利益冲突不大的情况下，需要重视运用调解制度；在当前案件数量急剧增加、案件类型不断增多，法律关系复杂和利益冲突加剧的情况下，更需要重视运用调解制度。

…………

要紧紧围绕"案结事了"这个目标，尽可能加大调解工作力度，努力实现调解结案率和服判息诉率的"两上升"，实现涉诉信访率和强制执行率的"两下降"，探索出一条"息诉多、效果好"的良性循环路子。

不过，社会矛盾高发，案件类型多、法律关系复杂、利益冲突加剧的情况并非近几年才出现。综合法院面临的基本情况，近两年来最显著的变化，大致表现在以下两方面：

第一，2007年以来案件数量的急剧增长。2006年，全国法院民事案件收案4 385 732件，较上年增长0.13%；[3]2007年底全国法院民商事案件一审

---

〔1〕 徐昀："'调判结合'的困境：以民事审判结构理论为分析框架"，载《开放时代》2009年第6期。

〔2〕 参见陈永辉、吕爱哲："全面理解和正确把握'调解优先、调判结合'原则，积极推动建设诉讼与非诉讼相衔接的矛盾纠纷解决机制"，载《人民法院报》2009年7月29日。

〔3〕 "2006年全国法院司法统计公报"，载《中华人民共和国最高人民法院公报》2007年第3期。

受理数达到 4 724 440 件，比 2006 年增长 7.72%；[1] 2008 年底全国法院民事案件受理数达到 5 412 591 件，上升了 14.57%；[2] 据最新统计，2009 年一季度新收案件 2 718 818 件（不限于民商事案件），同比上升 11.56%。[3]

第二，涉诉上访与涉法上访在信访中的比例偏高，而中央对信访工作的重视，导致法院系统面临较大的政治压力，如何减少涉诉上访的数量与比例，尽可能"案结事了"，让当事人"息诉罢访"，是法院必须高度重视的政治工作。中央政法委员会 2009 年 8 月颁布的《意见》指出，"虽然经过近几年集中治理，全国涉法涉诉信访量出现较大幅度的下降，但涉法涉诉总量占全国信访比例仍然较高。"[4]

针对上述情况，高级人民法院于 2009 年 7 月 24 日出台了《若干意见》，鼓励 ADR 的发展，尽可能减轻流向法院的案件数量；另一方面也希望通过强化调解，节约司法资源，缓解审判压力，并减少涉诉信访。

仅就涉诉涉法信访而言，《意见》也指出，"要始终坚持调解优先的原则，建立和完善司法调解与人民调解、行政调解、仲裁等的衔接机制，依靠基层党组织、基层政权组织和其他社会组织，通过自愿协商和调解的方式化解矛盾，减少涉法涉诉信访问题的发生。"[5] 在 2009 年 8 月召开的"全国涉法涉诉信访工作会议暨信访领导干部培训班"上，最高人民法院副院长景汉朝强调，在审判工作中要强化调解功能，认真贯彻"调解优先、调判结合"工作原则，构建诉讼调解、行政调解、人民调解等多方面相结合的矛盾化解机制，紧紧围绕"案结事了"这个目标，努力提高调解结案率和服判息诉率，防止诉讼纠纷转化成为涉诉信访矛盾。[6]

---

〔1〕 佟季："2007 年全国法院审理各类案件情况"，载《人民司法》2008 年第 5 期。

〔2〕 佟季："2008 年全国法院审理各类案件情况"，载《人民司法》2009 年第 5 期。

〔3〕 崔真平："全国法院新收案件数量上升快"，载 http://www.chinacourt.org/public/detail.php?id=355219.

〔4〕 张亮："扭转只信北京不信基层状况'领导干部培训班'代表谈落实涉法涉诉信访工作中央新政"，载《法制日报》2009 年 8 月 7 日。

〔5〕 张亮："扭转只信北京不信基层状况'领导干部培训班'代表谈落实涉法涉诉信访工作中央新政"，载《法制日报》2009 年 8 月 7 日。

〔6〕 王银胜："始终坚定司法为民宗旨，切实解决涉诉信访问题"，载《人民法院报》2009 年 8 月 7 日。

### 三、"调解优先"：社会结构层面的反思

上述分析似乎表明，"调解优先，调判结合"原则回应了当前我国社会矛盾加剧的现状，应该是一个妥当的选择。最高人民法院希望通过此原则的确立，使得法院系统能够应对社会转型的需求以及因此导致的法院系统面临的困境。不过，笔者认为，最高人民法院的这次政策转换，在很大程度上是建立在对社会结构原因的不当判断基础之上，"调解优先，调判结合"原则很可能缺乏社会结构基础的支撑。不仅如此，最高人民法院还忽略了社会结构原因的一个重大变化，即社会的法治化取向。这将导致本次政策转换在社会结构层面、"政法型"司法体制层面、民事审判结构层面产生"叠加效应"，导致双倍的负面后果：一是不仅难以从根本上解决法院系统面临的困境，而且还可能加剧困境；二是不仅不利于政治的稳定，还会因为政治与纠纷解决的绩效进一步挂钩，而给政治运行带来越来越大的风险；三是不能满足社会结构的需求，而且进一步扭曲社会结构。同时，这三个层面之间还会产生恶性循环，进而影响国家——社会的现代化转型。

第一，对于 2007 年以来案件数量的急剧上升，其主要原因并非社会的结构性矛盾[1]的急剧上升。案件数量的急剧上升可能存在诸多的原因，但其中一个最重要、最明显的制度性原因是 2007 年 4 月 1 日施行的《诉讼费用交纳办法》：相比以前的诉讼收费标准，新收费标准极大地减少了案件的诉讼费用，而导致法院收案数飙升。[2]此外，2007 年底至 2008 年的全球金融危机也是导致相关纠纷迅速增加的非制度性原因。[3]

第二，对于涉诉/涉法上访比例的偏高，其原因也是多方面的，社会结构性矛盾方面的原因当然不能否认，但并没有确实的证据表明近 2~3 年来社会

---

[1] 社会矛盾可以从不同维度进行分类，比如从是否为社会结构性因素引起可划分为结构性矛盾与非结构性矛盾。结构性矛盾具有顽固性、长期性、制度性等特征，如贫富两极分化引起的社会矛盾，解决起来比较棘手，需要进行宏观层面的社会结构调整或者制度变革才能解决；非结构性矛盾具有临时性、非制度性等特征，如全球金融危机所引发的社会矛盾，一旦危机过去，社会矛盾的基础就不存在，解决起来也相对容易，只要增加一些有针对性的处理措施即可。

[2] 王亚新："诉讼费用与司法改革：《诉讼费用交纳办法》施行后的一个'中期考察'"，载《法律适用》2008 年第 6 期。

[3] 杨维汉、崔清新："金融危机下的'司法应变'"，载 http://news. xinhuanet. com/legal/200908/12/content_ 11870496. htm.

结构性矛盾就比之前的更"高发"，而很可能维持大致相同的水准。笔者想要强调的一个更可能的原因是，在这个"走向权利与法治的时代"，人们越来越倾向于通过法律来维护自己的权益，因而，涉法/涉诉上访数量的居高不下与比例的偏高与公众权利意识和法治意识的成长有密切的关联。

从国家层面分析，近两年的宏观社会危机确实有增加的状况，比如大规模自然灾害；藏独、疆独实施的恐怖分裂活动；全球金融危机对中国经济的严峻影响等。这些社会危机肯定会产生并增加社会矛盾，但这些社会矛盾的产生是非制度性的、非体制性的、非结构性的，既不意味着社会整体的结构性矛盾相比以前更加严峻，也不意味着司法面临的社会结构性矛盾更严峻。

不过，有一个现象确实显得国家与社会之间的关系有所紧张。这就是，随着互联网技术的发展与互联网的普及，公众对国家权力的网络舆论监督达到了前所未有的广度和深度，使得国家权力感到前所未有的压力。这背后的逻辑是：在国家与社会的现代化转型逐步展开、社会公众的权利意识、法治意识与民主意识不断成长的背景下，公众越来越要求国家权力（包括司法权力）必须在法律限定的框架内运作，而互联网技术的发展为社会公众的监督提供了一个几乎不受限制的平台，我们的国家权力在如此"透明"的环境下运作还显得有些不习惯。

一个与法院有关的现象是，法院的裁判经常会受到以网络舆论为主的社会舆论的强大压力，如"彭宇案"、"许霆案"等；而当前的趋势甚至演变成案件尚未进入审判程序，网络舆论的导向性压力已经提前介入，如"邓玉娇案"等。甚至最高人民法院也承认，法院系统面临着社会公众的信任危机。[1]社会对司法的信任危机背后有社会结构转型的逻辑，因此也有完全不同的意蕴：一方面是司法不能够回应社会转型的需求，导致社会对司法的失望；另一方面是意味着社会对司法的鞭策与期望。公众对司法的关注度是前所未有的，大多数舆论焦点事件最终都可能以这样或那样的方式与司法相勾连，这意味着什么呢？法治、法律、司法已经成为社会日常生活中永远"在场"的常规话语！因此，这也不必然意味着社会矛盾的加剧，而更可能是社会公众法律知识与法治意识的成长并搭上了互联网这列"快车"，事实上，我们已经看到了，在"监督——回应"的循环往复中，往往能促进国家权力的

---

〔1〕"沈德咏：部分群众对司法不信任渐成普遍社会心理"，载 http://news.sohu.com/20090819/n266071193.shtml.

法治化运作，形成良性互动的国家——社会关系。[1]

因此，笔者认为，当前社会结构现状的一个明显特征，就是社会公众要求法治的倾向日益强烈，而国家对此还停留在以前的认识层面上——如果说在审判方式改革中前期社会公众的法律知识与法治意识还相对比较欠缺的话，当前似乎再也不能如此简单地下结论了。因此，当前社会的结构性矛盾之一，就是社会公众要求法治/国家不能提供法治的矛盾，而如果国家还坚持"强化调解"来处理，显然不是对症下药，尽管可以化解个案的矛盾，但总是显得社会矛盾高发、社会与国家关系紧张。从一定意义上说，要求法治/不能提供法治之间距离越大，就可以说社会矛盾越大，但解决方法显然不是强化调解，而如果决策者不敏感地注意社会对法治的要求越来越高涨的事实，反倒有可能真会加剧社会与国家之间的这一结构性矛盾。

综上所述，将"调判结合"转换成"调解优先"，并且"强化调解"，不仅很可能是"错误估计了形势"，有夸大社会矛盾、超越社会结构现状之嫌；而且，面对日益多元的价值观和日益高涨的权利意识与法治意识，强化调解未必符合当事人的真实意愿，未必符合当下社会结构的真实需求，甚至还可能扭曲社会结构，逆转社会的法治化取向，从而阻碍国家——社会的现代化转型。

### 四、"调解优先"："政法型"司法体制层面的反思

从"政法型"司法体制中政治与法律近两年的关系变迁来判断，政治色彩的渐浓与法律色彩的渐淡已经是一个不争的事实。就最高决策层而言，根据 2006 年 5 月出台的《中共中央关于进一步加强人民法院、人民检察院工作的决定》，当时确定的原则仍然是"能调则调，当判则判，调判结合，案结事了"，而 2009 年 8 月出台的《意见》所反映的政策转变成了调解优先原则，据此，可以认为是最高决策层认为目前的社会矛盾已经较数年前的社会矛盾更为高发。最高人民法院在这样的背景下，在各方面的工作中皆加强了政治性的一面，应该是一个政治正确的理性选择，故最高人民法院强化调解的政

---

〔1〕 例如，由网络曝光的南京"天价烟局长"周久耕，一审被判受贿罪，判处有期徒刑 11 年，没收财产人民币 120 万元，受贿所得赃款予以追缴并上交国库。参见"原南京江宁区房产局长周久耕一审被判 11 年"，载 http://news. 163. com/09/1010/18/5L9IU08R000120GU. html. 据悉，最高决策层也正在探索"网络反腐"的新机制。参见"中共积极探索'网络反腐'迫使官员检点言行"，载 http://news. xinhuanet. com/politics/2009 - 10/15/content_ 12237058. htm.

策，具有其政治逻辑。该次会议召开的首要任务，就是为了"深入贯彻党的十七大、今年'两会'和全国政法工作会议精神"。[1]

根据民事审判结构理论，司法体制中政治与法律的关系之所以变迁，直接的原因是党和国家的政治决策的变化，但深层原因是为了解决社会转型过程中的矛盾与问题，而如果社会转型的过程中的矛盾与问题存在重大变化，则司法系统就需要主动或者被动地改变政治与法律的关系。改变的目的是使得司法体制结构符合或满足社会结构的需要，并因此保障社会的稳定和政治的稳定。因此，假定在宏观社会结构层面，社会结构性矛盾确实有实质性地激增，而且社会公众的法治意识还很薄弱，则决策者的"调解优先"政策才是合理妥当的。如果社会结构方面的原因并不存在甚至恰好相反，则该政策很可能害大于益。

根据前文的分析可知，最高决策层可能认为当前处于社会矛盾高发期，仅仅依靠司法/法律/判决难以应对社会矛盾，为保障国家——社会现代化转型的顺利展开、社会的稳定以及政治的稳定，而在国家——社会关系层面，国家应该更深度地介入社会；在司法体制层面，政治应该更深度地介入司法的运作；在具体的纠纷解决层面，国家应该动员更多的资源并更多地依靠调解，以实质性地化解更多的矛盾。尽管将纠纷解决矛盾化解这一方面的问题以"未雨绸缪"的方式来对待似乎并没有错，但鉴于"社会矛盾未必上升，但社会的法治化取向明显增强"是当前社会结构层面的基本特征，从维护政治运行的稳定性、建构良性的国家——社会关系、保障现代化转型得以顺利实现的长远目标来看，这一政策转移多少显得有些"近视"甚至是"饮鸩止渴"。

政治对司法的深度介入，将会直接导致司法的政治化，对于政治而言，其不良后果就是国家政治结构不得不毫无缓冲地直面恒常存在的社会日常纠纷，政治结构的稳定与纠纷解决的绩效直接挂钩，纠纷解决的风险就会转换成政治运行的风险（risk），并进一步形成现实的危险（danger）。[2]从功能主义的视

---

〔1〕 参见陈永辉、吕爱哲："全面理解和正确把握'调解优先、调判结合'原则，积极推动建设诉讼与非诉讼相衔接的矛盾纠纷解决机制"，载《人民法院报》2009 年 7 月 29 日。

〔2〕 风险（risk）本身并不是危险（danger）或灾难（disaster），而是危险或灾难的可能性。参见冯志宏、杨亮才："当代中国经济转型中的生态风险及其治理"，载《改革与战略》2009 年第 8 期。另外，按照吉登斯的定义，风险本身并不是危险，而是指"在与将来可能性关系中被评价的危险程度"。参见［英］安东尼·吉登斯：《失控的世界》，周红云译，江西人民出版社 2001 年版，第 18 页。

角分析，无论是否符合社会结构需要，司法的政治化过程本身就是从功能分化到功能集中的过程，从分权到集权的过程，结果就是政治从风险分化到风险集中的过程。故此，司法的政治化与西方法治理论的预设是冲突的。但是，基于法治建构的中国国情与中国路径以及法治建构过程的长期性之视角，司法的政治化与司法的去政治化可以视为国家层面针对社会结构的状况而刻意选择的法治建设策略，司法的政治化因而具有一种韦伯意义上的目的合理性。

司法的政治化尽管集中了政治的风险，但假如确实符合社会结构需要，则无论纠纷解决的结果如何（相比司法政治化不符合社会结构需求时的情形，公众对实质公正的要求相对要低，毕竟是社会结构的主动要求，但又必须大部分"靠谱"才能够使公众对政治的介入不失望，否则又可能逆转社会结构的需求），公众并不会或者至少难以质疑政治的正当性，进而不会影响其稳定性，政治的风险也不会轻易转化为实际的危险。当然，这不是社会的常态，换言之，需要司法政治化的社会结构是一种非常规的状态，是当社会在转型过程中出现较大的矛盾，通过常规的司法难以解决时，而需要国家进一步介入的情形。如果社会结构不需要，也只有在纠纷解决未达实质公正[1]时公众才会质疑政治的正当性，因为一旦达到实质公正，公众也无话可说，难以提出质疑。而只有在司法政治化不符合社会结构的需要，且纠纷解决未达到实质公正时，公众才有资格质疑政治的正当性，政治的风险才会转化为现实的危险而对政治的稳定性构成威胁。综上，司法政治化的风险与最终是否导致危险可以表述为以下三种不同的情形：其一，司法政治化→政治有风险→但符合社会结构需要→无论纠纷解决是否达到实质公正→公众不质疑政治的正当性→不影响稳定性→风险不演变为现实的危险；其二，司法政治化→政治有风险→不符合社会结构需要→但纠纷解决达到实质公正→公众难以质疑政治的正当性→不影响稳定性→风险不演变为现实的危险；其三，司法政治化→政治有风险→不符合社会结构需要→且纠纷解决未达到实质公正→公众质疑政治的正当性→影响稳定性→风险演变为现实的危险。

尽管只有最后一种情形才会导致现实的危险，但是，一方面，由于政治

---

[1] 此处实质公正的含义，既包括纠纷在审理上的实体公正，也包括在执行上的实体公正；既包括有法律依据的实体公正，也包括没有法律依据、但道义上"应然"的实体公正。总之，实质公正的标准就是不允许任何实质错误或者让所有当事人满意。

不像司法一样拥有一整套通过程序公正、司法中立消极等独特的方法技术消解风险的精巧机制，所以政治必须"实打实"地"让群众满意"；另一方面，国家既不可能也不应当对所有纠纷的实质公正负责，而社会日常纠纷总是存在无法实质公正解决的情形，政治又没有办法"实打实"地"让群众满意"，即完全的实质公正在现实中是无法企及的目标，因而这种危险又有某种必然性。因此，总体而言，司法政治化会倾向增加政治的现实危险。

上述讨论涉及司法政治化在国家层面可能引发的问题，对于社会而言，司法政治化会激励社会公众在纠纷解决领域的"逆向选择"[1]。随着司法的政治化，纠纷解决的政治化、"去法律化"则接踵而来，纠纷解决不再是法律问题而是政治问题，因此，当事人都倾向于把纠纷"搞大"，寻求纠纷的政治化解决。对于公众而言，当公众希望维护自己的合法权益时，"去法律化"和政治化的倾向却使得司法/法律越来越成为公众眼中可有可无的"鸡肋"，法院不过是一个功能可以替代的纠纷解决机构，法律也不过是一个功能可以替代的纠纷解决依据，故而，找法院不如找党委政府、起诉不如上访、依靠法律不如依靠政治、相信制度不如相信领导、"大闹大解决，小闹小解决，不闹不解决"之类的思维恰恰就是最为奏效的"理性选择"！但是，公众同时又会意识到通过政治化的方式维护合法权益不具有制度上稳定的可预期性，这样的不可预期性将导致社会公众心理上的不安全，这种集体的不安全感具体体现在"相信党和政府会给我们一个满意的交待"之类的话语中，但这种不安全感却始终挥之不去，而又必须一再重复那些连他们自己都不怎么确信的话语，既给自己树立信心，也给对象树立信心。在这样的社会心理机制下，政治运行的风险很可能加倍，因而可能变得更为不稳定——一旦没有"给我们一个满意的交代"，就很可能招致如集体行动等更为严重的后果。

保障社会的稳定与政治的稳定，是最高决策者在国家——社会现代化转型过程中的核心关注，政治介入司法的根源也在于此。但是，这一介入不仅很可能缺乏社会结构需要，还与社会强烈的法治化取向相悖，因此反而会使

---

〔1〕"逆向选择"（adverse selection）是经济学领域的一个理论，指由于交易双方信息不对称和市场价格下降产生的劣质品驱逐优质品，进而出现市场交易产品平均质量下降的现象。在本书中，笔者意指当事人根据司法政治化的国家政策的激励而作出的符合个人利益的理性行为——将纠纷解决尽可能政治化，纠纷解决的法律则被驱逐，进而司法/法律被政治驱逐，但这恰恰又是国家最不希望当事人选择的结果。

得政治运作处于高度的风险之中，不利于政治的稳定。

## 五、"调解优先"：民事审判结构层面的反思

如果符合社会结构现状的需求，"调解优先"、"强化调解"的政策并不会有何不妥；但如果不符合社会结构现状的需求，甚至与结构性需求相反，则该政策一方面难以取得预期的成效，以及缓解法院当前面临的困境，另一方面还可能把问题变得更糟。

### （一）对调解功能的夸大

第一，强化调解对于提升法院效率不具有相关性，难以应对案件数量的急剧上升。诚然，仅仅通过次数不多的"做工作"就达成调解无疑是审判资源的节约，但如果需要反反复复地不断"做工作"才能达成调解就不能说有效率，而假如这种情形下仍然无法达成调解则无疑是极大的浪费。况且，如果考虑到已经经历了 ADR 机制的多次"筛选"，进入诉讼渠道的大多是难以调解的案件，则无效率甚至是浪费的情形可能更为普遍。

第二，基于调解本身的价值取向，调解实际上很难"实现化解纠纷与保护权利的有机统一，实现尊重当事人主体地位与维护法治权威的有机统一，实现便捷灵活与严格程序的有机统一，实现办案法律效果和社会效果的有机统一"（王胜俊语）。像这类两全其美的双赢结果显然难以常规化。

第三，强化调解难以从根本上解决涉诉上访问题。涉诉/涉法上访的主因是人们希望通过法律维护自身的权益但却得不到法律的正当回应，调解虽然可以"解决问题"，但却不是可以一般化普遍化的法律回应，不能"形成规范"。故而，尽管调解可以通过解决问题而减少涉诉上访，但却因不能"形成规范"而始终为其所累。

调解的纠纷解决功能本身就决定了其功能的限度，调解并非全能的（如同判决并非全能的一样）。更重要的是，在当事人权利意识与法治意识不断上升的宏观环境下，调解能够发挥正功能而有助于构建和谐社会的前提是，调解必须是自愿的，而强化调解以及全程、全员、全面调解的"三全"调解等措施，很可能会不断挑战、挤压当事人"自愿"的底线，造成强制调解等各种违反自愿原则的调解的发生，不仅会招致当事人对法院的不满，调解的文化、政治功能也会受到严重损害，甚至会产生负功能。

（二）对调解与判决的片面理解

与当前强化调解的倾向相对应，当前对待判决的倾向是，要尽可能避免判决，将判决"最少化"。但这恰恰源于一个片面的认识：判决是导致当事人之间矛盾激化以及引发当事人对法院不满的"万恶之源"，而调解则是消解当事人矛盾避免不满的"尚善之水"，类似于判决就是"坏的"而调解就是"好的"之类的简单理解。实际上，随着社会公众法律知识与意识的提高，法院的程序运作与裁判结果在事实查明以及法律适用上如果没有明显的错误或者不当，应该能获得公众相当程度的认同而具备正当性。一个明显的事实是，近年来使法院遭受网络舆论压力的案件皆存在这样或那样相对严重的问题，这显然不能认为是判决"惹的祸"，而是不当判决"惹的祸"。对于当事人而言，即便是败诉而引发了不满，也可能随着社会的法治化趋势而在一定程度上自我消解。因此，正确的做法不是避免判决，而是避免错误和不当的判决，不能将两者混为一谈。对于调解而言，上述结论同样适用：正确的做法不是倡导一切调解，而是倡导自愿调解，不能将这二者混为一谈。[1] 如同不当判决会招致不满一样，强制调解一样会令当事人心怀不满。引起极大影响的彭宇案就是一个生动的例子：第一审虽然是判决，但由于案件事实是建立在大量武断而偏执的推定基础之上，并且在证据认定方面存在明显而重大的瑕疵，因而引起公众的强烈不满；而案件的第二审虽然最终以和解撤诉告终，但公众并没有感到满意，反而感觉像吃了苍蝇一般，公众需要法院作出一个最终的结论（其实这在法律技术上并不困难），告诉公众应该怎么办，而这正是司法建构社会秩序的常规进路，但法院却自作聪明地"强制性"[2] 地"和稀泥"，导致了一个本来既可以赢得法院声誉又可维护社会公德的双赢结局变得全盘皆输。

（三）对判决功能的忽视

对调解功能的夸大与对判决功能的忽视是"调解优先"、"强化调解"的

---

[1] 一般而言，调解本身内含了当事人的自愿，但是，一旦存在强制调解的情况，则调解本身就与自愿原则相分离，调解与自愿调解就成为两个不同的概念。

[2] 根据《南方周末》专题报道援引的"有关方面"的讲话，"各方更多地是从大局来考虑，可以说感动了双方当事人，唤起了他们对南京这座城市的责任"才达成了协议。和解的达成是自愿还是强制显然一目了然。参见张悦、杨洋："彭宇案件喧嚣未尽，惟有真相不可调解"，载《南方周末》2008 年 4 月 18 日。对彭宇案的分析，参见张卫平："司法公正的法律技术与政策——对'彭宇案'的程序法思考"，载《法学》2008 年第 8 期。

必然结果。相比强化调解的措施，高级人民法院对"调判结合"的回应以及对判决、审判的重视显然并不在同一层面上，而更重要的是，高级人民法院的领导者对于判决或者审判功能的理解，似乎仅仅是与调解一样的一种纠纷解决方式而已，强调的是"案结事了"，并没有明确"法治社会——秩序建构——判决"这一主线。而这一点，从长远看来正是解决法院困境乃至整个中国社会面临的法治建设问题的关键。让笔者再次引用王胜俊院长的一段话："在当前案件数量急剧增加、案件类型不断增多，法律关系复杂和利益冲突加剧的情况下，更需要重视运用调解制度"。

事实上，就解决纠纷而言，这一立场并没有错，而且，对所谓西方法治范式也是极具冲击力的。不过，这一立场的意义也仅仅局限于纠纷解决：调解能够使得每个纠纷都得到个性化的解决当然是一种成功，但个性化解决本身的不可复制性同时也使得其不具有超越案件本身的拓展性，无法上升为具有普遍性意义的判例而始终是个案。随机应变的个案解决虽然可以彰显法官的聪明才智，是"高水平的司法能力"，但同样劳神费力而且无法为社会生活中不断涌现的新案件"立法"，因而只有"小聪明"，而缺乏"大智慧"。换言之，对于纠纷而言，调解虽然有利于个案解决，但却永远无法建构起某种指导性的法秩序，如同"尘埃落定"却"喧嚣未尽"、"已经和解"而"惟有真相不可调解"的彭宇案一样，[1] 当发生同类的事件时，我们依然不知应该如何去面对，这究竟是一种个案意义上的成功抑或是整体意义上的失败，是否确实应该强化调解，恐怕还值得我们认真思考。所以，如果将王胜俊院长这句话中的调解换成判决，非但没有错，而且其意蕴也更为深远：唯有如此，法院的司法活动才具有当下的纠纷解决与长远的秩序建构相结合的宏观视野。而且，也只有秩序建构功能才是司法无可替代的功能，判决的意义在此可见一斑。正如笔者所认为的，法院作为纠纷解决的最后一环，既便有很高的调解率，也是治标不治本，很难从根本上、从源头上避免矛盾的产生，而如果司法没能建构起一种法秩序，这样的矛盾总是会使我们的司法疲于应付。[2]

---

〔1〕 参见张悦、杨洋："彭宇案件喧嚣未尽，惟有真相不可调解"，载《南方周末》2008 年 4 月 18 日。

〔2〕 徐昀："'调判结合'的困境：以民事审判结构理论为分析框架"，载《开放时代》2009 年第 6 期。

## 六、结论

综上所述,"调解优先,调判结合"政策存在三个层次的问题:第一是在社会结构层面,一方面根源于对宏观社会结构现状可能存在的不当判断,另一方面还忽略了社会转型中越来越强烈的法治化取向,这导致该政策不仅不能满足社会结构的需求,而且还进一步扭曲社会结构。第二是在"政法型"司法体制层面,政治过度地介入司法的运作,使得政治与纠纷解决的绩效直接挂钩,不仅不能保障政治的稳定运行,还给政治运行带来越来越大的风险。第三层次是在具体民事审判结构层面,过高估计了调解的功能,忽略了判决的秩序建构功能,导致不仅难以从根本上解决法院系统面临的困境,而且还可能加剧困境。社会结构层面越来越强烈的法治化取向,正是导致本次政策转换在上述三个层面都产生"叠加效应"、导致双倍的负面后果的根本原因。

根据民事审判结构理论,上述三个层次的问题具有逻辑上的相关性:决策者对社会结构现状的不当判断导致"政法型"司法体制中政治过度强化与法律的过度弱化,进而导致在民事审判结构模型中"马锡五审判方式"一极的过度强调与"正式开庭"一极的过度弱化。假定在宏观社会结构层面,社会矛盾确实有实质性地激增,而且社会公众的法治意识还很薄弱,则决策者的"调解优先"政策才是合理妥当的。由于政策转换从根源上说是基于第一层次的不当判断,因而在第二、第三层次都是有问题的。而且,政策一旦"贯彻落实",与社会转型中持续的市场经济改革所促动的越来越强烈的权利意识与法治意识的矛盾会日益尖锐,结果就会加剧第一层次的社会结构矛盾,从而又导致政治更深程度的介入,并最终在这三个层次之间因果性地建构出复杂的恶性循环,如此恶性循环的最终结果可能是国家——社会现代化转型的失败。不过,只要决策者在上述任何一个层次上进行实事求是地反思并进行相应的政策调整,就能阻断恶性循环并在三个层次之间建立良性循环。

总而言之,"调解优先"、"强化调解"是一个不符合社会结构现状且逆社会转型方向的国家政策,这样的政策一方面会导致权利得不到法律维护,社会公众对国家愈加不满,引起社会与国家的结构性矛盾;另一方面还会扭曲社会结构,激励人们将纠纷尽可能"政治化",以危害社会稳定的方式向国家施压,借机向国家索取超越法律之外的利益,从而不能引导社会的健康转型,导致社会结构的畸变,从正反两方面加剧了社会与国家的矛盾。

　　实际上，当前社会结构的基本特征仍然是对于和谐社会与法治社会的同等需求，"调判结合"仍然是最恰当稳健的应对方式：一方面要回应还相当巨大的纠纷解决压力，注重调解对于直接化解个案矛盾的功能；另一方面也要回应社会公众越来越强烈的法治化取向，清醒认识调解对于秩序建构的负功能，注重判决的秩序建构功能，将纠纷解决与秩序建构有机地结合起来；而在"政法型"司法体制层面，政治不应该以超越社会结构现状要求的程度介入司法，避免政治对司法的过度介入，因而就切断了政治运行与纠纷解决的过度联系，这才是保障政治运行稳定与社会秩序稳定、进而保障国家——社会现代化转型的可靠路径。而且，在以后的政策转换中，国家应该"借力"社会越来越强烈的法治化取向，在民事审判制度层面更注重向判决一方面的引导；在"政法型"司法体制层面进一步弱化政治的色彩；在国家与社会关系层面进一步退出社会，从而保障我国能实现更为快速平稳的现代化转型。

# 第5章　结构主义视角下的人民调解

## 一、导言

倘若不执著于结构主义与后结构主义之分疆划界，也不沉溺于二者围绕"形而上之消解"、"二元对立之超越"诸问题的无休论战，[1] 在纷繁复杂的结构主义思潮中保持最低限度共识，则系对事物予以分划并关注该若干部分之相互关系，从而借助该分划及对个中关系的理解和诠释考察研究对象。[2] 当结构主义与社会现象不期而遇时，[3] 分析后者将更大程度上体现在对研究对象人为区划以寻求明晰解释；分析人民调解亦同。有学者曾提供过有效地、便捷地分析调解的理论路径和立场，即纠纷解决的社会功能分析、文化解释和权力技术分析；且指出，方法或策略并不等同于问题本身——中国的调解制度和实践在近代以来面临现代性问题挑战所展现的独特形态。[4] 本章试图

---

〔1〕　通常认为，后结构主义在一定程度上呈现出对结构主义的超越，故而分划二者相对困难。相关文献如，杨大春：《文本的世界：从结构主义到后结构主义》，中国社会科学出版社1998年版，第64页。在方法论层面，即使被誉为后结构主义思潮代表的米歇尔·福柯之研究进路也被定位为"没有结构的结构主义"。参见［瑞士］皮亚杰：《结构主义》，倪连生、王琳译，商务印书馆1984年版，第109～116页。饶有兴趣的是，福柯本人曾多次在不同场合、以不同方式表示，其研究进路与结构主义有实质性差别；福柯也时而坦言，其与结构主义的双重关系。参见［法］福柯：《词与物——人文科学考古学》，莫伟民译，三联书店2001年版．译者引语，第15～18页。

〔2〕　历史上诸多结构主义论者均未曾回避关注考察对象之若干要素的相互关系。参见［美］H.特纳：《社会学理论的结构》，邱泽奇等译，华夏出版社2006年版，第429～486页。

〔3〕　须指出，并非结构主义被导入社会研究，而是社会结构、社会关系和社会生产等研究产生了结构主义思潮之部分渊源。有学者主张，马克思在社会研究中提出了若干结构主义思想，以致在所有的结构主义理论中都可找到马氏的一些关键概念，而布迪厄的文化冲突理论受马克思观念的影响尤深。历史上诸多结构主义论者均未曾回避关注考察对象之若干要素的相互关系。参见［美］H.特纳：《社会学理论的结构》，邱泽奇等译，华夏出版社2006年版，第429～486页，第430～431页、468～473页。

〔4〕　强世功编：《调解、法制与现代性：中国调解制度研究》，中国法制出版社2001年版，导言，第2页。

将结构主义导入对人民调解的研究，既为探寻一种新分析路径之可能，也致力于结构主义维度诠释当代中国的人民调解可能折射出的信息与符码。当然，对分析路径的探究并非意味与传统、既有研究理路决然别裂，更多体现为一种侧重罢了；希冀刻下的路径分析本身能够成为本书有限价值之一部分。

社会结构理论存在诸多具体的研究方式、侧重面及切入点。在纠纷解决研究领域，利用社会结构理论[1]并提倡纯粹法社会研究而做出卓越成就者早已有之。[2]本书则试图一般化地抽象、概括和描述人民调解的结构样态；流动、有机的社会背景及结构主义视角下二元分划（积极型国家—乡土社会）将成为深入分析与探讨的必要语境，以尝试描述人民调解在该二元分划间的结构定位。

## 二、反思：断裂论

当前对人民调解的讨论通常是将其作为传统调解之对应物而展开的，较具代表性的观点往往关注二者在理论、实践层面的差异，侧重调解者的身份、标准、价值观，对调解程序等也给予相当程度的关注：

> 传统调解的形式和技术信赖并体现出传统中国的价值观和权威关系……共产党以自己的价值观取代传统的价值观，在儒家劝导和解之处鼓励斗争……传统的社会冲突观和共产主义的社会冲突观及两者解决冲突的方式是相互对立的；尽管共产党继续运用调解，但他们已经实际改变了调解纠纷的传统方式……[3]

诚然，前述类观点及其研究问题的方式均具有相应的合理性，也揭示了

---

[1] 社会结构系特定社会中诸要素之组合和相对稳定之关系，包括制度结构、意识形态结构、组织结构、群体结构、社区结构等诸多内容；其可能自然生成，也可以人为建构；就认知社会结构本身而言，应理解为结构主义下的人为建构。

[2] 如该学术流派鼻祖，美国学者唐·布莱克（Donald Black），就致力研究案件的社会结构与纠纷解决的相互关系，尤其前者对后者的影响，乃至支配，并倡导一种案件的社会学。参见［美］唐·布莱克：《正义的纯粹社会学》，徐昕、田璐译，浙江人民出版社 2009 年版；［美］唐·布莱克：《社会学视野中的司法》，郭星华等译，法律出版社 2002 年版；［美］唐·布莱克：《法律的运作行为》，唐越、苏力译，中国政法大学出版社 1994 年版。

[3] ［美］陆思礼："毛泽东与调解：共产主义中国的政治和纠纷解决"，许旭译，载强世功编：《调解、法制与现代性：中国调解制度研究》，中国法制出版社 2001 年版，第 120 页。

个中问题，但从细处着手分析，仍有必要再予思考。其一，此类观点认为，两种调解方式各自映射截然不同的价值观念，人民调解在某种程度上是现有价值观向传统儒家思想的挑战。价值观念总体而言乃蕴含于民族、社群之文化体系中，其本身呈不断生成、演进和更迭之面貌。则，作为传统调解之观念基础的特定价值观又如何在数千载历史进程中无实质性的变化？纵然新生价值观渗入调解活动，但由此断言新生价值观全然取代原有价值观的说法也仍可能失之武断、机械（后文将论及基层社会生活之深层历史延续性）。有观点认为，当代中国的人民调解、法院调解和民间调解的存在基础和适用基础是传统文化、传统习惯和新生社会观的综合体。[1] 其二，断裂论强调传统调解与儒家思想的紧密关联，甚至认为，"共产党以自己的价值观取代传统的价值观"是"在儒家劝导和解之处鼓励斗争"。将调解视为儒家思想之产物，是有必要予以反思的。有观点认为，西周业已建立调解制度，并对后世产生深远影响。[2] 在以法家思想作为社会主流政治哲学的秦国、秦朝以及以黄老思想为主的汉朝初年，都不易简单地运用儒家观念解释当时民间调解之理念依据问题。此外，人民调解在儒家劝导和解之处鼓励斗争一类论断更有必要反思，无论在文化层面，还是在纠纷解决机制的运作层面。

　　相当程度上，社会价值、权威及冲突都存在被建构之可能，且通常情况下系建构之产物。断裂论过分倚重价值观念诸问题解释传统调解，并以此认为传统调解与人民调解的截然对立和分划。此类分析有过度注重文化解释、意识形态及政治运作之虞，也有忽视人民调解最基本的纠纷解决功能之嫌。或许，将社会结构纳入讨论会更利于解释传统调解与人民调解；调解各方的社会关系及其在相应社会结构中所处的序列和位置等可能使分析前述问题更为细致、更趋深入。对中国社会关系、社会结构的最精到、形象的分析当数"差序格局"[3]一说。在血缘、姻缘、地缘诸因素之下，差序格局说一方面

---

　　〔1〕　参见顾培东：《社会冲突与诉讼机制》，法律出版社 2004 年版，第 39 页。

　　〔2〕　参见梁德超：《人民调解学》，山东人民出版社 1999 年版，第 22～25 页。还有观点认为，调解作为一种纠纷解决机制最早可溯至初民社会。参见洪冬英："当代中国调解制度的变迁研究——以法院调解与人民调解为中心"，华东政法大学 2007 年博士学位论文，第 1～2 页。

　　〔3〕　"我们的社会结构本身和西洋的格局是不相同的……好像把一块石头丢在水面上所发生的一圈圈推出去的波纹。每个人都是他社会影响所推出去的圈子的中心……每个人在某一时间某一地点所动用的圈子是不一定相同的。"参见费孝通：《乡土中国·生育制度》，北京大学出版社 1998 年版，第 26 页。

描绘出人际关系的最一般面貌；另一方面揭示了特定社会结构、社会关系下对纠纷采取相对缓和、弱对抗之处理方式的必要，乃至必然。纠纷解决本身与社会结构的维系有着重要关联。西周伊始，"亲其亲者"、"尊其尊者"等若干基于血缘、姻缘等因素而建构的社会行为准则业已显示出人际关系的差序格局特征。在一个以血缘、姻缘、地缘等作为社会结构影响因子的乡土社会中，差序格局相对主流政治哲学而言，更方便解释传统调解存在的可能原由。不同历史朝代中，主流政治哲学并非一成不变，但人际关系中的差序格局则相对稳定，其与每个人之自身利害、得失更为贴近。

断裂论通常认为，自共产主义运动后，中国民间基层共同体关系被破坏，固有价值体系已破碎，因而传统调解与人民调解昭然分明。诚然，自共产主义运动后，基层共同体关系的形式已呈现新的类型与体系；固有价值体系的面貌也有所迥异。但是，基层共同体样貌的改变并没有从实质上变更社会关系层面的差序格局特征。若说共产主义运动前后的差序格局可能存在一定差异，则更多体现为量的变化。尤其社会、经济和生活形式的转变可能使差序格局在两方面有所改变。一方面，该人际关系格局向外推出的范围有所缩减。以"五服制"等对社会结构、人际关系的范围描述为例，传统社会下以某一特定因素作为标准而向外推出时，与其发生相应社会关系的主体比当今社会关系主体更广泛一些。另一方面，血缘、姻缘、地缘等影响差序格局的诸要素本身也可能因社会、经济和生活等状况的变化而有所增减。共产主义运动后的"阶级分划"、"敌我两分"诸观念及其相应社会运动在一定程度上使差序格局特征下的社会关系的影响要素有所增减；当代中国之生产和生活方式等也同理作用于社会关系之影响因子。应当说，原有民间基层共同体被更小规模的核心家庭（Nuclear Family）、主干家庭（Stem Family）与基层民众自治组织所取代；固有价值体系的破碎伴随着新的价值认同和行为评价之产生，而新的价值体系正是生成于固有价值体系破裂的缝隙之中，并作用于特定个人与群体。在社会人际关系基本持续差序格局特征之情形下，尤其在纠纷解决机制层面，相对于传统调解，人民调解并非新鲜事物。

当然，人民调解的具体表现形式、操作手段同传统调解有所差异，[1]但

---

〔1〕 在调解表现形式及操作方式层面，所谓传统调解也并非自古不变。

仍系差序格局下社会冲突解决的必要与较佳选择之一。〔1〕对人民调解与传统调解的关系表述，本书更倾向一种相对温和的表达：人民调解是对传统调解的继承与发扬。〔2〕笔者以为，这主要体现在如下几个方面。其一，前文已表明，无论在传统社会抑或现代社会中，作为纠纷解决机制的调解均缘于呈差序格局状之社会关系、社会结构。其二，相当程度上言，人民调解乃历经剧烈的政治和社会运动之后，在社会治理方面出现的替代物。将历史的视阈集中在共产主义运动的前后，人民调解作为社会治理机制中传统调解的替代物之事实是较为明显的。清末至民国，缘于打造现代国家的需要，国家权力试图且开始向基层社会渗透，并产生了一定的效果。〔3〕但是，在该时期的基层社会中，调解作为社会治理的重要机制之状况却几乎没有改变。〔4〕众所周知，共产主义运动后，固有社会结构在一定程度与范围内被打破、重构和立新。一方面，原有家族制度、行会制度等被取缔，传统调解制度也在相当程度上被压制；另一方面，在社会关系方面，重构后的社会依然呈现差序格局之特征，纵然其间的影响因素和具体表现形态诸方面已有较大变化。因此，在基层社会的纠纷解决及社会治理方面，人民调解就被作为传统调解被压制后的替代物而出现。其三，在自治与否问题上，人民调解与传统调解并不存在绝对的差别。通常认为，传统调解乃基层社会自生的纠纷解决机制，系"皇权不过县"的国家权力运作状况之产物。在认同该通说的基础上，也务须意识到，传统调解一定程度上仍受国家权力的限制、支撑乃至推动，而且基

---

〔1〕 是否所有的人民调解活动及其衍生的任何形式均系社会结构所致？笔者以为，制度因何产生与生成之制度尔后适用于何种领域及以何种方式适用等是同一事物的不同层面。以笔者对川东某地人民调解的调研为例。虽然既有研究表明，人民调解（包括调解）的适用主要针对相互依存性强的两者关系中的纠纷。参见 Winston, *The Principles of Social Order*, Duke University Press, 1981, p. 34. 转引自季卫东：《法律程序的意义——对中国法制建设的另一种思考》，中国法制出版社 2004 年版，第 44 ~ 45 页。但是，调查地的情况表明，人民调解的制度特征已有多方面被突破，即大幅度扩展纠纷领域，纵横向扩张人民调解组织机构——如该地区针对现代商事纠纷、经济纠纷设立了专业的调解中心；针对省、市、县际边境纠纷设立了专门的调解委员会；将人民调解委员会的机构设置向上扩展到市县级，向下延伸至村小组及住宅小区；等等。事实上，类似情形在全国的许多地方都不同程度地存在。

〔2〕 徐昕：《迈向社会和谐的纠纷解决》，中国检察出版社 2008 年版，第 103 页。

〔3〕 ［美］杜赞奇：《文化、权力与国家：1900 - 1942 年的华北农村》，王福明译，江苏人民出版社 2006 年版，第 1 ~ 4、40 ~ 58 页；［美］杜赞奇：《从民族国家拯救历史：民族主义话语与中国近代史研究》，王宪明译，社会科学文献出版社 2003 年版，第 86 ~ 105、152 ~ 167 页。

〔4〕 张友渔：《中国大百科全书（法学）》，大百科全书出版社 1984 年版，第 590 页。

层社会的调解组织和调解者等也一定程度上回应了国家正式权力的运作，其绝非纯粹的基层社会的内生机制。[1]就此而言，人民调解与传统调解并非截然相左。其四，相对于传统调解，国家正式权力运作对人民调解的影响更甚。传统调解的推动力量更多来自基层社会共同体；缘于社会治理替代物之故，人民调解的推动力量更多源于国家正式权力的运作。其五，传统调解侧重于既有秩序的维系；在制度建立之初，人民调解还带有强烈的社会政治动员目的。[2]必须指出，伴随着社会转型，人民调解已一定程度上从政治动员与纠纷解决的双重目标转向以纠纷解决为指向的现代纠纷解决机制。[3]其六，对传统调解表达的价值观与人民调解传输的价值观之差异不可被忽视。但是，作为基层社会中的纠纷解决机制，后者承继了前者对秩序、稳定及平和的追求，以及对"和"的表达。显然，本书声称的反思仅仅是基于严肃的探讨而寻求最低限度的共识。

### 三、人民调解：实质与架构

本部分意在深入剖析人民调解之一般化结构样态，此类本质化、层次化的结构分析应有利于认知人民调解。[4]如此展开论述，一方面缘于本书意欲遵循的结构主义思潮——世界乃是由各种关系而非事物本身构成；[5]另一方面在于适时适度地回应既有理论预设，如人民调解和传统调解均受社会关系的影响，并希冀考察政治动员、社会治理等因素对人民调解的影响及影响

---

〔1〕 相关文献参见蔡鸿源：《民国法规集成》第39册，黄山书社1999年版，第267～268页；叶孝信：《中国法制史》，北京大学出版社2000年版，第269、292页；韩秀桃："《教民榜文》所见明初基层里老人理讼制度"，载《法学研究》2000年第3期。

〔2〕 社会动员问题一直为国家权力机关及相关领导人所重视。"全国同胞们，我们应当进一步组织起来。我们应当将全中国绝大多数人组织在政治、军事、经济、文化及其他各种组织里，克服旧中国散漫无组织的状态，用伟大的人民群众的集体力量……"。毛泽东：《毛泽东选集》第5卷，人民出版社1977年版，第9～10页。

〔3〕 有学者在沿着历史维度研究社区调解时也得出了与本书相近的论断——"与毛泽东时期相比，高度政治化的运动型纠纷处理方式……在改革时期基本绝迹"。[美]黄宗智：《过去和现在：中国民事法律实践的探索》，法律出版社2009年版，第48页。

〔4〕 本部分对人民调解的实质和架构所进行的分析同样适合阐释传统调解，甚至可推而及于其他类型的调解。

〔5〕 [英]特伦斯·霍克斯：《结构主义和符号学》，瞿铁鹏译，上海译文出版社1997年版，第8页。

程度。

在纠纷解决机制层面分析人民调解时，有必要将注意力从通常侧重于调解者而适度地转向纠纷相对方。此外，还应当将人民调解从制度化的框架中适度解脱出来，还原为一种受诸多因素影响且呈诸多特征的活动。应当说，在纠纷解决机制的运作机理层面，人民调解与传统调解在本质上是统一的，都是纠纷相对方（被调解者）在第三方（调解者）介入下，对己方利益得失予以权衡，从而寻求纠纷各方均可接受之合意状态的自治活动。[1] 人民调解实为一种纠纷各方对自身利益、相关情势进行自主判断、衡量、处分的过程；人民调解在结果方面表现的成就与否，是纠纷各方自由衡量相关利益后寻求合意之过程的产物；达成调解合意实系纠纷各方利益权衡、判断活动的契合；调解者系纠纷各方寻求合意过程的主持者、见证者以及调解过程的推动者（在文化阐释层面，调解者可能象征或表达特定价值及权威的在场）；纠纷相对方的支持者、建议者，包括调解者的建议者等，基本依附于调解活动中的三方主体，也均可被视同三者本身；支持者和建议者等参与人民调解的方式、程度及其对调解活动的影响等都包含着其对所处社会结构和自身利益的权衡。

将人民调解视为一种基于利益而处于对立结构上的纠纷相对方之自治活动，则自治活动本身将如何展开？就纠纷相对方而言，其对整个调解活动的自治、处断都包含着两个基本维度：其一乃指向调解过程；其二为调解结果。换言之，人民调解之过程和结果均系纠纷各方的自治、处断活动因契合所生成的产物。故而，可将人民调解过程的基本特征称为"非程式"。[2] 由是，通常所言的人民调解的程序实质上仅仅是对调解活动的展开形式及过程的大体描述，并非严格的程式、次序之意。纠纷相对方在调解过程中，并不受制于所谓的"调解程序"。换言之，在人民调解的具体活动中，纠纷相对方和纠

---

〔1〕 有必要就通常所言的传统调解存在"压服"情形予以适当说明。其一，若干材料中的"压服"是否系传统调解之全貌，值得反思。其二，材料展示的"压服"更大程度上是一种调解者的调解策略与技艺。其三，虽受前述调解者的影响，对相关利益之处分依旧是纠纷相对方意思的契合。某种意义上言，"压服"是调解者的行为模式和促成合意之因素，并非合意本身。人民调解也存在类似的促成合意及和解之情形。

〔2〕 有学者指出，反程序的外观决定了调解的非形式主义特点，但调解的具体运作（说服与互让）又产生出了形式化倾向，因而非形式主义特点与形式化倾向之间的紧张状态促进了制定法的发展。参见季卫东：《法律程序的意义》，中国法制出版社 2004 年版，第 46～48 页。此外，有大量的文献认为，人民调解的非程序化是现行人民调解制度的缺陷所在，因而应当作为完善对象予以弥补。

纷本身并不系属于调解过程，该调解过程是基于纠纷相对方的合意和接受而展开。另一方面，人民调解的过程也体现出其优先于调解结果的特点，并直接保证调解结果被促成之可能。调解活动能否达成合意以及达成何种内容之合意结果等问题都必须建立在该活动得以开展、推进的基础上，否则调解活动极可能因纠纷相对方中任何一方或各方对过程不满而缺乏继续的动力，从而丧失在结果层面产生契合之可能。因而，可将调解活动的过程视为结果自治产生的前提；发生学意义上，调解过程也先于调解结果的产生。随着人民调解在过程层面的持续，纠纷相对方不断地比较、权衡、放弃、修正和处断其对纠纷处理结果的预期与判断，对涉及纠纷的权益之保护、维持或放弃等内容才可能出现契合，从而为各方所接受。无疑，前述过程的非程式性与自治性才可能确保合意结果的出现与被认同。即使在结果层面未达成合意，过程与结果（合意失败）二层面的相互运作情形亦同。

介入人民调解活动中的调解者系纠纷相对方寻求合意过程的主持人、建议人和见证人；在相当程度上系调解过程展开与继续的建议者和推动者。此外，调解者之介入及其在活动中的位置结构是人民调解作为纠纷解决机制之一并与其它方式相区别的重要标识。在协商、和解时，纠纷相对方既作为利益冲突之一方当事人，又共同或独自扮演了该活动过程的主持者角色；相对人民调解中的调解者而言，诉讼和仲裁的程序主持者具有更强的控制力或谓之程序管理权限，同时还基于该程序管理权限享有对纠纷处理结果的独立判断权；除制定法明确规范外，调解者的不同位置结构还可用以区分人民调解与其他调解形式的界限，如行政调解、司法调解和民间调解等；在前述几类调解中，调解者在过程与结果两个维度中分别传达并反映相应价值观念和权威体系的立场。于是，有学者依据调解者的行为模式将广义上的调解大抵区分为中介型、仲裁型和教谕型。[1] 应当说，该类型化分析对理解调解者的行为模式颇有助益，但这也主要在于描述纠纷相对方间之合意寻求过程与调解者的调解行为之间的互动。在人民调解中，调解者行为模式在很大程度上系纠纷相对方合意寻求过程的推动形式，且极具有效性和必要性；即使调解者提出有关合意结果的建议，仍系对人民调解过程的推动，该类建议促使纠纷

---

〔1〕 季卫东："调解制度的法律发展机制——从中国法制化的矛盾情境谈起"，易平译，载强世功编：《调解、法制与现代性：中国调解制度研究》，中国法制出版社 2001 年版，第 45 ~ 48 页。

相对方向合意迈进——调解者提出各方皆可能接受的方案来鼓励纠纷相对方通过协商认可该方案，甚至促使纠纷相对方迈向妥协，这常常被表述为"借助中间人的交涉"；探讨人民调解中的调解者行为模式应更大程度上关注前述层面（即调解者对调解的推动），调解过程中当事人合意解决纠纷的正当化机能因此而被削弱。

恰如前文所言，原有民间基层共同体被更小规模的核心家庭、主干家庭与基层民众自治组织取代，固有价值体系向新的价值体系嬗变；基于差序格局生就的传统调解（尤其民间调解）在社会变革中业经压制并已部分地向人民调解迈进，当前人民调解即为广义上的调解框架内之非制度化民间调解的制度化转变。在过渡形式背后，调解结构维度的转变即发生在作为第三方而介入调解的调解者，尤其体现在调解者对调解过程和结果之影响诸方面，但这不触及人民调解的本质问题。应当说，人民调解中调解者行为模式及价值表述等问题可能涉及政治动员和社会治理等诸多层面。人民调解作为部分民间调解向制度化调解过渡的表现形式，且其调解者又是调解过程的重要推动者之一，因而意欲分析政治动员和社会治理诸因素对人民调解的操作方式及表现形式的影响，则有必要将人民调解置于一个更广阔、更深邃的视域中。

## 四、制度性通道：积极型国家与乡土社会

将人民调解制度置于共产主义运动和该运动前后之历史及制度变迁的宏大、广袤社会背景中，对中国政治生活、社会生活演变的适度分析将对诠释人民调解制度有所裨益。西元 20 世纪以降，传统中国出现了扩张的国家机器限制基层社会自治，甚至企图排斥和消灭具有自治性的社会创造性；这缘于当时的中国缺少一个强大的国家为市民社会提供法律保障，同时缺乏动员起一个生机勃勃之社会的能量和资源，故而致使国家排斥地方社会创造性。[1] 其后，共产主义运动将传统的民间调解逐步制度化并作为社会政治动员的重要手段之一，从而达至调动整个社会的能量与资源。具体到人民调解的架构层面而言，则主要通过对调解者的适度改变实现前述社会政治动员之目的。当然，作为一种社会治理机制，纠纷解决仍然是人民调解制度的重要价值指

---

〔1〕［美］杜赞奇：《从民族国家拯救历史：民族主义话语与中国近代史研究》，王宪明译，社会科学文献出版社 2003 年版，第 162 页。

向之一。前文业已指出，社会转型期的人民调解已逐步从社会政治动员和纠纷解决之双重目标迈向以纠纷解决为主的功效取向。但是，除了纠纷解决功效外，对于处在转型期的中国社会而言，人民调解制度还可能具有某种特殊的、重要的结构性定位。

有学者基于对当今中国一个市场经济极发达地区的调查，对当代中国基层社会生活作过一个精要的阐述：乡土中国并非一个如同流行观念那样可转换为"乡村中国"的地域性概念，而是一个影响中国人生活方式的文化范畴。即使在现代城市，在陌生人社会，现代中国人依然还主要生活在"乡土中国"。[1]倘若此系民间社会生活样态之高度概括与宏旨归结，则国家政治运作层面就体现着共产主义思想和理念渗入整个社会之趋势，此系革命运动的惯势使然。故而，本书采用结构二分的描述方式暂将当代中国之社会概貌大体表达为"积极型国家"与"乡土社会"的互动与生成。[2]在国家层面，政治机构的权力、有权机关的意思表达、法律之运作等都意图通过一套科层制的制度体系及机构运作达至随时、全面、无消损地渗透并控制社会各阶层和各领域，以促使整个国家的有效运作。无疑，积极型国家与乡土社会的二分是政治的，也是法制的；此分划并非社会在物理意义上的断裂与分化，而仅仅是两种社会思维的有限博弈，是转型中国法制化的片断掠影与现实描摹。

一定程度上，积极型国家与乡土社会的二分可以解释前者自上而下地推行法制现代化进程之维艰，同时启发了前行的可能方向与手段，而人民调解

---

〔1〕 徐昕：《论私力救济》，中国政法大学出版社 2005 年版，第 183 页。虽然共产主义运动对中国社会产生了重大、实质性影响，但在相当程度上而言，基层民众的社会生活仍具有强烈的深层历史连续性。以受血缘和地缘诸因素影响尤深的宗族为例，即使在社会主义改造时期，宗族也缘于集体性宗族与集体化政策下的新生制度发生了组织性同构而得以延续。王朔柏、陈意新："从血缘群到公民化：共和国时代安徽农村宗族变迁研究"，载《中国社会科学》2004 年第 1 期。关于基层民众的社会生活的深层历史连续性问题还有大量文献。如［美］弗里曼等：《中国乡村，社会主义国家》，陶鹤山译，社会科学文献出版社 2002 年版；［美］施坚雅：《中国农村的市场和社会结构》，史建云、徐秀丽译，中国社会科学出版社 1998 年版。

〔2〕 "积极型国家"一词受"全能主义"、"全能主义政治"和"全能主义国家"诸问题的影响，当然，所谓的影响主要体现在概念表述的方面。关于后者，参见邹谠：《二十世纪中国政治：从宏观历史与微观行动的角度看》，牛津大学出版社（香港）1994 年版。缘于研究对象所处时空背景业已不同，且与本书的驾驭对象截然有别，故而本书的"积极型国家"并非实体国家，也并非邹书中的全能主义国家，而更多体现为有权机关自上而下的权力行使状态、运作姿势及政治思维，其很大程度上是与乡土社会及乡土社会中的社会思维相对应。

正是其中之一。乡土社会中，民众自治无疑是基层民众生活的重要内容之一；人民调解无疑是基层民众对反社会性〔1〕的纠纷自行解决的重要途径；当人民调解含有传统的民间调解部分地向制度化调解迈进的意涵，人民调解制度则在积极型国家与乡土社会间铺就了一条沟通和对话的制度性通道。此般定位人民调解，一方面缘于调解者在国家与社会互动中的双重角色，另一方面基于纠纷及纠纷解决在国家与社会互动中的作用及影响。作为人为建构的结构体系，该通道分别根植于积极型国家与乡土社会之中；作为制度化的通道，则不同价值观和法观念等将在其间实现有序地、平和地传输和交换，其间的观念冲突等也势必转换为经制度过滤及抑制下的对抗。无疑，作为制度性通道的人民调解制度可表述为积极型国家治理基层社会的一项高超技艺（张弛有度），也可理解为一种民众自治对国家能力之必要助益。但无论基于哪一方面，对当代中国社会而言，是有益的。

作为积极型国家与乡土社会之间的制度性通道，人民调解制度在架构方面会突显出相应的特征。一方面，当传统民间调解向制度化的人民调解制度转变时，其中人民调解中的调解者无疑成为了制度性通道所需的若干属性和因素之集中反映。作为积极型国家向乡土社会渗透的重要环节，人民调解制度中的调解者将传达、表述和阐释前者的意图，乃至促使后者中的纠纷相对方尽可能以积极型国家的意志作为契合的方向。另一方面，人民调解在基本架构层面并非与传统调解有天壤之别，其根本要义仍在于纠纷相对方在调解者介入、推动下对各自利益得失予以权衡从而达至纠纷各方均可接受之合意状态的自治活动，尤其调解结果（合意成功）方面实为纠纷各方衡量相关利益后的契合。因而，该合意寻求过程本身在相当程度上反映了乡土社会的基本风俗与习惯，尤其涉及乡土社会中的纠纷相对方，包括其他民众，如何对待纠纷，如何看待处于不稳定状态之社会关系及个中主体诸问题。换言之，人民调解制度体现着民间法向国家法的回应，乃至渗入，反映普通民众的法意识与相当程度的基层民众自治。无疑，人民调解中调解者之角色则在积极型国家与乡土社会的制度性通道上被浓缩成民间法与国家法、国家治理与民

---

〔1〕 将冲突定性为反社会性，是以一定社会制度所设定的准则为评价冲突功能、价值之出发点。参见顾培东：《社会冲突与诉讼机制》，法律出版社 2004 年版，第 15、39 页。社会学冲突理论中有类似见解，相关文献如〔美〕L. 科塞：《社会冲突的功能》，孙立平等译，华夏出版社 1989 年版。

间自治相互交织、博弈的结合点。概言之，人民调解制度将更多意义上系民众自治之实质，同时呈现一副积极型国家进行必要地、积极地推动的外观。[1]

## 五、迈向人民调解的结构主义研究：拓展方向与分析框架

与大多学者运用结构主义进行社会研究相仿，本书未排斥对研究对象本身之结构进行探讨，并借助分析研究对象之结构以展开论述。[2] 在人民调解的内部、微观层面，其系纠纷相对方在调解者介入下，对己方利益予以权衡并寻求合意之活动。作为对立结构上的利益各方之自治活动，人民调解活动本身包含两个基本维度，即调解过程和调解结果。通过分析其内在架构，人民调解呈现出明显的合意、契合和自治诸特征。在人民调解的外部、宏大层面，其有相应的结构定位，乃积极型国家与乡土社会间进行沟通和对话的制度性通道，实现着在积极型国家与乡土社会间有序地、平和地传输和交换不同的价值观及法观念。虽然前述论断在一定程度上表明，结构主义可以为研究人民调解提供方便、适宜的考察视角，但仍有若干问题务须指出。其一，结构主义视角下分析人民调解可能会过度地侧重研究对象之共时性，而忽略其历时性；甚至过多关注研究对象之概括、静态层面，而对具体、动态层面的分析不够。其二，本书仅尝试将结构主义导入人民调解的研究并探寻一种全新分析进路，因而相关论断及分析本身均是初步的，亟待深入。

结构主义研究对共时性的强调往往是难免的，但不可因此而无视其历时

---

[1] 关于国家积极推动人民调解的问题已有大量资料为证。有学者在论及人民调解的可能前景时，提到了国家领导者维持和发展人民调解的坚强决心，以及省市级政府致力推动人民调解等情形。参见 [美] 黄宗智：《过去和现在：中国民事法律实践的探索》，法律出版社 2009 年版，第 58 ~ 60 页。

此外，笔者就川东某地人民调解的运作及改革的调研也表明，近些年，当地政府一直倾力于将人民调解打造为纠纷解决的"第一道防线"，尤其在组织、人员和经费等几个主要方面进行努力。还有必要提及，虽然当前的人民调解在运作形式方面主要还是"政府推动型"及"政府主导型"，但某些地区的人民调解运作已经呈现出一定程度的"社会自治型"（徐昕语）特征、非政府化倾向，至少表现出了一定的"非正式化"、"再度社会化"（黄宗智语）趋势。尤其在一些城市社区，已经出现了一定数量的人民调解工作室，这些调解工作室或采取"政府购买服务"的方式开展人民调解活动，或由公益法律服务机构来开展调解室的工作。有关人民调解工作室的研究，参见胡洁人："使和谐社区运作起来：当代上海社区冲突解决研究"，香港中文大学 2009 年博士学位论文，第 80 ~ 91 页。

[2] [瑞士] 皮亚杰：《结构主义》，倪连生、王琳译，商务印书馆 1984 年版，第 83 ~ 101 页。

性，因为历史往往是从事任何可理解性研究的起点，并以能够从历史里走出来为条件。[1]基于结构主义视角分析人民调解之社会结构时，也应当将其置于特定历史时空。本章在结构二分"积极型国家"与"乡土社会"时予以了必要的历时性关注。但是，欲进一步分析社会结构——如社区结构、组织结构、制度结构和意识形态结构等——与人民调解的相互关系（即社会结构对人民调解的影响和人民调解对社会结构的作用），后续研究尤其需要避免研究的机械与僵化。

对当代中国的人民调解予以后续研究时，应秉持一种观念：迈向实践的人民调解研究。一方面，研究素材的获取及分析应坚持将经验研究进行到底，即关注"作为生活实践的调解"。[2]简言之，应深入到乡村社会的生活中和街道社区的邻里生活中去探寻经验材料，并以此展开分析。在结构主义视角下将经验研究进行到底，就需要将研究的触角伸入到具体村落和社区中的社会组织结构、人际关系结构、事件的社会影响等方面，并从中寻求解释。另一方面，当代中国的人民调解研究应当体现出一种较明显的实践导向。换言之，既要以行动中的人民调解为研究对象，还要一定程度上将研究与人民调解的实践需求相结合，无论研究的具体形式为现状描述、论理分析抑或对策研究。[3]实践导向的人民调解研究可使本书尝试的结构主义分析更趋深入化和精致化；还可以借助大量的经验分析，基于对具体时空中的人民调解活动与相应社会结构的关系之探讨，发展出更为体系化和更具实践性的人民调解理论。

将人民调解的结构主义分析深入到调解的实践层面，则可能实现各种社会结构与人民调解的相互作用及影响被全面地、生动地揭示开来。为实现人民调解之结构主义分析从概括、静态的论理层面向具体、动态的实践层面迈进，可取的方式包括适度缓减结构主义视野下被过度强调的主体与结构间的二元对立。遑论后结构主义宣称的主体消解，"结构"没有消灭人，也没有消

---

〔1〕　［瑞士］皮亚杰：《结构主义》，倪连生、王琳译，商务印书馆 1984 年版，第 92 页。

〔2〕　陈柏峰："调解、实践与经验研究——对调解研究的一个述评"，载白麟主编：《清华法律评论》第 1 辑，清华大学出版社 2007 年版，第 144～152 页。

〔3〕　本章所在课题是一项关于制度改革的实证性研究，更是一个行动型项目，即通过试点推进人民调解制度改革。

灭主体的活动。[1]对行动者、行动与结构诸问题，有观点指出，社会结构依靠着作为行动和执行媒介的人类的存在而存在；[2]结构（特定规则与资源）一定程度上影响行动者的行动，但行动可以积极地、能动地作用于结构；行动者利用结构，并在该过程中改变或再生产结构。[3]既有理论为深入分析人民调解参与者与人民调解所处社会结构的相互作用提供了便捷、有力的分析框架，其大抵可表述为"行动者—结构"。在该分析框架中，特定社会结构是理解行动者的具体行动之背景，而人民调解活动的参与者的行为本身对社会结构的影响也将成为重要的考察对象之一。剖析特定时空背景下行动者、行动与社会结构的相互影响，将描绘出一幅幅人民调解的实践图境，也将更趋详细地揭示出人民调解作为积极型国家与乡土社会互动之制度性通道的真实面谱，而非驻足于论理层面的结构性分析及定位等初步阶段。当然，不仅在论理层面对人民调解进行尝试性的结构分析是必要的，对分析路径的探索以及对研究的拓展方向和分析框架的思考也同样具有相应的价值，毕竟"一切研究之要务在于找到与其研究对象相适应的研究方法"。[4]

---

〔1〕［瑞士］皮亚杰：《结构主义》，倪连生、王琳译，商务印书馆1984年版，第119页。

〔2〕［英］杰西·洛佩兹、约翰·斯科特：《社会结构》，允春喜译，吉林人民出版社2007年版，第7页。

〔3〕［英］安东尼·吉登斯：《社会的构成：结构化理论大纲》，李康、李猛译，三联书店1998年版，第81～92页。

〔4〕［奥］欧根·埃利希：《法社会学原理》，舒国滢译，中国大百科全书出版社2009年版，第8页。

# 第 6 章 政府推动型人民调解的制度转型（1931～2010）

## 一、问题与视角

人民调解向何处去，这是关乎制度命运的问题。有学者认为，人民调解经历着从"附属型纠纷解决机制"逐步迈向独立纠纷解决机制的嬗变；[1]有学者在不刻意区分民间调解与人民调解的语境中分析了人民调解之改革路径；[2]有观点从资源分配与力量整合的角度出发，主张重视人民调解制度的专业化与再组织，需要通过一系列的制度性安排将专业化的调解组织与既有网络调解和国家组织网络联结起来，以盘活国家治理资源、提高人民调解效能。[3]但仍需追问，人民调解制度为什么需要转型，该制度经历过何种变迁以至转型的拐点业已具备某种现实性与紧迫性，转向何方？

实践主义法学研究范式认为，分析制度不可囿于条文表述，须立足制度实践。[4]人民调解制度及其运行一直为政府力量所推动，故既有制度及其实践均可概括为"政府推动型人民调解"。即便在侧重于调解组织专业化、社会化发展的制度实践中，也不同程度地包含着政府的支配与推动。从调研来看，不同实践形式的人民调解之政府推动存在一定差别。如社会化程度的高低与政府推动因素的多少往往呈负相关，而政府推动型人民调解在某些地区尤为突出，体现在人员、经费、管理诸层面。

作为概括性表述，政府推动型人民调解利于揭示制度背后的政府力量与

---

[1] 范愉：《纠纷解决的理论与实践》，清华大学出版社 2007 年版，第 468～577 页。

[2] 徐昕：《迈向社会和谐的纠纷解决》，中国检察出版社 2008 年版，第 102～114 页。

[3] 熊易寒："人民调解的社会化与再组织：对上海市杨伯寿工作室的个案分析"，载《社会》2006 年第 6 期。

[4] 曾令健："法院调解社会化研究"，西南政法大学 2012 年博士学位论文，第 12～15 页。

政治意义。而作为有着较长实践史的制度，其遭遇过何种制度变迁以致刻下闯入一个亟待转型的当口，这值得探讨。本书从制度变迁切入，分析政府推动型人民调解之转型原因与方向，以及转型中尤其值得关切的问题。为便于考察，本书将历史、社会、制度诸视角整合起来，这很大程度上是历史社会学进路的法学研究尝试。历史分析在于从历史中走出来，以透过历史认识当下；社会维度是研究时不可或缺的时空存在与意义锁定；制度及其实践既是研究重点，也是视角整合的基础。从历史纵深观察制度变迁，从社会维度上评价制度意义，进而分析制度转型，这将使论述更具洞察力与穿透感。

## 二、政府推动型人民调解的制度变迁

人民调解制度的缘起与中国的共产主义运动密切相关。自根据地建立之后，纠纷解决始为常规性社会治理内容，这在1931年《苏维埃地方政府的暂行组织条例》中有所体现。在抗日与解放战争时期，各根据地、解放区出台乡村调解规定达20余项，[1] 该时期也被视作"人民调解工作"形成期。[2] 但制度化定型于抗日时期的陕甘宁边区，以一系列边区法律、文件、指示、命令为渊源，[3] 以满足政治斗争与武装革命的时代背景的解纷需要。该时期的专职司法队伍缺失，工农干部大量参与司法，行政人员兼任司法人员是普遍现象。这既导致纠纷解决迟延、不依法办事及干预司法，也使得司法技术层面倾向探索简便办法，如不拘泥繁琐的法律程序、让群众参与司法、强调具体问题具体分析、强调中国的实践经验等。[4] 在资源有限的情况下，寻求低成本的纠纷解决手段具有现实必然性。传统中国社会具有若干"自发型"、"内生型"纠纷解决机制，并形成独立品格的解纷场域。当共产主义运动蓬勃开展时，传统调解赖以存在的社会基础被改变，乃至彻底颠覆，如废除保甲制、削弱地主经济、经济的合作制转变、塑造新型社会权威、通过教育改革

---

〔1〕 常怡：《中国调解制度》，重庆出版社1990年版，第12页。

〔2〕 ［美］陆思礼："毛泽东与调解：共产主义中国的政治和纠纷解决"，许旭译，载强世功编：《调解、法制与现代性：中国调解制度研究》，中国法制出版社2001年版，第145页。

〔3〕 侯欣一："陕甘宁边区人民调解制度研究"，载《中国法学》2007年第4期。

〔4〕 侯欣一：《从司法为民到人民司法——陕甘宁边区大众化司法制度研究》，中国政法大学出版社2007年版，第249~256页。

形塑新人等。[1] 人民调解制度是传统调解之社会基础被打破、传统调解遭部分压制时，为了社会治理所寻求的结构性替代物。传统调解的推动力量更多来自基层社会共同体，人民调解的推动力量则源于国家正式权力，其强力介入使人民调解得以推行开来。

　　不同于传统调解，除了解决纠纷、维系秩序，人民调解则有社会动员与"司法制度革命"的政治意涵，且后者体现得更加突出。（1）调解者的人选与社会新权威的塑造有关。传统调解者是士绅、村庄首领、宗族头领、行会头领及地方名人士。人民调解中的调解身份开始出现较大的变化。调解者由新的地方精英、地方干部等担任。不限于村主任、村长等新型地方干部，劳动英雄、有威信的老人、绅士等也被号召参与调解。[2] 传统绅士参与调解要受相关制度和措施的约束、指引，以遵循共产党的调解原则。（2）调解活动的组织化与制度化嵌于社会改造之中。在改造边区农村时，保甲制度被民选的乡（市）村两级基层政权取代，个体劳动由是转向集体劳动，土地改革完成了地主、富农、中农、贫农的新分类体系。[3] 基层政权与人民调解存在组织性同构，调解的组织化与制度化组成了社会动员机制建设的一部分。人民调解不再像传统调解那样散漫、无组织。为突显调解组织建设的阶级性，确保社会动员的有效性，还特别注意根除地主阶级操纵的调解团体。[4] 制度缘起与早期实践中不仅体现着政府推动传统的制度特性，也映射出社会动员、政治变革的制度意涵。

　　新中国选择了"科层制化"的社会治理，国家权力直插社会最低层，如乡镇、公社、生产队、社区、单位。这种政权下移、强化乡村行政控制的趋向在苏维埃时期就有所体现。[5] 新西兰学者 Pauline Keating 曾言，中国的共产主义运动成功地整合了集权主义的国家建设与基层民主这两条貌似背离的

---

　　[1]　黄正林："1937～1945 年陕甘宁边区的乡村社会改造"，载《抗日战争研究》2006 年第 2 期。

　　[2]　谢觉哉："关于调解和审判"，载王定国等编：《谢觉哉论民主与法制》，法律出版社 1996 年版，第 136 页。

　　[3]　黄正林："1937～1945 年陕甘宁边区的乡村社会改造"，载《抗日战争研究》2006 年第 2 期。

　　[4]　[美] 陆思礼："毛泽东与调解：共产主义中国的政治和纠纷解决"，载强世功编：《调解、法制与现代性：中国调解制度研究》，中国法制出版社 2001 年版，第 144 页。

　　[5]　张鸣：《乡村社会权力和文化结构的变迁（1903～1953）》，陕西人民出版社 2008 年版，第 130 页。

治理路径。[1]当国家权力试图渗入基层社会时，基层民主及民众参与成了人民当家作主之一重要表现形式。党政力量推行人民调解正是集权主义的国家建设与基层民主进路相结合的体现。新中国成立初期的人民调解在组织建设、人员配置、财物保障、事务管理等方面均由党政力量予以支撑。但1954年政务院《人民调解委员会暂行组织通则》（以下简称《通则》）发生了若干变化：语辞上，表述为"群众性的调解组织"；建置上，农村以乡为单位设置调委员，城镇以派出所辖区或街道为单位设置调委会；政府、法院负责业务指导。人民调解制度也一度被改组为调处委员会，以处理、改造罪犯，个别地方甚至将调解组织与治保组织予以合并。[2]对此，最高人民法院在1963年批复中指出，调委会"不仅不应当撤销，而且应当逐步巩固和健全。调解委员会的主任、委员，必要时可以由贫协的主任、委员兼任，不能以贫协代替调解组织"。[3]该时期人民调解制度及其实践仍属典型的政府推动型人民调解。不同于战时一切要围绕武装斗争与政治角力，建国初期的人民调解更注重纠纷解决的社会治理层面，毕竟国家"工作重点将是……尽一切可能用极大力量从事人民经济事业的恢复和发展，同时恢复和发展人民的文化教育事业"。[4]此时的人民调解仍富有政治意义。《通则》表示，需通过解决纠纷来"加强人民中的爱国守法教育，增进人民内部团结"；除了调解民事纠纷与轻微刑事案件外，"通过调解进行政策法令的宣传教育"也是调解委员会的任务。"翻身"民众参与基层事务管理时，传统社会因素仍实质性地影响基层社会运行，如宗族、血缘等与基层治理机构的组织性同构。[5]这些因素的隐性运作体现了该时期个人对国家治权的利用，甚至使得官僚制化的社会管理部分含有官僚政治的意味，即公权运作的私利化。作为全能治理手段，该时人

---

〔1〕 Pauline Keating, "The Yan' an Way of Co – operation", *The China Quarterly* 140 (1994); Pauline Keating, "Getting Peasants Organized: Grassroots Organizations and the Party State in the Shaan – Gan – Ning Border Region, 1934 – 45", David Goodman and Feng Chongyi, *North China at War: the Social Ecology of Revolution*, New York: M. E. Sharpe, 1999.

〔2〕 宋树涛：《中国的人民调解》，法律出版社1989年版，第11页。

〔3〕 常怡：《中国调解制度》，重庆出版社1990年版，第27页。

〔4〕 毛泽东："在新政治协商会议筹备会上的讲话"，载《毛泽东选集》第4卷，人民出版社1991年版，第1466页。

〔5〕 应星：《村庄审判史中的道德与政治——1957 – 1976年中国西南一个山村的故事》，知识产权出版社2009年版，第9~59页；王朔柏、陈意新："从血缘群到公民化：共和国时代安徽农村宗族变迁研究"，载《中国社会科学》2004年第1期。

民调解尚不具共同体内生机制的属性。

## 三、转型时代的制度性困境

制度伊始，人民调解不仅解决纠纷、维系秩序，还在于实现社会动员与
"司法制度革命"，且政治意义更为明显；新中国成立之后，国家工作重心的
变化导致人民调解侧重于纠纷解决，但政治意义仍然突出。可见，社会变迁
对制度意义具有根本性影响，社会转型也实质性地影响着制度意义，由此引
发了人民调解制度之"去政治化"过程。1989 年《人民调解委员会暂行组织
条例》规定："及时调解民间纠纷，增进人民团结，维护社会安定，以利于社
会主义现代化建设"。其侧重强调纠纷解决并弱化制度之政治意涵，但实践不
尽人意。为缓减纠纷突显与人民调解能力弱化的矛盾，2002 年最高人民法院、
司法部《关于进一步加强新时期人民调解工作的意见》、2006 年中共中央
《关于构建社会主义和谐社会若干重大问题的决定》、2007 年最高人民法院、
司法部《关于进一步加强新形势下人民调解工作的意见》、2010 年《中华人
民共和国人民调解法》均不同程度地强调提升解纷能力。但最大变化莫过于
党政力量对人民调解的推动缓减了人民调解长期遭受的经费压力，同时"大
调解"的推行又开始凸显人调的政治意义，而"唯稳"的政治逻辑俨然成了
人调的实践原则。

至此可言，人民调解之所以成为焦点问题，直接原因是其解纷能力与解
纷需求间存在紧张关系。作为被誉作"第一道防线"的纠纷预控、解决机制，
人调解自 1990 年代以降呈持续低迷状：（1）调委会及其解纷数不断下降；
（2）调解员数量有所增加，但从 1990 年代中后期亦迅速下降，不及 1980 年
代规模；（3）1991 年至 2007 年间，调解员人均年处理纠纷均不足 1 件；[1]
（4）受"去政治化"影响，政府推动日趋减弱。这种弱化在"大调解"运动
掀起前尤为明显，体现为制度投入不足，涉及人、财、物方面。调研显示，
2006 年某市人民调解工作保障经费约 30 万元，对近 500 万人口的辖区而言，
人均费用约 6 分钱；经费与调解员数量不足导致"一套班子、几块牌子"之
类的汇报频繁出现在各县市区的文件中。[2] 由是，人民调解整体表现为调解

---

〔1〕　曾令健："法院调解社会化研究"，西南政法大学 2012 年博士学位论文，第 184 页。
〔2〕　曾令健："社会变迁中的'大调解'——政府推动型人民调解的个案考察"，载《厦门大学
法律评论》2013 年第 1 期。

组织不健全、调解员素质不高、对调解工作的指导和监督不到位及调解法律保障、调解程序、工作范围、工作方法不能适应纠纷解决的需要。[1]

进言之，人民调解的解纷能力与解纷需求间的紧张尚不构成制度转型之深层原因。如果仅因转型期纠纷频数量多、冲击大、范围广且政府推动趋于弱化，以导致人民调解的解纷能力与解纷需求之间不匹配，则可从现实解纷压力出发，加大经费、人力等投入（事实上，近年政府对人民调解的支持明显有所加强）来解决，不致必然引发制度转型问题。无疑，转型有其深层原因。笔者认为，转型期人民调解遭遇的制度性困境在于社会变迁正日渐消蚀既有制度的社会基础，从而引发整体性制度危机，以至不依凭整体性转换已难以契合社会发展。

社会转型很大程度上是"权力下移"、"还权与民"的过程。改革以降，国家权力不断撤离基层社会，人调的政府推动力量之弱化趋势在所难免。同时，制度赖以发挥功效的社会基础发生着若干变化：（1）转型期中国社会的"乡土中国"特色正趋"原子化"转变之势。"乡土中国"特色是影响中国人生活方式的文化范畴在社会生活中呈现的样态。[2]社会转型与市场化正逐步改变民众生活观念与社交范式。（2）转型期的价值多元、利益多元在很大程度上影响纠纷的可调解性。（3）转型期的社会信用危机给以合意自治为核心的人民调解带来了巨大冲击。当下中国社会面临"整体性信用危机"，即信用缺失充斥于经济、社会、政治诸领域。在社会生活中，传统的血缘、地缘纽带不再是"信任的理由"；在经济交往中，规则意识与契约观念荡然无存；在政治活动中，民众与政府互不信任的状态业已非常严峻，这在诸多重大群体性事件中均有体现；此外，诸领域的信任缺乏交互作用，以致恶性循环。信任基础的缺失势必影响调解之过程、结果及其社会价值。（4）转型期社会的显著特征在于"结构断裂"、"权利失衡"，部分人被甩到了社会结构之外，且不同阶层与群体之间缺乏有效的整合机制。[3]时代的利益复杂与矛盾多发也会生发出多元的社会认知与社会文化，这会在潜意识层面影响调解的适用。

有学者认为，作为纠纷解决者的第三方与纠纷双方的关系距离越远，纠

---

[1] 徐昕："迈向社会自治的人民调解"，载《学习与探索》2012年第1期。

[2] 贺雪峰：《新乡土中国：转型期乡村社会调查笔记》，广西师范大学出版社2003年版。

[3] 孙立平：《失衡：断裂社会的运作逻辑》，社会科学文献出版社2004年版，自序，第5页。

纷解决越容易具有权威性。[1] 调解亦然，权力后撤与社会基础的变化使合意寻求的支撑性力量流失。既有人民调解制度尤其改革前夕的制度实践在相当程度上有国家力量作象征性资源，该时基层干部担任调解者的制度设置也体现了某种正式权力的立场，但社会转型与权力后撤在相当程度上消减了调解者的权威。由是，基层调解的一项普遍性策略是调解者调动社会关系以寻求当事人的合作。[2] 这表明，正式权力在基层调解中的运行业已受阻，且重新塑造人民调解者的权威也缺乏适宜的社会背景。与其说，人民调解的诸多制度不足与政府推动的弱化是转型时代制度遭遇的瓶颈，毋宁说，权威流失与权力后撤的社会转型使既有制度"难再续"，以致必须直面制度转型的命运。

### 四、人民调解的制度转型

至于人民调解制度的转型，有学者将改革开放以来的时期分为初、后期，认为初期调解呈现出高度"干部化"与正式化，后期呈现出一定程度的"再度民间化"与非正式化。[3] 有学者则指出，当下制度不仅自身有缺陷且体制性不足，故需迈向一种社会自治型人民调解。[4] 有研究也提出，人民调解不应向行政化方向发展，应趋向高度的社会化和完全的自治性，且需基于比较法视角借鉴成熟经验以实现制度之规范化。[5] 概言之，持论者大抵认为需改变政府力量推动的制度传统。上文已表明，政府力量推动人民调解有相应的历史背景与时代特色，而社会转型在很大程度上使该种制度实践越趋不可能，同时还消损着该种制度实践的正当性。从"权力下移"、"还权于民"的转型趋势观之，迈向一种基层社会自治型的人民调解具有某种时代的正当性与必要行，但人调制度之兴起正是基于党政力量的推动，那么如何在政府推动型人民调解的制度传统中催生出社会自治的因子，并成功地实现从政府推动型向社会自治型的转变？

---

〔1〕　［美］唐·布莱克：《社会学视野中的司法》，郭星华等译，法律出版社 2002 年版，第 14 页。

〔2〕　曾令健："社区调解中的合作主义——基于西南某市调研的分析"，载《法制与社会发展》2012 年第 2 期。

〔3〕　［美］黄宗智：《过去与现在：中国民事法律实践的探索》，法律出版社 2009 年版，第 42、55 页。

〔4〕　徐昕："迈向社会自治的人民调解"，载《学习与探索》2012 年第 1 期。

〔5〕　吴俊："人民调解制度的再完善"，载《学习与探索》2012 年第 1 期。

从既有制度创新与学理探讨来，人解制度大抵有两个基本的发展面向，即人民调解的"社会化"与"科层制化"。前者乃严格意义上的制度转型，后者系既有体制的延续。从既有人调社会化实践观之，系政府有意识地吸收社会力量，如政府购买服务型人民调解创新。[1]科层制化是当下人民调解创新的主要形式，故而很多人民调解创新的组织建设与实践都具有较明显的行政依附性，这可能体现在人、财、物等诸多层面。严格意义上言，人民调解社会化转向即所谓"民间化"、"自治型"人民调解。不可否认，人民调解自治化的观点颇有吸引力。但该种提法在相当程度上乃基于制度演进而为的某种应然性思考，尤其建立在国家与社会的关系变迁及公民社会发展等理论之上，其主观价值取向较为明显。显然，让普通民众有意识地参与调解以形成纯粹的内生型纠纷解决机制，须仰仗基层社会的较高自治能力与自治空间，而能否"重建社会"在很大程度上决定了该种转型成功之可能。

从整体上讲，现行人调实践仍属政府推动型制度传统。虽然人民调解一度呈现"去政治化"倾向，但这并没有导致制度建设及实践的"去政府化"。近年来，由于调解政策转向，人民调解的政府推动型制度特征在相当程度上又有所强化。毋庸讳言，当代中国仍属于"弱国家—弱社会"模式。社会转型在一定程度上释放了个人与社会的力量，但集中型权力体制及其运行的制度惯性使得该种模式在相当长时间会继续运转。换言之，制度转型也将是一个相对漫长的过程，且同时伴随着社会重建的展开。因为羸弱的社会调解力量尚难以完整地接过解纷重担，尚需经历渐进的社会变迁过程。作为沟通积极型国家与乡土社会之制度性通道的人民调解制度，[2]由政府自上而下地推行制度创新以及制度运行就可谓势在必然。

可以说，在尝试渐进式改革的人民调解自治化过程中，在未来相当长时间内，还应当坚持制度实践及改革的政府推动传统。同时，政府力量对人民调解的推动不应限于制度实践，还需涉及人民调解的制度创新。其中，通过政府力量培育社会自治型调解组织是一种较为可行的发展方向。这既是政府力量尚未彻底退出基层社会纠纷解决之前所应负担的责任，也是其力所能及

---

〔1〕 陆春萍："合作模式下社区人民调解组织的社会化运作——以上海市长宁区李琴人民调解工作室为例"，上海大学 2008 年博士学位论文，第 51～83 页。

〔2〕 曾令健："承继·契合·沟通——结构主义视角下的人民调解"，载《当代法学》2009 年第 6 期。

的事宜。毕竟社会转型将在微观层面改变调解结构、影响调解策略，而相关调解知识体系之生成与发展不仅需要大量时间与实践，也需要社会外力量的助推。通过强大的政府力量与有限的基层社会力量之互动、合作以寻找契合社会变迁的制度转型模式，这是一种务实的选择。

# 第 7 章　逆法而动 *

我希望天下无讼。——陈燕萍法官〔2〕

## 一、引言

21 世纪之初，中国政府逐渐逆法而动（turned against law）。

此为何意？

中国与马克·格兰特〔3〕描述的美国 20 世纪"逆法而动"（turn against law）类似。审判比例不断下降，法院院长和行政官员主张调解优先，而审判则遭遇冷落。对于律师的质疑在增加。一种新出现的观点认为，诉讼是有待治愈的病症，法律是冷酷的而且对于民众的需求反映迟缓。

这种转型另有其更为深刻的政治背景。中央正在利用政治力量重整中国的司法制度。政府通过调整针对法官的考核政策与晋升标准，引导其轻视判决而优先调解。宣传部门使用官方语言重新定义法院和法官的角色，而这恰恰与 20 世纪 90 年代强调的司法专业化、职业化等理念相悖。这些趋势在新

---

　　* Carl Minzner, "China's Turn Against Law", *American Journal of Comparative Law*, 2011, http：// papers. ssrn. com/sol3/papers. cfm? abstract_ id = 1767455. 除了注脚以外，译文经由原作者与译者多次校对，如有疑问请查阅原文。本章作者：卡尔·明克胜，福特汉姆大学法学院副教授。原作者要向汪婧表示十分感谢。因为她的辛苦工作才有这么优秀的翻译。本章译者：汪婧，北京理工大学法学院 2013 级博士生、司法研究所研究员，Email：soyesterday723@ hotmail. com.

　　〔2〕 欧钦平："'三无法官'愿天下无讼"，载 http://cpc. people. com. cn/GB/64093/64104/10788439. html.

　　〔3〕 Marc Galanter, "The Turn Against Law：The Recoil Against Expanding Accountability", 81 *TEX. L. REV.* 285 (2002).

政治运动背景下进行。这些运动重申党对司法的领导，给公益律师重新定位，并试图减轻西方法治理念对法官与官员的影响。

官方支持非讼和调解，反映了其对 20 世纪八九十年代的法治改革的反思以及对法律、律师、法院和审判角色的重新思考。本章将通过考察中国早期法治与法院改革的一些主要内容——中国司法如何处理民事纠纷和行政纠纷这一司法中心内容，来分析上述种种转变。

上述说法理应引起重视。诉讼在中国并未被摒弃。政府部门仍在颁布条例和法规。公民和组织仍然引述法律条文来保护自身的权益。

当前的状况并不是没有先例。中国政府曾在 20 世纪 90 年代和本世纪初支持法治与法院改革。即使在改革的高潮期，制约改革能走多远的局限性因素依旧存在。同时，当前中国司法制度的改革与挣扎，也受到根源于皇权时代以及当代对"法律是精英化还是平民化"所做抉择的深刻影响。

虽然如此，中国纠纷解决机制最近的变化值得关注。源于 20 世纪八九十年代的一些法治改革出现停滞甚至倒退，法律学者发声警告这一现象。江平——1978 年后《民法通则》的核心起草人之一——警告说："中国的法治正处在一个大倒退的时期。"

中国纠纷解决机制的转变确实与其他地区的发展情况有相似之处。许多国家的官员和学者都提出了正统的法律和法院审判在纠纷解决中的恰当角色的问题。他们不断探索诉讼之外应对（并解决）民间纠纷有效的替代性方法。在不少国家，这种努力包括复兴传统的调解体制或者建立新的调解体系。

但如本章所述，中国对于诉讼态度的转变与众不同。这种转变既不是由律师或寻找诉讼以外解决问题的当事人决定，也不是由具有一定合法独立性、类似乡村权力组织或者现代的中立性调解人的中介组织来执行。

与此相反，中国转向非讼是一种自上而下的、对于在当前政体下日渐增多的社会不满与冲突的政治反映。官方面对着不断加剧的由于公民之间、官民之间的冲突所产生的社会动荡。

纠纷解决机制的转变并非完全消极。20 世纪 90 年代对诉讼和审判的过度强调，并不完全符合乡村法院的现实。新的政策路线也许会将官方与学者的注意力集中到具体地分析调解实践上，而调解实际上正是法院的主要工作。这可能产生某些实质性变化，能够更有效地回应基层法院所面临的难题。而且，这同样会为贯穿中国司法体系的 ADR 改革提供进步空间。

但是，官方这样的做法对于中国来说存在较大的风险。传统的担忧涉及这些改革变化对政党权限、司法角色和法律体系正当性的影响。[1]另一类担忧同样存在。法官被要求避免做出任何可能导致公民的抗议、请愿或者上访到中央层级的判决。这在逐渐侵蚀法律体系。这使得司法体系极易受到民意的压力，比如公民策略性地选择通过网络或街道的示威，抗议活动来解决纠纷、发泄不满，从而影响法院的判决结果。

这种转变不仅是对 20 世纪 90 年代所推崇的诉讼及审判的背弃。"法治"概念的核心内容是有条不紊地实施一系列标准。[2]现在在一系列民间与官民纠纷中，一些官员们已经放弃早先（尽管是尝试性的）迈向这个目标的努力。

这种做法正在侵蚀政府在 20 世纪末试图作为缓解社会动荡的手段而建立起来的法律体系。

本章包括三部分。

第一部分考察中国司法制度的实质转变。这部分回溯了过去三十年间官方在纠纷解决机制构建方面的戏剧性转折。对毛泽东时代调解实践的依赖，为 20 世纪八九十年代依靠法律，强调法院裁判的司法改革让路。但自 2003 年，出于对越来越多公民抗争和社会维稳的考虑，官方开始重启早先的调解实践。

第二部分分析政府推动该转变的政治机制。描述了 2010 年以陈燕萍法官为核心的"模范法官"宣传运动，并对比 20 世纪 90 年代末的类似活动，指出政府目前在寻找全国法官效仿的新型法官形象——对公众需求和党的政策（而非法律条文）的高度响应，依靠调解而非诉讼来解决纠纷。

这部分也考察了官方试图改变现行的法官收入及晋升激励机制。政府转

---

〔1〕 Owen Fiss, Against Settlement, 93 *YALE L. J.* 1073 (1984).

〔2〕《汉语字典》（2010 年版）对"法"的释义，"由国家制定和公布的，体现统治者意志的，公民必须遵循的行为规则"，并且有"标准"或"模范"等引申含义。该释义强调了（至少在修辞上）法规的系统性适用，在对文革混乱的反省中，由中国政府引导的改革被标记要约束权力，尽管人们并没有期待这些规范能独立地约束共产党的权力。参见邓小平 1978 年讲话，"解放思想，实事求是，团结一致向前看"。《布莱克法律词典》将"法律"定义为："1、通过将强制力适用于政治上有组织的社会、或通过由强制力保障的社会压力而对人类的活动和关系进行命令的社会制度。2、法律、判决先例和公认的法律原则的集合体；基于授权的司法行为和行政行为的实体；尤其是做出特定判决的法院在解决呈堂纠纷时所适用的规则、标准和原则。"参见《布莱克法律词典》2009 年第 9 版，第 962 页。

变了 20 世纪 90 年代末的做法，不再以判决率决定法官的收入和升迁。自 2000 年初，司法机关就加强对法院和法官调解率的重视。他们同样对引发当事人上访的判决结果越来越不宽容。这些因素都直接导致法官不愿再通过判决来解决纠纷。

第三部分探究了该转变的深层内涵。该部分分析了最近转型所带来的危机，论证了一些地方试图在短期内维稳的做法会导致长期的恶劣后果。文章也考察了近年来这种做法的理念扩及法学教育的种种表现，并将中国的转型与其他国家的发展进行比较，在法律与社会、法律与发展等更广泛的框架下进行理解。

本章最后反思了中国的法学研究与教育的发展轨迹。有关中国的近代法治的研究主要集中在法院和其他正规法律机构，但考虑到最近中国政府对于纠纷解决机制态度的转变，以及法律体系之外的组织与机制的持续性影响，（这种研究）或值得重新反思。如果学者希望了解政府是如何运作的，就需要把党的宣传工作和法院考核目标管理责任制纳入研究范围。

从方法论角度，本章试图阐明如此广泛的学术转变究竟怎样完成的。文章通过对政府指挥各机构的各种工具——包括正规的法律条文，宣传材料，党的内部文件以及法院考核目标管理责任制——的大量考察，来分析中国纠纷解决实践的转变。本章利用了法官及官员的第一手采访资料和公开发言，也参考了中国学者的研究成果。

## 二、1978~2010：纠纷解决机制的实质性转变

1978 年的改革前夕，中国的纠纷解决方式仍承受着 20 世纪 50 年代以来中国特色司法实践的影响。[1]这些民间纠纷解决的实践依赖社区活跃分子或官员的调解。毛泽东时代的做法与 1949 年以前业已存在的传统调解是不同的。毛氏调解与党的内部机构有很强的关联性，并且带有强烈的政治意味。[2]党内调解员不仅仅为了平息纠纷，他们还期望教给当事人党的意识形态与正确的"阶级思想"。自愿的和解是这种调解所附带的，而不是必须达到的目的。调

---

〔1〕 中华人民共和国建国初经历了建立正式司法体系的尝试性试验，随后 50 年代更加激进的毛泽东主义政策禁止了这些试验。Glenn Tiffert，"Epristrophy：Chinese Constitutionalism and the 1950s"，in Stephanie Balme & Michael Dowdle（eds.），*Building Constitutionalism in China*，2009.

〔2〕 Philip Huang，"Chinese Civil Justice，Past and Present"，pp. 107~108（2010）.

解员可以（而且通常会）对某个特别"麻烦的"当事人施加官方或社区的高压以强制当事人达成协议。[1]司法程序依旧不是主流，当事人合法的权利依旧未被重视。

在 20 世纪 80 年代初，中国政府渐渐淡化这种调解方式。人民法院开始采用"依法审判"来解决民间纠纷。1982 年的司法改革明示，调解将只是"被强调"，而不再是解决纠纷的"主要"方式。[2]1991 年的《民事诉讼法》深化了此转变。《民事诉讼法》规定法院调解必须建立在当事人双方自愿的基础上。它同样要求法院在双方当事人之间没有和解意向时要进行宣判。[3]此后数十年中，司法部门通过一系列的程序规则与证据规定建立起依法审判的模式。[4]改革的落实程度存在很大的差距。城市中的法院迅速改变了审判方式，但调解仍是基层农村法院主要的工作量。[5]

中国政府在行政法领域也开展类似的改革。他们颁布了大量的法律和条例，包括 1989 年的《行政诉讼法》，2003 年的《行政许可法》和 2007 年的《政府信息公开条例》。这些法律给予公民在法庭上就政府行为提起诉讼的权利。《行政诉讼法》显示了官方当时对诉讼的肯定态度，专门防止法院在行政案件中使用调解。[6]

其余改革随之而来。法学教育改革让法律系学生在大学期间学习基本的法律而不只是党章党规。这培养了一批倾向于依靠法律和法庭审判来解决民事纠纷的法官与公务员。[7]改革者甚至引进（并本土化）西方司法诉讼程序

---

〔1〕 Stanley Lubman, "Bird in a Cage: Legal Reform in China After Mao", pp. 40~70 (2000).

〔2〕 Hualing Fu & Richard Cullen, "From Mediatory to Adjudicatory Justice: The Limits of Civil Justice Reform in China", in Margaret Woo & Mary Gallagher (eds.), *Chinese Justice: Civil Dispute Resolution in Contemporary China*, 2011, pp. 38.

〔3〕 2007 年《民事诉讼法》第 9 条。

〔4〕 Stanley Lubman, "Bird in a Cage: Legal Reform in China After Mao", pp. 38~43.

〔5〕 即使在 1999 年的审前和判前改革的高度上，在河北农村地区超过 65% 的民事案件是通过调解而不是判决解决的。Sida Liu 指出利用判决解决纠纷的压力在此显现。1999 年有 33% 的民事案件通过判决解决，而在 80 年代这样的案件有 70% 多通过审判解决。参见 Sida Liu, "Beyond Global Convergence: Conflicts of Legitimacy in a Chinese Lower Court", 31 *LAW & SOC. INQUIRY* 75, pp. 96~97 (2006).

〔6〕 1989 年《行政诉讼法》第 50 条。

〔7〕 Hualing Fu & Richard Cullen, "From Mediatory to Adjudicatory Justice: The Limits of Civil Justice Reform in China", in Margaret Woo & Mary Gallagher (eds.), *Chinese Justice: Civil Dispute Resolution in Contemporary China*, 2011, pp. 30~33.

的代表性标志，以给予中国法官们一定权威，从而使他们与其他公务员区别开。中国法官在 2001 年将西装改为黑色的法袍，并在次年开始使用法槌。[1]

这些变化背后的原因错综复杂。首先，中央放弃了在毛泽东时代秉承的革命主义原则，他们从之前全权控制社会各个方面以及经济生活的情况中让步，这弱化了当时的很多机构，比如很大程度上依赖社会主义意识形态与国家权威的人民调解委员会。[2]第二，中国快速的经济发展引发了越来越多的民事纠纷。许多案件涉及到陌生人、农民工或与传统村落、国有企业毫无联系的公司法人。这些案件中，纠纷单靠调解组织是难以解决的，（因为）调解要依赖于引导双方当事人选择妥协的现有家庭关系或社会关系。[3]

其他因素同样在发挥作用。党中央对于民事纠纷的忽视，为最高人民法院管理民事司法领域创造了契机。最高法院借机以专业的方式引导改革朝着强化其自身制度的方向发展。[4]外国法律概念的引进给改革一定的理论思想基础和学术权威支撑。[5]官方为了得到国际认可，采用了一些国际司法标准，这在 20 世纪 90 年代中国试图加入世界贸易组织的协商过程中体现得尤为明显。[6]

中国官员和公共知识分子推行司法改革来解决他们在法院系统里看到的管理问题。最高人民法院在 1999 年发布的第一个法院改革五年计划中，明确

---

〔1〕　Ethan Michelson, "Global Institutions, Indigenous Meaning: Lessons from Chinese Law for the New Institutionalism", pp. 32 ~42 (2005), http://ssrn. com/abstract = 876472. 作者回忆了 2002 年观察中国基层法院电子公告栏的告示 "法槌不得用于敲打原告或被告"。

〔2〕　Hualing Fu & Richard Cullen, "From Mediatory to Adjudicatory Justice: The Limits of Civil Justice Reform in China", in Margaret Woo & Mary Gallagher (eds.), *Chinese Justice: Civil Dispute Resolution in Contemporary China*, 2011, pp. 26 ~30. Aaron Halegua, "Reforming the People's Mediation System in Urban China", 35 *HONG KONG L. J.* 715, pp. 718 ~724 (2005).

〔3〕　Philip Huang, "Chinese Civil Justice, Past and Present", p. 129.

〔4〕　Hualing Fu & Richard Cullen, "From Mediatory to Adjudicatory Justice: The Limits of Civil Justice Reform in China", in Margaret Woo & Mary Gallagher (eds.), *Chinese Justice: Civil Dispute Resolution in Contemporary China*, 2011, pp. 26 ~30.

〔5〕　Philip Huang, "Chinese Civil Justice, Past and Present", p. 129. 学术交流在帮助法律传播中扮演关键性角色。Randle Edwards, "Thirty Years of Legal Exchange with China: The Columbia Law School Role", 23 *COLUM. J. ASIAN L.* 3 (2009).

〔6〕　为了获得克林顿政府时期建立的中美法治的第一手资料，一般都参考 Paul Gewirtz, "The U. S. —China Rule of Law Initiative", 11 *WM. & Mary Billrts. J.* 603 (2003).

腐败和地方保护主义是深化法院改革、强化依法审判的主要原因。[1]同样地，党的最高层支持将行政法改革作为支持公民检举基层政府机关官员腐败和权力滥用的一种手段。[2]

类似改革改变了法院的日常工作。民事案件以调解结案的比例从80年代初到2000年初逐步减少，由70%骤降到30%左右。[3]而自从1989年的《行政诉讼法》颁布生效，行政案件数量暴增，从0起到2001年的10万余起。[4]

但近年，政府转变了态度。他们正在远离判决和裁定的形式。政法委将"调解"作为解决所有纠纷的钥匙，并将之与党中央在2006年提出的"和谐社会"政策相挂钩。[5]政府将新的调解政策缩减为"调解优先，调判结合"[6]的短语。调解已经进入刑事司法与行政司法，尽管《行政诉讼法》明确拒绝调解。[7]

为了重新推动法院使用调解，政府使用毛时代遗留下的一些做法。正如本杰明·李本所言，中国的政法委拿出20世纪三十四年代的马锡五审判模式让法官们模仿。这些模式强调调解融入审判、司法平民化，以及将给当事人做党的政治思想工作作为解决民事纠纷的方式，而不是依法审判。法官们在维护社会稳定的名义下，为平息民间纠纷顶着巨大的压力。非程序化的审理模式和对法条的高度灵活应用再次成为这段时期的标语。[8]

官方的统计数据反映了官方的态度倾向变化。法院的行政诉讼的案件量

---

〔1〕《人民法院五年改革纲要》。

〔2〕 Andrew Nathan，"Authoritarian Resilience"，14 *J. Of Democracy* 6，pp. 14—1（2003）.

〔3〕 Hualing Fu & Richard Cullen，"From Mediatory to Adjudicatory Justice：The Limits of Civil Justice Reform in China"，in Margaret Woo & Mary Gallagher（eds.），*Chinese Justice：Civil Dispute Resolution in Contemporary China*，2011，p. 43.

〔4〕 Kevin O'Brien & Li Lianjiang，"Suing the Local State：Administrative Litigation in Rural China"，51*CHINA JOURNAL*75，pp. 96（2004）.

〔5〕 Owen Fiss，Against Settlement，93 *YALE L. J.* 1073（1984）.

〔6〕参见2010年《最高人民法院工作报告》，http://www.gov.cn/2010lh/content_ 1558531.htm.

〔7〕被授权的法庭展开表面上有所差异的审判试验，以便支持当事人为符合"和谐"而对行政诉讼撤案这一事实。《最高人民法院关于行政诉讼撤诉若干问题的规定》第4条。对于近年来刑事调解以及对和谐的努力，参见宋英辉：《刑事和解制度研究》，北京大学出版社2010年版。

〔8〕 Ben Liebman，"A Return to Populist Legality：Historical Legacies and Legal Reform"，in *Mao's Invisible Hand*（Sebastian Heilman & Elizabeth J. Perry，2010）.

在 1998 年达到了稳定，在接下来的十余年间没有太多变化。[1] 至于民事诉讼，官方的数据——至少从表面看来——反映了调解结案数量的大量增加。根据最高法院的工作报告显示，通过调解解决的民事案件量从 2004 年的 31%翻倍到 2009 年的 62%。如果这是真实数据，意味着仅仅在五年内通过调解解决的案件数量翻了三倍（从 1.33 百万件增至 3.59 百万件）![2] 最高人民法院的统计数据或者低级法院发布高得令人质疑的调解率报告都暗示出法院当时所面临的实际压力。[3]

政府最近推动调解的工作凸显在很多不同的场合。第一种是推动法庭外的调解。自 2002 年开始，政府尝试复兴由当地村民和居民委员会组织的人民调解委员会。作为毛泽东时代纠纷解决的基石，人民调解委员会在八九十年代司法改革的冲击之下慢慢衰落。近些年，政府试图扭转这一趋势，增加对这些机构的投入，并且强化了在其参与下和解协议的约束力。[4]

2010 年的《人民调解法》就建立在这些变化之上，它将调解加以法律化，规定法院可以指导当事人寻求人民调解委员会的调解。[5] 它还规定法院应认可由此种调解（双方当事人在和解协议达成后的 30 日有效期内提出申请，并经过法院对其内容的实质审查）而达成的和解协议效力的程序。和解协议一旦被法院认可，如果一方随后有违约行为，另一方便有权利启动即时的司法执行程序。[6]

第二，政府还大力在司法程序内部推动调解。2007 年，最高人民法院发布

〔1〕　何海波："行政诉讼撤诉考（1987～2008）"，载 http://law.china.cn/features/2009—12/31/content_3325153.htm.但 2010 年最高法院工作报告（包含 09 年的相关数据）显示，相比 2007 年，行政案件增长 20%，参见 http://www.court.gov.cn/xwzx/yw/201003/t20100319_3244.htm.

〔2〕　通过比较 2005 年最高人民法院工作报告（包括 04 年相关数据）和 2010 年最高人民法院工作报告（包括 09 年的相关数据）而得。参见 2005 年《最高人民法院工作报告》，载 http://www.court.gov.cn/work/200503180013.htm；2010 年《最高人民法院工作报告》，载 http://www.court.gov.cn/xwzx/yw/201003/t20100319_3244.htm.

〔3〕　马腾："绥德法院民事案件调解率达到 95.7%"，载 http://www.sdhan.com/sdh/Article/ShowArticle.asp？ArticleID=4709.

〔4〕　Hualing Fu & Richard Cullen, "From Mediatory to Adjudicatory Justice: The Limits of Civil Justice Reform in China", in Margaret Woo & Mary Gallagher (eds.), *Chinese Justice: Civil Dispute Resolution in Contemporary China*, 2011, pp. 722～729.

〔5〕　2011 年《人民调解法》第 18 条。

〔6〕　2011 年《人民调解法》第 32～33 条。

了一份司法意见，促使基层和中级法院和法官优先采取调解来解决纠纷。[1]对于这种司法调解，实际操作中出现很多情况。官方的宣传展示了一些热忱服务大众的模范法官形象——法官们到受害方的家里去，日复一日耐心地倾听他们的诉愿，并渐渐引导他们选择和解之路，并最终重新恢复社会的和谐。[2]而一位中国的公益律师却提供了另一幅不同的画面：

> （具体的操作）取决于你面前是一位"经验丰富的"老法官还是一位"初出茅庐的"年轻法官。老法官们会给当事人施加压力。他们会告诉村民［一起环境诉讼中的原告］：'接受提供在你们面前的和解协议是不错的选择——我不确定我的判决结果能带来这么好的赔偿。'然后他们就到被告［污染企业］那里说：'你应该妥协——你肯定不希望你的企业形象因我所作出的负面判决而受到损害。'这么做需要大量的社会经验以及给人进行思想疏导工作的能力。年轻的法官们恰恰缺乏这些。他们更趋向于根据课本和法条来审结问题。[3]

此外还有第三种由国家支持的调解。自 2004 年以来，政法委提倡由党领导"大调解"来处理可能引发群体性事件和社会动荡的复杂纠纷。例如拆迁征地，破产企业重组以及对当地政府不满的集体抗议。[4]

根据一份对"大调解"程序的文字记载显示，"大调解"的本质为各机关进行政治协商的机制，目的为协调包括司法机构在内的政府部门的统一回应，以平息公众抗议和防止集体上访。[5]"大调解"并不一定局限于法律条文，还可以通过法律渠道以外的方法来进行（包括案件在立案之前和司法判决公布之后），甚至不一定会有名义上的当事人来参加。在"大调解"的过程中，权力机关间进行一系列政治博弈，有时利用政治压力让负隅顽抗的部门不得不选择妥协。

---

〔1〕 参见 2007 年《最高人民法院关于进一步发挥诉讼调解在构建社会主义和谐社会中积极作用的若干意见》。

〔2〕 见下文注注释以及文章内容。

〔3〕 2010 年 7 月 13 日北京采访。对司法调解的进一步探讨，参见 Vicki Waye & Ping Xiong, "The Relationship Between Mediation and Judicial Proceedings in China", 6 *ASIAN J. OF COMpp. LAW* 1, pp. 19 ~ 24 (2011).

〔4〕 艾佳慧："'维稳'逻辑下的'大调解'及其困境"（草稿），第 1~2 页。

〔5〕 艾佳慧："'维稳'逻辑下的'大调解'及其困境"（草稿），第 1~2 页。

在这样的高压之下，法官出于对自身职业发展的考量，其角色往往不再是毫无利益关系的中立方。在一些案件里，法官会扮演法律顾问的角色，提供让最终结果在法律允许范围内的建议（如果建议被当事人接受的话）。在其它案件里，调解转变成付华伶所称的"一种在传统惯例的伪装下，当地政府运用权力干预司法的活动。"〔1〕

怎样解释中央近年对法院以及审判的态度转变？学者们基本同意这个通说：尽管中央曾十分强调把法律作为解决民事以及行政纠纷的工具，但 20 世纪末的司法改革并没有成功地创造出高效的机构来解决这些纠纷。因为配套的体制改革没进行，法院在与当地党组织、政府以及商业利益的斗力中，仍处于弱势角色一方。同时，中国正经历着由快速发展所带来的一系列经济纠纷与社会矛盾。这导致法院普遍发生执行难的问题，增加了涉诉信访和集体上访事件的数量，恶化了民众与法院之间的对抗情绪。〔2〕

对日益严重的社会动荡的担忧，使得中央重新考虑现行的改革政策。自 2003 年开始，解决民事纠纷从边缘问题渐渐成为党中央关心的话题。一些改革项目被批评为单纯粗略引进外国法律和法律机而忽视中国农村地区的实际情况。其余项目则被批评导致司法人员和公务人员脱离群众路线、在民众与政府间制造了人为障碍、削弱了民众对党的支持。〔3〕中央领导警告，某些法官利用如"法律至高无上"或者"依法审判"等概念作为借口脱离或反对党在司法中的领导，尤其是在西方腐蚀性的法律理念影响下。〔4〕

政府出于社会稳定的考量开始强调调解。中央领导人称为了平息日益增

---

〔1〕　Hualing Fu, "The Politics of Mediation in a Chinese County: The Case of Luo Lianxi", 5 *THE AUSTRALIAN JOURNAL OF ASIAN LAW* 107, pp. 122 (2003).

〔2〕　Hualing Fu & Richard Cullen, "From Mediatory to Adjudicatory Justice: The Limits of Civil Justice Reform in China", in Margaret Woo & Mary Gallagher (eds.), *Chinese Justice: Civil Dispute Resolution in Contemporary China*, 2011, pp. 38; Ben Liebman, "A Return to Populist Legality: Historical Legacies and Legal Reform", in *Mao's Invisible Hand* (Sebastian Heilman & Elizabeth J. Perry, 2010).; Randall Peerenboom, "More Law, Less Courts: Legalized Governance Judicialization and Dejudicialization in China", http://papers. ssrn. com/sol3/papers. cfm? abstract_ id = 1265147. 中国政府官员同意这种说法。参见宜昌市中级人民法院院长胡兴儒的评论, http://www. hicourt. gov. cn/theory/artilce_ list. asp? id = 5281&l_ class = 2.

〔3〕　同上注。领导人从过去的历史中汲取教训。1949 年以前共产党员干部擅长于利用类似阶级对立的观点来调动人民群众对国民党政权的不满。

〔4〕　同上注。

长的、法庭之外的上访以及抗议，断定调解是不可或缺的。[1]确实，当最高人民法院在 2007 年命令低级别法院增加调解的使用量时，他们就挑出几类需要调解的案件，包括"人数众多的共同诉讼、集团诉讼案件"和"敏感性强、社会关注程度大的案件。"[2]

与此同时，政府还采取措施来管理他们认为偏离正确政治路线的法院和法官。在 2006 年，共产党在法院和其他政府部门开展了"社会主义法治理念"运动，强调了对共产党的忠诚并抵制所谓"西方的"有害法治理论的影响。[3]

### 三、逆法而动的操作落实

这些操作有的是立法性质的，如上述 2010 年的《人民调解法》。[4]此外政府还利用政治手段来重塑中国的司法制度，包括"模范法官"运动以及考核目标管理责任制。

这两样举措并不新鲜。二者都深深植根于古代中国和共产党的前期治国模式中。"模范法官"运动是 20 世纪 50 年代社会主义"模范工人"以及古代中国"模范官员"的现代化身。[5]而考核目标管理责任制是古代官僚制度和共产党专政制度的直系产物。[6]

（一）"模范法官"运动对比：2010 年与 1999 年

政府通常推出一个"模范官员"（或司法系统里的"模范法官"）来作代表人物，引导基层的官员及机构执行其政策。通过比较 2010 年和 1999 年的

---

〔1〕 同上注。

〔2〕 周永康："深入推进社会矛盾化解、社会管理创新、公正廉洁执法"，载 http://www. qstheo-ry. cn/zxdk/2010/201004/201002/t20100209_ 20841. htm. 参见 2007 年《最高人民法院关于进一步发挥诉讼调解在构建社会主义和谐社会中积极作用的若干意见》第 5 条。

〔3〕 "罗干《求是》发文强调：加强社会主义法治理念教育"，载 http://news. xinhuanet. com/politics/2006—06/15/content_ 4703143. htm.

〔4〕 参见《人民调解法》。

〔5〕 Patricia Stranahan, "Labor Heroines of Yan' an", 9 *MODERN CHINA* pp. 288 (1983) .

〔6〕 Carl Minzner, "Riots and Cover—Ups: Counterproductive Control of Local Agents in China", 31 *U. PA. J. INT' L LAW* 53, pp. 117 ~ 118 (2009); Michael Dutton, "Policing Chinese Politics", pp. 258—300 (2005); Jean C. OI, "State and Peasant in Contemporary China: The Political Economy of Village Government" (1989) .

两次"模范法官"运动，可以看出政府在纠纷解决方面的转变。〔1〕

"陈燕萍运动"是近年全国范围内较为典型的"模范法官"运动。这场运动从 2010 年上半年开始，影响范围极广。2010 年 1 月 19 日，党的高层领导和司法官员集聚北京，庆祝来自江苏省陈法官的优秀成绩。〔2〕大量的宣传活动接连展开。媒体高度赞扬她的工作，详细报道了她的功绩，把她的职业生涯归纳到新的政治路线。从 1 月到 6 月，中国法院网站首页都展示着赞美陈法官的头条标语。3 月，最高人民法院院长在他面向全国人大（当次会议陈法官同样被选举为人大代表）作出的年度工作报告中，特别提出陈法官并加以表扬。全国的法院发动法官参加向陈法官学习的活动。〔3〕

好吧，陈法官确实是一位你值得学习的、司法界偏爱的模范人物。你在媒体报道中读到她在 14 年里处理了 3100 余件案子；没有一丝抱怨或不满；从来没有当事人上访；甚至没有一起错判的案件。她的裁决被所有当事人一致接受。〔4〕你读到她最赤诚的心、实现孔子"天下无讼"理想的渴望以及正确的职业规范，〔5〕这帮助她实现党要求和谐社会的目标。〔6〕

---

〔1〕 2010 年的陈燕萍运动之所以被本章选择，除了它本身紧随时代、大规模的范围外，还因为网络上关于它密集的报道，包括中国司法部网站为它开辟了一个集合全国主要的媒体报道的专门版块。参见 http://www. chinacourt. org/zhuanti/subject. php? sjt_ id = 454. 1999 年的模范女法官运动也是因为大致相同的本质被选择：一场包括掌管国家司法事务的领导的正式露面的全国范围的运动。对于陈法官以及 1999 年 10 位模范法官均为女性的事实有助于对法官性别的掌握。最后，对两次活动充分的国家媒体报道的文章也起到了作用。

〔2〕 最高法院领导人对于陈法官的正式嘉奖，参见"王胜俊：以陈燕萍同志为榜样，做人民信服的好法官"，载 http://cpc. people. com. cn/GB/64093/64094/10814789. html.

〔3〕 2010 年《江苏省高级人民法院工作报告》，载 http://www. jsfy. gov. cn/ztlm/qglh/lhxw/2010/02/505436908421543. html.

〔4〕 何春中："一位胜败皆服的农村基层法官"，载 http://zqb. cyol. com/content/2010—01/18/content_ 3043751. htm；覃玉莲："陈燕萍法官再次让我感动"，载 http://www. chinacourt. org/public/detail. php? id = 425362.

〔5〕 同上注，这里间接提到孔子的言论（《论语·颜渊》），第 12 篇"听诉，吾犹人也，必也使无讼乎？"

〔6〕 陈法官自己的发言让人们对官方宣传中对调解的高度称赞产生质疑。就如她在一次采访中说的一样："'天下无讼。'"这是每年不变的新年愿望。当然，这不可能达到；不仅不能达到，在当下社会转型期矛盾纠纷只会越来越多。就说我所在的法院，近三年收案数每年以 30% 递增……"参见顾巍钟："'能动司法'的和谐使者"，载 http://www. js. xinhuanet. com/xin_ wen_ zhong_ xin/2009—12/29/content_ 18622749. htm.

你清楚地感知到政府重新展示的对调解的偏爱，[1]陈法官的成功被归于她避免使用法律而是首先选择调解处理案件。[2]和"某些法官"认为调解特别浪费时间和困难重重不同，陈法官更愿意花费数小时、数天或者数周时间来达到调解的目的。这种工作不要求任何"精湛的审判技巧与厚重的法律功底"，也得不到媒体的关注，但它获得了广大人民群众的"喜爱、尊敬和拥戴"。[3]上级的指令霸占你的注意力。"法官……不应当是咬文嚼字、奉成文法为唯一经典，无视社会和谐与人民利益的法律工匠。"[4]

人民利益——这是将中国的司法制度转回由共产党领导和司法大众化的根源基础。你的法院院长（有时就是法院的党委书记）对你宣称，陈法官的工作方式是 20 世纪四五十年代"群众路线"的现代翻版，目的在于保持党与民众唇齿相依的关系。[5]当然，你被期待要坚定地追随党的章程，[6]但你同样被期待要保有对人民的"真心、真情、真爱"，也要"贴近群众、深入群众、走进群众，方能将心比心，换取群众的真心相对，方能真正想人民之所想、急人民之所急，方能切实搭建起一座法官与民沟通、为民服务的桥梁。"[7]你不该像其他法官那样，仅仅依赖于"冰冷"的法律和"机械的程序"来解决案件，[8]将法官与人民群众分离。

你也看到运动明确排斥西方法律的影响。"模范法官"运动的材料指示，"简单套用西方的法治观念和法制模式，或者'幻想'利用'移植'或'接

---

〔1〕 黄秀丽："调解调解再调解：司法调解有限化解社会矛盾"，载 http://nf. nfdaily. cn/nfzm/content/2010—03/04/content_ 9744376. htm.

〔2〕 "陈法官的调解之所以成功，是因为她并不是依赖法律而是人类的情感。"参见"陈燕萍：爱调解少判决的基层法官，以'德'服人"，http://comment. bjnews. com. cn/2010/0118/18046. shtml.

〔3〕 谢英："'平民法官'演绎完美司法人格"，载 http://www. chinacourt. org/html/article/2010 03/03/397566. shtml.

〔4〕 王梓臣："君子不器：陈燕萍的司法智慧"，载 http://rmfyb. chinacourt. org/paper/page/1/2010—02/09/02/2010020902_ pdf. pdf.

〔5〕 参见江苏高院庭长及党组书记公丕祥的评论，载 http://www. legaldaily. com. cn/bm/content/2010—02/24/content_ 2063569. htm? node =20731.

〔6〕 赵俊清："法官的责任"，载 http://bjgy. chinacourt. org/public/detail. php? id =83258.

〔7〕 汪明卓："陈燕萍精神是当代法官的思想指引"，载 http://www. chinacourt. org/html/article/201001/22/392473. shtml.

〔8〕 汪明卓："陈燕萍精神是当代法官的思想指引"，载 http://www. chinacourt. org/html/article/201001/22/392473. shtml.

轨'来复制外国的法律制度，事实证明是南橘北枳。"[1]西方的法官被批评
"深居简出、闭门谢客""不接触社会、不接触现实"。[2]相反，中国的"社
会主义司法道路"和中国的国情要求（法官）紧紧跟随革命的道路以及司法
大众化的精神。[3]

　　你也注意到其他细节。这些材料的用语没有仅仅局限在"社会主义"。相
反，政府同样宣称陈法官实现了中国的传统价值观。政府赞扬她的工作"深
植于孔子思想。"将她的信仰描述为法官必须道德自治。[4]她的工作被认为
是儒家"仁"的化身。[5]她被表扬为具有儒家君子道德的榜样。[6]儒家思
想被重新解释以便为这些运动服务。最高人民法院赞美陈法官坚持"君子不
器"的理念。如中国哲学家所阐释，这个词语最初的意思是一个君子不应该
仅仅是局限某一狭窄方面的，而应该是一个综合的"容器"，可以被用来实现
各种目的。[7]然而，最高人民法院的公告栏为这个词语提供了自己的注释：

　　"从司法的角度把这句话解读为，一个品行良好的法官，在案件的处理过
程中，不能只是一个机械适用法律的机器，而应该是一个掌握社会人文风情、
能够熟练运用各种司法技艺、善于化解矛盾纠纷、充分发挥司法效用的良好
社会秩序维护者。"[8]

---

〔1〕　汪明卓："陈燕萍精神是当代法官的思想指引"，载 http://www. chinacourt. org/html/article/
201001/22/392473. shtml.

〔2〕　潘时常："她用大爱实现法律的尊严"，载 http://www. taizhou. gov. cn/art/2009/12/15/art_
18_ 48626. html.

〔3〕　潘时常："她用大爱实现法律的尊严"，载 http://www. taizhou. gov. cn/art/2009/12/15/art_
18_ 48626. html.

〔4〕　这场运动对专业性知识毫不重视。陈法官自己曾说"当法官，跟做医生一样，首先要立德，
要有体恤之心。"参见张亮："不拒情理法律温暖如斯"，载 http://www. legaldaily. com. cn/bm/con—
tent/2010—01/20/content_ 2030784. htm? node = 20729。

〔5〕　李晓梅："陈燕萍工作法的历史传承与现实贡献"，载 http://www. chinacourt. org/html/arti-
cle/201002/11/395312. shtml.

〔6〕　王梓臣："君子不器：陈燕萍的司法智慧"，载 http://rmfyb. chinacourt. org/paper/page/1/
2010—02/09/02/2010020902_ pdf. pdf.

〔7〕　Wu Ning, "Becoming a Vessel or Not", http://utcpp. c. u—tokyo. ac. jp/events/pdf/023_ Wu_
Ning_ 3rd_ BESETO. pdf.

〔8〕　王梓臣："君子不器：陈燕萍的司法智慧"，载 http://rmfyb. chinacourt. org/paper/page/1/
2010—02/09/02/2010020902_ pdf. pdf.

2010 年对陈法官形象的描述与对 20 世纪 90 年代末模范法官的宣传描述对比，有鲜明的差异。

相似点确实存在。和陈法官一样，20 世纪 90 年代后期的模范法官都是勤奋工作，甚至以牺牲自身健康为代价的突出代表。[1]他们的年度案件终结率是其他法官的两倍或三倍。[2]而且他们几乎不曾判过错案。在 1999 年的十大"国家优秀女法官"评选中，据说六位女法官从来没有出现案件被改判或者发回重审的情况。[3]

官方媒体对上世纪 90 年代末的模范法官的描述，与如今的陈法官多少类似。法官们都坚定地站在社会主义共产党的一边。他们被赞颂为优秀的共产党员。[4]他们坚定地支持共产党规定的关键目标。其中一位法官在党的国家级理论报刊上公开发表过文章，赞扬官方在扫除法轮功残余运动中所做的努力。[5]法官们也受到官方对其在法庭外解决纠纷、为人民服务精神的赞扬。[6]

但是关键性的区别也有。（90 年代末）没有排山倒海般对调解的神奇成功的强调。90 年代末的模范法官因通过"审结"（通过审判解决纠纷）处理大量案件而受到赞扬，而不是通过调解。[7]确实，过去的说法提到过某些法官创造了非常高的调解率。但是并没有官方将调解作为治愈所有社会不满问题的神奇处方的政治性描述。而且也没有特别清楚地把儒家思想作为 90 年代末模范法官审判指导的做法。

事实上，官方的几篇对上世纪 90 年代末模范法官的描述，与对陈法官的描述是恰恰相反的。以秦玲妹法官为例。她在媒体报道中的被称为"冷面法

〔1〕 对岳璐法官的描述，参见"跨世纪的先锋战士"，载《共产党员》1999 年第 7 期。

〔2〕 对赵小莉法官的描述，参见"神圣的追求——记全国模范女法官赵小莉"，载《党建》1997 年第 9 期。

〔3〕 "全国十大杰出女法官事迹简介"，载 http://www.gmw.cn/01gmrb/1999—02/26/GB/17979%5EGM3—2609.htm.

〔4〕 "全国十大杰出女法官事迹简介"，载 http://www.gmw.cn/01gmrb/1999—02/26/GB/17979%5EGM3—2609.htm.

〔5〕 跨世纪的先锋战士"，载《共产党员》1999 年第 7 期。
尚秀云："坚持依法治国，取缔非法组织"，载《求是》1999 年第 16 期。

〔6〕 计亚男："天平重于山"，载 gmw.cn/01gmrb/1999—02/10/GB/17964%5EGM1—1016.htm.

〔7〕 "'铁法官'——谭彦"，载 http://gmw.cn/01gmrb/1999—09/09/GB/gm%5E18174%5E3%5EGM3—0908.htm.

官"。[1] 这是因为她以"冷静头脑"、"非常理性"、"坚持中立"以及"拒绝过多的社会联系"闻名,她的冷漠以及与当事人缺乏沟通被特别关注。尽管近视,她坚持工作时不戴眼镜。当事人试图在庭审后找她,她便假装"没有认出"当事人,以便不让复杂的私人关系干扰工作。[2] 朱筱玫法官是另一例。官方媒体夸她为"不信任当地党委"的法官,在一起刑事案件中,她敢于挑战党委书记的决定并最终导致案件走向完全相反的结果。[3]

高炳环法官也是陈法官的反例。高法官因其在执行法庭裁决中的无畏而受到赞扬。在一个工厂老板拒绝服从法院的民事诉讼裁决后,高法官试图去和他讲道理。失败之后,她带领一队司法人员到工厂门口逮捕这个老板。当他们给这个工厂负责人戴上手铐时,他向周围聚集的 200 余名工厂工人(以及他的支持者)呼喊求助。一场大规模的群体事件爆发。法官们被攻击,车辆被砸毁。高法官被殴打到失去意识并昏了过去。

在被困为人质 12 小时后,她被解救并因脑震荡被送往医院。随之而来的北京市高级人民法院以及党委对案件的关注,使得这名工厂负责人因干涉司法裁决执行而被判入狱。高法官呢?按宣传资料"她说得很好:'我们必须维护法律的权威,哪怕以自己的生命为代价。'"[4]

这样的宣传明显与现在官方对陈法官的描述不同。上文提及 90 年代的模范法官并不是温柔的和可亲的。高法官的行为事实上触发了一场骚乱。上世纪 90 年代的法官们因坚持法律自治而被肯定。他们被描述成在民事纠纷中不惜以造成社会不和谐为代价去实施法律,甚至在刑事(或者行政)纠纷中会以与党的基层领导人冲突为代价。

这种对比表明中国关于法官(和法律)的宣传语在过去十年是如何变化的。围绕陈法官开展的运动是重塑法官角色的一部分:直面司法大众化的调解以及远离依法审判。

---

〔1〕 "全国十大杰出女法官事迹简介",载 http://www.gmw.cn/01gmrb/1999—02/26/GB/17979%5EGM3—2609.htm.

〔2〕 方凝:"于热闹之外",载《上海人大月刊》2003 年第 7 期。

〔3〕 倪四义:"全国十大杰出女法官受表彰",载 http://web.peopledaily.com.cn/haiwai/199902/26/newfiles/B111.html.

〔4〕 李恩仕:"女法官高炳环",载《工会博览》2001 年第 17 期。高法官认为法官在工作中应该依赖于"理"而不是"情"。这实际是对陈燕萍法官的相反声明。李晓梅:"陈燕萍工作法的历史传承与现实贡献",载 http://www.chinacourt.org/html/article/201002/11/395312.shtml.

（二）考核目标管理责任制

中国政府改变司法行为以及推广调解的努力，不仅仅局限于对模范法官的宣传。此外，他们还通过激励机制来改变法官的行为。

一位区法院法官在名为"如何提升调解率"的文章中，清晰地解释了这一现象：

"在2009的调解活动中，郾城法院非常重视调解工作，把民事诉讼调解工作纳入岗位目标责任制及绩效考评办法，使全院干警转变审判理念……过去强调'一步到庭'当庭宣判率，导致案件判决率高，当事人对立情绪大，执行难度大，不利于案结事了。"

"根据时代发展变化的形势，该院有针对地提出强化诉讼调解，力争案结事了，把调解率作为体现法官司法能力的一项硬性指标纳入年度岗位目标考核及绩效考评办，在办案经费补助上调解案件高于判决案件，在工作绩效上把调解案件纳入考核范围，要求每案必调，讲求调解成功率，致使该院调撤率大幅度上升，同比上升15%，调解成为郾城法院工作的一大亮点。"[1]

这种做法无独有偶。在2007年，最高人民法院特别号召法院落实这些政策，以激励法官们追求调解结案。[2]这些号召自此在中国法院体系内有所回应。[3]

郾城法院提到的考核目标管理责任制指的什么？政府将干部和公务员的晋升机会和薪水与业绩目标挂钩，通常这是用数字表示的。比如，当地的党委书记，面对的年度经济发展、税款征收、生育控制、脱贫致富、党组建设以及社会稳定之类的目标。法官们同样面临业绩指标，包括调解率、案结率以及改判率等。[4]官员如果达到了既定工作指标，就会获得薪资和职位的回报，比如晋升的机会。那些没有业绩（或者业绩比别人低）的官员则会受到

---

〔1〕 许凤梅："如何如提高调解率"，载 http://lhycfy. chinacourt. org/public/detail. php？id＝107.

〔2〕 2007年《最高人民法院关于进一步发挥诉讼调解在构建社会主义和谐社会中积极作用的若干意见》第21条。

〔3〕 山东省济宁市市中级人民法院副院长孟伟的评论，载 http://www. chinacourt. org/html/article/200701/15/230610. shtml.

〔4〕 Carl Minzner, "Riots and Cover—Ups: Counterproductive Control of Local Agents in China", 31 *U. PA. J. INT' L LAW* 53, pp. 67～74.

相应的惩罚。[1]业绩指标的重要性也不同。极为重要的指标——社会稳定、生育率控制或者调解率（如在郿城法院）——被规定为"硬性"指标或者"一票否决制"。这些指标没有达到，就会将其他领域的成绩一律否定掉。这让官员们非常重视去完成（或者至少装作达到）这样的指标。[2]

考核目标管理责任制在中国治理中扮演重要的角色，是上级支配下级机构的关键手段。通过设定（或改变）某一指标来激励基层官员涉入（或改变）某种行为。

从上世纪 90 年代初开始，政府开始在评价法官工作表现时不那么看重调解率的重要性（调解率在 80 年代曾被特别强调）。相反，他们更强调司法审判要做出裁决。[3]法院的院长们对经由司法审判结案的数量设置更高的目标。[4]这（毫不意外地）导致一方面报道中经由调解完结的案件数量下降，一方面公布的司法判决数量上升。[5]

近年却刚好出现相反的现象。约从 2003 年开始，法院开始在考核目标管理责任制中大力强调调解率的重要性。他们提高了民事诉讼的调解率。[6]自2006 年，同样的情况出现在行政诉讼领域中。[7]这一现象并不局限于法院。所有负责解决纠纷的机构——包括当地政府、司法部门、城市的人民调解委

〔1〕 Carl Minzner, "Riots and Cover—Ups: Counterproductive Control of Local Agents in China", 31 *U. PA. J. INT' L LAW* 53, pp. 67 ~ 74. Maria Edin, "State Capacity and Local Agent Control in China: CCP Cadre Management from a Township Perspective", 173 *CHINAQ.* 35, pp. 38 – 40 (2003); Susan H. Whiting, "The Cadre Evaluation System at the Grass Roots: The Paradox of Party Rule", in Barry Naughton & Dali L. Yang (eds.), *Holding China Together* 101, pp. 112 ~ 115, 2004.

〔2〕 Carl Minzner, "Riots and Cover—Ups: Counterproductive Control of Local Agents in China", 31 *U. PA. J. INT' L LAW* 53, pp. 67 ~ 74. Maria Edin, "State Capacity and Local Agent Control in China: CCP Cadre Management from a Township Perspective", 173 *CHINAQ.* 35, pp. 38 – 40 (2003); Susan H. Whiting, "The Cadre Evaluation System at the Grass Roots: The Paradox of Party Rule", in Barry Naughton & Dali L. Yang (eds.), *Holding China Together* 101, pp. 112 ~ 115, 2004.

〔3〕 中国的法官们指出这点。同注 89；迟晓然："浅谈民事审判中调解和判决之结合"，载 http://article. chinalawinfo. com/ArticleHtml/Article_ 43942. asp.

〔4〕 "审判方式改革到底改成什么样——日照中院对审判方式改革提出具体标准"，载《山东审判》1996 年第 10 期。该文制定了 50% 的案件应被判决结案的目标。

〔5〕 "对新时期法院民事调解工作的调查与思考"，载 http://tjfy. chinacourt. org/public/detail. php? id = 2268.

〔6〕 同上注。

〔7〕 东省济宁市市中级人民法院副院长孟伟的评论，载 http://www. chinacourt. org/html/article/200701/15/230610. shtml. 何海波：《实质法治》，法律出版社 2009 年版，第 79 ~ 81 页。

员会和农村的村民委员会——都被要求达到更高的调解率。具体的数字不一样，有的高到 60% 到 80%，也有高到难以置信的数字（97% 或者更高）。[1]

（提高调解率的）方法可以是非常直接的。在中国东北地区的一个法院，在民事案件中达到 82% 调解结案率的法官，每个调解的案件可以获得 10 元的奖金，如果当事人撤案则获得 5 元奖金。[2]更高的调结案率会得到更高的报酬，案件中达到 86% 调解结案率的法官，每个调解的案件可以获得 20 元奖金。（同样也不令人意外的）当地法院的工作人员称，这样的考核体制对于近年来通过调解终结的案件数量增加有直接的关系。[3]

这些变动只是治国模式变动的冰山一角。随着对社会稳定忧虑的增加，中央政府给基层党政干部越来越来大的压力以防止民众上访。考核目标管理责任制因此被调整。发生大规模的、次数频繁集体上访的地方，官员受到越来越严重的惩罚。[4]情况同样延伸到法院。法官们对自己宣判的、导致不满的、当事人向更高级法院上访的案件被要求实行责任自负。[5]不断增长的调解率指标仅仅是更大的转变中的一部分。党委对法院和其他机构发布指令，指导他们既要不惜一切代价使上访者远离更高级别的政府，又要通过调解平息大量的纠纷。[6]

考核目标管理责任制与中国法律艰难地共存。有时候，两者先后前行。

---

〔1〕 参见王宏伟："一场纠纷，调解还是判决"，载 http://www. legaldaily. com. cn/misc/2009 - 10/19/content_ 1168114. htm. 该文详述了河南省高级人民法院对 60% ~80% 一审民事案件通过调解成功解决的要求。参见《晋江市司法局 2007 年重点工作项目责任分解表》，载 gov. cn/jjgov/files/2008/8/ 200882316950D601. doc. swf. 该表第 2 页规定王佳郎个人要保障 2007 年度内经由该市人民调解委员会调解的 97% 的案件是成功的。

〔2〕 "穆棱市人民法院民商事调解案件审理规范"，载 http://www. muling. gov. cn/xwzx/xwzx_ nr _ 2. asp？id =7151.

〔3〕 有报道指出 2003 至 2007 年之间，民事与商事案件通过调解结案的比率从 42.3% 上升到 68.2%，这是将调解作为司法评价和采取的对法官的奖励机制的"重要"部分后取得的结果。参见注 89。另有文指出一年内调解率由 7% 上升到 13%。参见"对新时期法院民事调解工作的调查与思考"，载 http://tjfy. chinacourt. org/public/detail. php？id =2268. .

〔4〕 Carl Minzner, "Xinfang: An Alternative to Formal Chinese Legal Institutions", 42 STAN. J. INT' LL. 103, pp. 134 ~135, 178 ~179 (2006) .

〔5〕 马玉红："中卫中院'七比'促'大学习、大讨论'"，载 http://www. nxfy. gov. cn/1/2008 -9 -17/2920302@ 384. htm.

〔6〕 有细则为当地政府设定目标，包括限制群体性上访事件和取得 96% 的调解率。参见《2009 年开发区综治、司法、信访考核细则》，http://www. gzedz. gov. cn/jiguan/04/01/764809251420. html.

在上世纪 90 年代，法院的业绩考核体制强调审结率，正如司法改革为法院实现这些目的构造了框架。在其他情况下，他们则是冲突的。[1]近年来，政府提高了法院和法官面对的调解率指标，但并没有相应地修改 1991 年的《民事诉讼法》所规定"调解自愿"的条文；也没有移除 1989 年《行政诉讼法》规定的行政诉讼中禁止调解的法条。这制造了紧张对立的态势。法官和法院因是否遵循法律规定而受到奖励（或惩罚）。

法律和考核目标管理责任制之间的冲突反映了中国内部更深层次的矛盾。目标管理责任制和人事管理结构是党控制每级政府的核心工具。毫不意外，没有清晰的制度举措存在来解决这一类人事目标和法律之间的矛盾冲突。[2]事实上，《行政诉讼法》禁止法院复审行政机构对其职员人事奖惩的决定。[3]

### 四、前方的路通向何处？中国逆法而动的几点意义

（一）实际影响：不稳定的官民关系

中国法院面临的关于通过调解解决纠纷（而不是通过审判）的高度压力，这产生很多令人质疑的司法行为。法官公开承认的例子是：强制调解。[4]这个问题不仅存在于中国。对于调解的普遍担忧是，当事人的司法权利和个人利益有时会在调解中被牺牲掉，尤其是原被告权利、经济资源严重不对等，会妨碍双方之间进行平等协商的时候。[5]这种情况有可能导致法院认可明显不公平的调解协议有法律效力。当负责进行调解的法官薪资与职位评价跟调解的结果挂钩时，情况更加严重。在这些情况下，法官也许就迫使当事双方达成和解以达到自己的业绩目标。这会削弱司法程序的实质正义，同时毁损法院系统的权威。

然而，这只是冰山一角。中国法院和其他机关所背负的维护社会稳定的

---

〔1〕有文讨论了最高法院相关指示以及法院责任体系之间对"错判"案件处理的矛盾。参见 Carl Minzner, "Judicial Disciplinary Systems for Incorrectly Decided Cases: The Imperial Chinese Legal Heritage Lives On", 39 *N. M. LAW. REV.* pp. 63 (2009).

〔2〕Carl Minzner, "Riots and Cover—Ups: Counterproductive Control of Local Agents in China", 31 *U. PA. J. INT' L LAW* 53, pp. 94 ~ 97.

〔3〕《行政诉讼法》第 12 条第 2、3 款。

〔4〕参见文山州中级人民法院法官李亚靖的评论，http://www. wszjfy. gov. cn/article – 7 – 8. aspx.

〔5〕关于对美国在家庭暴力案件调解实践的批评，参见 Aimee Davis, "Mediating Cases Involving Domestic Violence: Solution or Setback", 8 *CARDOZO J. CONFLICT RESOL.* 253, pp. 279 ~ 281 (2006).

压力，正在加速一种更加复杂和不稳定的官民关系。两个例子可以帮助阐明这个观点。

以反歧视领域为例。中国的肝炎和艾滋病维权活动家利用司法系统寻求赔偿，并推动相关机构变革。中国的法律禁止雇主歧视传染性疾病携带者。[1]但最高人民法院至今仍未在这些领域承认案由。实际上，从公司法人或者政府企业收集证据去证明雇主涉及歧视仍然是比较困难的。因此，反歧视的活动家要利用司法渠道还存在很多困难。

但是官方对法官利用调解解决纠纷并避免公民抗议所施加的压力，为民间的活动家开启了阀门。中国反歧视组织采取媒体宣传技巧表达对社会不公的不满，以在调解过程中给法官施加压力。出于担心原告闹事会在考核目标管理责任制下对自己不利，法官们会对被告施加压力（尽管法律并不允许法官们这么做）以在关起门进行的调解中作出妥协来达成和解。[2]司法体系的软弱和法律标准的削弱，实际上给一些原告带来机会，不过这也只限于那些擅长调动民间运动或舆论压力的原告。

劳动纠纷是第二个例子。苏阳和贺欣仔细讲述了法院在处理影响社会稳定的劳动纠纷时司法机关所面临的压力。[3]在考核目标管理责任制度下，不能处理好（民众的）示威游行意味着严重的职业惩处，因此有一些广东的"法院在这些情况下，更多关心的是维稳政策的命令，而不是法律的程序要求。"[4]他们"完全忽视了法院应该处于的中立位置"并且为了达成和解目的将法律条文弃之一旁。[5]表现为法院放弃了证据与程序标准，擅自帮助工人告状，或命令无关的法人（即没有法律上实质责任的人）承担支付工人们薪资的负担。[6]让步有时包括法院或政府部为了平息纠纷，而从自己的预算

---

〔1〕 2007 年《就业促进法》第 30 条。

〔2〕 参见 2010 年 6 月 28 日在北京的采访材料。

〔3〕 Yang Su & Xin He, "Street as Courtroom: State Accommodation of Labor Protest in South China", 44 *LAW & SOC' Y REV.* pp. 157 (2010).

〔4〕 Yang Su & Xin He, "Street as Courtroom: State Accommodation of Labor Protest in South China", 44 *LAW & SOC' Y REV.*, pp. 174.

〔5〕 Yang Su & Xin He, "Street as Courtroom: State Accommodation of Labor Protest in South China", 44 *LAW & SOC' Y REV.*, pp. 167.

〔6〕 Yang Su & Xin He, "Street as Courtroom: State Accommodation of Labor Protest in South China", 44 *LAW & SOC' Y REV.*, pp. 157～170.

中支付抗议的工人工资。[1]

也许会有人认为这是转变中的积极事例。英雄般的反歧视工作者最终获得了经济赔偿。痛苦的工人们最终获得了补偿。但是请看更深层面的问题。这种动态的官民关系并没有带来有意义的长期的机构变革或者持续的社会稳定。相反，它只是对特定的社会动荡或民众愤怒表达的短期应对，并不是对潜在根本原因的回应。

事实上，这甚至不是中国的维权活动家自己所想要的。正如上述反歧视组织的主任所称，无论是他们自己的策略还是他们刺激政府得到的回应，都不是对制度性问题的长期解决措施。舆论压力并不能被运用到每个案子里。民间的社会组织不能将每起侵害公民权利的案件变成一个众人所关注的案子。相反，他认为，"我们所需要的是政府制定一些标准，通过合法的方式来解决问题。"[2]

通过个别当事人在闭门的程序中达成和解，以处理那些引起社会广泛关注或者会引发集体上访的案件。如果中国纠纷解决准则沦为"会哭的孩子有糖吃"，那么中国的司法体系还剩下什么呢？[3]

这样的政策从长远看会有不良影响。在任何司法体系里，绝大多数的纠纷是在法律的阴影下私下解决的——而当事人会将案件要是送达法院后可能得到的结果作为谈判背后的考量。[4]法律条文和公开审判的案件提供了判案标准，以便让当事人私下进行协商。在这种情况下，大多数的案子以调解、撤

---

〔1〕　Su, He, and Liebman 都指出中国政府和法院为了"社会稳定"这一特定目标，创造出支付金钱给上访者这个办法。Yang Su & Xin He, "Street as Courtroom: State Accommodation of Labor Protest in South China", 44 *LAW & SOC' Y REV.*, pp. 168; Ben Liebman, "A Return to Populist Legality: Historical Legacies and Legal Reform", in *Mao' s Invisible Hand*（Sebastian Heilman & Elizabeth J. Perry, pp. 13~24 (2010).

〔2〕　参见 2010 年 6 月 28 日在北京的采访材料。

〔3〕　目前还不清楚中国在纠纷解决实践中态度的转变会如何影响在中国的外国公司。涉及这类主体的纠纷通常不在中国结案。相反的，中国仲裁委员会已经成为外国公司寻求纠纷解决的替代性角色出现。Stanley Lubman, "Looking for Law in China", 20 *COLUM. J. ASIAN L.* 1, pp. 31 (2006); Fuyong Chen, "Striving for Independence, Competence, and Fairness: A Case Study of the Beijing Arbitration Commission", 18 *AM. REV. INT' L ARB.* pp. 313 (2007). 这类商事纠纷一定程度上是独立于重塑中国法院的维稳压力的。当然，中国的仲裁程序还遗留有他们程序瑕疵的问题。同上注; Jerome A. Cohen, "Time to Fix China' s Arbitration", *FAR EASTERN ECON. R.*, http://www.feer.com/articles1/2005/0501/free/p031.html.

〔4〕　Robert Mnookin & Lewis Kornhauser, "Bargaining in the Shadow of the Law: The Case of Divorce", 88 *YALEL. J.* pp. 950~997 (1979).

诉的方式结案并不一定会引起担忧。假设调解率达到 99% ，剩下 1% 的案件可能为当事人提供足够的信息，以便让他们私下里达成彼此可以接受的协议。

在中国，刚好相反的情况正在发生。官方给法官平息不满的当事人的抗议或达到高调解率的压力不仅仅影响了被调解的案件，还意味着那些经过审判的案件是在社会不稳定的阴影下被审结的。正如李本所言，这正在给中国法院增加"民粹主义威胁"。[1]

这些政策同样给当事人发出危险的信号。法院向群体性抗议作出战略性的让步，瓦解了法律和司法的权威。不满的当事人（不管他们的抱怨是否合理）都会理所当然地总结出，策划一场网络上的集体抗议或者发起一场几百农民到省会城市的集体上访，比通过珍贵的司法渠道更能获得他们想要达到的效果。这种态势对社会稳定有长期的恶劣影响。[2]

更甚者，目前对司法调解的高度强调能否帮助政府有效地解决纠纷在短期也不清楚。拿一个官方经常推崇调解的理由为例：调解结果更容易被执行。地方法院普遍面临着因司法资源有限和较低的机构权威而导致的执行难问题。[3]司法机构的高级官员强调向调解转变有利于解决执行难问题。[4]理论上这确实有道理。司法调解所达成的协议代表着当事人双方自愿的和解的结果，他们对它的接受应该更容易，对调解书的执行率应该比通过审判的案件要高。毕竟，是当事人自己同意和解这个纠纷的，不是吗？

事实上并非如此。一旦中国的法院和法官开始迫使调解达成，以便完成自己的业绩指标，这些假象就破碎了。调解自身的自愿性一衰弱，和解的自愿程度也随之下降。当事人开始对他们"被迫"要签署的和解协议有了其他想法。原告开始发现他们在法院调解程序下获得的赔偿与法律所给予他们应得到的赔偿有非常大的差距。他们开始对调解协议提出质疑，尽管在中国法律之下司法

---

〔1〕 Ben Liebman, "A Return to Populist Legality: Historical Legacies and Legal Reform", in *Mao's Invisible Hand* (Sebastian Heilman & Elizabeth J. Perry, 2010).

〔2〕 Ben Liebman, "A Return to Populist Legality: Historical Legacies and Legal Reform", in *Mao's Invisible Hand* (Sebastian Heilman & Elizabeth J. Perry, 2010).

〔3〕 arl Minzner, "Xinfang: An Alternative to Formal Chinese Legal Institutions", 42 *STAN. J. INT' LL.* 103, pp. 134 ~ 135, 178 ~ 179 (2006). Xin He, "Enforcing Commercial Judgments in the Pearl River Delta of China", 57 *AM. J. COMpp. L.* pp. 419 (2009).

〔4〕 陈菲："王胜俊：注重运用调解手段解决诉讼难，执行难问题"，载 http://news. xinhuanet. com/legal/2009 - 07/28/content_ 11788407. htm.

调解协议有法定的约束力。[1]由此，执行问题再次出现。这种现象的程度可以部分通过司法调解和司法审判案子被要求强制执行的比例进行对比。在北京的几家法院，两者的数量大致相当——在30%到50%之间。在其中一家法院，法院裁定的自愿执行率（63%）实际上超过了司法调解的执行率（56%）。[2]

非诉讼纠纷解决机制的成功取决于它是否是诉讼"另外的选择"。如果答案是肯定的，它给那些可以（和应该）通过由调解等其他渠道解决的案件提供了解决方法。但如果非诉讼纠纷解决机制变成社会稳定人造的灵丹妙药；如果法院面对着阻止民众上访以及成功调解率的硬性数据指标；如果诉讼渠道在不满的当事人面前被封闭，非诉讼纠纷解决机制就无法承担它应该扮演的角色。那样的话，非诉讼纠纷解决机制的自愿性消失了。一旦那种情况发生，官员们想通过推崇调解而避免的一系列问题——法院制度上合法性的削弱和执行结果的困难——只不过将以新的形式重新出现。

中国的律师和学者是怎样看待官方对调解的转变呢？一位因政府转向调解的政策，而受到官方越来越多关注的调解方面的专家承认，"个别的执行难问题"是因强制性的调解而起。[3]一位北京地方人大代表谨慎地表达了更严厉的观点。他认为现实存在着"过渡强调调解"的危险，"和解必须以法律为准绳"，如果这不能做到，将会引发更多愤怒民众的上访。[4]

毫不意外地，最严厉的批评来自中国的自由派学者和公益律师，他们非常沮丧。他们认为目前的趋势是对其近年工作所努力推动的司法改革的否定。"这导致五到十年的严重倒退。"[5]"我完全能丧失了90年代对法院和法律所抱有的理想。"[6]

（二）比较法视角：相似，但并不相同

中国远离审判转向调解的转向并不是独一无二的。很多国家的案件当事人都面临着过高的诉讼费用，很多国家的法院都累积了过量的待审案件，很

---

[1] Jiaqi Ling, "The Enforcement of Mediation Settlement Agreements in China", 19 *AM. REV. INT'L ARB.* pp. 489, 495~499 (2008).

[2] 李刚："法院'调解'容易，执行难"，载 http://bjyouth.ynet.com/article.jsp? oid=67378947.

[3] 参见2010年7月11日在北京的采访材料。

[4] 参见2010年7月14日在北京的采访材料。

[5] 参见2010年7月21日在北京的采访材料。

[6] 参见2010年7月13日在北京的采访材料。

多国家因此开始尝试审判之外的纠纷解决方法。范围从复兴传统的村民纠纷解决自治机构（如在菲律宾）[1]，到从国外引进与法院相关的调解模式（如在阿根廷）。[2]

为了解释在发展中国家的这些转变，一些横跨法律与发展、社会领域的学者提出一个"反弹"（backlash）的观点，提出这些发展中国家是被国际上非政府组织或者世界银行等国际多边组织说服引进西方（关于法律，诉讼和法院的）法治改革。引进的法治概念和制度不符合当地的国情，因此改革以失败告终。改革失败引发了一种反弹，导致发展中国家开始尝试恢复更符合他们国情的传统和社区调解机构。这种描述来源于拉丁美洲 20 世纪六七十年代法律与发展运动的失败经验，[3]以及像布莱恩·塔玛纳哈等学者对当代全球法治运动的批评意见。[4]

表面看来，这种描述能够解释中国逆法而动的现象。的确，早在 2000 年，马修·斯蒂芬森警告道："如果（中国的）司法改革破坏了（类似穷人的群体）保护自己利益的民间机构（如调解机构），则（司法改革）不能成功。更糟糕的是，如果计划外的结果导致特别严重的社会问题发生，便会有反对改革的阻力出现。"[5]

这个观点——20 世纪末的司法改革并不适合中国的国情——不仅引发了裴文睿等国外学者的关注，目前领导中国"逆法而动"的党政干部也对其有所议论。[6]

---

〔1〕 Gil Marvel pp. Tabucanon, James A. Wall and Jr. & Wan Yan, "Philippine Community Mediation", Katarungang Pambarangay, 2 *J. DISpp. RESOL.* pp. 501（2008）.

〔2〕 Timothy K. Kuhner, "Court—Connected Mediation Compared：The Cases of Argentina and the United States", 11 *ILSA J INT' L& COMPL* pp. 519（2005）. 也可参考印度的改革努力，Hiram Chodosh, Stephen A. Mayo, A. M. Ahmadi & Abhishek M. Singhvi, "Indian Civil Justice System Reform：Limitation and Preservation of the Adversarial Process", 30 *N. Y. U. J. INT' LL. & POL.* pp. 1（1997/1998）.

〔3〕 David M. Trubek & Marc Galanter, "Scholars in Self – Estrangement：Some Reflections on the Crisis in Law and Development Studies in the United States", 1974 *Wis. L. Rev.* pp. 1062（1974）.

〔4〕 Brian Tamanaha, "The Primacy of Society and the Failures of Law and Development".

〔5〕 Matthew Stephenson, "A Trojan Horse Behind Chinese Walls？：Problems and Prospects of U. S. – Sponsored 'Rule of Law' Reform Projects in the People' s Republic of China", 18 *UCLA PAC. BASINL. J.* pp. 64（2000）.

〔6〕 Randall Peerenboom, "More Law, Less Courts：Legalized Governance Judicialization and Dejudicialization in China", http://papers. ssrn. com/sol3/papers. cfm? abstract_ id = 1265147.

第二种（对于这种转变的）理解是从对比的视角出发看中国的发展，强调了远离审判与诉讼其实是一种更广泛的全球性现象的一部分。事实上，美国也没有逃离这种趋势。就像马克·格兰特展示的，美国的联邦以及州法院在 20 世纪经历了长期的审判案件数量比例下降的过程。[1] 自从 20 世纪 80 年代起，和这种下降现象并行的是通过审判审结的案件的绝对数字的急剧缩减。[2] 这导致了通过其他方法解决案件的数量剧烈增长，比如法院之外的和解。这种趋势与美国法院内部开始强调非诉讼纠纷解决机制互为因果（如 1990 年的民事审判改革法案和 1998 年的非诉讼纠纷解决法案）。

怎么解释美国背离审判的现象？可以考虑长期导致（审判率）下降的因素：司法资源紧迫。自 20 世纪初，美国经历了法律条文和律师数量的快速增长。阻碍少数群体用司法渠道保护他们利益的障碍慢慢被瓦解。这些因素导致依赖法院解决纠纷的大浪潮。但司法资源的增长却没有跟上步伐。结果就是增加了法院的积案量，延长了审判期限以及诉讼费用增加。这让当事人倾向于选择其他机制（如民间调解或和解）来解决彼此的纠纷。[3]

另有原因可以解释美国的审判数量在过去三十多年所经历短期但迅速的下降。用格兰特的话说，美国从 20 世纪 70 年代开始经历了广泛的"逆法而动"过程。[4] 法律、律师、和诉讼都陷入恶名。一方面，左派谴责执业律师协会和司法机构因支持既得利益，而对非特权阶级的保护不到位。这种批评帮助了现代 ADR 运动的生成。另一方面，企业家和保守派政客尝试纠正他们眼中 50 年代到 60 年代自由派过分的行为。[5] 因此他们支持一系列的具体改革来削弱法院解决纠纷的功能，包括限制原告起诉资格、个人权利以及侵权责任。[6] 两种举措都促使到达法院的案件数量下降——前者为案件的解决提

---

〔1〕　有文指出 1938 年联邦法院有 19.9% 案件通过审判裁决，而在 03 年只剩 1.7%。参见 Marc Galanter, "The Hundred – Year Decline of Trials and the Thirty Years War", 57 *STAN. L. REV.* pp. 1255 ~ 1262 (2005).

〔2〕　Marc Galanter, "A World Without Trials", 2006 *J. DISpp. RESOL.* pp. 7, 13 (2006).

〔3〕　Marc Galanter, "A World Without Trials", 2006 *J. DISpp. RESOL.* pp. 13 (2006).

〔4〕　Marc Galanter, "The Turn Against Law: The Recoil Against Expanding Accountability", 81 *TEX. L. REV.* 285 (2002).

〔5〕　Marc Galanter, "The Turn Against Law: The Recoil Against Expanding Accountability", 81 *TEX. L. REV.* 285 (2002). pp. 287 ~299.

〔6〕　Marc Galanter, "The Hundred – Year Decline of Trials and the Thirty Years War", 57 *STAN. L. REV.* pp. 1255 ~1262 (2005), pp. 1269 ~1272.

供其他解决措施，后者则直接关闭法院大门。

这些发展加速了意识形态的改变。在 70 年代初，美国司法体系被广泛批评为有"太多的法律。"[1]诉讼开始被看做是一种待治愈的"病症"而非司法和政治体系中正常的一部分，或者（如在 60 年代）被当做一种挽救社会不公的重要工具。联邦法官与法院管理者的自我认知也发生变化。他们接受了自己的工作是在激励和解，而非把案件通过审判来实施法律条文这一观点。[2]在 90 年代初，美国司法体系需要"被治愈"的观点，导致类似"治疗法律"和"问题自决法院"[3]的机构改革运动孕育而生。这些运动明确淡化诉讼与审判的作用。他们也寻求重新定义律师的角色，即律师不该仅仅关注客户的狭窄利益。

跟在中国一样，这些变化招致了严厉的批判。美国学者警告到把和解视为法院头等任务的危害。他们呼吁要保证法院调解和 ADR 实践服从依法治国的准则。[4]也有学者警告不要将调解作为"万全之策"，并指出在一些案件（如家暴案件）中依靠调解不合理。[5]解决问题的法院和治疗司法体系运动因忽视正当程序的当事人利益而备受批评。[6]批评家提议给法官们更清晰的指导，以保证司法的调解政策不会违背联邦民事诉讼规则和司法职业道德规范的禁令去强迫当事人达成和解。[7]

---

[1] Marc Galanter, "The Turn Against Law：The Recoil Against Expanding Accountability", 81 *TEX. L. REV.* 285 (2002).

[2] Marc Galanter, "The Hundred – Year Decline of Trials and the Thirty Years War", 57 *STAN. L. REV.* pp. 1255～1262 (2005), pp. 1266.

[3] David Wexler, "Rehabilitating Lawyers：Principles of Therapeutic Jurisprudence for Criminal Law Practice" (2008); David Wexler & Bruce Winick, "Judging in a Therapeutic Key：Therapeutic Jurisprudence and The Courts" (2003); Mae Quinn, "The Modern Problem—Solving Court Movement：Domination of Discourse and Untold Stories of Criminal Justice Reform", 31 *WASH. U. J. L. & POLICY* pp. 57 (2009).

[4] Marc Galanter & Mia Cahill, "'Most Cases Settle'：Judicial Promotion and Regulation of Settlements", 46 *STAN. L. REV.* pp. 1339, 1387～1391 (1994).

[5] Aimee Davis, "Mediating Cases Involving Domestic Violence：Solution or Setback", 8 *CARDOZO J. CONFLICT RESOL.* 253, pp. 279～281.

[6] Mae Quinn, "An RSVP to Professor Wexler's Warm Therapeutic Jurisprudence Invitation to the Criminal Defense Bar：Unable to Join You, Already (Somewhat Similarly) Engaged", 48 *BOSTON COLLEGE L. REV.* pp. 539 (2007).

[7] 有文提议列出"对一方进行不利判决"的案件和"法官直接对当事人要求和解"的案件作为司法指导，后者应该被明确是不恰当的强迫性的典型行为。参见 Sylvia Shweder, "Judicial Limitations in ADR：The Role and Ethics of Judges Encouraging Settlements", 20 *GEO. J. LEGAL ETHICS* pp. 51, 66～71 (2007).

　　中国和美国的发展因此有些相同点。对司法资源紧张和司法效率低下的担忧促使两国政府开始寻求诉讼之外的解决方法。学者和专家在寻求更好地应对公民诉求的方法。目前在美国和中国发生的逆法而动的转变，反映了即得利益集团对早年打开法院大门进行司法改革的一种反弹（美国的企业家关心他们的诉讼风险，中国的党政干部关心社会稳定和政党统治）。

　　中国与其他发展中国家的相似点也同样可见。法条的规定（通常由国外引进）和司法实践之间的鸿沟越来越明显。在最初对司法改革（无论是60年代的拉丁美洲还是90年代的中国）热衷中，容易忽视了这一鸿沟。观察家自然地关注被视为快速转变的令人兴奋的发展（新的劳动法通过了！）。但随着时间推移，矛盾显现。由于法律与社会之间有"连通性"，司法改革触发了其他社会力量的反应，比如精英利益阶层。这些减弱了改革最初的内容，改革实践抛锚。之前令人屏息的发展都成为泛黄的文件（或者过期的网页）被储存在政府机构遗忘的角落里。[1]

　　但关键性的区别也存在。首先，中国并不符合上述由法律与社会、发展学者及批评家提供的范例。外国人并没有强迫20世纪末的中国进行司法改革。相反，经过毛泽东时代的动乱之后，中国领导人自己决定要进行体制改革。他们推行司法改革以解决自己所注意到的问题。[2]参与这个过程的外国机构，如美国的律师协会和耶鲁——中国法律中心，是被中国邀请加入的合作伙伴而已，中国官员一直控制着改革的步伐，速度以及内容。

　　中国逆法而动的转变因此实际上是官方对自己最初的司法改革的反思。有趣的是，这些20世纪末的司法改革正是塔玛纳哈所引述的"自我调控的改革"成功范例，也是他作为与发展中世界的其他国家引进外国的改革而失败的法治案例的对比。[3]而现在刚好是这些中国的改革正在被削弱。

　　其次，目前对司法改革的排斥是由中央推动的，而不是社会大众。跟斯蒂芬森的警告刚好相反，普通的老百姓并没有特别积极地从法院转向调解机构。情况更加复杂：在2001年到2002年的一系列调查中，本杰明·里德和伊桑·迈克尔逊发现在中国较发达地区的纠纷当事人不太愿意寻求第三方调

---

　　〔1〕　Brian Tamanaha, "The Primacy of Society and the Failures of Law and Development", p. 34.

　　〔2〕　这些努力与改革后期中国大范围主动引进国际规范的活动是同时进行的。Wang Hongying, "'Linking Up With the International Track': What's in a Slogan?", 189 *CHINA QUARTERLY* 1 (2007).

　　〔3〕　Brian Tamanaha, "The Primacy of Society and the Failures of Law and Development", pp. 52 ~ 53.

解机构的帮助，比如居民委员会，他们更愿意寻求正规的法律渠道，比如律师和法院。[1]这些调查在政府强调诉讼和审判的期间进行，揭示了城市民众对正规的司法体系合理的较高满意度。据报道，真正使用过法院的三分之二的北京居民认为法院审判的经历符合他们对实质正义和程序正义的期待。[2]至少在发达的城市地区，这很难证明中国社会普遍反对上世纪90年代初司法改革的态度以支持官方最近对法律及诉讼的态度转变。

当然，有一个很重要的警告：在农村地区的情况截然相反。中国农村居民对正规的司法渠道有极消极的经验。[3]据报道，他们对村民委员会的调解有比较高的满意度。[4]迈克尔逊和里德发现农村居民正在经历玛丽·加拉赫尔曾提到的对中国司法体系的"失望的经验"。[5]农村居民参与法院审判的亲身经历降低了他们对中国司法体系的信心和支持。迈克尔逊由此建议中国农村的纠纷解决措施改革"不应该仅仅注意打开法院大门"，而是保证农村居民能继续享受"接近本地的，相对更有效率的非正式纠纷解决措施。"[6]

所以，即使新政策代表了由上至下的、官方对20世纪末司法改革的排斥，即使新政策看起来是对城市居民法律需求的一种否定，面对农村社会的实际问题，政府"逆法而动"的新政策可能算完全合理吗？

这个问题引导我们发现中国的发展与那些法律与社会、法律与发展学者们所描述的"反弹"之间的第三个不同点。就算中国村民纠纷解决机构需要强化，就算法律与社会的学者关于司法改革要依靠本土资源（而不是移植国

---

〔1〕 Benjamin Read & Ethan Michelson，"Mediating the Mediation Debate"，52 *J. OF CONFLICT RES-OLUTION* pp. 737~751（2008）.

〔2〕 Benjamin Read & Ethan Michelson，"Public Attitudes Towards Official Justice in Beijing and Rural China"，pp. 11.

〔3〕 粗略估计60%与法院打过交道的受访者认为，（打官司的经历）并不符合他们对实质结果和程序正义的期待。同上注。

〔4〕 有文指出只有47%的农村受访者认为他们与司法体系的接触符合或者超出自己的期待，与此相比有69%的受访者表示对村委会很满意。参见 Benjamin Read & Ethan Michelson，"Mediating the Mediation Debate"，52 *J. OF CONFLICT RESOLUTION*，表7，pp. 758.

〔5〕 Benjamin Read & Ethan Michelson，"Public Attitudes Towards Official Justice in Beijing and Rural China"，pp. 28；Mary Gallagher，"Mobilizing the Law in China：'Informed Disenchantment' and the Development of Legal Consciousness"，40 *LAW& SOC' Y REV.* pp. 783（2006）.

〔6〕 Ethan Michelson，"Popular Attitudes Towards Dispute Processing in Urban and Rural China"，*THE FOUNDATION FOR LAW，JUSTICE AND SOCIETY*，pp. 7~8（2008），http://www. fljs. org/uploads/documents/Michelson%231%23. pdf.

外的法律条文）的批评有道理，就算美国一些学者所提出诉讼是一种需要调解机构来"治疗"的疾病的观点可以接受，即使这些假设都是正确的，他们仍然与理解目前中国司法的转变没有太大关系。因为那不是中国政府正在做的。这次新政策的重点不在于建立这些批评者所认为必要的纠纷调解机构，也不是一项减少审判一部分案件的谨慎试验。[1]相反它是以维护社会稳定的名义对中国司法制度的政治整顿，通过展开新的宣传运动及强化法官所面临的信访和调解的考核目标管理制度来落实。

说到这里，还需要把更复杂的另一面指出来。尽管新政策被高度政治化，但政府加强调解的努力最终也许并不是完全消极的结果。中央政府决定推动司法改革向新的（而且问题重重的）方向前进，引发了地方政府一连串复杂的行为。但是也会有一些改革是积极的。毕竟，一旦调解能解决所有纠纷的神话被识破，当地政府要面临的是那些对彼此和对政府不满的当事人这一实际难题。有些官员会选择压制。然而，也有官员会像学者们建议的那样，尝试建立实在有村民自主性的调解机构。[2]接下来几年之内我们将目睹一系列改革——好的和坏的——将在调解和 ADR 的名义下进行。我们所面临的挑战则是区分这两者。

---

〔1〕裴文睿对背离法治的现象轻描淡写。他将之描述为一种对"非司法化的""不断增加痛苦与政治敏感性的案件"有限的而且"明智的"回应，并建议这"将要，而且应该局限在特定范围内。"但他承认这些民事案件，包括人们因对法官能力的质疑，实质上或者可能的腐败，对法律与当地习俗冲突的奇怪感觉，判决执行中的困难，或只是原告缺乏相关了解或者对司法体系给予过高期待。这些导致他打破了自身的论证（并确认了目前大范围背离法治的转变）。参见 "More Law, Less Courts: Legalized Governance Judicialization and Dejudicialization in China", http://papers. ssrn. com/sol3/papers. cfm? abstract_ id＝1265147. 这当然包括每一种纠纷。根据最高法院近期下发与裴文睿的判断相反的指令，设计出一套覆盖全国的调解政策。参见《最高人民法院关于进一步贯彻'调解优先，调判结合'工作原则的若干意见》，http://news. xinhuanet. com/legal/2010—06/28/c_ 12271040. htm. 类似地，官方对于调解的几次政治努力以及对责任体系的依赖也引出对现有的政策是对中国古老"历史的和文化的根基"的真实反映与否的疑问。参见 Vicki Waye & Ping Xiong, "The Relationship Between Mediation and Judicial Proceedings in China", 6 *ASIAN J. OF COMpp. LAW* 1, pp. 32.

〔2〕Ethan Michelson, "Popular Attitudes Towards Dispute Processing in Urban and Rural China", *THE FOUNDATION FOR LAW, JUSTICE AND SOCIETY*, pp. 9 (2008), http://www. fljs. org/uploads/documents/Michelson%231%23. pdf. 当然，对这种是否适合长期用于中国农村纠纷的解决方式始终存有疑问。当然某些纠纷，比如牵扯当地城镇政府的土地纠纷，通过村级的调解是难以调和的。

本章的分析对外国的观察者意味着什么呢？[1]

首先，要在观察中国时保持清醒的头脑。中国这样的国家很容易被外国观察者"东方化"，这或者是出于他们对自己的司法体系不满，或者是他们在寻找一种想象的（更优越的）模式来针砭自己国家司法体系的缺陷。至少一位美国学者曾提议美国联邦法院引进"中国法院的内部调解"。[2]调解确实是有益处的。作者自己经常提醒美国人应该扩大他们的视野并向其他国家学习。但在盲目地引进中国的调解实践（或者在美国基层政府建立维稳办公室以对付不满的当事人）之前，应该先理解这些实践在中国是如何运行的。

其次，外国学者和非政府组织应该在接下来几年对中国 ADR 的运行情况进行更细致的研究。为了落实新的改革，中国的机构在寻求外国的学者和机构的意见。调解如今在美国政府的法治发展项目中被极力推荐。一些学者将之视为在全球扩散法治原则的关键组成部分。[3]也有人强调要在改革过程中探求法律及司法机构的替代品。[4]随着这些趋势浮现，很重要的是不能简单将"这里的"调解与"那里的"调解含义等同。需要记住每一国家应用调解的政治与实践背景。用一位中国的公益律师的话来说：

"来到中国的外国调解专家对本国的解调可能很了解。但是他们却看不到调解是如何在中国被应用的。这些外国专家总在说调解的好处——它如何节约时间和诉讼费用。但是在一些案件里，中国法官们实际上是在进行了完整的审判程序后，迫使当事人达成和解——他们纯粹只是不想作出判决。他们这样做以维持自己的司法业绩表现，提升自己的案件调解率，也可以防止案件上诉或者引发民众上访等恶劣结果。这样的司法调解实际上破坏了司法程

---

　　[1]　有怀疑时，可以问问考核目标管理责任制的调节者以及政府官员他们由此得到什么样的激励。

　　[2]　Michael Colatrella, "'Court—Performed' Mediation in the People's Republic of China：A Proposed Model to Improve the United States Federal District Courts' Mediation Programs", 15 *OHIO ST. J. ON DISpp. RESOL.* pp. 391, 415 (2000). 在科拉特里拉的辩解中，他确实提过"有证据表明中国法院调解实际上可以被移植到联邦法院，但大规模的采用中国的模式会引发对奠定美国司法价值观的冲突。"同上注。一个美国的州最高法院观察中国的调解实践并惋惜美国过多的诉讼的例子. 参见 Justice Robert Utter, "Dispute Resolution in China", 62 *WASH. L. REV.* pp. 383 (1987).

　　[3]　Jean R. Sternlight, "Is Alternative Dispute Resolution Consistent with the Rule of Law? Lessons from Abroad", 56 *DEPAULL. REV.* pp. 569 (2007).

　　[4]　Jean R. Sternlight, "Is Alternative Dispute Resolution Consistent with the Rule of Law? Lessons from Abroad", 56 *DEPAULL. REV.* pp. 569 (2007).

序，同时又增加了花销。许多外国专家却没有搞明白这点。"〔1〕

当一个司法体系有其他比较健康的解决公民之纠纷的渠道及政府问责制度，就很容易将诉讼看成是"病态的"，并且反射性地欢呼 ADR 的崛起。但是当一个国家对调解的转向伴随着政治性地削弱近几十年来为解决公民纠纷和问责政府提供渠道的机构，就需要区分其中的细微差别并多加小心了。

（三）"逆法而动"：下一个是法学教育？

近年来对八九十年代法治理想的抛弃还没有扩及一个领域——至少目前是这样：法学教育。尽管法院和律师为了配合关于"三个至上"、"司法大众化"面临重新自我定位的压力，但法学院仍旧安排学生学习正规的法律。中国的法学教授——许多在西方或日本有留学经历——继续传播他们所受到的学术训练中有关 20 世纪末司法改革时代的价值观。他们的研究趋势是继续强调法律的重要性。他们中的许多人强烈地抨击目前横扫中国司法体系的转变。这种与政府的不统一将持续多久？

也许不会太久了。政府正在采取措施，将修正 20 世纪末司法改革的态度带进课堂。这种做法似乎正在扩大实施范围：为年轻的教职人员开设的"社会主义法治理念"培训班正在中国的法学院陆续开展。〔2〕

这些教育改革将涉的内容仍是未知数。"社会主义法治理念"是一个模糊的概念。〔3〕它的重要支持者（如北京大学法学院的前院长）强调它的核心是为了社会稳定。它明确地反对所谓不适合中国国情的"西方法治"概念，目的是引导学者将注意力远离法条和抽象的学术研究，而集中在中国自身特色历史和实际状况上。〔4〕一些学者接受了这个理念，拒绝法学界关于法律、诉讼和司法机构重要性的主流看法，推动法学院和法官训练增加更多强调调解和替代性纠纷解决措施重要性的课程。〔5〕

这些努力在中国的教学中产生了不少的矛盾及冲突。许多法学学者在政

---

〔1〕　rian Tamanaha，"The Primacy of Society and the Failures of Law and Development"．参见 2010 年 7 月 13 日在北京的采访材料。

〔2〕　在北京的采访资料。

〔3〕　尤其是"依法治国、执法为民、公平正义、服务大局、党的领导"。

〔4〕　朱苏力："社会主义法治理念与资本主义法治思想的比较"，载 http://news. xinhuanet. com/legal/2008 - 06/17/content_ 8386868. htm.

〔5〕　参见 2010 年 7 月 11 日在北京的采访材料。

治上属于自由派，仍效忠于政府转变前的司法改革价值观并且反新的做法。他们将政府改革教育的做法看做是对过去几十年高等教育非政治化的否定，是将 1978 年之前做法的重现。也有人，比如民事诉讼法律方面的教授，有更直接的意见。他们将这种背离诉讼、投奔调解和法律非职业化的转变视为一种对其领域（和职业）的正面攻击。[1]

需要明确的是，这不能被简单定义为一个支持诉讼的"好的"自由派法律学者和支持调解的"坏的"官员和学者的斗争。很多对上世纪 90 年代司法改革的批评意见都是值得思考的。对国外引进法律规范的过度依赖，并不一定能完全符合中国农村地区的需求。许多中国学者（就像他们在海外志同道合的同行一样）还是停留在抽象的理论反思上，与实际情况基本上没有关联。一个通过审慎分析而设计的调解政策可能会有利于改善中国的纠纷解决制度。事实上，如果这些批评在中立、客观的讨论环境中被提出来，也许就会帮助中国解决当前面临的不少问题。

但这并不是正在中国发生的事情。政府的转变发生在给法律的角色重新定位的背景下——一场由政府支持的带有明显政治目的的运动。这就缩小了留给公开学术讨论的空间。这影响了学者的理论成果产出，中国的 ADR 专家们正在重新审视自己的观点以机械地附和中央的口号与政策。[2]

如果中国逆法而动的转变在法学教育领域继续扩大，两个危险将至。

第一，在法学院里呼吁法律是为了解决民事纠纷、约束政府权力的声音会沉默下来。当然，这能不能算是"危险"在于每个人的政治观点。

第二，这也许会产生问题重重的"室内回声"效果。如果越来越多的学者为了寻找课题资金和晋升机会，为博得官方认可而见风使舵地同意这些政策，将会发生什么？言论的空间将缩小。以类似于"社会主义法治理念的成功典范：甘肃农村与乡镇达到'天下无讼'"的题目为名的学术性文章和国家课题将会增多。如果这种趋势长久发展，中国法学界作为少数能向权力讲真

[1] 参见 2010 年 7 月 11 日在北京的采访材料。
[2] 比较陈燕萍运动的日程安排与近期一本关于替代性纠纷解决机制的教材（陈述了理想的"无讼世界"不是一个没有事实证据的概念，一些地方的调解委员会实际上通过落实"小事不出村，大事不出镇"，已经成功取得了共产党维护社会稳定的目标，替代性纠纷解决机制比对抗式的诉讼更有助于帮助实现中国儒学的古典统治理想）。范愉、李浩：《纠纷解决——理论、制度与技能》，清华大学出版社 2010 年版，第三章到第四章。

话（或者部分真话）的角色将会被弱化。他们将发现自己身在一间布满镜子的房间里，没有任何客观的方法可以评估自己政策的成败，伴随着的是被屈从的学者和阿谀的地方官员歪曲的过分乐观的景象。

（四）中国法学研究：回到过去？

我们同样需要重构西方学者对中国法学的学术研究。我们应该认识到已进入第三波学术潮，并对之前领域内的假设报以怀疑态度。一次对两个早前时间段的简单重温也许有所帮助。

20 世纪 50 年代，中国的法律在西方仅仅是一个松散的研究领域。回溯到公元前 7 世纪，统治中国朝代的法典仍未被翻译出来；皇家的司法机构还没有被研究。虽然历史学家们知道他们的存在，但是第一波学术潮中，传统的描述凸显司法机构地位的薄弱。著名的历史学家约翰·费正清曾在 1948 年简洁有力的描述过——"法律从属于道德"。[1] 皇家的法律基本被认为就是刑法，并被描述为缺乏统一性。在这些描述中，中国不存在私法。商业行为和交易按照历史悠久的传统和习俗来处理。[2]

类似现象也发生在对中华人民共和国的研究中。1949 年新中国建立后的数十年里，西方学术界对中华人民共和国的法律几乎没有研究。除了一些经挑选的外国人以外，政府关闭国家大门，使得西方了解中国的实际状况出现障碍。当时美国国内政治和学术圈极端偏见的意识形态氛围培养出把中国法律仅仅作为毛泽东主义政治口号延伸的观点。就像一位评论家在 1956 年所言："试图从比较法角度研究中国大陆的刑法是没有用的，因为我们在自由世界理解的'法律'在中国看来并不存在。"[3] 中国由此仍然被认为是另类。它的司法体系是神秘和模糊的，依靠对西方学者来说完全陌生的规范运行着。

自 20 世纪 60 年代开始，对中国司法体系的这种描述被第二波学术潮挑战。德克·布迪、瞿同祖、克拉伦斯·莫里斯和詹姆斯·瓦特等历史学家通过对清代法律案件和皇家法律的仔细研究，打开了西方学术界对中国皇朝司

---

〔1〕　John Fairbank, "The United States and China", pp. 108 (1948).

〔2〕　John Fairbank, "The United States and China", pp. 108~110 (1948).

〔3〕　Huai Ming Wang, "Chinese and American Criminal Law", 46 *J. OF CRIMINAL LAW, CRIMINOL-OGY, & POLITICAL SCIENCE* pp. 797 (1956). 当然，与当时广泛的偏见一致，不是所有的中国法律都无效。作者继续说，"只有民族主义的中国目前有效的法律有法律及历史的价值，这也应该是中国法治的代表。"同上注。

法体系的理解之门。[1]对清、明、唐朝律例的全文翻译随之而出。[2]黄宗智等学者深入研究中国地方档案，证明中国古代民事纠纷并不都是通过非正式的纠纷解决机制处理的。相反，地区的行政长官面临各种各样的遗产、债务以及土地索赔纠纷，他们会选择依据成文法来解决。[3]

类似情况也发生在对中国当代法律的研究中。外国学者发现在中国大陆确实有值得研究的法律。通过对逃往香港的大陆难民采访，孔杰荣在 1968 年发表了第一本关于中国刑事法律的课本（由此反驳了上述中国缺乏法律的判断）。[4]其他学者充分利用 70 年代中国为外国人提供的有限（进入中国的）机会，参加类似广州贸易会等活动来观察中国的商人们在实践中是如何解决商业纠纷的。从这些活动得到的研究成果和相关出版物解开了围绕中国司法体系的谜题。[5]中华人民共和国的司法机构和实践开始被认为是值得研究的对象，尽管这个体系与国外的制度有很大的不同。

1978 年中国着手进行的改革开放进一步推动了这些努力。中国政府寻求引进外国的法律和体制来推动经济发展。对外开放让定期的交流变成可能。在上世纪 80 年代，类似福特基金会的法学教育交换等交流项目让中国学者能够到美国学习。90 年代末，外国政府开始资助在中国的法治建设项目。[6]许多努力，正如这些项目带来的学术成果，都强调了要将外国法律规范和法律体制汉化并引进中国。在美国政府提供资金的项目里，目的是公开的：支持民主体制的发展和政治自由化。[7]

---

〔1〕 瞿同祖：《传统中国的法律与社会》，巴黎大学高等研究实用学院经济及社会科学部 1961 年版；Derk Bodde & Clarence Morris, *Law in Imperial China*, (1967)；James Watt, *The District Magistrater in Late Imperial China*, (1972).

〔2〕 《大清律例》(William Jones, trans. , 1994)；《大明律》(Jiang Yonglin, trans. , 2005).

〔3〕 Philip Huang, "Chinese Civil Justice, Past and Present", pp. 239~245.

〔4〕 Jerome Cohen, *The Criminal Process in the People' s Republic of China*: 1949~1963, (1968).

〔5〕 一位曾参加广州贸易集市的外国人总结他的经验时说道，"与律师毫无作用的地区不同，与中国做生意法律活动是非常重要的，也是对学术研究而言很适合的话题。"Roderick O' Brien, "One Lawyer' s View of Trade with the People' s Republic of China", *The Australian Journal of Chinese Affairs* pp. 91, 104 (1979).

〔6〕 State Department Fact Sheet FY 1999—2000, http://2001—2009. state. gov/g/drl /rls/32893. htm.

〔7〕 State Department Fact Sheet FY 1999—2000, http://2001—2009. state. gov/g/drl /rls/32893. htm. 类似的猜想也出现在文学学术领域。Larry Diamond, "The Rule of Law as Transition to Democracy in China", in Suisheng Zhao (ed. ), *Debating Political Reform in China*: *Rule of Law versus Democratization*, 2006.

　　但是面对中国政府不愿意深化司法改革的态度，和他们对政治自由化的敌意让许多在中国法律研究前沿的学者考问西方对中国法学研究的命运。[1] 陆思礼这样写道，"我 40 年前着手的研究已经改变了，因为中国已经经历、并将继续在显著的转变中前行。现在中国有数量惊人的法律及法规，还有更多将出现。当我开始研究的时候，一个问题是法律能否成为观察和加深外国对中国理解的窗口。中国过去 25 年的历史已经给出了答案，但是另一个问题如今又浮现：在共产党领导下什么是、什么将是法律的重要性所在？"[2]

　　从上世纪 90 年代起，中国法学界为对这些问题进行回应，开始经历新一波的学术潮。一些学者，比如裴文睿等，考虑到中国当前的政治体制和经济发展层次，质疑中国对外国法律条文和概念的采用是否有实用性，是否有必要。[3] 这些批评与其他法学领域内的评论是紧密交织的。包括西方学术圈批评法律与发展学派，以及在中国的一场持续按照西方轨迹寻求深化司法改革的学者（如贺卫方）与反对学者（如朱苏力）之间的争论。[4]

　　还有另一种批评意见。它不关注中国是否应该采用移植的外国的法律条文和概念。相反，这种批评强调中国在实践中还没有做到这一点。黄一鲁等历史学家证明中国传统的司法实践仍然广泛存在，尽管 1949 年的共和国革命和 1978 年以后中国政府引进西方法律条文的努力对它产生一定的影响。[5] 汤姆·金伯格等法律学者强调了台湾地区和韩国对待外国法律理念，如司法审查等被内化的程度，甚至形成了一种"儒家立宪主义"。[6]

---

　　[1]　Jerome Cohen, "China's Legal Reform at the Crossroads", *FAR EASTERN ECONOMIC REV.* (Mar. 2006).

　　[2]　Stanley Lubman, "Looking for Law in China", 20 *COLUM. J. ASIAN L.* 1, pp. 31 (2006); Fuyong Chen, "Striving for Independence, Competence, and Fairness: A Case Study of the Beijing Arbitration Commission", 18 *AM. REV. INT' L ARB.* pp. 92 (2007).

　　[3]　Randall Peerenboom, *China Modernizes*, (2007).

　　[4]　关于近年在英国的争论，参见 Pan Wei, "Toward a Consultative Rule of Law Regime in China", *Debating Political Reform in China.* 另见 Larry Diamond, "The Rule of Law as Transition to Democracy in China", in Suisheng Zhao (ed.), *Debating Political Reform in China: Rule of Law versus Democratization*, 2006, pp. 32~40.

　　[5]　关于近年在英国的争论，参见 Pan Wei, "Toward a Consultative Rule of Law Regime in China", *Debating Political Reform in China.* 另见 Larry Diamond, "The Rule of Law as Transition to Democracy in China", in Suisheng Zhao (ed.), *Debating Political Reform in China: Rule of Law versus Democratization*, 2006, pp. 32~40.

　　[6]　hilip Huang, "Chinese Civil Justice, Past and Present", pp. 107~108 (2010). Tom Ginsburg, "Confucian Constitutionalism? The Emergence of Constitutional Review in Korea and Taiwan", 27 *LAW & SOC. INQUIRY* pp. 763 (2002).

这些研究组成了第三波学术潮，让我们对中国的司法改革加深了一层理解。它对中国法律与法律体制已被、将被、能被外国的模范影响到多大的程度表示怀疑，并认为中国自己的传统和历史遗产将继续决定改革未来走向并扮演关键性角色。[1]

本章诞生于第三波学术潮。本章认为不应按外国学者自己所受训练的角度来看中国体制，并从自己的社会出发尝试理解中国的司法变化——比如只研究法律和法规。相反，本章强调要关注中国政府自己用来推动司法及体制改革的那些工具，比如有政治色彩的"模范官员"学习运动和党政机关内的人事管理机制。暂且不谈这些工具是好是坏，或者合适不合适。如果你的目的是理解中国以及它的司法体制如何运作的，就必须去研究。而至今，它们在学术界里仍被严重地忽视。

这同样揭开一个对于在实践当中是什么推动中国法律发展的问题。如果在过去三十年里，中国的司法改革都归于基层法院服从自上而下的模范法官运动和新的业绩评估制度所传播的路线（尝试几个案件吧！等等，现在要调解解决!），曾被推崇的立法和法规的改革（比如举证责任的改革）实际上发挥了多大的作用呢？也许这些立法的改革只是党内落实体制调整的一部分而已（而且并不是最重要的）。如果是这样，西方学者对中国法律的关注很大程度上是偏离方向的，他们可能应该重新编写中国法律的教科书，更多的关注当地的党委、组织部、人事机构如何在实践中落实从中央下达的指令。[2]

有些人也许不能接受这种说法。目前西方有关中国法学的主流说法（即"第二波"学术潮）认为它根植于拒绝之前对中国司法体制的描述——完全统一的、不变的、以皇权和儒家思想拉后腿的落后制度。"第二波"学术潮的代表对于涉及历史或哲学的辩论非常敏感，认为在面纱下暗示着中国是缺乏"法律"的，中国的文化为引进外国法律体制制造障碍，中国人民不能寻求其

---

〔1〕 相似的趋势存在于其他领域。Richard Baum, "Studies of Chinese Politics in the United States", *China Watching: Perspectives from Europe, Japan and the United States* (Robert Ash, David Shambaugh & Sei-ichiro Takagi, 2006).

〔2〕 作为一种选择，国家的发展也许很大程度上与此无关。中国地方法院工作从调解向审判的明显转变以及回归到调解，也许仅仅是地方政府对中央政府所施与压力的进一步回应——"烹制"读本并针对高层官员的所好"喂食"（"拿出你的笔，张三，上级领导们希望今年你的工作报告里出现更多的调解案件。"）。

他国家人民享受的体制和权利。

但本章并不是重提上世纪 60 年代前"第一波"学术潮所描述的中国司法体系，不是将中国描述成一个神秘的（或令人恐惧的）国度，或者应该用西方优越的法规和实践来反对的另类。更不是在宣扬由于中国历史性和文化性的遗产导致了它必须走一条与其他国家完全不同的独特道路。[1]

相反，本章单纯地阐述了我们需要从中国的历史与体制遗留中学习什么，因为这刚好是中国政府用来引导现代中国法律的走向：是其在复兴毛泽东主义的纠纷解决实践，是其给模范法官穿上儒家典范的外衣，也是其依赖植根于党的机构用以统治国家的考核目标管理责任制来治理中国。

中国的"逆法而动"到底要走得多远，这还是一个未知数。

---

〔1〕　本章并非宣称中国政府利用中国自己的体系的和文化的资源作为法律改革是规范的或者实际上"更好"或比外国学者在"第二波学术潮"中带入中国的方法"更实际"。中国共产党的干部们正在利用中国自己意识形态的和机构的资源作为工具的目的：维持自己的统治。正如上文所讨论的，这种以自我利益为中心的、短期的策略也许会大范围地对国家产生严重的、长期的影响。

# 第8章 民国时期的调解制度

民国时期，在推进司法体制改革，建立现代法院的同时，政府整合各种纠纷解决资源，形成了包括民间调解、行政调解和司法调解在内的较为完备的调解机制。其中，具代表性的有息讼会、区乡镇坊调解委员会、法院民事调解处等组织和制度。

## 一、息讼会

民国初期，全国性的、大规模的民间调解组织尚未建立。传统的民间组织仍在断事评理、化解纠纷上发挥重要的作用。如江西各地方漕会、众会、祠会、宾兴会、清明会、茶山社、禾田社。[1] 南京国民政府时期，在全国各地建立息讼会、息争会，以规范民间调解，整合各种调解资源。其中声势最为浩大，举办最好的是 1927 年阎锡山在山西推行的息讼会。

### （一）性质和任务

息讼会是主张公道、调解争执以消灭诉讼为目的的自治机关。[2] 江西临川的《临川试办县政实验区息讼会暂行简章》第 1 条规定："本实验区为解除民众讼累，增进社会幸福起见，特设息讼会。1930 年 12 月云南镇平县建立息讼会，其目的是"消弭人民之讼端，减少人民之讼累，增进社会之幸福。"[3] 1933 年青岛市政府命令各村设立息讼会，其原由是："查乡区人民、知识浅薄、每因细故，酿起争端，缠讼不已，倾家荡产，本府为息事宁人起见，拟

---

[1] 龚汝富："浅议民国时期的民事调解制度及其得失"，载《光明日报》2009 年 5 月 26 日。

[2] 赵正楷："整理息讼会之管见"，转引自龚汝富："浅议民国时期的民事调解制度及其得失"，载《光明日报》2009 年 5 月 26 日。

[3] 郑建银："镇平县三十年代的息讼会"，载中国人民政治协商会议镇平县委员会文史资料委员会编：《镇平文史资料第 16 辑政法专辑》2000 年版，第 121 页。

订简章，就户口繁多村庄，各令设息讼会一处，以资调解。"[1]

（二）组织和人员

各地的息讼会组织结构和人员配置有所不同。

云南镇平县息讼会分为镇息讼会、区息讼会、总息讼会三级。乡镇息讼会由正、副镇长兼任公断员。区息讼会设公断员 5 人，公推 3 人，其余 2 人由区公所职员兼任。总息讼会由自治办公处聘请 1 人任办公室主任，2 人为调解委员。[2]

1932 年建立的广西荔浦县的息讼会分为县区两级。县息讼会附设于县民团参议会内。区的息讼分会，设在当地的区民团内。县、区两级的息讼委员均为义务职。县息讼委员由县参议会、教育委员会、地方财政委员会，地方建设委员会的负责人为"当然委员"，另由县内务机关团体推选"公正士绅"两人为委员；各委员互选常务委员 1 人办理会务。区息讼分会的委员设五人，以该区民团局长、副局长为"当然委员"，另由局长选聘"公正士绅" 2 人，局长兼任常务委员办理会务。[3]

江西临川的息讼会将组织延伸至保，分保息讼会，区息讼会两种，区息讼会设会长 1 人，由区长兼任，设公断员 6 人，公推 4 人，其余 2 人由区办公处职员兼充，保息讼会会长 1 人，由保长兼任，公断员 6 人，由副保长，妇女会正副会长兼任，其余公断员 3 人，选举地方公正人士担任。[4] 河北省各地只是在村、里公所附设息讼会，由村民中选举公断员 5 人或 7 人组成。[5] 山西的村息讼会设会长 1 人，公断员 5 至 7 人，会长由公断员互选产生。

（三）调解事件范围

各息讼会的调解范围各有差异。广西民政厅规定县息讼会的调解范围仅限于民事及小诉讼事件。从实践情况看，广西荔浦县息讼会调解的纠纷主要包括：夫妻反目意图离异、产业所有权纠纷、债务纠葛、系争祖业、损害名

---

〔1〕　青岛市政府秘书处编印：《青岛市政府行政纪要》1933 年，第 37 页。

〔2〕　郑建银："镇平县三十年代的息讼会"，载中国人民政治协商会议镇平县委员会文史资料委员会编：《镇平文史资料第 16 辑政法专辑》2000 年版，第 121 页。

〔3〕　韦学军："民国时期的荔浦息讼会"，载中国人民政治协商会议荔浦县委员会文史办：《荔浦文史》1992 年第 6 辑。

〔4〕　《临川试办县政实验区息讼会暂行简章》第 2 条。

〔5〕　河北省政府秘书处第四科公报股："村息讼会章程"，载《河北省政府公报》1929 年，第 238 页。

誉、继承纠纷、口角纠纷、葬山纠纷、佃耕欠租、买卖纠葛、婚姻纠纷等类别。其中夫妻反目意图离异、产业所有权纠纷、债务纠纷为多数。[1]河北的村息讼会"除命盗案外，凡两造争执事件，请求调处，均得公断之"。[2]江西临川的息讼会章程没有具体规定息讼的调解范围。

（四）调解方式和程序

息讼会通常以人情公理断案，以劝息为原则，无强制执行权。在设有多级息讼会的地区，遇有纠纷先由基层的息讼会调解，调解不成的，当事人可向上一级息讼会申请调解。调解达不成协议的当事人可向法院起诉。如河北《村息讼会章程》规定：公断后如有不服者，听其自由起诉。[3]

为了保障公正调解，一些地方的息讼会章程对调解程序有较详细规定。第一，公断员断案必须立场公正、保持中立。《临川试办县政实验区息讼会暂行简章》规定："公断员应本良心主张，妥为调解，不能因亲疏恩怨，喜怒爱憎而为出入。"[4]第二，公断员不得有受贿、私自会见当事人的行为。《临川试办县政实验区息讼会暂行简章》规定："公断员不得事前受当事馈赠，及事后一切酬报，违者依法处办。"[5]"公断员不得于调解前，单独以私情与当事人谈话，当事人亦不得私行求见，违者予以惩处。"[6]第三，有利害关系时，公断员应回避。河北的《村息讼会章程》规定"公断事件有涉及公断员本身及同居亲属者均应回避。"[7]第四，处理案件公开进行。《临川试办县政实验区息讼会暂行简章》规定："本会调解事件，取公开主义，除有碍公共秩序、善良风俗，及其他应守秘密者外一律任人旁听。"[8]第五，规定处理案件的人员组成和决定方式。荔浦县息讼会（分会）调解纠纷时，必须有过半数的委员到场才能进行。[9]河北村息讼会"公断时以公断员多数取决，同数取决

---

〔1〕 见"广西荔浦县息讼会调解事件分类统计表"。
〔2〕 河北省政府秘书处第四科公报股："村息讼会章程"，载《河北省政府公报》1929年，第238页。
〔3〕《临川试办县政实验区息讼会暂行简章》第4条。
〔4〕《临川试办县政实验区息讼会暂行简章》第3条。
〔5〕《临川试办县政实验区息讼会暂行简章》第4条。
〔6〕《临川试办县政实验区息讼会暂行简章》第5条。
〔7〕 河北省政府秘书处第四科公报股："村息讼会章程"，载《河北省政府公报》1929年，第238页。
〔8〕《临川试办县政实验区息讼会暂行简章》第8条。
〔9〕 韦学军："民国时期的荔浦息讼会"，载中国人民政治协商会议荔浦县委员会文史办：《荔浦文史》1992年第6辑。

于首席。"[1]

随着国民政府基层政权建设的加强，各地息讼会，特别是村以上的息讼会被撤销，代之以调解委员会。1933 年七八月间，广西荔浦县的息讼会被撤销，1932 年 10 月后，云南镇平县的息讼会被调解委员会代替。

## 二、调解委员会

1929 年 9 月 18 日，民国政府公布施行《乡镇自治施行法》。同年 10 月 2 日公布施行的《区自治施行法》。两法规定了乡、镇、区公所内附设调解委员会，办理民事调解事项及依法撤回告诉的刑事调解事项。调解委员由乡民、镇民及区民大会选举产生，1931 年 4 月 3 日，民国政府颁布实施了《区、乡、镇、坊调解委员会权限规程》。该规程规定："各县之区乡镇及各市之坊所设调解委员会。各调解委员会受该管公所之监督，处理调解事务。"1943 年 10 月 9 日，中华民国政府司法行政部会同内政部公布施行《乡镇调解委员会组织规程》。

经过中央政府的推动和地方的努力，各地相继建立调解委员会。如抗战时期，战时首都重庆市，调解委员会成立相对较多。1946 年，重庆市 18 个区均成立调解委员会，其中 5 个区在金马寺、石板坡、菜园坝、宝善寺设有调解分会。1943 年，璧山县有调解委员会 35 个，1947 年该县各乡还成立有农事调解委员会。1946 年，巴县青木、太平、广阳、歇马等 29 个乡，每乡有 5～11 名调解委员，全县共有调解委员 202 人。1949 年，合川县的调解委员会达 37 个。[2]

各省、县、乡镇结合本地实际制定了地方性法规或办事细则。1935 年，江西省第 831 次省务会议通过《江西省各县区民事调解委员会简则》，规定在各县区署附设区民事调解委员会。1940 年 12 月 31 日，江西省第 1324 次省务会议通过《江西省各县乡（镇）民调解委员会简则》，共 25 条，规定各县乡（镇）公所均附设乡（镇）民调解委员会，在乡（镇）长监督之下，处理调解事务。1941 年 3 月重庆巴县歇马乡公所制定了《乡调解委员会办事细则》。1944 年，重庆永川县制定和执行《各区联保调解委员会规程》。

---

[1]　河北省政府秘书处第四科公报股："村息讼会章程"，载《河北省政府公报》1929 年，第 238 页。
[2]　周焕强总编：《重庆市志》第 14 卷，西南师范大学出版社 2005 年版，第 431～432 页。

（一）组织与人员

调解委员会附设于乡、镇、区公所内。如 1944 年发布的《重庆市各区区调解委员会规程》规定：在市辖区设区调解委员会，受区公所监督。区辖保设调解分会，县辖乡镇设调解委员会。

调解委员会设调解委员 5 人至 9 人，设主席 1 人。调解委员由乡镇民代表会选举产生。在乡镇民代表会未成立前，调解委员由乡镇务会议推举产生。调解委员会主席由调解委员推举产生，主席因故于开会不能出席时，可委托其他调解委员代理。调解委员任期 1 年，可以连选连任。调解委员会主席及委员会都属无报酬职位。

乡镇内具有法律知识的公正人员可选任为调解委员。各地对于调解委员的资格有更具体规定。如 1944 年发布的《重庆市各区区调解委员会规程》规定调解委员的资格为：（1）年满 25 岁者；（2）品行端正、乡望素孚者；（3）略具法律知识者；（4）无不良嗜好者；（5）未丧失财产信用及未被处徒刑者[1]。区长、区监察委员及乡、镇长及副乡、镇长不能够选举为调解委员。律师也不得当选为调解委员。[2]

调解委员会由县政府和当地法院监管。调解委员会成立之日，由乡镇公所将组织情形，调解委员姓名、主席姓名及其学历与家庭状况，分别报请县政府及该管辖法院备案。如调解委员违反《乡镇调解委员会组织规程》的规定或有其他违法行为，除请该管法院依法惩处外，由乡镇公所呈请县政府核准，先行停止其职务，并提经乡镇民代表会或乡镇务会议罢免。

（二）调解事项范围

调解委员会调解民刑事调解事项。其中《乡镇调解委员会组织规程》对调解委员会调解的刑事事项进行列举式规定，具体包括以及以下各罪：《刑法》（1935 年实行的《中华民国刑法》，下同）第 229 条及 230 条之妨害风化罪、《刑法》第 238 条第 239 条之妨害婚姻及家庭罪、《刑法》第 270 条第 1 项、第 281 条及第 284 条之伤害罪、《刑法》第 298 条第 1 项及 306 条之妨害

---

〔1〕 周焕强总编：《重庆市志》第 14 卷，西南师范大学出版社 2005 年版，第 431 页。

〔2〕 "民政厅函解释乡镇调解委员会疑义（区公所律师公会）的复函"据呈转请民政厅解释律师可否当选为乡镇调解委员一案兹奉，指令内开查自治法令虽无律师不得被选为调解委员规定明文，惟参照《民事调解法》第 4 条第 2 项规定，现任律师，当然不得当选为调解委员。陈德谦：《现代分类公文程式大全》，大华书局 1935 年版，第 93 页。

自由罪、《刑法》第 309 条第 1 项及第 310 条、第 312 条、第 313 条之妨害名誉及信用罪、《刑法》第 315 条至第 118 条之妨害秘密罪、《刑法》第 324 条第 2 项之窃盗罪、《刑法》第 338 条准用 324 条第 2 项规定之侵占罪、《刑法》第 343 条准用第 324 条第 2 项规定之诈欺罪、《刑法》第 352 条及第 354 条至第 356 条之毁弃损坏罪。

法院已经受理的民事事项，当事人已向法院告诉的刑事事项，调解委员会仍可以调解。民事事项如依民事诉讼法正在法院调解，则不得另行调解。

（三）调解委员会的管辖

调解委员会对调解事项的管辖，以两造在同一乡镇为原则，但两造不在同一乡镇事项，除两造同意由任一乡镇之调解委员会调解外，民事事项由被告所在地、刑事事项由犯罪地的调解委员会调解。

（四）调解声请和接受

调解委员会调解事项来自行政交办和当事人声请。如 1930 年 4 月 7 日，《河北省乡调解委员会章程》规定："其有县区交会调解者，调息后，立即呈明销案，如不服。仍请县区核办。"当事人声请调解可以书面和口头方式进行。《乡镇调解委员会组织规程》第 12 条规定，"当事人声请调解，得以书面或言词陈述其姓名、性别、住址、事由概要，并附送该事项之关系文件。由乡镇公所移送调解委员会予以调解。其以言词声请调解者，应由乡镇公所作成记录，移送调解委员会办理。"调解委员会接到当事人的调解声请后，经审查属于本调解委员会调解范围的，调解委员会接受声请。

（五）调解会议

自接受调解声请起，民事事项在 10 日内，刑事事项 5 日内，召开调解会议。民事事项当事人声请延期的可以延长 10 日。确定调解日期后，由乡镇公所通知当事人亲自到场。

调解委员会开会必须有过半数调解委员出席。调解委员对于涉及本身或其同居家属的调解事项，应当回避。

调解遵循自愿原则。民事调解事项须经当事人同意，刑事调解事项须经被害人同意，才能进行调解。调解委员会不得有强迫调解及阻止告诉的各种行为。

调解委员会可评定赔偿，但无处罚权。《乡镇调解委员会组织规程》第 18 条规定："办理调解事项除对于民事当事人及刑事被害人得评定赔偿外，不得为财产上或身体上之处罚。"

如果调解成立，调解委员根据双方当事人的意思，出具书面调解字据。调解委员会应将已调解成立的事项，详细列明当事人姓名、性别、年龄、住址及事由概要，调解成立年月日，由乡镇公所呈报县政府及该管辖法院备案。对于不能调解事项，也应当说明不能调解的原由，分报备案。

（六）勘验

对于刑事调解事项，需要验伤及查勘的，由被害人或其法定代理人、辅佐人报请该管辖乡镇公所勘验，开单存查。如不愿勘验，听由当事人意愿。

（七）费用

调解委员会办理调解事项，除勘验费应由当事人核实开支外，不得征收任何费用或收受报酬。调解委员会可以调用乡镇公所所属人员处理各项事务，因此产生的必要费用由乡镇公所负担。

### 三、法院调解

1929 年 12 月，立法院院长胡汉民拟具《民事调解条例草案原则》，经国民党中央政治会议决定原则七项。1929 年 12 月 14 日，经立法院修正通过为《民事调解法》，1930 年 1 月 20 日公布，1932 年 1 月 1 日施行，共计 16 条。1932 年 1 月 1 日，司法院制定施行《民事调解法施行规则》。1934 年修正《民事诉讼法》，将《民事调解法》的主要内容纳入《民事诉讼法》，废止执行单独的《民事调解法》。

（一）民事调解处

民事调解处附设于第一审法院。第一审法院包括地方法院及分院，地方庭及分庭，县法院。民事调解处设调解主任，由法院推事担任。如法院推事不止一人，由法院长官于法院推事中遴选担任。如果民事调解处事务较多，可以派 2 名推事担任调解主任，二人独立行使其职务。[1]

（二）调解人

《民事调解法》规定调解人由当事人推举。如果一方当事人有多人，由该方当事人协商推举。1935 年实行的《中华民国民事诉讼法》规定除了当事人推举外，不论当事人是否推举调解人，如法院认为有第三人适于协同调解时，

---

[1]《民事调解法施行规则》第 2 条。

法院可以选任为调解人。[1]

调解人应具备下列资格：一、中华民国国民年在 30 岁以上者；二、有正常职业者；三、识中国文者。同时，有下列情形之一者不得为调解人：一、被夺公权者；二、禁治产者；三、受破产之宣告尚未复权者；四、现任司法法官或律师。[2]

调解人是否符合条件，由调解主任在开始调解前依职权调查。如调解主任发现调解人资格不符，或有《民事调解法》第 4 条第 2 项和第 5 条所规定不得担任调解人情形的，不准许其协同调解，并告知或通知推举之当事人。如若当事人请求另行推举，酌定期限，让其另行推举。

调解人参加法院调解，可以在调解之时，或调解完毕 10 日内请求给予法定的报酬和差旅费。调解人所需差旅费，可以依据其请求，预先酌量给付。

（三）调解事件范围

法院调解事件包括两类：一类是强制调解，《民事调解法》规定强制调解的事件包括：人事诉讼事件及初级管辖民事事件。1935 年施行的《中华民国民事诉讼法》对强制调解事件范围进行具体规定，其包括：标的金额或价额在 2000 元以下的财产权诉讼；出租人与承租人间，因接收房屋或迁让使用修缮，或因留置承租人之家具物品发生的诉讼；雇佣人与受雇人间，因雇佣契约涉讼，其雇佣期间在 1 年以下的诉讼；旅客与旅馆主人、饮食店主人或运送人间，因食宿运送费或因寄存行李财物发生的诉讼；请求保护占有诉讼，定不动产之界线或设置界标诉讼。

但是下列情形除外：（1）为标的之法律关系，曾在法令所定之其他调解机关调解而未成立者。（2）因票据涉讼者。（3）系提起反诉者。（4）送达于被告之传票，应于外国送达或为公示送达者。（5）依法律关系之性质，当事人之状况，或其他情事可认为调解显无成立之望者。[3]但是，经法定调解机关调解未成立的，自法院或其他调解机关调解不成立时起，已经过 1 年者，在起诉前，应当再行调解。另一类是任意调解，包括经当事人声请，法院同意的其他民事诉讼事件。

---

〔1〕　1935 年《中华民国民事诉讼法》第 416 条。
〔2〕　《中华民国民事调解法》第 4、5 条。
〔3〕　1935 年《中华民国民事诉讼法》第 402、409 条。

（四）调解程序

1. 调解启动。调解程序的启动有两种方式：一是声请调解。《民事调解法》规定当事人应以书面调解声请书声请调解。1935 年《民事诉讼法》允许当事人以言词方式声请调解。二是移送调解。应先经调解的事件，当事人直接起诉的，由法院移送调解处办理。

2. 调解期日。如果不能即时调解，由调解主任确定调解期日。调解期日应在声请调解之日起 10 日内。调解期日应告知或通知当事人和调解人。当事人无正当理由于调解期日不到场，可以处 10 元以下罚款。但当事人法定代理人或特别授权的代理人到场，以当事人到场论。1935 年的《民事诉讼法》将罚款最高数额提至 50 元。

3. 调解形式。民事调解在法院附设的调解处进行。由调解主任及两名调解人进行调解。调解时，调解主任与书记官并坐。调解人分左右坐。调解主任及书记官必须著制服。[1] 调解期日，如当事人到场，调解人没有到场，或调解人不符合《民事调解法》规定的资格，不许协同调解的，调解主任应当进行调解。

4. 调解方法。《民事调解法》及《民事诉讼法》对调解的原则、方法没有具体规定。司法行政部的训令对法官如何调解有所要求。

如 1943 年 6 月 3 日司法行政部发布"训民字第三零九八号训令"，该令称：

首须离开裁判官立场，俨然以调解人自居，并于视听言动之中，处处表示息事宁人之意，务使当事人心悦诚服，乐于调解，复就其争议发生之原因及经过情形与当事人性行、境遇，暨彼此平日往来关系悉心考察体会，以求其症结之所在，公平处理且审时度势、因事制宜，随时晓以利害，示以方针。遇有争执渐趋激烈者，不妨命一造暂时退出，隔别开导。其偕有亲朋好友同来者，亦可许其到场，或在外从旁劝解。至以调解人先行调解为宜者，并得暂时退席，命其先为调解。总之，不惮烦劳，不惜辞费，以期于事有济，至

---

〔1〕 湖北省司法行政史志编纂委员会："处理民事调解应行注意事项"，载《清末民国司法行政史料辑要》1988 年，第 371 页。

诚所感，金石为开，自能多收调解成立之效。[1]

5. 调解笔录。调解须制作调解笔录。调解笔录记载当事人姓名、年龄、住址、职业；调解之原因事实；调解结果；调解主任及调解人的姓名；调解处所及年月日。调解笔录应经当事人、调解主任、调解人签名，未经推举，或未到场或不请允许协同调解，由调解主任与当事人在调解笔录上签名。如当事人或代理人未能签名，由法院书记官代签，由当事人或代理人按捺拇指印。

6. 调解成立及效力。《民事调解法》规定，调解笔录经调解主任向当事人说明。调解结果经双方当事人同意并签名，调解主任、调解人签名后调解成立。调解成立与法院确定判决有同等效力。

此外，《民事调解法》规定，当事人无正当理由于调解期不到场，经过 5 日，视为调解不成立。1935 年的《民事诉讼法》第 420 条规定："当事人两造或一造于期日不到场者，法院酌量情形，得视为调解不成立或另定调解期日。"

7. 调解与诉讼衔接。根据《民事诉讼法》规定，调解不成立当事人可以起诉，也可以不起诉。如果双方当事人于调解期日到场，调解不成立的，法院可以依据一方当事人的声请，决定立即进行诉讼辩论。但对方当事人如声请延展期日，则法院应当允许。上述情形，视为调解声请人自声请时已经起诉。[2]

8. 调解费用。《民事调解法》规定，调解不征收任何费用。1935 年的《民事诉讼法》规定调解须收取费用。但调解不成立后起诉的，其调解程序的费用，应作为诉讼费用的一部分；不起诉的，由声请人负担。[3]

### 四、调解制度运行实效

息讼会、调解委员会、民事调解处是国民政府整合调解资源、对民间调解规范化、组织化的表现。相关研究发现息讼会、调解委员会、法院调解的实际作用，并没有达到制度设计者的预期。黄宗智认为华北农村"调解委员会或息讼委员会之类的机构，并没有认真建设。这类机构名称时髦，但未能

---

〔1〕 司法行政部："司法行政部三十二年六月三日训民字第三零九八号训令"，载《战时司法纪要》，司法行政部 1948 年印，第 165 页。

〔2〕 1935 年《中华民国民事诉讼法》第 419 条。

〔3〕 1935 年《中华民国民事诉讼法》第 423 条。

扎根。"而且"顺义的案例和全国的司法统计表明法庭调解的实际影响很小。"[1]实际情况是否如此，结合相关材料逐一分析。

（一）息讼会状况

从个别的地方的统计看，息讼会处理的纠纷数量不少，对于解决纠纷、减少讼累起着一定的作用。如广西荔浦县城厢八区息讼分会，从1932年7月到1933年3月9个月内，总计处理纠纷977件，数量比较可观。（见表8-1）当过云南镇平县法院副院长的郑建银回忆道："当时镇平县息讼会确实起到了弘扬道德伸张正气，使人争向善，和睦乡邻，避免争端的作用，曾使镇平县出现了暂时的太平盛世景象。"[2]

**表8-1：广西荔浦县各息讼分会调解事件统计表（城厢八区）[3]**

| 时间 / 调解件数 / 会别 | 第一区 | 第二区 | 第三区 | 第四区 | 第五区 | 第六区 | 第七区 | 第八区 | 总计 |
|---|---|---|---|---|---|---|---|---|---|
| 民国廿一年七月 | 25 | 13 | 14 | 9 | 17 | 13 | 13 | 14 | 118 |
| 八月 | 20 | 11 | 15 | 10 | 13 | 13 | 14 | 12 | 108 |
| 九月 | 16 | 15 | 12 | 9 | 15 | 11 | 16 | 13 | 107 |
| 十月 | 14 | 16 | 13 | 12 | 13 | 14 | 13 | 15 | 110 |
| 十一月 | 18 | 12 | 11 | 14 | 14 | 12 | 12 | 12 | 105 |
| 十二月 | 13 | 13 | 17 | 11 | 12 | 11 | 12 | 12 | 101 |
| 民国廿二年一月 | 18 | 16 | 14 | 10 | 11 | 15 | 15 | 16 | 115 |
| 二月 | 17 | 18 | 14 | 13 | 14 | 12 | 12 | 13 | 113 |
| 三月 | 14 | 12 | 14 | 13 | 12 | 12 | 13 | 12 | 100 |
| 总计 | 155 | 126 | 122 | 101 | 121 | 113 | 120 | 119 | 977 |

---

〔1〕［美］黄宗智："经验与理论"，载《中国社会、经济与法律的实践历史研究》，中国人民大学出版社2007年版，第360页。

〔2〕韦学军："民国时期的荔浦息讼会"，载中国人民政治协商会议荔浦县委员会文史办：《荔浦文史》1992年第6辑。

〔3〕韦学军："民国时期的荔浦息讼会"，载中国人民政治协商会议荔浦县委员会文史办：《荔浦文史》1992年第6辑。

从以上有限的资料来看，存在以下问题：第一，息讼会并非完全的自治组织，而是被官吏变相把持。广西荔浦县、云南镇平县、江西临川的息讼会的会长、委员、公断员，由县、区、乡镇等地方政府、机关团体的负责人、公职人员担任会长、委员、公断员，公选产生的公断员为少数。第二，各地息讼会章程规定较为粗略，对于息讼会会长、委员、公断员的产生方式、资格和权限，以及调解范围、组织形式、调解程序、调解协议的效力等均无具体规定。

（二）调解委员会状况

虽然政府积极推动，但由于战争等因素影响，调解委员会的组建并不如人意。如 1946 年 6 月 14 日，内政部致函江西省政府称：

"查乡镇调解委员会组织规程自公布施行以来，迄已数载，各省市县政府已依照规定督促各区乡镇公所成立调解委员会者固多，而以民智未开及种种困难，迄未成立或徒具虚名者亦不少。兹以战事结束，复员伊始，各种民刑事如土地债务婚姻等项纠纷必多，为减少诉讼案件，以期节省人力物力起见，亟应督促各县市政府层令各区乡镇公所，依法成立调解委员会，切实办理民刑事调解事项，并应于事前鼓励区乡镇内具有法律知识之公正人员应选调解委员，由县市政府会同法院召集各委员举行短期讲习会，以利施行而符功令"。[1]

从个别地方，有限的数据来看，调解委员会调解的案件量并不多。1946 年 8 月，重庆第十六区调解纠纷 6 件。1947 年，重庆市第十四区调解成立的纠纷 8 件。1948 年，重庆市第十二区调解纠纷 10 件。1949 年 5 月，重庆市第六区调解纠纷 9 件。[2]

（三）法院调解实效

民国时期，司法机关对法院调解较为重视，特别是抗日战争期间，司法行政部曾发布多个训令强调民事案件的调解。1937 年 4 月 22 日，司法行政部发"训字第二四五二号令"：

---

〔1〕　江西省司法行政志编委会编纂：《江西省司法行政志》，江西人民出版社 1995 年版，第 80 ~ 81 页。

〔2〕　周焕强总编：《重庆市志》第 14 卷，西南师范大学出版社 2005 年版，第 437 页。

对于调解事件务须悉心劝导，努力办理，良以两造纠纷果能由调解以终结，不独人民省讼争之累，而法院亦可减案牍之繁，若在经济衰落之区，调解有时尤较裁判为有实益……各该承办人员务须恪遵各种法规及注意事项，努力奉行，各该长官亦宜时时督责，以共体本部使无讼之意。[1]

1938 年 5 月 3 日，司法行政部"训字第一零三五号训令"指出：

经济上已发生急剧变动，睹兹劫后余生，民间之纠纷势必层见叠出，债务人之履行能力亦有重大变化，倘必待起诉后始予解决，则裁判诸多棘手，执行尤感困难，自不如遇事调解以资结束，则收效更宏，嗣后各司法机关办理民事案件务须多方设法，尽力调解，俾双方均得达圆满之目的，而政府使民无讼之意。[2]

但是，调解情况并不令人满意。第一，法院受理的调解事件数量并不多，占法院受理的案件总数比例很小。如 1944 年、1945 年、1946 年重庆地方法院所受理的民事调解事件占该年度民事案件总数比例极小。（见表 8-2）

表 8-2：1944～1946 年度重庆地方法院民事调解事件受理情况表（件）[3]

| 年度 | 1944 | 1945 | 1946 |
|---|---|---|---|
| 案件总数 | 7200 | 6269 | 5155 |
| 调解事件 | 129 | 118 | 84 |
| 百分比 | 1.8 | 1.9 | 1.6 |

第二，调解效果不理想。1943 年，司法行政部视察发现"近年各司法机

---

[1] 司法行政部："司法行政部二十六年四月二十二日训字第二四五二号令"，载《战时司法纪要》，司法行政部 1948 年印，第 153 页。

[2] 司法行政部："司法行政部二十六年四月二十二日训字第二四五二号令"，载《战时司法纪要》，司法行政部 1948 年印，第 154 页。

[3] 资料来源："民国卅三年度重庆实验地方法院民事第一审案件总报表"，"民国卅三年度重庆实验地方法院民事第一审案件总报表"，"民国卅三年度重庆实验地方法院民刑事案件统计表"，重庆市档案馆藏，档案号：0110-3-116、109。（说明：重庆地方法院的案件报告总表和统计表中所称第一审案件系指法院受理的所有类型的案件。）

关办理调解事件，调解成立者大都不过百分之几"。[1] 司法行政部认为之所以调解效果不理想，除"当事人固执成见，各趋极端，无法使之归于妥洽"外，"各承办人员对于调解事件之处理未能尽其责亦属重大原因"[2]。司法行政部对一些法院 1943 年的调解事件情况调查统计后，发现各地调解效果相差悬殊。如陕西平县司法处收受调解事件 30 件，成立 30 件。四川犍为地院收受 55 件，成立 55 件。三台地院收受 962 件，成立 787 件，绵竹地院收受 216 件，成立 202 件。调解成立比例达到 81% 以上。也有 1 年收件在百件以下而调解成立仅一二件，或者全没有成立的，也有 1 年收件百件以上，调解成立不至 5% 或 1.9% 的，或者全没有成立的。[3]

从上述有限资料来看，民国时期的息讼会、调解委员会、法院调解建设取得一定的成绩，至少在形式上建立了较为完备的调解制度，对于纠纷解决有一定作用，但这些新型的调解组织，并没有有效发挥作用，特别是调解委员会和法院调解并没有发挥预期的作用。

---

〔1〕 司法行政部："司法行政部三十二年六月三日训民字第三零九八号训令"，载《战时司法纪要》，司法行政部 1948 年印，第 165 页。

〔2〕 司法行政部："司法行政部三十二年六月三日训民字第三零九八号训令"，载《战时司法纪要》，司法行政部 1948 年印，第 165 页。

〔3〕 司法行政部："司法行政部三十四年五月二十六日训民字第三五六七号训令"，载《战时司法纪要》，司法行政部 1948 年印，第 170～171 页。

# 第二编

## 比较法视野下的调解

# 第 9 章　台湾地区的调解：比较与借鉴

　　台湾是中国的一部分，与中国大陆同宗同源，同属大陆法系，并受中国传统文化影响，但基于历史的原因，两岸发展出了不同的法律制度，台湾地区的调解制度即是一例。台湾地区的民事调解主要是起诉前的程序，在本质上属于非讼事件。大陆对我国台湾地区调解制度的系统研究付之阙如，[1] 本章意详细而系统地介绍台湾地区的调解制度，并从比较法的角度提炼其特色，以此提出大陆调解制度改革和发展的建议。

## 一、调解立法概况

　　调解作为一种纠纷解决方式，尤其是基层社会的纠纷解决方式，其组织机构与社会的组织结构往往存在一定的同构性，因此，要了解台湾地区的调解，必须了解台湾地区的地方政府结构和行政区划。台湾地区主要辖台湾本岛和澎湖，[2] 台湾地区地方政府体系分为省、县、乡镇三级。台湾地区"行政院"直辖市（台北市、新北市、台中市、台南市及高雄市五个）与省列入同一级，省辖市（基隆市、新竹市、嘉义市三个市）[3] 与县列入同一级，县辖市与乡、镇列入同一级。各级地方政府组织皆采权力分立制，设置省（市）、县（市）议会以及乡（镇、县辖市）民代表会以行使立法权；设置省

---

〔1〕　即使是英美，对台湾的调解也是知之甚少，如 Michael Pryles 主编的《亚洲的纠纷解决》一书，对台湾的调解只有半页篇幅的介绍。参见 Michael Pryles（ed.），Dispute Resolution in Asia, Alphen aan den Rijn, *The Netherlands：Kluwer Law International*，2006，p. 418.

〔2〕　台湾地区实际上还辖金门和连江的部分岛屿，以及东沙群岛中的东沙岛和南沙群岛中的太平岛。参见 http://zhidao. baidu. com/question/7196687. html.

〔3〕　1997 年 7 月，由于台湾地区"基本法"的变化，虽设有台湾省省政府及省谘议会，但省已非地方自治团体，而成为台湾地区"行政院"派出机构，省级已经成为虚级，省辖市在省虚级化后则直接隶属于台湾地区"行政院"。

（市）、县（市）政府及乡（镇、县辖市）公所以行使行政权，二者地位平等，各司其职，互不统属。直辖市与市下设区，区、乡（镇、县辖市）下设里，里下设邻。[1]

台湾地区的调解立法，既考虑了行政区划的需要，也考虑到了行业领域的需要，十分详细，在名目上分为"调解"和"调处"，实质上都是以当事人合意为核心的调解（mediation/conciliation）。目前台湾地区涉及调解的法律规范有"民事诉讼法"、"仲裁法"、"乡镇市调解条例"、"劳资争议处理法"、"劳资争议调解办法"、"性骚扰事件调解办法"、"著作权争议调解办法"、"消费者保护法"、"消费争议调解办法"、"政府采购法"、"采购履约争议调解规则"、"再生能源发电设备设置者与电业争议调解办法"、"仲裁机构组织与调解程序及费用规则"、"积体电路电路布局鉴定暨调解委员会设置办法"，另外有许多配套规则，如"法院设置调解委员办法"、"法院办理民事事件调解委员日费旅费及报酬支给标准"、"经济部智慧财产局著作权审议及调解委员会组织规程"、"采购履约争议调解收费办法"。规定调处的规范有"工会法"、"土地法"、"公害纠纷处理法"、"公害纠纷处理法施行细则"、"公害纠纷处理收费办法"、"证券投资人及期货交易人保护法"、"直辖市县（市）不动产纠纷调处委员会设置及调处办法"、"直辖市县（市）公寓大厦争议事件调处委员会组织准则"、"民用航空乘客与航空器运送人运送纠纷调处办法"、"证券投资人及期货交易人保护机构调处委员会组织及调处办法"、"内政部身心障碍者权益保障事项运作及权益受损协调处理办法"、"台北市医疗争议调处自治条例"、"直辖市、县（市）九二一震灾灾区不动产纠纷调处委员会组织规程"。可以说，台湾基本形成了以"民事诉讼法"、"乡镇市调解条例"为基础，以行业性专门化调解、调处为两翼的调解规则体系，规范化调解的程度很高。

## 二、调解制度介评

依调解主体的不同，组织化的调解（调处）可大致分为四类：社会团体运作的调解，行政调解（调处），仲裁调解，以及法院调解，下面分述之。

---

[1] 刘儒升："两岸城市基层组织体制比较研究——以居民委员会与里为例"，台湾东华大学2009 年硕士学位论文，第56~57 页。

（一）社会团体运作的调解

消费者保护团体、工人组织之工会、商人组织之商业团体、农人组织之农会、工业界组织之工业团体、渔民组织之渔会，均为法人团体。上述各种社会团体，均可为调解组织。它们对于会员间或同业间之私权纠纷，依法均应受理而进行调处。如根据"工会法"第 5 条规定，工会之任务包括了"劳资争议之处理"以及"工会或会员纠纷事件之调处"。又如根据"消费者保护法"，消费者保护团体有接受消费者申诉，调解消费争议之任务。若当事人之纠纷经调处成立，其效力仅有私人和解契约之效力而已。倘当事人不依调处内容履行义务时，他方当事人无法据以请求法院为强制执行。因此，此类调处的成立对当事人之强制拘束力不大，这是此类调解的缺点。[1]

（二）行政调解（调处）

台湾地区行政机关基于一定的行政目的，并为有效疏减讼源，常在行政机关内设置 ADR，以处理其权限内之争议。行政机关的 ADR 制度繁多，不但类型不一，效果也有所不同，依台湾地区学者的见解可分为行政调解、行政调处、行政仲裁和行政规制（专指具有行政罚性质的行政处分）。黄明阳认为，以行政机关 ADR 行为性质为标准，行政 ADR 可分为具有行政处分性质之 ADR 机制与不具有行政处分性质之 ADR 机制。[2] 行政调解（调处）即是不具有行政处分性质之 ADR 机制。[3] 行政调解是指行政机关支持或提供的，对其行政职权运作中涉及的民事纠纷进行的调解。"行政调解制度，通常均随行政机关之权限及行政特别目的而有一定之特殊性。"台湾地区行政调解种类繁多，涵盖范围广泛。"除乡镇市调解制度系属于一般综合性之行政调解制度外，其余行政调解制度均属于特别之行政调解制度，其当事人即受特别行政

---

〔1〕　占锦："两岸调解制度之比较"，载《人民法院报》2002 年 3 月 20 日。

〔2〕　黄明阳：《行政调解机制之比较——以消费争议调解为中心》，秀威信息科技股份有限公司 2008 年版，第 4~5 页。

〔3〕　台湾的行政调处实际上基于效力的不同，分为两类。一是具有行政处分性质的行政调处。此种性质之私权争议调处，原则上具有（1）协助当事人以协议的方式和平解决其私权争议，及（2）就该争议裁决其应有之实体关系等两种机能。行政调处主要是以第二种机能为主，如调处不成，通常均由主管机关迳为决定或报请上级主管机关裁决。二是不具有行政处分性的行政调处。此种调处对于私权争议之处理，必须基于双方当事人的合意才能成立。调解成立并经法院核定者，原则上与民事确定判决具有统一之效力。黄明阳：《行政调解机制之比较——以消费争议调解为中心》，秀威信息科技股份有限公司 2008 年版，第 6、9 页。

法令之规定而有一定之限制。"[1] 由于台湾地区的行政调解种类繁多，下文拟以主要而又有显著制度区别的几种行政调解为例进行详尽地说明。

1. 乡镇市调解。乡镇市调解指乡、镇、市公所所设调解委员会运作的调解。根据"乡镇市调解条例"，乡、镇、市公所应设调解委员会，办理下列调解事件：民事事件以及告诉乃论之刑事事件。就案件来源而言，有当事人声请调解的案件，以及法院移付调解的案件，后者包括"民事诉讼法"第 403条第 1 项规定之事件；适宜调解之刑事附带民事诉讼事件；其他适宜调解之民事事件。调解委员会由委员 7 人至 15 人组织之，并互选 1 人为主席。乡、镇、市行政区域辽阔、人口众多或事务较繁者，其委员名额得由县政府酌增之。但最多不得超过 25 人。调解委员，由乡、镇、市长遴选乡、镇、市内具有法律或其他专业知识及信望素孚之公正人士，提出加倍人数后，并将其姓名、学历及经历等资料，分别函请管辖地方法院或其分院及地方法院或其分院检察署共同审查，遴选符合资格之规定名额，报县政府备查后聘任之，任期 4 年。调解委员中妇女名额不得少于 1/4。

"乡镇市调解条例"立法精细，程序合理，是台湾地区调解规则的范本，为很多其他调解规范准用。该法详细规定了调解委员的积极资格与消极资格，并规定乡、镇、市长及民意代表均不得兼任调解委员，规定了调解的声请与同意，声请调解与移付调解之管辖，调解期日之决定，调解委员的回避，协同调解与参加调解，调解的不公开原则与当事人参与原则，调查，调解费用（调解，除勘验费应由当事人核实开支外，不得征收任何费用，或以任何名义收受报酬），强暴胁迫诈术调解的禁止，调解书之作成及法院对调解书的审核，调解之效力，调解无效或得撤销，调解不成立，经费预算等等。该法是调解的组织法与程序法的有机结合，并注意到了司法与 ADR 的衔接。该法特别强调了调解与司法的显著区别，即调解程序的运作和实体协议的达成，都高度依赖于当事人的同意。还需要特别注意的是，台湾地区处理调解效力是通过调解成立之后的司法审核完成的。该法第 26 条规定了调解书之审核："乡、镇、市公所应于调解成立之日起十日内，将调解书及卷证送请移付或管辖之法院审核。前项调解书，法院应尽速审核，认其应予核定者，应由法官

---

[1] 黄明阳："消费争议调解与其他调解在制度上之比较"，载"行政院"消费者保护委员会编：《消费者保护研究》（第 10 辑），第 6 页。

签名并盖法院印信，除抽存一份外，并调解事件卷证发还乡、镇、市公所送达当事人。法院移付调解者，乡、镇、市公所应将送达证书复印件函送移付之法院。法院因调解内容牴触法令、违背公共秩序或善良风俗或不能强制执行而未予核定者，应将其理由通知乡、镇、市公所。法院移付调解者，并应续行诉讼程序。调解文书之送达，准用民事诉讼法关于送达之规定。"该法第27 条规定："调解经法院核定后，当事人就该事件不得再行起诉、告诉或自诉。""经法院核定之民事调解，与民事确定判决有同一之效力。"通过司法审核决定调解的效力，是台湾地区处理调解效力的基本模式。该法第29 条规定："因当事人声请而成立之民事调解，经法院核定后有无效或得撤销之原因者，当事人得向原核定法院提起宣告调解无效或撤销调解之诉。法院移付而成立之民事调解，经核定后，有无效或得撤销之原因者，当事人得请求续行诉讼程序。"调解有无效或得撤销之原因时后续程序的差别，是当事人声请调解与法院移付调解的主要区别，因此法院移付调解的案件是已经系属的案件，而调解只是诉讼程序的中止，因此调解不成立后，当事人可续行诉讼程序。

　　2. 耕地租佃争议调解。根据"耕地三七五减租条例"，直辖市或县（市）政府及乡（镇、市、区）公所，应分别设立耕地租佃委员会。但乡（镇、市、区）公所辖区内地主、佃农户数过少时，得不设立，或由数乡（镇、市、区）合并设立耕地租佃委员会。乡（镇、市、区）公所未设立耕地租佃委员会者，其有关租佃事项，由直辖市或县（市）政府耕地租佃委员会处理之。该法第26 条规定："出租人与承租人间因耕地租佃发生争议时，应由当地乡（镇、市、区）公所耕地租佃委员会调解；调解不成立者，应由直辖市或县（市）政府耕地租佃委员会调处；不服调处者，由直辖市或县（市）政府耕地租佃委员会移送该管司法机关，司法机关应即迅予以处理，并免收裁判费用。前项争议案件非经调解、调处，不得起诉；经调解、调处成立者，由直辖市或县（市）政府耕地租佃委员会给予书面证明。"第27 条规定："前条争议案件，经调解或调处成立者，当事人之一方不履行其义务时，他造当事人得迳向该管司法机关声请强制执行，并免收执行费用。"可见，出租人与承租人间因耕地租佃发生的争议实行调解前置主义，即耕地租佃委员会对出租人与承租人间因耕地租佃发生的争议的调解具有强制性，并且调解、调处一旦成立，虽然没有与确定判决相同的效力，但直接具有了强制执行力。

　　3. 劳资争议调解。根据"劳资争议处理法"，劳资争议指权利事项及调整事项之劳资争议。权利事项之劳资争议指劳资双方当事人基于法令、团体协约、劳动契约之规定所为权利义务之争议。调整事项之劳资争议指劳资双方当事人对于劳动条件主张继续维持或变更之争议。工会可以调解劳资争议，同时，"劳资争议处理法"、"劳资争议调解办法"规定，劳资争议当事人可以申请直辖市、县（市）主管机关，指派调解人，或组成劳资争议调解委员会，对劳资争议进行调解。

"劳资争议处理法"规定了调解的申请、调解申请书应载事项、主管机关受理调解后之处理（直辖市或县（市）主管机关受理调解之申请，应依申请人之请求，以下列方式之一进行调解：一、指派调解人。二、组成劳资争议调解委员会）、调查程序、方式、期间、调解委员会之组成、选定调解委员、调解委员会组成及召开期限、指派委员调查及结果、解决方案之提出、调解委员之亲自出席、当事人之说明、进入访单（调解委员会开会时，调解委员应亲自出席，不得委任他人代理；受指派调查时，亦同。直辖市、县（市）主管机关于调解委员调查或调解委员会开会时，得通知当事人、相关人员或事业单位以言词或书面提出说明；调解委员为调查之必要，得经主管机关同意，进入相关事业单位访查。前项受通知或受访查人员，不得为虚伪说明、提供不实资料或无正当理由拒绝说明）、开会及决议之法定人数、调解成立与不成立、调解纪录之呈报及送达、调解成立之契约性质、劳资争议调解人、调解委员、参加调解及经办调解事务之人员的守密义务。"劳资争议调解办法"则进一步细化，规定了"调解之受理"、"调解委员之遴聘及义务"、"调解人之资格、认证及义务"、"民间团体受委托调解"。

需要强调的是，根据"劳资争议处理法"第23条的规定："劳资争议经调解成立者，视为争议双方当事人间之契约；当事人一方为工会时，视为当事人间之团体协约。"因此，劳资争议调解成立后，仅具有一般契约之效力，当事人之一方于他方不履行调解协议时，只能向法院诉请履行该协议而已，并不具有与法院确定判决相同之效力。[1]

但是，"劳资争议处理法"的实际绩效并不佳。"绝大多数之劳资争议，均非透过劳资争议处理法所定之调解或仲裁程序加以解决。在实务上发挥最

〔1〕 李仁宏："台湾法院及乡镇市区调解制度改进方向之研究"，载《台湾台中技术学院人文社会学报》创刊号。

大纷争解决能量者，系根本欠缺法源依据的‘协调程序’，形成‘法定的调解机制已被非法定之协调机制所淹没’之现象。”所谓协调程序，系指各地方政府之劳工行政主管机关，就劳工与雇主间所产生之纷争，不依“劳资争议处理法”所定之“调解”程序处理，而以较简单的程序自行介入协调，试图使劳资双方“达成和解”（“协调成立”）以解决纷争。[1]“协调”程序之依据，系“行政院”劳工委员会 1987 年 11 月 25 日颁布的“处理重大劳资争议事件实施要点”以及 1988 年 8 月 30 日颁布的“各级劳工行政主管机关办理劳资争议事件应行注意事项”。“处理重大劳资争议事件实施要点”所谓之“重大劳资争议事件处理”包括：（一）公营、公用及交通事业或具有危险性、特殊性行业之劳资争议，有影响公众生活或造成公共危险者。（二）发生劳资争议之事业单位，有扩及其关系企业者。（三）其他劳资争议有急速发展或扩大而影响社会秩序者。但在实际运作中，只要一方当事人（通常是劳工）向主管机关申请劳资争议处理时，主管机关往往直接以“协调”程序进行处理，并无任何“重大性”之要求。此外，由于劳资争议处理案件量于近些年来逐年大幅提升，许多地方政府根本无力承担沉重的案件负担，遂自 2000 年开始，将劳资争议之协调程序，转由政府鼓励设置之“劳资关系中介团体”负责处理，使得协调程序进一步出现“政府协调”与“民间协调”之分化。台湾地区的劳动争议处理之实况，虽引起了学者在规范层面提起诸多批评，但无法否认的是，许多县市之地方行政主管机关，根本无法透过“劳资争议处理法”所定之正式调解程序处理每一件劳资争议。而协调程序确实发挥了相当高之纷争解决功能。[2] 2009 年台湾地区共有 30 385 件劳资争议，其中有 25 441 件是经由协调处理（占 83.7%），5201 件是透过调解处理，仲裁的案件数为零。劳资争议大都是透过非正式的协调方式处理，大约不到两成的争议案件是经由调解处理，至于仲裁则几乎完全没有用到。[3] 也因此，实务中将“协

---

〔1〕黄国昌等：“劳资争议协调程序之实证研究——以‘政府协调’与‘民间协调’之比较为中心”，载《中研院法学期刊》第 7 期。

〔2〕黄国昌等：“劳资争议协调程序之实证研究——以‘政府协调’与‘民间协调’之比较为中心”，载《中研院法学期刊》第 7 期。

〔3〕卫民：“新‘劳资争议处理法’重要修正内容与对劳资关系影响之研究”，载《国政研究报告》社会（研）099 - 008 号（财团法人国家政策研究基金会，2010 年 9 月 21 日）。

调"程序置于调解程序之首位。[1]

4. 消费争议调解。根据"消费者保护法"，消费争议指消费者与企业经营者间因商品或服务所生之争议。消费者保护团体有接受消费者申诉，调解消费争议之任务，除此之外有消费争议调解委员会专司消费争议调解。消费争议调解制度有三大支柱，"消费者保护法"是主要法源依据，"直辖市（县）消费争议调解委员会设置要点"提供调解组织运作之依据，"消费争议调解办法"提供调解进行持续之依据，构成了一个完整的消费争议调解制度。[2]"消费者保护法"第43条规定："消费者与企业经营者因商品或服务发生消费争议时，消费者得向企业经营者、消费者保护团体或消费者服务中心或其分中心申诉。企业经营者对于消费者之申诉，应于申诉之日起十五日内妥适处理之。消费者依第一项申诉，未获妥适处理时，得向直辖市、县（市）政府消费者保护官申诉。"第44条规定："消费者依前条申诉未能获得妥适处理时，得向直辖市或县（市）消费争议调解委员会申请调解。"

直辖市、县（市）政府应设消费争议调解委员会，置委员7至15名。委员以直辖市、县（市）政府代表、消费者保护官、消费者保护团体代表、企业经营者所属或相关职业团体代表充任之，以消费者保护官为主席，其他组织另定之。消费者争议调解，处理调解的申请、管辖、调解等程序外，消费者争议调解还有诸多特色。

（1）调解委员依职权为解决事件之方案制度。"消费者保护法"第45条之2规定："关于消费争议之调解，当事人不能合意但已甚接近者，调解委员得斟酌一切情形，求两造利益之平衡，于不违反两造当事人之主要意思范围内，依职权提出解决事件之方案，并送达于当事人。"上述方案，应经参与调解委员过半数之同意，并记载第45条之3所定异议期间及未于法定期间提出异议之法律效果。第45条之3（对职权调解方案之异议及调解成立之拟制）规定，当事人对于第45条之2所定之方案，得于送达后十日之不变期间内，提出异议。于上述期间内提出异议者，视为调解不成立；其未于前项期间内提出异议者，视为已依该方案成立调解。而一旦一方当事人提出了异议，则

---

〔1〕 刘士豪："台湾劳资争议协调与调解程序初探"，载《台湾劳工》2008年第12期。

〔2〕 黄明阳："消费争议调解与其他调解在制度上之比较"，载"行政院"消费者保护委员会编：《消费者保护研究》（第10辑），第6页。

消费争议调解委员会应通知他方当事人。调解需要双方当事人到场才能调解，但是，就小额消费争议，"消费者保护法"作出了别具一格的规定。第 45 条之 4 规定："关于小额消费争议，当事人之一方无正当理由，不于调解期日到场者，调解委员得审酌情形，依到场当事人一造之请求或依职权提出解决方案，并送达于当事人。"上述方案，应经全体调解委员过半数之同意，并记载第 45 条之 3 所定异议期间及未于法定期间提出异议之法律效果。第 45 条之 5（小额消费争议解决方案之异议及成立之拟制）规定，当事人对第 45 条之 4 之方案，得于送达后十日之不变期间内，提出异议；未于异议期间内提出异议者，视为已依该方案成立调解。当事人于异议期间提出异议，经调解委员另定调解期日，无正当理由不到场者，视为依该方案成立调解。调解委员依职权为解决事件之方案制度，是结合了调解与仲裁二者的性质，并以尊重当事人的选择权为前提，十分值得大陆借鉴。

（2）当事人制度。"消费争议调解办法"对消费争议调解进行了类似民事诉讼当事人制度的规定。一是确立选定当事人制度，第 12 条规定："同一消费争议事件之调解申请人数超过五人以上，未共同委任代理人者，得选定一人至三人出席调解委员会。"未选定当事人，而调解委员会认为有碍程序之正常进行者，得定相当期限请其选定。二是确立了辅佐参加人制度，第 13 条规定："双方当事人各得偕同辅佐人一人至三人列席调解委员会。"三是确立了第三人参加制度，第 14 条规定："就调解事件有利害关系之第三人，经调解委员会之许可，得参加调解程序，调解委员会得依职权通知其参加。前项有利害关系之第三人，经双方当事人及其本人之同意，得加入为当事人。"

（3）调解书效力准用"乡镇市调解条例"之规定。"消费者保护法"第 46 条规定，调解成立者应作成调解书。调解书之作成及效力，准用"乡镇市调解条例"第 22 条至第 26 条之规定。"消费争议调解办法"第 28 条规定："调解委员会应于调解成立之日起七日内，将调解书送请管辖法院审核。前项调解书经法院核定发还者，调解委员会应即将之送达双方当事人。"只是在时间上与"乡镇市调解条例"有差别。

总之，消费争议调解的特色规定，尤其是对当事人合意的积极干预和依法引导，利害关系人的充分参与，以及对调解书的效力保障，都意在增强消费争议调解一次性解决纠纷的能力。

5. 公害纠纷调解。根据"公害纠纷处理法"，公害系指因人为因素，致破坏生存环境，损害国民健康或有危害之虞者。其范围包括水污染、空气污染、土壤污染、噪音、振动、恶臭、废弃物、毒性物质污染、地盘下陷、辐射公害及其他经"中央"主管机关指定公告为公害者。公害纠纷则是指因公害或有发生公害之虞所造成之民事纠纷。直辖市、县（市）政府各设公害纠纷调处委员会，调处公害纠纷。公害纠纷调解，有一些特色制度。

（1）多数当事人制度。"公害纠纷处理法"第19条规定："多数有共同利益之公害纠纷当事人，得共同申请调处。调处事件进行中，主张与当事人之一方有共同利益之第三人，得经调处委员会之许可，加入该调处程序为当事人。"调处委员会为上述许可者，应斟酌当事人之意见。同时，由于调解是以当事人同意为基础的纠纷解决方式，为了增强调解的实效，第27条规定："多数具有共同利益之一造当事人，其中一人或数人于调处委员作成调处方案在所定期间内为不同意之表示者，该调处方案对之失其效力，对其他当事人，视为调处成立。但为不同意表示当事人之人数超过该造全体当事人人数之半数时，视为调处不成立。"

（2）合并调解制度。"公害纠纷处理法施行细则"第15条规定："多数有共同利益之公害纠纷当事人，就同一公害原因分别申请调处者，调处委员会得合并进行调处。"

（3）选定当事人制度。"公害纠纷处理法"第20条规定："多数有共同利益之公害纠纷当事人，得由其中选定一人或数人为全体申请或进行调处。被选定之人得予更换或增减之。"上述选定及前项之更换或增减，应以书面为之，并通知相对人。第21条规定："调处委员会认为多数有共同利益之人，以选定当事人进行调处为当者，得建议或协助当事人为选定。"第22条规定："前二条被选定之人，对于撤回调处、达成协议或同意调处方案，须经选定人以书面特别授权。"

由于公害纠纷的专业性较强，公害纠纷调解制度规定了较为完善的证据调查制度。"公害纠纷处理法"第24条规定："调处委员会得请求有关机关协助调查证据。前项调查证据行为，非法院不得为之者，得请求法院为之。受请求之法院，关于调查证据，有受诉法院之权。"第25条规定："调处委员会为判断公害纠纷之原因及责任，得委托环境保护主管机关、其他有关机关、机构、团体或具有专业知识之专家、学者从事必要之鉴定。其鉴定费由政府先行支付，如经确定其中一造当事人应负公害纠纷责任时，由该当事人负担之，并负责返还政府。"第 18 条规定："调处进行中在场之人，如有以强暴、胁迫或诈术进行或妨碍调处，或为其他涉嫌犯罪之行为者，调处委员得请求警察机关协助排除，并依法处理。""公害纠纷处理法施行细则"对此予以进一步细化。第 19 条规定："调处委员会得依职权调查证据，不受当事人提出之证据及请求调查证据之拘束。"第 20 条规定："调处委员会因调查证据之必要，得为下列处置：一、请当事人或其他关系人提出文书、表册及物件。二、听取当事人之意见，询问证人或鉴定人，或取得当事人、鉴定人及证人之书面意见。三、请有关机关协助提供有关文书、表册及物件。四、进行勘验或鉴定。"第 21 条规定："调处委员会主任委员得于调处期日前，指定委员一人先行审查调处申请书或调查证据，于开会时提出意见。"第 22 条规定："当事人或代理人于调处进行中，得请求阅览、抄录或影印有关文书、表册及物件。"可以说，公害纠纷调解程序中的证据制度，是所有调解程序中最完善和最详尽的，而这与公害纠纷的专业性有关。

最后，就公害纠纷调解的效力，调处成立者，调处委员会应制作调处书，于调处成立之日起 7 日内，将调处书送请管辖法院审核。调处经法院核定后，与民事确定判决具有同一之效力；当事人就该事件，不得再行起诉；其调处书得为强制执行名义。

6. 不动产纠纷调解。"土地法"第一编"总则"部分第五章"地权调整"规定了因为共有土地或建筑改良物分割发生的争议的调处。第 34 条之 1 规定："依法得分割之共有土地或建筑改良物，共有人不能自行协议分割者，任何共有人得申请该管直辖市、县（市）地政机关调处，不服调处者，应于接到调处通知后十五日内向司法机关诉请处理，届期不起诉者，依原调处结果办理之。"第 34 条之 2 规定："直辖市或县（市）地政机关为处理本法不动产之纠纷，应设不动产纠纷调处委员会，聘请地政、营建、法律及地方公正人士为调处委员；其设置、申请调处之要件、程序、期限、调处费用及其他应遵循事项之办法，由'中央'地政机关定之。"据此，"直辖市县（市）不动产纠纷调处委员会设置及调处办法"得以制定。

第二编"地籍"第三章"土地总登记"规定了因此引发的权利争议的处理。第 53 条关于无保管或使用机关之公有土地登记的规定："无保管或使用机关之公有土地及因地籍整理而发现之公有土地，由该管直辖市或县（市）地政机关迳为登记，其所有权人栏注明为国有。"第 55 条（登记审查及公告）

第 1 款规定："直辖市或县（市）地政机关接受声请或嘱托登记之件，经审查证明无误，应即公告之，其依第五十三条迳为登记者亦同。"第 2 款规定："前项声请或嘱托登记，如应补缴证明文件者，该管直辖市或县（市）地政机关应限期令其补缴。"第 57 条关于无主土地的登记的规定："逾登记期限无人声请登记之土地或经声请而逾限未补缴证明文件者，其土地视为无主土地，由该管直辖市或县（市）地政机关公告之，公告期满，无人提出异议，即为国有土地之登记。"第 58 条规定了公告期限："依第五十五条所为公告，不得少于十五日。""依第五十七条所为公告，不得少于三十日。"第 59 条规定了对公告的异议及调处，第 1 款规定："土地权利关系人，在前条公告期间内，如有异议，得向该管直辖市或县（市）地政机关以书面提出，并应附具证明文件。"第 2 款规定："因前项异议而生土地权利争执时，应由该管直辖市或县（市）地政机关予以调处，不服调处者，应于接到调处通知后十五日内，向司法机关诉请处理，逾期不起诉者，依原调处结果办理之。"同时，该法还规定了办理总登记之司法专庭，第 61 条规定："在办理土地总登记期间，当地司法机关应设专庭，受理土地权利诉讼案件，并应速予审判。"关于调处成立的效力，第 62 条（确定登记）第 1 款规定："声请登记之土地权利公告期满无异议，或经调处成立或裁判确定者，应即为确定登记，发给权利人以土地所有权状或他项权利证明书。"第 2 款规定："前项土地所有权状，应附以地段图。"

第三编"土地使用"第三章"房屋及地基使用"规定了房屋租用争议之处理。第 101 条规定："因房屋租用发生争议，得由该管直辖市或县（市）地政机关予以调处，不服调处者，得向司法机关诉请处理。"第四章"耕地租用"规定了耕地租用争议之处理。第 122 条规定："因房屋租用发生争议，得由该管直辖市或县（市）地政机关予以调处，不服调处者，得向司法机关诉请处理。"需要注意的是，耕地租用争议调解不是此类争议诉诸司法的前置程序，此有别于耕地租佃争议调解。

从调处的效力规定我们可以看出，"土地法"中存在两种性质的调处，一是对民事法律关系的"调处"，二是对土地管理之行政法律关系的调处，而后者带有一定的行政裁决的性质，由此导致当事人不服上述两种调处结果的处理程序也就不同。对土地管理之行政法律关系的调处，具有明显的合意诱导乃至强制倾向，但仍以保障当事人的诉权为前提。此种做法对于消除"合意的贫困化"具有积极的意义。

（三）仲裁调解

"仲裁法"第 1 条规定："有关现在或将来之争议，当事人得订立仲裁协议，约定由仲裁人一人或单数之数人成立仲裁庭仲裁之。""前项争议，以依法得和解者为限。"从内容上来看，"仲裁法"认为各种争议均可以提交仲裁，但有一个限制，即争议"以依法得和解者为限"，即凡是属于当事人有权自由处分的事项，不违反公序良俗、不侵犯他人或社会公众的利益权利、不违背强行法的禁止性规定，都可以申请仲裁。可见，"仲裁法"所确立的仲裁事项范围十分宽泛，以"依法得和解者为限"来限制或者说界定仲裁的范围，充分体现了私法之意思自治原则，因此是比较合理的，能够有效增强仲裁的纠纷解决能力。

"仲裁法"专章规定了"和解与调解"。第 44 条规定："仲裁事件，于仲裁判断前，得为和解。和解成立者，由仲裁人作成和解书。前项和解，与仲裁判断有同一效力。但须声请法院为执行裁定后，方得为强制执行。"[1] 可见，和解是仲裁前的必经程序。和解成功的，双方达成和解书和和解协议，视为双方建立了新的契约关系，应自动履行。如一方不履行，则视为违约，另一方可继续以仲裁、诉讼途径寻求解决。[2] 为了拓展仲裁机构的纠纷解决能力，该法第 45 条规定："未依本法订立仲裁协议者，仲裁机构得依当事人之声请，经他方同意后，由双方选定仲裁人进行调解。调解成立者，由仲裁人作成调解书。前项调解成立者，其调解与仲裁和解有同一效力。但须声请法院为执行裁定后，方得为强制执行。"事实上，和解也是仲裁员调解达成的，和解的成功往往离不开仲裁员事实上的调解活动。而"仲裁法"区分

---

〔1〕 "仲裁法"就仲裁判断的效力，一般情况下只赋予其确定力而无执行力。

第 37 条：仲裁人之判断，于当事人间，与法院之确定判决，有同一效力。

仲裁判断，须声请法院为执行裁定后，方得为强制执行。但合于下列规定之一，并经当事人双方以书面约定仲裁判断无须法院裁定即得为强制执行者，得迳为强制执行：一、以给付金钱或其他代替物或有价证券之一定数量为标的者。二、以给付特定之动产为标的者。

前项强制执行之规定，除当事人外，对于下列之人，就该仲裁判断之法律关系，亦有效力：

一、仲裁程序开始后为当事人之继受人及为当事人或其继受人占有请求之标的物者。二、为他人而为当事人者之该他人及仲裁程序开始后为该他人之继受人，及为该他人或其继受人占有请求之标的的物者。

〔2〕 张海燕、刘婷："我国台湾地区的仲裁制度"，载 http://www.jnfzb.gov.cn/show.php? id = 2090.

"和解"与"调解"的实意，并不在于二者有本质的差别，而在于调解的案件不以当事人有仲裁协议为限，由此拓展了仲裁的纠纷解决范围，此种制度设计颇为先进。

就仲裁调解的实践而言，以台湾地区仲裁协会争议调解中心为例，该中心对调解采用促进式（facilitative）调解（区别于评估式（evaluative）调解），[1]制订了调解中心调解规则。依据该中心的调解规则，该中心的调解员分为"调解人"和"具有仲裁人资格之调解人"，对于调解人调解达成的协议，调解人可依当事人的要求协助当事人制作调解书，并依"公证法"进行公证，从而生强制执行效力。"具有仲裁人资格之调解人"作出的调解则依据上述"仲裁法"，直接具有与仲裁和解、仲裁判断一样的法律效力。

（四）法院调解

"民事诉讼法"第二编"第一审程序"之第二章为"调解程序"。根据第403条的规定：下列事件，除有"民事诉讼法"第406条所列的得以裁定驳回之情形外，于起诉前，应经法院调解：一、不动产所有人或地上权人或其他利用不动产之人相互间因相邻关系发生争执者。二、因定不动产之界线或设置界标发生争执者。三、不动产共有人间因共有物之管理、处分或分割发生争执者。四、建筑物区分所有人或利用人相互间因建筑物或其共同部分之管理发生争执者。五、因增加或减免不动产之租金或地租发生争执者。六、因定地上权之期间、范围、地租发生争执者。七、因道路交通事故或医疗纠纷发生争执者。八、雇用人与受雇人间因僱佣契约发生争执者。九、合伙人间或隐名合伙人与出名营业人间因合伙发生争执者。十、配偶、直系亲属、四亲等内之旁系血亲、三亲等内之旁系姻亲、家长或家属相互间因财产权发生争执者。十一、其他因财产权发生争执，其标的之金额或价额在新台币500 000元以下者（该数额，"司法院"得因情势需要，以命令减至新台币250 000元或增至750 000元）。除了上述强制调解事件，"民事诉讼法"第404

---

〔1〕 美国学者 Leonard L. Riskin 最早提出此两种调解类型，参见 Leonard L. Riskin, "Mediator Orientations, Strategies and Techniques", Vol. 12 *Alternatives to the High Cost of Litigation* 111 – 114（1994）. Leonard L. Riskin, "Understanding Mediators' Orientations, Strategies, and Techniques: A Grid for the Perplexed", Vol. 1 *Harvard Negotiation Law Review* 7 ~ 51（1996）. 其后来的观点，参见 Leonard L. Riskin, "Replacing the Mediator Orientation Grids, Again: The New New Grid System", Vol. 23 *Alternatives to the High Cost of Litigation* 127 ~ 132（2005）.

条规定了任意调解之事件，不合于"民事诉讼法"第403条规定之事件，当事人亦得于起诉前，声请调解。有起诉前应先经法院调解之合意，而当事人迳行起诉者，经他造抗辩后，视其起诉为调解之声请。但已为本案之言词辩论者，不得再为抗辩。同时，根据第420条之1，第一审诉讼系属中的诉讼事件，得经两造合意将事件移付调解。

法院调解属于正式的调解，在程序规则上最为规范，下面细述之。

1. 调解的启动。法院调解因当事人的"声请"而启动。调解之声请，因是否基于当事人之自由意思，分为任意声请和拟制声请。任意声请之调解，即根据"民事诉讼法"第405条，"调解，依当事人之声请行之。"此种情况下，不问诉讼事件之种类，不问诉讼标的之金额或价额，当事人均得于起诉前，向法院为调解的声请，调解程序因当事人的声请而开始。拟制声请之调解，是指当事人本无声请调解的意思，而以法律拟制其为调解之声请，申言之，即采义务调解制度，不问当事人之意思如何，于起诉前应经法院调解程序。拟制声请之调解又分为拟制起诉为声请调解和拟制支付命令之声请为声请调解。[1]

2. 调解主体。第406条之1规定，调解程序由简易庭法官行之，而具体的调解人则可以是法官及调解委员。

3. 调解期日之指定、调解程序之指挥、当事人的强制到场义务。调解期日，由法官依职权定之，其续行之调解期日，得委由主任调解委员定之；无主任调解委员者，得委由调解委员定之。调解委员行调解时，由调解委员指挥其程序，调解委员有二人以上时，由法官指定其中一人为主任调解委员指挥之。法官于必要时，得命当事人或法定代理人本人于调解期日到场；调解委员认有必要时，亦得报请法官行之。当事人无正当理由不于调解期日到场者，法院得以裁定处新台币三千元以下之罚锾；其有代理人到场而本人无正当理由不从前条之命者亦同（此项裁定得为抗告，抗告中应停止执行）。当事人两造或一造于期日不到场者，法官酌量情形，得视为调解不成立或另定调解期日。

4. 调解程序保全。为达成调解目的之必要，法院得依当事人之声请，禁止他造变更现状、处分标的物，或命为其他一定行为或不行为；于必要时，

---

[1] 吴明轩：《民事调解、简易及小额诉讼程序》，五南图书出版公司1999年版，第18~19页。

得命声请人提供担保后行之。法院为此项处置前，应使当事人有陈述意见之机会。但法院认为不适当或经通知而不为陈述者，不在此限。

5. 调解场所、调解态度、保密原则。调解程序于法院行之，于必要时，亦得于其他适当处所行之。调解委员于其他适当处所行调解者，应经法官之许可。调解时应本和平恳切之态度，对当事人两造为适当之劝导，就调解事件酌拟平允方案，力谋双方之和谐。法院调解，得不公开。法官、书记官及调解委员因经办调解事件，知悉他人职务上、业务上之秘密或其他涉及个人隐私之事项，应保守秘密。

6. 参加调解制度。就调解事件有利害关系之第三人，经法官之许可，得参加调解程序；法官并得将事件通知之，命其参加。

7. 审究争议之所在及调查证据。行调解时，为审究事件关系及两造争议之所在，得听取当事人、具有专门知识经验或知悉事件始末之人或其他关系人之陈述，察看现场或调解标的物之状况；于必要时，得由法官调查证据。

8. 调解条款之酌定。关于财产权争议之调解，经两造同意，得由调解委员酌定解决事件之调解条款。上述调解条款之酌定，除两造另有约定外，以调解委员过半数定之。调解委员不能依上述规定酌定调解条款时，法官得于征询两造同意后，酌定调解条款，或另定调解期日，或视为调解不成立。调解委员酌定之调解条款，应作成书面，记明年月日，或由书记官记明于调解程序笔录，由调解委员签名后，送请法官审核；其经法官核定者，视为调解成立。前项经核定之记载调解条款之书面，视为调解程序笔录。法官酌定之调解条款，于书记官记明于调解程序笔录时，视为调解成立。

9. 调解成立之效力、调解无效或撤销、调解不成立证明书之付与。调解经当事人合意而成立；调解成立者，与诉讼上和解有同一之效力。调解有无效或得撤销之原因者，当事人得向原法院提起宣告调解无效或撤销调解之诉。前项情形，原调解事件之声请人，得就原调解事件合并起诉或提起反诉，请求法院于宣告调解无效或撤销调解时合并裁判之。并视为自声请调解时，已经起诉。调解不成立者，法院应付与当事人证明书。

10. 职权提出解决事件之方案。关于财产权争议之调解，当事人不能合意但已甚接近者，法官应斟酌一切情形，其有调解委员者，并应征询调解委员之意见，求两造利益之平衡，于不违反两造当事人之主要意思范围内，以职权提出解决事件之方案。前项方案，应送达于当事人及参加调解之利害关系人。

11. 对解决事件方案之异议与调解成立、不成立之拟制。当事人或参加调解之利害关系人对于前条之方案，得于送达后十日之不变期间内，提出异议。于前项期间内提出异议者，视为调解不成立；其未于前项期间提出异议者，视为已依该方案成立调解。对于当事人或参加调解之利害关系人提出的异议，法院应通知当事人及参加调解之利害关系人。

12. 调解不成立之效果。当事人两造于期日到场而调解不成立者，法院得依一造当事人之声请，按该事件应适用之诉讼程序，命即为诉讼之辩论。但他造声请延展期日者，应许可之。前项情形，视为调解之声请人自声请时已经起诉。当事人声请调解而不成立，如声请人于调解不成立证明书送达后十日之不变期间内起诉者，视为自声请调解时，已经起诉；其于送达前起诉者，亦同。以起诉视为调解之声请或因债务人对于支付命令提出异议而视为调解之声请者，如调解不成立，除调解当事人声请延展期日外，法院应按该事件应适用之诉讼程序，命即为诉讼之辩论，并仍自原起诉或支付命令声请时，发生诉讼系属之效力。

此外，"民事诉讼法"还对调解委员之报酬与费用（第411条）、调解程序笔录之制作、内容及送达（第421条）、调解不成立时费用之负担（第423条）、强制调解迳向法院起诉的情形（第424条）、调解经撤回费用之负担（第425条）等进行了规定。

### 三、比较视角下大陆调解制度的再完善

在当代中国，大陆的调解发展大致经历了人民调解、法院调解的复兴，法院主导的多元化纠纷解决机制的建立，大调解体系的建设这三大阶段，出台了"调解优先"这一司法政策和社会政策，形成了由诉讼外调解（人民调解、行政调解、社会调解）、法院附设调解、法院调解组成的纠纷调解体系，并发展出了对诉讼外调解协议的效力进行确认的司法确认程序，以实现诉讼外调解与司法程序的对接，从而解决诉讼外调解协议的法律效力问题。但是，不容否认的是，由于我国司法权威性不足，精密性不高；调解程序与诉讼程序的杂糅，调解本身的反程序性格；社会心理对社会公正性的不满，矛盾纠纷的大量出现，导致了司法能力和信心不足的状况。从纠纷解决的角度，中国的司法和法治要走出困厄，一方面，需要大力发展调解；另一方面，则是

要不遗余力地推动民主法治进程和司法改革。

1. 调解的社会化。台湾地区的社会团体运作的调解和仲裁调解都较为发达。民间社会力量发展调解是调解发展的世界潮流。而我国，人民调解处于半官方状态，由于《人民调解法》带有明显的法典编撰性质，其并没有解决人民调解动力不足的问题，因此，人民调解实效在整体上仍旧不足。而社会调解，如社会团体成立之调解、独立注册的调解组织在中国方兴未艾。调解是一种社会服务，应该向社会开放，而立法机关和行政机关需要做的是如何规范社会调解，而不是压制社会调解的发展。总之，中国大陆应该大胆鼓励调解的社会化乃至市场化发展，鼓励发展专业化的民间纠纷调解机构，促使人民调解的社会化转型，由此在整体上和最大范围内实现整个国家的纠纷和平与理性解决，避免纠纷激化和升级，营造最广泛的理性协商、有效沟通的社会氛围和私法秩序氛围。

2. 行政调解的中坚作用。行政机关支持的调解，是台湾地区调解制度的重要特色；但凡行政权作用的领域，都存在调解服务。而大陆行政权的民事纠纷解决职能严重退化，似乎抽离了行政裁决权，行政权就难以服务于民事权利救济，而成为机械的执法机关。事实上不然。现代国家是行政国家，中国大陆更是极端的行政国家。国家对社会的干预，从意识形态渗透到行为控制，无所不在。法治进程中的行政权力自觉性不足、约束力不及，虽然不能说已经渗透到了社会的所有层面，但是行政职权依法履职则是不存在积极障碍的。其实，行政权的主动性从缺乏法源依据的台湾地区劳资争议行政协调程序的实际存在和运作就已经可以看出。我国行政调解的滞后，在很大程度上是行政权惰政的体现。基于中国大陆的社会主义性质，国家权力更应该无私地为公民服务。当然，行政机关附设调解要发挥实效，也必须尊崇调解的发展规律和运作规律，即调解本身要是中立的和规范的，否则行政调解将难以赢得信任。

3. 调解的制度化、程序化、规范化。我国大陆明确地提出"调解优先"，但是调解优先没有制度化和程序化的后果，则是较为严重的以调解结果倒逼调解程序的强制调解乱象，尤其是在法院调解领域。因此，"调解优先"作为一项司法政策和社会政策，必须制度化和程序化，由此，不具有可操作性的纠纷解决理念才能转化为技术化的制度设置。同时，我国的调解立法，如《人民调解法》，对调解中的程序公正的保障极其不足，没有认识到但凡程序就存在程序保障和程序公正的问题，因此，调解的规范化程度亟待提高。一个建议是，借鉴台湾地区"民事诉讼法"和"乡镇市调解条例"，制定详细的调解程序规则，对行政调解、人民调解、社会调解的制度和程序进行全面的规定，同时法院调解程序也亟需进一步规范。只有体现调解合意性质和尊重当事人意志的调解程序，才能避免司法权、行政权对诉权的侵犯，才能最大程度发挥调解的魅力，实现通过调解解决纠纷、生成社会秩序。

4. 公正司法、法治发展对调解的映射。调解在我国的复兴与世界性的ADR 潮流有明显的背景性差异，一是我国调解的复兴主要是为了回应和谐社会的需要，虽然我国部分法院也面临严重的纠纷解决压力，但与域外调解兴盛主要是司法资源不足导致的案件负担过重（caseload）、诉讼迟延（justice delay）[1] 等背景明显区别开，二是域外调解得到有效发展的地区，包括我国的台湾地区和香港，大都是法治昌明、司法权威的地区，而我国大陆是在法治建设初期和司法公信力不足的情况下大力倡导调解，这在一定程度上形成了对"规则之治"的冲击。可以说，域外的调解是一种法治促进型调解（for - rule - of - law mediation），而我国的调解，由于法治的薄弱和调解的规范化的不足，导致调解成了法治消解型调解（anti - rule - of - law mediation）。事实上，调解与法治不是对立的关系，Lon L. Fuller 将调解、司法都理解为"社会秩序形成的方式"（forms of social ordering）。[2] 由此，我国调解的发展，应该与法治的进程同步进行，不能因为调解的复兴对社会秩序的紧张起到了暂时的缓和作用，就忽视法治的价值。要进一步完善司法体制。司法是正义的最后实现机制，同时映射诉讼外纠纷解决机制（in the shadow of law），只有规范和有效的司法救济，才能促使诉讼外纠纷解决机制良性运作。[3]

---

〔1〕 由于我国有严格的审限制度，决定了诉讼迟延在我国不是问题，而这反过来要求法官对诉讼程序的展开及其结果负责，与当事人主体性及自我责任的原理可能发生冲突。参见王亚新："我国民事诉讼法上的审限问题及修改之必要"，载《人民司法》2005 年第 1 期。

〔2〕 Lon L. Fuller, "Mediation - Its Forms and Function", Vol. 44 *Southern California Law Review* 305～339（1971）.

〔3〕 关于法律制度对法院外磋商和交涉的影响，参见 Robert H. Mnookin and Lewis Kornhauser, "Bargaining in the Shadow of the Law: The Case of Divorce", Vol. 88 *The Yale Law Journal* 950～977（1979）.

# 第 10 章 香港特区的调解：比较与借鉴

从 2007 年开始，香港特区行政长官连续两年在其施政报告中强调要全面发展调解制度，以巩固香港作为国际解决争议中心的地位，特区政府未来的工作重点将放在商业和社区两大层面推广调解机制，涉及仲裁、诉讼、民间组织和法律援助等各个系统的改革。[1] 随后，在行政部门与司法机构[2]的双重推动下，调解机制无论在诉讼领域还是非诉讼领域都得到了迅速的发展。司法机构于 2009 年 2 月颁布的《实务指示 31》（Practice Direction 31），调解作为一项解决争议的方法在民事诉讼程序中获得了正式确立。2010 年 2 月，律政司领导的调解工作小组发表报告书并进行了为期三个月的公众咨询，该报告书的其中一个重要建议是由特区政府的调解专责小组（Mediation Task Force）尽快制订专门的调解法例。[3] 2011 年 11 月 18 日，《调解条例草案》（Mediation Bill）正式刊宪，并已经由律政司司长于 11 月 30 日提交立法会全体会议进行首读及二读。本章主要介绍调解制度在香港的发展历程，并着重分析香港民事司法改革有关调解部分的重要议题以供内地同行进行比较与借鉴。

## 一、民事司法改革背景下的调解扩大化

调解是华人社会的传统纠纷解决方式之一，尽管殖民统治时代的香港政府并不像中国大陆那么重视调解在司法程序中的使用，但是这种方式仍然长

---

〔1〕 参见香港特区政府《2007 至 2008 年度施政报告》，载 http://www. policyaddress. gov. hk/07 - 08/chi/policy. html；以及《2008 至 2009 年度施政报告》，载 http://www. policyaddress. gov. hk/08 - 09/chi/policy. html.

〔2〕 "司法机构"（judiciary）一词在香港一般指代法庭或审判机构，以下如无特别说明则遵从这一当地用法。

〔3〕 该报告书共提出 48 项建议，参见香港律政司官方网站：http://www. doj. gov. hk/eng/public/mediation. htm.

期存在于本土的华人社区。调解成为正式的纠纷解决方式得益于民间组织对家事调解的重视与发展。香港公教婚姻辅导会（Hong Kong Catholic Marriage Advisory Council）于 20 世纪 80 年代末提出的"婚姻调解辅导项目"，专门培训家事调解人员并开始提供私人调解服务。其他的非牟利机构，如香港家庭福利会（Hong Kong Family Welfare Society）和人际辅导中心（Resource：the Counseling Center）也在 20 世纪 90 年代中期开始提供专门的调解服务。[1]

随着法律服务市场的发展，调解在商事纠纷中的应用开始广泛。相比诉讼领域，调解机制在仲裁领域的发展更为迅速，香港国际仲裁中心自 1985 年正式成立后就非常重视调解服务，1994 年成立了专门的调解中心接受商事纠纷争议的处理。后期的立法也越来越重视调解的作用，根据相关法例（Ordinances）规定，指定的公营机构及社会组织（例如"平等机会委员会"、"个人资料私隐专员公署"、"申诉专员公署"、"独立监察警方处理投诉委员会"等）都可以通过调解机制处理有关争议。[2] 调解制度越来越得到官方的重视，政府在 20 世纪 80 年代中期率先把调解引入建筑及物业纠纷处理机制，2000 年又与司法机构联合启动了为期三年的家事调解试验计划（family mediation pilot scheme），在区域法院设立专职部门负责在家事案件中采取各种措施鼓励当事人使用自愿、免费的调解服务。[3]

进入 21 世纪以来，普通法系全面发起了民事司法领域的各项改革，香港作为国际化城市亦不可避免地受到这一趋势的影响。2000 年 2 月，香港终审法院首席法官李国能委任民事司法改革工作小组，对高等法院民事诉讼程序和规则进行检讨和反思。工作小组于 2001 年 11 月发布《民事司法制度改革中期报告》（以下简称《中期报告》），该报告指出，由于香港是一个高度商业化的地区，"社会转变和科技进步使各种交易的数量激增，交易更加迅速和复杂"。[4] 与此同时，法律条文和各类案例也越来越繁复，这些转变带来了

〔1〕 Kwan and R. W. H.，"Family Mediation in Hong Kong：a Brief History"，H. H. Irving（eds.），Family Mediation：*Theory and Practice with Chinese Families*，pp. 17～30.

〔2〕 参见《性别歧视条例》（Sex Discrimination Ordinance）、《个人资料私隐条例》（Personal Data ＜Privacy＞ Ordinance）、《申诉专员公署条例》（Ombudsman Ordinance）、《独立监察警方处理投诉条例》（Complaints Against Police Ordinance）.

〔3〕 Hong Kong Polytechnic University，*Evaluation Study on the Pilot Scheme on Family Mediation：Final Report*，Hong Kong Polytechnic University Press，2004

〔4〕 参见《中期报告》第 4 段。

大量的民事纠纷与法律诉讼，给民事司法制度造成前所未有的压力。[1]

近年来各国民事司法改革的潮流以及"替代性纠纷解决机制"（Alternative Dispute Resolution，以下简称 ADR）的兴起促使香港政府与司法机构开始站在国际竞争力的高度重新认识调解的作用。在这样的背景之下，越来越多的法官意识到 ADR 的重要性并呼吁在实践中推广调解机制的运用。[2] 2004年3月发表的《民事司法制度改革最终报告》（以下简称《最终报告》）涉及法庭诉讼规则、土地审裁处以及劳资纠纷补偿等各个领域，该报告正式提出在民事诉讼中全面引入调解机制。[3] 司法机构的调解工作小组[4]于2007年1月成立，专门负责诉讼调解相关事项的落实，包括：监督与反馈正在实施的建筑案件[5]、建筑物管理案件[6]、个别破产清算案件[7]、人身伤亡案件[8]等调解试验计划的具体执行情况；组织各级司法行政人员进行调解原

---

　〔1〕 《中期报告》认为，"昂贵"、"拖延"、"繁琐"这些词可以概括舆论对于民事诉讼的评价。其中主要的问题包括：诉讼成本过高；偏重对抗和当事人主导，诉讼过程过于缓慢；律师对程序的技术性操控过于泛滥；不少程序过于繁琐，法律的规定让普通民众难以理解；无律师代理的当事人（litigants in person）越来越多，法庭的负担越来越重，但法官的人数却没有相应增加，甚至经常不足常规编制水平。参见《中期报告》，第4、9~24段，载 http://www. civiljustice. gov. hk/ir/paperHT-ML/Summary_ smp. html.

　〔2〕 在民事司法改革未生效以前，已经有香港法官通过判例强调了调解在民事诉讼当中的重要性。例如，在 *IRiver Hong Kong Ltd v Thakral Corporation（HK）Ltd*（〔2008〕6 HKC 391）一案以及 *Supply Chain & Logistics Technology Ltd v NEC Hong Kong Ltd*（〔2009〕HKCU 123）一案中，法官认为司法机构应该尽量运用裁量权以鼓励当事人双方合意解决纠纷。

　〔3〕 关于香港民事司法改革《中期报告》、《法例建议修订咨询文件》以及《最终报告》等内容，载 http://www. civiljustice. gov. hk/smp/archives. html.

　〔4〕 司法机构调解工作小组的职权范围（Terms of Reference）是"因应调解的经济及社会效益和在其他普通法适用地区的发展，研究如何在高等法院原讼法庭、区域法院及土地审裁处的民事纠纷中，促进各方当事人在一致同意的情况下达成调解。"参见 http://mediation. judiciary. gov. hk/chs/working. html.

　〔5〕 2006年9月开始对"建筑争议"（construction cases）引入调解试验计划。后来出台的《实务指示（6.1）》使试验内容成为正式法律规范。该实务指示订明，任何一方如拒绝或不尝试进行调解，而又没有合理解释，法庭可以进行诉讼费惩罚。

　〔6〕 土地审裁在2008年1月引入试验计划，在"建筑物管理案件"（Building Management Cases）推广调解服务。司法机构在2009年据此通过新的实务指示（LTPD：BM No. 1/2009）。

　〔7〕 2008年10月开始为期一年的自愿调解试验计划，适用于根据《公司条例》第168（A）条而提出的申请，以及根据同一条例第177（1）（f）条为理由的申请，司法机构已经发出新的实务指示予以明晰。

　〔8〕 调解工作小组于2008年2月成立人身伤亡诉讼（Personal Injuries Cases）专责小组，根据香港调解会所推行的"新保险索偿调解试行计划"进行研究，以决定有关措施是否适用于雇员补偿及其他案件。

理和技能的培训；增加各种配套行政设施以方便民众的咨询和使用。[1]

2009 年生效的香港民事司法改革[2]的一个重要举措，就是在传统的抗辩式诉讼（adversarial system）中直接嵌入调解机制，并且明确了法官所应当发挥的积极作用，使调解成为民事诉讼的一个正式环节，这被香港法律界认为是具有象征性意义的一次变革。[3]与此同时，香港特区政府开始酝酿向全社会推动调解机制的运用。为了回应和落实政府的施政承诺，律政司在 2008 年 2 月牵头成立了跨部门的"调解工作小组"（以下简称"工作小组"）专门负责调解机制的推广。在不到两年的时间内，工作小组集中向政府部门、公营机构以及大型团体等宣传调解机制，在社区中心引入公益调解项目[4]，并促成部分商业组织和社会团体共同签订"调解为先承诺书"（Mediate First Pledge）[5]。工作小组在 2009 年 12 月发表了改革报告[6]，提出了 48 项建

---

〔1〕 司法机构设立了两个调解统筹主任办事处，分别就家事案件和土地审裁处的建筑物管理案件向公众提供资讯和查询服务。另外，为集中处理有关各级法院调解事务的查询，高等法院已经在其大楼内设立"调解资讯中心"以配合刚生效的诉讼调解机制的实施。

〔2〕 香港民事司法改革措施于 2009 年 4 月 2 日生效，但部分《实务指示》（Practice Directions）的生效日期有所不同。例如，与调解直接相关的《实务指示（31）》的生效日期为 2010 年 1 月 1 日，参见 http://www.civiljustice.gov.hk/eng/pd.html.

〔3〕 Elsie Leung, "Mediation: A Cultural Change", Vol. 17 *Asia Pacific Law Review* 45 – 46 (2009). 也有资深律师提醒香港的同行，在民事司法改革生效后，调解与诉讼的结合已经势在必行，而不仅仅是一种可有可无的选择，所有的执业律师必须意识到这是他们职业生涯的一种转变。参见 David Ravenscroft, "Mediation and Civil Justice Reform", *Hong Kong Lawyer* (2008)；Gary Meggitt, "Civil Justice Reform in Hong Kong: Its Progress and Its Future", Vol. 38 *Hong Kong Law Journal* (2008)；另外，普通法系其他司法辖区在更早以前已经出现类似的趋势，参见 Marc Galanter, "The Turn Against Law: The Recoil Against Expanding Accountability", Vol. 8 *Texas Law Review* 285 (2002)；Marc Galanter, "The Vanishing Trial: An Examination of Trials and Related Matters in the Federal and State Courts", Vol. 1 *Journal of Empirical Legal Studies* 459 ~ 570 (2004)；Simon Roberts, "Listing concentrates the mind: the English civil court as an arena for structured negotiation", Vol. 29 *Oxford Journal of Legal Studies* 457 ~479 (2009)；Hazel Genn, "ADR and Civil Justice", *Judging Civil Justice*, (Cambridge: Cambridge University Press, 2009), pp. 78 ~ 125.

〔4〕 分别为"梁显利油麻地社区中心"（Henry G Leong Yau Ma Tei Community Centre）和"礼顿山社区会堂"（Leighton Hill Community Centre）。分别为"梁显利油麻地社区中心"（Henry G Leong Yau Ma Tei Community Centre）和"礼顿山社区会堂"（Leighton Hill Community Centre）.

〔5〕 律政司调解工作小组于 2009 年 5 月与其他专业团体联合举办"调解为先"（Mediate First）的研讨会，共有 64 家企业和 38 个商界及社会组织签署协议承诺在日后的纠纷解决当中优先使用调解机制。参见 Benedict Lai, "Development of Mediation in Hong Kong", Vol. 17 *Asia Pacific Law Review* 133 ~ 137 (2009)；另见"调解为先"的官方网站：http://www.mediatefirst.hk/.

〔6〕 Report of the Working Group on Mediation, 参见香港律政司官方网站：http://www.doj.gov.hk/eng/public/mediation.htm.

议并进行为期三个月的公众咨询，针对公众教育、调解的职业化以及监管架构等各方面内容进行公开咨询。[1]该报告书的其中一个重要建议是由特区政府的调解专责小组尽快制订专门的调解员执业守则和调解法例。2011 年 11 月 18 日，《调解条例草案》（Mediation Bill）正式刊宪，涉及调解的定义、调解通讯保密原则以及与其他法例的衔接等各方面内容。2011 年 11 月 30 日，律政司司长向立法会提交《调解条例草案》，并正式动议立法会全体会议对该草案进行首读及二读。

## 二、调解与民事诉讼程序的正式接轨

诉讼调解最早应用于家事纠纷的处理，当时家事诉讼的专业化程度并不高，家事法院也没有从区域法院独立出来，诉讼调解的实践并未成熟。[2]随着家事诉讼案件以及其他领域的实践积累[3]，诉讼调解机制逐渐受到重视。2009 年修订后的《高等法院规则》（Rules of High Court）以及 2010 年生效的《实务指示（31）》（Practice Direction-31）标志着调解机制与民事诉讼的全面接轨。

根据现行法律的规定，诉讼调解机制主要适用于原讼法庭（Court of First Instance）、区域法院（District Court）和土地审裁处（Lands Tribunal）的民事司法程序。由于民事司法改革的生效时间尚短，除了有限的判例以外，目前的司法实践主要依据《高等法院规则》和《实务指示（31）》两个法律文件进行。

---

〔1〕 咨询内容包括加强各组织的调解训练、向商界推广调解服务、试行"学本朋辈调解"（school‐based peer mediation）、研究调解行为守则和执行机制、调解员评审准则以及考虑是否需要制订法例以监管调解服务等方面的改革等。参见 http://www.info.gov.hk/gia/general/201002/08/P201002080131.htm.

〔2〕 这方面最早期的社区工作是香港公教婚姻辅导会于 1988 年推行的婚姻调解及辅导计划，后来香港公教婚姻辅导会又与香港社会服务联会共同推动在家事法院设立专门的调停统筹员（Conciliation Coordinator），初步确立了调解在司法体系内的角色。参见香港公教婚姻辅导会：《婚姻调解及辅导计划评估研究报告书》（Evaluative Research Report on the Marriage Mediation Counseling Project），1991 年 10 月；香港社会服务联会家事法庭工作小组：《在香港设立家事法庭建议书》（Proposals on the Establishment of a Family Court in Hong Kong），1989 年；香港法律改革委员会：《排解家庭纠纷程序报告书》，2003 年 3 月。

〔3〕 家事法院在 2000 年全面推行"家事调解试验计划（Pilot Scheme for Family Mediation）"，设立了调解转介机制以及"调解统筹主任（Mediation Coordinator）"的职位，2003 年 12 月又推出为期三年的"婚姻诉讼附属救助程序改革试验计划（Pilot Scheme for the Reform of Ancillary Relief Procedures in Matrimonial Proceedings）"。

（一）诉讼调解模式的选择

香港民事司法改革工作小组在 2001 年发表的《中期报告及咨询文件》（以下简称《中期报告》）建议的六个预选方案包括：（1）经法例规定，除非获得法庭的例外许可，"指定类别的案件"都应该强制采用调解；[1]（2）赋予法庭一定的酌情权，在必要的时候强制要求采用调解；[2]（3）经法例规定，如果其中一方选择进行调解，则其他当事人必须强制参与；[3]（4）在某类案件中，将调解作为取得法律援助的一项条件；[4]（5）是否采用调解由各方自行决定，但法庭会鼓励他们尽量调解，如果一方无理拒绝或抱有不合作的态度，该方可能遭判罚诉讼费的承担；[5]（6）是否调解全属自愿，法庭的角色仅限于提供激励条件和辅助性支援。[6]

民事司法改革工作小组认为，通过比较其他司法辖区的经验，诉讼调解最终成功与否与两个方面因素的关联性较大：首先，当事人自愿参与的程度是决定性的因素：英国研究人员针对"强制（自动）转介"[7]和"自愿参与"[8]两种类型的试验计划进行过对比研究，发现大部分参与调解的当事人并非出于自愿，而是由于程序强制以及回避惩罚风险等原因而接受调解，"强制转介"调解的最终成功率并不高于自愿调解。[9]其次，调解员的引导以及程序设计带来的便利性将起到推动性的作用。[10]英国的调查显示，不少当事

---

〔1〕《中期报告》建议 63。该建议主要参照加拿大安大略省（Ontario）的诉讼调解模式。

〔2〕《中期报告》建议 64。该建议参照了加拿大、澳大利亚、新西兰以及美国个别州的模式。

〔3〕《中期报告》建议 65。该建议主要参照加拿大不列颠哥伦比亚省（British Columbia）的模式。

〔4〕《中期报告》建议 66。有批评者认为这个方案等于把激励调解的责任从法庭转移到法律援助机构。

〔5〕《中期报告》建议 67。该建议主要参照英格兰及威尔士民事司法改革最终采纳的模式。

〔6〕《中期报告》建议 68。2000 年香港"家事调解试验计划"采用的模式。

〔7〕 2004 至 2005 年试行的"法院调解自动转介"试验计划（Pilot Scheme for Automatic Referral to Mediation，以下简称为 ARM）。

〔8〕 1999 至 2004 年试行的"自愿调解计划"（Voluntary Mediation Scheme，以下简称 VOL）。

〔9〕 研究者分别从 ARM 和 VOL 两个计划中选取了超过 1000 件个案，发现 ARM 的调解接受率上升，但调解成功的比例却从 2004 年 5 月的 69% 下跌到 2005 年 3 月的 38%，这很可能说明多数当事人都是被迫接受调解。另外，部分曾经参加"强制转介"调解的当事人表示，这种强制的程序要求实际上只会增加他们在时间和金钱上的负担，却无助于解决问题。参见 Hazel Genn（ed.），*Twisting Arms：Court Referred and Court Linked Mediation under Judicial* Process, executive summary, U. K. Ministry of Justice Research Series 1 – 07, 2007.

〔10〕 Hong Kong Mediation Centre, *Bringing Civil Justice by Informed Party Choice：Responses to Civil Justice Reform Interim Report and Consultative Paper*, April 2002, pp. 8 ~ 13.

人认为如果程序上时间更加宽松，并且有素质更好的调解员，可能有助于调解的成功。[1]

2004 年香港民事司法改革的《最终报告》建议采纳后面的三种方案，并认为应该在不同类型的案件和程序中区别使用。《最终报告》所采纳的方案主要是借鉴了英国民事司法改革后期的研究成果，认为香港的诉讼调解模式应该强调两大特征：一是当事人自愿选择是否进行调解，调解程序启动的最终决定权由当事人合议确定；二是法官或法庭其他工作人员不适宜参加调解的具体过程，应该由附设于法院或外部的专业调解员负责处理。[2]考虑到当事人的自愿参与程度是调解成功的决定性因素，民事司法改革工作小组并未采纳近年来较为流行的强制调解（mandatory mediation）模式。

（二）程序约束、保密特权以及法官裁量权

《高等法院规则》明确规定鼓励调解的法律原则，即法庭有义务"鼓励当事人使用 ADR，帮助当事人解决纠纷或争议"[3]，而当事人及其律师也有义务"协同法庭共同实现这一目标"[4]，律师必须告知当事人诉讼调解的可能性以及不合理拒绝调解可能带来的诉讼风险。[5]鉴于"自愿转介"的调解模式可能存在的不足[6]，司法机构也意识到必须从法例及判例等各个规范层面进一步完善配套机制和程序的设计。

---

〔1〕 研究者分别从 ARM 和 VOL 两个计划中选取了超过 1000 件个案，发现 ARM 的调解接受率上升，但调解成功的比例却从 2004 年 5 月的 69% 下跌到 2005 年 3 月的 38%，这很可能说明多数当事人都是被迫接受调解。另外，部分曾经参加"强制转介"调解的当事人表示，这种强制的程序要求实际上只会增加他们在时间和金钱上的负担，却无助于解决问题。参见 Hazel Genn（ed.），*Twisting Arms*：*Court Referred and Court Linked Mediation under Judicial* Process, executive summary, U. K. Ministry of Justice Research Series 1 ~ 07, 2007.

〔2〕 普通法系不同的司法辖区有称为"court – annexed mediation"、"court – based mediation"、"court – referred mediation"、"court – linked mediation" 的制度，但具体内容有所不同，调解员与法院的关系也有很大差异。

〔3〕《高等法院规则》Order 1A, rule 1 以及 rule 2.

〔4〕《高等法院规则》Order 1A, rule 3.

〔5〕《实务指示（31）》第 4 段。

〔6〕 例如，在这种模式下，必须由其中一方主动提出停止诉讼的意愿，容易被另一方误认为是诉讼理据不足而主动"示弱"，不利于调解的启动；另外，转介到外设的调解制度以后，由于缺乏法庭的管理和监督，调解的过程很可能有损当事人的法律权益。Hong Kong Mediation Centre *Bringing Civil Justice by Justice by Informed Party Choice*：*Responses to Civil Justice Reform Interim Report and Consultative Paper*, April 2002, 第 11 ~ 16 页。

　　首先，程序规则要鼓励当事人双方及其代表律师在诉讼的开始阶段（或开始之前）就积极考虑调解的可能性。[1] 提起诉讼以后，当事人在填写"设定程序时间表的问卷"（Timetabling Questionnaire）的阶段[2] 就必须在正式的诉讼文书上回答"是否考虑包括调解在内的替代纠纷解决机制"等问题。除此之外，原、被告双方及其代表律师还必须填写一份单独的"调解证明书"（Mediation Certificate）表明是否愿意调解。任何一方如果不同意调解，就必须在上述文件写明不同意的理由；如果其中一方表示希望调解，可以在填写调解证明书以后立刻签发一份"调解通知书"（Mediation Notice）并向另一方送达。另一方在收到调解通知书后，必须填写"调解回复书"（Mediation Response）作为程序上的必要回应，如果不同意调解，必须写明充分的理由（否则日后可能为此承担不利诉讼费的后果）；如果双方合意进行调解，将进一步共同签署一份"调解记录"（Mediation Minute），作为同意启动"转介调解"的正式备案。另外，对于没有代理律师的当事人，根据《实务指示（31）》C部分规定，法官或法庭行政人员应当协助其完成程序性的手续，为实现调解的可能性作必要的准备。

　　其次，通过"保密"（confidentiality）和"特权"（privilege）保护调解信息从而加大对诉讼调解的激励。[3] 就保密原则[4] 而言，一是要求参与调解的任何一方当事人及其代表律师要向对方负保密责任，二是要求调解员不能对外（包括向法官）披露双方在调解过程中交流的信息。就特权的保护而言，当事人在准备和进行调解过程中向对方透露的任何信息原则上属于"内容不得损害权益（without prejudice）"的特权，对方不能利用这个过程获得的信息而在后续或者其他法律程序中出示作为证据使用，如果有违法披露的情形，

---

　　〔1〕　《实务指示（31）》及其附件。

　　〔2〕　答辩程序终结后 28 天以内。

　　〔3〕　普通法上的"保密"（confidentiality）和"特权"（privilege）是两个不同概念，这里予以一并讨论。

　　〔4〕　保密原则被视为调解其中在一个最重要的"哲学原则"：第一，这个原则保证双方避开公众干扰；第二，鼓励双方坦承解决纠纷；第三，调解员不会被迫向外披露信息。参见 David Spencer and Michael Brogan, *Mediation Law and Practice*, Cambridge University Press, 2006, p. 312. 但这一原则也有例外。例如，医生有责任为其病人保密，但法庭仍可迫使提交医疗报告。*Duncan v Medical Practitioner's Disciplinary Committee*（［1986］1 NZLR 513）一案就属于这种情形。另外，欺诈与胁迫而达成调解也属于例外情形，相关案例参见 *Farm Assist Ltd（in liq.）v The Secretary of State for the Environment, Food and Rural Affairs*（No. 2）（［2009］EWHC 1102 TCC）.

法庭可以颁发禁止令制止这种行为。另外，法官不能基于调解过程中的信息而对任何一方当事人作不利的判决。[1]

再次，法官的裁量权（discretionary power）作为诉讼调解的备用督促机制。这主要体现在案件管理（case management）和诉讼费惩罚裁决（cost sanctions）两个方面：在案件管理[2]方面，法官享有对诉讼案件的时间安排和程序环节管理上的权力，并有责任提醒和推动当事人更有效地解决纠纷，例如可以搁置或者押后某些程序的时间，也可以向任何一方发出要求调解的动议；[3]另一方面，法官拥有诉讼费惩罚的"威慑性"裁量权，这被认为是法官对于诉讼调解可能施加的最重要的影响。法官可以根据一方当事人拒绝调解的具体表现，通过判断行为或态度的不合理或不理智（unreasonable）的程度作相应的不利诉讼费裁决（adverse cost awards）。[4]

需要指出的是，尽管"保密特权"和"诉讼费惩罚"是鼓励与引导诉讼调解的两项重要配套机制，但这两个措施在实践中目前仍主要依靠参照普通法系其他司法辖区的判例，存在法律上的不确定性。譬如英国已经有判例认为未达成生效协议的调解信息不受保密特权的保护[5]，可以作为判决的参考依据，这对香港法官的审判将产生的一定影响。另外，究竟何种拒绝调解的行为可以被认定为"不合理（unreasonable）"，至今没有统一的解释，现有的判例法仅仅指出个别如"不加考虑地断然拒绝参与（outright refusal to partici-pate）"的行为属于可界定范畴[6]，但是调解一般发生在诉讼的早期阶段，离判决的时间点比较远，难以追溯当时的各种情势变迁因素[7]，更为复杂的是，由于英国的判例在某些问题上甚至存在冲突，使得缺乏这方面经验的香港法院在不少问题的处理上左右为难。[8]

---

〔1〕《实务指示（31）》第6段。

〔2〕《高等法院规则》Order 1A，rule 4.

〔3〕 这些做法在澳大利亚较为常见，著名的案例有 *AWA Ltd. v Daniels*（〔1992〕2 ACLC 933）和 *Hooper Bailie Associated Ltd. v Nation Group Pty Ltd*（〔1992〕28 NSWLR 194）.

〔4〕《实务指示（31）》第4、5和13段。认为未达成生效协议的调解信息不受保密特权的保护。

〔5〕 *Brown v Rice and Patel and ADR Group*（〔2007〕EWHC Ch 625）.

〔6〕 *The Civil Justice Reform in Hong Kong：Litigating in the New Era*，Herbert Smith LLP 2009，p. 40.

〔7〕 *The Civil Justice Reform in Hong Kong：Litigating in the New Era*，Herbert Smith LLP 2009，p. 40.

〔8〕 例如，两个著名判例 *Dunnett v Railtrack Plc*（〔2002〕All ER 850）和 *Halsey v Milton Keynes General NHS Trust*（〔2004〕EWCA 3006 Civ 576）在法官是否可以强制（compel）当事人调解或者在多大范围内可以采取惩罚措施等问题上存在分歧。

## 三、比较与借鉴

鼓励调解的政策属于香港民事司法改革的其中一个重要内容，尽管政策的制定和执行采用了相对谨慎的方式，但仍然有若干方面值得内地学术界与实务界予以参考借鉴。

（一）法官在诉讼调解过程中的角色

香港的现行做法与内地的其中一个最大不同点，在于其坚持由法庭以外的专业人士进行调解，即所谓的转介制度（referral system）。

有学者依据"当事人意愿"和"法官是否担任调解员"两个标准对世界主要国家及地区的诉讼调解模式进行分类：前者可以分为"自愿（或鼓励）"和"强制"两大类；后者则可以分为"法官调解"（judge – led mediation）和"转介调解"（referred mediation）两大类。据此，各国法院附设的调解实践还可以进一步分为"自愿法官调解"、"强制法官调解"、"自愿转介调解"、"强制转介调解"四种基本的诉讼调解模式。[1] 而从已有的实践来看，"强制调解"和"转介调解"结合使用的方法在普通法系比较普遍。[2] 香港所推行的诉讼调解模式属于"自愿（鼓励）调解"与"转介调解"结合的模式：法庭根据当事人双方的意愿决定是否把案件转送到外部的调解员予以处理，法官本人并不负责具体的调解事务。

普通法系的不少资深法官认为，调解以"解决纠纷"而非"适用法律"为首要目标，其本身具有独立于法律规范以外的"专业技术性"，转介调解实质上是把纠纷从一个专业转到另一个专业予以解决。[3] 另外，如果法官一人

---

〔1〕　根据学者 Nadja Alexander 的分析，各国诉讼调解的模式大致如下：

|  | 强制调解 | 自愿调解 |
| --- | --- | --- |
| 法官调解 | 澳大利亚、加拿大（少数情形） | 德国、中国大陆 |
| 转介调解 | 澳大利亚、加拿大、美国 | 英国、美国、中国香港 |

必须注意的是，Alexander 所提供的并非精确的分类，无法涵盖各国司法实践，但这样的分类有助于比较研究。参见 Nadja Alexander（ed.），Global Trends in Mediation，（Kluwer Law International，2006），Ch. 2，4，7，9，15.

〔2〕　《调解工作小组报告》，香港特区政府律政司 2010 年 2 月，附件 11。

〔3〕　如布鲁克大法官（Lord Justice Brooke）在 *Dunnett v Railtrack*（〔2002〕2 All ER 850）一案的判词所言："有技巧的调解员，很多时候都能达成令双方满意的结果，超出律师和法庭的能力……以大家都感到满意的条件解决纠纷"。

分饰裁判与调解两个角色，表面上似乎节省了人力资源，但却影响了调解程序的保密性，法官也可能把调解的主观印象带到审判当中，有悖于诉讼的公平和公正。

即使在很多主张由法官担任调解员的大陆法系国家，法官的中立性和专业性仍然是制度设计的首要考虑。譬如，香港民事司法改革工作小组曾经参考了较为著名的加拿大魁北克省所采用的模式。该模式由法官参与调解，不过调解程序与审判程序必须相分离，调解法官与审判法官不能为同一人。在诉讼调解的过程中，调解法官扮演的是"中立促进者（neutral facilitator）"[1]的角色。

法官中立性的原则最为英式法律传统所信奉，也正是香港民事司法改革不采纳由法官本人进行调解的最主要原因。一方面，审判与调解法官的分离考虑到司法程序中的回避制度，即为了保证审判者的中立性，必须在出现可能令人质疑有利益冲突或影响判断的事件或程序中进行回避。另一方面，调解法官靠的是一种道德与专业上的权威，依靠个人的业绩、信誉、专业知识以及其公正性与独立性，而非依仗司法裁判权的强势地位，因此调解法官并不需要审判权力来增加调解的成功率。总体而言，调解机制所包含的非法律或非正式的纠纷解决技术可能与法律程序乃至法官角色存在某种冲突，因而更适合由专业的调解员来负责具体的操作过程。考虑到以上众多因素，民事司法改革小组认为采用转介机制是在保证已有司法程序稳定性前提下的最佳选择。

值得一提的是，国内流传一种说法认为中国的调解制度享誉世界并且曾经让西方各国为之羡慕，不少文献也经常引用"东方经验"、"东方一枝花"

---

〔1〕 魁北克省的调解法官通常让双方写下自己对案件的法律意见以及自己对案件的"裁决"，但不能表达自己对审判结果的预测或看法，或者有其他可能影响审判程序的行为，只在例外的情况下表达自己对法律的理解。类似的做法在其他国家亦有所体现，如法国的司法调解也强调审判者与调解者的分离，规定调解员必须是中立的第三方，该调解员定期向负责审判的法官报告调解进程，而调解协议达成以后转交审判法官进行批准而具有法律执行效力。从这些国家的实践来看，调解法官作为法律和公共秩序的看护人，其主要任务是保证调解协议不违背公共利益或第三人利益。万鄂湘："诉讼调解被国外同行誉为'东方经验'"，载 http://politics. people. com. cn/GB/1026/5447566. html；"论建设司法诉讼与人民调解的互动关系"，载 http://www. chinacourt. org/public/detail. php? id = 210476；"诉讼调解与人民调解对接机制研究"，载 http://www. cqyzfy. gov. cn/view. php? id = 1030250520103725052 010442505201053250520106125 0520.

等用语，这样的观点从学术角度而言有待商榷。[1] 事实上，国外研究中国法的学者很早以前已经指出，中文的"调解"一词与英文的"mediation"在内涵上有很大差别，譬如前者把调解视为一种非专业化的纠纷解决方式，而英美法则更强调其作为裁判以外的另一种专业方式。[2] 从这个角度分析，不少国家与地区的调解制度已经发展成为一个专门的职业，内地的很多政策无疑过多地强调了自身的特殊性，而忽略了调解制度在其他地区已经高度发展的若干共性。

（二）调解服务的市场化与区域竞争

调解制度的可持续发展与当地法律服务市场的发展密不可分，而区域法律服务市场的竞争也对香港本地的法律改革产生了实质性影响。调解机制近年来几乎风行整个普通法系，基于普通法理念，一贯强调国际化的香港法律界必须主动调整"相关机制"或者"思路"以应对国际市场的变化。

香港的调解服务供给市场主要由商业组织和非牟利机构组成。商事调解服务目前主要由仲裁组织提供，例如香港国际仲裁中心（Hong Kong International Arbitration Center）已经在 1994 年成立其下属的香港调解会（Hong Kong Mediation Council），并附设单独的调解员认证委员会（Mediator Accreditation Committee）[3]。与此同时，纠纷当事人也可以选择香港仲裁司学会（Hong Kong Institute of Arbitrators）认证的专业调解员。[4]

除商事调解服务以外，以调解为专业内容的非牟利机构也提供一般收费的调解服务。较为典型的是香港和解中心（Hong Kong Mediation Center）[5]

---

〔1〕　笔者目前能够查阅到较早的注释是美国大法官沃伦·伯格在 1981 年访问中国时所作的评价，当时美国正在兴起一场关于"替代性纠纷解决（Alternative Dispute Resolution）"的大讨论，这位美国法律界的代表人物对于中国存在自上而下的调解网络表达了个人的高度评价。参见 US Chief Justice in Shanghai, Xinhua She, September 8, 1981, in Summary of World Broadcast (BBC), Part 3: The Far East〔SWB/FE〕式，而英美法则更强调其作为裁判以外的另一种专业方式。September 10, 1981, cited in Donald Clarke, "Dispute Resolution in China", Vol. 5 *Journal of Chinese Law* 254 (1991).

〔2〕　Donald Clarke, "Dispute Resolution in China", Vol. 5 *Journal of Chinese Law* 292~295 (1991).

〔3〕　参见香港国际仲裁中心官方网站：http://www.hkiac.org/index.php/en/mediation/mediation-in-hong-kong.

〔4〕　参见香港仲裁司学会官方网站：http://www.hkiarb.org.hk/mediators.htm.

〔5〕　香港和解中心于 1999 年成立，获香港特别行政区确认为慈善机构，成为香港首家取得非牟利身份的调解组织。见香港和解中心官方网站：http://www.mediationcentre.org.hk/aboutus.html.

和香港家庭福利会（Hong Kong Family Welfare Society）[1]。香港和解中心每小时的专业收费由每一位调解员自行确定，幅度由近千元至数千元不等。在某些特殊情况下，部分调解员可能收取定时定额费用[2]。而香港家庭福利会在 20 世纪 90 年代初先后推出"家事调解服务计划"和中小学"朋辈调解（peer mediation）计划"[3]，并在 2001 年 7 月正式成立调解中心[4]，以家事调解、社区调解和朋辈调解为主要服务内容。此外，非牟利机构也定期为民政事务署、社会福利署土地审裁处、香港教育专业人员协会及小童群益会等政府部门或非牟利组织提供免费的公益调解服务。[5]

民事司法改革工作小组认为，部分民事纠纷的当事人出于成本与效率的考虑不选择香港作为解决纠纷的地方。"高昂的成本削弱了香港作为营商地的吸引力，同时亦导致法律专业人士失去一些工作机会"[6]，近年来已经有越来越多的国际客户选择其他地区（尤其是新加坡）而非香港作为其纠纷解决的管辖地。相比其他司法辖区而言，调解服务在香港的适用范围仍然是"比较狭窄"的。[7]因此，特区行政长官在 2007 年至 2008 年施政报告中特别指出"仲裁"与"调解"两大制度对于巩固和发展香港竞争力的重要性，特区政府将在"高层次的商业纠纷"和"相对小型但与社区息息相关的纠纷"两方面推行调解机制[8]，其目的是希望在实现"社会和谐"与"国际竞争力"

---

　　[1]　香港家庭福利会的前身是教会社会服务中心，1938 年已经在香港设立工作点，1949 年成为独立非官方的社会福利组织，正式命名为香港家庭福利会并一直沿用至今。服务网点分布在港岛、九龙和新界等主要区域，其经费主要来源于政府项目资助、香港公益金资助、香港赛马会资助以及商业机构、慈善基金和私人捐款。参见其官方网站：http://www.hkfws.org.hk/zh‑hant/frontpage.
　　[2]　香港和解中心向外转介的案件将另行收取行政费用，而和解费用则按个别和解员收费及时数而定。当本中心收到案件，要求转介和解员时，会安排合适的和解员联络要求调解的一方或双方，作用是向当事人解释调解的方法和程序，并评估当事人对调解的需要，及初步评估整个调解过程需时多少。收费和时间表由和解员与当事人协商。参见香港和解中心官方网站：http://www.mediationcentre.org.hk/charges.html.
　　[3]　关于朋辈调解的介绍，参见网站：http://hkpeermediation.net/.
　　[4]　参见香港家庭福利会调解中心官方网站：http://www.mediationcentrehk.org/big5_title_01_page_001.htm.
　　[5]　参见香港和解中心官方网站：http://www.mediationcentre.org.hk/free.html；香港家庭福利会官方网站：http://www.mediationcentrehk.org/big5_title_02_page_006.htm.
　　[6]　《中期报告》第 48 段。
　　[7]　"律政司工作小组文件摘要（2008 年 2 月）"，载《调解工作小组报告》，香港特区政府律政司 2010 年 2 月，第 32 页。
　　[8]　香港特区政府《2007 至 2008 年度施政报告》第 85 段，http://www.policyaddress.gov.hk/07‑08/chi/p85.html.

上一举两得。香港要继续保持国际金融中心的地位，就必须"使法例和程序更切合用家的需要"，巩固和发展其作为亚太区纠纷解决中心的地位[1]。可见，调解的成功推广对于巩固和发展香港司法体系的"比较优势"而言十分重要。尽管诉讼调解只是香港民事司法改革的一个部分，但是相比其他部分的改革措施，调解机制明显获得了更多的社会关注。在改革的过程中，政府、法律界、商业组织以及社会团体的共同推动促使诉讼调解的改革得以顺利进行。可以说，这次改革是香港这个国际化都市对于内部需求与外部竞争所作的必然回应。[2]

（三）调解的职业化与统一监管

对于已经进入司法程序的案件，接收转介案件的调解机构的资质无疑是各方必须慎重考虑的问题。但是，香港缺乏统一的调解员资格评审或考核（accreditation）等相关的职业准入标准，绝大部分专业调解机构属于私营团体，各自有专门考核、培养以及管理调解员的内部制度，对这些机构进行专业化的评估和监管十分重要。为了有更加统一的准入标准，法律界建议效仿澳大利亚成立全国调解员评审委员会（National Mediator Accreditation Committee）的做法[3]，在香港建立统一的考核、评审及准入许可的规范和组织。但是，法律界普遍认为现阶段并不具备在香港建立统一调解员职业的条件。

---

〔1〕　报告指出，"完备的司法系统和解决纠纷的法律服务，是国际金融中心必须具备的。我们一直努力促进香港成为亚太区内的仲裁中心。……优化及提升仲裁环境，有助特区的仲裁服务进一步发展。我们正加强与国际仲裁机构的联系，以强化香港作为国际仲裁中心的优势"，参见香港特区政府《2007 至 2008 年度施政报告》第 26 段，http://www.policyaddress.gov.hk/07-08/chi/p25.html. 另外，律政司司长在 2009 年 5 月的"调解为先"（Mediate First）简介会上也表示，商业调解已成为国际上认可的发展大趋势，英国自 1998 年民事司法程序改革后，不少大型企业已经把调解作为解决商业纠纷的核心方法。

〔2〕　香港终审法院首席大法官李国能在 2007 年"香港调解前瞻（Mediation in Hong Kong: the Way Forward）"会议开幕典礼致辞中也强调："为了确保调解员的素质，所有相关各方均应同心协力，为本司法管辖区制定评审调解员资格的共同基准。在这方面，海外经验和外国的专业知识可供借鉴。我们应制定高质素的基准，而且此基准应与调解服务已发展完备的主要司法管辖区的标准相若。这样，我们所制定的基准将来便可获其它司法管辖区认可。"

〔3〕　澳大利亚全国替代性纠纷解决咨询委员会（National ADR Advisory Council）认为这种举措有助于以下几个方面的进步：（1）提高全国的调解服务质量；（2）推动包括调解在内的 ADR 消费者教育；（3）建立消费者对 ADR 服务的信心；（4）加强 ADR 的公信力；（5）协助培养 ADR 专业人员的能力和凝聚力。National ADR Advisory Council（NADRAC）of Australia，"A Framework for ADR Standards"，Report to the Commonwealth Attorney General，2001.

一方面，投诉监管方面难以执行统一的标准。目前香港本地调解员的认证和管理由不同机构或组织分而治之，例如较为知名的香港仲裁司学会、香港国际仲裁中心调解会、香港和解中心、香港大律师公会及香港律师会[1]等都可以接受法庭的案件转介并提供调解服务。[2]虽然各个调解机构都有内部规范，并且一般会自行制订执业行为的操守规则（包括保密义务、客户关系处理、利益冲突预防等）。现阶段仍然难以用统一的标准去判断调解员的素质，只能依赖于客户信任或者商业网络进行简单的遴选。[3]

另一方面，工作小组除了要考虑如何促成统一的监管体系，更要注意维护正在建立的调解行业的整体声誉。实际上，因为不同类型案件的调解差异较大，需要的技能也不同，过早的统一认证往往以减低平均门槛为代价。律政司官员认为，笼统的准入规则只会降低大众对于调解员素质的印象；澳大利亚调解改革官员给香港同行的忠告是不要太快发展调解员职业，因为当年澳大利亚在没有完全制定调解员守则和其他配套措施前就推出相对简单的考试认证，不少社区居民一窝蜂地参与认证，由于缺乏严格的程序，很多通过认证的调解员在专业技能和职业道德方面不如人意，反而给整个调解员行业带来负面影响。[4]而且，统一的调解职业也并非普通法系的通行做法。相比而言，大陆法系国家（如法国、奥地利）更能接受这种制度安排。由于律师职业对法律业务的影响力不如英美法系，非律师专业人士早已占据了部分调解市场，譬如在荷兰的调解员很多来自心理学专业，当地的专业调解机构也

---

〔1〕 在司法机构调解工作小组的指导下，香港大律师公会和香港律师会已经在专业守则中加入一项承诺，表明其成员会在适合的案件中，建议当事人通过调解途径解决争议。

〔2〕 还有符合资格的其他行业组织，例如，英国仲裁员学会东亚分会（Chartered Institute of Arbitrators East Asia Branch）、香港建筑师学会（HK Institute of Architects）、香港测量师学会（HK Institute of Surveyors）、基督教香港信义会（Evangelical Lutheran Church HK）、香港建造商学会（HK Construction Association）、香港家庭福利会（HK Family Welfare Society）、香港营造师学会（HK Institute of Construction Managers）、香港工程师学会（HK Institute of Engineers）。参见：http://mediation. judiciary. gov. hk/chs/publications. html.

〔3〕 从这个意义上而言，香港的调解服务仍然处于社团化（associational）的层次，远未达到职业化（professional）的标准。"社团（association）"与"职业（profession）"的不同功能属于社会科学的经典命题，由于篇幅限制，此处不作展开讨论。

〔4〕 Sou Chiam, *The Report of the Working Group on Mediation: Recommendations on the Future of Mediation*, 香港大学法律学院讲座 2010 年 4 月 20 日。

经常与律师合作处理法律案件。[1]

鉴于此，香港调解工作小组当前的任务重点并不放在统一资格认证方面，而是组织起草《香港调解守则》，颁布后将要求各个调解机构试行[2]，然后再积累经验逐步往专业化和统一监管的方向努力。香港律政司专门成立的调解工作小组，在其辖下划分三个专责小组，其中"评审资格及培训（accreditation and training）"和"监管架构（regulatory framework）"两个专责小组都与调解的专业化与职业化目标直接相关[3]，并主要针对准入机制、教育培训和职业监管等政策问题进行咨询与规划。工作小组报告提出了以下几个方面的目标：第一，统一的调解行为守则；第二，统一的职业准入机制，包括考核、评审和认证等方面；第三，统一的职业培训；第四，结合前三个目标的可行性，探讨是否可能建立统一的调解职业团体（以及与此相对应的监管体系）。[4]

（四）调解的适用范围

司法程序涉及国家法律权威、公众利益以及公共资源的使用，在引入诉讼调解机制的时候必须谨慎地考虑到当事人、法院、律师、政府乃至公众等各方的利弊得失。香港法律界认为，调解的应用必须兼顾私人诉求与公共利益，而非过度标榜调解作为替代诉讼的灵丹妙药。例如，调解机制可能掩盖了争议背后的制度缺陷从而不利于公共利益的保护，基于公共利益和司法资源分配的考量，某些种类的案件不适合用调解的方式予以解决；[5]又例如，某些案件可能具有普遍意义，如果能获得权威的先例判决，将有利于规则的

---

〔1〕 参见 141 页，注释 1。另外，由于非律师专业人士的主导，大陆法系国家的调解培训项目更具有综合性，譬如法国设立了一到两年的跨学科培训课程。见［法］皮埃尔·伯纳菲·施密特："调解培训和资质认证的全球化趋势"，龙飞译，载《人民法院报》2011 年 6 月 10 日。

〔2〕 参见《调解协议》样本，《调解工作小组报告》附件 7，香港特区政府律政司 2010 年 2 月。

〔3〕 第三个小组是"公众教育及宣传（Public Education and Publicity）"专责小组。

〔4〕 《调解工作小组报告》，香港特区政府律政司 2010 年 2 月，第 60、67～68 页。

〔5〕 研究证明，某些类型的案件（包括家事案件和人身损害赔偿案件）如果强制使用调解将浪费当事人与司法机构的资源。例如，英国"强制转介"调解计划有 80% 以上是人身损害赔偿案件，大大降低整个计划的调解成功率，而在另外不到 20% 的其他案件的调解成功率却达到 45%。研究者分别从 ARM 和 VOL 两个计划中选取了超过 1000 件个案，发现 ARM 的调解接受率上升，但调解成功的比例却从 2004 年 5 月的 69% 下跌到 2005 年 3 月的 38%，这很可能说明多数人都是被迫接受调解。另外，部分曾经参加"强制转介"调解的当事人表示，这种强制的程序要求实际上只会增加他们在时间上和金钱上的负担，却无助解决问题。参加 Hazel Genn Ced），*Twisting Arms*：*Court Referrde and Court Linked Mediation under Judieial* Process，executive summary，U. K. Ministry of Justice Research Series 1～07，2007.

进一步明确并且预防日后类似纠纷发生。[1]另外也有研究表明，对于法院而言，调解可以分流部分案件，但是在部分案件审判成本下降的同时，司法行政的总体成本反而会上升。[2]

尽管国外的改革经验已经证明调解在减轻诉讼负担方面的作用，但调解制度本身的局限性也是不容忽视的。以曾经引起争议的一宗遗产案件为例，香港的一名隐形富豪去世后遗下数亿资产，其长子认为父亲生前立下遗嘱将全部遗产捐赠于慈善用途，另两名子女否定遗嘱并要求平分遗产。该案件争议十多年，最后在法官的建议之下仅仅用了几天即达成和解，约定10%的遗产捐于公益用途而其余由子女平分。学者认为，该案恰恰突显了调解的局限性，因为各方在没有法律及证据判断遗嘱有效性的前提下私自处理了遗产，其结果既不尊重死者的遗愿，也可能侵害了公共利益。[3]

香港民事司法改革《中期报告》特别引用国外研究指出以下类型案件不适宜调解：（1）涉及宪法问题；（2）须验证权利和确立原则及程序；（3）其中一方在法律上没有能力签订调解或和解协议；（4）争议双方力量悬殊，以至预期无法通过有关程序达成公平协议；（5）争议一方的行为显示该方正滥用 ADR 并损害另一方的权益（例如只是借机会获取资料或挖掘对方弱点或作为拖延手段等）。[4]香港民事司法改革的审慎态度值得内地借鉴。基于地域广阔和地区差异等因素，内地在改革的过程中应当尽量避免出现一刀切的中央立法。各地在制度创新的过程中应该成立包括法院、律协在内的调解改革专责小组，推出各种地方性的政策试点并进行科学的评估，对于不适宜调解的案件类型应当予以摒弃，对于某些特别适合调解的案件类型，官方应积极与其他行业探讨出针对性的调解指导意见或建构更具系统性的制度。譬如香

---

〔1〕 Hong Kong Mediation Centre, *Bringing Civil Justice by Informed Party Choice*: *Responses to Civil Justice Reform Interim Report and Consultative Paper*, April 2002, pp. 8 ~ 13.

〔2〕 研究者分别从 ARM 和 VOL 两个计划中选取了超过一千件个案，发现 ARM 的调解接受率上升，但调解成功的比例却从 2004 年 5 月的 69% 下跌到 2005 年 3 月的 38%，这很可能说明多数当事人都是被迫接受调解。另外，部分曾经参加"强制转介"调解的当事人表示，这种强制的程序要求实际上只会增加他们在时间和金钱上的负担，却无助于解决问题。参见 Hazel Genn（ed.），*Twisting Arms*: *Court Referred and Court Linked Mediation under Judicial Process*, executive summary, U. K. Ministry of Justice Research Series 1 ~ 07, 2007.

〔3〕 张达明："调解与司法公义"，载《明报》2010 年 5 月 10 日。

〔4〕 Henry Brown and Arthur Marriott, ADR Principles and Practice (2nd edition, 1999). 转载于《中期报告》第 636 段，http://www.civiljustice.gov.hk/eng/archives_ir.html.

港调解会目前与当地的商业组织正积极推行"新保险索偿调解试行计划基金"[1]，计划的目的是鼓励保险公司与其他当事人以经济、客观的方式争取在诉讼之前一次性解决纠纷。这种针对个别案件类型进行的制度性安排特别值得内地借鉴。国内在人身伤害赔偿案件方面经常涉及保险公司一方，但是由于担心法律责任不清楚，保险公司一般要求有清楚的判决，而不会积极参与调解，代理律师由于对调解收费的不确定性，一般也不会积极劝导当事人进行调解。对此，政府或司法机关应该促进商业保险机构和各地律协或仲裁机构达成长期合作协议，以鼓励各方在具体案件中积极参与调解。

## 四、总结

调解制度对香港而言有着重要的政治经济意义，特区政府与司法机构已经站在国际竞争力的高度看待调解服务的发展，从改革的策略与理念来看，香港的经验无疑为内地的政策制定提供了更多的参考。以改革的动力为例，调解服务的市场化和区域性竞争可以表明，调解的功能远远超出我们传统所理解的社会控制领域，而调解服务本身所具有的经济价值在内地仍未被充分认识；又以调解的专业性为例，内地的调解政策主要依靠自上而下的政治动员，近年来则更多是出于维稳的考虑，政策制定者对于调解的市场化与职业化发展的重视程度明显不足；再以调解的局限性为例，香港法律界对此有非常清醒的认知与共识，但反观内地的不少改革措施，过分夸大了调解的作用甚至盲目追求调解的成功率和指标任务，对正式的审判制度产生了挤压甚至替代效应，这种影响也已经扩大到行政以及刑事司法领域，其扩张的趋势值得警惕。[2]当然，香港民事司法改革措施的生效时间尚短，调解服务体系的发展仍未成熟，从经济发展与社会结构的相似度而言，香港的经验也未必适用于内地的所有地区。但随着《调解条例草案》在立法会的正式讨论，以及正在进行的调解员执业守则的制定，未来将会有更多涉及调解制度的议题被纳入香港特区的法律改革议程，值得内地同行继续关注和研究。

---

〔1〕　参见香港调解会具体项目介绍：http://hkiacnew. perfectlink. com. hk/documents/NIMPS/NIMPS_ Rules_ CN. pdf.

〔2〕　Zang Dongsheng, "Rise of Political Populism and the Trouble with the Legal Profession in China", Vol. 6 *Harvard China Review* 79 ~ 99（2010）；"调解优先与调判结合——访最高人民法院副院长万鄂湘"，载 http://rmfyb. chinacourt. org/paper/html/2011 – 01/19/content_ 21711. htm.

# 第 11 章　美国的调解：比较与借鉴

作为一项纠纷解决机制，调解在近十多年来方兴未艾的世界性 ADR 浪潮的推动下，日益受到各国的重视。然而，调解作为 ADR 的重要组成部分，其被应用到何种程度，在不同国家的法律体系中存在着很大的差别。诚如小岛武司所言，在德国，绝大部分的纠纷通过裁判解决，而日本却常使用 ADR。在这两极之间，荷兰、瑞典和丹麦，更接近日本，美国和英国看来对诉讼的利用越来越少。[1]

现代型的 ADR 发展以美国为中心，美国是 ADR 实践乃至概念的发源地和试验田。[2] 因此，研究美国的 ADR 具有典型意义。然而，由于 ADR 本身涉及的各项纠纷解决机制较为宽泛，很难对其进行既全面而又深入的研究，所以聚焦于作为 ADR 最主要形式之一的调解制度是一个更明智的选择。当然，这并不意味着否认调解制度之外的其他非诉讼纠纷解决机制的重要性，而是调解制度更具代表性，也更能与有着深远调解历史渊源的中国相契合。

目前研究美国调解制度的成果较多，但绝大多数成果仅局限于美国调解制度某一方面，未能形成较为全面系统的介绍，而且对美国调解制度的实质把握不足，因而未能联系中国实际，立足中国国情，在比较的基础上进行有意义的借鉴。而本章将全面探讨美国调解制度的发展历程、具体实践，包括美国调解制度的类型、各类型的具体运作等方面的内容，进而与中国的调解制度相比较，总结美国调解制度的特点和优势，希望能对中国调解制度的改革和发展有所裨益。

---

〔1〕　〔日〕小岛武司：《诉讼制度改革的法理与实证》，陈刚、郭美松等译，法律出版社 2001 年版，第 179 页。

〔2〕　范愉：《非诉讼纠纷解决机制研究》，中国人民大学出版社 2000 年版，第 94～95 页。

## 一、美国调解制度的发展历程

美国调解制度的源起，最早可追溯至美国的殖民地时代。当时，新阿姆斯特丹的荷兰殖民者以及麻萨诸塞湾和康乃狄克、宾夕法尼亚、南卡罗莱纳等殖民地的清教徒，就习惯和喜欢通过调解或仲裁来解决纠纷。[1] 建国后，由于社会契约论的观念深刻影响着美国人，是美国人享有源源不竭的权利之根本，所以在美国人的心目中，法律代表着共同的价值，诉讼被视为"权利遭到侵害或发生冲突时借助国家强力保护的最有效和最终的手段"。[2] 在这种诉讼文化的主宰之下，调解追求的合作和妥协的风格就显得格格不入，因而被历史所忽视，逐渐退出了美国纠纷解决机制的舞台。

伴随着现代 ADR 的兴起，当代美国调解制度的发展可分为以下几个阶段：[3]（1）劳动纠纷与"社会干预"。美国的现代调解最初运用于 20 世纪 30 年代的劳动争议和劳动申诉领域。这种调解方式称为"社会干预"（social intervention），其基本内容是通过能够影响双方的中立者劝说劳资双方为维护更重要的社会利益做出妥协。（2）家事调解与"治疗"理念。20 世纪 30 年代，调解拓展到家事法领域，因调解人多具备心理学素养，"治疗"理念遂得以引入调解之中，调解人以鼓励当事人继续维持婚姻关系为主。此类纠纷调解的特点在于，多数调解人以人际关系而非法律争点为考虑的重点。（3）共同体纠纷解决与"共同体内自主解决"理念。20 世纪 60 年代，"近邻司法中心"（Neighborhood Justice Center）成立，同时，各地也纷纷设立社区调解中心。这一运动是为了建立强有力的地域联系纽带，并且使法院和既存的国家组织能够依靠社会解决纠纷，提高社区参与度，以增强社区的自我治理能力。20 世纪 70 年代，这一运动逐渐让位于由中产阶级志愿者专门运作的"纠纷解决中心"，但是其"共同体内的纠纷自主解决"的思想仍继续为指导理念。

〔1〕 Michael. T. Colatrella, "Court – Performed Mediation in the People's Republic of China: A Proposed Model to Improve the United States Federal District Courts' Mediation Programs", *Ohio State Journal on Dispute Resolution* 409 (2000).

〔2〕 赵钢、占善刚："论社会主义市场经济条件下我国公民应有的诉讼观念"，载《中国法学》1998 年第 1 期。

〔3〕 对美国调解制度发展的划分主要参照了国内学者对美国 ADR 发展阶段的划分。参见范愉：《非诉讼纠纷解决机制研究》，中国人民大学出版社 2000 年版，第 96～101 页。

（4）民权运动与"庞德会议"对 ADR 发展的呼吁。民权运动的发展使得保护个人权利的立法大量出台，使法院的受案量剧增，出现了"诉讼爆炸"现象。为了减少积案和提高诉讼效率，1976 年最高法院首席大法官沃恩·伯格（Warren E. Burger）组织召开了探讨对司法普遍不满原因的罗斯科·庞德会议，简称"庞德会议"（Pound Conference）。这次会议集中关注了民事诉讼的成本和低效率问题，并呼吁发展替代性纠纷解决机制，因此庞德会议被公认为现代 ADR 运动开始的标志。[1]（5）合作性问题解决。到了 20 世纪 80 年代，传统的对抗式、竞争式的纠纷解决方式受到人们的怀疑，社会开始重视"合作性问题"解决，提倡一种"有原则的交涉"的合作途径，致力于发现共同利益，寻求对双方都有利的解决方案。（6）立法支持和政府推动。进入 20 世纪 90 年代，ADR 方式作为解决某些类型争议的有效途径得到了立法的支持和政府的认同，其中包括调解的主要有：1990 年颁布的"民事司法改革法"（CJRA）进一步加快了联邦法院 ADR 发展的步伐。该法授权联邦法院进行法院附设 ADR 的试验，从而缩小了立法和司法机关对于 ADR 的分歧。1991年，美国总统布什签署行政命令，规定律师在合适的案件中应该建议当事人使用 ADR。1992 年，美国司法部发布了《联邦法院诉讼中替代性纠纷解决适用指南》。1995 年司法部发布了《促进更广泛合理地运用 ADR 方法》的行政命令，该命令的宗旨在于更广泛、合理地运用 ADR，使所有美国公民获得正义并使得涉及政府的纠纷获得更有效地解决。1996 年 10 月，前总统克林顿签署了《行政纠纷解决法》，允许行政部门利用 ADR 解决其合同纠纷，承诺政府机构接受仲裁协议的约束。1998 年 10 月 30 日克林顿又签署了《代替性纠纷解决法》。该法要求每个联邦地区法院应该允许所有的民事案件使用 ADR。正是因为诸多的 ADR 程序以及美国法院较为完备的审前准备程序使得美国只有不到 5% 的起诉案件真正进入审判程序，以至从量上而言，替代性纠纷解决方式"反客为主"，成为解决纠纷的主要手段。[2]

---

〔1〕 Michael. T. Colatrella, op. cit, p. 394.

〔2〕 对美国调解制度发展的划分主要参照了国内学者对美国 ADR 发展阶段的划分。参见范愉：《非诉讼纠纷解决机制研究》，中国人民大学出版社 2000 年版，第 232～245 页。

## 二、美国调解制度的具体实践

（一）法院附设调解制度

1. 种类和适用范围。美国的法院附设调解根据案件性质的不同可分为强制性调解与自愿调解。一般而言，涉及婚姻家庭、邻里纠纷、小额或简单纠纷，以及解决必须借助其他已经设立的 ADR 机构及专家的专门性纠纷，法院可以将其设置为诉讼的前置程序。[1] 而对其他类型的案件，由当事人双方自愿提出调解，或由法院提供调解提议而允许当事人在特定的期间内予以拒绝。尽管面临着不少的批评，但自愿调解的低利用率确也使强制性调解逐渐成为主流，并不断发展。

2. 调解程序和规则。法院调解通常在证据开示程序即将结束时进行，由调解员主持调解工作。调解员一般情况下不由法官担任，而由非营利团体的调解协会组织受过专门训练并经法院认可的律师担任，调解程序则根据法院制定的规则进行。调解员一般由三人构成，其中两名调解员一般由当事人双方在法院委派专门负责调解工作的秘书的协助下从法院提供的调解员名册中分别选定。第三名调解员则由双方共同选定，若双方的意思无法达成一致，则第三名调解员将由已选出的两名调解员共同指定；若仍不能达成一致，则由法院秘书指定。

在正式的调解期日到来之前（一般为 10 天），当事人双方要将己方的争点及与争点有关的主要证据提交调解委员会，并由调解委员会确定调解日期。对于未能按期提供材料的一方将被处以罚款。到了调解期日，调解员首先要听取双方当事人的代表律师对案件的简短陈述及己方的主张，然后调解员可适当地进行询问，初步对案件进行评估。调解员将评估意见与双方律师进行私下会谈、沟通，在充分考虑双方当事人具体情况的基础上，给出一个较为正式的调解方案。调解程序没有诉讼程序那样严格及规范的举证及质证程序，不实行严格的证据规则，同时证人也无须出庭作证，程序的运作过程较为宽松。

调解方案作出后，如果双方当事人表示接受调解方案，经法院审查批准，调解员即可作出正式的决定，该决定具有法律拘束力。如果当事人未在一定

---

[1] 范愉主编：《ADR 原理与实务》，厦门大学出版社 2002 年版，第 467 页。

期限（一般为30天或40天）内作出任何意思表示，则该调解决定亦具法律拘束力。但如果当事人在期限内作出拒绝的意思表示，案件就转入正式的法庭审理。为了鼓励调解，有些州还规定，拒绝接受调解方案的当事人，如果在判决中没有得到比调解结果更有利的判决时，将要承担拒绝调解以后对方当事人所支付的诉讼费用。还有一些地区法院规定：通过重新审判原告未取得与调解结果相比超过50%的赔偿，或被告所支付的赔偿未低于调解决定的10%，则将给予一定的经济制裁。[1]

此外，为了保障当事人在调解过程中能够坦率交流，而不必担心自己在调解中的陈述和自认会成为日后法庭上对自己不利的证据，各法院的调解程序规则中通常都有关于保密性问题的规定。

（二）法院和解制度[2]

在美国民事诉讼中，任何时候，即使是在判决后上诉阶段，当事人之间都可以和解。在绝大多数情况下，和解是通过双方当事人的律师来进行的。和解会议是在法官主持下进行和解的一种重要形式，它是为了以和解解决纠纷而由法官召开的双方当事人会议。和解会议最先由1983年修改的《美国联邦民事诉讼规则》16条所规定。有人认为，该条的修改标志着美国由司法消极主义向司法积极主义的转化。[3]而修改后的第16条（a）规定：在任何诉讼中，法院可以基于促进和解的目的依职权决定命令双方当事人的律师或未有律师代理的当事人到庭举行审理前会议。审前和解会议通常不是由主审法官主持，而由和解法官或司法审查官主持。和解的场所一般是法官办公室。法官可以组织双方当面进行和解，也可以单独同每一方交谈帮助双方和解。在和解中，法官对当事人的请求作出评价，并帮助他们了解诉讼中潜在的有利点和不利点。和解法官一般不是将来对该案件进行审判的法官，因此他们不能通过建议或暗示案件若进行审判他们将如何作出判决的方式来对不愿和

---

[1] 桥钢梁："美国法律的调解和仲裁制度"，载《政法论坛》1995年第3期。

[2] 对于诉讼和解，国外学者与我国学者有不同的认识。国外学者一般认为，在起诉后到审判作出前，当事人在法官面前为解决纠纷而达成协议都应该视为诉讼和解。法官主持和解，对当事人进行劝导等促成当事人达成协议的行为属于事实行为。而我国学者一般认为，法官主持和解，对当事人进行劝导等促成当事人达成协议的行为属于诉讼行为。由法官主持的和解，实质上应属于法院调解的范畴。因此，本文将诉讼和解纳入法院调解的范围。参见江伟、杨荣新主编：《民事诉讼机制的变革》，人民法院出版社1998年版，第370页。

[3] 闫庆霞：《法院调解制度研究》，中国人民公安大学出版社2008年版，第37页。

解的当事人施加不利影响。[1]

为了促进和解，联邦民事诉讼规则第 68 条还规定了被告提出判决方案的权利。在开庭审理 10 日之前的任何时候，被告都可以向原告提出该案件的判决方案，如果被告拒绝该判决方案，并且经过开庭审理后原告所得到的判决金额与被告所提出的方案的金额等额或不足其数额，就由原告负担被告提出该方案以后的费用。[2]

当事人双方达成和解以后，诉讼即应终止。终止诉讼的方法有两种：一是原告撤诉。当事人双方可以在和解协议中约定原告不得再行起诉，否则原告仍可以再次起诉。二是合意判决。双方当事人可以和解协议的内容为基础，向法院申请合意判决。合意判决尽管没有经过审理，但具有既判力。

美国的法院调解制度有效地起到诉讼分流的作用。据统计，1980 至 1993 年间，在联邦法院提出的民事案件中平均仅有 4% 的案件进入审判，34% 的案件不经审判即告终结，55% 的案件或被撤销或者被和解，7% 的案件被移送或发挥。而近些年来进入民事审判的案件甚至更少。[3]

（三）法院外调解制度

法院外调解制度又可大致分为民间调解和行政调解。相对于法院调解制度，我国学者对美国法院外调解制度关注地更少，笔者认为原因有二：一是与更富特色的美国法院附设调解制度相比，其解纷功能的发挥较弱；二是我国学者对民间性组织的关注程度普遍不高，存在着"法律中心论"的思想误区。

然而，美国的 ADR 浪潮却最先从这些领域开始。自 20 世纪以来，先后成立的法院外调解机构和组织为数众多。它们在纠纷解决领域亦发挥了不可忽视的作用。其中，较为著名的调解机构有：20 世纪 30 年代成立的商事改善机构（Better Business Bureau，BBB），1968 年成立的近邻司法中心（Neighborhood Justice Center）和全国纠纷解决中心（National Center for Dispute Settlement，NCDS），以及 1979 年成立的公共资源中心（Center for Public Resources）

---

〔1〕　宋冰主编：《程序、正义与现代化》，中国政法大学出版社 1998 年版，第 424 页。

〔2〕　根据美国联邦最高法院判例，这些费用不仅包括被告向法院缴纳的诉讼费用，还包括被告聘请律师的费用。而后者通常远远多于前者。

〔3〕　参见 ［美］史蒂文·苏本、玛格瑞特·伍：《美国民事诉讼的真谛》，蔡彦敏、徐卉译，法律出版社 2002 年版，第 214 页。

和司法仲裁调解机构（Judicial Arbitration and Mediation Service，JAMS）等。"司法仲裁调解机构"作为营利性调解组织的代表者，在 1988 年到 1992 年间年收入增长了 826%，该公司 1992 年的营业收入超过 2000 万美元。[1] 这一数据既侧面反映了 ADR 产业化的趋势，又较充分地说明了当事人对调解有着较高的利用率。还有公共资源中心纠纷解决协会（the CPR Institute for Dispute Resolution）——由 800 家最重要的企业和律师事务所的代表所组成的机构。它致力于向成员和其他人进行教育，推广更好的纠纷解决之道；它的"公共资源中心誓言"约束着签署人，让他们在诉诸法院之前先探索 ADR 的可能性。[2] 此外，"现在，大约一半的州已经有了州的纠纷解决办公室，它们通过提供技术支持或者推荐有能力的纠纷解决者，试图协助帮助解决公共纠纷。"[3]

民间调解机构的选择由当事人协商或调解人决定，并且适用的程序规则既可以按照当事人的约定又可以按调解机构本身的程序规则，而不必遵循法院附设调解的程序规则。

### 三、中美调解制度的比较与借鉴

中国的调解制度与美国 ADR 框架下的调解制度都具有现代的代替性纠纷解决的特征，但二者相比之下各有特点，反映出两国的特定历史背景和理念的差异。因此，有必要对二者的异同作一些简要的对比分析。

二者主要存在以下相似之处：首先，美国的调解制度与我国的民间调解极为相似。尤其是我国的人民调解制度，其基本具有了美国调解制度的一些基本特征，如程序上的非正式性、纠纷解决基准上的非法律化、纠纷解决主体的非职业化、性质和形式的民间化、纠纷解决者与当事人之间关系的非权力化以及纠纷解决进程和结果的直利性和平和性等。[4]

其次，我国的诉讼调解与美国的法院调解有如下的相同之处：一是两者都可吸收社会上的人参加调解——美国法院调解通常聘请律师或社会上的专

---

〔1〕 范愉主编：《ADR 原理与实务》，厦门大学出版社 2002 年版，第 163 页。

〔2〕 范愉主编：《ADR 原理与实务》，厦门大学出版社 2002 年版，第 565 页。

〔3〕 范愉主编：《ADR 原理与实务》，厦门大学出版社 2002 年版，第 565~567 页。

〔4〕 参见范愉："以多元化纠纷解决机制保证社会的可持续发展"，载《法律适用》2005 年第 2 期。

业人士参加调停，而中国法院调解也经常邀请有关单位当事人亲友或某些具有某方面专业知识的人参加调解；二是两者的程序都较为宽松、灵活，既方便当事人，又方便法院。

二者的不同之处包括：第一，功能上的不同。美国调解制度的兴起和发展与其在某些领域所具有的强大的解纷功能密切相关。在美国调解制度发展的早期，调解在劳动、家事纠纷等领域比其他纠纷解决方式显示出了更强大纠纷解决能力。自美国进入"诉讼爆炸"时代后，调解作为诉讼分流的一种强有力手段更加受到美国各界的重视。而中国现代的调解制度在发展的早期则成为中国共产党贯彻自己政治主张的重要途径，其所具有的"政治功能"远远超过了调解制度解决纠纷的"社会功能"。[1] 在改革开放以后，特别是进入 20 世纪 90 年代，随着转型期各种利益冲突的加剧，社会矛盾的剧增，调解制度的解纷功能虽然得到一定程度的强调，但调解依然有着新的政治话语——"维稳调解"，其政治功能依然被摆在首位。

第二，调解者角色定位的不同。对抗制是美国诉讼制度的基础。"美国的程序法从出发点到归宿、从观念到制度、从程序到行为、从法院到当事人、从裁判到执行，都一以贯之地体现着对抗制的要求，绝无例外。"[2] 而对抗制的一个必然要求是法官的消极中立。在此理念的影响下，当事人通常认为调解者的角色应定位于消极的评价者。"与这些对调解人作出评价的轻微反应形成对比，州民事法院的调解人在建议某一特定的和解方案时遭遇了强烈的、充满敌意的反应。"[3] 但在中国，在厌讼和"和为贵"传统的诉讼文化的影响下，调解者通常扮演的是积极主动的劝导者角色，其更倚重"批评——教育"的模式。有学者还把中国诉讼手段和非诉讼手段所具有的调解性质的特征概括为"说理——心服"模式。[4] 由此可见，在我国的调解制度中，调解者对当事人产生的影响较大，而美国的调解制度更强调当事人的自治能力。

第三，法律影响的大小不同。一般而言，调解具有程序的非正式性、适

---

〔1〕　参见 ［美］ 陆思礼："毛泽东与调解：共产主义中国的政治和纠纷解决"，许旭译，载强世功编：《调解、法制与现代性：中国调解制度研究》，中国法制出版社 2001 年版，第 117~203 页。

〔2〕　汤维建："美国的对抗审判方式"，载《比较法研究》1996 年第 4 期。

〔3〕　参见 ［美］ 陆思礼："毛泽东与调解：共产主义中国的政治和纠纷解决"，许旭译，载强世功编：《调解、法制与现代性：中国调解制度研究》，中国法制出版社 2001 年版，第 167 页。

〔4〕　参见 ［日］ 高见泽磨：《现代中国的纠纷与法》，何勤华等译，法律出版社 2003 年版。

用规则上的任意性等特征。但 20 世纪 90 年代后的美国，随着作为调解人参加调解活动的律师人数激增，缺乏传统非指导性调解经验的律师更希望根据自己的法律经验或专门的法律知识与当事人一起对可能做出的判决进行预测和探讨，并由此使得双方的调解在"法律的阴影"下进行。其最后达成调解协议的内容也更符合法律的规定。而我国的调解则更讲究合情合理。虽然近些年来"依法调解"成为实务界中奉行的一项准则，但调解依据民情风俗仍占不小的比重，而且调解协议的内容往往在不违反法律强制性规定的情况下，与法律判决的预期有较大的出入。

第四，具体制度设计和程序上的差异。中美法院调解制度主要存在以下三点差异：其一，调解和审判的关系不同。我国的法院调解采用"调审合一"原则，在审理案件的过程中进行，调解程序与审判程序不能严格地区分。美国的法院调解则是在进入正式的审判程序之前运行，与审判互相独立，是前置于诉讼的一个 ADR 程序。其二，调解员的选任方式不同。在我国法院调解中，法官兼任调解员，在案件审理过程中随机互换身份。美国法院调解制度审判法官通常不充当调解员。其三，调解协议的生效条件不同。根据我国《民事诉讼法》第 89 条、第 90 条规定，调解书经双方当事人签收后具有法律效力；对不需要制作调解书的协议，应当记入笔录，由双方当事人、审判人员、书记员签名或者盖章后，即具有法律效力。而美国法院调解的和解协议须经司法审查并经登记后生效。

在当前矛盾增多、纠纷频发的社会转型时期，调解在中国的作用却日渐式微。通过与美国调解制度的比较，或给我们以下启示：首先，应当重新定位和调整调解的功能，纠纷解决功能是调解功能的核心。过于强调调解的政治功能，强调为稳定服务，只会让调解失去规则，调而不解，从而失去化解纠纷的能力。其次，合理的界定调解者的角色。能够利用一定的策略、技术和规则，最终让调解的双方一定程度地"被迫"妥协接受调解方案，是中国"优秀"调解员具备的基本素质之一。但这种策略、技术和规则在何种程度上是适当，值得探讨。而在长期调解的自愿性保障不足的传统和现实下，保障当事人的自愿性，确保调解的正当性是我国调解制度亟需解决的问题之一。再次，加强调解的可预判度和规范程度。美国崇尚"法律阴影下"的调解，而近年来的实证考察和研究表明，我国越来越多的调解也开始考虑法院最终判决的结果。这一方面表明传统的民间习俗约束力逐渐减弱，另一方面表明民间的法制化程度逐步提高。在此情况下，顺势利导，逐步规范调解，让调解走入"法律的阴影"，将能更大地提高调解的地位，发挥调解的作用。最后，建立健全规范的调解员选拔和培训机制。在中美调解制度中，调解员素质的差距较为明显，中国调解员遍布全国，数量众多，素质参差不齐，这已经成为调解作用难以发挥，其权威较低的重要瓶颈，因而可考虑有选择地借鉴美国的调解员选拔和培训机制，立足我国实际，建立完善符合中国国情的调解员选拔和培训制度。

# 第 12 章　美国的行政调解：基于 EEOC 的经验

美国公平就业机会委员会（Equal Employment Opportunity Commission，简称 EEOC）成立于 1965 年，是美国 1964 年《民权法》（the Civil Rights Act of 1964）创设的机构，负责执行该法第 7 章（Title VII），保护的对象是雇员和应聘者（employees and job applicants，以下统称雇员）。根据该法，基于种族、肤色、信仰、族裔背景、性别而歧视他人，或者报复那些控诉歧视行为、提起反歧视指控以及参加就业歧视调查或诉讼的人，是非法的。该法还要求雇主为雇员能够虔诚地从事宗教活动提供合理条件，除非会给雇主的经营造成过度干扰。在后续的发展中，EEOC 负责执行的法律逐渐增加，包括 1964 年《民权法》第 7 章、1978 年《反怀孕歧视法》、1963 年《平等工资法》、1967 年《反雇佣年龄歧视法》、1990 年《美国残障人法》、1991 年《民权法》第 102 条和 103 条、1973 年《康复法》第 501 条和 505 条，以及 2008 年《反基因信息歧视法》，[1] 涉及的歧视类型包括年龄（Age）（40 岁及其上的人才受到保护）、残疾（Disability）、同工同酬（Equal Pay/Compensation）、基因信息（Genetic Information）、族裔背景（National Origin）、怀孕（Pregnancy）、种族（Race）、肤色（Color）、信仰（Religion）、报复（Retaliation）、性别（Sex）、性骚扰（Sexual Harassment）等。EEOC 总部位于华盛顿哥伦比亚特区，在全美总共设有 53 个驻外办公室（field offices）。[2] EEOC 在美国政府架构中，属

---

[1]　EEOC 官方网站：http://www.eeoc.gov/eeoc/index.cfm. 其成立背景，参见 "Pre 1965：Events Leading to the Creation of EEOC"，http://www.eeoc.gov/eeoc/history/35th/pre1965/index.html. 其负责执行的联邦法律，参见 "Laws Enforced by EEOC"，http://www.eeoc.gov/laws/statutes/index.cfm. 1978 年《反怀孕歧视法》意在修订 1964 年《民权法》第 7 章，以禁止基于怀孕的性别歧视。1964 年《民权法》历经修改，后收入《美国法典》第 42 卷第 2000e 条至 2000e–17 条。

[2]　关于 EEOC 在全美的办公室分布及管辖情况，参见 "EEOC Office List and Jurisdictional Map"，http://www.eeoc.gov/field/index.cfm.

于独立规制委员会/机构（independent regulatory commission/independent regulatory agency），[1] 属于行政权的一部分，[2] 而 EEOC 是执行反就业歧视的联邦法律的政府机构。

随着美国法律对就业歧视规制的深入，EEOC 面临着沉重的案件负担。1991 年，EEOC 开始在其四个驻外办公室（field offices）尝试调解，后来，调解项目在所有的地区办公室（District Offices）开设。在成功的尝试和 EEOC 自己的 ADR 工作小组的推荐下，EEOC 认为调解是其用于处理就业歧视指控的传统调查程序的可行的替代方式，ADR 项目应该得以实施。1995 年 7 月，EEOC 在其 ADR 政策声明[3] 中赋予 ADR 核心原则地位，1999 年 4 月，EEOC 的 ADR 调解项目全面得以实施。[4] 本章将首先介绍 EEOC 的就业歧视控诉处理机制，介绍调解是如何应用到这一机制中的，其次分析 EEOC 调解程序的特点，最后结合我国的劳动争议行政救济机制，分析 EEOC 以调解为导向的行政程序给予我们的启示。

## 一、美国 EEOC 的就业歧视控诉处理机制

美国联邦处理劳动争议的司法外官方机构主要有 EEOC，美国劳工部（United States Department of Labor），国家劳动关系委员会（National Labor Relations Committee），联邦仲裁调解局（Federal Mediation and Conciliation Service），而 EEOC 仅仅处理就业歧视类案件。EEOC 处理的就业歧视类案件根据雇主性质的差异，又分为两类，一类是雇主为联邦机构（federal sector）的案件，另一类主要是私人雇主、州或地方政府以及教育机构。《民权法》第 7 章和《美国残障人法》第 1 章适用于所有雇佣 15 名及更多雇员的私人雇主、州或地方政府以及教育机构，《反雇佣年龄歧视法》适用于所有雇佣 20 名及更

〔1〕 美国联邦政府中第一个独立规制委员会是 1887 年成立的州际贸易委员会（The Interstate Commerce Commission）。

〔2〕 将独立规制机构归入行政权的主张，参见 Geoffrey P. Miller, "Independent Agencies", Vol. 1986 *The Supreme Court Review* 41~97（1986）.

〔3〕 "Equal Employment Opportunity Commission's Alternative Dispute Resolution Policy Statement", http://www.eeoc.gov/policy/docs/adrstatement.html.

〔4〕 关于 EEOC 的调解项目的历史，参见 "History of the EEOC Mediation Program", http://www.eeoc.gov/eeoc/mediation/history.cfm. 另见 Matthew A. Swendiman, "The EEOC Mediation Program: Panacea or Panicked Reaction?", Vol. 16 *Ohio State Journal on Dispute Resolution* 391~408（2011）.

多雇员的私人雇主、州或地方政府以及教育机构，上述两部法律还适用于私人与公共代理雇佣机构、工会以及控制学徒或者培训计划的劳工和管理层联合会。《民权法》第7章、《反雇佣年龄歧视法》、《康复法》第501条也适用于联邦政府。《平等工资法》保护所有《联邦工资和工时法》覆盖的范围，几乎所有雇主都受该法约束。[1] 两类案件适用不同的程序，EEOC所扮演的角色也不同。由于EEOC在非联邦机构类案件中的角色更为主要，因此下文以此类案件的处理机制为例展开。[2]

大部分就业歧视诉讼，以EEOC的处理为前置程序。[3] 如果雇员因为基于种族、肤色、宗教信仰、性别（含怀孕）、族裔背景、年龄（40岁及以上）、残疾、基因信息、报复的歧视，而欲提起诉讼，则应该首先向EEOC的区域办公室（field office）提起指控。如果EEOC驳回了雇员的指控，则对其发出起诉通知书（Notice－of－Right－to－Sue，"NRTS"），这通常发生在调查结束之后。起诉通知书将赋予雇员向法院提起诉讼的权利。雇员在收到起诉通知书之后，必须在90日内起诉。此期限不能延长，除非地区主任向雇员发出了在起诉期限之前有意再次斟酌指控的通知。雇员在90日内不起诉，则丧失诉讼的权利。[4]

EEOC处理就业歧视控诉的程序如下：（1）雇员提出指控之后，EEOC会给指控编号。10日内，EEOC会将被指控通知以及指控书副本送达给被指控的雇主。某些案件中，EEOC会约请提起指控的雇员和被指控的雇主参与调解，征求他们关于调解的意愿。如果双方同意就纠纷进行调解，案件将进入调解程序，EEOC将安排由一位接受过培训和有经验的调解员进行调解。调解费时一般都不超过三个月。如果案件没有进入调解程序，或者调解没能解决纠纷，则雇主会被要求就指控的问题给出书面答复。同时，EEOC也可能会要求雇主回答与控诉有关的问题。之后，案件会移交给一位调查员（investiga-

---

〔1〕 "提出有关就业歧视的控告"，载http://www.eeoc.gov/languages/chinese/filing.pdf.

〔2〕 关于涉及联邦机构的就业歧视指控处理程序，参见"Overview Of Federal Sector EEO Complaint Process"，http://www.eeoc.gov/federal/fed_ employees/complaint_ overview.cfm.

〔3〕 关于EEOC处理就业歧视控诉程序的例外情形及注意事项，参见"Filing a Lawsuit"，http://www.eeoc.gov/employees/lawsuit.cfm.

〔4〕 关于EEOC处理就业歧视控诉程序的例外情形及注意事项，参见"Filing a Lawsuit"，http://www.eeoc.gov/employees/lawsuit.cfm.

tor），进而转入调查程序。如果一项指控显然不可能成立，或者 EEOC 没有调查的权限，指控将被 EEOC 驳回，EEOC 也不会为这种案件提供调解服务。（2）关于调查程序，调查的内容取决于案件事实和 EEOC 需要收集的信息，形式上可能是走访雇主，进行访谈并收集信息，以及通过电话或信件对证人进行取证。如果雇主拒绝配合 EEOC 的调查，EEOC 有权发出行政传票（administrative subpoena），以获得文件、证言以及进厂查看。调查一般需持续六个月之久，复杂案件所需的时间可能还会更多。调查的结果在调查结束之后会告知给纠纷双方。（3）调查结束，如未发现任何违法之处，EEOC 会向提起控诉一方发出诉讼权利通知书（Notice – of – Right – to – Sue），控诉方据此获得向法院提起诉讼的权利。如发现有违法，EEOC 将再次试图以调停（reconciliation）的方式促成双方达成协议，如果仍不能达成调解协议，案件将被交给 EEOC 的法律工作人员（在某些情况下移交司法部），由他们决定EEOC 是否提起诉讼；[1] 如果决定不提起诉讼，EEOC 仍会向提起控诉一方发出诉讼权利通知书。[2]

需要指出的是，调解通常发生在对指控的调查程序之前，因为这样避免调查程序的调解能节约 EEOC 的资源；同时，调解先于调查程序能避免在漫长的调查程序中可能出现的僵化局面。[3] 根据 1972 年《公平就业机会法》，EEOC 有权对实施了就业歧视行为的雇主提起诉讼。但是提起诉讼前，EEOC 必须"竭力通过非正式的会议、调停、说服方式消除雇主的违法雇佣行为"。法院曾裁决不充分的调停努力或不真诚的尝试不满足法律的先决条件。当 EEOC 不满足法律关于调停的先决条件时，法院则拒绝听审 EEOC 提起的起诉。[4] 为了充实调停阶段，2002 年，EEOC 将其调解的运用延伸至某些适宜案件的调停阶段（the conciliation stage），[5] 由此，即使存在歧视的调查结果已经作出，

---

〔1〕　关于 EEOC 提起诉讼的效力问题，参见 Gary Ian Horowitz，"The Binding Effect of EEOC – Initi-ated Actions"，Vol. 80 *Columbia Law Review* 395 ~ 419（1980）.

〔2〕　"The Charge Handling Process"，http://www. eeoc. gov/employees/process. cfm.

〔3〕　"Questions And Answers About Mediation"，http://www. eeoc. gov/eeoc/mediation/qanda. cfm.

〔4〕　"Judicial Responses to the EEOC's Failure to Attempt Conciliation"，Vol. 80 *Michigan Law Review* 433 ~ 454（1982）.

〔5〕　关于 EEOC 的调解项目的历史，参见 "History of the EEOC Mediation Program"，http://www. eeoc. gov/eeoc/mediation/history. cfm. 另见 Matthew A. Swendiman，"The EEOC Mediation Program：Panacea or Panicked Reaction？" Vol. 16 *Ohio State Journal on Dispute Resolution* 391 ~ 408（2011）.

在某些适宜的案件中，调解也被允许在调停阶段使用，只是此时 EEOC 也与控诉方和被控诉方一样，是一方当事人。[1]

作为行政部门，EEOC 将调解机制融入到就业歧视控诉处理流程中，尽可能在调查程序前和调查程序后使用调解，而一旦当事人达成协议，劳动者的指控即告终结。调解是劳动者指控后的首先考虑的救济方式，而作为行政权力行使方式的调查则通常是调解不能或调解失败后的程序。EEOC 的就业歧视控诉处理程序，在具体的过程和操作中体现了"调解优先"的理念，体现了对当事人利益优先的考量，命令性的、强制性的行政权力让位于了服务性质的调解服务。

## 二、EEOC 调解程序的特点

EEOC 所受理的就业歧视案件是否启动调解程序完全取决于当事人的自愿，而正是这种非强制性使得调解成为大多数当事人愿意接受的方式。正如 EEOC 的发言人格林伯格所说的，"法律诉讼是我们动用的最后一招。"[2] EEOC 总结出了激励当事人选择调解的十大理由（Ten Reasons to Mediate）。[3]

1. 调解免费。免费调解对于更好地保护劳动纠纷中弱势一方的利益有着积极的意义。用以支撑诉讼机制有效运转的物质基础虽然是国家财政，但是程序的利用者仍然需付出相应的成本，其中"最直接和明显的成本是因为利用纠纷解决制度而被征收的费用（申请手续费等程序上的费用）和利用代理人的代理人费用（例如，请律师代理情况下的律师报酬等）"。[4] 虽然各国对诉讼收取的费用从种类、数量、方式上都不尽相同，但与调解相比，无一例外都有天壤之别，而民事纠纷绝大多数都是以经济利益为冲突的焦点，如何最大限度地减少不必要的成本支出，增加尽可能多的潜在收益成为了纠纷当事人在选择解纷制度时很重要的倾向性考量。

---

〔1〕 "Questions And Answers About Mediation"，http://www.eeoc.gov/eeoc/mediation/qanda.cfm.

〔2〕 "投诉在职场遭遇不公平，EEOC 去年接逾七万封举报信"，载 http://xmwb.news365.com.cn/mgb/t20060330_884474.htm.

〔3〕 EEOC 鼓励当事人选择调解的理由，制作成了英语视频资料，载 http://www.eeoc.gov/eeoc/mediation/10reasons.cfm. 下文的总结主要来源于此视频的内容。

〔4〕 [日] 小岛武司、伊藤真编：《诉讼外纠纷解决法》，丁婕译，中国政法大学出版社 2005 年版，第 162～163 页。

2. 调解过程公平且中立。对于初被领进 EEOC 的人来说，把案件交付调解是一件非常值得担忧的事情，尤其是那些公司企业，因为他们不知道结果将会如何，不知道这个机构在运行过程中的规则。但是事实证明，调解员既不是站在公司一方，也不是站在控诉一方，他们只是尽力去解决纠纷，一旦意识到这一点，就会有更多的公司加入到这个程序当中来。这也正是调解的真意所在：由一个独立的、中立的、值得信赖的第三方尽量以一种双方当事人都能接受和认可的方式来解决纠纷。

3. 调解保密。EEOC 的官方调解程序是免费、公平、中立的，但人们极少关注这些表面的东西，更深层次的内在因素分析给出了为什么调解值得一试的答案，那就是保密协议的签订。正如前任主席 Charlie Warner 所言，"有一项 EEOC 非常注意又做得十分成功的是确保在调查一方和调解一方之间有一堵厚厚的墙壁将他们隔开，因而在调解时所说的话除了在调解现场的人以外不会进入任何其他人的耳朵。每一个秘密达成协议的人都明白在那个房间里面所说的任何东西都不会被报道给 EEOC 的其他人，并且即使案件进入诉讼程序后也不会被带入法庭。"如果说公正性是在实质上满足纠纷当事人的要求，那么保密性就是在形式上安抚纠纷当事人脆弱的内心。而诉讼却并不能如此任性地追求当事人的内心满足，基于法官活动透明化的目的和司法信任、司法民主的要求，公开原则有其不容撼动的基础性地位。也因此，调解更能满足私人纠纷"私"的本性。

4. 调解高效。说到诉讼，有一些东西是每一个人都会设法避免的，在 EEOC 传统的强制执行程序下，控诉提出之后调查就开始了。在任何一个适当的时候，EEOC 都赋予调解替代调查的职能。"是否能在更早的阶段将问题解决"是每一个被纠纷困扰的人所关注的焦点，并且时间的耗费也是除直接的、看得见的金钱支出之外，他们最为关注的成本消耗。调解恰恰就是这样一种金钱上低消耗、时间上低投入和少分散的程序，而诉讼则可能持续几年却仍然无法分出胜负。即使经历了漫长的诉讼持久战最终取得了形式上的一纸胜诉判决也根本不能说明胜诉者就是真正的赢家，因长期陷于诉讼而造成的压力、紧张等精神上的负担和由此不得不放弃的可能得到的更好的发展机会和预期可得的利益或许早已超出了因胜诉而获得的收益。

5. 调解的协商性。诉讼和调解的差异在于精神状态的不同，大部分时候调解着力于修复双方之间的关系，而诉讼则更多地讲究对抗。很大程度上，调解是一种非正式的纠纷解决方式，它并不能像诉讼那样进行严格的逻辑分析和因果论证，从而得出法律适用的结论，也因此少了法庭上常见的举证、说理、辩驳式的唇枪舌剑。调解更多地讲究的是在协商交涉中双方对纠纷解决的心理认同，在一个良好的氛围当中，借助于调解人的沟通、引导、劝解、促和，逐渐地消解由怨气所带来的非理性因素，以双方的利益共同点为基点，寻找到利益最大化的解决方案。

6. 调解赋予当事人更强的主体性。从是否选择调解、选择调解之后对调解员的选定，到调解过程中对程序的控制、调解方案的提出，当事人都有相当的自主权。这跟诉讼中被程序牵着鼻子走的状态显然有很大的不同，而无疑，大多数人更愿意选择前者。这种自我主导式的纠纷解决方式从过程来看变得更为轻松和友善，从结果来说则变得更易于接受和执行。

7. 调解有利于当事人事后和好。"不致引起与对方当事人人格关系的紧张，是调解较之于审判所具有的优势之一。"[1] 参与 EEOC 的国际调解项目所得到的利益远远超过调解会议本身，通过说明彼此之间的信任和尊重，双方带着重新建立起来的理解，这样，即使是最尖锐的矛盾都能够得到解决。由于 EEOC 解决的是雇主和雇员之间的纠纷，所以当雇员还留在原公司的时候，调解会促使各方当事人在强烈的共处于一个团体中的情感的驱使下向前迈进，团队合作精神也会在这样一种非常态的沟通中得到加强。而这种"化干戈为玉帛"的状况在诉讼中却并不常见，原因是诉讼的对立意味太过浓重，在自古厌讼的中国传统文化语境下，一夕对簿公堂也就极难再握手言和，即使是好讼的美国人，也绝难在刚经历了你死我活的法庭角逐之后就把酒言欢。

8. 调解促使发现潜在的问题从而解决纠纷。经由充分的沟通，调解使得当事人了解对方从哪里来、为何而来，促使当事人意识到纠纷的症结之所在，这是一般的诉讼所没有办法做到的。而发生于调解过程中的对话则是上述关键之关键，因为它使得利益、需要和其他一切关切的事项摊牌在谈判桌上。EEOC 处理过的一个案例很能说明上述问题：案件关于一位绅士，在他 50 岁的时候失去了在汽车代理公司的工作，他最需要的就是重新找一份工作，为了帮助他找到工作，经理以他的名义向本镇的其他汽车代理公司打了 20 通电话，这是没有哪个法院能够下命令去做的事情，但是调解却做到了。事实上，

---

〔1〕 何兵主编：《和谐社会和纠纷解决机制》，北京大学出版社 2007 年版，第 268 页。

很多时候调解员并不知道纠纷真正的争议点是什么，包括纠纷当事人，而在调解员的促成下，切中某一个或者某些问题要害的谈话往往能够有让人惊喜的发现，这些发现，决定了纠纷能否顺利解决。

9. 调解能帮助纠纷当事人设计自己的解决方案。EEOC 的调解人员认为，"当事人的确有机会去自足地决定他们将怎样去形成一个解决方案，用他们自己的语言、通过他们自己的方式解决，然后继续他们的工作和生活。"这与诉讼呈现出了完全不同的面貌。总的来说，遵从实体法规范的裁判结果是一致的、确定的、可预期的，很多时候，正是基于这种结果的可预期性，当事人选择了调解——比较典型的是美国的证据开示制度，当通过一轮又一轮的证据开示之后，对方手中的于己有利、不利的证据都已了然于胸，在利弊分析中结果也就不难预见了，与其耗费高昂的成本赢得诉讼不如换一种方式追求于双方而言都更为有利的结果。调解本身的灵活性和开放性决定了实现更优化结果的方案是多种多样的，只要不违反法律的禁止性规定，不损害国家利益、社会公共利益和第三人的合法权益，调解协议的内容就是合法有效的。这就给了调解双方一个非常宽松的尺度，在双方不断的磋商、异议、改进的过程中，接受度最高的解决方案多数情况下总是会如愿产生，也因为是当事人自己提出的解决方案，次级纠纷发生的可能性就会大为降低。

10. 调解能实现多方的共赢。在 EEOC 的调解员们看来，"没有一个人在结束调解的时候不对解决方案表示认可，不论那是个什么样的方案，基于这样一种普遍的认知下，调解中的每一个人都是赢家。"事实的确如此：对于企业，也就是雇主一方而言，他们投入了很多时间和金钱在团队成员的教育上，当然也就不想失去团队中的任何一员，而调解能够将争议完满地解决从而使本来打算离开的雇员很满意地回到工作岗位上来，这是一笔潜在的无形收益；至于雇员，对于失而复得的工作机会和更平等的工作待遇相信没有谁会鲁莽地拒绝；除此之外，获益良多的还有国家和社会，调解在纠纷解决中有效的功能发挥大大减轻了诉讼的负担，对节约司法资源、提升司法效能、缓解诉讼拖延都有十分重要的意义，国家的安定和社会的有序也将在这样一种良性的司法运作中得到有力的保证，从而最终惠及最大多数的社会民众。

总之，EEOC 调解程序的上述特点，型塑了 EEOC 平等就业纠纷处理程序的柔性理念。最后，需要补充的是 EEOC 调解的效力问题。当事人在调解中达成的协议具有强制执行力，这和其他诉诸 EEOC 的就业歧视纠纷的处理协议效力一样。如果任何一方认为另一方已经违背了协议，他或她可以联系 ADR 协调员（the ADR Coordinator）。[1]

## 三、启示：调解的规范化与行政权的转型

（一）调解的程序化与规范化

EEOC 所总结出的鼓励当事人选择调解的十大理由，完全出自他们的经验之谈。EEOC 严格遵循调解的性质，即当事人的自愿性和自治性，自愿性赋予了调解程序上的正当性，自治性则赋予了调解实体上的正义性。EEOC 没有提"调解优先"的口号，但确实在劳资纠纷处理中实现了调解优先的社会效果。"调解优先"的前提是调解自身具有显著的比较性优势。如果调解本身品质不高，服务性不强，规范性不足，纵然是强制性的调解前置程序，也只能说是虚有其表。在 EEOC 的 2008 统计年度，通过调解实现了 72.1% 的和解率。[2]

EEOC 的做法和经验对于我国调解实践、劳动争议解决乃至其他民事纠纷的解决都具有启示意义和借鉴意义。其一，EEOC 虽是执行就业歧视方面的联邦法律的联邦政府机构，却仍然提供完全基于当事人自愿的调解程序，而不带有强制性。相比之下，我国行政机关的纠纷处理职能，尤其是调解职能在弱化，因为调解需要更多的耐心和热情，需要的是平等的协商而不是压制性的管理，而行政机关往往重点关注企业行为的行政责任，而对当事人之间的民事纠纷粗犷对待，公权力优位于私权利。其二，EEOC 提供的是高品质的专业的规范的调解服务，调解奉行基本的程序公正原则，如调解程序与调查程序分开，并且调查员不由调解员担任，以避免调查员产生偏见。其三，调解在 EEOC 处理就业歧视控诉的程序中，具有明确的程序位置，即调解在 EEOC 的程序中具有明确的可预测性，是一种制度化和程序化的装置，作为 EEOC 提供的调解，首先是一项可供当事人选择的程序，其次才是调解活动。

（二）我国行政权的转型与调解在我国劳动行政监察程序中的位置

EEOC 将调解程序融入到就业歧视控诉处理机制中，在行政权的行使过程中融入非强制性的调解服务，并在案件进入 EEOC 后将调解程序设置为优先考虑的程序，体现了 EEOC 以纠纷处理、劳动者权利及时救济为第一导向的

〔1〕 "Questions And Answers About Mediation"，http://www.eeoc.gov/eeoc/mediation/qanda.cfm.

〔2〕 "Questions And Answers About Mediation"，http://www.eeoc.gov/eeoc/mediation/qanda.cfm.

理念，进而体现了公权力对私权利的尊重，以及公权力的服务性质。就我国而言，劳动争议是我国社会大量存在的纠纷类型，并且存在大量的潜在劳动争议，如严重的就业歧视问题，如果我国《宪法》中的人权原则得到落实，此类争议也将大量出现。[1] 就目前的劳动争议解决，《劳动争议调解仲裁法》规定的劳动争议调解和仲裁都出现了实效性不足的问题，仲裁前置很大程度上是多了一个审级，劳动争议仲裁纠纷解决能力的薄弱已经凸显出来。笔者认为，遏制用人单位的劳动违法，最大程度地保护劳动者权益，主要不应该在"司法"阶段，劳动争议的司法化，已经丧失了最好的劳动者权益保护时机。劳动争议的解决和劳动者权益的保护，最佳状态是用人单位严格遵守国家的劳动法规，最佳救济方式是在"行政"阶段。

现代国家是行政国家，中国更是极端的行政国家。国家对社会的干预，从意识形态渗透到行为控制，无所不在，也因此，行政权对于民事权利的保护，将十分直接和高效。以拖欠雇员工资为例，笔者曾以欠薪逃匿行为入罪的讨论为契机，提出：欠薪逃匿往往是欠薪在前，逃匿在后；开始只是欠薪，而所欠薪酬的累积对企业形成巨大的负担，逃匿则成为一种逐利行为，由此才会有欠薪逃匿行为并形成社会危害。由此，笔者认为，劳动执法和监察部门应该加大检查力度，确保劳动者的工资报酬按月得到支付，由此资方不可能欠下巨额工资报酬以致以逃匿方式处置。切断欠薪，也就切断了逃匿的动因，这也是严格贯彻《劳动法》第 91 条和《劳动合同法》第 85 条的需要。申言之，如果《劳动法》第 91 条和《劳动合同法》第 85 条得到良好的遵守，劳动行政部门积极履职，欠薪逃匿行为一般是不会发生的。[2]

但是，在中国语境下，通过劳动行政监察程序及时而有效地保护劳动者的合法权益，存在如下障碍，一是行政权的规范性弱恣意性强，二是行政权的服务性弱管束性强。

我国法治进程中的行政权力，自觉性不足、约束力不及、规范性弱，权

---

〔1〕 如 2011 年 11 月 20 日，中国政法大学宪政研究所发布的《2011 年国家公务员招考中的就业歧视状况调查报告》显示，作为调查对象的中央国家机关和人民代表大会、人民法院、人民检察院、妇女联合会、残疾人联合会、工会六个部门所涉及的近万个岗位的公务员招考标准，全部存在健康歧视和年龄歧视。

〔2〕 吴俊："欠薪逃匿行为入罪需慎行"，载《法治论坛》（第 15 辑），中国法制出版社 2009 年版，第 93～94 页。

力行使与否以及如何行使存在恣意性。在劳动行政执法领域，我们看到了劳动争议的井喷，而鲜见劳动行政部门的"运动式执法"，缺乏"运动式执法"与"运动式执法"盛行一样，都值得观察和深思。拖欠工人工资已经成为中国社会的常态事件，自杀式劳动维权层出不穷，但已经不是"屡试不爽"，媒体对此的热情也已经消退，社会的敏感神经似乎也逐渐麻木。劳动争议行政救济严重不足、司法救济程序的冗长，则助长了拖得起的用人单位的嚣张气焰。加之我国行政程序尚未确立法治原则，具体行政行为的程序性极其欠缺，行政程序法立法障碍重重，[1] 至今没有基于劳动违法特殊性的用人单位劳动违法行政处理程序。行政权的恣意性，劳动监察力度不足，导致了《劳动法》第 91 条和《劳动合同法》第 85 条未能广泛为用人单位遵守。如果说行政权不积极履职（行政不作为）是一种违法，那么可以说，任何劳动违法事件背后都存在某种程度的行政违法。

另一方面，我国行政权的管束意识而不是服务意识占优。我国的行政立法带有行政化、部门化的特征，"许多行政部门通过'法制建设'将职能和权力合法化、最大化"。"表面上看来是重实体、轻程序，本质上看则是固化'管理法'的思维。""'管理法'依然是现时许多单行行政法律、法规最明显的特征。这些法律强调行政部门对社会和民众的管理和约束，却没有将对行政权自身控制放在核心位置上。"[2] 在劳动保障领域，"管理法"以及行政机关惯有的管束意识导致了行政执法的机械和僵硬，并最终导致劳动者的民事权益得不到有效的保护，"管理法"的管理目标也难以实现。原因在于，其一，具体的劳动行政法律关系往往基于劳动法律关系产生，如拖欠劳动者工资，用人单位不仅仅要承担民事责任，还要承担行政责任，此种情况下行政责任显然是基于民事责任产生的。就行政责任与民事责任的关系，一般性的理解是并行的，但并行的结果就是行政责任事实上的优先。其二，劳动行政救济程序缺乏柔性协商机制。例如，《劳动保障监察条例》第 26 条规定："用人单位有下列行为之一的，由劳动保障行政部门分别责令限期支付劳动者的工资报酬、劳动者工资低于当地最低工资标准的差额或者解除劳动合同的经

---

〔1〕 关于中国行政程序立法的艰难历程，参见申欣旺："一部难产了 25 年的基本法"，载《中国新闻周刊》2010 年第 17 期。

〔2〕 王锡锌："将行政程序法治进行到底"，载《中国新闻周刊》2010 年第 17 期。

济补偿；逾期不支付的，责令用人单位按照应付金额 50% 以上 1 倍以下的标准计算，向劳动者加付赔偿金：（一）克扣或者无故拖欠劳动者工资报酬的；（二）支付劳动者的工资低于当地最低工资标准的；（三）解除劳动合同未依法给予劳动者经济补偿的。"劳动者的工资报酬和经济补偿，属于劳动者可以处分的民事权利，即使是诉诸司法，也奉行处分原则和调解原则，而行政监察程序则没有赋予当事人协商的机制。

总之，用人单位不惧怕劳动违法，关键在于行政机关没有认真执法，或者说存在大量的执法漏洞。我国政府的权力是总体性的，虽然不能说已经渗透到了社会的所有层面，但是行政职权依法履职则是不存在能力障碍的，而科技手段、联合执法机制，则会强化行政权的执法能力。对行政程序救济民事权利的忧虑，不在于行政权力的实效性，而在行政权力的恣意性和惰性。恣意的权力是不可能真正为人民服务的，行政程序法治由此成为依法行政的关键。行政程序法治不仅仅是行政权力自我堕落和腐败的约束机制，也是行政权力更好地实现"为人民服务"地美好承诺的程序装置。在劳动行政执法领域，行政权的运作应该迈向程序法治，并适当植入程序运作的柔性机制，即协商与调解。而行政权运作中使用调解机制，也是"大调解"的原理之一。鉴于我国行政权力的恣意性和调解的低质化，要实现"调解优先"，除了舆论宣传等方式外，纠纷处理程序的优化，调解程序的适当分立，以及高质量、专业化、规范化的调解服务，均是必不可少的。

# 第 13 章　法国的调解：比较与借鉴

调解（médiation）意味着斡旋、撮合，指由双方当事人通常基于对某人个人声望的信任而推选出来的无强制权力的人员主持下所达成的纠纷友好解决。[1] 它的明显特征是必须有"无强制权力的第三人"参与主持调解；因此，法官主持下的调解不是 médiation。相比其他调解类型，调解（médiation）在纠纷解决方案的促成方面更为积极，它的调解员（médiateur）负责向当事人提供一个解决的方案，而不局限于促使当事人观点的交流和接近；而在结果追求方面，它走的也更远，因为它要求"不只是对观点的妥协，而是当事人之间要达成一种谅解"。[2] 调解（médiation）在法国的产生和发展具有非常重要的意义，它是法国立法者再度振兴调解和发展 ADR 的重要手段，因此，它也成为法国法学界讨论的焦点。我们将围绕该制度的产生和发展进行分析，寻求对我国调解制度发展的借鉴经验。

## 一、法国的调解（médiation）：产生和发展

在美国经验的启发下，法国 1955 年便在劳动集体合同纠纷中运用调解（médiation）；但是直到 1982 年，劳动部部长在一起劳动者与雪铁龙公司分厂的纠纷中授予杜培弗教授进行调解获得成功，调解才得到认同。调解范围逐渐扩大，不再局限于集体合同争议的解决。起初，调解（médiation）被归为传统调解（conciliation）的一个分支，是《法国民事诉讼法》第 21 条运用的一种表现方式。1995 年第 125 号法律将调解（médiation）纳入司法程序的内部。随后，《法国民事诉讼法》增加了第 131 - 1 条至第 131 - 15 条，赋予调

---

〔1〕　G. CORNU, Vocabulaire juridique, PUF, 6e éd., 2004.

〔2〕　B. BLOHORN - BRENNEUR, La médiation judiciaire en matière prud'homale, le protocole d'accord et la décision d'homologation, D., 2001. p. 251.

解（médiation）明确的法律地位。调解（médiation）作为与 conciliation 相平行的一种协商解决纠纷的独立方式而存在。

法国立法者设立调解（médiation）制度旨在振兴以调解为主的替代纠纷解决机制。《法国民事诉讼法》第 21 条规定："调解（conciliation）是法官的基本职能之一。"根据立法者的意图，调解应"成为法官的一项天然使命和基本职能；法官随时随地都能进行调解"。[1] 调解对于法官既是权力也是义务。一方面，除特别规定外，法官可以在诉讼程序启动后在适宜的时间随地发动调解。另一方面，法官不应当采取消极的态度，而应当积极地采取"促进"调解的措施。在当事人接受的情形下，法官的使命不只是在诉讼程序中诱发调解的启动，而应当积极推动调解的进行。法官应当"从调解的促使法官（juge‐promoteur）变成真正的调解法官（juge‐conciliateur）"。[2] 然而现实中的法国法官没有彻底理解《法国民事诉讼法》第 21 条的立法精神，没有协调好判决和调解这两项职能。对于调解职能，法官们表现出强烈的保守态度。调解的选择性特征经常被法官们利用作为逃避调解的理由。促进调解仅限于法条的表面叙述，实质上却毫无进展。面对这种局面，法国立法者采取新的改革策略，例如，1978 年创设司法调解员（conciliateur de justice），[3] 负责在司法程序内外促进当事人之间纠纷的友好解决；2002 年创设邻近法官（juge de proximité），以调解为纠纷解决的首要手段，负责解决民事方面的小额诉讼案件和轻微的刑事案件；1995 年调解（médiation）制度在诉讼程序中的确立也是立法者振兴调解的一个改革举措。

在诉讼程序中，法官在征得当事人的同意后，可以指定第三人即民间调解员（médiateur）听取和调和当事人的意见，寻求解决方案。法官可以将委托的指令给予某个自然人或某个调解协会，如果是后者，协会将负责提供适合调解任务的人员名单；委托调解的期间首先为 3 个月，经过调解员的申请，期间还可续延一次，不超过 3 个月。期间起始的时间从裁定或当事人的接受、

---

〔1〕 G. CORNU, *L'élaboration du code de procédure civile*, in B. BEIGNER（dir.）, La codification, Dalloz, Coll. Thèmes et commentaires, 1996, p. 71 et s., p. 79 et s.

〔2〕 J. JOLY‐HURARD, *Conciliation et médiation judiciaire*, préf. S. GUINCHARD, Presses universitaires d'Aix‐Marseille, 2003, p. 176, n°263.

〔3〕 法国的司法调解员与我国的人民调解员有些类似，所以我们可以称前者为法国的"人民调解员"。

当事人的共同出席计算。在调解中，法官始终保持介入的权力，他可以随时采取他认为必要的措施。法官保留着裁判的权力，在调解失败时，他依法判决。当事人提出申请的，特别是紧急审理法官应立即采取措施。法官保留其在紧急、危险、明显违法的麻烦出现时介入的权力。

调解员无需经过正式的授权仪式，其资格条件非常宽泛：未曾接受过犯罪记录表格 2 中注明的惩罚、能力丧失、权利丧失的情形；未曾因违背荣誉、正直、良好习俗的行为而遭受到撤职、除名、罢免、撤回授权等纪律或行政处分；能证明自己具备处理纠纷的相关经验和条件；根据情形能证明自己具备适合调解的培训或经验；证明自己能独立完成调解工作。法官在选择调解员时，或根据当事人的提议，或在他认识的人士中选择，或根据法院制作的调解员名单选择。

调解员由当事人支付报酬。在征得当事人的同意后，法官将作出委托调解的任命决定，记载当事人的同意、指定的调解员和调解期限、传唤当事人共同出席的时间。法官需预先确定调解员的报酬，告知当事人必须在规定的期间内预先交付确定数额的金钱作为支付调解员报酬的担保。如果是多个当事人，决定中会指明当事人之间的比例分配。没有以上记载，决定无效，诉讼程序继续进行。一旦决定做出，执达员将以普通书信的方式通知当事人和调解员。调解员应当及时将自己是否接受的意见回馈给法官。执达员负责督促当事人将报酬的担保数额预先寄存。实践中关于调解员报酬数额的寄存和取消寄存的操作方法有些繁琐，无疑"对于司法调解的实施构成障碍，而这个障碍是可以避免的"。[1] 有人批评此做法既不符合司法调解的精神，也不符合其灵活性和快速的特征。所以，一些法院再度采用直接支付的方式：由当事人在第一次与调解员会谈的时候将法官确定数额的报酬直接支付给调解员。

调解员在完成自己的使命后，最终报酬将得到确定。法官通知调解员可从执达员那支取当事人预先缴存的报酬数额。如果预先缴存的数额与实际数额不相等，当事人须补交差额；如果缴存数额高于实际数额，多余数额将退还。如果调解员在要求支付报酬时发生困难，他可以申请强制执行。关于报

---

〔1〕 G. PLUYETTE, *Principes et applications récentes des décrets des 22 juillet et 13 décembre 1996 sur la conciliation et la médiation judiciaires*, Rev. arb. , 1997. p. 505 et s. , p. 511.

酬数额，当事人之间可通过协议的方式确定各自承担的比例；如果没有约定，均等承担；法官也可根据当事人各自的经济情况以公平的原则为依据确定比例。法官的介入只有在当事人没有约定时才发生，当事人的约定为先。法律没有规定如何确定调解员报酬数额。法官不愿把数额确定的标准确定为纯粹数量上的标准，如会谈的次数和时间；也不喜欢以"调解成功率"作为衡量标准。巴黎仲裁与调解中心（CMAP）公布的 2011 年收费标准中注明司法调解的收费为 300 欧元。劳动争议调解平均为 500 至 1000 欧元，大部分由企业支付。家事纠纷的调解费用根据协会、调解员、法院有所区别，每次会谈从 5 欧元到 1000 欧元不等，平均为每人每次 60 欧元。

调解员不拥有任何强制性权力，他们只能在征得相关人员的同意后才能询问和听取意见。在完成任务的过程中，调解员遇到困难时可以寻求法官的帮助。法官可以依一方当事人或调解员的申请，终止调解程序；也可当他认为调解程序已达成妥协结果时，依职权主动终止调解。无论以何种方式终止，法官应当在终止前召开一次会议，会议时间等信息必须由执达员以有回执的挂号信发送给当事人。在任务完成后，调解员只需告诉法官是否达成协议的结果。达成调解协议的，协议可以提交法官批准。调解员必须遵守保密的义务：调解员在调解中的意见和认识，如未获得当事人的合意，不能在之后的诉讼程序中披露。调解程序中的所有决定，包括任命、续延和终止，都不允许上诉。

调解（médiation）的发展促使了民间调解组织的产生和发展。近年来，以调解命名的协会逐渐产生。1995 年巴黎工商业商会创立了巴黎仲裁与调解中心（CMAP），明确表明中心的任务之一就是促进商事调解。一些原有的组织机构也纷纷开设调解的业务，例如鉴定、仲裁和调解研究院（IEAM），原为仲裁报告人和鉴定人协会（Compagnie des Arbitres – Rapporteurs et des Experts）。在民间调解的发展中，家事调解借助成熟的家庭协会网络和政府的支持呈现规范化和职业化的发展。特别是家事调解员的培训方式趋为统一化。根据 1992 年家事调解促进协会（APMF）主持制定的欧盟章程，培训为 210 个小时以上，包括理论培训和两次实习（纠纷处理的观察实习和专业实习），培训结束时要进行论文的答辩。通过答辩的人员将获得从事家事调解的资格证书。根据 2003 年第 1166 号法令，法国还设立了"家事调解员"国家文凭。要取得该文凭，必须经过 490 学时的理论教育，其中调解技术 315 学时，法律 63

学时，心理 63 学时，社会学 35 学时，论文 11 学时，或者 560 学时，包括 70 学时的实践培训。家事调解在法国取得不错的成果：根据法国司法部的统计，2006 年 210 个与家事调解有关的协会受理了 23392 项申请，其中 10654 件进入调解程序。

调解（médiation）制度的设立在法国有着重要的意义。民间调解员不依附于任何司法机关，或属于某调解协会，或是独立职业者，拥有一种相对于国家的独立关系。"独立"的特征预示其能在更广泛的空间里享有自由的发展余地。调解（médiation）的有偿特征可视为调解新时代的开端。一直以来，经济因素是在宣扬调解相对于其他纠纷解决途径时的一个优势或有利属性。然而，过多关注于调解的无偿、节约成本，会给人一种"提供次正义"的表象。有偿调解将可能改变这种状况。在经济因素之外，调解的另一个特征将受到更多的关注：调解的"灰色"特征，即不像审判中须严格区分赢者和输者，得出"非黑即白"的判决，而是创造双赢的局面。如此，调解更加契合法国 ADR 大背景下理念的转化，即 ADR 的产生不仅仅是解决司法危机等直观目的，而是试图对传统司法、诉讼、社会调整，甚至法律的基本理念提出挑战。司法不再是一种高高在上的冷漠殿堂里的裁判，而是贴近于百姓生活的一种便利型和人性化的司法。ADR 旨在帮助形成一种非形式化的、协商的、友好的、商定的、合意的、替代的司法，最终成为"多元化司法"和"亲民司法"的必要组成部分。

## 二、对我国的启示

1. 委托调解的改革。最高人民法院《关于人民法院民事调解工作若干问题的规定》第 3 条确定了委托调解的做法：经各方当事人同意，法院可以委托与当事人有特定关系或者与案件有一定联系的企业事业单位、社会团体或者其他组织，和具有专门知识、特定社会经验、与当事人有特定关系并有利于促成调解的个人进行调解，达成调解协议后，法院应当依法予以确认。显然，我国的委托调解与法国等西方国家的委托调解有着性质上的差别。我国法律未曾强调调解员的独立性、客观性和中立性等，反而显示出调解员与当事人存在某种让人怀疑的暧昧关系。虽然在地方法院的实践操作中，调解员多半与当事人没有那种暧昧的关系，但是调解员的客观性、独立性和中立性还是让人有所怀疑。

例如，北京市朝阳区法院推行的特邀调解员制度。[1] 特邀调解员的任务应是在接受法官的委托后"独立"完成调解任务。然而，这里的"独立"是一种无法独立于法官控制范围的奢望。特邀调解员的工作职责包括配合案件承办法官审查诉讼资料，明确争议焦点，确定调解方案；协助案件承办法官进行庭前调解及诉中调解；就调解中发现或发生的事实或情况，及时与案件承办法官沟通，确定新的工作方案。这些规定显然不是保障其独立进行调解，而是强调他的调解须时刻与法院沟通，保持一种"依附性"。其实，这种依附性依照中国的现实情况而言是完全可以理解的，因为国家未对调解员制度作出具体的规定，委托调解中调解员和法官的分工没有明确的规定，调解员的介入无论是请进来还是托出去都是在协助法官完成调解工作；如果一旦发生错误，调解中的失误应该是由法官承担；而在中国，错案责任追究制还是悬挂在法官头上的一把刀。法院在具体操作中自然要把委托调解控制在自己的范围之内，所谓权责统一。

从马锡五审判方式到调解型审判方式，我们的法官都是唱响调解的主角。20世纪90年代的批判也没有使法官丢失其作为调解功能的主要承担者的局面；不过，以往的调审合一局面正在发生改变，调解和审判功能逐渐发生分离，法院内部设立不同的法官或其他主体来承担这两项功能，法院外部则开始实施委托调解。虽然中国的法院整体来说还称不上诉讼爆炸，但在很多大中型城市的法院案件受理数量急剧上升，法官承担解决纠纷的压力非常大。法院自身编制的限制和法官审判功能的增加，使得法官难以胜任调解功能。并且，中国的法官还远没有完成依靠审判案件形成法律适用的一般规则，而且我们的法制建设还远谈不上完善，只能说是初步建立的阶段，法官应当更偏重于审判功能，通过判决告知公众法律适用的一般规律和规则。然而，21世纪初"和谐社会"口号下的过度强调调解化解纠纷的功能，使得我们的司法改革停滞不前，甚至有所后退。在我国的司法改革中，20世纪90年代的法律改革和司法改革引发了法律与现实之间的冲突，社会改革引发的矛盾纠纷增加；同时，我们发现调解在西方国家作为 ADR 的主要手段在纠纷解决中得到推崇，于是调解这一东方经验被重新推入受关注的焦点。刹那间，调撤率成为评价法院工作的重要指标，调解能手成为优秀法官的典范；甚至某些法

---

〔1〕"庭外和解促和谐，机制创新谋发展"，载《人民司法》2006 年第 4 期。

院还出现 100% 的调撤率。法院的角色又呈现出"和事佬"的角色。所以，既要保持法院的"审判者"角色，又要保持调解在纠纷解决机制中的作用，委托调解是非常好的选择。

调解（médiation）在法国的发展是缓慢的，原因是它的参与者们都还未准确掌握自己的地位和功能：当事人的犹豫和怀疑，律师的不配合，法官对调解的冷淡和陌生。[1] 调解的优势（例如寻求更适宜的解决方案、创造性和协商性的方案）在法国遭遇到传统思维的抵触。在调解中，法官不应当只是审判而应当帮助当事人自己解决纠纷；律师不再是司法决斗中的防御者而应当是解决结果构建中的谈判者；企业不应当只是将纠纷放到第三人的手里去解决，而是应当积极参与到结果的寻求中；这些与法国人传统观念和思维产生冲突。

上述障碍在我国将容易得到解决。（1）调解在中国作为一项传统的纠纷解决方式，有着悠久的历史和现实基础，人们对其从不陌生。在启动调解方面，法官无需花费很多时间给当事人介绍调解的优势，引导当事人参与进来；当事人对调解熟知，自己申请启动调解的几率也比较大。（2）在法国，由于司法无偿的特征长期保留，在诉讼程序中是选择由职业法官无偿解决还是由非职业法律人士有偿解决，当事人作出的选择偏向前者；在调解的其他特征未被大众接受的情况下，调解费用是阻碍当事人选择调解的因素。反观在中国，司法早已改变无偿特征，当事人需向法院交纳诉讼费用；而调解可以减免诉讼费用，仍然保留经济方面的优势，这也是刺激人们寻求调解的一个积极因素。（3）调解的推广可依赖于人民调解网络。人民调解委员会的设置遍布很广，且从地理距离上最为贴近老百姓的生活，能随时随地接受人们的申请。人民调解委员会可成为联系当事人和调解员的桥梁。调解员的候选人可在调解委员会注册、登记；委员会制作成名单。当纠纷送交到委员会，委员会将让当事人在名单中选择，方便调解的进行。调解员由当事人直接支付报酬；人民调解委员会无须支付报酬。调解员大多为兼职人员，他们的发展不会产生经费问题。（4）司法队伍的建设、法官的分流也给调解的实施提供了生力军。一些法官由于不具备现在规定的法律资格条件，从法官岗位上退下

---

[1] B. BLOHORN – BRENNEUR, *La médiation judiciaire en France : bilan de dix ans de pratique* (1995 – 2005), *op. cit.*, p. 1556.

来；但是长期的实践经验使他们能胜任调解工作，充分吸收他们进入调解员的队伍。

然而，我们在建立委托调解的过程中，要注意防范某些中国式因素，它们不存在于法国的调解中，但是存在于我国的调解中。（1）司法改革虽然取得了一些成功，但是司法独立、司法公开并没有完全地建立。调解的介入如果不能合理规范将会滋生更多的司法阴暗之处。（2）当事人虽然对调解不陌生，但调解的长期弊病让他们对调解失去了信任，他们怀疑调解能否产生预期效果。调解已失去成功的两个基本要素：当事人的信任和调解员的权威。民间调解员不同于法官，具备法律和国家授予的权威；也不同于人民调解员，具备在某个固定地域长期共处自然形成的道德权威。没有权威的民间调解员的话语能否得到当事人的信任，这是打上问号的。（3）民间调解员可能无法得到某些法院的支持。实践中有些法院会不愿主动发起委托调解，因为他们没有足够的案件受理费用支持其财政经费。调解意味着诉讼费用的减少，这会使他们存在犹豫。在大城市中存在"诉讼爆炸"的法院，委托调解会得到很好的推广，因为法官们希望通过分流来减轻自己的负担。而在所谓还"吃不饱"的法院，将比较难以推广。（4）关于民间调解员的独立、客观、中立性的保障。独立、客观、中立都还没有在法官中得以实现。对于新的群体，且还是非法律职业群体的民间调解员，他们的独立、公正性如何来保障，这会是更棘手的问题，因为他们还不存在严格的职业纪律规范。（5）民间调解员的加入将会使复杂的法律服务市场更加复杂化。中国律师现在不停抱怨法律服务工作者和"黑律师"对他们工作的冲击。前者为法律所允许，其竞争是公开的；后者则是法律不允许，但实际中却广泛存在的。民间调解员的设置将有可能给黑律师的非法行为提供新的空间。

2. 调解的改革。我们一直都在强调，司法改革、诉讼改革和调解改革必须同时进行，前两者的成功明显决定着后者的成功。因此，在探讨调解的改革时永远都不能离开司法改革这个大环境。调解发展的波浪式起伏曲线在中法两国的历史中都能找到。不同的是法国调解的发展在19世纪中叶逐渐从波浪的最高点逐渐走向低点，调解发展处于低谷的时间也非常长，应该说到今天还没有走出；在中国，调解发展的低谷存在比较短，只在20世纪90年代存在一个短暂的低谷，今天的调解又处于浪高之尖。我们的调解，由于与政治紧密相连，且受儒家传统的影响，在政治手的推动下，其发展自然带有助力，有些偏于正常起伏曲线。我们不反对调解，但反对过多干预下的调解，应努力避免旧疾的复发。所以，剥离调解与政治的关系，是我们从法国调解发展中获得的第一个启示。

法国调解的改革缓慢进行，其中一个重要原因就是小心翼翼保护当事人的合意。调解的合同本质是法国立法者所着重的，尽管立法者试图加强一些司法干预的因素，例如设定调解前置程序和赋予法官命令当事人与调解员先行会面的权力，[1]但实践中法官对合意的保护非常小心。为了合意的保护，有权力者不愿意通过强制性手段来干预，所以，当事人对调解的看重注定是一个文化变迁的漫长过程。这是法国调解发展给予我们受到的第二个启示，即强调调解的契约本质，保护当事人的合意。应该说这点一直都是我国调解改革的重点。但是，调解原则体系的混乱是合意保护问题一直无法得到根本解决的原因。所以，要努力建立一个金字塔式的原则体系结构。此原则体系包含四项基本原则：自愿、保密、对等、诚信原则。它们之间应进行级别划分：自愿原则为一级原则（或首要原则、根本原则），保密、对等、诚信原则为二级原则（次要原则）。四者之间构成一个金字塔式的结构体系：自愿原则位于金字塔之首，其他三项原则处于金字塔的底端；自愿统率着保密、对等、诚信原则的适用，后者的共同实施保障着自愿原则的真正贯彻落实。[2]

第三个启示就是民间调解员（mediator）这个新型职业的发展。调解员其实在中国并不是陌生的职业，一直都有人民调解员的存在，而且 2010 年《人民调解法》的通过再度将人民调解员成为公众关注的焦点。应该说，建国以来就存在的人民调解全国网络对调解的发展有着功不可没的作用。但是，我们仍然要提倡在人民调解员之外创造一个新型的职业，即与仲裁员有些类似的自由职业人员——民间调解员（mediator）；以他们为主体，发展调解协会或其他调解类的自治组织。民间调解员有权对自己提供的调解服务收取相关费用作为报酬。既然这些民间调解员完全是自主经营和自负盈亏，他们进入到市场竞争机制中必然会进入一个优胜劣汰的环境，有能力的、为当事人所

---

〔1〕 法国《民事诉讼法典》第 829 条第 3 款规定："在未取得当事人关于采取调解程序的合意情形下，（小审法院和邻事）法官可以无救济措施的裁决命令当事人和他指定的调解员进行会谈以了解调解的目的和方式等内容。"这项权力只是允许法官命令当事人在纠纷进入审理程序之前和调解员必须有个会谈，通过与调解员的会谈充分了解调解的功能、意义，从而作出选择审判还是调解的决策。

〔2〕 周建华："司法调解的契约化"，载《清华法学》2008 年第 6 期。

信赖的优秀调解员将留下来；优秀调解员不可能采取简单的和稀泥式旧做法，他们必须结合新时代下的新情况和新因素，以纠纷解决的新型理念为指引，寻求现代化的调解方法；调解协会为了赢取自己在纠纷解决的市场竞争中的一席之地，它们自然组织系统的调解培训体系，培养自己合格的调解员，这样就会促使民间调解员的职业化和规范化发展。我们完全相信自由市场环境下产生的"民间调解员"新职业的生命力会很强。

调解是一门艺术，是需要用心且在实践中不断积累才能掌握的。调解员的职业化会是必然的趋势。尽管在法国调解的发展中法国学者曾就调解员的职业化产生过很多担忧，担心调解员的职业化会重蹈仲裁发展的旧路，从而偏移调解的灵活性特征，但事实证明调解员的非职业化将使公众的信任难以产生，调解的发展也难以展开。家事调解在法国为什么发展得比较好，就是因为家事调解员的职业化使公众产生对他们的信任。有了公众的信任，调解的发展才有可能。所以，调解员的职业化会是必然趋势。至于调解员职业化后可能产生某些脱离原来轨道的发展，这些都是后续问题，等问题产生，人们又会探讨新的救济手段或改革措施。新问题总会有新办法来解决。

# 第 14 章  法国劳资纠纷调解委员会制度

在法国，劳资调解委员会（Conseil de Prud'hommes，又译"劳资争议委员会"、"劳资调解法院"或"劳资仲裁法院"）作为特别的初级审判机构，专门负责调解和审理私法领域雇主和雇员（包括那些在私法合同条件下从事公共服务的雇员）就工作或实习合同的执行或中断产生的个体性纠纷（有关的集体性劳动争议由大审法院管辖[1]）以及雇员之间因工作合同产生的纠纷。

劳资调解委员会的历史可以追溯至中世纪。法语中 Prud'hommes 原意为有才能/能提供有益建议的人，在中世纪常被用来指代那些参与解决手工业者之间纠纷的同行。初具规模的劳资调解机构产生于 1296 年，在这一年，巴黎城市委员会任命了 24 名调解员负责协助行政官员调处商人和工厂主之间的纠纷[2]。现代意义上的劳资调解委员会制度在法兰西第一帝国时期得以确立，在这一时期，调解委员会中的资方代表占据多数。[3] 1828 年 11 月 12 日皇家法令专门授予劳资调解委员象征司法威信和社会地位的荣誉徽章。[4] 劳资调解制度在第二共和国时期被 1848 年 5 月 27 日法修改，自此劳资双方在劳资调解委员会中拥有同样的代表数；所有年满 21 岁并在劳资调解委员会所在地区居住满 6 个月的相关人士（雇主、工人等）享有投票选举调解委员的权利，若他们具备读写能力并已在上述地区住满一年，即同时拥有被选举权。在整

---

〔1〕 这一类劳动争议不等于我国劳动法上的"集体劳动争议"，而是指涉及到行业利益等较具有更普遍意义的争议，如涉及到工人罢工权利的行使或法定退休年龄的延长。因此因有关同一或同类工作合同的群体性，即多个同样/同类利益诉求主体的劳动争议仍然属劳资调解委员会管辖。

〔2〕 Robert Rézenthel, Les prud'homies de pêcheurs en Méditerranée : un défi au droit contemporain, *Droit maritime franais*, octobre 1983, p. 575.

〔3〕 1806 年 3 月 18 日，拿破仑一世颁布了准许在丝绸业和纺织业发达的里昂建立劳资调解委员会的法律。

〔4〕 见本章末附图。

个 19 世纪，劳资调解委员会在法国司法和社会图景中稳固发展起来。作为调解委员会强制性前置程序的和解在当时解决了 90% 的纠纷，一些相关判决甚至还发展成为习惯法；在劳资调解委员会两个世纪的发展历程中，女性也逐渐被赋予选举权和被选举权。[1] 劳资调解委员会所处地理位置并不固定（取决于当地人口、经济结构等因素），但根据 1979 年的一项改革法案（la Loi Boulin），每个大审法院所在地区必须至少设立一家劳资调解委员会。今天在法国本土（海外省由劳动法庭管辖此类争议）共有劳资调解委员会 210 家。近年来它们平均每年裁决将近 20 万件相关的劳动争议，其中 50% 的争议涉及合同的解除，40% 的争议涉及工资的偿付，[2] 历史悠久的劳资调解委员会对疏导法国社会劳资矛盾功不可没。

本章将从组织结构、运转方式以及救济途径等方面对富有特色的法国劳资调解委员会制度作一介绍。

## 一、组织结构

劳资调解委员会由雇主和雇员选举出的调解委员组成。在处理纠纷时，人数相等的双方调解委员具有同等的表决权，这种"代表人数相等"的特征体现在劳资调解委员会的每一个部门和程序中。劳资调解委员会由五个专门负责某类领域纠纷的部门组成。这五个自治部门分别是：工业、商业和服务业、农业、企业干部类（创立于 1979 年，负责解决与企业干部和编外雇员有关的纠纷）、其他类别（包括所有不属于上述事业类别的活动，特别指自由职业者，艺术家，教育工作者等）。每个部门都由数量相等的雇主调解委员和雇员调解委员组成（原则上各自拥有三名委员）。每个部门的调解委员只负责处理各自工作领域的纠纷；他们应当在最大程度地衡量争议所处的社会和经济状况后再作裁决。调解委员会每年选举出一名主席和一名副主席（这两个职位必须由雇主和雇员委员分别担任并轮替）。各部门至少设立一个调解办公室和一个判决办公室。调解办公室由一名雇员调解委员和一名雇主调解委员，

---

〔1〕　1908 年 11 月 15 日 "La loi des prud femmes 有才能女士法"，规定了女性在这方面的被选举权。

〔2〕　2008 年 12 月 3 日起生效的司法部关于司法机构的改革（la réforme de la carte des juridictions prud homales），取消了原有 271 家劳资调解委员会中的 63 家，并新建 1 家。参见 http://www.justice.gouv.fr/actualite - du - ministere - 10030/les - editions - 11230/la - justice - du - travail - 16287. html。

他们可以要求任何合法文件的呈交（包括工资单，保险单据等），并可强制要求支付工资保证金或相关费用。判决办公室则由四名调解委员组成：两名雇员调解委员和两名雇主调解委员。如前文所述，这种"代表人数相等"的安排是劳资调解委员会的万能钥匙：它有利于劳资双方的对话，从而有利于通过共同、衡平和中立的决议来解决纠纷。不过，在判决阶段，当对立表决数持平而无法达成判决时，判决程序应在一名初审法院专业法官的主持下重新启动，原有的四名调解委员依然参与审理，此时专业法官可以充当对立表决数再次持平时的终裁者。在必要时（涉及争议不大的纠纷，或明显违法需要迅速制止的行为的纠纷），可启动快速简易审理程序，快速简易审理部门具有跨行业的特点，并独立于其他部门。每个劳资调解委员会设有由书记员和办事员组成的书记室，书记员由国家公务员担任，他们不隶属或服从于劳资调解委员，而是提供一种负有特殊责任的行政服务。

劳资调解委员会只管辖私法领域个体性质的纠纷，排除了如罢工或关闭工厂等引起的集体性纠纷，因此凡是涉及工作合同（不论长期合同、定期合同还是实习合同等）的争议都可提交劳资调解委员会调解。其管辖范围包括：

关于工作合同存在或效力的争议；

一切围绕合同产生的争议（涉及工资、奖金、假期、培训、歧视、骚扰、工作卫生条件等问题的争议）；

与解除合同有关的争议（如与解雇、赔偿/补偿、离职竞业禁止等有关的争议）。

根据法国司法部相关统计，近年劳资调解委员会所裁50%的争议涉及工作合同的解除，40%的争议涉及工资结算清偿（或其他涉及金钱给付的事项）[1]。在某些情况下，劳资调解委员会还可行使司法撤销权，终止工作合同。

另外一些相关的纠纷则根据法律规定由相关法院管辖：

涉及专业性质的选举和工资的扣押：由初审法院管辖；

工作事故：由社会保险事务法院管辖；

刑事犯罪：由治安法院或者轻罪法院管辖；

行政性的决定：由行政法院管辖。

---

〔1〕 http://www.justice.gouv.fr/art_ pix/fiche_ cph_ org_ competences.pdf.

尽管并非专业法官，劳资调解委员仍被称为"劳动法官"：在遵守法律的前提下，他们像真正的法官一样处理有关纠纷。今天在法国共有约 1.5 万名劳资调解委员。作为经济和社会调节的重要参与者，他们平均每年处理约 20 万件实质性纠纷，通过快速简易程序作出约 4.5 万件临时裁决。[1]

劳资调解委员会的委员每五年选举一次，可连选连任。作为全法国唯一直接选举"法官"的司法机构，劳资调解委员具有接近并了解雇员和雇主的天然优势。[2] 候选人应拥有法国国籍，年满 21 岁并且无《选举法》第 6 条列举的刑事犯罪。在此基础上，就雇员方面而言，所有拥有私法上工作合同（即使在各种假期休假期间）的人（在某些情况下，还包括特定求职者和参加实习的人以及已经符合一定条件的退休人员）拥有选举权和被选举权；就雇主方面而言，所有雇用一个以上雇员的人，合伙人、企业管理委员会主席、总经理、经理以及所有被委任行使雇用和解雇权等重要权力的的企业干部，拥有选举权和被选举权。符合条件者可以自由报名参加选举，不受是否是工会成员或者企业家联合会成员的身份性限制。选举名单由地方行政长官公布，并分别张贴于省政府、市政府以及劳资调解委员会。按照其本职工作性质，调解委员候选人被分派在雇主和雇员两个组别，相关的雇主选举人和雇员选举人在各自的组别分别选举，选出同样数量的调解委员。

所有当选的劳资调解委员必须在大审法院庄严宣誓就职。[3] 当选的调解委员应当接受国家组织的与劳动法和劳资调解程序等有关的专业培训。有必要指出，虽然劳资调解委员会每个程序都遵守雇主雇员调解委员数量对等的原则，但调解委员在履行职责时绝不应被视为各自所属团体的代理人，相反，他们须严格履行独立、中立和保守合议秘密的义务。他们也因此享有一些法定的保护性权利：雇员调解委员应当能够自由履行职责，不受雇主制约；在必要时他们有权在本职工作时间内履行调解委员职责，这种情况下离职的时

---

〔1〕　http://www. netpme. fr/dossiers – drh/820 – conseil – pru – hommes. html.

〔2〕　http://www. travail – solidarite. gouv. fr/espaces，770/travail，771/dossiers，156/relations – professionnelles，308/les – conseils – de – prud – hommes，157/c – est – quoi，158/qui – sont – les – conseillers – prud，1539. html.

〔3〕　法语誓词原文为"Je jure de remplir mes devoirs avec zèle et intégrité et de garder le secret des délibérations"，中文可译为"我宣誓竭诚正直履行职责并保守职业秘密"。

间仍应被计算在正常工作时间内并同样享受社会补助；[1] 在面临解雇时，调解委员和调解委员候选人受到法律赋予工会代表的相同保护，即在劳动稽查员允许之前不被解雇。

## 二、运转方式

劳资调解委员主要通过两种方式处理争议：调解和判决。必要时也可组织快速简易程序。有必要指出，劳资调解委员会的所有审理裁判程序不收取诉讼费用（自1977年起，劳资调解委员会的程序完全免费，当事人只在必要时支付其律师费、请求执达员费用、专家鉴定费用、证人补偿费用等）。国家每月对调解委员支付一定的补助金，并向雇员调解委员的雇主支付必要的补偿金。[2]

下面我们将从提出请求的时效、提出请求的方式、争议处理过程以及上诉救济途径等几个方面对劳资调解委员会的运作过程加以介绍。

——提出请求的时效

当事人可在争议时效内任何时间向劳资调解委员会提出请求。如在工资和其他独立于工资的债权（如任意解除合同时的损害赔偿）等方面，提起请求的时效为自得知追索权起5年，而涉及解雇事项的争议，请求时效为收到解雇通知书起12个月。[3]

——提出请求的方式

当事人应向劳资调解委员会的书记员提交请求（或本人提交，或以挂号信提交）。请求的内容应包括：当事人姓名；职业；住所；国籍；出生日期；如涉及法人，还应提供法人的相关信息；以及诉求相对人的姓名和住址等基本情况；争议涉及的对象和涉及的金额数目；请求内容应包括传唤请求相对人的全部必要信息。书记员将请求登记在案并依法传唤双方当事人。[4]

——选择劳资调解委员会

根据劳动法相关规定，当事人可选择工作合同履行地的劳资调解委员会，

---

[1] 这种情况下的具体补偿条件和计算方式由政府法令作规定。

[2] 具体补偿及计算办法由《劳动法》第 D1423－56 至 D1423－75 条规定。

[3] http://www.cgtparis.fr/LDAJ/CPH.htm.

[4] 根据法国《劳动法》第 R1452－5 条规定：劳资调解委员会书记员的传唤书具有一般司法传唤的功能。

雇用单位所在地的劳资调解委员会，工作合同签订所在地的劳资调解委员会，或在工作履行地与雇员单位所在地或住所所在地不一致时，雇员也可选择其住所所在地的劳资调解委员会。[1]

——争议处理过程

1. 调解程序。除特殊情况外，[2] 调解程序具有前置性和强制性的特点。法律不强制双方当事人聘请律师或其他代理人。不过，在亲自参加调解程序有合理的实际困难并尽到预先通知义务后，当事人可委任一名工会或者职业组织的代表代为参加，或者委托其配偶或民事伴侣代为参加，也可委托一名专业律师。委托书应以书面形式呈递并清楚列明委托人和被委托人的相关信息。若请求人在无正当理由的情况下缺席调解程序，请求将自动失效，请求人可重新提起请求，但仅限一次。当请求相对人提出正当缺席理由时，庭审将被延后。

调解阶段在分别来自雇员和雇主组别的两名调解委员的主持下进行。这一阶段的目标是为结束争议达成和解。尽管这一阶段的程序可以是口头的，当事人仍应呈交可以证明其请求的必要书面材料。调解委员听取双方的意见并尽力促成和解，这个过程在法国法上被视为公共秩序的一部分，在这一阶段如果存在程序上的瑕疵，则达成的任何协议都可以被当事人申请无效。调解委员可以提出和解意见，达成的和解协议可以只针对争议的一部分。调解阶段，调解委员拥有相应的权力调取必要的文件证据，当事人未按要求提交相应文件或逾期提交将被课以罚金；调解委员可以下令临时保全证据材料或者在明显没有争议的情况下要求雇主支付工资保证金。

如达成和解协议，调解委员将制作相应笔录，将和解协议记录备案，和解协议一经达成即具有执行力和既判力。在完全不能和解或者只达成部分和解的情况下，争议（或达成部分和解时的其余争议）将被送交判决办公室审理。

2. 审判程序。一般而言，判决办公室是劳资调解委员会的第二个运作阶段，但是在一些情况下，争议可不经调解程序直接由判决办公室受理[3]。原

---

[1]　法国《劳动法》第 R1412 – 1 条规定。

[2]　这类情况将在下文提及。

[3]　如涉及工作合同性质的认定及其连带问题的争议，涉及被不合理拒绝的特殊假期争议以及涉及到危害劳动者人权或身体自由的案件等情况。

则上公开审理案件。这一阶段的传唤可以以口头或书面方式进行：在第一种情况下，当事人在调解结束后被要求在有关材料上签字即可；在第二种情况下，由劳资调解委员会的书记员以挂号信的方式向双方寄送传票。当事人应亲自出庭或者委托代理人参加庭审。民事诉讼法的原则和基本价值理念适用于劳资调解委员会的庭审程序。

在原告提供正当缺席理由时，审判将被推迟。在原告未及时提供正当理由缺席的情况下，被告可以要求审判继续进行，除非判决办公室决定推迟审判。判决办公室也可以按照法律规定的情形宣告原告请求失效，在这种情况下，原告可以在 15 天之内告知劳资调解委员会书记员关于其之前未能及时提供的合理的缺席理由，如情况属实，庭审将被重新召开，否则，原告可以重新提起诉讼请求，但仅限一次。

在被告有正当理由缺席的情况下，判决办公室将推迟庭审，否则将继续进行庭审；在被告没有收到第一次传唤的情况下，判决办公室将重新安排寄送传票。在向共同缺席的双方最后一次寄送传唤通知仍然没有回应时，判决办公室可以撤销案件，这一撤销决定具有终局性，当事人不能提起上诉。和调解阶段相同，审判阶段当事人可以自己参加庭审，也可委托律师或者其他有资格的人士代理参加庭审。[1]

如上文所述，审判阶段由两名各自代表雇员方和雇主方的调解委员主持，调解委员应当遵守专业法官须遵守的审判原则，首要的原则是确保审理程序公正、客观。在涉及可能引起回避事由的情况下，当事人有权提出回避申请，与回避有关的调解委员在知悉回避事由时亦应主动提出回避。[2] 庭审活动由一名书记员协助进行。必要时可以进行数次庭审。调解委员应秉持公正中立的原则，听取双方或双方代理人的意见和理由。庭审程序具有口头性（当事人可以提交或者应要求提交必要的书面材料）和公开性。庭审过程应严格遵守对席审判的民事诉讼原则。调解委员一旦认定事实清楚即可宣布辩论终止，当事人不能再提交新的请求或理由。审判阶段的主席宣布择期宣判。调解委员可以立刻进行合议或者择期合议。合议应秘密进行，书记员不得旁听。

---

〔1〕 法国《劳动法》第 R1453 - 2 条规定。
〔2〕 按照法国《劳动法》第 R1457 - 1 条规定，回避适用《民事诉讼法》中第 341 ~ 355 条关于回避的规定。

在审判阶段各方当事人仍可达成友好协议。在出现前文所述因各方票数持平无法达成合议判决的局面时，应当由劳资调解委员会所在地初审法院的一名专业法官在一个月之内主持召开新的庭审，当事人重新展开辩论，该名法官和调解委员共同进行新的合议。该名专业法官由相应的上诉法院院长任命。判决应当列明双方各自的理由，并应当由一名参加合议的裁判者公开宣布，和由法国其他司法机构依法公开庭审作出的判决一样，劳资调解委员会的判决也以"法国人民的名义"作出。判决书应当由书记员用挂号信的方式发送给双方当事人，并要求附带签名的回执。判决办公室有权作出临时性的执行判决，特别是在涉及当事人的工资清偿或要求雇主提供相应文件资料的时候。这一阶段的判决在争议所涉金额超过一定标准时可以被提起上诉。

3. 快速简易审理程序。必要时（主要涉及争议不大的纠纷，或者涉及"明显违法"[1]需要迅速制止的行为的纠纷），争议可通过快速简易审理程序解决。快速简易审理程序没有强制性调解程序，一般而言这种程序下的当事人也并无和解或接受调解的意愿。由当事人依照意愿选择进入快速简易程序与否。当事人可以通过两种途径提出请求：或通过劳资调解委员会的书记员提交请求（免费），或通过执达员（huissier）向请求相对人发送请求（需收取一定费用）并将复印件送交劳资调解委员会的书记员。和调解程序相同，快速简易审理程序也由两名各自代表雇员和雇主的调解委员组成。[2]调解委员可下令采取必要的紧急措施、保全措施或者要求停止侵害、恢复原状等。调解委员还可对故意滞留工资或相关材料的雇主进行相应处罚。在庭审结束之后，调解委员将作出裁定，这一裁定尽管是临时性的，但一经送达当事人即具有执行力。

在上述三种程序中，依据劳动法相关规定，在争议较为复杂的情况下，调解委员会均可以从调解委员中委任一到两名报告员负责预先审查案件并总结出有助于案件解决的关键点。这一行为不可以被提起上诉，这一制度主要在于帮助负责争议处理的调解委员集中重要和有用的信息从而方便其做出判断。法律没有禁止报告员同时担任其所调查的争议或案件的调解委员，这种做法有可能导致因为报告员对争议先入为主的认识甚至偏见而影响程序客观公正。

---

〔1〕　在实践中，劳资调解委员会对于"明显违法"的认定受到上诉法院和最高法院的监督。

〔2〕　法国《劳动法》第 L512 - 2 条规定。

### 三、上诉救济程序

和一般司法机构一样，作为特殊司法机构的劳资调解委员会的大部分裁决和判决都能而且都应获得相应的司法救济。当事人根据案件的具体情况，可以作出若干选择。

1. 向上诉法院上诉。上诉的目的是求诸上诉法院修正乃至撤销劳资调解委员会的判决[1]，上诉时效为判决送达之日起的一个月。不过，只有那些诉讼标的在 4000 欧元以上的判决结果才可以被上诉，仅仅旨在获得某些证明性材料的上诉请求则不被受理。针对前一种情况，对金额的计算有专门的划分标准：应当区分请求中具有工资性质的金额和具有赔偿性质的金额，例如某雇员同时提起清偿 3000 欧元工资和 2000 欧元损害赔偿的请求，这种情况下诉讼标的应当被分开计算，因此在这种情况下该雇员不能提起上诉。诉讼标的在 4000 欧元以下的诉讼不被允许提起上诉，当事人只能针对法律适用或庭审程序等非事实性问题提交最高法院进行申诉。[2] 上诉由上诉法院社会庭专业法官负责审理，但仅限于判决中各方当事人有争议的部分，作出撤销或维持原判的决定。

和一般民事上诉时效相同，不服劳资调解委员会判决的当事人（通常是败诉方）在收到判决之日起的一个月之内有权提起上诉，在上诉阶段当事人有权利委托代理人，在上诉法院，法律不强制当事人委托律师或其他代理人。针对快速简易程序的判决，当事人提起上诉的时效为判决作出之日起的 15 天。当事人应当通过上诉法院的书记员提出上诉请求，请求应当包括当事人姓名、职业、住所、国籍、出生日期等基本资料并列明包括上诉针对的劳资调解委员会判决书在内的上诉请求。上诉这一救济途径使得对原判决不满的当事人有机会令案件获得新的实质审查（包括事实审查和法律审查），由上诉法院社会庭的法官重新审理案件[3]，双方当事人参加庭审并提出各自的意见和理由。当事人针对劳资调解委员会的判决向上诉法院提起上诉，原判决即

---

〔1〕 法国《民事诉讼法》第 542 条。
〔2〕 Cour de cassation，虽然名为最高法院，但仅审查法律和程序问题，并不审理事实，因此并非第三审级，法国民事诉讼法依然遵循两审终审制的原则。
〔3〕 法国《劳动法》第 R1461-2 条。

暂停发生法律效力，这一状况一直持续到整个上诉结束[1]。上诉法院作出的判决立即具有可执行力。

在按照法律规定不能提起上诉的情况下，被告方仍可在两种情况下对判决提出异议：诉讼标的不超过 4000 欧元并且其未收到传票或者因类似原因致使缺席庭审。在这种情况下被告方可以在缺席判决作出后的一个月内向劳资调解委员会提出异议。

以上是针对劳资调解委员会的判决决定进行上诉和救济的介绍，有必要指出的是，对于当事人能否对劳资调解委员会第一阶段（即调解阶段）作出的调解裁决提起上诉，法律规定和判例实践不尽一致。事实上，法律并没有明确当事人对《劳动法》第 R1454－14 条所列事项（即调解委员在调解阶段对若干紧急或者必要事项作出的临时决议）提出异议的权利，上诉或向最高法院提起诉讼应只针对有关实质问题的判决而言（例外情形是涉及专家鉴定的部分亦可提起上诉）。因此在原则上，当事人不能对上述法条中列举的临时性决议提起上诉。但是法院判例曾经允许当事人提出针对劳资调解委员会调解委员"越权"行使裁判权的上诉，比如在劳资调解委员会调解办公室超越其权限作出裁决，或者其裁决没有附加充分的论证理由，又如调解程序没有尊重当事人的辩护权或其他基本权利时。[2]

2. 向最高法院提起申诉。如果当事人（一般而言是败诉方）——或任何与判决有利益关系的主体[3]认为劳资调解委员会的判决或者上诉法院的上诉判决（仅限于终审的裁决或判决）违反了某些法律规定（如越权、法官不适格或没有按照法律规定进行回避等程序性瑕疵乃至适用法律错误等），可在判决作出之日起两个月以内向最高法院提起最高级的"上诉"（如前文所述，这并非真正意义上的上诉）。当事人的上诉请求应当以书面形式亲自呈递或者用挂号信并要求签名回执的方式寄送给最高法院的书记员。同时被提起上诉的原判决作出机构的书记员应当依法把所有相关的材料送达最高法院的书记员。[4]按照法律关于在最高法院上诉的有关规定，当事人在这一阶段必须委托律师或者法律许可的其他代理人从事诉讼活动。原告方应当在呈递上诉请求书后

---

〔1〕　法国《民事诉讼法》第 539 条。

〔2〕　http://www.netpme.fr/dossiers－drh/1053－conciliation.html.

〔3〕　法国《民事诉讼法》第 609 条。

〔4〕　法国《民事诉讼法》第 988 条。

的三个月之内向最高法院的书记员提交诉状。和上诉法院不同，最高法院社会庭并不审理案件的事实。最高法院最终可能撤销原判决（并决定是否指派相应法院重新进行实质性审理），也可能驳回诉讼，维持原判。最高法院的判决应当公开宣布，具有终局性。

3. 其他救济途径。除了上诉或者向最高法院提起申诉，根据法国民事诉讼法和其他相关法律规定，还存在着其他较为特殊的救济途径，主要包括第三人异议和管辖权异议。

和一般民事诉讼程序一样，劳资调解委员会的判决如果不当损害了第三人的利益，则该第三人有权根据民事诉讼法提起"第三人异议"。既不是案件当事人也并没有参加庭审的第三人，此时有权向作出判决的司法机构（即劳资调解委员会）提出异议要求撤销或者变更原判决。[1] 在这种情况下，第三人必须证明其正当利益受到或可能受到损害。如异议被劳资调解委员会驳回，第三人还可向上诉法院提起上诉。一般情况下第三人可在判决作出后的三十年内提出异议，但在判决已经通知第三人时，诉讼时效被缩短为两个月。

在当事人对劳资调解委员会的管辖权存在争议时，当事人对调解委员会在未对案件进行实质审查的情况下对其自身管辖权所作出的裁决只能提起"管辖权异议"之诉。提起"管辖权异议"的时效为裁决作出之日起十五日以内。如果当事人向上诉法院提出"管辖权异议"之诉，劳资调解委员会将中止审判案件直至上诉法院作出相应判决。

## 四、结语

法国劳资调解委员会制度中最大的特色在于它由雇员和雇主民主选举出的调解委员组成，相应地，调解委员会每一个阶段的运行都严格遵循数量对等原则，这在客观上保证了协调和平衡各方利益之可能性。类似于一般意义上的司法机构，劳资调解委员会按照社会分工领域分为五个专门的部门，每个部门的调解委员只负责裁判各自领域部门的纠纷，由熟悉业务的调解委员处理所属领域相应的纠纷，有力地保障了争议处理的效率和裁决的可信度。调解员在调解或者裁判阶段遵守一般程序法上的原则，确保在听取双方意见、保障各方当事人平等的程序性权利的基础上公平裁决。劳资调解委员会在各

---

〔1〕 法国《民事诉讼法》第582条第1款。

个阶段做出的裁决，都被法律赋予了一定的司法救济途径；当事人经过诉讼时效未行使上诉权利，裁决即具有可执行力，性质同一般司法判决无异；在权利相对人不履行裁决时，权利人可以请求作为国家司法辅助人员的执达员强制执行，而那些临时性/紧急性的裁判更是一经判决即具有可执行力。

　　此外，劳资调解委员会本身的组织构成也有一定可资借鉴之处。首先，在地理位置上，法律规定每个大审法院（每个省有一到数个，目前法国本土共有 158 家）所在地区必须设立至少一个劳资调解委员会，以保障各地劳资纠纷都能得到就近裁决。由一定地域的雇主和雇员民主选举出的调解委员具有天然的威信，在履行职务之前，他们须在法院庄严宣誓忠诚和客观地恪尽职责，并且必须接受国家提供的强制性专门培训，这对于维护调解委员会专业活动的裁判权威和裁决质量都具有非常重要的意义。其次，调解委员虽然由雇员和雇主分别民主选举产生并具有独立和自治的特点，但国家依然向其支付一定的补助金以补偿他们为履行专业活动而投入的时间和精力，法律更是详细规定了雇员调解委员在履行职责时雇主应当善意配合的义务，国家并向雇员调解委员所在企业的雇主支付一定的补偿金。此外，在行政工作方面，劳资调解委员会的书记员由国家公务员担任，因此其工资给付亦由国家负责。诸如此类的规定在客观上解决了调解委员会运作和调解委员（尤其是雇员调解委员）履行职责时的后顾之忧。

　　本身和工业社会萌芽相伴而生的劳资调解委员会，随着法国社会经济的不断发展和劳资纠纷的迅速增加而显得越发必要，国家通过不断地修改和完善相关法律以确保劳资调解委员会的运行更加有效率，同时也更加公正。被视为特殊司法机构的劳资调解委员会的裁决具有一般民事裁决的效力，法律在各方面保障了当事人行使上诉等司法救济的权利。法国民事诉讼法中没有关于审限的规定，更多的情况下，法官（包括劳资调解委员）按照公平判断自由裁量案件的进程，当然也要遵循《欧洲人权公约》第 6 条关于诉讼效率的规定尽可能在"合理期限"内作出判决。随着社会生活的演进，各类纠纷日益复杂，法院的积案越来越多，诉讼效率已经成为影响法国司法威信的一个重大问题，而劳资调解委员会在客观上为一般法院分担了相当数量的社会纠纷，减少了一般法院的诉累。特别值得一提的是，尽管劳资调解委员并非专业法官，但是根据有关统计数据，实际上劳资调解委员的平均审限和一般初审法院相当，而它们所作出的判决在上诉阶段也获得了并不亚于一般初审法院判决的支持率。[1]

它山之石，可以攻玉。联系到我国当前劳资调解工作中的一些现实问题，如《劳动争议调解仲裁法》对调解活动的规定过于简单，对调解协议是否具有法律效力模糊其辞，使得调解阶段达成的协议很难被执行；调解组织人员通常没有接受过必要的培训，专业素质不高，调解组织通常缺少足够的威信，遑论《劳动争议调解仲裁法》第10条规定"调解组织有企业调解委员会、依法设立的基层人民调解组织、在乡镇、街道设立的具有劳动争议调解职能的组织"，而这三个组织在实践中尚且很难确保一定存在[2]（企业调解委员会更因附属于企业而缺乏独立性和说服力），随着我国社会经济的发展和相关劳资纠纷的迅速增多，建立一套有效和公平的劳资纠纷调解机制已经迫在眉睫，在这方面法国劳资调解委员会的一些相关规定或许可资借鉴。

### 法国劳资调解委员会组成和运作简表

五部门

| 工业类 | 商业和服务业类 | 农业类 | 其他类别(特别指自由职业者，艺术家，教育工作者等); | 企业干部类 |
|---|---|---|---|---|

| 调解办公室 → | 判决办公室 | → | 票数持平时的决定性裁决 |
|---|---|---|---|
| ↓ | ↓ | | ↓ |
| 一名雇主劳资调解委员；一名雇员劳资调解委员。 | 两名雇主劳资调解委员；两名雇员调解委员。 | | 一名专业法官参与庭审，行使终局投票权。 |

在必要的情况下(主要涉及争议不大的纠纷，或者涉及"明显违法"需要迅速制止的行为的纠纷)，争议可通过快速简易审理程序解决。 → | 快速简易审理程序 |

---

[1] 数字约为70%，参见 http://www.force-ouvriere.fr/page_principal/prudommes/index.asp? R=u&offset=-1.

[2] 石峰："劳动争议处理程序改革探析"，载《吉林农业》2010年第17期。

# 第三编

调解的中国经验

# 第 15 章　人民调解的中国经验：类型化考察

## 一、问题的提出

人民调解制度萌芽于土地革命战争时期，成型于 20 世纪 50 年代，最终于 1954 年政务院颁布的《人民调解委员会暂行组织通则》中正式确定下来。人民调解制度的确立是与我国建国后新的社会结构相适应的，即与新的村庄、单位、社区、街坊等联系在一起，这种扎根于农村社会和广大群众的纠纷解决机制，构筑了解决民间纠纷、防止矛盾激化的“第一道防线”。20 世纪 80 年代是人民调解委员会在纠纷解决方面的鼎盛时期，90 年代则陷入停滞甚至倒退的境地。原因是人民调解最初的定位就是依附于村、居委员会组织，适用于传统小农经济基础和深厚的血缘地缘关系的经济模式，其特点“其实是一种教育的过程”[1]，这种调处模式可概括为教化型调解[2]。但是，在当前社会对共同体的归属意识日渐稀薄的情况下，教化型调解由于有多谈人情伦理的倾向，可能导致调解费时且成功率低。此外，以法治为导向的宣传也促使人民调解制度功能的衰落，更多的纠纷引入到诉讼解纷机制之下。人民调解制度因此成为现代社会被“冷落”的解纷机制。

但是，人们对人民调解制度的探索从未停止。在以诉讼为主导的法治现代化过程中，诉讼解决纠纷的弊端日益受到人们的诟病，且在中国目前构建

---

[1]　参见费孝通：《乡土中国·生育制度》，北京大学出版社 1998 年版，第 56 页。费孝通先生在描述乡土调解是将其描述为一种教育过程，而人民调解是从乡村调解发展而来，保持了其基本属性，也是一种教育过程。

[2]　棚濑孝雄根据影响调解的不同因素，将其划分为判断型调解、交涉型调解、教化型调解和治疗型调解。我国人民调解特征与教化型调解的特征相一致。参见［日］棚濑孝雄：《纠纷的解决与审判制度》，王亚新译，中国政法大学出版社 2004 年版，第 53 ~ 69 页。

和谐社会的奋斗目标下，各地出现人民调解制度进行"再组织"[1]的高潮，人民调解机制的运作出现不少新的模式，并出现人民调解中国经验多元化的态势。同时，人民调解的立法也提上日程。2010年8月28日，全国人大常委会审议通过的《人民调解法》，对人民调解组织形式，人民调解员的范围、条件、行为规范，以及人民调解程序都予以明确规定。从中可以看出，《人民调解法》无疑是对当前调解实践中好的经验予以确认，并为实践不断向前探索打下基础，这种立法模式反映出我国立法向"回应型立法模式"的迈进。但是，该立法能否回应社会需求以及对人民调解未来发展保持足够的前瞻性尚不得而知。基于此，本章集中考察从1998年到现在各地人民调解探索模式，并在经验模式归纳和类型化基础上，分析各地经验模式所反映出的共同特征，从实践的角度提炼出人民调解的中国经验探索方向和路径选择。

## 二、人民调解中国经验的类型化考察

在实践中，各地对人民调解制度的创新异常活跃，有数据显示，到目前，全国共有人民调解组织80多万个，人民调解员490多万人，形成了覆盖广大城乡的人民调解工作网络。各地方的创新模式都有所不同，也反映出当前人民调解中国经验的多样化。笔者根据"再组织"的特点，将这些经验模式划分为以下四类：

（一）网络化人民调解——"大调解"模式

大调解模式的出现，其实与人民调解功能萎缩具有直接的关系。"大调解"纠纷解决模式兼具行政性和民间性的特点，但往往是借人民调解的名义，作为其合法性的构建基础。

1. 陵县模式——山东德州。陵县模式是全国范围内最早出现的创新模式。1998年，山东德州陵县在各乡镇建立了由党委政府统一领导、司法行政部门具体运作、各有关部门共同参与的乡镇"司法调解中心"。陵县乡镇"司法调解中心"在乡镇司法所的基础上，成立由派出所、法庭、计生、土管、民政、财政及党委办公室秘书、律师等组成调解组织。中心主任由乡镇分管稳定工

---

[1] 对人民调解再组织的性质定位有不同的理解。有人认为人民调解的再组织是指在既有组织基础上"打补丁式"的增量改革，并非颠覆。参见熊易寒："人民调解的社会化与再组织——对上海市杨伯寿工作室的个案分析"，载《社会》2006年第6期。笔者认为再组织包括两种情况，颠覆性的和改良性的，这与我国目前实践中人民调解实践探索具有一致性。

作的副书记兼任，司法所所长任常务副主任，下设接待站、调解庭、帮教办、法律服务所等办事机构。司法调解中心的主要职责是负责受理本辖区的人民群众来信来访，解决干群矛盾和各类热点难点问题，免费咨询，免费调解。一般案件的调处方案由主任和常务副主任共同研究确定，而重要案件的调处方案则由调解中心之上的乡镇党委书记办公会研究确定。

2. 枫桥经验——浙江省诸暨市枫桥镇。把矛盾化解在萌芽状态，这是"枫桥经验"的基本特点。40 多年前，浙江省诸暨市枫桥镇，坚持矛盾不上交，就地解决，创造了"捕人少、治安好"的经验。毛泽东同志批示"要各地仿效，经过试点，推广去做"。由此，"枫桥经验"闻名全国。这一经验一开始时被群众通俗地称为"小事不出村，大事不出镇，矛盾不上交"。1998年 8 月，浙江省、地、市三级联合组成调查组，总结出"党政动手、依靠群众、立足预防、化解矛盾、维护稳定、促进发展，做到小事不出村，大事不出镇，矛盾不上交"的"枫桥经验"。2002 年以来，该经验进一步丰富和发展，"组织建设走在工作前，预测工作走在预防前，预防工作走在调解前，调解工作走在激化前"，"预警在先，苗头问题早消化；教育在先，重点对象早转化；控制在先，敏感时期早防范；调解在先，矛盾纠纷早处理。"这一经验是由政法委负责协调领导，法院直接参与组织实施并进行业务指导，兼容了人民调解与行政调解。这些枫桥镇历年来预防和化解矛盾的工作方法，成为"枫桥经验"的新内涵，并具体落实为党委政府统一领导，综治部门组织协调，有关部门积极参与的矛盾纠纷排查调处和基层公安派出所、司法所和民间组织相互协作、官民并举的矛盾纠纷个案调处机制。

3. 南通模式——江苏。2003 年 7 月南通市设立"社会矛盾纠纷调处指导委员会"，在县、乡两级设立社会矛盾纠纷调处中心，在村或社区设立调解站、村（居）民小组调解员和每十户的信息员，在市直部门和行业协会设立调解办等六级组织网络，"统一受理、集中梳理、归口管理和限期处理"社会矛盾纠纷。

南通市的"大调解"机制突破了过去人民调解由司法行政部门归口管理的体制局限，形成了党委政府统一领导、政法综治牵头协调、调处中心具体负责、司法行政部门业务指导、职能部门共同参与、社会各方整体联动的社会矛盾纠纷"大调解"工作新格局。大调解把人民调解、基层司法调解和行政调解有机地结合在一起，既使调解合法和具有权威性，又体现了说理和灵活的特点。

4. 人民调解联合会——广安模式。2008 年 9 月 10 日，广安市人民调解委员会联合会挂牌成立，它将承担跨区域、跨行业、复杂矛盾纠纷的调解。广安模式的特点就是由具有群众性法律特征的各乡镇（街道）、村（居）、企事业单位人民调解委员会和全体人民调解员自发组成市、县（区市）人民调解委员会联合会（以下简称联合会），再由联合会产生市、县（区市）级人民调解委员会，以此来保证联合会的群众性法律特征和人民调解委员会级别的跨越，以实现跨地区、重大、疑难纠纷的调解解决，体现出一种自下而上的、自治性的组建过程，这不同于前述"大调解"模式的组建过程与性质。该经验强调的是在保证人民调解自治性、群众性的基础上深化人民调解制度，为人民调解制度的改革提供新的思路。徐昕教授根据广安模式特点，将其经验总结为：（1）以人民调解联合会为中心，建立五级调解网络结构；（2）以市县联合会、调解中心为龙头，以乡镇为基础，以县市为骨干，以行业、专业调解委员会为补充，立足广安实际，整合当代中国人民调解的各种经验；（3）形式多样，与其他纠纷方式有效对接、良性互动；（4）以和平解决纠纷为首要目的的大调解格局。[1]

此外，还包括深圳市南山区桃园模式、湖南模式、1998 年东明县司法局 148 法律服务热线、鄂尔多斯市东胜区建立矛盾纠纷"大调解"工作机制、福建省莆田市"调解衔接机制"、河北省石家庄市"三位一体"大调解模式、北京市怀柔区"三调对接"模式[2]、北京市"朝阳模式"等。

（二）行业化人民调解

随着我国社会分化的不断加深，人民调解机制在新时期出现了新的调解类型，即行业性人民调解组织，以解决行业内部的纠纷。并且，随着社会分工的进一步细化，新的人民调解形式肯定会出现。

1. 社区物业纠纷调解委员会——北京市朝阳区。2005 年 6 月，北京市首个社区物业纠纷调解委员会在朝阳区香河园街道办事处成立。为解决日益增加的物业纠纷，朝阳市香河园街道办事处决定在街道人民调解委员会之下专

---

〔1〕 徐昕："通过试点推进人民调解制度的改革"，载《法治论坛》第 14 辑，中国法制出版社 2009 年版。

〔2〕 参见范愉：《纠纷解决的理论与实践》，清华大学出版社 2007 年版，第 544~545 页。

设一个"物业纠纷调解委员会"，同时在各社区调委会中增设物业纠纷调解小组，吸收物业公司负责人或房管干部为小组成员，专门调处社区内发生的各类物业纠纷。

2. 医疗纠纷人民调解委员——山西省。2006 年 10 月 12 日，山西省医疗纠纷人民调解委员会（简称省医调会）在太原成立，这是全国第一家医疗纠纷人民调解委员会。由于调解委员会是由山西省科协主管、省心理卫生协会领导的社团组织，最大限度地体现了人民调解群众性的特征。而且与卫生行政部门无隶属关系，从体制上保证了其公正性，增加了全社会对调解机构的信任度。省医调会由于不是医疗纠纷当事人及有利益关系的任何组织或机构，因此作为患方、医方和保险方之间独立的第三者，它能从中立角度出发，便于矛盾双方沟通协商，最终解决纠纷。医疗机构和患者在发生医疗纠纷时，都可以向省医调会提出申请，立案后，省医调会在司法监督下，进行医学技术评估、法律援助，调解双方矛盾，最终签订《调解协议书》。山西省医疗调解委员会和其下达的《调解协议书》具有法律、技术、程序等多项保障，而且在适当的时候，省医调会还会有选择地请司法部门、新闻媒体、消协等有关部门对调解进行全程监督，保证其公开透明。

此后，2006 年 11 月 20 日，北京丰台区长辛店街道办事处医患纠纷调处站成立，这是首都第一家真正意义上的第三方医患纠纷调解工作站。

3. 国土资源纠纷人民调解委员会——莆田市国土资源局。2004 年 11 月 18 日，福建国土资源系统成立第一个行业性人民调解委员会。基本做法：一是建立三级调解组织。建立起分局调解委员会、基层国土资源所调解小组、村级国土资源调解员三级调解体系。二是明确调解工作职责。秀屿分局建立和完善调解岗位责任制，实行分级负责，责任到人，对工作成绩突出的给予奖励；对群众反映的情况不够重视、没有及时做好调解工作的责任人，给予通报批评。三是坚持调解员培训制度。秀屿分局采取定期学习、集中培训、以会代训、以考促训等多种形式，加强对调解员业务培训，提高调解员的业务能力。

4. 交通事故人民调解委员会——宁波鄞州。宁波市鄞州交警部门透露，2006 年 8 月起鄞州区的道路交通事故处理将全面引入司法调解，交通事故人民调解委员会正式开展工作，交警部门不再承担民事赔偿调解工作。鄞州区公安分局创设了"宁波市鄞州区交通安全司法所"，并在交警大队下属各中队相应设立8个"交通事故人民调解委员会"。交通安全司法所主要承担对这8个"交通事故人民调解委员会"的业务管理和指导，为交通民事事故纠纷当事人提供法律服务和法律援助，开展交通安全方面法制宣传教育和行使交通安全行业的社会治安综合治理工作等方面的司法行政工作职能。

此外，还有大型集贸市场调委会、行政接边地区调委会、商事纠纷调委会、房地产纠纷调委会、消费者协会调委会等。如辽宁省大连市甘井子区机场街道在韩国独资企业和承制鞋有限公司成立了全市首家外资企业人民调解委员会；宣武区建立侨界人民调解委员会；北京宣武区陶然亭街道成立了建筑工地劳资矛盾调解委员会；2003年11月北京西城区推出公安机关治安行政调解与人民调解联动的新机制等。

（三）专业化人民调解

探索人民调解员专业化最早始于上海。2001年，上海市在全国首创了"首席人民调解员"制度，即人民调解组织通过规范的程序，在社区内选聘具有较好法律知识和较高威望的人民调解员担任首席人民调解员。其后各地在不断创新。

1. "人民调解李琴工作室"——上海。2003年11月，"人民调解李琴工作室"成立，探索人民调解专业化、职业化、社会化建设道路，努力提高人民调解组织化解矛盾纠纷的能力。"工作室"通过签订工作责任书的方式运作。2004年5月，江苏街道提出政府购买服务的新思路，与"人民调解李琴工作室"签约。以"工作室"为平台，构建街道大调解工作格局，及时有效化解矛盾纠纷。第一，形成"司法所——工作室——居民区——居民楼组"的人民调解工作网络。第二，"工作室"将人民调解与信访代理相结合，"工作室"成员既是人民调解员，也是信访代理员，实行一口接待受理。第三，运用联动化解的做法，平息社区各类纠纷。一是"工作室"与公安派出所联手委托调解各类轻伤害案件；二是与区联合调委会联手制作诉前人民调解协议书，协助开展民事纠纷委托调解工作；三是与社区物业联手调处各类住房侵权赔偿和小区物业管理纠纷；四是与奉城护理院联手帮助特困老人，解决部分老年人纠纷。

2. "小小鸟"人民调解委员会——北京。该委员会特点是跨行业、跨地域，专门为外来务工人员提供服务。2004年9月，"小小鸟人民调解委员会"在"小小鸟"热线的基础上挂牌成立，北京东城区东华门街道司法所为其调解员制作了"人民调解委员会调解员工作证"。该"小小鸟"成立于 1999 年，是北京市的一个以维护农民工权益为宗旨的民间非政府组织，得到国外赞助的 NGO 组织，其以维护农民工权益为宗旨。其工作程序一般是，如果打电话来求助的当事人在北京，则接线人会请其来办公室面谈，并要求当事人带上证明事实的必要材料。在掌握情况和当事人诉求后，一般先给资方打电话进行调解，核实情况，了解对方想法。如果有必要，工作人员会和志愿律师直接到现场找资方调解。涉及人数众多、款项巨大、影响恶劣的，往往还会与媒体联系，与记者一起出面，要是还不能解决，就会指导求助者向劳动部门投诉或委托律师提起诉讼。

3. "诉调对接人民调解工作室"——东莞模式。由于案件数量多，东莞市司法局和中级人民法院联合，在人民法院设立"诉调对接人民调解工作室"，在工作机制上实现人民调解与诉讼对接。在人员选聘上，由司法局招聘专职调解员，这些调解员都是法学本科毕业，具有较为深厚的法学理论功底；在工作地点上，在法院的立案大厅专设人民调解办公点，立案法官在立案时会告知当事人可以申请人民调解，同时在认为适合人民调解委员会调解时，会建议当事人申请人民调解；在工作原则上，以自愿性为基本原则；在收费方面，坚持免费调解；在调解效果上，以司法确认程序，实现人民调解与诉讼调解的衔接。以上经验做法，保证了"诉调对接人民调解工作室"能够积极高效地运作。

2006 年 9 月，北京海淀区成立的"燕园专家民调工作室"与此类型类似，具有专门性和跨行业性，是由大学教授组成的专家调解工作室，负责该辖区内影响较大、疑难复杂、各社区调解委员会难于处理的纠纷案件。

（四）社会化人民调解

尽管，当前我国司法实践中，出现一种新的动向就是诉讼调解的社会化，法院可以借助社会力量实现调解。但是，尽管人民调解本身就具有民间性等特征，人民调解制度为增加其纠纷解决能力，也出现了社会化的趋向。

1. 说事评理机制——西乡经验。早在 2006 年，深圳市西乡街道就开始探索"大调解"机制。并在此基础上逐步探索有效的工作方式，其中"说事评理"机制便是较具特色的制度。2009 年西乡街道颁布了《西乡街道人民调解委员会市民评理规则（试行）》，对"说事评理"程序作出了进一步规范。

"说事评理"机制的性质为人民调解，市民评理机制是街道调委会组织市民化解民间纠纷的终端解决机制。适用对象为非常疑难复杂的纠纷，遵守依法依规、平等自愿等原则。经评理机构评理达成的有民事权利义务内容，并由双方当事人签字或者盖章的调解协议，具有民事合同性质。说事评理机构由七至十三名评理员组成，其中设首席评理员一人。这些评理员由争议双方当事人从评理人员库中通过公开抽签的方式产生；首席评理员由街道调委会推荐并经争议双方同意的人员担任。评理人员数据库主要由辖区内的人大代表、政协委员、与争议案件有关联的公职人员、与争议案件发生地相关且无利害关系的社区党员干部、与争议案件无利害关系的社会贤达人士等组成。

2. 民调评议制度——华容经验。民调评议制度的核心是针对难以调解成功的纠纷引入民调评议，以促使纠纷的解决。2007 年 4 月，湖南省华容县在全县人民调解工作中开始试行《重大复杂矛盾纠纷评议员参与评议》的办法。目前，该县已经初步建立起覆盖全县的民调评议网络，形成民调评议制度运作的基本框架。一是加强民调评议员队伍建设。按照热心于民间矛盾纠纷调解、有一定的法律知识和政策水平、平常能坚持正义和主持公道、在当地有较高威望和影响力、语言表达能力较强的要求选定民调评议员。其中，民调评议员分为长期聘任和临时聘任两种。二是明确民调评议的基本原则。以人民调解基本原则为基础，强调当事人自愿接受原则、以民为本原则、事实说话原则、相关利害人回避原则和灵活运用调解方式的原则。三是规范评议程序。针对已经调解的纠纷当事人不接受调解方案的情况，即进入民调评议程序，然后经过宣读调解方案、当事人陈述、评议员协调沟通、评议员发表意见、当事人签调解协议、制作调解案卷等。

此外，随着人民检察院对民事行政检察监督制度的重视，在探索和创新民事行政检察息诉工作中，注重整合人民调解组织解决纠纷的能力，出现了"检察建议移送人民调解"和"息诉调解协作模式"。

### 三、传承与超越：人民调解中国经验特征分析

以上经验模式是在我国实践中较具代表性的类型，针对原有人民调解组织形式、程序运作、适用范围等进行改革完善，总体上呈现出传承人民调解制度在解决民间纠纷方面的优势和特征，如继续强调民间性、自愿性和自治性，但又超越原有人民调解机制的内涵，有了新的突破。但这次再组织的源动力是政府推动，因此可将该时期人民调解实践模式概括为"政府推动型人

民调解"，具体特征体现如下：

（一）制度化

在不少人的观念里，人民调解具有非规范性特征。但随着法治化进程的推进，人民调解的制度化从未间断过。近些年，有关人民调解的规范性文件不断出台，其中《人民调解法》对此掀起了高潮。首先，1999 年初，第四次全国人民调解工作会议上，司法部把"调防结合，以防为主"的人民调解工作方针调整为"调防结合，以防为主，多种手段，协同作战"。这为后来各地大调解模式的创新提供政策依据。其次，2002 年最高人民法院通过《关于审理涉及人民调解协议民事案件的若干规定》，以司法解释的形式明确了人民调解协议具有民事合同的性质和法律约束力。再次，2002 年 9 月 26 日，司法部发布《人民调解工作若干规定》，将行业调解等划归到人民调解的范畴，为各地的专门性、行业性调解提供政策依据。各种行业性、专门性调解组织，以及法院诉前委托调解，都以人民调解的组织形式运作。根据《最高人民法院关于建立健全诉讼与非诉讼相衔接的矛盾纠纷解决机制的若干意见》，确立了人民调解协议的司法确认制度。最终，2010 年的《人民调解法》在对各经验总结的基础上，对人民调解的制度化、规范化作出较大的突破。

（二）科层化

科层化的特点就是等级化和官僚化。当前，社会矛盾复杂化、多样化，原有民间性纠纷解决机制难以满足社会需求，因此各地在加强人民调解功能的时候，都在不同程度上加大了官方解决纠纷的力度，形成官民并举的格局，这在一定程度上强化人民调解解纷功能。但是，这种官方权力的渗透正是人民调解招致"行政化"、"权力化"质疑的主要原因。[1] 范愉教授对此作出较为独特的概述："在'大调解'格局中，乡镇以上的调解机构与原有的民间自治性调解组织不同，实际上具有行政乃至准司法特点和功能。"[2] 江苏南通的大调解机制就是在突破过去人民调解由司法行政部门归口管理体制局限的基础上而形成的由党委政府统一领导、政法综治牵头协调、调处中心具体负责、司法行政部门业务指导、职能部门共同参与、社会各方整体联动的社会矛盾纠纷大调解工作新格局。这无疑使得人民调解在性质上发生变化，层级

〔1〕 参见范愉：《纠纷解决的理论与实践》，清华大学出版社 2007 年版，第 550 页。
〔2〕 参见范愉：《纠纷解决的理论与实践》，清华大学出版社 2007 年版，第 549 页。

上更加分明，形成科层式人民调解组织。"大调解"模式体现了行政调解与人民调解衔接的性质，也是当前国家权力不断强大、向民间逐步渗透的一种表现方式。国家试图通过人民调解实现其对民间的社会控制，实现社会治理。[1]

（三）司法化

随着调解在中国的制度化，"调解已经越来越类似于审判了"。[2] 司法化体现为人民调解的程序化。由于以往人民调解的非程序化，导致调解的随意性，因而在效力上受到普遍质疑。各地的创新经验中，也注重调解的程序化。这种政府推动型人民调解能及时、迅速处理纠纷，并且有更高的权威性，更符合中国人自上而下的控制服从的心理。各地以地方文件形式规定人民调解程序和效力，从确立调解协议合同效力，到现在强化法院的司法确认程序，都体现出人民调解组织的权力化和司法化。"使得调解不仅仅是解决民间纠纷的手段，同时也变成了实现国家法目的的一种制度"。[3] 这种司法化的人民调解可以理解为棚赖孝雄教授所提出的"同向的调解"[4]，人民调解通过不断的司法化提升其纠纷解决能力，以保证民众对审判式处理的期待。这种模式的出现会使得人民调解从原本的"教化型调解"向"判断型调解"[5] 的转变，从而使得人民调解失去其原有利用道德教化的本性。

（四）能动性

能动性人民调解体现出人民调解奉行的是积极主义，这在当前各地人民调解的再组织过程中表现尤为明显。1999 年初，在第四次全国人民调解工作会议上，司法部把"调防结合，以防为主"的工作方针改为"调防结合，以

---

〔1〕 在"大调解"格局中，传统的人民调解的组织网络不断横向和纵向发展，纵向上向上延伸至市级，向下延伸至村民小组；在横向上，包括行政调解、专门性纠纷调解、行业性调解，乃至法院诉前调解，都以人民调解的组织形式运作。

〔2〕 樊堃："调解的传统与创新"，载徐昕主编：《司法·第 5 辑·调解的中国经验》，厦门大学出版社 2010 年版。

〔3〕 ［日］宫崎澄夫：《调解法的理论与实际》，东洋书馆 1942 年版，第 21、28 页。转引自季卫东：《法律程序的意义——对中国法制建设的另一种思考》，中国法制出版社 2004 年版，第 78 页。

〔4〕 棚赖孝雄提出同向性调解和异向性调解，主要是人们对审判期望为标准划分标准。［日］棚赖孝雄：《纠纷的解决与审判制度》，王亚新译，中国政法大学出版社 2004 年版，第 52 页。

〔5〕 判断型调解是作为一种与审判同向的纠纷处理方式，把发现法律上的正确作为调解的首要目标，同时降低诉讼成本是其固有长处。该类型的调解即可以节约成本，又与审判追求法律上正确处理的价值取向相类似。

防为主，多种手段，协同作战"。在该方针的指导下，各地的探索模式都呈现出大调解的格局。各地建立起以人民调解为基础，人民调解、行政调解、司法调解有机衔接、相互配合的大调解体系，该体系突出的特色在于，将化解纠纷与预防纠纷相结合。也就是说，将调解工作向前延伸，既搞好"灭火式调解"，又搞好"防火式调解"，充分发挥调解工作在预防和解决纠纷中的双重功能。

（五）形式多样化

在各地的探索中，人民调解出现模式的多样化，实现人民调解的专业化、社会化，如"小小鸟人民调解委员会"、"人民调解李琴工作室"、深圳西乡的"说事评理"机制、湖南省华容县的"民调评议制度"和"广安模式"。"李琴工作室"创建了人民调解专门化、职业化、社会化转变模式，其保留了人民调解的自治性，同时提高了利用地方资源的能力，增强调解权威。另外，"李琴工作室"与政府签协议形成"政府购买"的创新机制[1]，具有很强的延续力。湖南省华容县的"民调评议制度"让社会参与人民调解评议，减少了人民调解的随意性，保证了人民调解的公正、公平、合理；当地职能部门单位和亲属的参与，增强了当事双方对人民调解结果的认同感，减少了调解出现反复的情况，群众对人民调解更加信赖，该模式对人民调解制度改革提供了新的思路。

广安模式的初衷和目标是建立自治性的人民调解组织，整合各种人民调解资源，实现在人民调解范围内的"大调解"模式。该经验为人民调解改革提供了一种新的思路，即实现人民调解层级的提高，又实现人民调解自治化。

（六）功能多元化

按照《人民调解委员会组织条例》的规定，人民调解的范围仅限于公民之间有关人身、财产权益和其他日常生活中发生的纠纷。2002 年《人民调解工作若干规定》对此作了扩大，人民调解委员会调解的民间纠纷"包括发生在公民与公民之间、公民与法人和其他社会组织之间涉及民事权利义务争议的各种纠纷"。但从实践来看，这一范围仍明显偏窄。在上述模式中，不少地方将轻微刑事案件纳入到调解的范围内，如"李琴工作室"与公安派出所联

---

〔1〕　参见范愉："社会转型中的人民调解制度——以上海市长宁区人民调解组织改革的经验为视点"，载《中国司法》2004 年第 10 期。

手，委托调解各类轻伤害案件。其实，对于轻微刑事案件的和解应归到人民调解制度适用范围内。人民调解制度在探索刑事和解制度中承担重要的"第三方"角色。这在理论界已经有不少论述。[1] 这预示着一种方向，随着社会发展实践，传统纠纷解决理论和实践开始向行政和刑事领域拓展。

### 四、通过政府推动迈向自治型人民调解

在转型期的中国，矛盾复杂化和多样化，由此而使得政府在社会控制过程中不得不借助多元化的纠纷解决机制，人民调解正是作为民间很重要的解纷机制而受到前所未有的重视。目前虽难以判断各地人民调解探索已成功"接受了实践的检验"[2]，但毫不怀疑这是一种非常有益的探索。但是，在政府的推动下，当前人民调解的中国经验模式具有明显的国家干预和政府导向性，对宪法规定的对人民调解性质、定位提出了挑战，造成了理论与实践相冲突与相背离，也引起不少学者的担忧。

对此，笔者认为，在讨论人民调解制度改革方面，应慎重分析以上特征出现的原因，以此在多样化的中国经验中提炼出人民调解模式定位、改革方向和路径选择。我国当前人民调解出现科层化、行政化的原因是原有人民调解组织难以应对转型期中国的社会现状，因此出现"自治型"人民调解的衰落。各地都借助人民调解的"外壳"而进行再组织，也遭到违背人民调解的民间性、自治性的质疑。"宪法确立的以基层自治为基础的人民调解混同于其他纠纷解决机制，逐渐使其失去自身的特质和生命力。"[3] 但是，笔者认为，出现政府干预等主要原因是我国目前社会自治方面不足，各种自治性组织尚未发展起来。随着社会自治的正当性得到认同，社会自治组织的不断发展壮大，以及其社会自我管理能力的增强，自治型人民调解组织的构建也必将是

---

〔1〕 参见史立梅："刑事和解：刑事纠纷解决的'第三领域'"，载《政法论坛》2007年第6期。陈瑞华教授将实践中人民调解委员会主持调解刑事和解归纳为"人民调解委员会调解模式"，参见陈瑞华："刑事诉讼的私力合作模式——刑事和解在中国的兴起"，载《中国法学》2006年第5期。

〔2〕 当前对人民调解制度的创新，可能存在有关机关为政绩考核而使得创新模式实效性与宣传上具有较大的差距，徒具形式。如尽管官方数据表示，2009年，人民调解组织调解民间纠纷767多万件，调解成功率达97.2%，且这几年人民调解在纠纷解决方面发挥重要的作用。但朱景文教授通过数据分析诉讼与人民调解之间的关系，得出"人民调解不可能对诉讼起到分流作用"。参见朱景文："中国诉讼分流的数据分析"，载《中国社会科学》2008年第3期。

〔3〕 参见范愉：《纠纷解决的理论与实践》，清华大学出版社2007年版，第570页。

时代的潮流。因此，我们始终都应当以自治性为人民调解基本定位，"自治型人民调解"应当成为人民调解中国经验模式的探索方向。

但是，在迈向自治型人民调解的路径选择上，笔者认为，在我国二元化的"国家——社会"结构中，人民调解改革仍会沿着借助法律强化国家干预、通过人民调解实现国家的社会控制的道路进行，即"法律治理化"[1]。但这并不是完全否定国家干预，而是在具体模式上"借助国家干预实现人民调解自治"。在迈向自治型人民调解的过程中，应当注意以下几个方面：

（1）制度化而非单一化。自治型人民调解是调解组织定性上呈现单一性，但在表现形式上却可以是多样化的。因而在人民调解迈向制度化、正式化的过程中，注意制度化并不是单一化。由于当前人民调解组织形式的专业化、行业化，以及社会二元结构的分化，人民调解在制度化的时候要保证人民调解机制的发展空间，而非对其进行简单的一刀切式的截断，不能过分追求人民调解的组织、程序的正式化，调解人员的专业化，调解依据的制度化等，要保证制度运作能满足社会多元化的需求。

（2）有限度的能动性。发挥人民调解的事前预防、事后处理的双重功能，对预防纠纷、化解纠纷具有重要意义，但是，由于当前人民调解的科层化倾向，因而可能会出现压制性调解；也有在"诉调对接"机制的运用中，过分强调人民调解前置性，这无疑是对当事人程序选择权的侵犯。因而，人民调解能动性应当是有限度的。在未来的改革过程中，应当以当事人主体性原则和当事人处分原则为基础，构建起"有限度的能动型人民调解"。

（3）程序化与随意性的协调。人民调解程序化、规范化是司法化的表现形式之一。尤其是在行业性调解和专业化调解中，程序化更加明显。但是，在城乡二元结构下，人民调解机理也存在差异，城市中人民调解更多表现为"判断型人民调解"，在程序、协议的司法确认都倾向于司法化，而农村人民调解组织仍应定性为"教化型人民调解"，在调解过程中更注重道德说教，程序上也更加随意。因此，在未来的人民调解机制构建中，应当注重人民调解的程序化和随意性的多元化融合，构建起结果导向型与程序导向型相结合的人民调解。

---

〔1〕　强世功：《法制与治理——国家转型中的法律》，中国政法大学出版社 2003 年版，第 123 ~ 124 页。

## 五、结语

《人民调解法》刚刚通过，为人民调解制度运作提供了立法保障，并规定了人民调解委员会为群众性组织的法律定位，但这并不意味人们对人民调解制度探索脚步的停滞，人民调解中国经验模式探索仍应当向自治性方向迈进，将"书本上的法"向"行动中的法"转变。一方面，我们应当继续为多元化纠纷解决机制提供有力立法保障；另一方面，我们应该在此基础上，充分发扬中国的调解传统，不断创新主动去适应新时期发展的需要。在此过程中，并不是否定国家干预的必要性，而是力图厘清国家干预的界限，使国家与社会纠纷解决权得以良性互动，[1] 以此实现迈向自治型人民调解的目标。

---

〔1〕 宋明："人民调解的现代定位：纠纷解决机制中的'第三领域'"，载《法制与社会发展》2008 年第 3 期。

# 第 16 章　权力网络中的村落调解组织

本章着眼于村落一级的纠纷调解，从两个维度展开分析，一是结合广东实际对村调委会的历史和现状进行考察。对村调委会由来的讨论以文献考察为主，着重于制度变迁的分析；现状部分的讨论以粤东饶平、普宁、陆丰三县市 30 个村的统计分析为基础，分析村调委会在村级权力结构中的位置，以及村调委会主任的人选、待遇等情况。二是对潮汕地区别具特色的老人协会进行考察，重点分析它和村级其他权力组织的关系，以及在村落纠纷调解中的作用。

## 一、村调委会的由来和法律规制

广东村级单位的名称，在文革结束后到上世纪 90 年代末期经历了从大队到乡到管理区再到村的更迭。1958 年人民公社化以后到文革结束后的 1984 年，跟全国大部分地区一样，那时的村级单位称为大队。1984 年后广东撤大队建乡，大约存在了有 5 年多时间。如今驱车或行走在广东的乡村，不时还能看到在村道的入口处竖立着某某乡的牌楼，如在汕头市区金砂东路上就有金砂乡额牌楼，显然是那时行政建制的遗留物。阅读上世纪八九十年代留下来的法院案卷，也不时能读到某某乡一类的行政单位。

大约在 1989 年，除广州、深圳、珠海外，广东其他城市的乡被改为管理区办事处，作为乡镇政府的派出机构。管理区制度在广东存在了长达 10 年之久，明显与《村民委员会组织法（试行）》相违背，和全国其他省份的实践不相统一。这 10 年的管理区制度，既是广东省"先行先试"探索精神的体现，也见证了广东省在本土干部主政期间和中央的微妙关系。

1998 年时任广东省委书记的李长春在中山等地调研时，意识到管理区制度存在的弊端。在其指示下，广东省成立了理顺农村基层管理体制领导小组，大约用了一年多的时间废除了管理区制度，1999 年村委会选举在广东全省全面铺开。[1] 村民自治制度在《村民委员会组织法》颁布 10 多年后终于在广东全省推行。

在现有的制度框架内，村调解委员会依托于村民委员会，是其下属的委员会，但究其渊源，则远早于现在的村民自治制度。

（一）村调解委员会的渊源

探寻村调解委员会的由来，可以追溯至 1949 年前的两个源头，一是解放区及前身抗日根据地时期的人民调解委员会；二是国民党统治区的区乡镇坊调解委员会。

解放区及前身抗日根据地时期的人民调解制度以陕甘宁边区为代表，其形式涵括了民间调解和社会团体调解。民间调解即由当事人邀请邻里和亲友出面居中调解，调解人由邻里和亲友等担任。另外，边区政府在各级群众团体中成立调解委员会，对本团体中成员之间的纠纷进行调解，这就是社会团体调解。[2] 陕甘宁边区的人民调解跟政府调解、司法调解一起构成一种全民参与型的调解。根据侯欣一教授的研究，这种全民参与型调解的技术包括了这样一些：一是深入基层调查研究，不搞坐堂办案；二是做好调解预案，不搞无准备的调解，掌握主动权；三是注意调解人的选择，在民间调解实践中，参与调解工作的调解人有劳动英雄、有威望的公正人士、公正士绅、德高望重的长者、主持公道的老人，此外还有四邻、地邻、亲友、双方户族长老、基层干部等等；四是调解人员与当事人之间保持必要的中立；五是动之以情与晓之以理相结合；六是制定调解书。[3] 在不断的探索过程中，逐步确立了人民调解的三大原则：调解不是诉讼的必经程序；调解必须双方自愿；调解必须遵守政府法令，照顾善良习惯。这三大原则成为 1949 年后人民调解的核心原则。

探究陕甘宁边区人民调解制度产生的原因，一般认为是由两个历史条件

----

〔1〕"广东民政厅官员谈村民自治：称感到悲观失望"，载 http://www.snzg.cn/article/2011/0614/article_24376.html.

〔2〕侯欣一：《从司法为民到人民司法——陕甘宁边区大众化司法制度研究》，中国政法大学出版社 2007 年版，第 280～281 页。

〔3〕侯欣一：《从司法为民到人民司法——陕甘宁边区大众化司法制度研究》，中国政法大学出版社 2007 年版，第 286～292 页。

促成的：一是为了克服抗日战争时期物质供应的困难而开展的精兵简政运动，使司法资源极度短缺，调解这一非诉讼解决机制被提倡。二是始于 1942 年的延安整风运动为人民调解制度奠定了思想和作风基础。[1]

考察陕甘宁边区人民调解的制度本质，除看到调解具有的解决纠纷的司法功能外，还须看到调解所具有的政治功能，那就是在调解过程中灌输共产党的意识形态，达到教育群众，改造群众，进而改造整个社会的目的。[2]

陕甘宁边区的人民调解兼具解纷的司法功能和改造社会的政治功能，这无疑对 1949 年后人民调解制度的建设和发展产生影响。与此同时，我们也须对国民党统治区区乡镇坊调解委员会制度的影响给予关注，这种影响以间接地方式对陕甘宁边区的调解制度产生影响，然后又通过后者影响到 1949 年后的人民调解制度。

国民党在形式上统一中国后，1931 年 4 月 3 日南京国民政府颁布了《区乡镇坊调解委员会权限规程》。该规程对调解委员会的规定，明显地受到了 20 世纪 20 年代阎锡山在山西推行的息讼会制度的影响。就调解范围而言，《区乡镇坊调解委员会权限规程》规定调解委员会调解民事案件和轻微刑事案件（第 3、4 条）。在具体运作上，区调解委员会受区公所的监督，乡镇坊调解委员会则受乡镇坊公所的监督。调解委员会在调解事项以前应先向区公所或乡镇坊公所报告，如调解成立应叙列当事人姓名、年龄、籍贯及事由概要，并调解成立年月，如由区调解委员会调解，则报告于区公所，同时报县政府及该管法院，如是由乡镇坊调解委员会调解，则先报乡镇坊公所，然后转区公所，分报县政府及该管法院。[3] 因此，按照 1931 年的《区乡镇访调解委员会权限规程》，调解委员会在国家的严密监督之下运作。

（二）村调解委员会的法律规制

解放后对调解委员会的最早法律规制，可溯及 1954 年 3 月 22 日由政务院颁布的《人民调解委员会暂行组织通则》（以下简称《暂行组织通则》），当时规定，调解委员会的设立，在农村以乡为单位，调解委员会由委员三人至十一人组成。调解委员会委员由乡人民代表大会推选。

---

〔1〕　侯欣一："陕甘宁边区人民调解制度研究"，载《中国法学》2007 年第 4 期。

〔2〕　强世功："权力的组织网络与法律的治理化——马锡五审判方式与中国法律的新传统"，载强世功编：《调解、法制与现代性：中国调解制度研究》，中国法制出版社 2001 年版，第 231 页。

〔3〕　《中华民国现行法规大全》，商务印书馆 1933 年版，第 322 页。

当时规定以乡为单位设立调解委员会，是和建国之初基层政权建设现状紧密相关的。共产党取得政权之处，基层政权单位有两种形式，即在东北、华北等老解放区是行政村，其他省份是乡。行政村是在抗日战争和解放战争中形成的，一般规模较小，平均每村1500人左右。华东、中南、西南各省在解放初期仍保留着国民党统治时期的大乡制，这种大乡制管辖范围较广。针对上述情况，这一时期对乡政权进行了调整，将新解放区的大乡划小，将旧解放区的行政村逐步改为乡。[1] 这样到1954年第一部宪法颁布时，乡、民族乡、镇被确定为最基层的行政单位。1954年后的农业合作化运动中，政府对乡以下的社会管理更加细化，乡镇的行政区划也由小变大，乡以下的农村社会的管理被逐步具体化，行政村开始出现。因此，在1954年《宪法》颁布前夕由政务院颁布的《暂行组织通则》，将调解委员会设在乡一级而没有在村一级出现，是由当时的基层政权建设现状决定的。

1982年《宪法》首次在根本大法中对人民调解制度进行了规定。第111条规定："居民委员会、村民委员会设人民调解、治安保卫、公共卫生等委员会，办理本居住地区的公共事务和公益事业，调解民间纠纷，协助维护社会治安，并且向人民政府反映群众的意见、要求和提出建议。"该条明确了在农村地区村民委员会内设立人民调解委员会，而不是1954年《暂行组织通则》所规定的在乡一级设立。1987年11月24日颁布的《中华人民共和国村民委员会组织法（试行）》以上述宪法规定为依据，在第14条对村民委员会内的下属委员会的设置进行了规定："村民委员会根据需要设人民调解、治安保卫、公共卫生等委员会。村民委员会成员可以兼任下属委员会的成员。人口少的村的村民委员会可以不设下属的委员会，由村民委员会成员分工负责人民调解、治安保卫、公共卫生等工作。"

此后于1989年6月17日由国务院颁布的《人民调解委员会组织条例》（以下简称《组织条列》）将村居一级调解委员会制度更加规范化和具体化。第3条规定了人民调解委员会由委员三至九人组成，设主任一人，必要时设副主任，委员除由村民委员会成员兼任外，其他委员由群众选举产生，每三年改选一次，可以连选连任。这一条规定说明了调解委员会成员来源于两个渠道，一是由依据《村民委员会组织法》选举产生的村民委员会成员兼任，

---

[1] 江燕："新中国农村基层政权初创时期的历史考察"，载《当代中国史研究》2009年第4期。

二是由其他选举方式选举产生。两者均强调了选举这一产生方式，而 1954 年的《暂行组织通则》只规定调解委员由乡人民代表大会推选，推选有推举选任的意思，其内涵应没有选举的民主意味浓厚。《组织条例》还确立了人民调解委员会的调解原则，那就是依法调解原则、自愿原则、尊重当事人诉讼权利原则、保密原则、免费原则。其中依法调解原则和自愿原则、尊重当事人诉讼权利原则继承了 1954 年《暂行组织通则》的规定，保密原则和免费原则则为新增加的原则。

经历了 20 世纪 80 年代的复兴以后，20 世纪 90 年代人民调解委员会的建设相对来说较为沉寂，法律规定也较少，较为引人注目的是 1991 年 4 月 9 日颁布的《民事诉讼法》。该法单列一条对人民调解委员会进行了规定，以基本法律的形式进一步确立了人民调解委员会制度。2007 年《民事诉讼法》第 16 条对人民调解委员会的指导机构和调解原则做了规定："人民调解委员会是在基层人民政府和基层人民法院指导下，调解民间纠纷的群众性组织。人民调解委员会依照法律规定，根据自愿原则进行调解。当事人对调解达成的协议应当履行；不愿调解、调解不成或者反悔的，可以向人民法院起诉。人民调解委员会调解民间纠纷，如有违背法律的，人民法院应当予以纠正。"

经过了 20 世纪 90 年代的沉寂后，再次勃兴则是在新世纪之后。2002 年 9 月 24 日中共中央办公厅、国务院办公厅转发了《最高人民法院、司法部关于进一步加强新时期人民调解工作的意见》的通知，指出原有的人民调解工作范围、组织形式、队伍素质等已经不能完全适应新形势的需要，要求人民调解工作要与时俱进，开拓创新，认真总结几十年来的成功经验，借鉴其他国家的有益做法，建立新机制，研究新情况，解决突出问题。同一年分别由最高人民法院颁布的《关于审理涉及人民调解协议民事案件的若干规定》、司法部制定的《人民调解工作若干规定》均于 11 月 1 日实施，以司法解释和部门规章的形式强化了人民调解的相关制度。最高人民法院关于调解协议的司法解释，明确了人民调解协议的性质和效力，那就是人民调解协议具有民事合同效力，初步解决了长期以来困扰人民调解工作的效力不足问题。司法部的《人民调解工作若干规定》对人民调解委员会的工作范围、组织形式、调解行为和活动程序等作出了具体的规定，将人民调解委员会的设立形式从村居一维扩大到了多维，包括了乡镇、街道、企事业单位、区域性、行业性人民调解委员会。对村一级人民调解委员会成员的产生方式也从过去的通过选举方式扩大到了通过聘任的方式，这一点无疑促进了调解委员来源的多元化。

回顾总结 1949 年后人民调解的法律规制历程，大致可以归纳为以下三点：一是调解委员会委员的产生办法经历了推选到选举再到选举和聘任并用的方式，进入新世纪以后，调解委员的来源渠道无疑多元化了。二是人民调解的基本原则虽略有修正，但核心原则没有产生根本性变化。依法原则、自愿原则、尊重诉讼权利原则是核心，为 1954 年《暂行组织通则》所规定，保密原则和免费原则则为 1989 年《组织条列》所新增加。三是调解协议的效力问题在新世纪逐步受到重视，并得到初步解决，确认人民调解协议具有民事合同效力。

### 二、村权力结构中的调委会

村调解委员会作为一个制度术语，在 1982 年《宪法》中，它被定位为基层群众性自治组织中办理民间纠纷调解的组织。然而，在实际运转中其所包含的组成主体是多元的，这种多元性体现在，调解委员会是一个松散性机构，其内部组成人员的来历，除规定通过选举和聘任产生外，制度上并没有给予更详细的规定。尽管《人民调解委员会组织条例》对其组成人员的数量有所规定，但如何组成则因地制宜因时而变。因此，要了解和把握村调委会的运作实态，首先必须把握该组织在村级权力结构中的位置。

这里的村级权力结构，是指在制度化的村级权力体系中，在社会分工基础上形成了权力主体之间的相互关系，相互关系的博弈结果决定了该主体在结构中的位置。权力资源的稀缺性决定了权力的博弈是个动态的过程，因此，基于社会分工的权力资源配置也是处于不断的变化之中。在村一级，一般来说，核心权力主体有二，一是共产党的基层组织，依党员人数的不同，基层组织分别被称为党委、党总支、党支部。二是村民委员会，依据《宪法》和《村民委员会组织法》而成立，是村民自我管理、自我教育、自我服务的基层群众性自治组织，实行民主选举、民主决策、民主监督。

（一）村权力结构中的调解主任：以隆都镇五村为例

为了揭示村权力结构中调解委员会的实际状态，我们选择了澄海区的 L 镇进行调研，随机抽取了 L 镇上西村、前沟村、南溪村、东山村、后沟村 5 村，并对 5 村的两委班子成员组成名录进行考察。表 1 到表 2 罗列了这些村两委班子的人员名单，表格中除人员名单外，还有其所担任的职务、分管工作等内容。

表 16-1：上西村两委班子成员一览表（2010 年 5 月 13 日）

| 姓名 | 职务 | 分管工作 | 备注 |
|---|---|---|---|
| 陈某泽 | 总支书记、村委会主任 | 党政全面工作，分管财经 | |
| 肖某胜 | 总支副书记 | 抓政法，分管组织、宣传、纪检、教育、侨务 | 兼户籍员 |
| 张某莹 | 总支副书记、村委委员 | 分管妇女、社事、计生、青年 | 兼妇女主任、共青团书记、出纳 |
| 陈某英 | 总支委员、村委会副主任兼大巷支部书记 | 分管治安、民兵、调解、负责大巷全面工作 | 兼治安、调解主任、民兵营长 |
| 张某平 | 村委会副主任 | 分管合作医疗、老协、村务、财务公开 | 兼会计、统计 |
| 肖某标 | 村委委员 | 分管农业、工业、村建、国土、安全生产、卫生 | |
| 肖某明 | 总支委员、兼樟山支部书记 | 负责樟山全面工作 | |
| 伍某本 | 总支委员、兼关脚支部书记 | 负责关脚全面工作 | |
| 陈某雄 | 总支委员、兼田边支部书记 | 负责田边全面工作 | |
| 夏某意 | 总支委员、兼夏厝支部书记 | 负责夏厝全面工作 | |
| 陈某荷 | 总支委员、兼东乡支部书记 | 负责东乡全面工作 | |
| 张某满 | 总支委员、兼冠美支部书记 | 负责冠美全面工作 | |

　　资料来源：L 组干（2010）3 号文，中共 L 镇党委"确认两委班子成员工作职务的通知"。

　　上西村位于 L 镇的东部，东邻东山村，南隔南溪与溪南镇相邻，下辖大巷、樟山、关脚、田边、夏厝、东乡、冠美 7 个自然村，有 1302 户，人口5000 多人。在上西村，陈是大姓，7 个自然村中占了 4 个，另外 3 个自然村分别是肖姓、张姓、夏姓单姓村。在上西每个自然村便是经济联合社，拥有一般行政村的经济管理权限，如土地出租、承包地宅基地分配等，故这7个自然村较为特别，并不是一般意义上的村民小组，当地人常戏称上西村为"联合国"，一种松散的联合体。

上西村是个纯农地区，有耕地1480亩，农民年均收入约在3500元左右，集体经济薄弱。村里有一家L镇最大的私营企业，名为文辉食品公司，有员工300人。各自然村的集体收入主要依靠土地出租和出让。如在有280户家庭，人口1200左右的大巷村，集体经济收入主要靠河塘发包取得的租金，一年收入约在10万元左右。

上西村共有两委委员12人，书记、主任由同一人担任。担任上西村调解主任一职的是陈彦英，采访时年龄58岁，2005年开始担任调解主任一职。不过，调解主任一职只是他担任的众多职务中的一种，除此以外，他还是村总支委员、村委会副主任、大巷支部书记、治安主任、民兵营长。[1] 在上西村，由于调解主任由村副主任兼任，加之同时又是村总支委员，因此，在村级权力机构中处于较为强势的位置。

上西村干部的补贴由市、区、镇财政支付一半，分别是书记每月800元，副书记每月700元，村委会委员每月600元。另外一半由干部所在的自然村负担，行政村因没有经济权限，无力支付。各自然村的收入很不平衡，表中担任副书记的张某莹，来自冠美自然村，土地多，主要通过将农用地出租给本村村民的方式获得租金，一年的收入在30万左右，经济条件相对较好，所以张某莹的补贴就比较有保障。而同为副书记的肖某胜，来自集体收入较差的樟山村，村集体已向其拖欠了津贴3万多元。调解主任陈某英所在的自然村大巷村，集体经济收入在10万元左右，其津贴基本能按时兑现。

表 16-2：后沟村两委班子成员一览表（2010 年 4 月 8 日）

| 姓名 | 职务 | 分管工作 | 备注 |
|------|------|----------|------|
| 许某名 | 总支书记 | 负责村党政全面工作 | |
| 许某焕 | 村委会主任 | 负责村政全面工作，抓计生线，分管财经 | |

---

[1] 2010 年 6 月 30 日下午，在上西村村部采访村两委成员肖某胜、张某莹等。

续表

| 姓名 | 职务 | 分管工作 | 备注 |
|---|---|---|---|
| 许某群 | 总支副书记、村委副主任 | 抓党群、分管组织、宣传、纪检、工贸业、安全生产 | |
| 许某民 | 总支副书记、村委委员 | 抓政法线，分管经管、村建、国土 | |
| 许某泉 | 总支委员 | 分管卫生、环保、水、电、市场、老协 | |
| 许某青 | 总支委员 | 分管农业生产、工农业统计、广播 | 兼治安、调解副主任 |
| 许某彻 | 村委副主任 | 分管合作医疗、防疫、文教、侨务 | |
| 金某吟 | 村委委员 | 分管妇女、民政、计生 | 兼妇女主任、调解副主任、出纳员 |
| 许某任 | 村委委员 | 分管治安、调解、民兵 | 兼治安、调解主任、民兵营长 |
| 吴某达 | 总支委员、兼东沟党支部书记 | 负责东沟全面工作 | |
| 许某彬 | 共青团书记 | 分管青年 | 村聘用干部、主管会计，兼文书、户籍员 |
| 许某仙 | 村计生信息员 | 负责计生信息工作 | 民政助理、协助村资料工作 |

资料来源：L 组干（2010）1 号文，中共 L 镇党委"确认两委班子成员工作职务的通知"

后沟村在 L 镇的东南部，东隔南溪与 X 镇相邻。有人口 5000 多人，由大姓许和小姓吴组成，两姓组成两个独立的经济联合社，下分 5 个大片、10 个小组。村里出去打工的不少，在村务农的以种植番石榴为主，平均下来一年的收入约在万元左右。许姓有总祠堂一个，设在沟下自然村的市场，在沟头、沟尾、沟东、西厝、南厝、大夫都有分祠堂。上表显示，两委班子由 10 名成员组成，书记、主任没有交叉，调解主任许某任是村委委员，另兼治安主任和民兵营长。他高中毕业后在河南安阳当兵，退伍后回家经营企业，大概有五六年的光景。两年前村里改选，他当选为委员，分管调解、治安等事务。每月村里补贴 600 多元，另县财政补贴 700 多元，这样一月的收入约在 1300

多元。村集体的收入主要依靠土地出租，一亩地的租金在 550 元到 700 元不等。一个月村里的集体支出则在 4 万元到 5 万元左右，其中两委委员和小组长的补贴就达 1 万元左右。尽管村里配了两位调解副主任，村里的纠纷一般都由他一人来调解，遇到复杂的如土地纠纷，则会寻求专门人员的协助。[1]

表 16-3：东山村两委班子成员一览表（2010 年 4 月 20 日）

| 姓名 | 职务 | 分管工作 | 备注 |
|---|---|---|---|
| 陈某亮 | 总支书记、村委主任 | 负责村党政全面工作 | |
| 陈某龙 | 总支副书记 | 抓党群，分管组织、宣传、纪检、工贸、安全生产、文教、青年、合作医疗 | 兼共青团书记、村务公开 |
| 陈某雄 | 总支副书记、村委委员 | 抓政法、计生，分管治安、调解 | 兼治安主任、调解主任 |
| 陈某君 | 总支委员 | 分管社事、计生、妇幼 | 兼妇女主任、出纳员 |
| 陈某喜 | 总支委员 | 分管农林水、民兵、卫生、水、电 | 兼民兵营长、后勤 |
| 陈某明 | 村委副主任 | 分管经管 | 兼会计、户籍 |
| 陈某雄 | 村委副主任 | 分管财经、国土、村建、环保、侨务 | |

资料来源：L 组干（2010）2 号文，中共 L 镇党委"确认两委班子成员工作职务的通知"。

东山村位于上西村的东侧，东邻 LH 镇，为陈姓单姓村，人口约有 2300 人，少于上述的上西和后沟两村。村部办公大楼刚刚落成投入使用，装潢气派，听司法所的小黄讲，总投资约有 100 多万，由村筹款集资兴建。村里有多人在区、市政府担任要职，大部分投资来自政府。村集体的收入有限，村里有 500 亩土地，除分配给村民外，村委保留部分土地用于出租，通过收取租金来维持村"两委"组织的运转。村民主要的经济收入则依赖于种植番石榴等水果和凉果加工。村里从事凉果加工的均为小作坊，雇工大约在十几人

---

[1]　2010 年 11 月 16 日下午，在隆都镇司法所采访调解主任许某任。

左右。村有总祠堂 1 个，下分 3 个房，每房没有分祠堂，但仍保留有公厅。

东山村现共有两委委员 6 人，书记、主任由同一人担任。调解主任一职由陈某雄担任，他同时是村党总支的副书记、村委委员，另外还兼任治安主任一职。[1] 由于是村党总支副书记兼任，调解主任在村权力结构中处于较强势的位置。

表 16-4：南溪村两委班子成员一览表（2010 年间 11 月 18 日）

| 姓名 | 职务 | 分管工作 | 备注 |
|---|---|---|---|
| 赵某彪 | 总支书记、村委会主任 | 负责村党政全面工作 | |
| 赵某杰 | 总支副书记、村委会副主任 | 抓党群、计生，分管财经、宣传、文教、侨务、老龄、农村医保 | |
| 赵某炮 | 总支副书记、村委会副主任 | 抓政法，分管纪检、民兵、治安、调解 | 兼治安、调解主任、民兵营长 |
| 赵某权 | 总支委员、村委会委员 | 分管工业、安全生产、经管、农业、青年 | 兼共青团书记、统计、资料 |
| 赵某斌 | 南溪村党总支委员 | 分管组织、村建、国土、环卫、水电、卫生防疫，协助经管、农业、安全生产 | |
| 赵某香 | 村委会委员 | 分管妇女、计生、社事，协助调解 | 兼妇女主任、出纳员 |

资料来源：L 组干（2010）8 号文，中共 L 镇党委"确认两委班子成员工作职务的通知"。

南溪村位于 L 镇的东部，在上西村和东山村的南侧，有人口 3200 多人，但常住人口不到 2000 人，大量村民外出做生意和打工。村部在原来的村小学办公，办公场所较大但较为陈旧。南溪村的情形和东山村相似，也是单姓村，为赵姓。村保留有赵氏家庙，是总祠堂，下分四房，有 13 个分祠堂。村现有耕地 600 多亩，山林地 1000 多亩，村集体提成 5% 的土地出租，租金收入作

---

[1] 2011 年 9 月 7 日上午，我们到村里回访时，陈俊雄已经升任总支书记，但还同时兼任治安主任和调解主任。原总支书记陈某亮调到 L 镇担任文化站站长，原总支副书记陈某龙改任村委会主任。

为村"两委"的运转经费，包括给"两委"成员发补贴。村民主要的经济收入依靠种植番石榴、杨桃、荔枝等水果，现在已经不种植水稻了。村里有一家凉果厂，进行水果加工，有工人十多人。

南溪村共有两委成员6人，书记和主任由同一人担任。调解主任由赵某炮担任，他同时还是村总支副书记和村委会副主任，另兼有治安主任和民兵营长的职务，可以说身兼5职。他1974年高中毕业后，回村当了村书记的文书，1984年入党，然后便一直担任调解主任一职。其由于其所处的总支副书记和村委会副主任的位置，不难发现，调解主任在村权力结构中也处于较强势的位置。

表16-5：前沟村两委班子成员一览表（2010年6月24日）

| 姓名 | 职务 | 分管工作 | 备注 |
|---|---|---|---|
| 吴某驰 | 党总支书记 | 负责党政全面工作 | |
| 吴某忠 | 村委会主任 | 负责村整全面工作，抓计生，分管财经、侨务、环境卫生、老协 | |
| 吴某烁 | 总支委员 | 抓政法，分管组织、宣传、纪检、文教、民兵、合作医疗、青年 | 兼共青团书记、民兵营长 |
| 吴某文 | 总支委员、村委会委员 | 计生、社事、妇女、卫生防疫，协助调解、幼儿园管理等工作 | 兼妇女主任 |
| 吴某双 | 总支委员 | 分管生产、经管 | 兼统计员 |
| 吴某文 | 村委会副主任 | 分管国土、村建、工副业、安全生产 | |
| 吴某深 | 总支委员、兼沟墘党支部书记 | 负责沟墘全面工作 | |
| 许某群 | 总支委员、兼仙地头党支部书记 | 负责仙地头全面工作 | |
| 蔡某林 | 总支委员，兼后蔡党支部书记 | 负责后蔡全面工作 | |

资料来源：L组干（2010）5号文，中共L镇党委"确认两委班子成员工作职务的通知"。

前沟村位于 L 镇的东南部，吴姓为大姓，许和蔡为小姓，共有 4 个经济联合社。现有人口有 5300 多人，其中吴姓约有 3900 人，许姓有 900 多人，蔡姓有 500 多人，但常住人口只有 4000 人左右。轻工业、商业和水果种植业是前沟村村民的主要收入来源。轻工业以工艺品制造、玩具、毛衫编织、塑料加工等为主；外出从事商业活动的村民约有 200 多户；水果业以种植番石榴为主。

前沟村共有两委委员 9 人，调解主任一职由抓政法的吴某烁兼任。吴是党总支委员，还分管组织、宣传、纪检、文教、民兵、合作医疗、青年等事务，兼任共青团书记、民兵营长等职。在班子成员一览表中，我们还看到了担任总支委员、村委会委员的吴某文被要求协助调解，她同时还是妇女主任。由于只是由村总支委员负责调解事务，调解主任这一位置在前沟村的权力结构中并没有处于强势地位，但由总支委员分管调解事务，纠纷调解的"政法"色彩浓厚，纠纷调解的政治功能得以展现。

综合对上述表 1 到表 5 的考察，我们发现：第一，在 5 个村中，除前沟村外其余 4 村调解主任均是村委会成员，其中两人还担任村委会副主任职务。这说明担任调解主任的人选，除个别外，基本上是通过选举产生，聘任的比例较低。第二，除前沟村外其余 4 村调解主任均兼任治安主任，或更准确地讲，由治安主任兼任调解主任。将治安和调解合并，由同一人担任，在观念上，无疑将纠纷的处理和社会稳定联系在一起，主流的"政法"理念无疑决定了这样的安排。第三，调解主任一职全部由其他人员兼任，尽管兼任者在村权力结构中的位置总体上较为强势，但无一村实行调解主任专职化。第四，在前沟村，由总支委员分管调解事务，而非由村委委员兼任调解主任，说明了基层党组织对纠纷调解的直接介入，纠纷调解的政治功能得以延续。

（二）村权力结构中的调解主任：以潮汕 30 村为例

为了对上面 L 镇 5 村的抽样调查的结论进行进一步论证，我们扩大了研究的样本，将之扩大到了潮汕地区的其他三县市，它们分别是潮州市的饶平县、揭阳市的普宁市、汕尾市的陆丰市。

从 2010 年 10 月起笔者所在的大学承担了由李嘉诚基金会出资，与全国妇联合作实施的公益项目——村"两委"女干部培训试点项目，笔者作为授课教师承担了其中"协调、冲突和解决"部分的授课内容。项目的培训对象是来自潮汕地区汕头、潮州、揭阳、汕尾四市的担任村两委成员的女干部，培训为期一周。截止 2011 年 7 月底，培训班前后共培训了 200 多名学员。在培训期间，笔者前后组织了 4 次座谈会，邀请前 4 批的学员利用受训之外的休息时间进行座谈，座谈会的具体安排是这样的：2010 年 10 月 21 日邀请了第一期培训班中来自潮州市饶平县的 4 位学员进行座谈，地点在学员宿舍。2011 年 11 月 11 日邀请了第二期培训班中来自饶平县的 6 位学员，地点在笔者工作单位的会议室。2010 年 12 月 2 日邀请了第三期培训班中来自汕尾市陆丰市的 10 名学员，地点在笔者工作单位的会议室。最后一次座谈会安排在 2010 年 12 月 18 日，邀请了第四期培训班中来自揭阳市普宁市的 10 名学员，地点在学员居住的宾馆餐厅。四次座谈会还聘请了 3 名在读研究生协助，其中有一名懂潮汕话的研究生在交流出现困难时担任翻译。

　　对这 30 名访谈对象进行分析，分职务和学历两种类别考察。担任总支副书记的有 11 人，占 36.7%，其次是村委会副主任，有 8 人，占 26.7%，担任总支书记的有 6 人，占 20%。另有 4 名总支委员和 1 名妇代会主任，各占 13.3% 和 3.3%。从受访对象的学历看，除 1 人学历信息不明外，在 29 人中，初中毕业的最多，有 13 人，占 44.8%，高中毕业的有 11 人，占 37.9%，大专和小学毕业的各有 2 人，分别占 6.9%。受访对象较高的文化水平，基本保证了采访者和被采访者之间沟通的流畅；受访人员中担任的重要职务的比例较高，确保了所提供信息的准确性。详细信息见表 16-6 和表 16-7。

表 16-6：受访对象职务分类表

| 职务 | 数量（人） | 百分比（%） |
|---|---|---|
| 党总支书记 | 6 | 20 |
| 党总支副书记 | 11 | 36.7 |
| 村委会主任 | 0 | 0 |
| 村委会副主任 | 8 | 26.7 |
| 村总支委员 | 4 | 13.3 |
| 妇代会主任 | 1 | 3.3 |
| 合计 | 30 | 100 |

表 16-7：受访对象学历分类表

| 学历 | 数量（人） | 百分比（%） |
|---|---|---|
| 大专 | 2 | 6.9 |
| 中专 | 1 | 3.5 |
| 高中 | 11 | 37.9 |
| 初中 | 13 | 44.8 |
| 小学 | 2 | 6.9 |
| 合计 | 29 | 100 |

座谈采取的方式是，先由主持人介绍访谈的内容，对其中的关键概念进行解释，然后按照事先准备的表格，逐一采访，将相关信息填入表格中。表格中的信息涉及村的规模、宗族和村的关系（单姓还是多姓）、村班子的组成（支委和村委是否交叉等）、调解主任（调解委员）人选、老人组的活动，另外还有村民的经济收入情况以及村里的企业经营状况等信息。详细信息罗列于表 16－8 中，有关老人组的统计信息安排在下一部分。

表 16-8：潮汕 30 村基本信息和调解组织一览表

| 村名 | 规模（人） | 姓氏 | 村民收入 | 村班子 | 调解主任 | 补贴 |
|---|---|---|---|---|---|---|
| 饶平三饶镇 H 村 | 3000 | 单姓林 | 种植水稻，3 家陶瓷企业 | 4 人，交叉 | 聘任 | 400 元 |
| 黄冈镇 X 村 | 2600 | 单姓郑 | 养殖、捕鱼 | 5 人，交叉 | 村委兼治安和调解主任 | 700 元 |
| 新圩镇 C 村 | 4890 | 多姓，陈、罗、林 3 姓 | 种植青梅、龙眼等水果 | 10 人，不交叉 | 村委兼治保主任、调解主任 | 不详 |
| 三饶镇 Y 村 | 650 | 多姓，黄、林 2 姓 | 种植水稻、橄榄、芒果、养鱼 | 4 人，交叉 | 副主任兼调解主任 | 不详 |
| 大埕镇 S 村 | 14000 | 多姓，陈、林、吴等 7 姓 | 养殖、捕鱼 | 10 人，不交叉 | 聘任 | 300 元 |

续表

| 村名 | 规模<br>(人) | 姓氏 | 村民收入 | 村班子 | 调解主任 | 补贴 |
|------|------|------|------|------|------|------|
| 井洲镇 J 村 | 8000 | 多姓，麦、陈、叶等5姓 | 养殖、捕鱼 | 8人，交叉 | 村委兼治安和调解主任 | 500元 |
| 联饶镇 J 村 | 1900 | 多姓，余、庄2姓 | 种植蔬菜、水稻 | 7人，交叉 | 副主任兼调解主任 | 450元 |
| 联饶镇 Z 村 | 600 | 单姓郑 | 种植水果、水稻 | 4人，交叉 | 聘任 | 300元 |
| 联饶镇 G 村 | 1000 | 多姓，赖、黄2姓 | 种植水果、水稻 | 6人，交叉 | 副主任兼调解主任 | 400元 |
| 汤溪镇 H 村 | 1275 | 多姓，陈、黄、王等6姓 | 种植水果、水稻 | 4人，交叉 | 支委兼调解主任 | 330元 |
| 陆丰碣石镇 Q 村 | 7600 | 多姓，郭、蔡、陈等9姓 | 捕鱼 | 10人，交叉 | 村主任兼副书记兼调解主任 | 450元 |
| 碣石镇 H 社区 | 14900 | 多姓，陈、曾、黄等7姓 | 个体户 | 11人，交叉 | 副主任兼调解主任 | 500元 |
| 碣石镇 H 村 | 1884 | 多姓，苏、郭、徐等6姓 | 捕鱼 | 5人，交叉 | 支委兼调解主任 | 500元 |
| 碣石镇 X 村 | 11200 | 多姓，温、郑、蔡等11姓 | 种植水稻、蔬菜 | 10人，交叉 | 副书记兼调解主任 | 450元 |
| 碣石镇 S 村 | 19800 | 多姓，卢、翁、杨等9姓 | 个体户 | 11人，交叉 | 副书记兼调解主任、治安主任 | 440元 |

续表

| 村名 | 规模（人） | 姓氏 | 村民收入 | 村班子 | 调解主任 | 补贴 |
|---|---|---|---|---|---|---|
| 甲子镇 D 社区 | 8370 | 多姓，余、林、张等 11 姓 | 小生意、捕鱼 | 10 人，交叉 | 副主任兼支委兼调解主任 | 600 元 |
| 甲子镇 X 社区 | 3960 | 多姓，徐、李、钟等 4 姓 | 捕鱼 | 9 人，交叉 | 副书记兼调解主任，调解委员会有 3 人 | 520 元 |
| 博美镇 J 村 | 2208 | 多姓，林、蔡、吴等 5 姓 | 种植水稻、蔬菜、水果 | 4 人，交叉 | 村委兼调解主任兼治安主任 | 350 元 |
| 东海镇 D 社区 | 9400 | 多姓，黄、林、宋等 4 姓 | 小生意 | 10 人，交叉 | 支委兼调解主任，调解委员会 3 人 | 450 元 |
| 南塘镇 N 社区 | 30 000 | 多姓，黄、陈、林等 5 姓 | 种植水稻、打工 | 13 人，不交叉 | 副书记兼调解主任，调解委员会 3 人 | 350 元 |
| 普宁洪阳镇 D 村 | 2664 | 单姓方 | 打工、经商 | 5 人，交叉 | 聘任 | 不详 |
| 大坝镇 H 村 | 9699 | 多姓，韦、张 2 姓 | 打工、种植 | 7 人，交叉 | 副主任兼调解主任，另聘调解委员 1 人 | 副主任 800 元，聘任 700 元 |
| 广太镇 H 村 | 4627 | 多姓，黄、吴 2 姓 | 种植水果、蔬菜、树 | 8 人，不交叉 | 村委兼调解主任 | 800 元 |
| 梅塘镇 G 村 | 2100 | 单姓邱 | 打工、种植水稻、水果 | 6 人，不交叉 | 村委兼调解主任、治安主任 | 600 元 |
| 船埔镇 J 村 | 1065 | 单姓杨 | 种植青梅 | 6 人，不交叉 | 支委兼调解主任 | 600 元 |
| 流沙南街道 G 村 | 2314 | 多姓，黄、张、曾等 5 姓 | 打工、出租房屋、经商 | 5 人，交叉 | 村主任兼调解主任，另聘任调解委员 1 名 | 1000 元 |

续表

| 村名 | 规模（人） | 姓氏 | 村民收入 | 村班子 | 调解主任 | 补贴 |
|---|---|---|---|---|---|---|
| 流沙南街道 D 村 | 7450 | 多姓，黄、张 2 姓 | 家庭作坊（成衣、豆干）、打工 | 9 人，交叉 | 村委兼调解主任 | 1150 元 |
| 南溪镇 D 村 | 2569 | 单姓郭 | 种水稻、种地瓜、种绿化树、打工 | 5 人，交叉 | 村委兼调解主任、治安主任 | 800 元 |
| 梅塘镇 N 村 | 3030 | 多姓，王、林、李等 3 姓 | 种植 | 5 人，交叉 | 村委兼调解主任 | 800 元 |
| 广太镇 S 村 | 3001 | 多姓，李、郭、林等 3 姓 | 打工、经商、种植 | 4 人，不交叉 | 村委兼调解主任 | 800 元 |

对上表所列的信息进行分析，我们发现，30 个行政村既有多姓村，也有单姓村，其中以多姓村居大多数，有 23 个，占总数的 76.7%。单姓村 7 个，占总数的 23.3%。多姓村中 3 个姓氏以上的又有 17 村，占了多姓村总数的 74%。可以说，绝大多数为多个宗族聚集的行政村，一宗族对应一行政村的现象较不普遍。

就行政村的规模来说，如果我们将村的规模以 2000 人为间隔进行分类，从低到高依次分为甲、乙、丙、丁、戊、己 6 类，那么，甲乙两类行政村的比例超过了总数的一半。这说明，总的来讲，所考察的行政村以规模适中的居多，大型的，尤其是超大型的万人以上的行政村居少数。详细信息罗列于表 16-9 中。

表 16-9：潮汕 30 村规模统计一览表

| 类别 | 人数（人） | 数量（个） | 百分比（%） |
|---|---|---|---|
| 甲 | 1~2000 | 7 | 23.3 |
| 乙 | 2001~4000 | 10 | 33.3 |
| 丙 | 4001~6000 | 2 | 6.7 |

续表

| 类别 | 人数（人） | 数量（个） | 百分比（%） |
|------|-----------|-----------|-------------|
| 丁 | 6001～8000 | 3 | 10 |
| 戊 | 8001～10 000 | 3 | 10 |
| 己 | 10 000 以上 | 5 | 16.7 |

30 个行政村由于其所处的地理位置、自然环境各不相同，因此，其经济生存方式也有很大差别。所考察的饶平县沿海村大多以捕鱼和养殖为主，如黄冈镇 X 村、大埕镇 S 村、井洲镇 J 村。陆丰市的情况也基本相似，如沿海碣石镇 Q 村、H 村，甲子镇 X 社区，大都以捕鱼为生。如是山区的村，则往往以种植水果为主，兼有种植水稻和蔬菜的，饶平三饶镇、联饶镇的村基本是这样的情况，在普宁半山客居住的梅塘镇、船埔镇所辖的村子基本也有相似的情况。第三种对村民而言比较普遍的谋生手段，访谈中女村官谈及较多的，便是外出打工，无论是在沿海的村和还是山区的村均如此。如普宁市大坝镇 H 村的村党总支副书记告诉我们，村里青壮年的 30% 外出打工，主要前往珠三角的深圳，也有前往揭西的棉湖镇和普宁市的流沙镇打工的。梅塘镇 G 村的党支部书记江包告诉我们，青壮年人口的 40% 外出打工，主要前往深圳、广州，也有前往普宁的流沙镇的。另外，在普宁的流沙南街道和陆丰的碣石镇所辖的村子则有个体经商的谋生方式，这和两地的经商传统有很大关系。

基层权力体系的核心是共产党的基层组织，发挥着政治、组织领导和意识形态宣传等核心作用。村民委员会是基层群众自治组织，由 18 岁以上具有选举权的村民直接选举产生，发挥着村民自我管理、自我教育、自我服务的作用。两种基层组织习惯上合称村"两委"。"两委"班子是村庄的领导集团，既拥有重要村务的决策权，又执掌着村务决策执行权，实质上成为"议行合一"组织。

在实践中"两委"之间多呈现整合型关系，也就是表格中所列的交叉型关系，呈"两委"交叉型关系的村子有 23 个，占总数的 76.7%。这种交叉型关系又可细分为三种类型，即书记、主任"一肩挑"，成员不交叉型；书记、主任"一肩挑"，成员交叉型；书记、主任分离，成员交叉型。这三种类型中，比较常见的是成员交叉型（不管书记、主任是否交叉）。

村"两委"的交叉型关系，不仅有利于控制基层组织的规模，精简干部，节约成本，提高效率，而且有利于两个基层组织的协调，避免冲突。[1]因村民委员会成员由村民直接选举产生，如党基层组织成员受村民信任而被选入村民委员会，有利于提高共产党在基层群众中的威信，发挥政治领导作用。

在所调查的 30 个村中，调解主任一职由聘任干部担任的有 4 村，仅占 13.3% 的比例。其他 26 个村的调解主任，要么由党的基层组织成员兼任，要么由村民委员会成员兼任，这一点和上面所考察的澄海区 L 镇 5 村的情况比较相似。如将兼任人员按照其职务进行分类，由村委会成员出任的有 18 人，其中由主任兼任 2 人，副主任兼任 6 人，村委兼任 10 人，由基层党组织成员担任的有 8 人，其中副书记兼任 4 人，支委兼任 4 人。详见表 16 - 10。

**表 16-10：潮汕 30 村规模统计一览表**

| 类别 | 来源 | 人数（人） | 百分比 |
|---|---|---|---|
| 基层党组织 | 副书记 | 4 | 15.4 |
| | 支委 | 4 | 15.4 |
| 村民委员会 | 主任 | 2 | 7.7 |
| | 副主任 | 6 | 23.1 |
| | 村委 | 10 | 38.4 |
| 合计 | | 26 | 100 |

从基层党组织和村民委员会两个类别来看，由党组织成员兼任调解主任的比例在 30% 左右，由村民委员会成员兼任的约在 70%。由党组织成员直接兼任（而没有通过入选村委会兼任）说明了纠纷调解所具有的政治功能仍为人们所认识和实践。在这种理念下，纠纷调解往往跟共产党社会管理中的"政法"体系联系起来，带有较强的维护社会稳定的控制色彩。当然，纠纷调解更多地被理解为具有解决纠纷、恢复人际关系和谐的社会功能，这也是村民自治权的重要体现。新时期纠纷调解政治功能和社会功能并存这一特点，无疑有助于我们认识基层调解的属性，把握发展的方向。

如从兼任调解主任人选的职务来看，村主任、副书记、副主任有 12 人，

---

[1] 参见于水等："村民自治背景下的农村基层组织改革——基于 67 个行政村的调查"，载《南京农业大学学报（社会科学版）》2010 年第 4 期。

占总数的 46%。可以看出，调解主任在村权力结构中处于强势的位置，这一点和澄海 L 镇 5 村的研究发现比较接近。

（三）小结

综上，围绕着调委会在村权力结构中的位置这一主题，分别选取了 L 镇 5 村和潮汕地区饶平、陆丰、普宁 30 村进行考察。通过上面的讨论和分析，我们大致可以得出这样一些初步看法：首先，调解委员会作为宪法规定的村民委员会下设组织，组织的规范性较为欠缺，调解委员会常常仅有调解主任，而没有成员，成为"光杆司令"。其次，调解主任这一职位专业性色彩较淡。这表现在主要由兼职人员担任这一点上，这些兼职人员有些是党的总支成员，有些是村委委员，在职务上有总支副书记，也有村副主任。兼职人员担任调解主任一职，在一定程度上能使这一职位在村权力结构中处于较为强势的位置，但是，也使得调解主任的专业性较弱，这一点无疑又不利于纠纷的解决。再次，调解主任如果由村委委员（包括更高位置的村主任和副主任）兼任，因其由村民选举产生，合法性和正当性得以保障；但如是由总支委员（包括更高位置的书记和副书记）兼任，因不是通过选举产生，其合法性和正当性受到一定的怀疑，影响调解时的权威性，在所考察的 35 个村中，这些人员占有相当的比例。无疑，这种安排是对调解的政治功能理解的延续，继续将纠纷调解看成是社会控制和管理的手段。

### 三、村落权力结构中的老人协会和纠纷调解

就村落权力网络中的权力主体而言，共产党的基层组织和村民委员会无疑是两大核心主体，除此以外，还有众多的民间组织。这里所说的农村民间组织是以农民为主体，以追求和实现政治、经济利益或其他利益而联系在一起的一般性民间社会组织，包括传统的乡村社团组织、新兴的农村民间经济组织、宗教组织和其他组织。在潮汕地区，我们在调查中发现，和纠纷调解有密切关系的组织是老人协会，有时又被称为老人组、理事会等。

学术界对潮汕地区民间组织的研究以宗族组织为主。莫里斯·弗里德曼在《中国东南的宗族组织》和陈礼颂的《一九四九年前潮州的宗族村落社区的研究》对潮汕地区的宗族组织均有关注，[1] 这些是研究潮汕地区民间组织

---

〔1〕　[英] 莫里斯·弗里德曼：《中国东南的宗族组织》，刘春晓译，上海人民出版社 2000 年版，第 117～119 页；陈礼颂：《一九四九年前潮州宗族村落社区的研究》，上海古籍出版社 1995 年版，第 2、19 页。

的经典著作，其研究对象以 1949 年前的宗族组织为主。黄挺教授对 20 世纪最后 10 年潮汕地区的宗族组织进行了较为深入细致的研究，为我们了解宗族组织的复兴和发展趋势提供了宝贵的研究信息。[1] 王伟光教授对新时期潮汕地区农村宗族势力的发展态势作了实证分析，认为无论在地域上还是功能上，和历史上的宗族组织相比，其影响和规模都在缩小，在地域分布上少也较不平衡，经济发展与宗族势力的影响呈反比关系。[2]

老人组脱胎于传统的以血缘为纽带的宗族组织，在单姓村，其运作往往和宗族组织相重叠；而在由多姓组成的村落，老人组兼有血缘和地缘特征，血缘的色彩较淡，而地缘的色彩更重些，是生活在一定地缘范围内老人们自我管理的自治组织。老人组的组织形式并非千篇一律，而是各有特色。我们先选取了汕头市龙湖区 W 镇的篷中村，澄海区 L 镇的福洋村、龙美村、前陇村和汕头市金平区 G 街道的浮西村作为个案进行考察，了解老人组的组织模式、运作机制和纠纷调解的关系。随后在上述 5 村的基础上，我们扩大考察的视野，将对老人协会的考察延伸到潮汕地区的其他三市，以便在更广阔的范围内来分析来老人协会在村落权力结构中的位置，及其所具有的纠纷调解功能。

（一）组织化的老人协会：篷中村

2011 年元宵刚过，2 月 22 日也就是农历正月二十，经法学院杨同学的联系和协助，我们采访了杨同学所在的篷中村。篷中村位于 W 镇镇区，属龙湖区管辖，国道 324 从镇区穿过。在 2001 年以前，W 镇属澄海区管辖，此后 W 镇划归龙湖区，与澄海以韩江东溪（莲阳河）相隔。上午 9 点到达杨同学父亲杨先生在镇上所开的店铺，然后坐上老杨开的摩托车往老人协会驶去。

老人协会有一排平房和一栋二层小楼组成，外面有围墙围绕，外墙的东侧便是谢氏大宗祠，是篷中村最大姓谢姓的总祠，国内外知名的正大集团的创始人谢易初先生便来自该宗族。接待我们的是老人协会的会长和理事们。协会设会长一人，副会长三人，理事五人，总会下设五个分会。篷中村解放前就分成五个联，解放后相续分为五个生产队，五个分会就是沿袭历史传统来划分的。在办公室的墙上挂着社团法人登记证，由龙湖区民政局颁发，落

---

〔1〕 黄挺："潮汕近十年新编族谱"，载《潮学研究》1997 年第 6 期；黄挺："近十年来潮汕的宗族重建"，载《潮学研究》2000 年第 8 期。

〔2〕 王伟光："21 世纪初粤东农村宗族势力抬头问题分析"，载《韩山师范学院学报》2005 年第 1 期。

款时间为 2009 年 7 月 20 日，显然老人协会的出身得到了官方的认可。墙上还挂着老人协会的章程，红底黑字，很醒目。

老人协会成立于 1986 年，至今已经有 27 年的历史，当问起为何成立老人协会时，在座的理事们称，当初是政府安排要求的，本来以为是自发形成的假设被推翻了。

老人协会的成员包括了所有 60 岁以上的老人，全村现有 1588 人。现任会长是谢某坤，67 岁，退休前是篷中华侨学校的校长（有小学部和初中部），他已经是第三届会长了，他这一届在 2009 年上任。在他之前的两位会长均已过世，前一届会长是退休的原村支部书记，第一届会长曾在汕头地区水利局工作。看来担任会长均须有一定的威望，这种威望的来源无疑与学历和曾担任的工作密切相关。

谢会长先带我们参观了一下老人协会的办公设施。一排平房和一栋小楼有 1458 平方米，里面有办公室、接待室、保健室、弦乐室、棋牌室、阅览室、健身室、桌球室、娱乐多功能厅、室外健身活动场所、文化娱乐图书（农家书屋）。保健室没有医生入驻，每年的体检在这里进行。老人协会的办公设施建于 1996 年，至今有 17 年的历史。

谢会长接下来向我们介绍了老人协会的职责和工作制度。老人协会大门的门口还挂着关心下一代工作小组的牌子，所以他们工作职责中的一项是关心下一代，做一些老年人力所能及的贡献，目前关工组有 110 人。老人协会的第二项工作是管理宗祠。目前管理着谢姓的 35 个祠堂，包括隔壁的宗祠和其他 34 个分祠。另外还有杨厝祠、沈厝祠、蔡厝祠、洪厝祠。杨、沈、蔡、洪均是篷中村的小姓，依次序规模递减。协会只是扮演宏观管理的角色，具体的管理工作由各祠堂负责，这些工作包括了祭拜活动的组织、筹款等等。协会的第三项工作是了解民情民意，及时向村里汇报。每月的 25 日理事会成员会定期开会，风雨无阻，会上讨论交流需要向村里汇报的民情民意等，26日各分会开会，理事会成员分派到各分会出席，贯彻理事会会议的决议，同时了解基层的呼声和意见。

说起和村两委的关系时，谢会长很强调协会要服从村里（两委）的领导，不干涉他们的工作，"老人协会跟村里一致，很和谐"，谢会长这样评价道。老人协会的理事由群众推选，最后由村两委决定。但村两委干部退下来后担任理事的不普遍，这一届没有一位是退下来的干部，上一届也只有书记一人，理事可以连选连任，比如这一届就有六位理事连选（改选了三人），原则上八十岁以后就不再担任了，但只要身体允许照样可以担任，采访中我们戏称他们比国家领导人的退休年龄还要迟。老人协会尽管没有由很多退下来的村干部担任，但跟两委保持一致的态度则是很明确的。

老人协会的经费一年有 2～3 万元，水、电等项支出村里也会负担一部分，比较大的活动也会得到特别的资助。每年大概有 1 万元左右的捐款，到年底时老板们也会送烟、酒、茶等给老人协会。

和其他村不同，篷中村已经有 20 年没有组织游神活动了，但在今年老人协会和下蔡村一起组织了一次展标活动，又称文化游乐（行），参加的有 800 多人，加上负责保安的有近 200 人，外砂镇里的全体工作人员（140 人）均出动负责保卫。当问及展标是不是游神时，在座的老人们均强调这跟游神不同，似乎在他们眼里，游神有不正当、不光彩之嫌。

当问起老人协会是否参与纠纷解决时，谢会长坦诚地说小的民间纠纷他们也参与调解，但大的纠纷就交给村里。当问起他们如何理解小的纠纷时，谢会长回答道，如邻里纠纷、房屋纠纷。大的纠纷如土地出租，村里都没有办法，他们就更没有办法了。老人协会对于过激的行为也不参与，不成为"麻烦制造者"。这个话题是从邻近澄海区 L 镇上北和下北的老人协会的活动开始的，那里的老人协会领导多次到综治信访维稳中心上访，档案中有多次的记录。他们承认在 W 镇的很多村都有老人上访，采取过激的方法，如堵公路等。不过，在在座的老人眼里，上访是过激的行为，是不正常的，应该避免。谢会长给我们举了个最近发生的例子。

2009 年村里一位做生意的老板在租的房屋里被歹徒杀死，后歹徒被抓到，在看守所关了 1 年也没有判刑。后来歹徒在看守所离奇死亡。受害人的家属便来老人协会要求老人协会出面上访，但家属的要求被拒绝了。尽管在老人们看来，犯罪嫌疑人也承认了罪行，案子的真相已经大白，法院迟迟没有判决，其中必有蹊跷。但老人们的和谐的原则阻止了他们干出"违法"的事情。

篷中村的老人协会家底雄厚，办公设施一流，制度规范，组织化程度高，但由于太注重和村两委保持一致，"为民请命"的侠气和胆魄就少了不少，少了侠气和胆魄，老人协会的独立性和自主性也就少了很多了，在纠纷解决中所扮演的角色也就有限了不少，只能起些陪衬和补充的作用。

（二）市场中的老人协会：福洋村

福洋村是个单姓村，有人口 2000 多人，分成 7 个村民小组。据小潘讲，村属于人多地少的一类，最近在韩江里面围了 200 亩地，是以前的沙洲，但没有确定最后的分配方案。村集体的收入主要靠出租少部分土地，短期给村民耕种，收取租金。另外一部分收入来源于店铺出租。村里的外出打工的不少，以年轻的居多。每年有几位年轻人考上大学，但读了大学很少回来。

在福洋村，60 岁以上的都是协会的会员，目前总共有 410 人，其中男性192 人，女性 218 人。老人协会的办公楼是在 2009 年修建的，当时区政府拨款 10 万，另外村里也给了些补助（没有人捐款）。现在平时的电费由供电局赞助，石桌石椅由一企业家赞助，茶几和沙发由开办在村里的粤美印刷厂捐赠，而电视机则由潘伟彬先生捐赠。

老人协会领导班子由一正一副两会长 8 个理事组成。现任会长潘某传已经担任了三届，总共 8 年了，今年年底将要进行换届改选。潘会长以前是村的支部书记，总共担任了 16 年半，然后去企业工作，那是 1996 年的事，2001年退休，不久开始担任老人协会的会长。采访中副会长潘某海也加入进来，他以前担任过生产队长。

当问起老人协会的工作时，潘会长告诉我们，除了组织每年一次的游神外，另一重要工作就是管理位于店市的市场。福洋在店市的西侧，跟后溪等村一起在店市拥有"地盘"，于是"地盘"成了财富的来源。福洋村民主要以种蔬菜为生，老人协会在市场上管理蔬菜的批发和销售。市场上有 5 把公平秤，平均每秤有两人负责，交易双方把蔬菜拿到公平秤来找公平，老人协会从中收取佣金。另有 5 人收取摊位的费用，还有 8 人管理车辆停放，市场清洁和行政人员七八人左右，这样一天需要 30 人左右。参加工作的老人每天有 10 元的补贴。老人协会一年从市场约有 20 万的收入，这些费用是这样支出的，每年九月初九重阳节时每位老人发 100 元，春节时再发 50 元，每年的游神费用也要从这里支出，平常遇到老人生病，老人协会也会买一些水果等慰问品。除了市场的收入外，每年每位老人交 2 元的会员费，当然这只是象征性的，在协会的收入中占很少的部分。

农历 2 月 25 日是村里的传统节日，俗称"老男节"，这一天 60 岁以上的老年男子要一起拜老爷，然后聚餐，有时也会组织演戏，演潮剧和木偶戏。老人协会也会在这一天召开全体会议。老人协会的理事会至少每月召开一次会议，每个小组的小组长和理事都参加，会上讨论的内容有风俗习惯、收支情况、蔬菜市场经营情况、传达村里的指示精神和村里的卫生情况等。

老人协会的另一项重要工作是组织村里的游神。在老人协会院落的墙上写着出售游神的 DVD 的通知，十元一张，我们便提出要买一张，潘会长很爽快地决定送给我们一张。上面记录了正月初九游神的壮观场面（请人花了1000 多元制作的）。游神的前一天即初八，那年结婚、生子、投胎的家庭在大宗祠祭拜祖先，祭拜的头一枝香由村里（也是族里）辈份最高的老人点燃后祭拜祖先。初九是游神日，下午一点半开始，前面由锣鼓开导，接着由青年举着"回避"、"肃静"的牌子前行开道，犹如古代官员出游。接下来是标旗，有合众平安等字，接着是 11 岁左右的女童担着花篮（也称八宝囊）紧接其后，这些女童由老人协会挑选。女童后面是乐队，有唢呐和二胡等，接下来的是香炉，不断有人上来取香和上香。乐队后面是十二尊像，是伯公和伯婆（又说是三山国王），一尊神像有 4 个男子担着，紧随其后的是村里的老人，最年长的在前面，稍年长的其后，六十几岁的在最后。游神队伍经过的家庭都会在屋外燃放鞭炮。游神要在村里的边境内走三圈，大、中、小三圈，范围逐步缩小，最后将神送回三山国王庙。这次游神总共花了 39 000 元，收到了 38 000 元的捐款，老人协会补贴了有一千多元。游神活动无疑是一次集体活动，也是团聚族人，敦睦族谊的有效方式，也是在现代化进程中难得的保留传统文化的方式之一。

老人协会有时也会出面调解纠纷，但单纯出面的比较少。有时老人知道后也会主动及时调解纠纷。一般发生在市场的纠纷都由老人调解。市场的纠纷比较多，争买争卖，欺行霸市的现象较为频繁，有些人不注意说一些脏话也会引起纠纷。店市东侧的后溪村，姓金的人口较多，仗着人多势众，欺负小村，两村村民在市场里会经常发生些纠纷。遇到这些纠纷，负责市场的老人都会调解。至于村里内部的纠纷则少些，这跟这村是单姓村有一定的关系，毕竟是同一家族的。老人协会的理事是各村推选的，有了纠纷就派理事回村里去调解，这也是常有的事。

跟篷中村一样，福洋村的老人协会运行的比较规范，制度也比较健全。不同的是，前者更多地依托村里的资助，是个多姓村，后者主要依靠来自自己管理市场得来的收入，以此来维持运转和主办一些活动。两者在纠纷调解方面基本相似，老人协会主要调解小的纠纷，大的则由村里出面解决。

（三）为民请命的老人组：龙美村

龙美村属于上北村行政村管辖，龙美是其下属的自然村，也是独立的经济联合社，这样由独立的经济联合社组成的行政村，在当地习惯称之为"联合国"。龙美村是黄姓单姓村，在 2009 年被评为广东省第二批古村落。现有人口 1200 多人，龙美村的龙美古寨建于明成化年间（1465～1487），寨外有护寨河环绕，寨内面积有 15000 平方米，建筑物分为明、清、民国初三个时期。2011 年 2 月 25 日上午，也就是农历正月二十三，我们到龙美村进行了一番考察。在寨内行走，遇到最多的是老人和孩童，没有遇到一位青壮年。寨内有些脏乱，家禽的排泄物到处都是，空气中弥漫着难闻的气味。寨的四侧均有公共厕所，因厕所的排放物没有处理即排入护寨河中，因此护寨河污染很严重，在寨的大门处尤其如此，可以用臭气熏天来形容。龙美寨内有明代嘉靖年间状元林大钦（1512～1545）为其老师黄石庵修建的三进大宅第，门联"状元先生第，进士世宦家"便出自其手。在黄石庵宅第旁边不远便是黄氏宗族的祠堂，大门旁边还挂着"龙美村老人组"的牌子，显然，黄氏宗祠也是老人组的办公场所。在祠堂正门旁的墙壁上贴着正月间老人组组织活动要求村民题捐的通知，通知的内容是这样的：

通知

为求神明福庇，新年合乡平安，业兴财旺，我村于元宵节联演影戏，增添喜庆，请村民于农历正月十三日至十五日到大祠堂题捐。

另接上级通知，燃放鞭炮要注意安全，故元宵节福德爷出游时，各个角落燃放"铳脚"，不得超过三个，否则，如有意外事故，后果自负，谢谢合作！

另 拜神威放礼品之桌，各户自备

特此

通知

龙美老人组
2011 年农历正月十二日

村里于正月十五元宵时组织福德爷出游，也就是常说的游神，由老人组组织，在元宵那一天还联演影戏，也是由老人组组织。

农历十月十六是全村拜平安的日子，老人组邀请潮剧团来村里演出 3 天。可能是因为经费来源的限制，无论是元宵的演出还是十月十六的拜平安，都倡导村民去祠堂题捐。组织游神和演戏是老人组的一项重要工作。

老人组成立于 1993 年九月初九，将整修后的大祠堂作为会址。十一月初十日到莲花山请黄氏祖先江夏祖及紫膺公来到大祠堂祭拜，决定每年的十一月初十日为祭拜祖先的日子。老人组现有 60 岁以上成员 200 多人，领导班子由 4 名理事组成，原来有 5 人，1 人刚刚去世。老人组的经费主要依赖于祭祖和拜神时的捐款。老人组成立之初，曾有华侨捐款，用于村里自来水管的铺设，但现在几乎很少收到华侨或企业的捐款了。老人组所在的黄氏祠堂有上百年的历史，但由于年久失修，下雨时便会经常漏雨。现在老人组缺乏经费，对此也无能为力。

老人组有时也代表村民到镇里上访。在 L 镇综治信访维稳中心的案卷上记载着 2010 年 8 月 10 日老人协会黄某彬（77 岁）和黄某等 8 名老年人协会成员因铁路局乱倾倒建筑垃圾而上访的事。他们 8 人称：在三四天前，铁路局在下欧运载废土倾倒在龙美村北清池，面积约一亩的池塘几乎被倒满，其间上述几人曾向村干部反映，干部回答不知情，现岩浆已对村民健康安全造成影响，要求有关部门将岩浆搬离。后施工单位承认建筑垃圾为其所倾倒，镇政府已要求其停止倾倒行为。

龙美村老人组较为活跃，既组织每年一次元宵节时的游神活动，还组织平时的潮剧演出。对于村里的不平事也会出头到镇里上访，在村级事务中发挥着重要的功能。

（四）李仙师庙旁的老人协会：前陇村

前陇村是一个人口约有 1800 人的林姓单姓自然村，其所在的行政村为下北，和龙美所在的上北村毗邻而居。和龙美村一样，前陇村虽是自然村，但也是拥有经济自主权的经济联合社。

老人协会成立于 1987 年，到现在已经是第八届了，现有会员 276 人，其中相当一部分是妇女会员，这些妇女会员被分成了 6 个小组。当问到为何妇女会员被分成 6 个小组而男性会员没有分组时，答道是为了便于组织妇女打扫卫生，而男性会员则没有安排打扫卫生的任务，因此也就没有分组的必要了。老人协会位于林氏祠堂内，祠堂厅堂高大，用材考究，雕饰精致。1949年后曾一度被作为村内小学的办学场所，后小学搬出，祠堂成了老人协会的办公场所。

老人协会现有会长 1 人，副会长 2 人，顾问 2 人，另有会计、出纳、保管、储金出纳各 1 人。现任林会长，75 岁，曾担任过两届共 6 年的副会长，已担任过一届会长，本届是第二个任期了。林会长虽已年过古稀，但精神矍铄，非常健谈。笑问是否有兴趣寻求连任时，他笑着回答，别人是不会同意的。坐在一旁的副会长，年纪略小于会长，面色红润，看上去精神饱满。他告诉我们，年轻时曾担任过村里的共青团书记、生产队长。

老人协会的经费主要来源于每年一次李老仙师庆寿活动的捐款，参加活动的信众大部分来自于潮汕地区，也有少部分远道从深圳、香港等地赶来。每年的捐款在二三十万左右，如 2010 年捐款数为 20 多万，2011 年增加了近1/3，达到了 34 万。收到的捐款除用于每年一次的李老仙师庆寿活动外，还用于奖学金发放、修路、村里绿化等。老人协会制定了每月公布收支的制度，在林氏祠堂内西侧的墙壁上贴有八月份收支情况的公示，红纸黑字分外醒目。听林副会长讲，这种按月定期公布收支情况的老人协会，在附近这些老人协会中，只有他们作为制度，从创办之初到现在一直坚持了下来。现把该月的收支抄录如下：

表 16-11：前陇村老年人协会 2011 年 8 月份财务收付公布　　（单位：元）

| 承上月结余 | 本月付出 | 值班管理3单 | 慰问2单 | 祝寿3单 | 环境卫生5单 | 奖学金17单 | 电话电费3单 | 其他支出16单 | 合计 | 相抵结余 |
|---|---|---|---|---|---|---|---|---|---|---|
| 196 595.5 | | 705 | 125 | 60 | 2597 | 5000 | 133.8 | 2059 | 10 670.8 | 185 915.70 |

从 2011 年 8 月份财务支出表中，我们大体能了解该月老人协会的主要活动，这些活动包括了祝寿、环境卫生、奖学金等，其中奖学金一项的支出最多，达 5000 元，占了该月支出的近一半。这里的祝寿，针对的是 80 岁以上的老人群体，生日时由老人协会送去生日礼金 20 元。其他的活动还包括了：老人过世后组织送殡；会员生病到汕头市区医院住院就医时，组织老人去医院慰问。当然由老人协会组织的最大的活动是每年一次的李老仙师庆寿活动。

前陇村的李老仙师崇拜始于何时，已无从考证。传说几百年前，有一老翁手提拐杖，腰悬玉壶，在前陇村附近一带行侠仗义，挫强扶弱。一天老翁来到村内见一慈善虔诚、信神佛的老婆婆，便赠送她一卷图像，谓是神仙，嘱咐她将图像挂在家中供奉朝拜，并告诉她每年农历八月初八是神仙生日，需备办清净斋粿、水果祭拜。老婆婆遵嘱供拜，其家门平安兴旺，甚是灵验。村中士绅、房老等取其像观看，若隐若现，专心细看，认定便是那些行侠仗义、助人为乐的活神仙。后来又得知那位活神仙便是八仙之首李铁拐仙师。于是在士绅们的带领下，在村中心建瓦屋，名曰"仙公宫"，内设殿堂、案床、香炉、灯油等，供村民祭拜，并且于每年农历八月初八，神仙生日那一天，搭建临时谷筲棚，悬挂仙师像，供村民祭拜。每年的农历八月初八，也就成了前陇村的社日，善男信女焚香祈祷和许愿者络绎不绝。"仙公宫"曾几经修缮，最近的一次是在 1993 年，由旅美乡贤林某捐资修建，耗资 12 万元。

老人协会负责每年一次的李老仙师庆寿活动，除组织祭拜活动外，还邀请潮剧团来村演出，2011 年庆寿活动时便邀请了揭阳市潮剧团，连演了 3 个晚上，热闹非凡。

和很多村正月里游神的传统有所不同的是，前陇村自 1949 年以后就再也没有组织过游神活动，但每年一次的李老仙师庆寿活动所起的作用不逊于游神，同样具有强化地方认同心态的文化整合功能。在这一功能的实现过程中，老人协会起着关键的领导和组织作用。

和其他大部分的老人协会有所不同的是，前陇村的老人协会在组织上和宗族有着密切的联系。1996 年澄海区所有的林姓家族成立了宗亲会，前陇村老人协会的林会长是宗亲会的理事，老人协会成了宗亲会的成员单位。每年正月初八李老仙师庆寿活动时，前陇村老人协会便会邀请澄海宗亲会的成员单位派人参加活动，宴请时一般要安排 40 张桌子才能容纳客人。由此看来，老人协会既是一个一定地缘范围内老年人的自治组织，也是一个具有较强纽带联系的血缘组织。和宗族事务相关的另一活动是每年一次的祭拜祖先，时间在冬至前两天，地点在家族祖墓，也是由老人协会组织。

老人协会和村"两委"的关系很一般，村总支书记坦诚地说"两委"和老人协会的关系有点不和谐。老人协会的老人们也同意书记的看法。2011 年春天村委会选举时，老人协会被有"预谋"地忽略了：本来有几位老年人被推选为村民代表，但在选举日那天，老人们并没有被通知参加选举，而其他代表则无一被遗漏地通知了。

老人协会以前也出面调解村里的纠纷，那大概是十几年前的事。后来经常主持调解的老人去世了，老人协会也就不再介入纠纷的调解事务了。

（五）排解纠纷的老人协会：浮西村

浮西村位于金平区的 G 街道，是个老村，已有 300 多年的历史，是个多姓村，纪姓是最大姓。纪姓祠堂宏伟古朴，外形飞檐翘壁。祠堂既是老人协会办公的场所，也是平常老人们聚会的公共领域，老人们或在飞檐下拉弦唱曲，或在屋内下棋打牌、喝功夫茶。

老人协会在纠纷调解方面的作用可以从下面的两个案例中略窥一二。2009 年年底，浮西村村民租给金平区一些商户的店铺即将到期，村民向租户提出了提高租金的要求，如要求无法被满足，则将店铺转租给出价更高的人。自浮西村的土地被国家征收以后，店铺租金成了村民的主要收入。租户则认为，经过多年经营，租户已经投入了大量的装修和心血。另外，根据合同，原来的租户享有租用优先权。因此，租户们极力主张续租。整个 2009 年，浮西村村民和租户之间为店铺的续租问题争执不下，屡起争端。最后，村民和租户都要求老人协会参与调解。在老人协会的主持下，双方多次协商，就续租一事达成一致协议，持续了一年的纠纷就此结束。

第二个案例是和村里的池塘有关。浮西村在城市化过程中撤镇转制，并入城区街道管辖后，村中还保留着一座纪氏祠堂和一个池塘。由于土地资源有限但收入较高，池塘边上的村民不断地在填池塘，扩充自己家院子的土地。年复一年，池塘的面积越来越小。2009 年村委会（又称涉农居委会）决定把新填的土地挖出来，重新恢复池塘，这一决定遭到了村民的反对。一些利益受损的村民认为，填出来的土地就是钱，如果要挖，他们的损失必须得到赔偿。村民和村委会为此争执不下，双方关系紧张。最后，老人协会出面协调，认为池塘一定要恢复，村民就没有人再反对，[1] 对于老人协会依据乡规民约作出的各种调解方案，村民们更为认同。老人协会作出的和解能代表村民的预期评价，村民也愿意配合处理的结果。实在是解决不了的问题，村民才会去找村委会。

比较上述 5 村的老人组织，篷中村因是多姓村，除谢姓外还有杨、沈、蔡、洪等小姓，因此老人协会在组织形式上须兼顾和包容不同姓氏，相对来说，基于血缘关系的凝聚力就弱些。老人协会更多地和核心权力主体如基层

---

〔1〕　上述两案例，参见庞清辉："探寻潮汕老人组"，载《中国新闻周刊》2010 年 3 月 22 日。

党组织、村委会保持一致，更多的是服从，而不是监督或对抗。和篷中村不同的是，福洋村、龙美村、前陇村均是单姓村，基于血缘的纽带联系就更密切些，其中尤以前陇村作为典型，具有典型的地缘组织和血缘组织合一的特点。福洋村的老人协会依托市场生存和发展，在经济活动中增强其实力，扩大其影响力，而前陇村则依托具有广泛影响力的李老仙师崇拜，通过收取捐款等形式增强其实力，从而为老人协会的活动开展奠定财力基础。福洋、龙美两村的老人组织均对每年一次的游神活动倾注精力和财力，在这两村，组织游神无疑是老人组织的一件大事。有学者认为游神活动表达的是一种力量极强而持久的民间意识形态、地方认同心态和血缘家政关系连结的心理化倾向，因而具有强大的社会整合与文化功能。[1] 老人组所组织的游神活动无疑加强了村落社区的凝聚力和控制力，营造稳定的社会秩序和认同机制。而前陇村每年农历八月初八的李老仙师庆寿活动则有着异曲同工之效，扮演着强化地方认同心态的文化整合角色。

就老人协会的纠纷调解功能而言，在所调查的五个村中，篷中村的老人协会会参与邻里纠纷、房屋纠纷一类小的纠纷，大的纠纷交由村里解决。在纠纷调解功能发挥方面，甘于担任配角的角色。福洋村的老人协会因参与市场管理，在市场纠纷的调解中扮演着重要角色，至于村里的纠纷，则介入不深。龙美村的老人协会尽管经常扮演着为村民请命的角色，但对调解事务同样介入不深；而前陇村的老人协会曾一度较深地介入纠纷调解事务中，但随着分管老人的去世，这一工作也就停顿下来；但有所不同的是，在汕头市金平区的浮西村，老人协会在纠纷调解方面发挥着重要的功能。

（六）潮汕30村老人协会及纠纷调解功能考察

对篷中村、福洋村、龙美村、浮西村四村老人协会（老人组）的考察，我们在一定程度上对老人协会的组织形态、在村权力网络中的位置以及纠纷调解功能有所了解，但由于上述考察基本集中在汕头市郊区或周边区域，其代表性有限，不足于在广度上揭示老人协会这一基层民间组织的属性及其纠纷调解功能。基于上述考虑，我们把研究的视角拓宽到潮汕地区的其他三市。对潮州、揭阳、汕尾三市的考察同样以30村访谈资料为基础，接下来先以表格的形式罗列主要信息，然后对这些相关信息进行分析。

---

〔1〕 王文科：“潮汕游神民俗的认同与思想解放的拓展”，载《韩山师范学院学报》2009年第2期。

表 16-12：前陇村老年人协会 2011 年 8 月份财务收付公布

| 村名 | 规模（人） | 姓氏 | 老人协会 | 纠纷调解 |
|---|---|---|---|---|
| 饶平三饶镇 H 村 | 3000 | 单姓林 | 当地称德高望重的老人为老大，老大主要负责游神活动 | 老人协会不出面调解纠纷 |
| 黄冈镇 X 村 | 2600 | 单姓郑 | 村中有 19 位老大，负责拜神、游神、演戏 | 受书记等邀请，帮忙调解纠纷 |
| 新圩镇 C 村 | 4890 | 多姓，陈、罗、林 3 姓 | 村中老大有 10 人，负责拜老爷、游神 | 有时介入纠纷调解，但较少 |
| 三饶镇 Y 村 | 650 | 多姓，黄、林 2 姓 | 没有老人协会 | 无 |
| 大埔镇 S 村 | 14 000 | 多姓，陈、林、吴等 7 姓 | 13 人组成老人组领导班子，一个理事两个副理事，从大姓中推选 | 出面调解纠纷，主要关涉男女关系和小偷小摸 |
| 井洲镇 J 村 | 8000 | 多姓，麦、陈、叶等 5 姓 | 协会有 100 多人，每月开会一次，组织游神、筹款、修路等活动 | 协助调解，调解纠纷有婚姻、房屋、邻里关系等 |
| 联饶镇 J 村 | 1900 | 多姓，余、庄 2 姓 | 没有老人协会。以前有，因领导去世没有再组织 | 无 |
| 联饶镇 Z 村 | 600 | 单姓郑 | 没有老人协会。三年前有，经济不好就没有了 | 无 |
| 联饶镇 G 村 | 1000 | 多姓，赖、黄 2 姓 | 有理事会 7～9 人，成员由推选产生 | 不出面调解纠纷 |
| 汤溪镇 H 村 | 1275 | 多姓，陈、黄、王等 6 姓 | 没有老人协会 | 无 |
| 陆丰碣石镇 Q 村 | 7600 | 多姓，郭、蔡、陈等 9 姓 | 没有老人协会 | 无 |
| 碣石镇 H 社区 | 14 900 | 多姓，陈、曾、黄等 7 姓 | 老人协会领导班子有 10 人左右 | 有时候调解小的纠纷 |

续表

| 村名 | 规模（人） | 姓氏 | 老人协会 | 纠纷调解 |
|---|---|---|---|---|
| 碣石镇 H 村 | 1884 | 多姓，苏、郭、徐等 6 姓 | 没有老人协会 | 无 |
| 碣石镇 X 村 | 11 200 | 多姓，温、郑、蔡等 11 姓 | 没有老人协会 | 无 |
| 碣石镇 S 村 | 19 800 | 多姓，卢、翁、杨等 9 姓 | 没有老人协会 | 无 |
| 甲子镇 D 社区 | 8370 | 多姓，余、林、张等 11 姓 | 老人协会领导班子有 3 ~ 4 人 | 无 |
| 甲子镇 X 社区 | 3960 | 多姓，徐、李、钟等 4 姓 | 老人协会领导班子有 20 多人 | 无 |
| 博美镇 J 村 | 2208 | 多姓，林、蔡、吴等 5 姓 | 没有老人协会 | 无 |
| 东海镇 D 社区 | 9400 | 多姓，黄、林、宋等 4 姓 | 没有老人协会 | 无 |
| 南塘镇 N 社区 | 30 000 | 多姓，黄、陈、林等 5 姓 | 没有老人协会 | 无 |
| 普宁洪阳镇 D 村 | 2664 | 单姓方 | 没有。以前有，因原来领导去世，老人组解散了，现考虑重建 | 无 |
| 大坝镇 H 村 | 9699 | 多姓，韦、张 2 姓 | 没有老人协会 | 无 |
| 广太镇 H 村 | 4627 | 多姓，黄、吴 2 姓 | 老人协会有 30 多人 | 无。上级镇指示不得参与调解 |
| 梅塘镇 G 村 | 2100 | 单姓邱 | 没有老人协会 | 无 |
| 船埔镇 J 村 | 1065 | 单姓杨 | 有 5 ~ 6 人组成理事会 | 无 |
| 流沙南街道 G 村 | 2314 | 多姓，黄、张、曾等 5 姓 | 老人协会领导班子有 8 人左右，负责游神等 | 有时介入纠纷调解 |

续表

| 村名 | 规模（人） | 姓氏 | 老人协会 | 纠纷调解 |
|---|---|---|---|---|
| 流沙南街道 D 村 | 7450 | 多姓，黄、张 2 姓 | 成员有 150 人，领导班子有 7 人，负责修理庙宇等 | 帮助解决一些民事纠纷 |
| 南溪镇 D 村 | 2569 | 单姓郭 | 老人协会领导班子 11 人，负责春节游神，各个节日拜神 | 无 |
| 梅塘镇 N 村 | 3030 | 多姓，王、林、李等 3 姓 | 老人协会领导班子 11 人 | 无 |
| 广太镇 S 村 | 3001 | 多姓，李、郭、林等 3 姓 | 理事会成员 15 人，负责春节游神、组织文娱活动 | 无 |

　　上述 30 村中，有老人协会（老人组）的共有 16 村，占总数的一半多，主要集中在潮州的饶平县和揭阳的普宁市，这两县市位于典型的潮汕文化圈内。而处于潮汕文化圈边缘的陆丰市，老人协会组织则较少，仅仅在 3 个村存在。上述 16 个村中既有多姓村也有单姓村，其中以多姓村居多，有 12 个村，由此看来，老人协会这一组织的存在与否，由多种因素所决定，受血缘关系的影响，但也受地缘等其他因素的影响。在血缘关系密切的单姓村，并不必然促成老人协会的出现，普宁市洪阳镇的方姓 D 村和梅塘镇邱姓 G 村便是很好的例证。

　　在 16 个村的老人协会中，参与纠纷调解的有 7 个，其中又以饶平最多，有 4 个村。例如，在饶平县大埕镇 S 村，据村党总支副书记陈某华讲，老人组出面调解的纠纷，主要关涉村里丑闻，如男女关系和小偷小摸等。如在一起 60 多岁和 70 多岁老人因男女关系发生的纠纷中，一方的儿子用土枪伤人，导致另一方老人住院，双方产生争执，最后老人组出面将争议平息下去。对于老人组在纠纷调解中所扮演的角色，陈某华坦诚，两委的工作能力在某些方面不如他们，老人组的老人们更有权威和说服力。在有些村中，尽管有老人协会，但出于对老人协会介入村庄事务的担心，乡镇基层政权明确指示老人协会不得参与纠纷调解，比如在普宁市的广太镇 II 村。在有些村中，在纠纷调解方面，老人协会则和村"两委"处于配合关系，如在黄冈镇 X 村，老人们有时受书记等的邀请，出面帮忙调解纠纷。

（七）小结

在村落权力网络中，在一般情况下，其核心权力主体是以共产党基层组织和代表村民行使自治权的村民委员会为主的。除了这些主体以外，村落权力主体还包括合作经济组织，如潮汕一带农村的经济联合社以及群团组织如共青团、妇代会、民兵营等，前者往往和村民委员会合二为一，实行"两块牌子，一套人马"，后者往往处于村落权力网络的边缘位置，一般被定位于党的助手，接受基层党组织的领导，与基层党组织保持着特殊的关系。

随着农村经济社会发展的多元化和农民需求范围、层次的变化，农村出现了一些农民自我组织、自我管理、自我服务、自我娱乐的新兴民间自治组织。根植于潮汕文化，兼具血缘和地缘特征的老人协会，基于当地农村和村民群众的实际需要应运而生。

通过对汕头市周边地区5个村的老人协会和潮汕地区其他三市饶平、普宁、陆丰共30村的考察，我们发现，老人协会的存在形态有较大的差异性，既有和村两委关系密切的"配合型"，也有作为管理主体参与市场经营为老人谋福利的"市场型"，还有为民出头、为村民争取权益的"维权型"。在这些较大的差异性背后，比较相通的一点是，除个别老人协会外，大部分老人协会承担其每年一次在正月举行的游神活动的任务或组织其他民间信仰活动。游神一类的各种民间信仰活动，在意识形态上属于非官方文化，文化形态上重在实践，较少利用文本，并以地方的方言形式传承，在社会力量上受社会的多数人的支撑并与民间的生活密不可分。[1]游神活动具有较强的社会整合和文化功能，在其中扮演组织者角色的老人协会无疑在活动中加强了其在村民中的威望，树立起民间组织的形象。

老人协会的另一个功能便是民间纠纷的调解，这一功能在不同村所发挥的作用有大有小。在有些村，出于对老人协会介入村庄事务会威胁村落核心权力主体管理权行驶的担心，明令禁止老人协会参与纠纷的调解。在有些村老人协会参与到特殊类型纠纷的调解中去，如敏感的男女关系、小偷小摸、邻里纠纷等等，其他类型的纠纷则由村调委会调解；在分工上，双方出于一

---

〔1〕 王文科："潮汕游神民俗的认同与思想解放的拓展"，载《韩山师范学院学报》2009年第2期。

种互补的协助关系。在另外一些村，老人协会在村庄纠纷调解中扮演着不可或缺的角色，调解纠纷的类型既涉及到村民之间，也涉及到村委会和村民之间。如老人协会在纠纷调解中扮演着强势角色，那么对村落权力网络中的核心主体构成了挑战。然而，从抽样调查的样本来看，在纠纷调解领域，老人协会总体上还不会对村落权力网络中的核心主体构成挑战。在总体格局上，村落核心权力主体仍居于调解的主导地位。

## 四、结语

本章以权力关系为视角，从内外两个方面分析了村落纠纷调解主体之间的多维权力关系。内部方面着眼于村落权力核心主体之间即基层党组织和村委会之间权力关系，在外部方面侧重于村落权力核心主体和村落民间自治组织老人协会之间的关系。村落民间纠纷的调解格局便在这些权力关系的博弈和互动的过程中形成。

在由基层党组织和村委会组成的核心权力主体之间，我们的研究发现，一方面，村委会委员兼任调解主任一职的占大多数，调解民间纠纷成为村民自治权的重要组成部分。广东省 20 世纪 90 年代末于农村推行的村民自治制度，是在人民公社和管理区制度废除后，面对大量的分户经营的农民，治理成本甚高的背景下产生的。通过设立自治性的村民委员会，将分散的农民组织成一个共同体，将一部分治理权授予村民委员会，既有助于国家的治理，又可借此推进中国的民主国家的建构。纠纷调解权作为村民自治权的组成部分，在表达层面，1982 年《宪法》、1982 年《民事诉讼法》、1987 年《村民委员会组织法》、1989 年《人民调解委员会组织条例》等法律法规均给予了明确的规定，法律规制方面的保障无疑促进了纠纷调解权作为一部分村民自治权实践的开展。在表达上，调解委员会通过纠纷调解所实现的正义无疑具有民间正义的特点。

然而，本章的实证研究表明，在实践层面，村调解委员会组织形态呈现出多样化态势，既有村民通过选举产生的村民委员会成员兼任调解主任一职的，也有基层党组织成员未入选村委会却直接兼任该职的，还有基层党组织成员入选村委会后以双重身份兼任调解主任一职的。无疑，第一种情形具有典型的村民自治色彩，通过调解所实现的正义也具有民间正义的特点。第二种和第三种情形，则在相当程度上，具有非民间的官方色彩，其所具有的更多的是一种政治功能而非单纯的纠纷解决功能。陆思礼（Stanley B. Lubman）在其有关毛泽东时期纠纷解决特点的论文中曾指出，在中国，调解还承担着另外三种有时超越纠纷解决的可识别的功能：第一，它有助于传达和适用意识形态原则、价值观和共产党的规划；有助于动员中国人民更加信奉党的政策和目标。第二，它有助于压制而不是解决个人间的纠纷；而至少在某种程度上而言，"纠纷"被认为是不受欢迎的、扰乱建设强大的社会主义中国的社会冲突。第三，它是国家和党实施其他控制手段的补充。[1] 这就是常说的毛泽东时期调解所具有的政治功能。对比陆思礼有关调解的政治功能的论述，不难发现，在新时期调解者的身份（党组织成员）和他们用于调解的价值观（党的政策和意识形态话语）仍然在一定程度上主导着村落的纠纷调解，因此，纠纷调解的政治功能仍在一定程度上存在，其所实现的也在一定程度上具有官方正义的特点了。

本章还考察了具有浓厚潮汕地区特色的民间组织老人协会。由老人协会所从事的调解，因其具有民间组织的属性，通过调解所实现的正义，因而也具有了民间正义的色彩了。

综观权力网络中的村落调解，呈现出政治功能和纠纷解决功能交错的态势，其所实现的正义，也兼具官方正义和民间正义的成分。就目前的现状而言，官方正义的成分则更丰富些，至少基于潮汕地区的实证研究证明了这一点。

---

〔1〕〔美〕陆思礼："毛泽东与调解：共产主义中国的政治和纠纷解决"，许旭译，载强世功编：《调解、法制与现代性：中国调解制度研究》，中国法制出版社 2001 年版，第 179~180 页。

# 第 17 章　基层治理体系中的人民调解

## ——以上海市杨伯寿工作室为个案

迄今为止，学术界对于人民调解的研究大致可以分为两种取向：一是程序法学的理路，将调解视为与一种法制相对的解纷机制，侧重于分析调解与诉讼/审判之间的关系；[1] 二是法社会学/政治社会学的理路，将人民调解作为观察国家与社会关系的一个视角：从历史来看，人民调解本身是革命政权对传统的民间调解进行改造的产物；[2] 就现实而言，人民调解处在由国家和社会构成两极的磁场当中，既不完全依附于国家政权，也不纯然是民间自治组织力量，而是力图在二者之间保持一种微妙的平衡，因此人民调解可以作为考察国家与社会关系的一个有效变量。[3] 或许还有一条调和两端的"中间道路"，既承认调解与法制的程序性差异，也关注调解背后的国家与社会，[4] 这在一定程度上消解了程序法学对调解与法制之间对立的夸大，譬如季卫东注意到了"经由调解而发展的法律"，以及"法律帝国"中的"情理特区"。[5] 法社会学/政治社会学的视角不太关心人民调解本身，而力图揭示其背后的原

---

[1]　王建勋："调解制度的法律社会学思考"，载《中外法学》1997 年第 1 期；何兵："纠纷解决机制之重构"，载《中外法学》2002 年第 1 期；韩波："人民调解：后诉讼时代的回归"，载《法学》2002 年第 12 期；张卫平："人民调解：完善与发展的路径"，载《法学》2002 年第 12 期；范愉："社会转型中的人民调解制度——以上海市长宁区人民调解组织改革的经验为视点"，载《中国司法》2004 年第 10 期。

[2]　强世功：《法制与治理——国家转型中的法律》，中国政法大学出版社 2003 年版。

[3]　彭勃："国家控制和社区治理：以上海社区调解为例"，载《制度建设与国家成长》，上海辞书出版社 2003 年版。

[4]　郭丹青："中国的纠纷解决"，载强世功编：《调解、法制与现代性：中国调解制度研究》，中国法制出版社 2001 年版。

[5]　季卫东："调解制度的法律发展机制——从中国法制化的矛盾情境谈起"，载强世功编：《强调、法制与现代性：中国调解制度研究》，中国法制出版社 2001 年版。

因和机制：人民调解好比是一个舞台，国家、社会、个人各自粉墨登场，在互动中既相互适应也彼此改造。这样就避免了就事论事，但同时也存在过度诠释的风险——我们固然可以从人民调解的场景中看到国家与社会的"身影"，但这是否意味着人民调解的任何风吹草动都是国家与社会在起作用呢？这样会不会导致一种"还原论"倾向，[1] 把人民调解所发生的一切简单地归结为国家与社会的"后果"，以至于用理论重新"规划"了事实？

　　本章在很大程度上也属于第二种路径。既然人民调解被国家视为社会稳定的第一道防线，深深地嵌套于基层治理体系之中，那么，政治学或政治社会学的视角对于我们把握人民调解的本质便尤为重要。与以往研究不同的是，本章更加强调人民调解组织形式的重要性。人民调解不同于传统民间调解的一个重要方面就在于，前者是组织化的，而后者依托的是个人，人民调解的变迁实际上也表现为组织的变迁。以组织为中心，也就在一定程度上规避了过度诠释的问题，因为在当代中国，组织是社会行动者最为仰赖也最为稀缺的政治资源之一，组织的变迁通常具有"政治敏感性"，一般都是在国家推动或至少默许的情况下发生的。从这个意义上讲，对人民调解组织变迁的研究要比静态的制度/程序分析更能逼近问题的实质。

## 一、人民调解的复兴与新趋势

　　20 世纪 80 年代以来，随着法制的相对健全和权利观念的勃兴，民事诉讼越来越成为中国社会解决民事纠纷的主要途径。统计数字显示：人民调解在20 世纪 90 年代中期达到高潮后逐渐呈下滑趋势，调解人员和调解纠纷数量渐趋减少。"强诉讼、弱调解"的纠纷解决体系结构特征已经形成。[2] 曾被誉为"东方经验"的人民调解，也因此沦为"明日黄花"；在许多人看来，作为传统民间调解的"历史遗留物"，人民调解终究会被具有现代理性精神的民事审判制度所取代。从 1994 年开始从事人民调解工作的上海市 Y 街道首席人民调解员杨伯寿回忆说：

　　1994～1998 年，那个时候调解没有协议书，只有口头承诺，无法查找根

---

〔1〕 [法] 埃哈尔·费埃德伯格：《权力与规则——组织行动的动力》，张月等译，上海人民出版社 2005 年版，第 7 页。

〔2〕 韩波："人民调解：后诉讼时代的回归"，载《法学》2002 年第 12 期。

据，最后不了了之。老百姓往往选择去法院，这不是因为调解无用，而是因为调解质量不高，没有信誉度。连调解员自己都（把纠纷）往外推，（把当事人）往法院支，民警和居委会也是这样。1998 年我们开会的时候，连最高人民法院的同志都在讲，人民调解这朵"东方之花"萎缩了。[1]

　　然而 2000 年之后，形势似乎又站到了人民调解这一边：一方面，最高人民法院 2002 年 9 月公布的《关于审理涉及人民调解协议的民事案件的若干规定》规定，人民调解协议具有民事合同的性质，当事人应当按照约定履行自己的义务，不得擅自变更或解除；而 1991 年通过的《民事诉讼法》第 16 条允许当事人反悔，对于有违背法律的人民调解，人民法院可以纠正，而对于符合法律的人民调解，却没有规定人民法院以何种方式予以支持。与此相应，最高人民法院在 2004 年明确提出审理民事案件要"能调则调，多调少判"，把人民调解与诉讼调解紧密结合起来，进一步健全解决社会矛盾的有效机制。[2]另一方面，政府开始大力扶持和推动人民调解的发展，其中尤以上海市为典型，在全国率先建立了人民调解协议书审核制（2000 年）、首席人民调解员制度（2001 年）、人民调解工作室（2003 年）和区级人民调解委员会（2003 年）。上述举措大大提高了人民调解的法律地位和实际效果，促进了人民调解的职业化与专业化。据统计，2002～2004 年，上海市人民调解组织共受理各类民间纠纷 273 074 件，调处成功 262 050 件，调解成功率 95.96%；参与调处了 3 251 件、80 232 人次影响社会稳定的群体性纠纷，防止自杀、凶杀和其他民转刑案件 629 件，[3]这表明人民调解又重新恢复了活力。

　　需要注意的是，人民调解并没有简单地回归传统，而是走上了一条"专业化"和"社会化"的新路。用上海市司法局局长缪晓宝的话来说：

　　"所谓专业化，就是从事人民调解工作要具有法律背景，并且专门从事人民调解工作，即受过法律专业教育，或具有法律工作经历，或长期从事人民调解工作，具备丰富的调解工作经验。""所谓社会化，就是利用社会组织、

---

〔1〕　熊易寒整理："杨伯寿访谈记录"，2005 年 12 月 6 日。

〔2〕　田雨、张晓晶："高法：审理民事案件要'能调则调，多调少判'"，载 http://news. xinhuanet. com/zhengfu/2004 – 07/02/content_ 1562650. htm.

〔3〕　施妍萍："上海人民调解员调解纠纷，成功率达到 95.96%"，载《新闻晚报》2005 年 5 月 14 日。

社会机构、社会力量化解矛盾纠纷；政府作为行政管理部门，不应走在调处矛盾第一线，应采取经济的、行政的等各种手段，积极扶持、支助人民调解工作，从而形成良好、规范、有序的社会自律机制。"〔1〕

他提出，人民调解工作必须走专业化、社会化的发展道路。正是沿着这一思路，人民调解工作室作为一种新的调解组织形式应运而生，并且在人民调解工作中发挥着越来越重要的作用。司法部部长张福森充分肯定了上海的这一探索，明确指出：专业化、规范化、社会化建设代表着人民调解改革和发展的方向。〔2〕

对此，我们不禁要问：政府为什么要复兴人民调解？又为什么要采取"专业化"和"社会化"的新组织形式？

与代替性纠纷解决方式（Alternative Dispute Resolution，简称 ADR）在美国的兴起不同，中国之所以要重新打出人民调解这张昔日"王牌"，不是用来对付"诉讼爆炸"，而是为了规避"法制的后遗症"，即让各级政府焦头烂额的缠讼、累讼和上访，〔3〕还有令法院权威受损的"执行危机"。〔4〕法制或审判所造成的"零和博弈"局面，往往会令败诉一方不断地上诉、上访乃至"上街"（即采取静坐、堵马路一类的集体抗议行动），在某些情况下，甚至还会带来"秋菊的困惑"，〔5〕即当事人双方都对结果表示不满；而具有当事人主义和合意性特征的人民调解，既可以减轻政府和法院的负担，又有助于保持社会稳定。

---

〔1〕 缪晓宝："关于人民调解工作的思考与实践"，载《中国司法》2004 年第 9 期。

〔2〕 人民调解的专业化、规范化和社会化在上海被合称为"三化"建设，规范化的主要内容包括实行人民调解员持证上岗和分类管理制度，提高人民调解协议书的质量，建立人民调解协议书指导、备案制度，完善人民调解专门场所等。参见上海市人民调解工作指导委员会办公室：《关于印发〈上海市人民调解工作指导委员会关于进一步推进本市人民调解工作的意见〉的通知》，2003 年 1 月 2 日发布。由于规范化须以专业化为前提，且二者内涵相近，都强调人民调解员的资质，因此本文将规范化与专业化合而为一进行论述。

〔3〕 陈柏峰："缠讼、信访和新中国法律：法律转型期的缠讼问题"，载《中外法学》2004 年第 2 期；何晓鹏："人民调解员制度：'熟人社会'解体后面临尴尬"，载《中国新闻周刊》2007 年 4 月 23 日。

〔4〕 据统计，1995 年以来，执行收案绝对数和实际执结案件数逐年增加，而案件执结率却逐年下降，执行未结数猛增。参见王鸿飞："最高法院部署全国法院集中清理执行积案运动"，载《人民司法》1998 年第 9 期。

〔5〕 冯象："秋菊的困惑"，载《读书》1997 年第 11 期。

政府之所以要大力推进人民调解的专业化与社会化，建立新型的调解组织，则是基于对"传统"的内设于村/居委会的人民调解委员会的反思。在很大程度上，人民调解在 90 年代所陷入的衰退局面跟这种组织形式不无关联。

根据最初的制度设计，人民调解的组织形式是人民调解委员会，主要设在基层居民委员会和村民委员会等自治组织和各种"单位"中。然而，随着我国社会结构的变化，原有的地域或单位在解决纠纷方面的功能开始弱化。其原因主要包括：其一，由于纠纷的多发和复杂性，村居委会调解由于缺乏权力的依托和对国家法律规则的准确把握，自身的能力已经不适于处理这些纠纷。其二，诚信、道德等社会失范，使得基层的调解失去优势，这也是诉讼激增的直接原因。第三，社会凝聚力下降，共同体成员的自治能力较低，内部调整作用差。[1]

另一方面，由于目前中国社会的自治程度较低，社会在很大程度上更期待通过确定的法律规则和具有强制力的国家规制进行社会调整，对公力救济的需求远远大于社会自治性调整。在纠纷发生时，当事人更多地向基层政府、行政机关和司法机关寻求救济，由此导致村/居委会调解出现明显的功能弱化。如是之故，欲使人民调解重焕生机，一个重要的步骤就是对调解的组织形式进行调整和改造。

适应这一需要，司法部 2002 年 9 月发布的《人民调解工作若干规定》对调解的组织形式作了新的规定："人民调解委员会可以采用下列形式设立：（1）农村村民委员会、城市（社区）居民委员会设立的人民调解委员会；（2）乡镇、街道设立的人民调解委员会；（3）企业事业单位根据需要设立的人民调解委员会；（4）根据需要设立的区域性、行业性的人民调解委员会。"这大大超出了 1989 年发布的《人民调解委员会组织条例》所规定的范畴，[2]不仅把实践中已经涌现的司法行政或准司法性的纠纷解决机制都纳入到人民调解的名下，为其追加了合法性；更重要的是，为人民调解的"再组织"（reorganization）提供了"准法律依据"。

上海市的"人民调解工作室"就是人民调解再组织化的产物，现已成为

---

〔1〕　范愉："社会转型中的人民调解制度——以上海市长宁区人民调解组织改革的经验为视点"，载《中国司法》2004 年第 10 期。

〔2〕　《人民调解委员会组织条例》规定："人民调解委员会是村民委员会和居民委员会下设的调解民间纠纷的群众性组织，在基层人民政府和基层人民法院指导下进行工作。"

人民调解专业化和社会化的一个重要组织载体，虽然目前尚未完全普及，但被司法行政部门认为代表着人民调解的发展方向，正在进一步推广中。[1] 因此，对人民调解工作室这一新兴组织的实证研究，有助于我们把握人民调解"专业化"和"社会化"的内在逻辑，理解人民调解"再组织"的政治涵义。2005 年 4 月至 2006 年 3 月，笔者与合作者对上海市的杨伯寿调解工作室进行了跟踪式调查，与人民调解员、街道干部、纠纷当事人等相关人员进行了多次访谈，并亲历了一部分纠纷的调解过程。下面，我分别从科层制和组织网络（inter - organizational networks）的角度对杨伯寿工作室展开分析。

## 二、工作室的组织定位：科层视角

上海市 A 区 Y 街道的"杨伯寿人民调解工作室"（以下简称工作室）成立于 2004 年 9 月，是上海第二家以首席调解员的名字命名的人民调解工作室。杨伯寿生于 1934 年，毕业于上海立信会计学校，曾担任黑龙江生产建设兵团计划委员会主任和王震将军的经济参谋，1985 年赴剑桥大学进修经济管理，1986 年到上海市人民政府工作，先后担任上海市政府驻哈尔滨办事处主持工作的副主任和驻俄罗斯首席代表。1994 年退休之后便一直从事人民调解工作，2001 年被上海市委副书记刘云耕授予 001 号"首席人民调解员"资格，是 2002 年度全国模范人民调解员和 2005 年度全国人民调解员标兵，工作室所在的 Y 街道人民调解委员会也被评为 2002～2004 年度上海市优秀人民调解组织。

工作室由 4 名专职调解员组成。除了杨伯寿，另外 3 名调解员分别是徐某、郭某（女）和曹某（女），都是中年人。徐某原来在公安局治保大队工作，现隶属于社区保安队，由派出所发工资，工作室给予一定补贴；郭某原来是居委会调解主任，曾经接受过杨伯寿的培训，比较擅长劝解；曹某是下岗职工，没有参加过培训，但她以前常向杨伯寿咨询法律方面的知识，平时喜欢收看法制节目，工作室成立后便"反客为主"。杨、郭、曹三人都是由工作室发工资。此外还有 3 名律师志愿者和 1 名心理咨询志愿者组成，其中律

---

〔1〕 截至 2005 年 8 月底，上海市有 13 个区共 46 个街道（乡镇）组建了"人民调解工作室"，其中 3 个区的所有街镇均已成立工作室，其他各区也在试点和推广过程中，杨伯寿工作室所在的 A 区明确要求其所辖的 12 个街道（镇）在 2005 年年底前全部建立工作室。

师是由政府安排的，4 人每月来 1 次，具体时间由杨伯寿根据工作需要来安排。社区每年支付给工作室办公经费和劳动报酬共 13 万元人民币，[1]购买这项公益服务，工作室除了直接受理社区内调解案外，还接受社区交办或移送的各类民事纠纷调解案（实际上工作室的业务是跨区的）。工作室在 Y 街道的"司法、信访综合服务窗口"[2]拥有 4 个房间，1 间较大的作为 4 人的办公室，另外 3 间较小的是调解接待室。

上海市司法局局长缪晓宝在一篇文章中指出：

从性质上说，"工作室"是街道调委会的一个内部办事机构和工作机构；从业务上来说，"工作室"受司法科指导；从功能上来说，主要是预防纠纷、开展法制宣传教育、负责居村委调解干部培训和业务指导，同时专司疑难、复杂和跨地区、跨单位民间纠纷的化解。探索人民调解专业化、规范化、社会化建设，一是有利于充实原有调解组织，使街道、镇调委会从议事机构转变为有工作实体的组织；二是有利于建设一支品牌化、专业化甚至是职业化的人民调解队伍；三是有利于更好地利用社会资源发展人民调解工作。[3]

这里主要涉及三方面的关系：一是工作室与街道调解委员会的关系，前者是后者的内部办事机构和工作机构。所谓的街道人民调解委员会并非一个实体，而是由街道下辖的 17 个居委会的调解主任，加上工作室 4 名成员组成，主任是杨伯寿。街道调委会一般半年开一次会（按规定是一季度开一次会，但杨认为太麻烦），平时基本不发挥作用，从这个意义上讲，工作室不是街道调委会的分支而是全部。另外值得注意的是，尽管工作室被称为民间社团，但据杨本人讲，他并没有去民政部门登记、申请，因此杨伯寿工作室与李琴工作室（上海市第一家人民调解工作室）不一样，后者登记为"民办非

---

〔1〕　其中可供工作室直接支配的经费只有 3 万元，其余 10 万元由街道统一支配，用来支付工资、房租和水电煤气等费用。不过与居委会调解委员会相比，工作室的条件无疑是得天独厚的，既有经费保障，又有政府大力扶持。

〔2〕　"司法、信访综合服务窗口"的办公场所是一幢单独的平房，位于居民小区当中，与街道办事处的其他机构相分离，有较少"衙门"的气息。与工作室同在"服务窗口"办公的还有司法科（与综合治理办公室合署办公）、信访办、社工站等单位。这种以便民为目的的空间布局同时也是一种隐喻：工作室和社工站既寄于国家的屋檐下，又在一定程度上与国家相疏离。

〔3〕　缪晓宝："关于人民调解工作的思考与实践"，载《中国司法》2004 年第 9 期。

企业单位"，[1]由首席人民调解员李琴担任法人代表。杨之所以不去登记注册，是为了避免年审、开会、接待、募捐等琐务缠身。他表示："我情愿不当工作室的法人代表，而只要当街道调委会的主任就行了。"这句话颇值得我们玩味，是否可以理解为：独立的法人地位对于工作室非但不重要，相反是一种累赘？工作室调解效能的有效发挥，不在于组织的自治性，而在于跟政府权威的同一性？

二是工作室与司法科的关系，Y街道司法科的Z科长是这样介绍二者之间的关系的：

第一，工作室的定位是社团性质的，即政府出钱购买服务。老杨（指杨伯寿）集中精力化解街道层面上的比较大的矛盾，而像家庭、赡养这类小的纠纷，主要交给居委会的人民调解委员会处理。

第二，（杨伯寿）讲话不代表政府，在一定程度上老百姓更加容易接受，如果他代表政府做工作，老百姓往往可能产生对立想法。

第三，化解纠纷的立场上，我们是为政府排忧解难：因为一是法律滞后，某些方面无法可依或者不同的法律相互冲撞；二是政府在执法过程中存在一些问题，软弱或者有法不依。

最后，杨伯寿工作室的工作我们不干涉，在工作中需要我们司法科出面的（地方）我们出来协调。[2]

从这番话当中，我们可以体会到工作室的微妙处境：一方面"讲话不代表政府"，另一方面又要"为政府排忧解难"。虽然对于政府（司法科）而言，前者无疑具有策略性和手段性，是更好地实现后者，但惟有充分地表现出前一种姿态（尤其是当政府自身与民众发生纠纷时），工作室才能赢得民众的信任，从而有效地介入和调解纠纷。从这个意义上讲，工作室事实上不得不具有若干民间性质。我们且听杨伯寿是如何表达的：

要为群众说话，内部要敢于说话，不是到外面、街道上去说。我以前几

---

[1]《民办非企业单位登记管理暂行条例》规定，"民办非企业单位是指企事业单位、社会团体和其他力量以及公民个人利用非国有资产举办的、从事非营利性社会服务活动的社会组织。"

[2] 顾笑萍整理："Y街道办事处座谈记录"，2005年4月12日。

十年是为领导服务，我现在为群众服务。我们的工作就是一个桥梁的作用，沟通群众和政府部门。公务员是什么态度？我们是什么态度？有些公务员现在就像人家说的，门难进脸难看事难办。有时候有些人过来他也不是要调解什么，他就是想跟你说说让你给他评评理，他觉得信得过你，觉得你公正，就是要找个地方说出来。[1]

一方面，工作室要为群众说话，这样才能得到社会的认同；另一方面，又要把握分寸，不能站到政府的对立面，这样才能成为沟通群众与政府的桥梁。要两头兼顾，绝非易事。然而，在杨伯寿工作室，我们并没有发现其作为民间社团（独立性）与接受司法科业务指导（依附性）之间存在明显的紧张关系，但这不意味着人民调解所面临的结构性张力已经不复存在。一个无法回避的事实就是，杨伯寿太特殊了。唯有像杨伯寿这样深谙官场规则与人情世故的人，才能厕身于国家与社会的夹缝中而游刃有余。

我们注意到，杨伯寿并没有一个实体性的立场，用他自己的话来说："谁有理，我就在站在谁一边。"但"理"是非常抽象的，有着极大的诠释空间，因此他的立场毋宁是一种情境化的产物，是与其他行动者互动的结果，包含着策略的成分，或者说，立场本身也是策略的一部分。但这个立场有一个底线，也正是政府的底线。在底线之上，杨伯寿表现出相当的自主性，譬如为当事人出谋划策，寻找政府具体行政行为的破绽；而一旦越过了底线，杨伯寿会与政府保持高度一致，譬如按照政府（司法科）的部署介入群体性事件。

从性质上讲，杨伯寿工作室既非群众性自治组织，也不属于政府的下属机构，而是非营利性的民间社团，工作室在实践中也确实表现出一定的自主性；但是工作室对国家的资源依附性（办公场地、活动经费由政府提供，接受司法科指导，其核心人物杨伯寿是"退而不休"、"发挥余热"的国家精英[2]），又使得其民间性质相当暧昧。"政府购买服务"非但不是真正的市

---

[1] 顾笑萍整理："杨伯寿访谈记录"，2006 年 3 月 2 日。

[2] 不单杨伯寿，上海市的首席人民调解员当中有相当一部分是退休的国家干部、社区干部、法官和检察官，他们同国家的制度化联系（包括工资待遇、组织关系等）往往要强于他们同社区的关系，他们与社区的关系不是双向的依赖而更接近单方面的奉献，这就决定了他们很大程度上仍属于国家精英而非民间精英。但这并不等于说他们就是国家的代理人，除了需要政府的认可之外，他们要有效展开工作就必须取得居民的认同，"在野"的身份也使他们更容易换位思考，因此他们更像是国家与社会之间的"中介人"，即杨伯寿前面所说的"桥梁"。

场化运作模式（这并不是说真正的市场化模式就一定是适当的），相反还强化了街道与工作室的不对等关系。

三是工作室与居/村委会调解委员会的关系。工作室负责对 Y 街道下辖 17 个居委会调委会进行业务指导，还要对调解委员进行培训——工作室同时也是“A 区人民调解带教点”。工作室和居委会调委会也存在一定的分工，用 Z 科长的话来说：“小纠纷不出楼，一般纠纷不出居委会，大的纠纷由杨伯寿工作室解决。”当出现居委会自身无法调解的纠纷时，调解委员也会把当事人领到工作室来（笔者访谈的时候，就正好碰到一位居委会调解委员陪同当事人前来调解）。杨伯寿说：“这种情况常有，调解委员旁听（我们的调解过程），对于她也是一个锻炼。”另外，居委会调委会在调解纠纷时不能自主制作协议书，Y 街道所有的调解协议书都是由工作室统一制作的，杨伯寿的解释是：“他们（指居委会调解委员）不能适当地表达，处理也不一定合适，只是做前期工作，包括信息反映、证据固定和劝导，而协商、笔录、签订协议书、交割、履行和监督需要由我们来做。”这表明：人民调解协议书的民事合同效力在提高人民调解权威的同时，也导致了人民调解的“法制化”的倾向，即协议书需要遵照特定的程序和使用规范的法律术语，而这些必须由具备一定专业素质的人来完成。这样一来，属于“业余”性质的居委会调解就更加边缘化了，主要是处理一些微不足道的小纠纷。如果说传统的人民调解是一种“大众化正义”（popular justice），即“一个遵循非正式礼仪的、语言与人员上非专业的、本地化的、管辖权有限的规则的决策过程”，[1] 那么，当下的人民调解越来越法制化、程序化和规范化（人民调解员被称为“布衣法官”并非偶然），“威望型”地方精英的缺失也使得调解不得不向法律技术靠拢，毛泽东时代“让群众自己教育自己”的人民调解模式必然趋于没落。一个简单的事实就是，尽管上海市人民调解的纠纷解决总量高达 10 余万/年，但如果把这个数字除以 10 万（上海号称有 10 万“调解大军”），就会发现，其实每名人民调解员平均调解纠纷只有 1 件。这意味着数量上占绝对优势的居委会调解委员会并没有发挥太大的作用，当下人民调解的重心实际上已经转移到

---

〔1〕 Merry and Sally E. , “Popular Justice and the Ideology of Social Transformation”, No. 1 *Social & Legal Studies* (1992)；刘思达：“法律移植与合法性冲突——现代性语境中的中国基层司法”，载《社会学研究》2005 年第 3 期。

了街道调解委员会和调解工作室。正如杨伯寿工作室的空间位置所隐喻的那样：人民调解离居委会更远了，离街道更近了。当然，这不仅仅是由"法制化"带来的，资源问题可能是更重要的瓶颈：居委会调解是义务性的，缺乏充足的经费保障，也很难利用国家的权力资源；更何况居委会自身也存在边缘化的势头，[1]作为下设机构的调委会焉能风光独好？

不难发现，在司法科、工作室和居委会调委会之间实际上存在一种"准科层关系"，即指导与被指导的关系（不同于经典科层制下的命令与服从关系）。这种"准科层关系"还可以向上延伸一级，即区司法局对街道司法科也是一种工作指导关系。根据官方的解释，"指导"不同于"领导"，但在实践中，二者的区别往往十分微妙。彭勃在调查中发现：区司法局和街道虽然只有业务上的指导关系，但前者可以通过评比工作来加强对后者的"领导"，因为评比的结果对于街道司法科是很重要的，如果能够获得优胜，将有利于提升司法科在街道政府体系中的地位；不过，由于没有直接的隶属关系，区司法局对街道的控制又是复杂和微妙的，而且缺乏稳定性。[2]工作室也是如此，其《工作条例（试行）》是由区司法局制定的，街道司法科还掌握着工作室的绝大部分经费（包括调解员的工资），而除杨伯寿之外的工作室成员，社会地位和收入水平不高，对这份工作及薪水有较强的依赖性。[3]这就在事实上强化了街道司法科对工作室的控制。

不过，杨伯寿似乎并不满足于把工作室做成"Y 街道的人民调解工作

---

〔1〕 根据厉莹在 A 区 H 街道的调研，介于街道党工委（对应街道办事处）和居民区党支部（对应居委会）之间的"新村片党委"正发挥着越来越重要的作用。一个"新村片"通常包括几个相邻的居委会和驻区企事业单位，"新村片党委"形式上由片区内的党员代表选举产生，但书记人选实际上由街道党工委掌控，经费也由街道划拨。"新村片党委"和街道聘请的社工（其工资一般高于居委会成员）承担着越来越多的基层事务，而居委会则相对边缘化。根据我们的观察，这种情况在 Y 街道等地方同样存在。参见厉莹："'新村片'党委：社区党建新模式"（未刊稿），2005 年。徐珂还发现，在进行直选试点的新东居委会，出现了居委会的"矮化"现象，即人们认为居委会与社工站分离之后，社工站才是老居委会的真正继承者，新居委会只是一些没有报酬的人定期不定期开会而已，况且社工站里还有党支部书记。可以预见，如果直选得以铺开，居委会的"矮化"可能会进一步蔓延。这说明，尽管居委会一直以来也依赖于政府的资源，但它现在已经不是政府的"重点扶持对象"了。参见徐珂："'悬举'：策略和实现前提"，载《居民委员会直选理论研讨会资料汇编》2004 年 7 月。

〔2〕 彭勃："国家控制和社区治理：以上海社区调解为例"，载《制度建设与国家成长》，上海辞书出版社 2003 年版。

〔3〕 上海市近年来倾向于在下岗职工当中培养、吸收人民调解员（多是年富力强的中年人），这样既可以解决人民调解员老龄化的问题，又便于从经济上加以控制，同时还拓宽了再就业的渠道。

室"，司法科强调属地管理的原则，要求杨伯寿一般只管 Y 街道的纠纷。但杨伯寿坚持认为自己的工作是跨区的，除了平时在办公室不分地域地处理纠纷之外，他还利用双休日专门到外区开展法律咨询和调解服务（通常是以参加市司法局统一组织的法制宣传活动的形式），从而使自己的工作立足于全市的层面，而不是仅仅局限于街道。这种策略在一定程度上扩宽了工作室的自主性空间：因为杨伯寿工作室的社会知名度越高，影响力越大，街道就越需要杨伯寿，从而在工作室与司法科之间建立了一种双向的依赖，平衡了后者对于前者的控制，二者的权力关系具有明显的社会交换性质。[1]但我们注意到，街道对工作室的控制是制度化和组织化的，而工作室的自主性却是个人化的，与杨伯寿的个人能力密不可分。一旦年逾古稀的杨伯寿"告老归田"，工作室还能"涛声依旧"吗？

### 三、工作室的功能发挥：网络视角

人民调解的再组织不是对既有组织体系的颠覆，而是"打补丁式"的增量改革：在保持原有组织的基础上增加了人民调解工作室这一新组织。工作室作为一个后起的组织，它必须融入到既有的组织网络当中，才能有效发挥自身的功能。

有必要补充一下工作室内部的分工情况：杨伯寿负责工作室的接待和调解，兼与法院联系，徐某有时从旁协助；徐某因为在公安呆过，负责制作协议书、笔录，处理轻微刑事案子，以及与派出所联系；郭某负责上门调解（工作室为残疾人和 70 岁以上老人提供上门服务）；曹某主要的工作是整理资料、接打电话和为杨伯寿安排日程。由此我们也可以发现调解组织网络的端倪，即有专人负责与法院和派出所联系。工作室实际上处在一个制度化的组织网络当中，这一网络包括以下几个层次：

一是区司法局、街道、居委会三级调解网络。这实际上也就是前面所讲的"准科层关系"：区司法局——街道司法科、工作室——居委会调委会。工作室本身是民间组织，并不属于国家权力系统，工作室要与司法行政部门之外的国家组织网络相衔接，就必须通过区司法局这个中间环节。2002 年，A 区司法局与区公安分局联合制定《关于对民间纠纷引发伤害案件联合进行调

---

〔1〕 〔美〕布劳：《社会生活中的交换与权力》，孙非、张黎勤译，华夏出版社 1988 年版。

处的实施意见（试行）》，创设了"警民联调"的工作模式；2005 年 3 月，区司法局与区法院继在 Y 街道调委会开展民事诉讼案件委托调解试点工作之后，联合制定了《民事诉讼案件委托人民调解委员会进行调解的实施办法（试行）》；2005 年 4 月，区司法局与区检察院联合印发了《关于在办理轻微刑事案件中委托人民调解的若干规定（试行）》，探索将人民调解参与化解轻伤案件引入刑事诉讼程序。

二是"110"司法、公安联动系统，这实际上是一个信息网络。该机制形成于 1999 年初，公安将"110"报警电话记录传真给各区司法局，24 小时内司法调解干部便上门做工作——主要是处理由邻里、家庭纠纷引起民间伤害案件。杨伯寿介绍说："Y 街道派出所刑侦队认定的轻伤，还没往检察院送的，刑侦队把当事人放弃刑诉的承诺书和案件的笔录移交给我们，由我们来调解，（今年）已经调解了 12 起，都获得成功。"

三是诉前人民调解和法院委托调解（审前调解）机制。杨伯寿工作室所在的 Y 街道是上海市"民事诉讼委托调解"的试点单位。诉前人民调解主要是对未经人民调解委员会调解而直接向法院起诉的部分家庭、邻里纠纷以及其他一些疑难纠纷，法院可以建议纠纷当事人向所在街镇的人民调解委员会申请调解，法院不再立案。法院委托调解是指对部分已经立案、但有可能通过调解解决问题的家庭、邻里纠纷，法院在庭审前，经征得双方当事人同意，可委托给相关人民调解委员会进行调解。调解成功的，由原告申请撤诉或由法院制作调解书；调解不成的，由法院继续审理。2005 年 1～11 月，区法院已经先后委托工作室调解 10 起纠纷，其中 8 起签订了协议书，2 件退回法院。[1]

四是"行政协调会"机制，具体做法是：针对社区内发生的公民之间、公民与法人和其他社会组织之间涉及民事权利义务争议的各种群体性纠纷，由街道办事处有关人员在分管领导主持下召开行政协调会，相关各方共同参加，进行协商调处。经行政协调，并征得双方当事人同意，委托给相关人民调解委员会，由后者进行调解。在双方取得共识并明确权利义务关系后，再由街道人民调解委员会（工作室）制作调解协议书，并由双方当事人签字、

---

[1]　其中一件已二审终结，不应受理，必须撤诉；另一件是当事人同意调解方案，但放弃协议书，而要求法院裁判的判决书。

盖章。一方面，人民调解可以借助行政部门的权威进行协调；另一方面，行政协调也可以借人民调解建立一个"缓冲地带"，并把行政意志转化为具有法律效力的"合意型契约"。

通过上述制度安排，工作室实际上被"焊接"到既有的调解网络和国家正式组织网络当中，成为其中的一个有机组成部分。工作室不仅分享了旧有的组织网络，而且还形成了一张以工作室为中心，以区司法局、街道、派出所、法院、检察院和居委会为主要结点的协作网络（collaborative network），[1] 从而以一种新的方式把上述机构"联结"在一起。通过这一网络，工作室一方面分担了国家正式组织的一部分工作压力，另一方面也分享了国家正式组织的权威和能量，并把这种能量以"社会自治"的名义释放出来。这实际上也是一种"交易"，由此形成组织间的资源共享。

除了这种正式的组织网络，彭勃的研究还注意到，调解主任、调解员和信息员在工作过程中，不能完全依靠上级行政权威、国家法律、警察等执法人员的支持，更多的是要动用自己的社会资源，靠自己的社会威望，纠纷的平息和调解才能获得真正的成功。在相当多的案例中，往往是最后无法用法律和政策来压人，甚至也无法以理服人，而是双方买了调解人的"面子"。正因为如此，上海市组织部门的一名干部认为"经济工作谁都能干"，配备干部最为关键的位置是信访和主管调解工作的基层司法部门；基于同样的理由，首席人民调解员也是由社区中有威望的热心者担任。[2] 那么，这是否意味着调解活动是嵌入（embedded）到调解员的社会关系网络（social networks）当中的?[3]

调解活动要嵌入私人性的社会关系网络，一个基本前提就是熟人社会。中国传统的民间调解在很大程度上就是嵌入性的。然而，与传统的村落共同

---

〔1〕 "协作网络"的概念原是用来解释企业网络化现象的，参见林闽钢："社会学视野中的组织间网络及其治理结构"，载《社会学研究》2002 年第 2 期。但它与本文所讲的组织网络在一定程度上是相通的，二者都是基于资源依赖而产生合作的需求。正如李友梅所言：对于需要"资源共享"的单个组织来说，不能用自身组织的行政命令来要求其他组织无条件地提供资助，于是出现了一种协商机制，而这种协商机制其实是与一种"交易"相联系的，也就是说，"资源共享"是通过"交易"实现的。参见李友梅："城市基层社会的深层权力秩序"，载 http://www. shjcdj. org. cn.

〔2〕 彭勃："国家控制和社区治理：以上海社区调解为例"，载《制度建设与国家成长》，上海辞书出版社 2003 年版。

〔3〕 周雪光：《组织社会学十讲》，社会科学文献出版社 2003 年版，第 111～158 页。

体相比，"街道"的规模要大得多：Y 街道约有 10 万居民，面积约 2 平方公里，这就决定了 Y 街道必然是一个陌生人社会，而非传统的熟人社会。当问及"面子"和社会关系在调解中所发挥的作用，杨伯寿回答说：

> "成功率高，威信就高。这个一传十，十传百，大家就信任你。我可能有点答非所问，但确实如此。因为我跟调解对象都不认识的，有一次我去 B 区调解，到一个部门查资料，对方说我知道你，001 号嘛，你不收费的，这些东西律师来了我也不给的，但你跟他们（律师）不一样。我们确实是奉献。"[1]

杨伯寿这番话基本上是可信的。虽然按照社会关系网络理论，一个人在加入新的社会网络的同时也会把其原先所在的社会网络带进来；但杨伯寿过去所从事的是经济工作，且长期呆在东北和国外，他那些"高级别"的、与"司法战线"无关的社会关系网络实际上很难被运用到基层的调解工作中来。杨伯寿在社区的"面子"主要是靠退休后积攒起来的（尽管局级退休干部的身份可能有助于威望的建立）。1994～2004 年的 11 年间，杨伯寿共经手处理过各种民间纠纷 1839 起。[2] 在这一过程中，杨伯寿不仅在居民当中树立了声望，也与居民会、街道、司法局、派出所、法院和检察院等相关部门建立了良好的合作关系。

尽管杨伯寿不认识当事人，也不认识一些相关部门的工作人员，但对方却可能"认识"他（如前面提到的 B 区的例子），即听说过杨伯寿的一些事迹。这种单向的"认识"有点类似于组织社会学所说的"弱关系"（weak ties），[3] 同样可以为调解工作的开展提供许多方便。譬如在调解一起关于离休待遇的纠纷时，杨伯寿需要查阅当事人的档案，这是不符合组织部门的规定的；然而，当杨伯寿亮出了上海市 001 号首席人民调解员的身份时，立即得到了组织部门的配合。

由此也可以看出，在具有制度刚性、官僚主义和组织惰性的科层制组织网络面前，"平民"身份的杨伯寿要充分地运用组织资源，实际上还必须仰赖

---

〔1〕 2005 年 12 月 6 日杨伯寿访谈记录，笔者整理

〔2〕 徐亢美："上海 001 号调解员个人品牌设立工作室"，载《文汇报》2004 年 11 月 10 日。

〔3〕 Granovetter and Mark，"The Strength of Weak Ties," Vol. 78 American Journal of Sociology 1360 ~ 1380（1973）.

自身的身份和名望，或可称之为"象征资本"（symbolic capital）。[1] 杨伯寿的象征资本就是他独特的从政经历、调解业绩和社会声望：担任过"王震将军的经济参谋"，"被江泽民、朱镕基派往东北工作"，"被市委副书记刘云耕亲自授予001号首席人民调解员资格"、"全国模范人民调解员"、"曾在剑桥大学进修"，以及被《解放日报》、《文汇报》、《法制日报》等媒体广泛宣传的先进事迹。[2] 在"官本位"思想依然十分浓厚的中国社会，与权势显赫者的"关系"不仅是一种重要的社会资源，也是本人工作能力和社会能量的一种标志。正是这些将杨伯寿和其他退休老人区别开来。

象征资本要转化为组织资源和权力资源一般需要两道工序：一是通过媒体的宣传和民众的"口碑"使资本增值，并使杨伯寿成为"典型"（其实毋宁说是"例外"），而"典型"本身就是一种稀缺的象征资本。工作室现在已经成为Y街道乃至A区的"工作品牌"和"亮点"，受到有关领导的高度重视，这为工作室把象征资本转化为权力资源提供了便利。二是杨本人及工作人员的适当运用，使象征资本转化为权力资源。杨伯寿在接待当事人时，一方面表现得和蔼可亲，不打官腔，不摆架子，非常平民化；另一方面总是看似不经意地提及自己的某些经历和身份，譬如作为江泽民和朱镕基的代表、上海市001号首席调解员等等。而出去调查或调解，特别是与单位打交道时，杨伯寿首先亮出的就是由上海市统一颁发的"首席人民调解员"工作证。这不是一种炫耀，而是对象征资本的运用，也可以说是一种权力技术，以此来尽快获取当事人或利益相关人的信任、配合甚至于忌惮，为以后的"说理－心服"机制奠定心理基础，[3] 同时预防可能由科层制的惰性和自利倾向造成的不便，促使问题得到顺利解决。

不论是工作室与国家正式组织的"联网"，还是杨伯寿运用组织资源和网络资源的方式，都表明了工作室对国家权力的高度依附性：就前一方面而言，工作室已经被整合到国家治理体系内部；就后一方面而言，惟有领导重视，

---

[1] Bourdieu and Pierre, "Social Space and Symbolic Power," Vol. 7 *Sociological Theory* (1989).

[2] 媒体的宣传事实上也刻意突出杨伯寿的"象征资本"，从标题上便可见一斑，例如："上海001号调解员个人品牌设立工作室"，载《文汇报》2004年11月10日；"将军参谋退休后甘当调解员"，载《青年报》2004年12月2日；"'上海001号'：进过剑桥大学的调解员"，载《民主与法制时报》2005年1月25日。

[3] ［日］高见泽磨：《现代中国的纠纷与法》，何勤华等译，法律出版社2003年版。

杨伯寿的象征资本才能真正转化为权力资源，工作室也才能获得更大的空间。

不过我们也注意到，工作室主要是在组织层面与国家治理体系靠拢，其"法制化"也集中体现在工作程序上，而在处理纠纷的原则上，工作室仍然秉承人民调解的一贯逻辑——重情理，轻法条，追求实质正义而非程序正义。譬如，在处理一起由于法院判决"合法不合理"而出现"拉锯"局面的家庭纠纷时，杨伯寿采取了佯装不知的策略，轻松绕开法院的判决书，促成当事人达成谅解和妥协，协议结果几乎把判决完全翻转过来，从而在事实上导致了法院判决作废。又如，基层法院拒绝受理一起高龄夫妇的离婚案，杨伯寿通过调查发现，这对夫妇继续相处可能会引发刑事案件，于是跟法院院长打招呼，后来法院在杨的工作室开庭判决二人离婚。[1] 这些做法实际上已经超出了国家对于人民调解的角色期待（作为法制的一种补充），并在一定程度上构成了对"国家法"秩序的挑战。但就社会效果而言，这一做法与中国法制的内在精神又是一致的（以和为贵、稳定压倒一切），这可能也是杨伯寿敢于"僭越"的重要原因。这两则案例提示我们：杨伯寿工作室并不是国家治理机器上的一颗螺丝钉，它更像是栖息于国家这棵大树之上的益鸟，它会帮助大树消灭虫患，从而与之建立（具有契约性质的）共生关系，但并未因此而丧失自由，某些时候，它甚至会以医生对待病人的姿态，做一些大树并未要求（甚至有些反感）、但它认为对大树有益的事情。

工作室处理的纠纷类型也有助于我们理解它同国家与社会的关系，以2005 年为例，损害赔偿纠纷最多，占50%；其次是邻里纠纷，占20%；再次是婚姻纠纷，占15%；然后是住房纠纷，占12%；此外还有债务纠纷、赡养纠纷、抚养纠纷等，基本都是民间内部的小型纠纷，很少涉及官民冲突和群体性事件（这部分社会冲突主要流向了信访部门和司法机关）。事实上，在涉及这类纠纷时，工作室通常力不从心。在一起居民围堵马路事件中，谈判工作主要由 Z 科长操持，工作室只是负责处理善后事宜；前面提到的那起离休待遇纠纷，由于单位一方是国家行政部门，杨伯寿最初也难以介入，直到当事人通过"过激"手段将事情"问题化"，[2] 单位感受到上级政府的压力，

---

〔1〕　以上两个案例是根据 2006 年 3 月 2 日的"杨伯寿访谈记录"整理而来。

〔2〕　应星、晋军："集体上访中的'问题化'过程——西南一个水电站的移民的故事"，载《清华社会学评论》特辑，鹭江出版社 2000 年版。

希望尽快甩包袱，杨伯寿才得以介入并迅速调解成功。杨后来也坦言：如果没有当事人那么一闹，事情是不可能顺利解决的。透过这两个案例，我们可以看到工作室的边界：它主要是作为国家的辅助者，处理社会内部相对轻微的冲突。人民调解的这种工作性质，一方面使它免受国家与社会的强力挤压，另一方面也使它处于从属的地位。

## 四、讨论

有别于传统的民间调解，人民调解的复兴不是以熟人/半熟人社区为基础，而是以基层政府的组织资源为依托的，被整合到政法传统和基层治理体系之中，转向半程序化的合意型治理。

传统的民间调解是以小共同体（村落、家族、行会等）为基础的，植根于社会关系网络，其效力基于嵌入性认同（当事人都嵌入在同一个社会关系网络之中，因而服从于同一个秩序或权威），具有人格化、重实质、讲究人情伦理的特征，倾向于追求结果导向的正义，往往遵循特殊主义的逻辑（一事一议），礼重于法。而现代法治是在大共同体（民族国家）的框架下实行的，其效力基于超然性认同（当事人之所以服从，是因为国家权力的背书），具有非人格化、重形式的特征，追求程序导向的正义，追求普遍主义的抽象治理逻辑，对事不对人，法律高于情理。

当下的人民调解则介于传统民间调解与现代法治之间，在操作上类似于"老娘舅"式的民间调解，既对人也对事，有国家权力背书，融入了契约精神。因为在由陌生人组成的大共同体社会，社会对纠纷解决机构的基本要求是有公信力和权威性，其裁决结果应得到国家认可。然而长久以来人民调解是否具有法律效力一直存在争议。传统模式下的人民调解仅凭口头约定，在尚未构建诚信社会阶段，大量"反水"和拒不执行情况挑战着人民调解的权威。为此，最高人民法院和司法部相继出台有关规定，明确人民调解协议具有民事合同性质和效力。本章将这种人民调解模式称为半程序化的合意型治理。

至少到目前为止，上海市推行的人民调解专业化和社会化改革，只有专业化基本落到了实处，而社会化则转换为再组织的问题。这与季卫东观察到一个现象有着惊人的相似，即："自实行改革开放政策以来，伴随着社会变革、权利意识觉醒而产生的民间纠纷，主要由调解制度吸收处理，所谓法制化的问题，在很大程度上转化为调解的组织化问题。"[1]而之所以会出现这种"结果替代"，根本原因在于中国社会尚处在"组织化调控"的阶段，[2]国家更多地依靠具体的组织（及组织技术）而不是抽象的制度对社会进行治理，每当遇到新的问题或挑战，国家就成立相应的组织或组织协调机制来加以回应。国家推行人民调解社会化的目的并不是为了提升市民社会的自治组织能力，而只是为了扩大自身的治理资源。而"组织化调控"之所以能够奏效，很大程度上是因为组织形式不仅仅是"形式"，它会制约组织获取资源的方式和途径，进而影响到组织目标和功能的实现。斯科特指出，适当的组织形式的发明对于组织的资源获得是非常重要的。"每一类型的组织都代表了特定的经济、技术和社会的资源集合。"[3]由前文可知，村/居委会调解委员会所掌握的物质资源和权力资源，与人民调解工作室是不可同日而语的。

事实上国家也没有能力全面强化居委会调解组织，国家的资源占有量毕竟是有限的，没有足够的财政力量和专业人才来支撑众多基层调委会的专业化运作，而不得不实施"据点"战略，在街道层面建立新的专业化调解组织，而街道社会的规模也正好适中，一个"据点"便足以辐射全境，居委会调解委员会则成为据点周围的"碉堡"。由于上海市自1996年以来实行的"两级政府、三级管理"体制导致政府管理重心下移，突出了街道办事处的主体地位，[4]因此，人民调解的重心向街道层面上移实际上也就实现了政府管理与人民调解的对接。这样可以一举两得：既节约了国家的治理成本，又绕开了合法性问题，毕竟居民自治制度是全国性制度，而街道调委会和工作室模式仅是探索中的地方性制度，将后者纳入国家治理体系不会遭受过多的质疑。"社会化"与其说是国家与社会之间的权力转移，不如说是国家重点支持对象的改变。

因此，人民调解的"社会化"是一个似是而非的概念，其实质是"再组

〔1〕 季卫东："调解制度的法律发展机制——从中国法制化的矛盾情境谈起"，易平译，载强世功编：《调解、法制与现代性：中国调解制度研究》，中国法制出版社2001年版。

〔2〕 唐皇凤：《社会转型与组织化调控——中国社会治安综合治理组织网络研究》，武汉大学出版社2008年版。

〔3〕 田凯："组织外形化：非协约束下的组织运作——一个研究中国慈善组织与政府关系的理论框架"，载《社会学研究》2004年第4期。

〔4〕 林尚立主编：《社区民主与治理：案例研究》，社会科学文献出版社2003年，第176页。

织化"，即把职业化和专业化的人民调解工作室或街道调委会"焊接"到既有的调解网络当中，并通过一系列制度安排与国家的组织网络相联结，在盘活国家治理资源的同时提高人民调解的效能。但随之而来的是：对国家具有高度依附性的街道调委会和工作室的作用日益突出，而象征社会自治的居委会调解却逐渐边缘化。在"社会化"的过程中，人民调解反而离社会更远了，离国家更近了。这充分彰显了"社会化"的自我悖反。正因为如此，彭勃把人民调解的"社会化"视为国家控制的社会化，[1]而人民调解恰恰被"行政化"和"司法化"了，但二者其实是一枚硬币的两面，人民调解本质上是服务于国家控制的。工作室的运作模式表面上是人民调解服务的社会化，但由此而来职业化和专业化恰恰强化了国家对基层社会的控制。从这个意义上讲，人民调解重复了"法律治理化"的命运。[2]

诚然，人民调解工作室并不完全是街道政府的附庸，它或多或少具有若干民间性质；但这种民间性质是国家创制和经营出来的，这既是国家的自我改造，也是国家对社会的改造，国家在改变自身行为模式的同时力图使社会配合这一转变。质言之，工作室是国家对自治性社会团体的一种"结构 - 功能"模拟（即所谓"社会化"），[3]以此作为国家干预社会的合法"中介"。人民调解正日益被整编到法治/法制的框架之内，与国家的正式组织网络深深地勾连在一起，成为国家治理体系的一个有机组成部分，而不再是一种体制外的补充。[4]但这并不意味着社会的权力必然遭到了弱化，因为在当下的中

---

〔1〕 彭勃："国家控制和社区治理：以上海社区调解为例"，载《制度建设与国家成长》，上海辞书出版社2003年版。

〔2〕 强世功：《法制与治理——国家转型中的法律》，中国政法大学出版社2003年，第123～124页。

〔3〕 由于仅仅是一种模拟，如此便导致结构与功能的背离，调解工作室更多地成为国家治理体系的一个部件，而不是作为独立的民间社团，有学者用"组织外形化"的概念来描述这种组织的形式与实际运作方式明显不一致的现象。郭丹青："中国的纠纷解决"，强世功编：《解决、法制与现代性：中国调解制度研究》，中国法制出版社2001年版。

〔4〕 这种表述可能会给人们造成这样一个印象，即国家权力在形式上自我收敛的同时实现了实质性的扩张。要从对杨伯寿工作室的微观研究当中得出这样一个宏大而化约的结论，无疑是一种冒险。当代中国社会存在各式各样的社会团体，而国家对它们的控制方式和控制程度也不尽相同。若囿于某一方面，不免会以偏概全。康晓光和韩恒注意到了这一点，富有启发性地提出"分类控制体系"的概念，认为"一个追求自身利益最大化的政府，必然会根据各类社会组织的挑战能力和提供公共物品的种类对它们实施不同的管理方式"。参见康晓光、韩恒："分类控制：当前中国大陆国家与社会关系研究"，载《社会学研究》2005年第6期。

国，国家与社会的关系可能并非零和博弈，与雄心勃勃的国家相比，社会并不是一个可怜兮兮的受害者。社会组织也在利用各种策略同国家进行谈判，消解国家的控制力或利用国家控制来谋求自身的利益，甚至主动要求"嵌入"到国家体系当中。[1] 正如 Frolic 所看到的：新的社会组织不反对国家，而是成为附属于国家的一部分；充当公民意识发展的培育基地；作为国家与社会之间的"中介人"。[2] 从杨伯寿的身上，我们看到的就是这样一个中介人的形象。

　　如此说来，似乎有必要重新检视民间组织的"官民两色"，以往的研究更多地强调这种"双重性"的负面意义，而忽略了一个基本事实：民间组织的这一面相使它适应政府与民间的共同需要，采用"体制内"的方式为政府与民间的沟通服务，一方面使得政府的行政目标有可能通过民间组织居间协调变通为社会和个人易于接受的行为规范；另一方面，在如此运作的同时，民间组织实际上经由了一个自下而上的利益表达、利益综合和民意输送的过程，这个过程对政府的政策和决策的影响，恰恰体现了民间组织的"民间性"。[3] 具体到杨伯寿工作室，它一方面固然深深受制于国家的权力体系，另一方面也在悄悄地改变着国家的行为方式。

　　我们几乎可以说，人民调解是一部中国研究的"活教材"。长期以来，受西方二元认识论的影响，我们习惯于按照非此即彼的方式——如现代/传统、国家/社会、理性/非理性——来想象和研究中国。然而，在人民调解的过程中，传统与现代水乳交融，国家与社会的边界变得模糊不清，看似"非理性"的行为背后充满着理性算计。也许让人感到吊诡的是，本章采用国家与社会的研究范式，而最后的结论恰恰是要突破国家/社会的二元叙事框架。其实这并不矛盾，概念的划分（二分法）永远是必要的，否则就不可能有理论（超越二分法也是以二分法为基础的），研究者只要对这些分析工具进行必要的反思，认识到概念的人为性、非自然性和简化的本质，就完全可以避免将"国

[1]　Saich and Tony, "Negotiating the State: The Development of Social Organizations in China", *The China Quarterly* 124 ~ 141 (2000); Solinger and Dorothy J., "State and Society in Urban China in the Wake of the 16th Party Congress", *The China Quarterly* 943 ~ 959 (2003).

[2]　Frolic and B. Michael, "State - Led Civil Society", Timothy Brook, B. Michael Frolic (eds.), *Civil Society in China*, (New York: M. E. Sharpe, 1997).

[3]　陈明明："民间组织成长的时间与空间"，载《探索与争鸣》2006 年第 4 期。

家"与"社会"或"传统"与"现代"简单对立起来。换言之，概念的简化是必要的，但我们要避免粗暴的运用。不要让现实来俯就理论，而要让理论来呈现事实。

饶是如此，"国家与社会"范式依然存在一个严重的缺陷，"就在于将国家、社会的同质性作为不证自明的理论前提，在研究过程中不可避免地用理论的逻辑遮蔽了非同质性的国家、社会在经验层面上的多重互渗问题"，[1]而事实上，"国家并不是一个同质性的实体，社会也非简单相对于国家的一个同质性实体，因此，无论是'国家'抑或'社会'，都是需要在具体分析场景中加以具体辨析的问题"。[2]无论是国家还是社会都不是铁板一块，而本章尽管注意到了国家与社会的相互渗透，却没有对国家和社会内部的这种异质性给予足够的重视。一个明显的失察之处就是，作为"条"的司法局与作为"块"的街道在对待人民调解的立场上是否存在差异？这种差异会给人民调解组织造成了什么样的影响？

不得不承认，现实中的人民调解要远比本章所描述的复杂得多，还有更多的问题等待着社会科学的关注和解答。譬如，为什么人民调解的社会化走向当下这样一种形态？其内在的根源是什么？会产生什么样的政治/社会后果？如果说当前的"社会化"只是"再组织"，那么，什么才是真正意义上的社会化？社会化之后的人民调解与国家是一种什么样的关系？人民调解是否有可能发展为一个半官半民、非官非民的"第三领域"？[3]

---

〔1〕张佩国："乡村纠纷中的国家法、民间法与村规民约——山东部县的房产和宅基地纠纷"，载《乡村中国评论》第1辑，广西师范大学出版社2006年版。

〔2〕邓正来：《研究与反思——中国社会科学自主性的思考》，辽宁大学出版社1998年版，第157页。当然，这种带有解构意味的批评可能过于严厉。的确，国家内部存在着条块和层级的差异，社会内部又分为不同的阶级、阶层，但这种差异似乎还不至于超过国家和社会之间的分野。

〔3〕［美］黄宗智：《清代的法律、社会与文化：民法的表达与实践》，刘昶、李怀印译，上海书店出版社2001年版。

# 第18章　法院附设型人民调解及其运作

## 一、问题与方法

从 20 世纪 80 年代末起，随着我国审判方式改革的深入，出现像美国耶鲁大学教授欧文·费斯（Owen M. Fiss）那样对调解的批评，认为调解是对法治、审判的冲击，是二流的正义，[1] 诉讼调解以及人民调解制度逐步受到冷落。但是，在以诉讼为主导的法治现代化过程中，"诉讼爆炸"等弊端初显；与此同时，在转型期社会矛盾凸显的严峻形势下，人民调解的社会治理功能重新得到重视，直接推动人民调解走向"第二次复兴"，人民调解制度出现"再组织"[2] 的高潮。"大调解"、"诉调对接"等创新机制相继出现，其中，"人民调解进法院"作为"诉调对接"机制下的创新方式席卷全国。2003 年上海长宁区法院设立了全国第一家专业化人民调解机构——"区联调委人民调解窗口"，开展了"在法官主导下诉讼调解适度社会化"探索，[3] 开创了"人民调解走进法院"的先河。随后"人民调解窗口"、"人民调解工作室"、"诉调对接人民调解工作室"等如雨后春笋般地在各地法院挂牌成立。[4] 目前，附设于法院的"人民调解工作室"形式也得到最高人民法院的肯定。[5]

---

〔1〕　Owen M. Fiss, "Against Settlement", Vol. 93 *Yale Law Journal* 1073～1090（1984）.

〔2〕　人民调解的再组织是指在既有组织基础上"打补丁式"的增量改革，并非颠覆。参见熊易寒："人民调解的社会化与再组织——对上海市杨伯寿工作室的个案分析"，载《社会》2006 年第 6 期。

〔3〕　赵明霞、吴孝卿："浅议民事纠纷委托人民调解"，载《中国司法》2007 年第 6 期。

〔4〕　如江苏 111 个基层法院和 257 个人民法庭全部设立人民调解工作室；广东省东莞市两级法院在法院及派出法庭都设立了"诉调对接人民工作室"。

〔5〕　2011 年《最高人民法院工作报告》中指出："加强诉讼与非诉讼相衔接的矛盾纠纷解决机制建设，发挥人民调解组织、社会团体、律师、专家、仲裁机构的作用，通过在法院设立人民调解工作室等做法，引导当事人就地、就近选择非诉方式解决纠纷。"

基于此，笔者将附设于法院的"人民调解窗口"、"人民调解工作室"、"诉调对接人民调解工作室"的组织形式概括为法院附设型人民调解。为真实展示法院附设型人民调解的运作机理，笔者以广东省东莞市第一人民法院石龙镇派出法庭附设的"诉调对接人民调解工作室"为"中心个案"考察，并结合重庆市渝中区人民法院"人民调解工作室"和涪陵区人民法院"人民调解工作室"进行分析。[1] 但是，本文并非追求对各地法院附设型人民调解的全面考察和论述，而是立足于通过对个案深度描绘来窥见法院附设型人民调解的运行机理，并就其对民事诉讼基本原理的挑战进行回应，揭示其在"诉调对接"下国家正式制度与社会力量的互动的积极意义，为中国司法 ADR 机制的制度化构建提供些许参考。

## 二、什么是法院附设型人民调解

### （一）法院附设型人民调解的界定

法院附设型人民调解是对"诉调对接"实践中新型解纷方式的概括，指的是人民法院内部设置专用办公室，由司法局向该办公室派常驻人民调解员进行诉前调解的人民调解组织。该诉前调解是指，立案法官在立案时可根据当事人意愿，建议当事人到人民调解办公室或调解窗口进行调解，调解成功后，当事人可以直接向人民法院申请司法确认；调解不成功，可以走正常诉讼程序。法院附设型人民调解的组织化构建是能动司法的重要表现。该机构性质上属于人民调解组织，属于民间性、自治性机构。与传统人民调解机制相比，该机制主要是将人民调解员办公地点转移到法院，实现人民调解制度功能的扩大。这种诉调对接模式突破了传统意义上的司法范畴，也不同于传统意义上的人民调解，在某种程度上实现了国家正式司法制度与社会自身力量的结合。

### （二）法院附设型人民调解的运作机理

法院附设型人民调解是对"诉调对接"实践中新型解纷方式的概括，也是一种实践先行的动态机制，各地法院的探索并没有完全一致的运作形态，但其具有基本一致的运行机理。

---

〔1〕 2010 年 7 月，笔者对石龙镇派出法庭附设的"诉调对接人民调解工作室"、东城派出法庭的"诉调对接人民调解工作室"进行初次调研；2011 年 1 月进行补充调研。2011 年 5 月、6 月又分别对渝中区人民法院"人民调解工作室"和涪陵区人民法院"人民调解工作室"进行调研。在实证调研中，采取数据统计、访谈、阅卷等方法，从中揭示法院附设型人民调解机制的运行逻辑和状态。

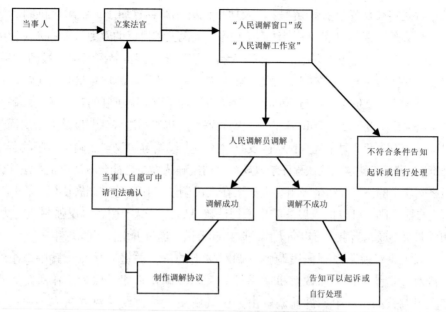

**图 18-1：法院附设型人民调解工作流程图**

　　1. 组织机构的对接——法院附设"人民调解窗口"或"人民调解工作室"。基于司法便民和保障当事人程序选择权的考虑，法院附设型人民调解的办公地点设立在人民法院内部。如石龙镇人民法庭在其办公楼一楼设立"诉调对接人民调解工作室"，使得法院与人民调解实现零距离的衔接，借助这条便捷的低成本渠道实现纠纷的诉前分流，引导当事人就地、就近选择非诉纠纷解决机制解决纠纷。

　　2. 工作流程的对接——法院附设诉前调解制度。法院附设诉前调解制度是指立案法官在受理案件时，认为案件适合人民调解组织调解，主动宣传法院附设"人民调解工作室"等的优势、特点，告知或建议当事人到人民调解工作室先行调解，经当事人同意，将诉状转交给人民调解工作室进行处理的机制。这属于诉讼与人民调解的诉前对接机制。不过，随着社会对"人民调解工作室"等接受度的提高，纠纷当事人直接到工作室寻求救济的现象呈现上升趋势。[1] 此外，人民调解工作室等附设型人民调解承担的另一个重要的

---

　　〔1〕 如涪陵区人民法院的"人民调解工作室"原来主要接受法院委托调解，现在纠纷当事人直接到调解室要求调解情况逐渐增多。

工作就是接受法院委托调解[1]以及协助法院调解，这属于诉中对接机制。[2]

3. 调解结果的对接——司法确认程序。人民调解协议的效力是影响人民调解功效的根本。最近两年兴起的司法确认制度是诉调对接机制探索中的最新成果，经过法院确认的案件直接赋予人民调解协议强制执行力。2009 年最高人民法院颁布的《关于建立健全诉讼与非诉讼相衔接的矛盾纠纷解决机制的若干意见》确立了司法确认制度，随后 2010 年的《人民调解法》也对司法确认制度从立法层面予以确认，2011 年 3 月最高人民法院发布《关于人民调解协议司法确认程序的若干规定》，进一步就司法确认程序予以规范。司法确认程序是社会救济与正式法律体系之间联系的桥梁和纽带。当事人如果在人民调解工作室达成调解协议，根据当事人自愿原则，可以向人民法院申请司法确认程序，赋予调解协议强制执行力。如果调解不成，当事人可以向人民法院提起诉讼，通过诉讼程序解决纠纷。

以上是法院附设型人民调解诉调对接下的三个关键对接点。其中，组织机构对接是前提，诉前调解机制是核心，司法确认程序是保障。在法院附设型人民调解的实践中，诉前调解由人民调解员主持，纠纷双方达成的协议属于私法上的和解协议。但是，经过法院司法确认后的协议，产生了实体法上和程序法上的双重约束力和执行力。

（三）法院附设型人民调解的运作特征

法院附设型人民调解是一种新兴的解纷机制，其与诉讼调解和传统人民调解具有不同的特征，其不仅具有专业化、职业化的外在特征，更重要的是

---

[1] 目前，对于委托调解的界定存在一定的争议。实践中有不少地方法院认为委托调解包括诉前委托调解、审前委托调解和审中委托调解三种模式，如上海市制定的《关于规范民事纠纷委托人民调解的若干意见》。也有学者赞同委托调解包括诉前委托调解，参见李浩："委托调解若干问题研究——对四个基层人民法院委托调解的初步考察"，载《法商研究》2008 年第 1 期；刘敏："论民事诉讼诉前调解制度的构建"，载《中南大学学报（社会科学版）》2007 年第 5 期。也有人认为委托调解不适用于诉前，详见肖建国："司法 ADR 建构中的委托调解制度研究——以中国法院的当代实践为中心"，载《法学评论》2009 年第 3 期；刘加良："诉前不宜委托调解"，载《人民法院报》2008 年 11 月 11 日。笔者赞同后一种观点，因为立案前，法院还没有取得案件的审判权，也就无从委托。目前各地实践的法院附设型人民调解机制主要承担的是诉前调解工作，其调解并不是法院委托调解，而是法官建议当事人自愿选择一种纠纷解决方式。当事人的程序选择权是该机制的立论基础。

[2] 尽管法院附设型人民调解工作重点是进行诉前调解，但在诉中委托调解和协助调解的实践各地进行程度不尽一致。如东莞市第一人民法院石龙镇派出法庭"诉调对接人民调解工作室"对委托调解的实践较少；上海长宁区人民法院在 2007 年将委托调解由"诉前委托调解"改为"审前委托调解"，但其工作机理与原先诉前调解机理一样。渝中区人民法院"人民调解工作室"、涪陵区人民法院的"人民调解工作室"在诉讼委托调解方面做得较好。

其具有更为内在的特质。

1. "司法－自治"双重指向的 ADR。范愉教授对"接近正义"第三波浪潮以来的 ADR 分为两大模式：司法指向的 ADR 和自治指向的 ADR。其中，司法指向的 ADR 是指强调 ADR 对司法的辅助作用，缓解司法压力和危机并促进民众利用司法的便利化。该模式集中表现为法院附设 ADR（调解、仲裁、退休法官、和解会议、模拟陪审团等）的积极推进。自治指向的 ADR 是在社会自治认同度较高的情况下，由法院外第三方提供一个恢复当事人自治的机会，以此也相应提高个人依靠自身力量而非国家权力解决纠纷的能力。[1]

法院附设型人民调解是法院与人民调解对接模式，具有双重指向。根据《宪法》及《人民调解法》的规定，人民调解委员会属于民间自治性组织。法院附设型人民调解体现的是国家与社会共同参与的纠纷解决机制，尽管其国家干预色彩更见浓厚，其本质仍是民间性、自治性调解组织。从这个角度看，法院附设型人民调解是一种自治指向的 ADR；另一方面，由于人民调解制度在我国面临着"人多案少"的功能萎缩状况，人民调解机制在"主动与被动"之间不断通过正规化、规范化向司法指向靠拢，以此提高其正当性、扩大影响力。附设型人民调解就是这种趋势下的一种创新机制，为当事人和社会公众提供便利的准"司法服务"或通向"正义"的途径，因而其也符合司法指向的特征。法院附设型人民调解制度呈现的是公力救济和社会救济两者良性互动与有机衔接，也是诉讼带动社会救济发展的一种创新方式。在该基础上，通过法院附设人民调解机制的不断发展，推动整个人民调解制度等社会救济机制纠纷解决能力的提高，以此发挥法院判决的波及作用和提升作用。

2. 法院附设"自愿转介调解"机制。目前，不少国家和地区在探索法院附设调解机制（Court - related Mediation、Court - referred Mediation 等），出现不同的实践模式，总体上可从以下两个因素进行判断：一是"当事人意愿"，包括"自愿"（Voluntary）或"强制"（Mandatory）；二是"法官是否担任调解员"，包括"法官调解"和"转介调解"（Referral）。两个因素结合，即表现为"自愿法官调解"、"强制法官调解"、"自愿转介调解"、"强制转介调

---

〔1〕　该分类只是对各国 ADR 实践的共同特征的基础上予以提炼，肯定会存在一些特例。对该分类的划分参见范愉：《纠纷解决的理论与实践》，清华大学出版社 2007 年版，第 169～172 页。

解"四种基本的诉讼调解模式。[1]根据该分类，我国诉讼调解基本上可以归类于"自愿法官调解"模式，其例外情况是委托调解，应当属于"自愿转介调解"模式。而作为诉前调解机制的法院附设型人民调解，在启动上仍是遵守当事人意思自治，在立案阶段由人民法院将前来立案的案件转介给法院附设的人民调解组织进行调解，法官不负责具体调解的事务，实现在诉前调解的分流机制，因而属于"自愿调解"与"转介调解"结合的"自愿转介调解"模式。此外，在诉讼过程中，法院委托人民调解工作室进行的调解，也属于"自愿转介调解"的范畴。

### 三、法院附设型人民调解为什么兴起

总体而言，人民调解制度"第二次复兴"的目的是，通过发挥人民调解维护社会稳定"第一道防线"的功能，以实现迈向社会和谐的总体目标。不过，通过对各地法院附设型人民调解机制的考察发现，法院附设型人民调解的兴起主要集中在经济发达地区以及城市，其行动逻辑也少了此次"复兴"中人民调解所肩负的社会治理的政治意蕴，更多的是在司法社会化的大背景下实现纠纷的合意解决和减轻法院压力。

（一）接近司法与司法社会化的趋势

从国外纠纷解决机制的发展来看，在"接近司法"的第三波浪潮中，司法社会化成为普遍趋势。[2]在这次浪潮中，"ADR不仅被认为是一种与司法不同的纠纷解决机制，而且是与司法相互依存、相互作用的机制。ADR与现有法律机制之间的依存关系通过法院附设调解很清晰地表现出来。法院附设调解被认为是增加

---

〔1〕 Nadja Alexander, *Global Trends in Mediation*, (London：Kluwer Law International, 2006), pp. 1 ~ 467.

〔2〕 接近正义（access to justice）运动是从20世纪60年代开始一直持续至今的在权利保障的大背景下生成和发展的重要理论活动。其中，该运动也经历"三波"改革浪潮。第一波是发端于60年代，通过创立具有实际效果法律援助制度，使得经济上的弱者也能有机会和有能力利用诉讼机制来接近正义；第二波是始自20世纪70年代，努力为少数民族、残疾人、妇女、老人、消费者、环境污染受害者等弱势群体提供法律服务，帮助当事人提起集团诉讼，力求通过诉讼正义以实现市民的正义；第三波是20世纪70年代后期开始的，该阶段不仅仅延续前两波改革浪潮，还关注整个纠纷处理机制。通过程序的简化和便利增加民众利用的机会，同时，将正义与法院分开，关注诉讼外其他纠纷解决机制在纠纷解决中的作用。参见［意］莫诺·卡佩莱蒂编：《福利国家与接近正义》，刘俊祥等译，法律出版社2000年版，第1~125页。

民众接近、参与、满意司法解决纠纷的一种有效的途径。"〔1〕2004 年《最高人民法院关于人民法院民事调解工作若干问题的规定》提出正式"适度社会化"理念，各地法院因地制宜地创造了一些诉前调解机制。法院调解的"适度社会化"是在世界司法社会化浪潮中的一种中国式实践，由社会型救济机制承担起部分纠纷解决的职能。法院附设型人民调解机制是在法院调解社会化趋势中形成的一种创新机制。

（二）案多人少与司法能力不足的困境

"诉讼爆炸"、"案多人少"是当前不少法院所面临的困境，也从宏观层面反映出实践中案件激增与法官短缺之间的矛盾。法院最近几年案件数激增，尤其是在 2008 年之后出现"井喷"现象（见表 18-1），这应当归结于《诉讼费用交纳办法》、《劳动合同法》等刺激司法消费的法律颁布，诉讼成本减低，案件大幅增加。〔2〕当然，由于社会区域发展不平衡，这种矛盾在各地表现也不平衡。总体而言，大中型城市和东部发达地区法院突出的问题是"案多人少"，如东莞地区法官人均年结案量自 2005 年就已经超过 240 件，2009 年更是达到 313 件，最近几年法官人均办案数量基本上保持在全国法官人均办案数量的 6 倍（见表 18-1）。〔3〕如果排除法院内部行政管理职能所占用的法官资源，只从一线审判法官数量计算，该数字可能会是惊人的。

表 18-1：2005～2009 东莞市两级法院案件审理情况表〔4〕

| 年度 | 收案数(件) | 同比增长数(件) | 同比增长率 | 结案数(件) | 同比增长数(件) | 同比增长率 | 法官人均结案数(件) | 与全省法官人均比值(倍) |
|---|---|---|---|---|---|---|---|---|
| 2009 | 127 929 | 43 931 | 52.30% | 123 363 | 48 973 | 65.83% | 312.31 | 3.6 |
| 2008 | 83 998 | 17 757 | 26.81% | 74 390 | 12 222 | 19.66% | 277.6 | —— |
| 2007 | 66 241 | 6181 | 10.29% | 62 168 | 5317 | 9.35% | 240 | —— |
| 2006 | 60 060 | 12 915 | 20.24% | 56 851 | 13 315 | 22.68% | —— | —— |
| 2005 | 47 145 | 2836 | 6.4% | 43 536 | 2928 | 7.21% | 241.8 | 3.2 |

我国社会结构发生重大变革，转型期纠纷呈现出类型多样化、主体多元

---

〔1〕　Nadja Alexander, *Global Trends in Mediation*, (London: Kluwer Law International, 2006), p. 6.

〔2〕　参见苏力："审判管理与社会管理——法院如何有效回应'案多人少'？"载《中国法学》2010 年第 6 期。

〔3〕　2009 年，全国审执结案数为 1054.5 万件，全国法官人数为 19 万，人均办案数为 55.5 件。参见最高人民法院发布的《2006 年~2010 年审执结案件数量与法官人数走势情况》。

〔4〕　数据来源：《东莞市中级人民法院工作报告》（2006～2010 年）。

化、内容复合化、矛盾易激化等特点，但法院又面临着适法无据、司法公信力不高、法院在国家权力构架中地位较低等难题，诉讼程序无法实现案结事了、定纷止争，这样常常使得法院身处纠纷的漩涡之中。

也正是法院面临巨大的案件压力和自身能力的不足，不少法院开始加强诉讼之外替代性纠纷解决机制的构建。在最近几年的多元化纠纷解决机制探索中，如"大调解"、"诉调对接"等，法院往往会主动且多出力，从源头上减少进入诉讼程序的案件数量。其中，法院附设型人民调解便是法院充分利用人民调解这一社会调解资源的典型。

（三）纠纷形态的变化与人民调解粗放式发展

日本学者高见泽磨通过对 20 世纪 90 年代之前中国纠纷解决制度梳理，得出中华人民共和国的纠纷解决采取的是以调解为轴心的"说理 – 心服"方式，"由通过说理来解决纠纷的第三者（说理者）和被劝说后从心底里服从的当事人（心服者），一起来演戏的情景，就是中国解决纠纷的具体画面。"[1]其中，人民调解机制是对"说理 – 心服"方式最好的诠释。但是，随着改革开放、社会组织结构的分化，社会成员之间的纠纷形态发生变化，以往一些常见性民间纠纷的数量在减少，且即使发生的纠纷也往往因法律性质的复杂而不适合人民调解组织处理。[2]因此，在经过上个世纪 80 年代的繁荣之后，90 年代人民调解开始出现衰落。从统计数据可知，从 1991 年至 2007 年，人民调解委员会数量持续下降，人民调解组织化解的纠纷数量处于持续下滑的状态，而相应人民法院收案数总体上处于持续上升状态（见表 2）。正是因为国家政策、纠纷形态的变化等因素使得传统人民调解机制难以适应转型期社会要求。

---

〔1〕 ［日］高见泽磨：《现代中国的纠纷与法》，何勤华等译，法律出版社 2003 年版，第 73 页。

〔2〕 例如，有学者在对农村调解的调研后得出结论，由于村民的生活水平的提高、村民注意力的转移以及村民之间互动频率降低，纠纷正在减少。参见董磊明：《宋村的调解——巨变时代的权威与秩序》，法律出版社 2008 年版，第 99～100 页。有学者对北京地区人民调解制度适用调研发现，城镇居民财富增长、生活方式态度的变化，纠纷的数量在减少。参见 ［美］何宜伦："中国城镇地区人民调解制度改革"，戴昕译，载徐昕主编：《司法·第 1 辑·纠纷解决与社会和谐》，法律出版社 2006 年版，第 243 页。有学者认为认为基于此得出结论，人民调解纠纷数量的下降最直接的是适宜人民调解的民间纠纷的减少，而不能简单归为人民调解功能的下降。参见郭松："人民调解解纷数量为何下降？"载《清华法学》2010 年第 3 期。

表 18-2：1987 ~ 2009 年人民调解制度运作状况表[1]

| 年度 | 人民法院收案数（件） | 人民调解结案数（件） | 人民调解员（万人） | 人民调解员人均办案数（件） |
|---|---|---|---|---|
| 1987 | 1 580 375 | 6 966 053 | 620.58 | 1.12 |
| 1989 | 2 511 017 | 7 341 030 | 593.71 | 1.24 |
| 1991 | 2 448 178 | 7 125 524 | 991.41 | 0.72 |
| 1993 | 2 983 667 | 6 222 958 | 976.65 | 0.62 |
| 1995 | 3 997 339 | 6 028 481 | 102.59 | 0.59 |
| 1997 | 4 760 928 | 5 543 166 | 1027.4 | 0.54 |
| 1999 | 5 054 857 | 5 188 646 | 880.3 | 0.59 |
| 2001 | 4 615 017 | 4 860 695 | 779.3 | 0.62 |
| 2003 | 4 410 236 | 4 492 157 | 669.2 | 0.67 |
| 2005 | 4 380 095 | 4 486 825 | 509.65 | 0.88 |
| 2007 | 4 724 440 | 4 800 238 | 486.87 | 0.99 |
| 2009 | 5 800 144 | 5 797 300 | 493.89 | 1.17 |

　　与此相应，多年来人民调解制度的发展是粗放型模式，人民调解员基本上都是村民委员会或居民委员会干部兼任，人民调解总体上呈现出非专业化、非职业化的散乱特点。近些年来，全国人民调解员数量始终保持在 500 万左右，而人民调解员人均每年调解的案件数量在 1 件左右，仅从量化效果上考察，则可以看出人民调解制度的运作属于粗放型发展模式（见表 18 - 2）。当前，在构建和谐社会的大背景下，人民调解作为唯一具有广泛群众基础的民间性解纷机制得以再次复兴。各地党委、政府以及法院都在探索新时期人民调解功能复苏道路，从"维稳"的角度出发，将人民调解重新纳入到社会治理的框架中来。法院附设型人民调解即是在这种状态下的一种积极探索，其实也体现出对传统解纷资源的"路径依赖"，但其主要以纠纷解决为目标，以专业化、职业化、程序化这种"集约化"模式为探索方式，实现诉讼调解的社会化和人民调解的准司法化衔接，提升其处理纠纷的有效性。

---

〔1〕 资料来源：《中国法律年鉴》(1988 ~ 2010)。

总而言之，在司法社会化的国际背景下和中国当下社会转型的特定时期，人民日益增长的司法需求与司法能力相对不足之间的基本矛盾和纠纷形态的改变与传统人民调解解纷功能之间的基本矛盾的双重驱使下，法院附设型人民调解机制应运而生，成为中国当前探索"诉调对接"机制的创新模式，也是中国对法院附设调解机制的初步尝试。

## 四、法院附设型人民调解的正当性基础

前述主要针对的是法院附设型人民调解出现的现实基础，由此看出法院附设型人民调解是对现实需求的一种回应，属于回应型调解模式。但从构建起一种可持续性发展的长效机制来看，不能仅仅屈从于一时一地的现实社会需求，还必须探寻其存在的正当性。

### （一）纠纷当事人的主体地位是前提

法院附设型人民调解不同于一般的非诉调解机制，它针对的是纠纷当事人已经寻求司法救济的案件，法院不立案而转介给社会组织进行解决。尽管，从前述中可知，法院附设型人民调解属于"自愿转介调解"机制，但仅仅其自愿性还难以对其合法性作出合理解释。法院附设型人民调解主要是进行诉前调解，其合法性遭受到学者的质疑：

一是缺乏当事人的纠纷解决合意的选择。起诉前"当事人"无从确定，起诉者也未获得"原告"地位，因而出现"起诉方同意"取代"各方当事人同意"，相对方是否以委托调解的方式解决民事纠纷的程序选择权被剥夺，轻而易举地背离了最基本的自愿原则。二是法院暂缓立案有损于当事人裁判请求权的实现。法院附设型人民调解的运作机制是在立案时法官可以引导当事人选择人民调解组织进行先行调解，调解不成功时，再由立案庭立案受理后进入诉讼程序。这可能便于纠纷的及时解决，但是也会带来法院行为合法性的质疑。根据《民事诉讼法》规定，人民法院收到起诉状或者口头起诉后七日内必须作出立案或不予立案的结论。而目前的实践采取的是第三条道路——"暂缓立案"，这可能剥夺或妨碍当事人裁判请求权行使，违背了"法院不得拒绝纠纷"的基本法理，也可能因为立案时间上的过于迟延而导致当事人对诉讼时效担忧。三是法院诉前委托的定性，究竟是司法行为还是非司法行为，需要理论上的进一步解释和论证。四是人民调解组织有没有能力给

纠纷当事人高质量的纠纷解决服务。[1]

可以说，上述合法性质疑基本上是从学理或者现行立法角度出发的，仍旧是司法中心主义下的思维模式。对于法院附设型人民调解机制合法性质疑的回应，主要是从当事人主体地位角度考量：一是程序启动的合意性。诉前调解的启动，不是单方的启动。在起诉一方同意由人民调解工作室进行调解时，人民调解工作室也会审查是否符合其立案标准，然后通知纠纷的相对方，如果纠纷相对方主体不同意，还是需要走诉讼程序。由此可知是双方合意的结果，是当事人意思自治原则的体现。二是诉前"自愿转介"是当事人行使处分权的体现。法院将起诉而来的民事案件引导到人民调解组织，是真正赋予双方当事人以程序选择权以及结果的处分权。至于立案衔接上的质疑，主要是我国目前立案制度的不完善，需要从立法上对诉与非诉衔接上予以完善。对此，实践中立案法官会考虑诉讼时效问题，避免耽误当事人诉权的行使，而且也会从人民调解组织调解期限上予以限定，避免过分拖延。三是法院诉前建议人民调解不是委托，而仅仅是引导。因为法院立案前，法院还未介入，没有权力将纠纷处理权交给法院之外组织。"法院并不是将自身的职权进行委托，而是在法院引导下，当事人对纠纷解决途径的选择。"[2]因而，对此需要在完善中强调司法克制性，不能将建议、引导演变为诉前强制。四是法院附设型人民调解走的是集约化路线，人民调解员职业化、专业化，有的是退休法官、专职本科毕业人员，因而从法律服务角度具备较高的素养。

（二）纠纷当事人的认同是根本

对于法院附设型人民调解的正当性而言，当事人是否认同极为关键。这不仅是因为当事人主体地位直接关系到该机制的合法性，更重要的是，如日本学者谷口安平所指出的，"对行使权利而产生的结果，人们作为正当的东西而加以接受时，这种权利的行使及结果就可以称之为具有'正当性'或'正统性'（legitimacy）。"[3]只有当事人接受法院之外社会力量主导调解，法院附设型人民调解机制才能真正获得正当性。

---

〔1〕 参见肖建国："司法 ADR 建构中的委托调解制度研究——以中国法院的当代实践为中心"，载《法学评论》2009 年第 3 期；刘加良："诉前不宜委托调解"，载《人民法院报》2008 年 11 月 11 日。

〔2〕 赵明霞、吴孝卿："浅议民事纠纷委托人民调解"，载《中国司法》2007 年第 6 期。

〔3〕 [日] 谷口安平：《程序的正义与诉讼》，王亚新、刘荣军译，中国政法大学出版社 2002 年版，第 9 页。

1. 法院附设型人民调解机制有助于降低当事人纠纷解决的成本。"面对着现代化社会中权利救济大众化的要求的趋势，缺少成本意识的司法制度更容易产生功能不全的问题"。[1] 司法程序具有很强的正式性和规范性，公正优于效益是司法程序价值的基本取向。因而，诉讼活动费时费力成本大。"司法产品"的"价格"很高。而附设型人民调解机制可以降低当事人费用和时间成本。从笔者所调研的几个法院的"人民调解工作室"运作机制来看，立案前分流到人民调解工作室的案件采取的是"免费"调解。并且，经过人民调解工作室调解之后的案件，当事人可以申请司法确认，在该环节中法院也不收取任何费用。这体现在当事人合意基础上获取免费的"产品"。在时间上，经人民调解工作室调解的案件，都是在一周之内结案，并且司法确认也可以当场进行。因而用时上与诉讼程序相比，能节约至少十倍以上的时间。而从最终结果上看，有不少当事人当面就对调解协议约定的权利义务关系予以兑现，而经过司法确认协议，又具有强制执行力，当事人因而获得与裁判结果基本等价的结果。此外，法院附设型人民调解天然带来的便利以及当事人心理预期的满足感，也是其他调解程序无法比拟的。

2. 法院附设型人民调解也能有效维护纠纷当事人的程序利益。一是赋予当事人更充分的程序选择权。法院附设型人民调解是诉前分流机制，它不但不会影响当事人程序利益，相反在进入诉讼程序时更多一种选择机会。可以说，法院附设型人民调解是在判决、诉讼调解、人民调解等之外提供的另一种纠纷解决方式选项。二是法院附设型人民调解的程序化、规范化为当事人提供更愿接收的"产品"。诉讼调解、人民调解制度受到最大的诟病在于其程序价值的缺失。季卫东教授在 1990 年针对法制化与调解之间关系论证时便强调程序的价值，"姑且搁置关于调解的意识形态之争（虽然这些也很重要），把关注焦点集中于调解制度中的程序规则和信息流通体制上，或许能更好地减少无谓的争论。"[2] 法院附设型人民调解提供相当的程序设置。在程序进行方面，程序的启动和结束都是由当事人主导，在调解的范围、调解合意的达成等方面都是由当事人决定。调解人员主要是从中作出合理的判断和斡旋，

---

〔1〕 ［日］棚濑孝雄：《纠纷的解决与审判制度》，王亚新译，中国政法大学出版社 2004 年版，第 267 页。

〔2〕 季卫东："调解制度的法律发展机制——从中国法制化的矛盾入手"，易平译，载《比较法研究》1999 年第 3、4 期。

促使合意的达成。在案件管理上采取严格的案件管理制度，收案登记、调解协议书格式、调解协议书备案、调解协议的送达、调解协议司法确认程序备案等，都有一系列程序设置。

## 五、法院附设型人民调解机制的完善

法院附设型人民调解机制正处于试验阶段和发展初期，各地模式较为混乱，不可避免会遇到一些理论解释上的难题和运作上的不足。但是，不能"因噎废食"，而是应当探索如何保障该机制的运作。在法院附设型人民调解制度设计和实践运作中，一方面应当注重充分发挥人民调解在灵活处理纠纷、减轻司法负担等方面的优势；另一方面应当对法院、人民调解组织予以必要的规范，确实保证当事人的自愿性，从根本上化解纠纷和矛盾。根据各地法院的实践，结合法院附设型人民调解的特点，应当从以下几个方面完善法院附设型人民调解机制。

### （一）改革法院立案制度，保障诉与非诉有效衔接

立案制度上对诉与非诉的对接是法院附设型人民调解在理论上受到质疑最多的地方。在人民调解工作室等调解不能成功时如何与民事诉讼衔接。实践中因人民调解工作室等调解不成，法院开通立案"绿色通道"进行立案。但问题是这有损当事人裁判请求权的实现和诉讼时效对当事人诉权行使的影响。对此，我国台湾地区"民事诉讼法"用 23 条规定诉前调解制度，并对诉与非诉立案衔接上作出精巧的制度设计。该法第 419 条规定，如果诉前调解不成功，按照调解申请人申请调解的时间为提起诉讼的时间，法院可以依一方当事人之申请，按照该案应适用的诉讼程序，直接进入辩论阶段。[1] 这种制度设计从根本上解决了可能因诉讼时效届满对当事人诉权行使造成的影响，也避免程序上的繁琐复杂。

不过，台湾地区采取的是立案登记制度，我国大陆地区是立案审查制，

---

〔1〕 该法第 419 条规定，"当事人两造于期日到场而调解不成立者，法院得依一造当事人之声请，按该事件应适用之诉讼程序，命即为诉讼之辩论。但他造声请延期者，应许可之。前项情形，视为调解之声请人自声请时已经起诉。当事人声请调解而不成立，如声请人于调解不成立证明书送达后十日之不变期间内起诉者，视为自声请调解时，已经起诉；其于送达前起诉者亦同。以起诉视为调解之声请者，如调解不成立，除调解当事人声请延展期日外，法院应按该事件应适用之诉讼程序，命即为诉讼之辩论，并仍自原起诉时，发生诉讼系属之效力。"

经过法院审查符合受理条件的，才能予以立案。在法院附设型人民调解诉前调解实践中，法院的转介行为不同，有的会出具转介函，有的直接口头转介，并将材料转交给人民调解工作室等。对此，笔者认为可以借鉴我国台湾地区的立法，在我国确立"预立案"制度，当法院附设人民调解组织调解不成功时，将法院转介调解行为视为法院受理当事人起诉的行为，产生法院受理效果，不必重新办理立案手续。这种做法能够实现法院附设型人民调解诉前调解与诉讼程序的有效对接，并能规范法院的诉前转介行为。

（二）完善经费保障，实现机构的可持续发展

目前，各地的"人民调解窗口"、"人民调解工作室"都是在司法局和法院共同推动下成立的。根据《人民调解法》第5条规定："国务院司法行政部门负责指导全国的人民调解工作，县级以上地方人民政府司法行政部门负责指导本行政区域的人民调解工作。"而实践中，法院附设型人民调解机构实质上是受到司法局的"领导"，其人员和经费保障都由司法局负责，法院对该机构仅仅是业务上指导，这给人民调解工作室等打下鲜明的非民间性色彩。但是，尽管目前对法院附设型人民调解的探索主要是在经济发达地区的法院，但是不可避免的也会出现"人民调解工作室"等经费不足问题，专职人民调解员在待遇方面不高，调解员积极性不高、人员流动大等现象。

对此，政府应当加大对法院附设型人民调解机构的财政投入，可建立经费单独预算制度。这部分支出来源于法院的案件受理费。目前，法院实行的是收支两条线，收取的诉讼费用统一交由财政，然后法院的经费由财政上统一拨付。对此，从功能上看，法院附设型人民调解机构主要是在诉前进行案件分流，目的也是缓解法院的压力，因而，从案件受理费中直接拨付也具有正当性。但不宜采取直接由法院拨付经费的方法，因由法院负担，会加剧法院经费紧张问题。

（三）完善调解员的选任，提高调解工作的效率

法院附设型人民调解旨在利用社会力量来化解纠纷。目前，各地的人民调解室工作人员主要由退休法官、大学本科生以及村（居）委会人民调解员组成。从实践效果来看，由退休法官担任调解员效果最佳。如东莞市第一人民法院东城派出法庭的"诉调对接人民调解工作室"即由退休法官担任调解委员会成员，该工作室调解成功的案件一年达到上千件。而同样是东莞市第一人民法院的石龙镇派出法庭的"诉调对接人民调解工作室"，调解委员会由

三名大学本科毕业生组成，年工作效果相对较差。这不仅是因为退休法官具有丰富的法律工作经验和裁断能力，另一个重要的原因是纠纷当事人对退休法官工作的认同，满足人们通过调解工作室获取与审判等质的法律服务的预期。此外，由从法院走出的人进行诉前调解，能够加深法院与人民调解工作室之间的沟通和协调，消除法院对调解工作室调解工作的担忧。

因此，在法院附设型人民调解的深化发展上，应当重点在人民调解员的选任上下功夫，选任那些有丰富法律工作经验退休法官、检察官等作为主调解员，由他们帮带培养其他调解员。同时，吸纳社会经验丰富、热心公益事业的人士作为兼职调解员，以此满足人民调解社会性、民间性特征。最后，强化法官的协助职能。在人民调解员主持调解下，可以由特定法官给就相关法律问题予以适当解释，不过法官不参与到实际的调解中，避免法官与当事人或其代理人就法律理解产生争执。法院应当充分发挥其司法职责，加强对人民调解等社会调解机构的法律培训和工作指导，提升其纠纷解决能力。

总之，从世界范围来看，法院附设调解等类型的司法 ADR 是民事司法改革的一大发展方向，不少国家都在对法院附设调解（Court – related Mediation）进行积极的探索。[1] 不过，我国的替代性纠纷解决机制的实践远未取得以上实质性成效，社会型救济机制不发达，也未出现"消失中的审判"（Vanishing Trial）[2] 的声音。目前对法院附设型人民调解实践仅仅是准司法 ADR 在中国实践的开始。今后，如何整合调解资源，充分吸收和利用社会力量进行调解，尤其是人民调解，探索符合中国司法实践的法院附设型 ADR 是未来司法改革的重要内容。

---

〔1〕　Nadja Alexander, *Global Trends in Mediation*, London: Kluwer Law International, 2006, pp. 1~467.

〔2〕　Marc Galanter, "The Vanishing Trial: An Examination of Trials and Related Matters in Federal and State Courts", No. 1 *Journal of Empirical Legal Studies* 459~570 (2004).

# 第19章  法官如何调解及其行动逻辑

民事案件的调解虽然经历过边缘化的阶段，但是总体来看它是我国司法审判中的一种重要案件处理方式，并有着深厚的历史渊源，[1] 最近几年调解又有明显的复兴之势。[2] 本章不准备回答关于"法官为什么选择调解？"这一问题，[3] 但是无论是基于什么样的原因，我们都可以认为成功调解一定数量的民事案件以及促成部分案件当事人撤诉是法官所需要追求的目标之一，调解也是民庭法官最基本的日常工作之一。那么，就需要回答另一个问题了，法官如何能够达到这一目标呢？法官调解案件的基本策略、手段、方式主要是什么？其内在原理是什么？

本章的调查对象是位于云南省中部 Y 市 E 县人民法院。[4] 笔者之一于2009 年 10～11 月在 E 县法院民一庭做了为期一个月的实地调查，完整观察了近 10 个案件的具体审理和调解过程，参与了 3 次巡回法庭的开庭，详细查阅了 2009 年的 60 份案件卷宗，与法院的审判人员、部分律师和当事人进行了访谈，收集了相关案例材料以及其他一些文件材料。按照 E 县法院民商事案

---

〔1〕 强世功："权力的组织网络与法律的治理化——马锡五审判方式与中国法律的新传统"，载强世功编：《调解、法制与现代性：中国调解制度研究》，中国法制出版社 2001 年版。

〔2〕 吴英姿："法院调解的'复兴'与未来"，载《法制与社会发展》2007 年第 3 期。

〔3〕 关于这一问题，参见王启梁、张熙娴："法官为何进行调解——对云南 E 县民庭的考察"，载《当代法学》2010 年第 5 期。

〔4〕 凡涉及到具体的调查地名或人名时，均采用了技术化匿名处理。E 县位于云南省中部，是一个以彝族为主体的山区民族自治县，山区面积占总面积的 96%，辖五镇三乡，总人口 150 813 人，少数民族人口为 102 298 人，农业人口 120 569 人，占 79.95%，2008 年生产总值（GDP）267 408 万元，人均生产总值 165 940 元。E 县交通便利，213 国道纵贯全境，是通往南部边疆的交通咽喉。县城距 Y 市 28 公里，距省城 126 公里。工业化程度不高，产业结构仍以农业为主，是一个以烤烟、油菜等经济作物为支柱产业的农业山区县。E 县既不是一个闭塞的纯粹的乡土社会，也不是一个高度现代化的城市，而是一个城镇与农村共存共融的城乡区域，在一定程度上代表西南部地区基层法院的面貌。

件审理的分工设置，笔者所调查的民一庭审理一般民事案件，主要为婚姻家庭继承类纠纷、侵权纠纷及权属纠纷，民二庭专门负责审理经济合同类纠纷。民一庭受理的一般民事案件占到 E 县法院每年受理的民商事案件总数的 40%。民一庭近几年每年受理案件在 160 件左右，有 4 名法官和 1 名书记员。

## 一、离婚案件中的调解

从全国的平均水平看，离婚案件占所有民事案件的比例一直居高不下，以笔者所调查的 E 县法院为例，从 2000 年以来，离婚案件在民事案件中所占比例一直保持在 40% 至 50% 之间，几乎占据了民事案件的半壁江山。笔者还对 E 县法院民一庭 2008 年 8 月至 2009 年 8 月间所受理的各类型案件的比例进行了统计，离婚案件所占比重之大可见一斑。

黄宗智先生指出中国的法庭调解制度，主要源自离婚法的实践。[1]"司法历来是中国共产党合法性再生产的重要场域"，[2] 而调解的意识形态渗透得最深的领域即是婚姻领域，尤其是有争议的单方请求离婚案件。我国法律对于离婚的限制经历了由严到宽的过程，至 2001 年对《婚姻法》进行了修正，[3] 保留了强制性调解程序，同时赋予法官对离婚案件的处理极大的自由裁量权。在处理离婚案件时，法官必须按照规定对双方当事人进行调解，若调解不成功，则法官可以在"判决不准离婚"和"判决离婚"之间做出选择，具体来说，对离婚案件的处理包括以下四种方式：调解和好、调解离婚、判决不离、判决离婚。

当前的离婚法律实践又是怎样的？按照黄宗智教授的研究"即使在'自由的'九十年代，像过去那样驳回单方请求离婚的情形依然大量持续存在；调解和好的案件虽然的确减少了但仍然数量很大，而判决不准离婚的案件数

---

〔1〕　参见［美］黄宗智："离婚法实践：当代中国法庭调解制度的起源、虚构和现实"，载《中国乡村研究》，社会科学文献出版社 2006 年版。

〔2〕　何永军："人民司法传统的表达与实践"，载徐昕主编：《司法·第 3 辑·司法的知识社会学》，厦门大学出版社 2008 年版，第 47 页。

〔3〕　经过修改，关于离婚的重要条款是这样规定的："人民法院审理离婚案件，应当进行调解；如感情确已破裂，调解无效，应准予离婚。有下列情形之一、调解无效的，应准予离婚：（一）重婚或有配偶者与他人同居的；（二）实施家庭暴力或虐待、遗弃家庭成员的；（三）有赌博、吸毒等恶习屡教不改的；（四）因感情不和分居满二年的；（五）其他导致夫妻感情破裂的情形。"参见 2001 年《婚姻法》第 32 条。

量 2000 年（89 000 件）和 1989 年（108 000 件）相差无几。在 21 世纪的中国，单方请求的离婚仍然难以获准，而调解和好作为毛主义的遗产仍然是中国民事法律制度的一个重要特征。"[1] 但是，从笔者对 E 县法院民一庭的离婚案件的调查看，情况并不尽然如此，如表 19 - 1 所示，调解和好的案件比例不高，判决不准离婚的案件比例则更小。[2] 在离婚案件中，以调解方式结案的案件数占到所有结案方式的 67%，调解成为结案的最主要的方式，其中以调解离婚为最。如果连同撤诉方式结案的案件数一起计算，[3] 离婚案件的调撤率更是高达 77%。

表 19-1：E 县民一庭 2008 年 8 月 ~ 2009 年 8 月离婚案件审结情况

| 案由 | 结案数（件） | 结案方式 | | | | | |
|---|---|---|---|---|---|---|---|
| | | 调解（件） | | 判决（件） | | 撤诉（件） | 裁定驳回（件） |
| 离婚纠纷 | 88 | 离婚 | 和好 | 离婚 | 不准予离婚 | 9 | 0 |
| | | 49 | 10 | 17 | 3 | | |
| 总计 | 88 | 59 | | 20 | | 9 | 0 |

资料来源：笔者统计于 E 县法院民一庭，2009 年 11 月 6 日。

（一）模式化的程序：把调解贯穿于全过程

离婚纠纷作为一种最常见的民事纠纷类型，在法官的调解实践中具有一定的程式可循。如前所述，强制调解一直是离婚法的原则性程序规定，[4] 而司法政策提倡的"把调解贯穿于诉讼的全过程"在离婚案件的调解中体现和

---

〔1〕 参见［美］黄宗智："离婚法实践：当代中国法庭调解制度的起源、虚构和现实"，载《中国乡村研究》，社会科学文献出版社 2006 年版。

〔2〕 但贺欣提出：对于具有严重争议的离婚案件，判决已经取代调解和好而成为法院处理此类案件的主要方式。对于首次离婚请求，法官通常判决不离婚。但对于再次离婚请求，法官通常判决准予离婚。参见贺欣、冯晓川："离婚法实践的常规化——体制制约对司法行为的影响"，载《北大法律评论》第 9 卷第 2 辑，法律出版社 2008 年版。

〔3〕 目前法院系统往往将调解率与撤诉率一并统计，合称"调撤率"。采用该做法，至少有以下两方面的原因：一是法院为了响应以和谐手段化解纠纷矛盾的政策要求，提高其数字上的"调解率"；二是因为实际上很多最终以"撤诉"方式结案的案件并非完全由当事人自己主导而简单撤回起诉，往往是在法官做了实质的调解工作之后才导致的。

〔4〕《婚姻法》第 32 条规定，男女一方要求离婚的，可由有关部门进行调解或直接向人民法院提出离婚诉讼。人民法院审理离婚案件，应当进行调解。

践行得尤其明显。当案件进入诉讼程序之后，法官一般会在庭前、庭中、庭后都不失时机地对纠纷当事人进行调解。调解最早会发生在法院受理案件后，法官一般会在开庭前召集双方当事人到法院民一庭办公室，对双方就相关问题进行询问，而在这个询问的过程中，法官其实已经开始了调解，如果在庭前调解阶段不能达成调解，就会进入到开庭审理阶段。在庭审中，法官一般会在进行了法庭调查、法庭辩论之后，休庭一段时间，而这个休庭的过程中，法官就开始了真正的调解。休庭期间的调解，法官往往采用"背对背"的方式，分别做双方当事人的工作，"法官在当事人之间扮演起信息传递者的角色。法官在帮助双方沟通信息时，并非将所有的信息都传递给双方，而是传递甚至夸张有利于促进和解的信息，隐瞒不利于和解的信息。"[1] 部分案件在经过庭审调解之后能够达成调解协议，即使无法调解成功，法官也不会做出判决或其他处理，虽然庭审笔录上显示的是"今天庭审到此结束，由于双方分歧较大，本案将不再主持调解，现在闭庭，本庭不做当庭宣判，将择日宣判。"但事实上，在庭审结束后，法官调解的努力并没有结束，法官往往再次召集当事人到法院民一庭进行庭后调解，继续做当事人双方的工作，力促调解结案，有的甚至会再调解两次，直至实在无法达成协议，法官才会做出判决。有时法官在案件开庭前就抓住一切机会做"息诉"的工作。大部分以调解结案的离婚案件，都经过了三至四次调解才成功。笔者曾目睹一个离婚案件中被告的姐姐到法院替被告递交答辩状给承办该案的施法官，施法官接过答辩状就开始了解情况并劝其回家后做当事人的工作，告诉被告的姐姐最好说服被告与原告协商以后去民政部办理，或者再通过亲属的力量劝劝双方当事人，只要是在开庭前都是可以撤诉的，争取不要走到诉讼这一步。还有一个调解未果的离婚案件，法院通知当事人到庭领取判决，当事人到达法庭，在宣判之前，施法官仍不放弃对当事人的调解工作，见施法官对当事人说"不是法院不会判，而是考虑到调解对你们来说更好，所以在判决前做一下你们双方的工作，看看能不能互谅互让协商解决？"见双方当事人没有调解的意愿，施法官才把判决书送达给双方。其实判决书施法官已经制作好了，但在宣判和送达当事人之前，施法官仍不放弃对当事人的调解，反映出法院确实将调解做到了贯穿法院工作的全过程。

---

　〔1〕　吴英姿："法院调解的'复兴'与未来"，载《法制与社会发展》2007 年第 3 期。

在结案方式的选择上，离婚案件也有其模式化的处理方式。因调解是《婚姻法》的强制性规定，故调解和好是法官接手离婚案件后的首要环节。但是不同于民事审判改革前的传统的深入实地调查，运用"道德——意识形态的劝诫及物质刺激，不仅仅以法官的身份施加压力还借助了当地村庄领导的权力以及社区和家庭的力量，促成和解"的积极调解的方式，[1] 而是对调解和好持消极的态度。一般情况下，法官只是程序性地询问当事人是否愿意再和好，进行简单的劝导之后，如若一方当事人对立尖锐，态度坚决，法官就会开始做离婚的调解工作。如普法官有云：

> 在离婚案件的调解中，要明确双方争议的焦点，离婚诉讼分为主诉和从诉，主诉就是解决离婚本身，从诉就是解决子女抚养、财产分割等问题，要分清主次，把握重点，不能平均用力，比如双方对离婚本身已经没有太大争议，都愿意离婚，则法院只是简单地、程序性地进行一下调解和好的工作，一般都会尊重当事人的意愿，不去实质性地进行调查双方感情基础和其他事实情况，而主要把重点放在解决子女抚养、财产分割和债权债务分担的问题上。

针对当事人是第一次起诉的情况，如果对于离婚问题以及相关的财产分割和子女抚养问题达不成协议，法官会判决双方不准离婚。如有的学者通过实证研究所指出的"对于首次离婚请求，判决不予离婚已经成了常规做法。"[2] 对刘法官的访谈证实了这一点：

> 在离婚案件中，一般如果双方是第一次起诉到法院，在一方同意离婚，而另一方不同意离婚的情况下，调解无果时一般就判决不准离婚或驳回当事人诉讼请求。[3] 若双方第二次到法院再次起诉，即在第一次法院判决不准离婚后六个月以后再向法院起诉要求离婚，则按照法律的规定，法院应当判决离婚。这是实践中不成文的惯例。

---

〔1〕 参见［美］黄宗智："离婚法实践：当代中国法庭调解制度的起源、虚构和现实"，载《中国乡村研究》，社会科学文献出版社 2006 年版。

〔2〕 邵新功："人民法院在处理离婚案件中的一些问题的反思"，载 www.cctv.cn／Article／detail／2006／11／26819.asp。

〔3〕 通过阅卷发现，判决不准予离婚或驳回当事人诉讼请求的理由一般是：原告无证据证实夫妻感情确已破裂。

如刘法官所言，如果半年后双方当事人再次起诉到法院，则即使有一方不同意离婚，如果调解不成，就直接判决离婚。但同为民一庭的普法官却持不同的看法，他认为这样做是自己找麻烦：

他们还会来第二次，那不是更麻烦吗？没有把事情一次性解决。我在对当事人调解和好之后，就会告知当事人如果还有下次的话就不要来法院了，一方是什么意见另一方同意就是了，或者自己去民政局办就行了。

笔者同过阅卷发现，如普法官所言，确实有部分离婚案件是属于再次起诉的情形，而普法官的确重视调解的运用，他是全庭调解率最高的法官（调解率达到60%以上），其工作思路是尽量在当事人第一次起诉离婚时就调解解决（调解和好或调解离婚），认为这样才能最大程度地减少累诉，减轻法院的工作量，提高法官的工作效率。而他较高的调解率也说明了他的努力和水平。

（二）话语的建构与博弈

"权力的实践体现为一种话语实践，权力的支配关系就是话语的支配关系，争得话语支配权也就意味着在权力的支配关系中处于支配的一方。"[1]在这个意义上，话语是独特的权力技术，是控制意义生成的策略，"以一种特定的话语命名一个行为或事件，从而解释该事件的意义并确定其背后的动机是一个行使权力的过程。每一种命名都预示着一种解决方式。"[2]布迪厄也认为语言不仅仅是一种沟通和交流的工具，它作为一种符号也是策略的一部分，体现为权力的实践，取得话语的支配权就意味着取得权力的支配权。[3]

在离婚案件中，提起诉讼的90%以上都是女性，且90%以上的当事人都是农民。出现在诉状中频率最高的起诉理由是"打骂原告、家庭暴力"，其他还有"不承担家庭责任"、"好吃懒做、好逸恶劳"、"酗酒、赌博"、"出现第三者"、"虐待妻子和孩子"、甚至"属包办婚姻"等。笔者通过阅卷发现，在诉状中，原告会努力用接近"法律"的方式和语言期望得到法官的青

---

〔1〕 强世功：《法制与治理——国家转型中的法律》，中国政法大学出版社2003年版，第200页。

〔2〕 〔美〕萨利·梅里：《诉讼的话语——生活在美国社会底层人的法律意识》，郭星华等译，北京大学出版社2007年版，第151页。

〔3〕 〔法〕皮埃尔·布尔迪厄：《言语意味着什么》，褚思真、刘晖译，商务印书馆2005年版。

睐——而不论事实上背后的原因或许是更多样、复杂甚至私密的[1]——使得他们的问题足以达到法律上对"夫妻感情破裂的标准"[2]从而引起法官们的重视，并在诉状中不遗余力地描述丈夫的种种恶习，自己生活的艰辛，甚至在婚姻生活中双方争吵的具体缘由以及所遭受的每一次伤害的具体经过，并模式化地会在诉状的末尾称"双方感情已经完全破裂，已经无法再继续生活下去，为早日脱离苦海，请法院准予离婚。"有的原告带来问题时还会清楚地运用权利和证据的话语。

相应的是，被告在答辩状中也会花大量篇幅对原告所主张的事实和理由一一做出回应，甚至对每一次争吵和打骂做出详细的解释和反驳，尤其是坚持不离婚的被告，还会历数两人感情依然存在的种种表现，以证明双方感情"尚未破裂"。而一旦进入调解程序后，在各方话语的博弈中，一旦被告发现原告的话语取得支配地位时，就会转换话语体系和话语主题，"以退制动"地采取有利于自己的策略，通过笔者调查发现，离婚案件中的被告往往会在调解中运用这样的话语来对抗原告：

从内心讲我不想离婚，但如果原告坚持离婚的话，原告达到我的要求我就同意离。
如果原告答应我的条件就离，否则就不离。

被告的这种话语转换是他/她能够从"离还是不离"这个不利的处境转向"如何离"的问题，如此，案件又进入了另一场新的争夺中，各方又不断变化策略来适应新的逻辑和话语，争取话语支配权。

作为相对于两造处于中立方的法官，在案件进入法院的调解程序后，却常常用道德性的话语重新组织和建构当事人的纠纷。[3]在法院调解这一特定

---

[1] 事实上，法官在对离婚案件的调解过程中会发现，原被告双方的问题更多是在生活琐事中积累起来，如丈夫对妻子的父母不够好等，但这些问题在法官的视野里也许根本称不上是"问题"，但原告往往将具体事实归纳为一些较为抽象的原因。

[2] 参见《关于人民法院审理离婚案件如何认定夫妻感情确已破裂的若干具体意见》。当然，这很大可能上还会源于法律工作者的指导。据笔者了解，大部分案件（不只是离婚案件）中原告的诉状都是请离法院100米左右的一家法律服务所的人员代为书写的，每份诉状收费50～100元。

[3] "道德的话语是由社区和家庭宣布的，是一种关于人际关系的话语，是关于人们应该怎样对待他人，关键词是关系、尊重和声誉。"［美］萨利·梅里：《诉讼的话语——生活在美国社会底层人的法律意识》，郭星华等译，北京大学出版社2007年版，第19、152～158页。

场域中，出现了对事物"命名权"的争夺——即对当事人问题的意义进行不同解释，各方都努力使自己的话语成为处于支配地位的话语。对同样的事件、人物、行为用完全不同的方式给予命名和解释意味着用不同的话语建构问题，而用不同的话语建构问题就意味着不同的问题解决方式。原告通常将他们的问题界定为一个法律问题，尽管他们有时并不了解具体法律条文的规定，而只是基于一种大致的法律意识。但是调解法官却将他们的问题放在道德的或者治疗性的话语框架中重新解释，而回避使用法律的话语，甚至使问题绕开法律。

### 案例 1：柏某诉黄某离婚纠纷

原告柏某（男）以被告黄某（女）"出现婚外恋，有第三者"为由起诉离婚。原告除了起诉状外，还写了一封长达两万字的"致法院的一封信"，在信中细致深入地陈述了双方自恋爱至婚后生育婚生女的整个恋爱和婚姻生活，以及发现被告与他人保持不正当关系的蛛丝马迹，并将被告的通话清单、短信内容以书面和影像的方式提交法院，从法律的角度上可谓事实清楚，证据充分。在庭审调解中，施法官未对原告提交的证据给予过多地关注和重视，而是耐心做当事人的和好工作，但原告坚持离婚，被告不同意离婚，且双方对财产和子女抚养问题存在争议，调解未果。庭审后又进行了一次"背对背"调解，调解过程中，被告同意离婚，施法官没有过多地做双方的和好工作，而是开门见山对财产分割和婚生女抚养问题进行调解，最终调解成功。

在案例 1 中，原告清楚而充分地运用证据和法律话语，试图用法律的话语建构自己提交到法院的问题，以主张自己在法律上的权利，增强自己在诉讼中的优势地位，为自己的胜诉增加筹码。但是法官却把问题简约化为一般的离婚案件的处理模式，并不过多地在意事实和证据的认定，而是在道德性的话语和日常生活逻辑的模式下，劝说原告从夫妻情谊、现实生活的不易、家庭完整和对子女成长有利的角度考虑，同时说教式地劝说被告反省自己的过错，强调夫妻建立一个家庭的不易，如法官常会在调解离婚案件时运用这样的话语：

夫妻在平常的生活中因家庭琐事争吵是正常的，但要互相尊重，不能讲太伤人的话，更不能打人，双方再考虑一下，对离婚问题双方要慎重考虑，建立一个家庭不容易，夫妻之间应当互谅互让。夫妻俩都苦在前了，孩子也在念书，做丈夫的改好以后，共同经营家庭生活不是更好。

每个家庭有每个家庭的难处，离婚还是难的，分了房子也不好住，如果你们离婚了，你（原告）还要重新找住处，很难的，离婚以后再婚也是很难的，你们现在生活就不容易，分开以后生活不就更难了？

在调解无效或者不做和好工作而直接进入对财产分割和子女抚养的调解时，[1] 法官也经常不倾向于用法律话语建构问题和阐述意见，而是用道德性和日常性话语来争取命名权，融"情、理"于调解中，以使当事人接受其的调解方案。譬如在力促当事人就财产分割问题尽快达成一致时，法官并非努力在法律的规定中寻"法言法语"作为说服当事人妥协和达成协议的筹码，而是力图论证在财产分割时的互谅互让在道德上的依据和正当性。如法官常说：

既然要离了，细枝末节的东西就不要争了，多一点少一点的就不要去争了。

对于财产的分割你（原告）也换位思考一下，换做是你嫁到他家，[2] 他家什么都不给你就让你离开了，你的心里会怎么想？

做男人要大方一点，你们共同生活了这么多年，她做妻子的为你，为孩子，为这个家也付出了很多，多给她一点，让她生活有保障有着落，也是合情合理的。

如在调解子女由谁抚养及给付抚养费的问题时，法官常说：

抚养孩子是需要付出很多精力和金钱的，你（原告）的负担会很重，真的考虑好了吗？

法院理解你们都想要孩子的心情，但是你们以后你们都还要再婚的，带着个孩子是要付出很多精力的，你们再考虑一下？

双方再好好考虑一下孩子的抚养费，是养你们自己的孩子，不是我们的孩子，给多给少都是用在孩子身上，养孩子不容易。

---

〔1〕 一般在双方当事人对离婚问题无异议的情况下，法官就不会花过多精力和时间在调解和好上，而是直接进入了对财产分割和子女抚养部分的调解。

〔2〕 该案属男方人赘女方家的情形。

　　法官试图用抚养孩子的不易来说服原告放弃对孩子的抚养权，在这里，日常生活的逻辑渗透入法律场域，恰如有学者指出的："在中国人行动的场域里，实际上没有明确的边界，也可以说，中国社会各场域之间是可以彼此侵入的。"[1] 这就很奇妙了，法官使用非法律话语，而当事人却努力使话语符合法律的逻辑。

　　当然，法官并不会完全摒弃法律话语的建构方式，法官对话语建构路径的选择取决于法官认为有利的方式，在一些案件中，法官在调解中会首先采用法律话语建构问题，而非"情"与"理"首先上场，如以下案例：

**案例 2：张某诉杨某离婚纠纷**

　　原告张某（女）与被告杨某（男）于 1993 年按照当地风俗举行了结婚仪式，其后虽去婚姻登记机构取得证明，但一直未办理结婚登记，属事实婚姻。原告以"夫妻婚姻感情破裂，被告长期不承担家庭责任，对原告打骂"为由起诉与被告离婚。普法官迅速进行了法庭调查、法庭辩论之后，进入了法庭调解阶段。

　　普法官："原告你是否愿意与被告和好？"

　　原告："不同意。"

　　普法官："按照法律规定，在事实婚姻的情况下，若一方坚持离婚，双方也无和好的感情基础的情况下，是应当准予离婚的，被告你考虑一下原告的请求。"

**案例 3：申某诉赵某离婚纠纷**

　　原告申某（女）以"被告赌博，不照顾家庭，不管女儿，之前在庭审中被告曾表示会改好，但被告仍然不改恶习，没有承担对家庭的责任"为由起诉被告赵某（男）离婚。在法庭答辩中，被告同意离婚，但坚持对女儿的抚养权，且对财产分割有异议。普法官查明原告已于 2007 年 7 月 21 日就带着孩子回娘家生活之后，就说："根据《婚姻法》的规定，夫妻双方分居满两年以上就达到了离婚的标准，双方既然对离婚问题没有异议，法庭就不再对离婚问题进行调查。"法官未对双方做调解和好的工作，随即进入了财产分割和子

---

〔1〕 翟学伟：《中国社会中的日常权威：关系与权力的历史社会学研究》，社会科学文献出版社 2004 年版，第 284～285 页。

女抚养问题的调解。

这两则案例表明法官使用诸如"按照法律规定……"、"根据《婚姻法》的规定……"的法律话语是为了对问题进行分类和命名，用法律上的具体规定建构事实，将调解的氛围置于法律话语的框架之内，法官引用婚姻法相关法律法规从话语上掌控了调解的话语权，引导调解的方向和进程。

（三）"让时间来解决问题"

通过对 E 县法院民一庭 2008 年~2009 年的 60 个案件的阅卷，笔者发现施法官在处理离婚案件时，通常采用的一个策略是"让时间来解决问题"。

法官在处理离婚案件中，不乏这样的用语："法院决定给你们几天的时间考虑，你们回去好好考虑，十天以后来法院答复。"法官的策略是，在开庭前进行了一次庭前调解或者庭审过程中的调解之后，若双方仍呈对立状态，施法官就会在宣布闭庭之后说出这番话，以期让家庭矛盾消解在时间中。之所以采取这样的策略，施法官的解释是：

原被告大部分都是结婚多年的夫妻，双方往往为了一些家庭琐事的吵闹就起诉到法院，在庭上双方的情绪又处于对立状态，互不肯让，尤其是在被告坚持不离婚的案件中，如果让他们回家再考虑几天，在被告和亲友的劝说下，夫妻两人和好的可能性是极大的，而且往往当他们考虑几天再次来到法庭时，在他们考虑成熟的基础上，法官已经不需要再花费太多的时间和精力做双方的和好工作了。宁拆一座庙，不毁一桩亲嘛。

从实际的效果来看，确有一部分矛盾较缓和，争议不大（如起诉理由为被告打麻将、嗜酒、不照顾家庭、打骂原告等）的离婚案件在施法官的"时间"策略下得到了较好的解决，最终以当事人和好而结案。但是对于双方当事人矛盾激烈持久，分歧较大（主要表现在起诉理由为婚外恋、严重家庭暴力等[1]）的离婚纠纷，即使再长的时间，也很难消解原被告对立的情绪和矛盾，而且如表 18-1 所呈现的数据，调解和好结案的离婚案件所占的比例

---

〔1〕 如在另一个离婚案件中，原告以被告长期对其辱骂、暴打为由提起诉讼，施法官仍给双方当事人十天的时间考虑，但十天后法官会不遗余力对其进行调解，并从对婚生子成长有利的角度做当事人的思想工作，原告仍坚持离婚，调解未果，最终以判决方式结案。

是很小的（约 11%），如此一来，这样的"时间"策略所能起到的作用是有限的，反而使得案件久拖不决，影响了审判的效率。

另外，法律对于离婚纠纷在时间上的相关规定也被法官用来作为策略使用。按照《民事诉讼法》的规定，[1] 判决不准离婚的案件，没有新情况、新理由，原告在六个月内乂起诉的，不予受理。因此，在法院判决不准离婚之后，原告若欲再次起诉离婚，须在 6 个月以后方可起诉。从婚姻法的立法精神上看，给定的"六个月"是考虑婚姻家庭的稳定和夫妻关系的修复和好的考验期，但在一些案件中，却被法官策略性地应用，作为说服当事人接受"调解和好"或者"撤诉"方案的工具，使得纠纷暂时得以消解。[2] 在一些案例中，当事人"自愿"撤诉的决定其实是在法官的"积极"引导下做出的。

（四）被扩展了的"当事人"

在案件调解中，原告、被告和法官在法律上的主体地位是毋庸置疑的，但是，在调解的实践中，却存在着一部分从法律关系上看虽与案件无法律上的关联，但却参与到调解中，甚至对调解的结果起到实质性的影响的角色。

**案例 4：普某诉孙某离婚纠纷**

在原告普某诉被告孙某离婚纠纷一案中，原告请了代理人（公民代理，代理人为原告的邻居）。在庭审中，当事人双方的家属都前来旁听，声势浩大。休庭期间，刘法官开始对双方进行"背对背"调解。而且事实上，调解过程主要是在法官与原告和被告的亲属间完成的。刘法官首先单独叫原告及其家属走到法庭外交谈。

原告的哥哥："后期治疗费那里再加点，这样也合情合理，要不然我们就不离，让他家（指被告）去医，要是死人了，我们再找他追究法律责任。"

刘法官："那你们再加点抚养费。我也是为你们考虑，要不然 8000 元贷款你们是要承担一半的。"

原告的舅舅："法官，你多做做他们的思想工作。"说着递给了刘法官一支烟。

---

〔1〕《民事诉讼法》第 124 条第 7 款。

〔2〕 之所以说是"暂时"，是因为有相当比例的当事人在六个月后还会再次提起离婚诉讼，法院仍然还要再一次面对案件。

刘法官接过烟，轻叹了口气，转身走入法庭与被告沟通。

被告的姐姐："我们没钱了，按理说抚养费原告应该承担一半的。"

……

刘法官再次走出法庭与原告方沟通。

……

近二十分钟之后，刘法官宣布恢复庭审。

刘法官："你们听一听法院的调解提纲，看看同意不同意？"

原告代理人："我们要求被告支付鉴定费等 3500 元。"

被告的姐姐："我们不给，不认可。"

原告方仍然坚持，刘法官说到："你们再考虑一下，都做个让步。"

最终原告方同意了只支付 1500 元，双方达成一致意见，调解成功。

在案例 4 中，原告和被告作为案件的当事人在整个调解过程中几乎处于"隐形人"的角色，真正的调解参与人被置换成了原告和被告的亲属，整个调解是在原告与被告处的讨价还价、法官的斡旋沟通中进行的，真正对调解结果和调解协议内容起实质作用的是原被告双方阵容强大的亲属，而法官对当事人亲属心里和意见的把握，是促成调解的关键。

当然，也并非所有案件中当事人的亲属在调解中起到的都是积极的作用，有时，这些亲属的存在反而对调解的顺利进行造成了障碍，加大了难度。在笔者观察到的另一个案件中，离婚已经从两个人之间的纠纷，演变成了两个家庭为"争夺"财产的纠纷。原告亲属的加入，使得事实更加复杂和模糊，原告的意见置于其亲属强大的话语之下，遮蔽了原告的话语表达，影响了调解的顺利进行，最终导致调解失败。

这些案件表明在调解过程中，"当事人"已经超出了法律的原意，法官面对的已经不再是单个的当事人，而是他们背后的群体。如果仅仅从立法和法理上看，法官无需顾及这些"不相干"的案外人，但是在事件中，社会关系和日常生活的逻辑一旦渗入案件，法官就不得不把这些隐形的当事人当做当事人一样认真对待了。

## 二、巡回开庭中的调解

"巡回审理、就地办案"也被 E 县法院作为加强审判工作的重要工作措施。E 县法院张贴于审判庭之外的《E 县人民法院三十条司法为民措施》中第 10 条规定："根据 E 县人口和案件分布情况，在 F 镇和 D 镇设立两个巡回法庭，每月到巡回法庭集中审理案件不少于 3 天，方便群众诉讼，对于事实清楚，法律关系明确，当事人争议不大的民事案件，应当就地立案，就地审理，力争调解结案。"事实上，2002 年 E 县法院就撤销了 F 乡人民法庭和 D 镇人民法庭的设置，取而代之的是更加灵活的巡回审理措施，即根据案件的实际情况，由法院派出审判人员前往当事人所在地进行审理。笔者曾就法院如何决定哪些民事案件适用巡回开庭询问了立案庭的相关工作人员：

> 一般来说，巡回办案的范围主要涉及：一方或双方当事人具有老弱病残的情形，尤其是在"三养"案件中；需要法院前去勘验现场的案件，主要为相邻关系、人身损害等纠纷；路途遥远、交通不便且双方当事人住所地在同一地点的案件；在辖区内有重要影响、有普法意义的案件也在巡回办案之列。

据笔者对 E 县法院民一庭 2008 年 8 月～2009 年 8 月民事案件审结情况的统计发现，在共审结的 165 个民事案件中，巡回开庭审理的有 25 件，所占比例达到 15%，而根据 E 县法院以往的数据来看，巡回审理占审理案件数最高的比例可到 25%。这与 E 县 90% 以上的乡镇分布于山区的区位特点是分不开的。

对于巡回法庭最生动的描述，莫过于《马背上的法庭》这部电影中所反映出来的场景，风尘仆仆的法官赶着马，驮着国徽跋山涉水，翻越大山，在田间地头、猪圈牛栏旁、农家小院里解决百姓的家长里短。虽经过艺术手段的夸大，但 2006 年取材于云南省宁蒗县法院事迹而拍摄成的这部电影，确在较大程度上是少数民族山区基层法院巡回开庭审理的真实写照。那么相较而言，E 县法院的流动法庭又是在怎样的场景和行动中得以铺陈和展开的？在这样特定的场景和行动中调解又具有了怎样的别样姿态？

（一）场所：非正式的场景

2009 年 11 月 3 日笔者与普法官、普书记员和我前往 Y 市监狱审理一起离婚纠纷，原告为王某，女，农民，被告为曾某，男，农民，因犯盗窃罪，于 2007 年 6 月服刑，刑期三年，现在服刑中，双方的婚姻属男方到女方家入赘。我们 8:40 分到达 Y 市监狱，到达时原告王某已在监区等候，她还带来了与被告所生的第一个婚生女曾甲。办理相关手续颇费周折，一直到9∶30分才办理完，并且因没有合适的地点，于是被安排在监狱的"亲情餐厅"开庭。[1]待我们坐定后，狱警带来了被告曾某，法官、书记员与双方当事人面对面坐在一个方形的餐桌上，狱警坐在一旁。书记员普大哥没有用在法庭审理时所用的手提笔记本电脑做庭审笔录，而是改用手写的方式记录。在查明了当事人身份之后，正式进入法庭审理。普法官边审边调，在进行法庭调查和法庭辩论时就不失时机地做当事人的调解和好工作，在这一过程中法官更多的是从情理而非法律说服当事人。

这一案件的审理脱离了开庭审理的正式场合审判厅，案件中的法律关系赖以展开的场景从法庭转移到了监狱的餐厅——一个甚至称不上办公场合的地方。"场景为权力关系的展开提供了舞台，在任何特定的场景中，场景本身就是社会行动的一部分，场景本身和行动一样是场景成员通过努力构成的'成果'"。[2]恰恰是在这样的一个场景中，没有高高在上的法椅，没有半封闭的审判桌，没有法庭严格的座次安排，没有象征法庭威严的国徽，没有象征公正的法袍，没有代表司法权威的法槌，没有庄严凝重的法庭氛围，甚至没有严格的语言程式，调解过程迅速而流畅地进行着，双方当事人之间没有激烈的辩驳和吵嚷，没有锱铢必较的争执，普法官不是一个高高在上、冷漠疏离的中立角色，而更像一个邻家大哥一般，"动情"地引导和协调，整个调解过程正如这个调解场景的名称——"亲情餐厅"一样，弥漫着浓浓的亲情。

（二）布置：去表演化的运作

在2009年11月5日的另一起巡回开庭的案件中，笔者随普法官和普书记员驱车前往D镇进行一个离婚案件巡回开庭。D镇离县城50公里，车子在蜿蜒的盘山公路上行驶了约一个半小时之后，我们到达了D镇司法所。[3]午饭后，12∶30分普法官就带我们到司法所的调解委员办公室等待当事人。这时，

---

〔1〕"亲情餐厅"是为服刑人家属来探视时经批准与被告共同进餐的地方，桌椅很整齐，但已蒙上了一层厚厚的灰，显然已经很长时间没有使用过了。

〔2〕强世功："'法律'是如何实践的——一起乡村民事调解案的分析"，载强世功编：《调解、法制与现代性》，中国法制出版社2003年版，第435页。

〔3〕D镇司法所是一幢三层楼高的崭新的办公楼，是司法所、人民调解委员会以及法律服务所三位一体，与塔甸镇政府在同一个大院里。一般法官下乡巡回开庭都是通知当事人到当地司法所内进行。

司法所所长告诉普法官因为调解室被政府临时用作他用，于是只能在会议室里开庭了。他问普法官是否要挂巡回法庭的布标，普法官回答："不用了，又不拍录像。"13：10 分，原告和被告到达司法所。普书记员将写有"审判员"、"书记员"、"原告"、"被告"的列席牌放置在会议桌上，招呼当事人坐好，庭审开始。原告与被告 4 岁的婚生女不愿离开，普法官看劝阻无效，就摆摆手说："算了，让她留在里面吧。"原告的家属也走进会议室旁听案件。庭审开始，普法官表示因之前已开过一次庭，[1] 于是省去了查明当事人身份这一环节……普法官对双方的夫妻共同财产和债权债务状况进行调查之后即进入调解阶段，在法官"拉家常式"的调解下，原告与被告终于达成协议。14：30 分，调解结束。

我们不仅没有看到《马背上的法庭》中所出现的用马驮或者法官背着国徽去开庭的场景，亦没有看到法官用车载着国徽来到开庭现场。笔者曾就此问题私下问过普书记员，他称"主要是带着国徽太重了，过于麻烦。"国徽这一象征神圣权力来源的"道具"被省去了。写有"E 县人民法院巡回法庭"的红色布标虽被法官带来了，但法官以"不拍录像"的理由也将之束之高阁。[2] 甚至当事人的家属也与法官坐在同一张会议桌前旁听案件的审理，在调解的过程中，原告的孩子一直在原告的身旁窜来窜去，若是在法院的审判庭，很难想象法官会允许法庭出现如此"混乱"的秩序。在巡回法庭中，齐全的开庭道具、严格的法庭布置和严谨的庭审秩序只出现在了新闻媒体的报道里，[3] 而更普遍、更真实的巡回开庭场景，是去表演化的呈现。然而就是在这样朴实无华的非正式布景中，非但没有影响调解的效果，还提高了调解的效率，使调解得以流畅、圆满地完成。从某种意义上来说，巡回法庭非正式的运作更契合调解的内在逻辑。

---

〔1〕　原告已于 2008 年 11 月 3 日向法院提起过一次诉讼请求离婚，当时刘法官作出"驳回当事人诉讼请求"的判决。现原告于 2009 年 10 月 16 日再次起诉离婚。

〔2〕　据笔者了解，该布标一般只在因普法教育之用在户外开庭或者有新闻报道需要拍摄庭审过程时才悬挂起来。

〔3〕　笔者查阅 E 县法院近年的信息简报发现，法院确实会选取一些典型案例进行开庭审理，并使之具备较为完备的法庭布置，如类似审判厅的空间布局和座次安排，象征化的法官制服，程式化的法言法语，旁听的群众，发放普法材料等。

### 三、其他"调解术"

除了前文所述的法官策略性地解决离婚案件外，在调解中，还有一些"调解术"是法官常用的。

#### （一）联动调解与"偷梁换柱"

对于大部分的民事案件的调解来说，从过程达至结果，都是在调解的话语和标签下完成的。但在有些案件中，也许最后反映在法律文书中并非是以调解方式结案，但其整个处理过程的实质却是一个复杂的，甚至声势浩大的调解过程。

**案例 5：李某诉明某相邻权纠纷**

J 镇的李某以明某占用了其厨房地基用作其大门通道为由，向法院提起相邻权诉讼。法院于 2009 年 9 月 24 日开庭进行了审理，在庭审过程中，经过了法庭调查和法庭辩论之后，刘法官曾在征求双方当事人意见的基础上进行过一次法庭调解，但"因双方当事人意见分歧太大，不再主持调解，本院不作当庭宣判，宣判时间另行通知"。庭审后，刘法官和普书记员前往争议土地现场进行了勘验并拍摄了照片，2009 年 10 月 28 日刘法官通知双方当事人到庭进行质证。质证的过程迅速而简单，刘法官将法院前往争议土地现场拍的照片交给双方当事人看，询问当事人质证意见，刘法官："你们对这一份证据有何意见？"原、被告："没有意见。"在接下来的时间里，刘法官"集中火力"对双方当事人进行调解。原告在调解中提出要求被告补偿其 30 000 块钱，但被告不同意，最终因原被告双方都坚持己见，调解未果。

当事人离开后，三位法官对这一案件进行了简单的讨论，因该案涉及第三人的土地[1]，该案情极为复杂，他们都一致认为要本着"息诉"、"息访"的原则，尽量用调解的方式妥善地解决这一纠纷，避免进一步的诉讼。之后，法院 L 副院长、庭长普法官以及刘法官驱车前往 J 镇对争议土地进行现场勘

---

[1] 根据原告的诉状，李某与明某、管某三户，在 J 镇戏台后有房屋六间——前面三间和后面三间，该房屋系 1952 年土改时所得，当时各户所分的房屋不规整，一间房屋中，楼上属一家所有，楼下又是另一家所有。今年 6 月，明某将老屋拆除，并支砌了石脚，打了围墙。同时管某也将其老房拆除后，占用明某的中门走道建新房。而后明某占用了李某的厨房地基做大门走道，明某辩称说他的土地也被管某占用了，是管某让其从原告家门前过的，现在如不让他过，他就没有路通过了。

验，实地测量了争议土地的大小，估算了市场价格之后，（该土地有 50 平方米左右，折合市场价约一万五左右，低于原告所主张的三万元），且该案的诉求涉及到土地规划问题及第三人的土地权属问题，于是院领导经过讨论决定邀请检察院、J 镇土管所以及 J 镇 J 村委会的调解员一起前往 J 镇解决问题，也即"联动调解"。

11 月 9 日上午，我跟随 L 副院长、普庭长、刘法官、普书记员驱车到达 J 镇镇政府的土管所办公室，没等多久，检察院的两位检察员也到了，我们便前往 J 村委会的司法所，来到司法所的调解室，L 副院长、土管所所长和司法所所长经过商量决定不通知当事人来调解室，而是直接到现场进行调解。于是，L 副院长、普庭长、刘法官、普书记员、我、两位检察员、土管所所长及一位工作人员、司法所所长及村委会一位干事、一位调解员一行 12 人步行前往争议土地所在地。步行了约 10 分钟，就达到了争议土地现场。当事人陆续也到达了，不只双方当事人到场了，与该土地争议有关的其他利害关系人也到了。大家站在凌乱的堆满建筑材料的土地上七嘴八舌地嚷开了，李家要求明家让出占用了她家厨房地基的过道，明家辩称是管家先占用了他家的通道，如果不从目前的这里开通道，他就没法进家门了，而管家的房屋虽然确实占用了三家共同的公共用地，但是他家的房屋才新建好，拆除是不现实的，三家人吵得不可开交，检察院的检察员对李某说："你们家即使在这里建厨房，以后也不会好住的，特别是等管家以后把房子建高以后，更是没法住了。"土管所的所长对明甲（系被告明某的哥哥）说："大家都是邻居，有商有量的就解决了，如果协商不成，涉及到拆除违法建房这一步，就难办了，对你们都不好。"普庭长也对当事人说："不要闹僵了，以后还都是邻居的，还要相处的，以后哪家有事另一家还要来帮忙，远亲不如近邻。"明甲说道："算了算了，我不爱吵架，这样吧，要么你把你的那里让给我，我出 20 000，要么我把我的那块让给你，你给 10 000 块，这样把房子并起来，就不存在哪家占哪家的问题了，我跟我兄弟（指明某）反正是一家人，就这么解决了！"李某不同意，说她没了地基去哪里建房住，普庭长和司法所的调解员将李某和她的两个儿子叫到一旁，说："他给的这个价已经很不错了，按这里的位置来说，其他人是给不到这个价的，你们这里的房子在以前规划的时候就不太合理，你夹在里面住也不好住，就算让出了一条通道也不好住，你拿着这几万块钱完全可以去其他地方住，比这里要好很多，这是对你们各方来说最好的解决办法了。"经过耐心地劝说，李某及其儿子终于同意了这个方案，与第三方明甲达成了协议。[1] 土管所所长建议由法院以调解书的方式解决该次纠纷，但普庭长说明甲并非案件的当事人，而是第三人，故不能制作调解书，而是让李某与明甲签订协议后，由李某到法院来撤诉的方式结案。土管所所长表示认同，大家都如释重负，明家还拿来了水烟筒，普庭长和司法所所长就地坐下一边吸烟，一边嘱咐普书记员拿出稿纸写协议，普庭长一边念，一边嘱咐普书记员记录："甲方李某与乙方明甲经协商一致自愿达成以下协议：李某将其位于 J 镇 J 村委会二组 23 号房产以 20 000 元转让给明甲，明甲于 2009 年 11 月 10 日 10 时前将 20 000 元转让款交给李某。以上协议经双方当事人签名捺印后即发生效力。"这时，普庭长补充说："这样吧，交款的时候由土管所做个见证，交钱的时候双方去到镇政府交。"土管所所长马上拒绝说："不不不，你们法院来做比较好，还是去法院交吧。"L 副院长答应了，于是普书记员又在协议上补充："明甲于 2009 年 11 月 10 日 10 时前将 20 000 元转让款交到法院民一庭。"看过协议后，李某和明甲在协议上签字捺印，调解成功。

第二天，李某一家以及明甲来到了法院，当着法官的面，明甲将房产转让款 20 000 元交给了李某，李某将集体土地建设用地使用证、集体土地使用证一并交给了明甲，李某领取了刘法官事先制作的民事裁定书后，刘法官帮李某写了一份"撤诉申请书"，李某签字捺印后，双方满意地离开了。[2] 离开前普庭长向李某释明按照法律规定要退还她五十块钱的诉讼费，她还说："给你们麻烦了那么多，还要退钱给我，真不好意思。"普庭长笑笑说："这是我们的职责，你们的问题解决了是最重要的。"

在此案中，法院对该相邻权纠纷的处理方式也许在纯粹的法律意义上不能严格地被命名为"调解"，因该案反映在最后卷宗里的只会是"撤诉结案"，但其过程在实质上是一个真正的调解，且是一个动员了检察院、司法所以及土地规划部门的耗费大量人力物力的"大调解"。在调解中，庞大的调解队伍向当事人显示了法院和各方面的机构对案件的重视，已经酝酿出了一种

---

〔1〕 明甲不是案件的当事人，而是与案件有利害关系的第三人。

〔2〕 事实上刘法官在李某来法院申请撤诉之前就已经"制作"好了李某与明某相邻权纠纷的民事裁定书，内容为"原告李某以'已协商解决邻里纠纷'为由，于 2009 年 11 月 10 日申请撤诉。"程序倒置了。

非解决这场纠纷不可的氛围。更为重要和具有实质性意义的是，参与各方实实在在地各展身手，检察员首先从"理"的角度做当事人的工作。司法所所长说到了"法"，但却引导当事人绕开可能的严苛的处理方式，服从当时"调解"的这一话语建构出来的场域，而不是走到"拆除违法建筑"这一步。普庭长从"情"的角度做当事人的思想工作，用日常生活的逻辑说服当事人互谅互让。最后在各方合意的基础上，指导本案原告与案外第三人达成了一份民事协议，从根本上解决了本案所争议的问题，最后从法律上寻找恰当的依据表达作为结案方式，如普庭长所言，因明甲并非案件的当事人而是案外第三人，故不能由法院制作调解书，而是在李某与明甲签订协议后，由李某到法院来撤诉的方式结案。也即，该案的解决经过声势浩大的调解之后，在法律的处理上却并非表述为"调解"结案，而是"撤诉"结案。仔细分析该案的案情不难发现，其实法官可以有多种选择来处理该案，比如法官可以建议被告就他与管家之间的相邻权争议起诉，以各诉之间的独立性回应被告对自己的辩护，也可以一判了之，甚至可以将其命名为属宅基地争议的案件而非相邻权的案件从而以"不予受理"驳回原告的诉讼请求，但法官权衡之后，还是决定以调解的方式来处理，并运用高超的策略，绕开案件争议的焦点和难点，避开锋芒，用将房产转让给案外第三人的方案来解决相邻通道的纠纷难题，不但解决了本案，而且避免了以后可能出现的纠纷隐患。虽然颇费周折，却真正做到案结事了，让当事人满意而归。这一案件的调解成功的关键就在于联动调解和法官对当事人诉求、争议焦点的巧妙转换以及程序的倒置。

（二）案件制作术

"案件制作术"是一种"将社会生活中发生的'事实'建构为法律上的'证据'、将社会生活里发生的'事件'转化为法律逻辑所认可的'案件'的技术。"[1] 很多情况下，最后反映在卷宗中的有关案件所要求的程序的记录，都是经过法官事后根据法律的要求"加工"出来的。包括前述案例 2 最后的案卷制作显然也有这种制作术的明显痕迹。在法官的实际调解中，案件的调解过程并不严格符合法律的规定。在 E 法院，很多案件的调解都是在民一庭的办公室完成的，远离审判的场景和布局，甚至是在一种拉家常式的、道德

---

〔1〕 强世功："'法律不入之地'的民事调解——一起'依法收贷'案的再分析"，载强世功编：《调解、法制与现代性：中国调解制度研究》，中国法制出版社 2003 年版，第 538 页。

话语为主、法律话语为辅的建构下完成的一次叙事，但最后在"民事调解书"上可见的确是标准的法律文书术语"本院于 xx 年 xx 月 xx 日受理了某某诉某某 xx 纠纷一案，依法由审判员某某适用简易程序公开进行了审理，现本案已审理终结……"法官之所以"放弃"正式的庭审环境，而选择在办公室这一"非正式"开庭场合进行庭审调解，法官的解释是"很多时候，在办公室里要比在法庭里更好调解，事情更容易协商解决。"而这些非正式但是对于司法实践至关重要的细节并不会进入案卷文书中。

（三）用"执行难"施压

"执行难"是目前司法实践领域的一大顽疾，这对于当事人来讲是法院自身的问题，在调解中，却被法官作为说服当事人接受调解的一种策略。普法官曾在一次非正式访谈中表示："如果当事人不想调解，我就会对他们说判决是很难执行的，被告基本上无履行能力，你们考虑清楚。"在很多案件中，法官为促成当事人调解，用"执行难"作为对当事人提示风险时必提的事项。例如：

在一个财产损害赔偿纠纷的调解中，普法官为使原告与被告再赔偿数额上达成一致，对原告说："这样，你如果要 4500 的话，他家（被告）今天就能给你了，如果你非要 5000 多块，那就要拖到一月份。"看原告在犹豫，普法官接着说："今天能解决是最好的，你想想，如果拖到一月份他还不给的话你还要多跑几趟法院，要花费车费、食宿费，你还要申请法院执行，就算申请法院强制执行，能不能拿到还是另一回事，我们不敢保证到时候你一定能拿到，他如果跑掉的话你找谁去拿钱？但是如果你今天少点的话今天就可以确定地拿到钱了。很多案子一纸判决下来，被告都找不到，一分钱都拿不到。今天一次性了了，就省得以后再麻烦了。"……最终该案调解结案，并当场履行。

在该案中，法官与当事人的沟通基本上就是在一种"讨价还价"的话语下进行的，并且"执行难"作为其中最重要的一种策略贯穿始终，"申请法院强制执行"这一本属于法官应向当事人释明的一项当事人的权利在这里成了法官用于说服当事人的工具。

（四）融入民风民俗

法官在调解中，结合本地半乡土社会的特性，在调解中，尤其是在用道德话语建构问题时，常常借助民风民俗来强化道德话语的说服力。刘法官曾在一个相邻权纠纷的调解中在当事人争得不可开交之时，对当事人说道："大家都是一个队里的人，都是邻居，以后你家的老人可能还要他来抬，他家有什么事可能还要你家来帮，你们这一代不过，下一代也还要过的。"基本在 E 县的每个村子里，都有这样的风俗，任何一家有红白喜事，尤其是家里的老人过世，左邻右舍会前去帮忙处理丧葬等相关仪式，如果去的人少了则说明这户人家为人不好，是非常"没面子"的事。这在村里已经成了不成文的规矩，而大家也都自觉自愿地遵守和延续着这样的传统和风俗。刘法官试图用强大的道德教化平息纠纷，而这一策略确实起到了不小的效果，听了法官的话后，双方当事人都表现出了惋惜的神情，对峙也平缓了不少。

在离婚案件的调解中，对于"彩礼"和"陪嫁物"的处理，法官也会考虑当地的民俗。按照法律的规定，彩礼不是结婚的法定要件，因此，可将彩礼视为赠与，一旦送出，就不得要求返还。而对于"陪嫁物"，也应属于夫妻共同财产。但是在实际的调解中，若是女方提出离婚，男方要求返还其在订婚，即民间所称的"合八字"时过给女方家的礼，有时可能数目不大，就是一只鸡或者一只鸭，但是有这样的风俗，所以法院还是会支持男方的要求，而对于陪嫁物，法院也会尽力促成调解，由男方退还给女方，而不作为夫妻共同财产来简单分割。

在云南很多农村地区，一群男人在一起吸水烟筒是一种进行沟通和交流的最好方式，[1] 在这个场景中大家会更容易敞开心扉，畅所欲言，法官也注意到了这点，利用大家在一起吸水烟筒的机会，可以更加了解大家的所想所思。在巡回审理调解时，法官与当事人一起吸水烟筒，也是融入了民风民俗的体现，促进调解的顺利进行。如普书记员所说："这样会让当事人觉得法官不是高高在上的，而是亲切的，便于拉近法官与当事人之间的距离。"

---

〔1〕 "云南十八怪"中其中"一怪"便是"火筒能当水烟袋"。当地人抽烟所用的烟袋很像内地的吹火筒，只不过吹火筒是往外吹，而它是往里吸。

### 四、讨论：法官调解的结构性约束、目标、资源与行动逻辑

法官们的表现是一副复杂的图景：法官似乎在较大程度上能够主导案件的处置，尤其是对调解过程的控制，往往在案件的处置中表现出生动的能动性，但是法官显然又处处受到制约——可能源于法律，也可能是来自于案件的性质以及当事人所带来的社会、文化、情感等法律之外的因素；在调解中法官似乎表现出对生活世界的练达和深厚的理解，却又不能完全按照生活的逻辑来行事；法官似乎应该是黑面铁心的判官，很多时候却更像邻家的大哥……

我们必须首先理解法官所处的场域及其在其中的位置、资源、所受的约束和他的目标，[1]才能理解法官调解的行动逻辑。"法律的社会实践事实上就是'场域'运行的产物，这个场域的特定逻辑是由两个要素决定，一方面是特定的权力关系，另一方面是司法运作的内在逻辑，前者是为场域提供了结构并安排场域内发生的竞争性斗争（更准确地说，是关于资格能力的冲突），后者一直制约着可能行动的范围并由此限制了特定司法解决办法的领域。"[2]那么，我们就可以把法院审理案件这一司法场域理解为以法官为核心的法官、当事人、代理人、其他案件参与人等相互之间的关系丛，这个关系丛对他们来讲都是一种结构性的约束，每个人都希望突破或者利用这种结构性约束追逐到自己的利益，这些角色、行动者的特性就取决于他们各自在这个关系丛中的位置以及由此决定着他们所能动员的资源、要达到的目标和个人禀赋。

我们假设调解结案是法官的一个重要目标，但是同时他还必须保证结果的安全和效率。而什么是安全至少有两个方面，一是不能出现违反法律，至少在痕迹上不能出现。这就是为什么案例 5 中法官要采取当事人撤诉的方式结案以及为案件制作术之所以被"发明"出来的原因。二是不能引发当事人的严重不满。这就能解释为什么当调解无法进行下去时法官会放弃调解以及法官在一些离婚诉讼中选择了调解离婚或判决离婚而不是调解和好。效率也

---

〔1〕 关于场域理论，参见［法］皮埃尔·布迪厄、华康德：《实践与反思》，李猛、李康译，中央编译出版社 1998 年版。

〔2〕 ［法］皮埃尔·布迪厄："法律的力量——迈向司法场域的社会学"，强世功译，载《北大法律评论》第 2 卷第 2 辑，法律出版社 2000 年版。

是法官必须考虑的问题，法律关于审限以及法院的内部管理制约了法官的审理周期，同时法官的自身精力也决定了法官的选择。在前文中讲到在当事人第一次诉讼中调解和好不成的情况下刘法官倾向于判决不予离婚，[1]而普法官则倾向于调解离婚。其实，两者都是基于效率的考虑，不同的是前者偏重于结案效率、周期，而后者偏重于较彻底地解决纠纷、减少诉累、减少法院负担。当然，我们还必须看到法官还会有其他的目标。如果我们再分析刘法官和普法官的不同倾向，会发现，刘法官的做法是一种有效的为自己减轻负担的做法，普法官的做法其实是一种"利他"（法院）的选择，反而增加了自己的负担，这是为什么呢？这背后是普法官（庭长）对自己的预期，因为一个法官处理民事案件的调撤率是评价一个基层法官能力的重要指标，无论是基于对自己仕途考虑还是对职业声望的考虑或个人价值的体现，他都有理由努力地把调解进行到底。

我们发现，法官所追求的目标取决于两个基本方面的结构性约束：法律、法院内部管理（包括职业声望评价、考核、压力等也即贺欣所说的体制性制约）。而这些目标构成了影响法官行动取向的一个基本方面。

如果说法官的行动方向是其所要追求的目标，那么能否达到这些目标则要看法官能够动员的资源、手段和法官自身的某些禀赋，这就涉及到法官在司法场域中所处的位置的和他的职业特性、司法经验了，并且我们还要注意到调解制度的特点。

法官在司法场域的关系丛中占据了有利位置。法官与当事人、代理人以及进入诉讼中人物之间的关系以及他们各自的权利、权力已经由法律所确定，从这几个角度讲，法律构成了对所有参与其中的行动者的结构性约束。但是，法律所确立的所有规则同时又能成为法官凭借的资源（当然也部分地能够成为所有案件中的当事人的资源），并且现有民事诉讼制度为法官进行调解留下较大的空间，使法官能够有效控制案件的进程，成为案件的主导者。因此，

---

　〔1〕刘法官的做法就如前引贺欣的研究指出的在离婚诉讼中法官以判决为主，这其实与 E 县民一庭的高调解（离婚）率并不矛盾。因为与城市基层法院相比，E 县民一庭案件不算多，法官的办案压力并不是太大，法官在保证按期结案的情况下仍然有余力通过加强调解提高调撤率。可以假设一旦法庭案件数量过多，法官就可能要放弃部分案件的冗长调解依法判决，以保证案件在审限内完成，确保法官不在程序上违法，此时安全、效率和经由调撤率进行评价的职业声望中，安全和效率优于职业声望评价。

在时间上，法官能够把时间变为资源使用诸如"让时间来解决问题"之类的办法解决部分案件的问题。在空间上，法官可以选择他认为的有利于案件解决的地点、场所，比如前文中的若干个案。地方性的大调解网络机制的建立，也使法官能够动员更多的调解参与人，进行一种声势浩大的综合性调解。在所有的案件中法官不仅可以控制案件中的辩论进程，而且掌握着话语建构的主动权，在这一过程中还能够改变当事人争议的焦点和诉求，甚至改变了当事人的关系格局（典型如案例5），使案件往他希望的方向发展。

法官的职业特点使其可能具备优越于当事人的知识。按照强世功的研究：

> 任何一种非此即彼的解决方案仅仅具有形式逻辑上的有效性，现实生活的发展往往遵守的是辩证法或者实践理性。正是面对这两种非此即彼的悖论，共产党在司法实践中找到了一种新的出路：这就是法律调解……[1]

这就注定调解制度允许法官运用法律之外的知识。在前文的研究中，可以看到法官掌握着两套知识，一套是关于法律及其解释的专业知识，一套是关于人情、事理的日常生活知识，法官能够言说两套不同逻辑的话语。所以，法官事实上有着两套逻辑，一套是法律制度建构的逻辑，另一套是解决实际问题的实用主义逻辑，在基层法官那里，这两套知识、逻辑都是必不可少的。因为作为法官，既处在法律制度所建构的场域中，也存在于一个更大的社会事实建构的场域中。在解决纠纷时，法官可以交替运用或使用其一建构起有利于他的目标的事实并引导话语的发展方向。同时法官又是受到法律约束的，所以我们能够看到复杂的案件过程，在运用日常生活的常情、常理、融入民风民俗时依靠实用主义的行动逻辑来完成对当事人的打动，但又因其进入了司法场域，他又必须服从这一场域的规则，恰当地保护自己，所以需将他的调解行为制作为是按照法律规定的样式。所以，如果我们不亲身观察、进入司法过程，卷宗给我们呈现的往往只是一套法律的逻辑和要求，而真正生动、关键的法官行动和场景都变成了格式化的程序、法律模板了。可以说，在许多案件中调解是法官运用两套知识来应对只有一套知识的当事人，这是法官的重要资源，也因此，调解对于年轻法官来讲困难较大，因为没有生活经验

---

[1] 强世功："权力组织网络法律的治理化——马锡伍审判方式与中国法律的新传统"，载强世功编：《调解、法制现代性：中国调解制度研究》，中国法制出版社2001年版，第221、256页。

也就不会有对人情事理的深入理解。

法官的司法经验构成其行为倾向。调解与判决的不同在于，判决是依据法律对事实的建构来裁判纠纷，法律还被认为独立于冲突双方，而调解则意味着法官有可能促成的结果是为冲突双方量身定做的解决方案，在这个方案的形成过程中有机会把被法律"裁剪"掉的对于日常生活和人情事理至关重要的社会事实。调解并非法官的独角戏，法官、当事人、律师等行动者采取各种策略和行动，争夺有利位置，力争自己的话语具有主导性，使司法成为一个动态的、充满活力的各种社会力量斗争的空间，所有的参与者的行动造就了最终结果，而法官则是至关重要的组织者和控制者。但是，法官能否具有高超的调解技艺则取决于他是否有足够的司法经验。在前文的研究中，我们能够看到法官在离婚案件中运用的一种程序化的模式处理案件，争取在每个环节抓住调解的机会，而在具体的案件中我们也看到法官会变换着使用日常生活和法律两套知识。笔者把法官的这种行事方式看做一种"试错"行为，前面讲到调解是"为冲突双方量身定做的解决方案"意味着每个方案都可能有它要解决的独一无二的问题，在个案中话语的变化、时间的运用、空间的安排、场景的布置、压力的使用等所有的手段都可以理解为法官寻找能够同时打动冲突双方、解决这"独一无二"的问题并满足法官所要追求的目标的方案，是"量身"的过程。而所谓的司法经验，就是法官在经历众多的个案中发现、积累了那些行之有效的能够达到其目标的手段，法官的行事风格、倾向、行动逻辑也就在这个过程中形成的。

总而言之，法官的调解方法、手段或者"术"或许多种多样，[1] 但是我们仍然能够把握其中的内在原理，那就是：纠纷本身就意味着争夺和控制，因此，司法场域就是一个在合法平台上进行的竞技和博弈，而法官并不是一个简单的竞技裁判者。我们可以这样来描述法官：第一，法官的行动是为了达到某些目标，这些目标主要由法官所受法律和体制性约束包括职业评价所决定；第二，法官如何行动，在客观方面取决于他所受到的结构性约束，这些结构性约束中却隐藏着可能动员的资源，主观方面则取决于他的司法经验。所以，法官是一个受到结构性约束但是又有着主观能动性的行动者，更进一

---

〔1〕　例如，高其才等归纳了一个法庭中法官的十种"调解术"。高其才、周伟平："法官调解的'术'与'观'"，载《法制与社会发展》2006 年第 1 期。

步讲，他所处的结构既制约了他的行动同时又促成了其行动——为了达到某些目标。从这个角度讲，我们如果要改变——无论是加强、削弱或约束、放宽法官对案件的调解都只有一个办法，即改变法官的目标和资源，而这取决于外在于法官的各种结构性约束的改变——其中以制度包括法院的管理和职业声望的评价最为重要。

# 第 20 章　基层法院调解动因的实证分析

## ——一种调解中心主义的司法过程?

## 一、引言

在我国，法院调解制度以近似传奇的方式运行了多年，并取得了很大成绩。[1] 从《人民法院第三个五年改革纲要（2009～2013）》中就可以看出，在相当时期内这一制度传统还将持续存在并继续发展，而且会以更加强势的姿态跟进。2010 年 6 月 7 日最高人民法院还印发了《关于进一步贯彻"调解优先、调判结合"工作原则的若干意见》指出："这是最高人民法院为进一步推动贯彻落实'调解优先、调判结合'工作原则，深入推进社会矛盾化解、社会管理创新、公正廉洁执法三项重点工作的重大举措……"。由此，我们没有理由不重视对人民法院调解制度的研究，固然政治层面的某种要求和强调[2]可以看作是法院对于调解适用的一个"顺势识时"的选择，但这并不是本章所要讨论的问题。基层人民法院之所以如此重视调解有其自身深层次的原因，这些原因的内容何在，又如何来理顺它们之间的关系，这是本章所要探讨的。

本章通过对我国西北地区 S 省三个基层人民法院的考察，初步得出如下结论：我国基层法院的司法过程（process）带有明显的调解倾向性，笔者将其定义为调解中心主义。[3] 我国法院向来比较重视以调解的方式来解决纠纷，

---

〔1〕　参见《最高人民法院民事调解工作司法解释的理解与适用》，人民法院出版社 2004 年版。

〔2〕　参见侯欣一：《从司法为民到人民司法——陕甘宁边区大众化司法制度研究》，中国政法大学出版社 2007 年版。

〔3〕　参见［美］黄宗智、尤陈俊主编：《从诉讼档案出发：中国的法律、社会与文化》，法律出版社 2009 年版，第 428～472 页。

其中原因颇为复杂。在当下，这其中的一些原因，比如"上面"对调撤率[1]的反复强调、法院对司法现实的迁就等，会使人觉得法院及其法官选择调解是一种"没的选择"的被迫"选择"（这种选择往往是在"情愿"与"抵抗"之间寻找自身的位置）。这固然是基层法院"不违背/服务"总体司法路线，重视调解的一条重要径路，但若从深层次进行考察，这只是一种"表面上"的理由。司法实务中，走样以至成为具文的制度架构不在少数；但调解却不断在各地、各层面的司法实践中不断翻新式样、探索各种突破模型，并为实务所推广，这必然有其深层次的原因，亦即基层法院对调解的选择是一种主动的"自然"选择。这种主动选择的结果，便是法院不断扩展关于调解的版图和内涵，并巩固和强化这种逐渐形成的调解思维与文化，久之又会排斥与之不同的其他司法过程。

这种调解中心主义司法过程的形成是一个长期的过程，它有着丰富的变迁成形原因及复杂的社会文化背景。本章无力论证这些制度发展及历史推力的作用，只能就当下的一些发展情势和现象，主要是法院及法官自身的一些可能因素略作发挥，以求观察当下之基层法院，特别是我国西北地区基层法院的司法过程。在法官的语境中，如何司法，即为"如何办案"。在基层，办案很重要的一个内容就是对调解的掌握和运用。在笔者看来，"调解中心主义"是基层法院司法过程很重要的一个标志，它不仅是一种办案思路，还是法官办案的一个重要思考起点，它既能促成案件直接以调解方式结案，也能使得案件间接以调解方式结案，比如下文所述之"强判"。在这里，调解不但能够在法院的主导下，实现法官主持下的自足，形成完整的封闭体系；还能在法院调解失败的情况下，经由"强判"来实现自救，这后一过程可简约为调解基础上的判决，亦即调解是判决的重要参照指标，此时它又是开放的。如果考察法院调解的特点，笔者认为法院调解具有延展性、渗透性、扩张性的特点。[2]

调解思想对法院司法文化的不断冲击和渗透，使得法官的办案逻辑受到了

---

[1] 我国民事诉讼中规定的撤诉与调解本不相同，但在实践的司法统计中，往往是一并统计，统之以调撤率。盖因无论是撤诉还是调解都代表了一种纠纷的"软解决"，他们在最终的效果上是一致的。

[2] 韩宝："基层法院'司法过程'实证研究：法院调解之困境——以我国西北地区为例"，中国民事诉讼法研究会编：《民事程序法研究》（第8辑），厦门大学出版社2012年版。要考察基层法院适用调解的"根/下意识（subconscious）。

自觉不自觉的影响，司法过程被日渐形塑为一种带有明显调解倾向的模型。这一过程，最初可能只是零星尝试或者外力强迫下的调适，但在历史推力及制度安排的合力作用下，渐之便生长为一种制度常态。由此，作为一种研究的视角，考察基层法院的调解制度，并不全是看法院有多少案件是以调解方式结案的；而是要考察基层法院适用调解的"根/下意识（subconscious[1]）"[2]等这些思维的起点，以解释调解为什么是"高层次的审判"。[3]

本章首先阐述了调解与判决这两种法院裁判方法之间的关联，指出什么是"强判"，又什么是"调解中心主义"；进而重点分析了导致基层法院"调解中心主义"的诸动因，最后是文章的一个初步结论。文章在方法上主要采社会学中的案例分析法；可能的不足是，其中的论述上只是针对三个基层法院的个案论述。这，一方面，有过度论述之嫌疑；另一方面，个案的结论能否推而广之，尚有待更多实证数据的检验。[4]

## 二、"调解中心主义"的思维与"强判"的逻辑

调解与判决都是法院裁判的方法，在我国二者的关系相对比较特殊。在前文，笔者曾提及调解是判决的重要参照依据，由此很有必要对二者的关系做一阐述。笔者选取的角度是基层司法中的所谓"强判"[5]。

我国《民事诉讼法》第 142 条规定，基层人民法院及其派出法庭可以选择简易程序解决民事纠纷。实践中基层法院也多采用简易程序来办案，而简

---

〔1〕　Benjamin Cardozo, *the Nature of the Judicial Process*, （General Books LLC, 2009）, p. 11.

〔2〕　"在 1990 年代中叶以来已经不被看好的调解再次成为法院的首要选择。法院的领导希望通过调解来体现政绩，法官则通过调解来实现自己的最大利益，减少政治风险……"。周永坤："信访潮与中国纠纷解决机制的路径选择"，汪庆华、应星编：《中国基层行政争议解决机制的经验研究》，上海三联书店 2010 年版，第 44 页。

〔3〕　周文馨整理："挖掘传统精髓构建'大调解'格局"，载 http://www. chinagscourt. gov. cn/zy-Detail. htm？id = 153898.

〔4〕　研究方法上的选择及可能的局限，参见费孝通：《乡土中国·生育制度》，北京大学出版社 1998 年版，第 333 页；费孝通：《江村经济》，外语教学与研究出版社 2010 年版，第 35 页；应星：《大河移民上访的故事》，三联书店 2001 年版，第 337～356 页。

〔5〕　之所以用"强判"，源于法官与当事人对待这一判决结果的态度。在法官，他非常清楚当事人并不认同现在的这种裁判结果；于当事人，他是一种无所谓的态度，他要么选择上诉，要么选择上访或申诉。也就是说，这种裁判结果不是一种正常诉讼程序进行的完美状态，而是法官很无奈的一种选择。

易程序中又多用调解。[1] 对于基层法院而言，纠纷要尽量以调解而不是判决的方式来结案，如果是以判决结案，则往往意味着当事人之间冲突还很严重。判决也是所谓"强判"，无论是法官还是当事人都不会满意，特别是当事人，他可能对此结果不予认可。总之不是以当事人的"服判"，而是以"强判"的逻辑和方法来硬性解决问题，会带来无尽麻烦。下面 N 法院的案例就说明了这一问题，该案中由于当事人并未达成调解协议，最终由法院"艰难"判决。

原告张三因房屋拆迁补偿款纠纷一案诉至 N 法院，要求被告李四返还坐落于某处 21 平方米自建平房拆迁补偿款 16 758 元。原告诉称，诉争房屋原系其占有/所有，在 1993 年，由于李四之父（2004 年去世）无房居住，其出于同乡情分而借给李四一家居住，之后他一直未向被告之父主张过返还该房屋之使用权（未声明理由，仅有原告夫妻之称述，未有其他证据）。被告李四辩称，该房系其与其母合法继承的遗产，不承认该房为原告占有/所有，是其父购买的房产，他和他母亲到 N 区之后，就一直在此居住，直到拆迁时止。被告还反复强调其父留有遗言：该房系其购买，留给其与其母居住（被告没有提供关于遗言内容之其他证据，仅有其称述）。法庭上，被告之母发誓该房的确为其夫所留，人穷志不短，他们绝不贪占别人便宜（被告经济拮据，约 40岁，未结婚，同其母共同生活。法庭上，言之烈烈，被告之母哭诉陈词）。另有 2003 年当事人李四请求法院判令张三返还借款一案判决一份，其中未提及张三借房于李四之父一事，亦未言明李四之父买房于张三一节。本案另一证据为，房屋拆迁部门在先后几次丈量、确定房屋之面积，并发布有公告，原告未表示过异议。

在本案中，因原被告系老乡，承办法官 L 希望当事人双方能够达成调解协议，但双方意见相差甚大，于是就出现了前述所谓"强判"——驳回原告之诉讼请求。对于判决之结果，被告感激不尽，原告当即表示上诉。法官 L坦言，这不是他所希望的。这种"强判"，对于法官而言，无论是作出判决前的种种煎熬还是判决后的实际效果，都是他所"不能承受之重"。

---

〔1〕 由此也便不难理解在这三个基层法院中，适用普通程序审理并最后以判决结案的案子数量并不大。

一般而言"强判"的案子都很复杂，依照法律的规定要组成合议庭审理，不能由法官独任审理，但实务中主要还是由主审法官一人来办理。下面反映的是 L 法官办案的一个简单经过，审理过程中，承办法官 L 多次做当事人的工作，也谈过几次话，亦单独约见当事人问过几个补充问题，也补充过相关证据和开过几次庭，但案件的审理进展缓慢。将届审限，L 法官多次主动向庭长 S 汇报该案的审理情况，庭长也常过问该案的具体审理情况。由于 L 和庭长的意见相差较大，该案在庭务会上进行了多次讨论（这些汇报和会议，目的即在于承办法官说服庭长或其他合议庭成员接受自己的判决意见和说理理由；同时承办人还可以从其他人的意见中弥补自己思维的漏洞、修正自己判决，具体包括对事实的认定、证据的分析及法律的适用等各方面的内容）。多次庭务会后，案件仍然没有结果，S 庭长向法院主管民事的副院长做了汇报，请示如何处理该案。[1] 这期间，承办法官 L 也在寻求其他一切资源，包括 L 市中院法官的看法以及本院与其他法院中自己好友的看法。[2] 当然这后面的本院之外的咨询都是 L 的私人关系。除却这些看得见的熟人之间的交流，L 还借助网络，寻求类案的处理方法。[3] 该案最后以 L 法官的意见做了判决，合议庭中，G 法官（副庭长）认为应该依证据和法理（举证责任）进行判决，而不能夹杂太多个人情感办"良心"案（L 法官认为，法律有时候并不可靠，办案要对得起"良心"和"感觉"）。

假设至此本案还不能有一个相对统一的结论，案件会交审委会讨论决定。如果审委会意见仍有分歧，此时法院有可能会寻求其他资源，比如高校等机构的专家。但是无论怎样，妥善处理类似案件对承办法官的压力还是非常大（因为最后在判决书上的署名就是承办法官，前面提及的其他意见提供主体，都将随结案而隐退）。

以上情形，对于一个并不是习惯于以"判决"结案的法官来说，将是非常痛苦的一个过程；而对于那些比较认可以"判决"结案的法官来说，这样

---

〔1〕　"上级领导"对司法的"正常干预"，在刘思达文章中有类似描述。参见刘思达：《失落的城邦：当代中国法律职业变迁》，北京大学出版社 2008 年版，第 46～47 页。

〔2〕　在 N 法院，L 法官曾就本案向与其关系甚密的该院审监庭某庭长进行咨询，该庭长直接告知 M 法官，该案应该如何办理，如果以 L 法官现在的判法，必然是错案。错案对法官而言，无疑是咒语，错案追究制度不得不正视。

〔3〕　可见，在我国其实非常有必要建立规范的案例指导制度。

的案子也往往是劳心费神的。如此，从成本收益的角度来看，法官会倾向于选择调解；久之，在这些法官（办案人员）的思维中，自然会生出调解中心主义的思维，而排斥那种"强判"的逻辑。

### 三、"调解中心主义"基层司法过程原因探析

导致基层人民法院司法过程上的"调解中心主义"有外部和内部两个层面上的原因。在实践中，这些外部因素与内部因素之间的界限并不是十分清晰，往往相互交错。本章中，笔者倾向于将法官与法院的因素作为内部因素，而将除此之外的其他因素划归为外部因素。具体包括社会的原因、民事诉讼的目的、裁判的效果、法律的规定、法院的考核、法官的因素以及调解在法律适用上的特殊作用等。

（一）偏重于"纠纷解决"之诉讼目的的需要

对于民事诉讼而言，当下其最主要的目的就在于纠纷的解决[1]或者说矛盾的化解[2]。"矛盾"是一个有着无限广阔涵义的语词，它具有异常宽广的包容，几乎所有的"不和谐"、"纷争"都可以看作是"矛盾"，它和"冲突"[3]有着相似的含义，但却没有"冲突"的程度那么剧烈。在自己看来"矛盾"的外延远宽过"纠纷"[4]，"纠纷"强调的是一种从法院角度的阐释，而"矛盾"却不限于法院，比如群体性事件，绝对可以说是"矛盾"，但却不一定能够用"纠纷"来解释。当下社会背景下，没有什么比解决"矛盾"更重要的，法院在整个社会中，就是解决"矛盾"的一个部门，法院在解决纠纷上

---

〔1〕 翁子明：《司法判决的生产方式：当代中国法官的制度激励与行为逻辑》，北京大学出版社2009年版，第71、151~152页；苏力：《送法下乡——中国基层司法制度研究》，中国政法大学出版社2000年版，第178、181页。

〔2〕 在当前的特殊背景下，无论怎样强调法院作为国家审判机关的地位，都无法否认一个事实，法院就是一个放大了的矛盾解决机构，它同其他承担解决矛盾职能的国家机关一样，都是国家（政府）的单位，他们的主要职能就是化解矛盾、解决纠纷。见文章第二部分之"中国特色的法院工作方法：'做工作'"。

法院在功能上的这种异化，是一种需要正视的现象，这种功能的异化，主要表现在法院对现实的迁就与责任的转嫁上。参见高杨："基层法院治安化的尴尬处境"，载《文化纵横》2010年第4期。

〔3〕 参见［美］Laura Nader & Harry F. Todd, Jr："人类学视野中的纠纷解决：材料、方法和理论"，徐昕译，载吴敬琏、江平主编：《洪范评论》（第8辑），中国法制出版社2007年版；于建嵘：《抗争性政治：中国政治社会学基本问题》，人民出版社2010年版。

〔4〕 参见王亚新：《社会变革中的民事诉讼》，中国法制出版社2001年版，第197~233页。

遵循的是一种"案结事了"的"摆平/抹平"逻辑，特别强调"不留后遗症"。[1]

（二）"熟人社会"的新解释

但凡讨论调解制度在我国的土壤时，总不免探讨熟人社会对调解的意义；熟人社会之纠纷解决，总少不了法官在情理法[2]中的来回穿梭，而调解是最为合适的。法院调解是民事简易程序中化解民间矛盾最重要的一种手段，中华民族博大精深的伦理文化给人们处理日常生活中的冲突与纠纷提供了许多好的经验与范例，充分发挥传统伦理道德与现代法律规范在解纷止争中的良性互动作用，将伦理文化引入司法解纷的过程之中，对于彻底解决纠纷、维护社会稳定、促进社会和谐进步具有非常重要的作用。[3]

"调解作为重要的纠纷解决机制，符合中国主流哲学的'天人合一'思想，它以'和谐'为其基础和追求的价值目标，是中国民间和司法程序主导性的纠纷解决手段，具有极强的社会适应性和纠纷处理策略的正当性，是中国社会纠纷解决机制的宝贵经验和优良历史传统。"[4]基层法院受理的绝大多数案件无外婚姻、继承、赡养，民间借贷（担保）、租赁，人身损害赔偿、工伤、交通事故赔偿等，而这些案件正好为法律所规定的强制调解案件亦即适用调解前置程序的案件。

2003 年 12 月 1 日起施行的《最高人民法院关于适用简易程序审理民事案件的若干规定》（以下简称《简易程序规定》）第 14 条规定："下列民事案件，人民法院在开庭审理时应当先行调解：（一）婚姻家庭纠纷和继承纠纷；（二）劳务合同纠纷；（三）交通事故和工伤事故引起的权利义务关系较为明确的损害赔偿纠纷；（四）宅基地和相邻关系纠纷；（五）合伙协议纠纷；（六）诉讼标的额较小的纠纷。"将婚姻家庭纠纷和继承纠纷列入调解前置程

---

〔1〕　参见吴英姿："司法过程中的'协调'——一种功能分析的视角"，载《北大法律评论》第 9 卷第 2 辑，法律出版社 2008 年版。

〔2〕　王斐弘：《敦煌法论》，法律出版社 2008 年版，第 174～213 页；参见［日］滋贺秀三等：《明清时期的民事审判与民间契约》，王亚新等译，法律出版社 1998 年版；陈会林：《地缘社会解纷机制研究：以中国明清两代为中心》，中国政法大学出版社 2009 年版。

〔3〕　"方便当事人诉讼，快捷解决纠纷：最高人民法院副院长黄松有就《关于适用简易程序审理民事案件的若干规定》答记者问"，载 http://www. chinacourt. org/public/detail. php？id＝81483.

〔4〕　参见《最高人民法院民事调解工作司法解释的理解与适用》，人民法院出版社 2004 年版，第 17 页。

序，主要是这类案件内含着丰富的伦理道德内容，如果单纯用法律规范去调整，用机械的、过于程式化的方式去解决，不利于纠纷的彻底和妥善处理，难以取得良好的社会效果。其次将劳务纠纷、宅基地和相邻关系纠纷以及合伙协议纠纷列入调解前置程序，主要是因为这些纠纷关系到当事人最基本的生活秩序和生活环境，如果以调解方式化解矛盾，便于当事人在未来的合作与生活中和睦相处，符合"和为贵"的民族传统。再次，将交通事故和工伤事故引起的权利义务关系明确的损害赔偿纠纷列入调解前置程序，主要是为了使受害一方的当事人能尽快获得赔偿。[1]

除却前述六类案件，据笔者观察，对于一些特殊的案件，比如非常敏感（比如拆迁、征地补偿）的案件、人情案件法官都倾向于采用调解的方法。

"熟人社会"[2]系早年由费孝通先生提出，但在改革开放以后，特别经济全球化之后，有论者称熟人社会不再，现在已是半熟人社会[3]或者陌生人社会。贺海仁先生提出了一种新熟人社会的观点，"……多年的律师实践，在实际参与或观察到的纠纷中，我经常为这样一个现象所困惑，即大多数纠纷总是发生在熟人之间。出现在法庭上的原告们和被告们大多是熟人或者'过去是朋友'。婚姻、继承、分家析产等家庭纠纷自然不在话下，邻里不和、民间借贷、小打小闹的伤害等案件也通常发生在熟人之间，具有贸易性质的契约关系当事人在诉讼之前也往往呈现出熟人关系的性质。发生在纯粹的陌生人之间的案件虽然存在，其数量也在增长，但并没有在诉讼案件中成为多数……诉讼在无意间也都成为'撕破了脸皮的'重要事件。"[4]传统意义上的熟人社会的确在瓦解，但取而代之的不是扩大的陌生人社会，而是新的熟人社会。新的熟人社会既包含了传统熟人社会的某些因素（通过血缘、亲缘和友爱等因素建构的社会关系依然是人们极力要维护的对象），同时有通过现代社会分工的力量扩展了传统的熟人社会。从描述意义上讲，新的熟人社会表达了一种现代社会的日常经验和行为惯例，这意味着人们总是一直生活在

---

〔1〕 "方便当事人诉讼，快捷解决纠纷：最高人民法院副院长黄松有就《关于适用简易程序审理民事案件的若干规定》答记者问"，载 http://www.chinacourt.org/public/detail.php? id = 81483.

〔2〕 参见费孝通：《乡土中国·生育制度》，北京大学出版社 1998 年版；瞿同祖：《中国法律与中国社会》，中华书局 2003 年版。

〔3〕 贺雪峰：《新乡土中国：转型期乡村社会调查笔记》，广西师范大学出版社 2003 年版。

〔4〕 贺海仁：《无讼的世界：和解理性与新熟人社会》，北京大学出版社 2009 年版，序言。

熟人社会当中。但新的熟人社会也是被构建起来的流动的熟人社会。贺先生所指的新熟人社会包括四个方面：（1）以血缘关系为纽带的家庭、以情爱为中心的关系团体依然存在；（2）职业团体中的熟人现象，如工作单位；（3）非职业团体中的熟人现象，如各样的俱乐部、协会；（4）因长期的经济协作和利益交换而形成的熟人现象。[1]

适合于调解的相对特定、固定的案件，以及与之相适应的"环境"，这都为法官的调解提供了最佳环境。

（三）法律对调解的倾向性偏好

除却前文业已提及的法律对调解的倾向性、偏好性规定外，尚有如下的一些规定，亦能说明我国法律对于调解的重视。下面主要以诉讼费用的收缴和审限的扣除为例说明。

1. 诉讼费用减半收取的"优惠"。2007 年 4 月 1 日起施行的《诉讼费用交纳办法》第 15 条规定："以调解方式结案或者当事人申请撤诉的，减半交纳案件受理费"。而这是"判决"所没有的"待遇"，对当事人而言，至少在诉讼的成本上可以省去一半的案件受理费。同法第 16 条还规定，适用简易程序审理的案件减半交纳案件受理费。众所周知，基层人民法院在审理案件多适用简易程序，而简易程序又多以调解结案，这还是法律对调解的一种变相鼓励。总之，通过调解结案，当事人至少能在经济上得到一定的实惠。

2. 审限[2]的扣除与变相延长。迟来的正义非正义，过分的诉讼拖延必然成为"诉累"。我国法律对审限做了明确规定[3]，以防止人民法院及其法官在审限上的不必要拖延，也将是否超过审限作为对法官和法院考核的一项指标。但问题是，就算是法官都完全依法办事，也完全兢兢业业，并不能保证所有的案件都能在审限内及时结案。对于这些极难在审限内了结的案件，审限的压力就很大。

---

〔1〕 贺海仁：《无讼的世界：和解理性与新熟人社会》，北京大学出版社 2009 年版，序言，第 120~126 页。

〔2〕 关于审限之细致论述，参见王亚新："我国民事诉讼立法上的审限问题及修改之必要"，载《人民司法》2005 年第 1 期。

〔3〕 最高人民法院发布的有关审限的司法解释主要有《最高人民法院关于适用〈中华人民共和国民事诉讼法〉若干问题的意见》、《最高人民法院关于严格执行案件审理期限制度的若干规定》、《最高人民法院案件审限惯例规定》等。

为理顺复杂的各样期限，规制不断出现的新情况，最高人民法院关于审限方面出台了一系列规定。细致考察这些规定，法律一方面对"判决"规定了"苛刻"的审限，另一方面又对"调解"做了留有"回旋余地"的偏向性规定：要么扣除调解的时间，要么延长调解的时间。[1] 如（1）《最高人民法院关于民事调解工作若干问题规定》（以下简称《调解规定》）第6条规定："在答辩期满前，人民法院对案件进行调解，适用普通程序的案件在当事人同意调解之日起15天内，适用简易程序的案件在当事人同意调解之日起7天内未达成调解协议的，经各方当事人同意可以继续调解，延长的调解期限不计入审限"；（2）在确定"继续调解的期限"上，2007年3月7日发布的《最高人民法院关于进一步发挥诉讼调解在构建社会主义和谐社会中积极作用的若干意见》在第13条做了更便于审判实际操作的规定。"当事人愿意进行调解，但审理期限即将届满的，可以由当事人协商确定继续调解的期限。经人民法院审查同意后，由办案法官记录在卷。案件有达成调解协议的可能，当事人不能就继续调解的期限达成一致的，经本院院长批准，可以合理地延长调解期限。"

法官在审限上的另一压力来自法院受案数的绝对增大。对于审判人员来说，一方面过多的案件使审判人员疲于对付；另一方面，又得时刻担心案件超过审限。以简易程序为例，3个月的审限，对于当事人而言是一个不算短的时间；但对法官来说如果要走完正常的开庭程序、写出有理有据的判决书和各样报告，就成了比较短的时间。但如果案件能够顺利以调解结案的话，则会是相对短的一个时间，尽管法官可能要做不少当事人的"工作"，但与判决比起来就好了很多，这既保证了纠纷解决的质量，也省去了撰写判决书的复杂过程。[2]

3. 多样的调解方式：协助调解与委托调解。我国《民事诉讼法》第95条规定，人民法院进行调解，可以邀请有关单位和个人协助。《调解规定》第3条规定："根据民事诉讼法第八十七条的规定，人民法院可以邀请与当事人有特定关系或者与案件有一定联系的企业事业单位、社会团体或者其他组织，

---

[1] 参见《江苏省高级人民法院关于规范民事案件和解和调解扣除审限制度若干问题的意见》。

[2] 绝大多数的调解书都非常简单，法律也规定调解书可以简写。如《最高人民法院关于适用简易程序审理民事案件的若干规定》第32条的规定。

和具有专门知识、特定社会经验、与当事人有特定关系并有利于促成调解的个人协助调解工作。经各方当事人同意，人民法院可以委托前款规定的单位或者个人对案件进行调解，达成调解协议后，人民法院应当依法予以确认。"依权威解析，该条充分体现了调解开放性的原则，这里主要是指调解主体的开放性，本条规定的精神是倡导各级法院认真执行《民事诉讼法》第95条的规定，转变调解观念，充分发挥社会力量的优势，尽可能促成当事人之间达成调解协议。[1]

尽管我国并没有制定单独的调解法，调解程序亦非民事诉讼的必经程序，但却是民事诉讼的经常程序。将调解和诉讼两种不同的纠纷解决模式进行比较，从中可以发现，固然由于调解的特点，而有吸收具有"专门知识"、"特定社会经验"、"与当事人有特定关系"的人参与调解的必要，但是如果同诉讼相比，这些"外人"不仅仅只是加入，他们可以直接或间接决定案件裁判的结果。诉讼中尽管也可以有人民陪审员参加，也可以邀请专家辅助人[2]参加，但无论如何，人民陪审员及专家辅助人对裁判结果的影响并不如协助调解人、委托调解人作用大，在裁判结果的达成上，陪审员[3]等的意见仅有参考意义。

　　4. 调解协议生效的特殊方式。调解协议如何发生法律效力，《调解规定》第13条的规定，"当事人各方同意在调解协议上签名或者盖章后生效，经人民法院审查确认后，应当记入笔录或者将协议附卷，并由当事人、审判人员、书记员签名或者盖章后即具有法律效力。当事人请求制作调解书的，人民法院应当制作调解书送交当事人。当事人拒收调解书的，不影响调解协议的效力。一方不履行调解协议的，另一方可以持调解书向人民法院申请执行。"尽管法律规定了调解书生效的前提——当事人的同意，但是据笔者的观察，法官并不去征求当事人的意见，而是直接告知当事人核对调解笔录（含调解协

---

　　〔1〕　参见《最高人民法院民事调解工作司法解释的理解与适用》，人民法院出版社 2004 年版，第 47 页。

　　〔2〕《最高人民法院关于民事诉讼证据的若干规定》第 61 条规定，当事人可以向人民法院申请由一至二名具有专门知识的人员出庭就案件的专门性问题进行说明。

　　〔3〕《民事诉讼法》第 39 条第 3 款规定，陪审员在执行陪审职务时，与审判员有同等的权利义务。但在绝大多数案件中，其象征意义大于实际意义，即其很少参与或者根本不参与案件的评议，自然在案件结果的最后确定生成上，陪审员是隐去的。与此相反的是，在 X 法庭 Z 法官讲到，陪审员有时候会依其身份，造成司法腐败。

议[1]）签字，协议生效。X 巡回法庭受理的某离婚案，即以此方式结案。第二日，一方当事人前来查看当日的调解笔录，埋怨法官没有告知清楚自己签字的后果，让其多付出几万住房补偿款。

《简易程序规定》第15条规定，调解达成协议并经审判人员审核后，双方当事人同意该调解协议经双方当事人签名和捺印之日起发生法律效力的，在签字捺印后即生效。对于判决之生效，我国《民事诉讼法》在第155条对此作了严格规定：最高人民法院的判决、裁定，以及依法不准上诉或者超过上诉期没有上诉的判决、裁定，是发生法律效力的判决、裁定。可见调解协议的生效与法院判决、裁定的生效有很大不同，前者有一种类似于二审法院判决的效果，作出（签字捺印）即生效[2]。尽管前述《简易程序规定》第15条是关于简易程序的规定，似乎调解协议的这种签字即告生效的方式只适用于简易程序，但是《调解规定》第13条却是普遍性的规定，亦即这种调解协议的生效方式同样适用于普通程序。

仅就以上关于"判决"与"调解"之对比，即可窥见我国法律对调解之鼓励与偏好。略作延伸，我国法律禁止在诉讼中法官单方面接触当事人[3]；而

---

[1] 之所以使用"调解笔录（含调解协议）"这样的表达方式，在于笔者不清楚其他基层法院是如何处理文中论及之程序的。在 X 巡回法庭和 N 法院，普遍的做法是如果当事人双方能够在法官的主持下达成调解协议，该协议将直接记在调解笔录里，不再单独制作调解协议书，法院最终送达给当事人的是依据该笔录中的协议内容制作的调解书。

调解书并不是法律规定的需要当事人向法院申请，而是法院主动送达给当事人。如果很顺利的话，法官会趁热打铁，在非常短的时间内——或一两小时、或半日，最长不超过一个礼拜都会给当事人送达。在法官看来，调解协议的达成，并不代表最终案件的结束，只有在调解书向当事人送达后，该案才算结束。

[2] 二审判决之生效时间，较为复杂，有作出即生效说，有宣判即生效说，有送达生效说，本文采作出生效说。

[3] 如《最高人民法院关于审判人员严格执行回避制度的若干规定》第2条第1款第（一）项之规定，"未经批准，私下会见本案一方当事人及其代理人、辩护人的"，当事人可以依照《民事诉讼法》第200条第1款第（八）项的规定提起再审；二审法院应《民事诉讼法》第170条第1款第（四）、《民诉意见》第181条第1款第（一）项之规定裁定撤销原判，发回重审。

《中华人民共和国法官职业道德基本准则》第8条规定，法官在审判活动中，不得私自单独会见一方当事人及其代理人。显然上述法律规范中所指"会见"应作广义解释，而不能做狭义的字面解释，这里的会见可以理解为一切形式的单方接触。

在同样是当事人合意选择解决纠纷的方式——仲裁中，有着更加严格的规定。根据《仲裁法》第34、38条的规定，仲裁员私自会见一方当事人的，情节严重的，除依法承担法律责任，仲裁委员会应当将其除名。

对于调解，法律也没有明确规定法官可以单方面接触当事人，但法律至少是默认的，作为一种经验与技巧实践的"背对背"或"背对背"式的调解便是明例。"背对背"的调解是相对于"面对面"的调解而言的，是指法官分别对当事人做工作，是"面对面"方式仍然存在差距的情况下所采取的调解方式[1]。据笔者在 X 巡回法庭和 N 法院的观察，这种方式一般在当事人双方对某一问题，比如离婚案件中子女的抚养权、探视权，争议较大，且关系又比较紧张无法沟通，但有希望能够沟通时法官所采用的一种调解策略。一般而言，通过这一程序，法官会评估最终达成协议的可能性，这也是其作出中和意见的一个重要参照系。常说的调解时机的把握、僵局的破解也正是在这个时候。从积极的层面讲，通过这一方式，法官和当事人都可以在一定程度上敞开心扉，充分阐述自己的观点，进而迅速缩短法官和当事人之间的距离。这一过程中，法官可以指出当事人所提出的调解方案上的一些不切实际的要求，摆明利害，指出一个较为合理的方案。背对背的形式是多样的，既可以直接在庭审阶段运用，也可以由法官事先通过谈话、信函、电话等方式来分别征求当事人的意见，并反馈对方当事人的意见，进而提出自己的看法和意见，并促成双方当事人达成一致意见。[2]

（四）年度考核的"发条"：调撤率的重要

法院的考评主要包括上级法院对下级法院的考评和法院对全院干警的考核，无论是 N 法院还是 X 法庭，还是 F 法院，考核都是全院年末的大事。考核的程序非常复杂，要求也很高。以 F 法院为例，其上级法院 Y 中院转发了《S 省（Y 市所在省）高级人民法院关于全省中级法院绩效考评办法（试行）》，文件指出："各个基层法院党组要高度重视，认真组织学习，也要成立相应的组织机构，围绕本办法及时调整工作计划，且将本办法规定的项目分解到各部门，完成和超额完成本年度各项目标任务，确保全市两级法院的考核排名不低于全省（Y 市所在的 S 省共辖 12 个地级市、2 个自治州，86 个县（市、区））前五名。"F 法院开展此项工作大概是在 2010 年 12 月初，而结束已是 2011 年 1 月下旬。

具体的考核指标很多，其中很重要的一项为调撤率。从某种意义上讲，

---

〔1〕　吴庆宝等主编：《民事裁判标准规范》，人民法院出版社 2008 年版，第 31 页。
〔2〕　吴庆宝等主编：《民事裁判标准规范》，人民法院出版社 2008 年版，第 31 页。

无论怎样强调调撤率都不为过，达到的一定调撤率，近似于完成一项重要的政治任务。对于 F 区法院来说，其政治意义就更浓了，一则该法院的所在地是著名的"马锡五审判方式"的发源地，所以 F 法院的调撤率必须是高标准的；同时 F 区法院还是"天子脚下"（Y 市中院在 F 区）的法院，由此它还要做好其他兄弟法院（Y 市辖 7 县 1 区）的模范工作。然而对于 F 区法院而言，最大的问题就是调撤率可能不达标。F 区法院每年办理约 2000 件民事案件，这相对于那些收案数比较小的法院来说，要达到既定的调撤率目标就很困难。一方面，对于很多案件其调解的难度很大，当事人不是拒绝调解就是阻碍调解；另一方面收案的基数太大，一两个调撤的案子，对全院的调撤率基本没有贡献。这后一点，在 Y 市的林区法院表现得就很明显，林区法院的案子很少，每年约 20 件左右，这样如果林区法院调解 20 件，那么调解率就接近于 100%。而 F 区法院如果调解 20 件，那么调解率就 1%，F 区法院只有调解 2000 件案件，才能达到 100%，而要调解 2000 件案子，这显然是不可能的。F 区法院的领导也抱怨这样的统计方法不科学，本院很"吃亏"。

对于业务庭的法官而言，调撤率是评估其工作表现的重要指标[1]。如果稍微放大一些调解中心主义的辐射效应，可以将调撤率看做整个考评的核心。案件如果能被调解或者撤诉，带来的不仅是法官顺利结案——没有上诉、很少上访，也意味着错案率[2]的降低。法官个人考核成绩的好坏，会间接影响到个人的晋升。基层法院法官的晋升并不容易，基本是一直在"等"和"熬"。[3]尽管由调撤率和其他指标组成的法官个人考核评价体系并不一定必然影响法官晋升，但是相对于"小心翼翼、自我抑制和职业上的溜须拍马"，调撤率的提高这些的"客观活计"还是法官个人努力所能达到的。所以在这样的一根指挥棒下，审判员们自然会选择调解结案。由此，调撤率便像法官工作钟表上的发条，而且是一直旋紧的发条。

收案数及结案率也是法官考核很重要的一个方面，几乎所有的法官出于

---

〔1〕 范愉：《纠纷解决的理论与实践》，清华大学出版社 2007 年版，第 424 页。

〔2〕 最高人民法院《人民法院审判人员违法审判责任追究办法（试行）》；另见"法院错案责任追究制度的法理思考"，载 http://news.9ask.cn/Article/tq/200708/58353.html。

〔3〕 在 F 区法院，一位法警队 L 副队长（50 多岁）对 F 区法院最近的一次干部调整非常不满，觉得自己该"升"了。在 L 队长看来，他在 F 法院就等于是一个"寒窑事件"（取秦腔《五典坡》，王宝钏苦守寒窑 18 年），他是有审判资格的，是能够"升堂问案"的；N 区法院的 L 法官显然也对自己目前在年轻庭长、副庭长领导下的工作很不满，论条件和资历，他不该只是一个普通的审判员。

效率（任务）的考虑，都会同时交替办理很多件案件，以完成既定的任务量。这种滚动交替办案的模式，使得法官可以在甲案件被告人答辩的间隙开庭审理乙案件，在乙案件当事人庭外和解的空隙撰写丙案件的文书。这种模式可以让法官较为自由地管理和安排自己所审理的案件，这一模式不但大大提高了法官的办案效率，也能保证法官在审限内"报结"。设若某法官月需结 10 件案件，除去节假日、各种学习及其他时间花费，大概须每两日办结一件案件。而以"判决"结案，无论是 6 个月的普通审还是 3 个月的简易审，显然都很难达到这一要求。相反，调解就会有很大的不一样——法官在收案后，大致阅读过诉状后，很有可能在送达答辩状期间就已经调解结案了。[1]

（五）中国特色的法院工作方法："做工作"

在我国，政府、工商局、税务局等都可以被称作"单位"，"单位"这一术语在我国具有着特殊的含义。

"1949 年以后……一种党政军一体化的序列化结构和单位体制在中国建立起来。所谓单位，指的是建立在劳动分工关系基础上的经济社会运作的组织体。当公有制作为这个国家的深层制度化结构被确立起来后，国家通过控制一切资源、机会、信息，把它分配给每一个单位，而控制了每一个单位；单位又通过控制资源、机会、信息，把它分配给每一个人，而控制了每一个人。个人和单位由于分别是单位和国家政体的组成部分，而失去了独立性；单位则又因其成为权力体系和党政机关的附属物，而弱化了自身的专门功能，强化了政治功能和社会保障功能"。[2]

而法院也是单位，工作于其中的干警就是它的职工。职工就要服从安排，要完成交办的任务[3]。这些干警中的一线工作人员——那些有审判任务的各业

---

〔1〕　法律允许在开庭前进行调解。《最高人民法院关于人民法院民事调解工作若干问题的规定》第 1 条规定：人民法院对受理的第一审、第二审和再审民事案件，可以在答辩期满后裁判作出前进行调解。在征得当事人各方同意后，人民法院可以在答辩期满前进行调解。

〔2〕　李楯：《法律、司法制度与法律社会学》，社会科学文献出版社 2007 年版，第 187～192 页。关于"单位"的另一经典研究，参见李猛等："单位：制度化组织的内部机制"，载谢立中主编：《结构－制度分析，还是过程－事件分析?》，社会科学文献出版社 2010 年版，第 23～61 页。

〔3〕　张千帆教授曾经把这一制度下的法官形象地比喻成一个官僚系统里的办事员，他的决策要经过一个权力金字塔里各层的批准才能产生法律效力。Zhang Qianfan, "The People's Court in Transition: The Prospects of the Chinese Judicial Reform", Vol. 12 *Journal of Contemporary China* 69～101 (2003).

务庭审判员，他们的工作主要是审理案件。审理案件，就是在完成工作任务。如何才能妥善解决纠纷，前辈的经验教训、思维的惯性直觉都会告诉他，调解才是最为稳妥的"一劳永逸"的好方法。调解，在一定程度上又会简化为一个具有特殊意义的语词——"做工作"。"做工作"差不多是"背对背"调解的必经环节，这既包括法官对当事人"做工作"，也包括了其他人对当事人的"思想工作"。总之，最终的"工作"都是要达成某种理解和配合，并能使当事人之间的矛盾能够化解。在笔者看来，"做工作"就是一种目的性极强的说服。

一如"背对背"的调解，"做工作"这种解决纠纷的特殊方法是法律没有规定的，是要法官自己"灵活"掌握的。由此，"做工作"的范围就不一定必然地限定在法律的范围之内，只要合法、只要能够最终化解当事人的矛盾便能被默认采用。这里可能甚至是一些灰色地带，但语词在含义和理解上的无限弹性和丰富可能性，包涵、吸收了"做工作"过程中的种种内容。由此便能看到，一方面法官出于对调撤率、纠纷和谐解决的追求，"做工作"的方法成了其最有效的选择；另一方面，作为单位存在的法院对其干部（法官）一再强调"要多做当事人思想工作"，这也使法官倾向于选择调解。

（六）基于法官自身的考量：个人素质

1. 法官对基层纠纷的理解及对待调解的态度。一个无容忽视的现象是，基层法院的法官差不多都土生土长于此，偶尔外来的法官，也在经年的基层地方性生活中被同化了。他们早已和当地的生活融为一体了，他们对当地的生活也十分熟悉，自然基于本地生活而生发的纠纷，法官也能明晓当事人希望的处理结果和所能接受的纠纷解决过程。也就是说，共同的生活"小环境"，使得解纷的过程[1]显示出一些不同于法律文本规定的特点，比如对"地方性知识"的普遍承认，由此，这一过程中往往存在一些不说自明的内

---

〔1〕 在笔者的论述中，很少使用"程序"，而主要是使用"过程"这一表达，在于二者有本质上的不同。基层司法也普遍使用"法律程序"这一表达，但自己看来，大多数情景下，这些"程序"强调的主要是一种时间意义上的自然经过，而不包括"法律程序"意义上的一些必然因素。亦即，这里的程序，至多就是"程序"与"过程"范畴之间的一个值，其严格于"过程"，宽松于"程序"。很明显的一个例证即为基层法院在程序上的反复与不确定，而这却是法律程序所反对的。比如《最高人民法院关于民事诉讼证据的若干规定》（以下简称《证据规定》）规定有举证期限。但至少在笔者所观察的三个基层法院，这一条文是肯定没有适用的。套用时髦的话，采信不采信、举证时限超过没超过，证据都"客观"存在着，只要在判决作出前提交，都是可以的，这显然是无法满足"法律程序"之"德"的。参见［美］富勒：《法律的道德性》，郑戈译，商务印书馆2005年版；孙笑侠：《程序的法理》，商务印书馆2005年版。

容。以调解为例，这一过程可以化约为内涵极其模糊又相当丰富的"理解"（一种对异见的包容与接受。笔者要强调的不是 Comprehension，而是 Acceptance，后者更加强调法官与当事人及他们相互之间的"感同身受"）。[1]

法官对裁判结果性质的定位可能多少有异于法律的期望。在法官看来，最后的裁判结果，只是法院给当事人的一个"说法"[2]，仅此而已，只不过是这个结果有国家强制力来保障实施罢了。同其他的纠纷解决途径一样，法院的裁判并不总是十全十美，有时候可能还会让双方当事人都非常失望。在法官看来，"套"法条（适用法律）的判决是呆板的，并不能考虑实际的真实情况，而调解可能会更加符合当事人的心理预期[3]。另者，调解的结果在当事人达成调解协议的时候就已经知道；而判决的结果，需要读过很漫长的评议阶段才能最后知晓。[4]

---

〔1〕 "理解"是基层法院庭审中经常出现的一个语词，法官希望当事人能够"理解"他们，反之亦然。"理解"的内涵极其丰富，在调解的场景意味着当事人一方是"需要"让步的和妥协的，而对另一方而言，这种让步和妥协是可以接受的；而对于法院，当事人这一做法是"配合"的，法院也是很为难的，法院也希望能够同时满足当事人双方的请求。如在赔偿案件中，原告请求 10 万，最后在被告"理解"原告的损失"惨重"，原告"理解"被告的难处，并且双方都"理解"法院，最终达成被告赔偿原告 6 万元协议。这种当事人和法官之间心照不宣的一些"共感"似乎也可看做是基层司法的一个特点。

〔2〕 N 法院的 G 副庭长这样告诉笔者。

〔3〕 最明显的例子就是人身损害赔偿里关于交通费、误工费的赔偿数额的认定。根据法律规定而作的认定，当事人估计无法接受。《最高人民法院关于审理人身损害赔偿案件适用法律若干问题的解释》第 22 条规定，交通费根据受害人及其必要的陪护人员因就医或者转院治疗实际发生的费用计算。交通费应当以正式票据为凭；有关凭据应当与就医地点、时间、人数、次数相符合。比如在交通事故中，为及时抢救受害人，在城镇，受害人家属基本会包车或搭乘出租车，但是法院在裁判时，对于包车的费用，一般不会支持。而当事人认为这的确是实际支出，法官也会明白这点，但是囿于法律的规定，包车的费用不会被支持，至多就是事故发生地往返于医疗机构之间的公共交通费用。而这二者之间的差额极大。

另一个例子是，《证据规定》中规定的证据失权效果，基本无法实现，法官也并不会以当事人超过举证期限而提供证据而不予以质证与认证；在某些情况下，当事人一方坚决认为有某一事实，但就是没有证据。此时，当事人很可能会采取"赌咒发誓"的方式，而不是以"证据"这种法律认可的方式来证明事实的存在。然而，作为当地的法官，却不可以无视这种"赌咒发誓"的行为。在 F 法院，某人身伤害赔偿案中，原告（70 多岁老人）发誓自己的手指是被被告铲断的，是被告挑衅在先，他的防卫在后。而被告的答辩却是原告率其子女追入其家，破门而入，情急之下，迫于自卫，他抢出自己的铁锹自保，当时失去了意识，什么都不知道。而原告再次强调，对 70 多岁的老人，他不会说半句谎话，若有假话，自己便如何不得好死。

〔4〕 在三家基层法院，笔者都不同程度地听到法官这样的描述："有的案子放一放，纠纷就解决了。"在此，法院正好提供了这样一个时间空间。

2. 法官的职业认同。在我国的法律语境下，缺少对法律人职业伦理[1]的强调，而代之以个人的自律及自我觉醒。职业伦理被简单定义为职业的清廉，司法腐败固然是职业伦理的一个层面，但其还有更为广阔的内容，比如职业的认同。很难想像一个对自己的职业充满牢骚与不满，当一天和尚撞一天钟的法官对自己的职业能充满热情、不断进取，发挥自己的智慧。对于调解亦然，缺乏职业认同感的法官自然会将包括调解在内的任何司法行为都简单随意处置。

3. 法官的个人素质：经验、态度/策略（情理法[2]的运用）。法院的法官有经院派和实践派两分。实践派的法官更重视对调解的运用，N 法院的 L 法官属于典型的实践派法官，他自己办案的标准就是做到对得起"良心"，他觉得调解会更符合多年执业中形成的"感觉"。一般而言，由年长、社会阅历丰富的法官主持的调解，普遍效果较好，当事人也很愿意接受和认可调解的结果。除此之外，调解还与法官的性格特点有很大的关系，很难想像一个性格极其暴躁的法官能有多大的耐心去认真调解一起案子。限于篇幅，本章不再做论述。

（七）调解同判决效果的比较

1. 判决与调解效果的比较。调解的良好效果会激起法官在调解上的积极性和热情。"基层司法的最终效果只有在能够维持原有的社会关系并且有助于对未来的关系的维续甚至改善时，才是符合基层司法中的当事人对司法功能想像和期待的。"[3] 在一些案件，比如家事案件中，棱角分明的法院判决可能不但没有解决问题，反倒会带来新的麻烦。无论是在 X 法庭还是 N 法院，法官们在处理离婚案件的时候，都告诉过笔者，这个案子不能说判了就判了，还要考虑"他们"以后的生活，这些精神在结案时制作的调解书中体现得非常明显。在笔者所见到的离婚调解书中，事实和理由都阐述得极其简单，大致为"某某与某某，某年认识，婚后感情尚可，但由于双方性格不合或婚前了解不多，致使婚后夫妻感情不好，经常因家庭琐事发生争吵，现某某诉至法院，请求离婚，某某亦同意/不同意离婚，本院认为双方婚姻感情确已破

---

〔1〕 参见［英］Richaid O'Dair：《法律伦理教程》，朱力宇、袁钢编注，中国人民大学出版社2007年版。

〔2〕 参见刘馨珺：《明镜高悬：南宋县衙的狱讼》，北京大学出版社2007年版。

〔3〕 武红羽：《司法调解的生产过程》，法律出版社2010年版，第87页。

裂，准予离婚或夫妻之间应以家庭为重、相互尊重云云，本院对某某要求离婚的诉讼请求不予支持"。若调离，会附有其他如子女、财产等事项。而如此千篇一律的调解书，也鲜有当事人要求在该调解书中补充清楚他们千奇百怪的各样离婚理由。笔者并不认为这是当事人权利意识的淡薄和法官的懒惰，也不认为依照法律的规定调解书的事实理由可以简写。最主要的是，如法官们所言，当事人一段婚姻结束，并不是其所有生活的结束，他们还要开始新的生活（婚姻），有可能他们还会复婚。而将这些千奇百怪的离婚理由写入调解书，对当事人并没有什么好处，相反有可能影响他们以后的生活。这一超出裁判本身的"多余"考量，显然是以形式性及普适性为标准的"判决"所无法考虑的，实质上也是其不应该考虑的。但是在"调解"这一裁判技术下，裁判者既可以充分搜索纠纷发生的过去、现在，也可以对纠纷解决后的未来做力所能及的估量，这种估量，甚至超出了当事人的预想。这样的一种父亲对子女关怀式的裁判方法，绝对是棱角分明的"判决"所达不到的，而这在"调解"的语境下却可以是一种经常行为。

2. 执行难度的考量[1]。如果讲求效果，讲求纠纷解决，特别是以后的执行难度（这个也是算在绩效里的，进入执行程序的案子的数量），都会影响法官的判断。[2]以下以 N 法院受理的王某诉何某民间借贷一案来说明执行是如何影响法官的调解选择的。

> 被告何某曾借原告王某 6 万元用于做生意，由何某之妹做"担保"（何某之妹与王某熟识，皆系某市出租车司机，也是老乡，也住在同一个小区的院子里）。本案唯一的证据为，何某在一张广告纸的背面写给王某的借条一张，上有何某之妹的签名，并在签名前列明"保证人"字样。庭审中，主审法官

---

〔1〕　一般而言，审判庭的法官可以不关心执行，只要能够结案即可。但出于本院审判质量和执行率的考虑，法院都会在内部的审判工作会议上特别强调业务庭在裁判时要注意执行的问题。F 区的审委会成员中，就有该院执行局的 W 局长，每次在谈约在审委会中讨论的案子时，该委员都会分析该案在执行中有可能遇到的难度，其他委员也一般会充分考量该委员的意见。例如，F 法院在其内部的一份审判指导意见中，明确要求民庭法官在裁判有关抚养费时，尽量让当事人一次性付清，而尽量不要以月/季度等时间段而分期履行，已绝日后执行之患。

调解是否一定比判决更容易执行，尚有待进一步的数据验证。但有一点是明确的，法官在调解时，肯定都会考虑到案件的执行，也往往以保证能执行的效果来说服一方当事人作出让步。

〔2〕　参见唐应茂：《法院执行为什么难：转型国家中的政府、市场与法院》，北京大学出版社 2009 年版。

多次通知其出庭应诉，被告均已生意繁忙为由，一直未出庭。另据原告与被告之妹称，被告生意赔本，资金困难。

　　在 N 法院的 G 法官看来，被告的还款能力很差，最主要的就是如何让被告尽快还钱。由此，案子要尽量以调解结案，如果判决，很有可能因找不到被告而无法执行。由于被告一直未到庭，法官在与被告电话联系的同时，主要一直通过被告之妹来"传话"——来给被告做工作，让被告尽快筹款。审理过程中，法官也一直给被告之妹施加压力，讲明如果其兄不能还款，将由保证人来承担还款责任等严重后果。调解过程中，法院依原告的申请，作出了财产保全的裁定，扣押了被告妹夫的在某车行的一辆营运出租车。该裁定显然有问题，法官也承认这一程序存在错误，但法官解释说完全是为了能够让被告及时还款，不得已而为之。[1] 法官很清楚，被告真的不还钱，法院的生效裁判文书将没有办法执行，由此，法院也将错就错，一再给保证人讲明被告不还款的后果，在这个案子中，法官发挥了非常积极的作用，最终的还款方案基本是法官一人所定，经商量原告，法官希望被告能在 15 日内分三次还清借款。[2] 对于三位基本没有法律知识的当事人，法官在大致听清了当事人的各自陈述后，作了一份调解笔录，并让当事人签字确认。[3] 好在这个案子中，被告在 15 日还清了所有的借款。可见裁判的效果，特别是最后的执行，对法官是否选择影响也很大。

---

　　[1] 在这里完全是法官"欺骗"了当事人。一方面，当事人对于财产保全的范围并不是很清楚；另一方面，绝大多数的当事人对待法院和法官还是非常配合，或者说他们还是认为法院是有权力的。该案中，法院先是去了原告申请的欲保全的出租车车行，发现车主并非被告、亦非保人，而系保证人之夫，但是法官还是觉得有必要冒险，这样至少可以起到一定的威慑作用。在后来的程序中，法官一再对被告之妹讲，"让你哥赶快还钱，这样我们就给你们下裁定（解除财产保全的裁定），你们就可以跑车了（营运出租车）"等等。

　　[2] 案子中，原告并不太愿意被告在半月内分三次还清，而是希望一次当庭付清，最后基本是在法官的"强迫"下在调解协议上签了字，对于原告的不情愿，法官在背对背的调解中，批评原告"不懂事"。

　　[3] 前已提及，被告在庭审与调解中并没有出现，一直都是法官的电话遥控。由于被告的缺席，诉讼程序几乎停止。但法官还是通过对被告的遥控，"征求"其调解的意见，并将调解的协议"写在"笔录里（此处涉及法院的笔录记录技术）。在被告最后出现前，制作后调解书，待送达时让其一并补签前面早已达成的调解协议上的被告签名。当然对于这一被告缺席的调解协议，还是很担心，毕竟这是违法的。为了避免可能发生的问题，法官一面督促被告尽快还款，一方面叮嘱原告出去"不要乱说"，也委婉告诉被告，这是对他的"理解"和"照顾"，希望他能够"配合"法院的工作。

（八）棘手案件（Hard Case）之处理："去法"还是"超法"

此处，Hard Case 取自德沃金之《法律帝国》[1]。对于 Hard case 的理解，中文并不统一，在这里，笔者倾向于做"棘手案件"[2]解，在范围上既包括"难案"、"疑案"，也包括"人情案"。特别要强调的是，这里不涉及对法律漏洞的填补[3]。依基层司法的普遍做法，在此一情况下，法院一般会在立案之际，自动过滤这些案件而不予受理，如果立了案也会想办法让当事人撤诉或驳回起诉。这里的"难案"主要是指那些司法无法解决但有需要司法解决的案件；"疑案"指事实无法查清，但有不能以证明责任分配理论进行解决的案件；"人情案"涉及对司法独立之干涉。

某种意义上，法院调解成了消解审判资源不足的案件处理手段。对于这些案件的处理仅靠法官的解释远为不足，更是功夫在法外，法官往往是穿越于法律之内外，以修补法律调整不及的细节，弥合法律整合不到的空隙，平衡法律关系不能涵盖的"关系"[4]。由此并不排除法官通过调解的方式部分回避、隐藏或者软化、遮盖问题的存在，即所谓的"打擦边球"[5]，亦有学人使用"协调"[6]来定义这一司法过程。在笔者看来，这一过程，法官经由调解在解决纠纷的同时，依然进入了另一领域，即其所实施的行为有"去法"、"超法"的嫌疑。"去法"即规避法律，"超法"即超越法律规定"造法"。无论是"去法"还是"超法"都是危险的。我国需要发展适合的 Hard Case 处理机制。

---

〔1〕　Ronald Dworkin, *Law's Empire*, Belknap Press of Harvard University Press, 1986.

〔2〕　於兴中：《法治与文明秩序》，中国政法大学出版社 2006 年版，第 135 页。

〔3〕　参见［德］卡尔·拉伦茨：《法学方法论》，陈爱娥译，商务印书馆 2004 年版；吴庆宝主编：《法律判断与裁判方法》，中国民主法制出版社 2009 年版；董皞：《司法解释论》，中国政法大学出版社 2007 年版；［英］蒂莫西·恩迪科特：《法律中的模糊性》，程朝阳译，北京大学出版社 2010 年版。

〔4〕　参见吴英姿："司法过程中的'协调'——一种功能分析的视角"，载《北大法律评论》第 9 卷第 2 辑，北京大学出版社 2008 年版。

〔5〕　陈统奎："'能动司法'夭折记"，载《南风窗》2010 年 9 月 3 日。

〔6〕　吴英姿指出："协调通常发生在……虽然可以使用调解，但案件的处理结果可能超越法律规定，或者法律对案件的处理无能无力的情形。换句话说，法官是在不得不采用调解手段处理案件，但有不能获得正式制度认可的情况下，出于避讳，转而使用'协调'一词来指代'调解'。这就是该词的来源。"参加吴英姿："司法过程中'协调'——一种功能分析的视角"，载《北大法律评论》第 9 卷第 2 辑，北京大学出版社 2008 年版。

## 四、结论

可得出两点结论：调解倾向性思维或者调解中心主义的思路，已然对基层法院解决纠纷的方式产生了重大影响。从中不难看出，其中的某些因素促进了法院调解的良性发展；但更应注意的是，这些因素中某些成分有可能将法院调解引向危机，带来法院在司法上的紧张。在这后一情形下法院调解蜕化成了一种为调解而调解的扭曲调解，这已与正式的立法产生了一定的冲突。

另一个结论是，基层法院法官采用调解作为其办案的最主要的方式，这是一个合力的过程。对其深层次的理解，需要从更广阔的背景来考量。尽管法院调解规定在法律的框架内，但其存在的基础与理论来源却不止于法律。由此带来的问题是，当事人想像中的应然"调解"与法官具体操作中的实然"调解"都没有完全依照法律的规定。这种背离，既反映了我国司法技术的粗糙不足，也暗含了对法官隐形裁量权制约上的困难。对于后者，这是一种随性个人英雄主义的体现，尚无法成为一种体系化的成熟司法技术。

前文曾提及，若不对这种调解模式进行必要之规制，则有可能造成法院调解的危机，并引致法院司法上的紧张。结合前述各项法院选择调解之动因，在笔者看来，这里涉及两方面的问题：是否存在对调解理念的绑架和对调解人主观自觉的过度自信。这两方面问题处理上的不当便有可能引发前述紧张，原因在于，如果对前述问题的回答是肯定的，那么在这里，调解已经偏离了自身的正常发展轨迹，已然在种种外力的挟裹下丧失了自主性，亦即，在有关调解话语权的争取上，调解当事人完全或大部分让位于了调解人。在这一情势下，法院调解的开始、发展、结束，甚至最终结论的确定，调解当事人都失语了，而变换成了调解人的"一厢"意志力。这是危险的，其中体现了强烈的法官中心主义，而失却了调解最重要的协商与妥协个性，成了一个近似于绝对的决定，即变向的判决。也就是说调解人担当了一个判决人的身份，用一个调解的程序作出了一个判决的结果。这本没有什么不妥，但是问题是，这里存有理念的差异，法律对判决的过程的作出有严格的诉讼程序和详细的证据规则来做保障，而调解则简单许多，这些并不是其强调的重点。

如前所述，调解已成为法院在解决纠纷上的第一考虑，形成了一种调解依赖，司法过程变成了以调解而展开的调解中心主义。在这种情况下，调解的过程正当性便有可能是要让位于调解结果的达成，调解人具有了获致"欲求"结果的潜在思考。这固然对于纠纷解决效率的提高有一定效果，但是在极端情况下，就极有可能牺牲调解当事人一方甚至双方利益的可能。而对于这种牺牲，完全超出了当事人的可妥协范围和底线，则会引发更大的问题。依照当下之制度，对于调解结案的案件，当事人并不能上诉，尽管当事人可以违背自愿合法原则而要求启动再审程序[1]，但此种情形下再审程序的启动是有困难的。制度内救济的失败，在当事人不能忍受时，对这种结果不满的发泄和救济便是制度外的极端解决，诸如上访、以"生命"作为抗争[2]的展示的自杀等。

---

〔1〕《民事诉讼法》第 201 条。

〔2〕 相关论述，参见汪庆华、应星编：《中国基层行政争议解决机制的经验研究》，上海三联书店 2010 年版；应星：《"气"与抗争政治》，社会科学文献出版社 2011 年版；于建嵘：《抗争性政治：中国政治社会学基本问题》，人民出版社 2010 年版。

# 第 21 章　"调判结合"的困境

—— 以民事审判结构理论为分析框架

## 一、问题与框架

自民事审判方式改革以来，法学界对调解形成了两种对立立场：一种立场以西方的法治理论为基础，以调解代表人治、传统、"重实体轻程序"而对之进行批判；另一种立场则从纠纷解决、西方 ADR 运动的勃兴、中国的文化传统与现实国情中寻求理论与事实支撑，对调解持一种谨慎的支持态度。

2007 年 3 月 7 日，最高人民法院颁布了《关于进一步发挥诉讼调解在构建社会主义和谐社会中积极作用的若干意见》（下称《意见》），将"能调则调，当判则判，调判结合，案结事了"作为民事审判工作的指导方针。这是自 2002 年调解开始步出低谷以来，司法政策对调解的一次里程碑式的重新定位，以此为标志，司法实践对调解的重视达到了一个新的高潮。官方态度的逐渐改变，使得如何妥当地对待调解已经成为法学界面临的一个尴尬问题，以至于有学者言之为"反复"。[1] 而当前的这一动向，持批判立场者认为是倒退，但除了立场坚定的学者开始了新一轮的批判之外，[2] 法学界似乎保持了一种相对的静默，恐怕对调解批判或支持之后又遭到新的否定。一句话，司法政策的反复让法学界"看不懂"。

因此，本章的首要问题就是，如何确当地认识司法政策的此次转型，进而准确地把握司法政策的脉动。这也是法学界首先必须解决的一个认识论问

---

〔1〕 例如，有学者在一篇盘点民事诉讼法学的文章中指出，"对于调解制度，法学界是存在反复的"，而"如何整合调解与判决的关系，如何重构调解制度，还需要作更深入研究"。陈桂明、侍东波："试论民事诉讼法学的进路"，载《中国法学》2007 年第 2 期。

〔2〕 例如，周永坤："论强制性调解对法治和公平的冲击"，载《法律科学》2007 年第 3 期；张卫平："诉讼调解：时下势态的分析与思考"，载《法学》2007 年第 5 期。

题。然而，问题的意义并不限于此，学者们批判的实质在于，认为当前的动向与建设社会主义法治国家的目标背道而驰，这一问题事关我国法治建设的前景与路径，因而如何妥当地对待此次转型具有深刻的价值内涵。

其次，在强调调解的同时，为什么还要强调判决，即为什么调判结合？这样的民事审判工作方针出台的真正原因或者真正用意为何？法学界在讨论司法政策的此次转型时，普遍将重心置于调解之上，而忽视了司法政策对判决的定位，这一疏漏可能导致分析的偏颇与视野的狭隘，不仅无法对调解的回头趋势作出客观的评价以及准确的界定，也无法全面把握调判结合出台的真正原因。

第三，虽然规定了调判结合，但为什么从制度到实践都走向了强化调解？调判结合是否面临某种困境，而导致司法实践中必然要走向强调调解弱化判决？这种困境与我国社会主义和谐社会和法治社会的建构有何关系？事实上，尽管调判结合是长期酝酿的选择，也有某种必然性，但该政策却始终处于某种尴尬的情境中，这正是深入理解调判结合的关键，而如何走出困境，却最终指向我国的社会主义现代化建设。

本章将主要运用"民事审判结构理论"作为基本的分析框架。"民事审判结构理论"以民事审判结构模型为核心，包括与之相关的司法体制结构模型，以及上述两个结构模型之间以及结构模型的诸要素之间的相互关系、结构的生成机制、结构变迁的原因/动力机制、结构变迁的规律等，是一组旨在解释并预测我国民事审判制度发展变迁的理论假说。[1] 该理论以司法实践中的"非正式开庭"现象与马锡五审判方式的联系为切入点，对自解放区以来到当前的民事审判方式的制度、结构及其变迁展开了经验性研究，认为我国的民事审理模式的基本结构大致有三次变迁，依次是建国后到文革的"马锡五审判方式 + '坐堂问案'"，文革后到审判方式改革之前的"马锡五审判方式 + 正式开庭"，审判方式改革之后的"非正式开庭 + 正式开庭"。据此，笔者提出了一个民事审判结构模型，即"马锡五审判方式 + 正式开庭"，该模型具有极强的张力，不仅可以整合从解放区到当前民事审判结构的变迁，甚至还可以从宏观上把握未来民事审判方式改革的发展方向以及民事审判结构的大致发展路径。简而言之，该模型认为我国的民事审判结构由两大部分构成，一方面是马锡五审判方式，这

---

〔1〕 关于该理论的初步建构，参见徐昕："民事诉讼中的'非正式开庭'"，载王亚新等：《法律程序运作的实证分析》，法律出版社 2005 年版，第 319~360 页。

代表了民事审判结构中非程序化、强调实体公正、注重调解、人民满意、司法为民、群众路线的一极；另一方面是正式开庭，这代表了民事审判结构中强调程序、注重判决、法官消极中立、规范庭审运作的一极。

在建构民事审判结构模型的同时，笔者发现该结构的变迁与国家的政治－法律政策的变迁存在某种内在关联，而国家的政策变迁以司法体制为中介要求司法作出相应回应，因此就司法体制也提出了一个结构模型，即"政治＋法律"的"政法型"司法体制，并以政治和法律作为决定司法体制结构及其变迁的变量。该模型的基本含意是，现行的司法体制不单纯是法律层面上的，而是由政治与法律两方面的因素构成的，政治与法律这两者在司法体制中的结构及变迁决定了司法体制的状况，而这又进一步决定了"马锡五审判方式＋正式开庭"的结构及变迁，包括两者强弱对比、构成状况、动态变迁等。"政法型"司法体制，构成了民事审判结构变迁的更高层面上的背景。例如，自20世纪80年代以来，"政法型"司法体制中政治色彩的渐弱与法律色彩的渐强，不仅使得司法的独立性和地位得到了提升，也决定了民事审判结构中非程序化的马锡五审判方式受到了抑制，而强调程序的正式开庭得到了长足发展；而自2002年以来，"政法型"司法体制中政治色彩有进一步加强的趋势，实践部门和学术界又开始改变对调解的态度。

通过对民事审判结构模型的分析，笔者还发现此模型中蕴含着结构性矛盾：马锡五审判方式强调了非程序化的一面，而正式开庭又强调了程序的一面，两者结合在一起显然会引发一系列的矛盾与紧张。例如，庭前的调查取证使得之后的正式庭审被"虚置"；规范的正式开庭在很大程度上使得法官不需要深入群众调查研究。而恰恰是结构性矛盾，才是促使民事审判结构不断发展变迁的内在动力（内因），并决定了民事审判结构变迁的基本走向，必然是一时偏向马锡五审判方式，一时又偏向正式开庭。至于何时转变，以及转变到何种程度，则由司法体制中政治与法律的变迁所决定。政治与法律之所以变迁，直接原因是党与国家的政治决策，深层原因则是为解决社会转型过程中所凸现的矛盾和问题。故从最终意义上分析，社会转型就是民事审判结构变迁的外因。而一旦民事审判结构形成，就有可能通过引导当事人的行为进而影响社会转型，即民事审判结构对社会转型又有一定的反作用，不过，当前这种反作用——可以说成是司法对社会的建构能力——实际上还相当不足。

## 二、调判结合：再度回归？

要对调判结合准确定性，首先就需要对调解在我国民事审判制度中的地位变迁进行梳理，然后再运用民事审判结构模型进行分析。

在新中国成立前的边区、解放区的民事审判中，由于马锡五审判方式的确立，这一时期民事审判的基本原则是"调解为主，审判为辅"。

新中国成立以后，我国民事审判工作继承和发扬了建国前人民司法工作的优良传统，仍然把调解作为审理民事案件的基本方法。

1963 年，最高人民法院召开了第一次全国民事审判工作会议，此次会议通过的《关于民事审判工作若干问题的意见（修正稿）》正式提出了"调查研究、就地解决、调解为主"的十二字方针。[1]

1964 年，最高人民法院根据党中央的直接指示，将民事审判的基本原则发展为"依靠群众、调查研究、调解为主、就地解决"的十六字方针。

文化大革命之后，全国民事审判工作逐步回到正轨，最高人民法院于 1978 年 12 月 18 日召开了第二次全国民事审判工作会议，在该会议上再次强调了"依靠群众、调查研究、就地解决、调解为主"的方针。

1982 年我国颁布了新中国成立后的第一部民事诉讼法，该法在总结了我国民事审判工作经验的基础上，对原来的"调解为主"有所改变，确立了"着重调解"的原则，即人民法院审理民事案件，应当着重调解。这一时期的基本方针是"依靠群众、调查研究、着重调解、就地办案"。

1991 年修订民事诉讼法时，对"着重调解"原则作了重大修改，确立了"自愿、合法调解"原则，即人民法院审理民事案件，应当根据自愿和合法的原则进行调解，并明确调解不成的应当及时判决。

上世纪 90 年代以来，法学界在强调程序公正的同时，对以调解为代表的

---

〔1〕　关于最高人民法院何时提出调解的十二字方针，笔者看到过至少三种版本：一是最高人民法院于 1956 年提出；二是毛泽东同志于 1958 年提出；三是最高人民法院在 1963 年提出。第一种版本，参见宋建立："法制下的调解与和谐社会"，载《法学杂志》2008 年第 2 期。作者为最高人民法院法官，但原始出处不明。第二种版本，参见李玲玲："法院调解的困境和出路"，载 http://article. china-lawinfo. com/article/user/article_ display. asp？ ArticleID = 1075. 此版本仍然没有官方的文献相佐证。第三种版本，参见张卫平：《转换的逻辑》，法律出版社 2004 年版，第 151 页。比较而言，第三种版本有明确的官方文献支持因而更为可信。

传统民事审判方式进行了深刻的批判与反思，以此为民事审判方式改革提供了理论支撑甚至改革方向，全国法院系统都在如火如荼地深入开展民事审判方式改革，逐步推行了一系列改革措施，如强化庭审，一步到庭，当庭宣判，强化判决，树立司法权威等等，而在司法实践中以及话语层面，调解日益被边缘化，并成为程序公正、法治建构的对立面。

2002 年，最高人民法院颁布了《关于审理涉及人民调解协议民事案件的若干规定》，司法部也制定了《人民调解工作若干规定》，虽然涉及的是人民调解，但很多敏感的法院又开始对调解重新重视。2004 年，最高人民法院颁布了《关于人民法院民事调解工作若干问题的规定》，整个法院系统从制度到话语又对调解开始了新一轮的鼓励和促进，成为民事审判方式改革以来法院宏观制度转型的先声。2005 年，最高人民法院院长肖扬在第十届全国人民代表大会第三次会议上作工作报告时正式提出了"能调则调，当判则判，调判结合，案结事了"的原则；最高人民法院 2005 年 11 月 2 日颁布的《法官行为规范》中也提及了这一要求；2006 年，党中央颁布了《中共中央关于进一步加强人民法院、人民检察院工作的决定》，从政治层面明确肯定了该要求；最高人民法院 2007 年 1 月 15 日颁布的《关于为构建社会主义和谐社会提供司法保障的若干意见》进一步重申了该原则；最高人民法院 2007 年 3 月 7 日颁布的《意见》，则将该原则上升为民事审判工作的指导方针。

通过了解调解在我国民事审判制度中六十余年来的变迁，人们的印象是，调解经历了一段长期的高潮，一段相对较短的低谷，目前正迎来一次新的高潮。如果对"调判结合"进行语词分析，当然不同于以前的"调解为主"或"着重调解"，而"能调则调，当判则判"则与 1991 年民诉法确定的调解不成应当及时判决大致相同，但这究竟是循环论意义上的历史性回归，还是一次否定之否定式的发展？

对于该原则，2007 年 3 月公布的最高人民法院工作报告是这样进行说明的：

"能调则调，当判则判，调判结合，案结事了"是人民法院确立的民事审判工作的一项重要原则，体现了民事司法手段与民事司法目标的高度和谐统一。"能调则调，当判则判"就是通过人民法院做工作，当事人自愿作出让步，且符合法律规定的，应当及时调解结案；当事人不愿让步，或者调解损害国家、集体、第三人利益的，应当及时判决。"调判结合，案结事了"就是强调调解和裁判都是人民法院调处民事纠纷、定纷止争的手段，其目标都是案结事了，最大限度地减少社会矛盾，最大限度地增加社会和谐。[1]

而2008年3月公布的最高人民法院工作报告则再次在附件中花费更长的篇幅对此予以阐述：

调判结合的民事审判政策，是人民法院确立的民事审判工作的重要原则，体现了民事司法手段与目标的和谐统一，具体表述为："能调则调，当判则判，调判结合，案结事了"的十六字方针。"能调则调"是指当事人愿意通过调解方式解决纠纷的案件，人民法院应当进行调解。人民法院进行调解，必须坚持当事人自愿的原则，绝不能违背当事人的意愿强迫调解，也不能久调不决。"当判则判"是指对于当事人不愿意调解的案件，调解的结果会损害国家、集体和第三人利益的案件，调解会违背诚信原则以及其他社会主义道德的案件，人民法院应当在查清事实的基础上，及时依法作出裁判。"调判结合"是重心，它要求人民法院在处理具体案件时，应当根据案件的实际情况，灵活运用调解和裁判的方式和手段，能调解的及时调解，不能调解的和无须调解的要及时裁判。"案结事了"是目标，人民法院在处理民事案件过程中，无论怎样运用调解和裁判的方式和手段，目标只有一个——"案结事了"。"案结事了"，不仅仅是了在当事人息诉罢讼，还要了在有利于社会经济发展，有利于社会主义道德的推行，有利于最大限度地增加社会和谐因素。[2]

二者比较，最大的改变莫过于进一步明确了总体的政策就是"调判结合"，从而间接论证了本章对本次司法政策转型的界定，而其他方面则没有实质改变。

尽管越来越详细，但上述说明还不足以让我们明确什么是调判结合，而如何界定调判结合是进一步分析的前提。

首先，法学界一般以两种方式区分调解和判决，一种是以"纠纷解决结果"为标志区分调解或者判决，即单纯依靠结果进行区分；另一种是以"程序展开过程"为标志区分调解或者判决，即依靠纠纷解决的程序运作特征来

---

〔1〕 2007年《最高人民法院工作报告》附件，载《中华人民共和国最高人民法院公报》2007年第4期。

〔2〕 2008年《最高人民法院工作报告》附件，载《中华人民共和国最高人民法院公报》2008年第4期。

区分。[1] 两者的区别是，后者指的是整个程序的运作特征，而在结果上既有调解又有判决，如果是调解型程序则调解结案的数量一般占优，如果是判决型程序则判决结案的数量一般占优。不过，从数量上理解仅仅是表象，一般情况下调解型程序会促进更多的调解，判决型程序会导致更多的判决，而纠纷最终是调解还是判决更大程度上取决于纠纷本身，其次才受程序特征的影响（其中就包括法官是积极调解还是消极调解等因素）。从官方的表达分析，虽然没有明确指出是后者意义上的调解与判决，但应该作此种理解，因为前者意义上的调解与判决从字面上分析无论是偏重于马锡五审判方式的审判结构还是偏重于正式开庭的审判结构中都可以存在，因而似乎没有实际的指导意义。由此，应该从程序运作方式的角度来理解调解和判决，这恰恰可以对应民事审判结构模型。

其次，考虑到此前法学界对于"调审分离"的共识，调判结合与调审分离的关系是一个必须分析的问题，因为这关系到对调判结合的恰当理解。调审分离指的是调解程序与审判程序或者判决程序的分离，从一般意义上分析，调判结合与调审分离是对立的；但是，调判结合也可以是指在调解与判决程序分化的基础上如何妥善地将两种程序紧密衔接，因而调判结合与调审分离就不是对立的。可以说，第二种理解非常精巧，此时的调判结合与调审分离并不是处于同一层面，而是完全立基于分离后的判决程序之上的，因此能够巧妙地共存，因为尽管也有调解，但调解从本质上不过是附属于上位的判决程序的次级程序结构，整体的民事审判结构就演变成一元化的"正式开庭"。[2] 应该说，整个民事审判结构变迁的方向应该如此。但认为调判结合就是调审分离下的结合还是存在诸多的障碍：一是在表述上有难以解决的矛盾，倒不如直截了当地说调审分离；二是超越了最高人民法院的意图，存在法解释学方面的障碍；三是显然超越了当前的调解实践，显得过于理想化以至于很少有人会信服，尽管此种分离应该是以后的发展方向。

---

〔1〕 如王亚新教授提出的"调解型"与"判决型"程序结构或审判模式即是以程序运作过程区分调解与判决的典型。参见王亚新："论民事、经济审判方式改革"，载王亚新：《社会变革中的民事诉讼》，中国法制出版社 2001 年版，第 10～20 页。

〔2〕 在这方面，日本的"调审分离"以及调解与审判的关系提供了一个可以参照的制度化样本。尽管日本非常重视纠纷的调解，并且从各个方面促进调解，但在制度设计上仍然是一种诉讼外的制度而与审判有质的区别，日本民事诉讼的基本结构仍然是"对抗·判定"结构。参见王亚新：《对抗与判定：日本民事诉讼的基本结构》，清华大学出版社 2002 年版，第 275 页。

再次，即便调解与判决处于同一制度层面，对调解与判决的重视程度仍然可以存在不同理解，狭义理解是对调解和判决给予同等程度的重视；广义理解则是要充分注意调解和判决的重要性，但并不限于同等程度的重视。从此次政策出台的背景分析，最高人民法院的调判结合应该作狭义理解，不过，这并非意味着广义的调判结合没有意义，后文将会论及。

当前的调判结合，如果运用上文的"马锡五审判方式 + 正式开庭"的民事审判结构模型进行分析，则可以将调解对应马锡五审判方式，将判决对应正式开庭，进而作出如下解读：自 2002 年以来，法院系统对调解重新重视之后，马锡五审判方式一极的力量开始逐步递增，而正式开庭一极的力量则逐步递减，这样一种态势一直持续至今，并形成马锡五审判方式与正式开庭大致平衡的格局，而这种格局的具体表达，就是调判结合。这一变迁的内因是两者存在的结构性矛盾，以及审判方式改革以来形成的弱马锡五审判方式与强正式开庭的一种回调。这一变迁的外因，运用"政法型"司法体制进行分析，可以认为是审判方式改革以来司法体制中政治色彩从渐弱到渐强与法律色彩从渐强到渐弱，而政治与法律的此种变化，则是根源于社会转型过程中所凸现的矛盾和问题；从国家 - 社会的关系考虑，政治的增强往往意味着国家在退出社会的过程中的一种随机应变的反向运动。

因此，当前的状态大致处于民事审判结构的中间点，而变迁的方向是马锡五审判方式一极，从表面上看是对传统的回归或复兴，但实质上却是一次否定之否定式的发展。[1]根据民事审判结构模型，民事审判结构中蕴含的结构性矛盾，使得具体的制度安排，一时会偏向程序性因素，一时又会偏向非程序因素，但从时间的维度分析，其中的非程序性因素，却是不断向程序性因素靠近、漂移的。[2]例如，无论最高人民法院如何强调调解，目前案件的调解率仍然无法回复到 20 世纪 90 年代以前的水平。[3]随着时间维度的展开，

〔1〕 有学者认为："社会转型、社会纠纷性质的变化和司法制度改革的进程决定了法院调解的再度兴盛不是改革前司法制度的回归，也不是马锡五审判方式的简单复兴。"参见吴英姿："法院调解的'复兴'与未来"，载《法制与社会发展》2007 年第 3 期。

〔2〕 徐昕："非正式开庭视角下的程序与法官"，载《开放时代》2006 年第 6 期。

〔3〕 如根据 2007 年《最高人民法院工作报告》，2006 年"全国法院审结的民事案件中，有30.41% 的案件以调解方式结案，其中一审民事案件调解和撤诉率达到 55.06%"。参见 2007 年《最高人民法院工作报告》附件，《中华人民共和国最高人民法院公报》2007 年第 4 期。根据 2008 年《最高人民法院工作报告》，2003 年至 2007 年五年间，民事案件调解和撤诉率达 50.74%。参见 2008 年《最

我们会发现这是一个不断进步的过程。因此，从总体上分析，这样一个表面上看似"循环回归"的过程，实际上是一个以程序、法治为最终目标的螺旋式上升或者波浪式前进的过程，同时，这也预示着我国程序与法治建构的曲折路径。[1]

### 三、为何调判结合？

根据民事审判结构模型，从理论上分析，最高人民法院只需要在制度设计中直接强调调解，则实践中自然就会从重视判决过渡到重视调解，其中肯定有一段调解与判决相结合的平衡期。换言之，无论最高人民法院是直接强调调解还是强调调判结合，结果很可能一样，首先都是会指向调判结合，而最终还可能会滑向强调调解，但为什么不直接强调调解，而要强调调解与判决相结合？对这一问题，可能有两种解释，或者是最高人民法院不愿意制度变迁得太过突兀，或者是希望提醒人们注意判决所具有的重大价值。本文更倾向于第二种解释。

本部分将分析为什么调判结合，或者说调判结合的原因，具体而言包括两个层次的问题：第一层次是，作为民事审判制度层面的变迁，如前文所述，有内因和外因两方面，内因不再赘述，而外因在最终意义上可以追溯到社会转型方面的原因，这些原因是什么？第二层次是，在上述原因的基础上，从功能主义的角度着手，分析为什么调解，为什么判决，为什么二者缺一不可。

自1978年以来，我国以经济改革为契机，进入了一个巨大的社会转型期。而20世纪90年代以来，随着市场经济改革的进一步展开和深化，改革向其他领域拓展，整个社会进入快速剧烈的转型期，目标直指社会的现代化；而在全球化的浪潮中，我们要想抓住历史性的机会重新屹立于世界民族之林，成为多极世界的重要一极，也要求我们进行现代化转型。尽管学术界对何谓"现代化"存在争论，但其涵义应包括市场经济、民主政治、法治社会却大体

---

（接上页）高人民法院工作报告》附件，《中华人民共和国最高人民法院公报》2008年第4期。不过，根据《2009年最高人民法院工作报告》，2008年各级法院经调解结案的民事案件3 167 107件，占全部民事案件的58.86%。参见2009年《最高人民法院工作报告》，载《中华人民共和国最高人民法院公报》2009年第4期。尽管调解率相比以前有一个明显的提升（几乎是2006年的一倍），但仍然没有达到20世纪90年代之前的水平。

〔1〕 徐昀："非正式开庭视角下的程序与法官"，载《开放时代》2006年第6期。

上是一种共识，这些也先后成为有中国特色社会主义现代化建设的基本目标。就市场经济、民主政治与法治社会的关系而言，前两者针对的是特定领域，而后者针对的是整体格局，对于市场经济与民主政治应该在法治的框架内这一点应该没有争论。因此，在转型过程中构建法治就成为现代化最为基础性的任务。

另一方面，在转型过程中也不断涌现各种各样的问题与矛盾，例如企业市场化改革过程中产生的群体性事件；社会的贫富差距不断扩大导致的阶层分化和对立；快速城市化、工业化过程中出现的征地拆迁纠纷和环保纠纷等典型的群体性事件；"三农"问题引发的群体性事件等等，所有这些都导致社会蓄积了大量的矛盾，而这些矛盾既对国家的政治与社会稳定产生巨大的压力，也对我们如何转型提出了新的课题。正是在这样的背景下，为缓和社会矛盾，探索一种新的现代化路径，党和国家提出了构建社会主义和谐社会的目标。

总而言之，社会转型所呈现出的复杂情境大致可以简化为两个基本的方面或两大目标：一是保障转型过程中的社会与政治稳定，保障转型的结果是社会的和谐，以及国家与社会关系的和谐，即构建社会主义和谐社会；二是需要在转型过程中逐渐确立法治，形成法治秩序，保障转型的结果是国家与社会各方面的法治化，即构建社会主义法治社会。此即调判结合的外部原因。

在社会转型复杂情境下，最高人民法院选择调判结合可能是因其具有某些独特的功能[1]，能够回应或满足上述复杂情境。

第一，调解的功能分析。纠纷解决是调解最主要的功能，调解的灵活方便有助于寻找纠纷最合适的个性化解决方案，有利于纠纷的彻底解决，还有助于纠纷解决成本的降低等。不过，透过纠纷解决，调解还可能实现某些更重要的功能，例如文化功能和政治功能，这样一些功能有时甚至超越了纠纷解决本身的意义。

调解文化功能的内在逻辑是，调解不仅仅是解决纠纷的一种制度，更重要的是其还承载了独特的文化功能，体现了特殊的文化价值向度。例如，根据该视角，调解充分反映了儒家文化中的息纷止争与自然和谐思想，可以为构建和谐社会提供文化价值上的支撑，这也是大多数人对于调解的理解。在纠纷的调解过程中，

---

[1] 本部分并非一种完整意义上的功能分析，而只考虑调判结合对于社会转型的正功能。功能分析的经典范式，参见［美］罗伯特·默顿：《社会理论和社会结构》，唐少杰、齐心等译，译林出版社 2006 年版，第 151～159 页。

双方都适当地妥协让步，就能够避免当事人因纠纷互不相让、"得理不让人"而彻底断绝人际关系，有助于将来人际关系的恢复和重建。更重要的是，由于调解符合中华民族传统的儒家文化的无讼、和谐思想，符合中华民族正统主流的价值观，对调解的强调就是对传统价值观的强调，有利于挽回社会转型中逐渐失落的传统与自我。因此，调解在文化方面的主要功能是，利用蕴涵于调解之中的优秀价值观重建我们的传统与民族/文化认同，而不至于在现代化转型的多元价值中迷失自我。事实上，这种价值观的重建有利于增强社会的内聚力从而有助于社会整合。

在《毛泽东与调解：共产主义中国的政治和纠纷解决》一文中，著名的中国法专家陆思礼（Stanley B. Lubman）指出了中国共产党领导下的不同于传统的调解贯彻了其改造社会的政治功能，[1] 调解因而具有一种全新的政治功能视角，这种视角下的调解显然不同于文化功能视角下的调解。调解的政治功能分析具有极强的穿透力，使得我们可能从更深层次和更广维度上发掘调解对于社会转型的意义。社会转型过程同时也是一个社会分层的过程，如何避免不同阶层的尖锐对立，避免引发更多的社会矛盾、社会问题甚至是社会局势的动荡，是转型期国家公共政策的重要方面。在纠纷解决方面，更多地向弱势群体的利益倾斜，尽可能地平衡弱势群体与强势群体之间的利益分配，缓和当前的社会矛盾，避免人民内部矛盾升级，从而稳定社会，必然成为转型时期党和国家在政法政策甚至总体政策上考虑的一个重大问题。作为纠纷解决中的重要制度，调解因此具有深刻的政治意蕴。最高人民法院对此并不讳言，而是在《意见》第一条就旗帜鲜明地提出："人民法院作为国家审判机关，必须坚定不移地服从和服务于这一国家大局和中心任务，高度重视、充分运用诉讼调解这一正确处理社会矛盾的重要方法与构建和谐社会的有效手段，最大限度地增加和谐因素，最大限度地减少不和谐因素，承担起促进和发展和谐社会的重大历史使命和政治责任"。调解实现其政治功能的基本逻辑是：首先，纠纷所引发的矛盾导致了社会的不稳定和政治的不安全；其次，通过调解解决纠纷可以最大限度地消解矛盾，从而最大限度地维护社会稳定，同时在调解的过程中再生产政治的正当性；其三，社会的稳定和政治正当性的再生产不仅保障政治的安全与稳定，也保障了国家通过"软着陆"的方式顺利实现现代化转型，不会出现

---

〔1〕 ［美］陆思礼："毛泽东与调解：共产主义中国的政治和纠纷解决"，许旭译，载强世功编：《调解、法制与现代性：中国调解制度研究》，中国法制出版社 2001 年版，第 117～203 页。

社会的动荡而造成对国家和人民的灾难性后果。

第二，判决的功能分析。为什么必须调判结合？或者将问题还原为：判决在当下是必要的吗？回答当然是肯定的，但理由并非"总是有些纠纷是无法调解的"（否则判决的最少化就是必要的）。如果我们追问，当下的调解与审判方式改革之前的调解有什么不同，法官们体会最深的是调解工作比以前更难做了，而为什么难做，是因为我们面对的当事人再也不是以前的当事人，他们在面对纠纷的时候，可能更多时候是在想如何尽可能多地维护他的权利而不是和平解决纠纷了。时代在变，人们的观念在变，改革开放已经深深改变了人们。换言之，由于权利意识的成长以及社会价值观的日益多元，调解不仅将变得越来越困难，而且如果说调解很大程度上意味着司法强力干预下权利的屈服而不是不同价值观之间理性对话上的真诚妥协，调解并不利于纠纷的和平妥善解决，与其建构和谐社会的初衷只会渐行渐远，调解实质上也丧失了其必要性，判决就成为社会多元背景下纠纷解决的现实需要与理性选择。更重要的是，判决在法治秩序建构方面的功能弥补了调解在此方面的重大缺陷。调解的目的在于纠纷的和平解决，其宗旨并不在于建构一种统一的法秩序；而判决的影响则可以超越个案，尤其在非黑即白或者价值观对立的情形中，判决反映了法律在原则性问题上的刚性，以及国家在某类问题上的基本立场和价值取向，而这种刚性或者立场势必会影响以后人们的行为模式，从而有助于建构法治秩序。进而，从转型期间国家－社会关系的维度考虑，强制调解往往暗示着国家积极且过分地干预社会，而判决更有利于形成良性互动的国家－社会关系，判决因此成为国家建构市民社会不可或缺的重要机制。[1]

上述分析表明，"和谐社会——纠纷解决——调解"形成一条主线，"法

---

〔1〕 除和解外，自愿的调解暗示国家对社会尽可能少的介入，而考虑到判决"是非分明"的结果以及建构秩序的功能，人们肯定会提出疑问，难道判决就不是国家对社会的强力干预吗？从建构论的视角出发，判决确实是国家通过法律对市民社会秩序的一种建构，因而是一种介入，但该介入恰恰是社会（不自足时）的主动要求，因而具有正当性，司法的消极性已经限定了判决不能主动介入社会，而强化调解显然突破了这一限定，如果"强制"程度超过一定限度，显然不利于形成良性的国家－社会关系。故此，"和解－自愿调解－判决－强制调解"构成了民事司法层面国家对社会介入程度的完整谱系。

应注意的是，实践中显然只有"强化调解"而无"强制调解"的说法，强化调解虽然并不必然意味着强制调解，但如果不是有意识地避免，政策上的强化调解极易导致实践中的强制调解。

治社会——秩序建构——判决"形成另一条主线，而调判结合则统合了上述两条主线。而且，调解与判决可能实现功能互补：调解能够弥补判决对缓和矛盾、妥当解决纠纷的功能不足；判决能够弥补调解对于秩序建构的功能缺陷，因此，调判结合不仅在单一线索上形成功能对应，也在两条线索之间形成功能互补，两者缺一不可，这就是调判结合的基本逻辑。[1]

不过，必须注意的是，调解和判决的功能互补是针对社会转型而言，即社会转型既需要调解又需要判决，而这并不意味着调解与判决相互需要，相反，就调解与判决针对对方而言，却可能是相互排斥的。[2]换言之，调判结合符合社会转型的外部需要，但调判结合内部却存在难以消解的结构性矛盾，调判结合一直就在外部合理性与内部矛盾性的困境之中左右为难，而这正是从更深层次理解调判结合的切入点，也是本文力图揭示的核心论点之一。

### 四、为何强化调解？

尽管确定了调判结合的原则，但法院的动向又背离了调判结合——从最高人民法院到基层法院皆无一例外地指向了强化调解。不论是制度还是实践，都体现了"调判结合——强化调解"这样一种紧张。

首先，《意见》虽然确立了"能调则调，当判则判，调判结合，案结事了"作为民事审判工作的指导方针，但民事审判工作的目标却是"定纷止争、胜败皆明、案结事了"，调解和判决只是"手段"，并没有关注判决对于法治秩序建构的核心价值。其次，一方面要尊重规律，要正确处理调解和裁判的关系，另一方面又要强化调解，甚至在判决送达前的整个程序运作阶段都可以调解。[3]第三，一方面规定不能对调解定指标，另一方面又规定要增加调

---

〔1〕 有学者从法院调解复兴的视角分析，认为司法政策的调整是为了配合国家治理战略转型的需要。参见吴英姿："法院调解的'复兴'与未来"，载《法制与社会发展》2007年第3期。这与本章提出的"和谐社会——纠纷解决——调解"主线是一致的，不过，显然忽略了判决的另一条主线。

〔2〕 考虑到功能分析范式中"功能所促进的单元"，这一点并不难理解。关于该概念，参见〔美〕罗伯特·默顿：《社会理论和社会结构》，唐少杰、齐心等译，译林出版社2006年版，第153页。

〔3〕 值得注意的是，全程调解的提法是最高人民法院副院长曹建明在《意见》颁布之前的第七次全国民事审判工作会议上提出的："关于立案环节进行调解的问题，最高人民法院和肖扬院长的态度是明确的：应当将司法调解贯穿于民事诉讼全过程。立案调解、庭前调解、审理过程中调解、判决送达前调解都是司法调解的重要组成部分……"。参见"不断完善工作体制和机制，加强和改进民事审判工作"，载 http://www.chinacourt.org/public/detail.php? id=229697.

解结案的数量，尽力提高调解结案的比例，并将调解率纳入法官的考评范围。根据笔者的一些调查，有些地方的法院已经重新将调解率作为审判工作的重要指标，调解率是有所上升，但一部分法官并不情愿，并对规定调解率以及过分强化调解的做法有所保留。媒体上也是一边倒地宣传调解，而判决几乎难觅其踪。本章有理由判断，当前司法实践所反映的民事审判结构，已经超出了调判结合的中间态势，而在向马锡五审判方式一极移动，而且，这一动向还有进一步增强的趋势。

很明显，法院面临着的是调判结合还是强化调解的两难困境，而法院最终选择了强化调解，也许它认为这种选择更理性，或者至少不会比前者"更差"，而法学界对法院的批评似乎也不言自明。不过，笔者认为这类批评并不是建立在真正同情并理解司法实践的基础之上，因而也很少有来自实践的回应。一方面，法学界总是习惯于逻辑自洽的批评；另一方面，实践部门也总是倾向于对这类批评置之不理，理论与实践就在这样缺乏沟通的情境中日益疏离。因此，问题的关键不在于断言"法院强化调解的做法是错误的"，而是追问"是什么导致了法院面临的困境？"以及"法院为什么会选择强化调解？"，也许错误在很大程度上并不能归咎于法院。

根据民事审判结构理论，法院偏离调判结合而强化调解，意味着当前确定的民事审判结构已经发生了改变，这种改变可能是因为内部原因，即调解与判决存在的结构性矛盾使得实践中难以把握和操作而自然而然地偏向调解，此种偏向恰恰是自发解决矛盾的方式；也可能是因为外部原因，即"政法型"司法体制中政治与法律发生了某种调整，而这种调整可以追溯到社会转型方面的原因。

（接上页）此论断微妙地突破了 2004 年颁布的《关于人民法院民事调解工作若干问题的规定》所规定的"可以在答辩期满后裁判作出前进行调解"，这意味着一旦法院将裁判文书制作完成，尽管尚未宣判，也不能调解，而《意见》中并没有规定判决送达前可以调解，这恰好反映了法院面临困境时的艰难选择。在最高人民法院在 2008 年工作报告中，提出了"坚持'能调则调，当判则判，调判结合，案结事了'的审判原则，把诉讼调解贯穿于案件审理全过程"，即仍然没有提及判决送达前可以调解。参见 2008 年《最高人民法院工作报告》附件，《中华人民共和国最高人民法院公报》2008 年第 4 期。然而，这并不意味着实践中就没有此种以判压调的做法，而且这恰恰可能成为制度上秘而不宣的"潜规则"。

不过，在最高人民法院 2009 年工作报告中，尽管没有"全程调解"的表述，但应该已经明确确立了全程调解的做法："着眼于促进社会和谐，转变审判观念，坚持'调解优先、调判结合'原则，把调解贯穿于立案、审判、执行的全过程"。

就社会转型的外部原因而言，考虑到法院以及最高决策者对当前形势既可能判断正确也可能判断失误，我们可以从上述两个层次进行分析。第一，社会外部条件已经发生改变，法院以及最高决策者判断正确，在更多地要求和谐的大环境下，最高决策者要求法院更大程度上重视调解，或者法院也可能因"政法型"司法体制而主动重视调解（而不需要最高决策者的直接要求），法院偏重调解的决策并无不当。不过，社会外部条件的改变既可能是理性的也可能是非理性的，比如运动式的宣传易于使得社会变得非理性从而扭曲了社会的真实需求，在这种情形下，最高决策者就可能出现判断失误，进而通过"政法型"司法体制要求法院作出某种回应，或者法院主动作出回应。在社会外部条件的改变是非理性的情形下，法院的此种回应应该是理性但不正确的，换言之，司法只是简单被动地回应而非积极地建构社会。在这种情形下，尽管我们可以批评，但显然有些"站着说话不腰疼"，我们无法指望法院能逆潮流而动，如果不身处作为一种结构的司法体制之中，就无法想像力图超越结构制约的行动究竟有多困难，法院作出如此选择无可指责，但是，这种选择有可能会反过来强化社会的非理性而越来越背离真实的社会需求。不过，由于没有证据显示社会外部条件已经发生了较大改变，故该情形不成立。

第二，社会外部条件没有发生较大改变，但法院或者最高决策者判断失误。如果是最高决策者判断失误并要求法院作出回应，则法院的回应仍然是理性但不正确的；如果最高决策者并未要求法院改变既定政策，强化调解就可以认定为是法院判断失误而导致的决策错误，而这很可能是因为"政法型"司法体制对法院决策的左右，导致法院的反应超过了政治的实际意思[1]。实际上，法院判断失误的可能性更大，在党中央 2006 年颁布的《中共中央关于进一步加强人民法院、人民检察院工作的决定》中，并没有任何明确的强化调解的要求，当然，这种误解也很可能是因为政策对和谐社会的强调，故而法院也有理由认为政策将重心置于纠纷解决、缓和矛盾之上就应该强化调解。

综上，根据民事审判结构理论，在社会外部条件没有发生较大改变的情况下，一方面是调判结合符合社会转型的外部要求而具有的合理性，另一方面却是调判结合内部存在的结构性矛盾，使得调判结合一出台就陷入外部合

---

〔1〕 已有学者认为当前调解复兴的一个重要原因是司法改革对政治形势的简单对应和"过度反应"。参见张卫平："诉讼调解：时下势态的分析与思考"，载《法学》2007 年第 5 期。

理性与内部矛盾性的复杂关系所引发的困境，这是导致实践中面临困境的直接原因。在此种困境下，法院会无意地偏离调判结合而偏重调解。而且，这种困境还有更深层次的原因，根源于更深层次的困境。

## 五、如何调判结合？

鉴于调判结合回应了社会转型的需要，实践中就需要坚持而不是背离，这是一个根本前提。因此，如何真正落实调判结合就是一个必须完成的任务，而这首先需要克服调判结合的结构性矛盾所引发的操作上的技术难题，其次，我们还必须从思想层面上找出导致困境的症结所在，才能从根本上解决问题。

（一）技术层面："调"与"判"的平衡

事实上，调判结合面临的首要问题始终就是如何才能真正做到"结合"而不是"一边倒"，[1] 而解决该问题的首要认识论前提就是澄清调解程序与判决程序的关系。鉴于调解程序与判决程序是处于同一制度层面，调解与判决之间存在的结构性矛盾在民事审判结构模型中更加暴露无遗：它们的程序结构互不兼容，正当性基础南辕北辙，价值趣旨大相径庭，法官在其中的角色紧张对立。[2] 而且，这种矛盾是基础性的，任何试图回避或者否定矛盾都不是实事求是，也不利于我们理性地认识和解决问题。正是因为存在这种矛盾，才使得调判结合在实践中成为一个难以操作的组合，如果实践中不掌握调解与判决的微妙平衡，则很容易偏重调解或判决，这种偏移不仅对司法本身构成伤害，也会对社会转型产生负功能，无论是偏重哪一个，对和谐社会与法治社会都可能构成损害。这至少给我们某种提醒：不是只要强调调解就对和谐社会有好处，和谐社会在核心层面上绝不是"和稀泥"或者"是非不分"的社会，过于强调调解甚至有害于和谐社会。

其次，我们需要进一步面对的问题是，调判结合的矛盾是否导致司法实践中必然要走向强化调解弱化判决？如前所述，这是实践中面临两难困境时

---

〔1〕 法院系统也意识到了这个问题，例如全国法院系统 2007 年的第 19 届学术讨论会的选题参考范围之一就是"民事案件调判结合办案方式之完善"。参见"关于征集全国法院第十九届学术讨论会论文的启事"，载 http://www.chinacourt.org/public/detail.php? id＝234324.

〔2〕 关于调解与判决之间存在矛盾的论述很多，代表性文献，参见王亚新：《社会变革中的民事诉讼》，中国法制出版社 2001 年版，第 15～20 页；李浩："民事审判中的调审分离"，载《法学研究》1996 年第 4 期。

的自发反应，这就意味着，如果我们自觉地意识到这一点，该自发反应就能够避免。然而，这是否又意味着我们违背规律（如果算规律的话）？这恰恰是在利用规律，民事审判结构不会对社会转型的外部原因直接作出反应，而需要通过行动者的实践作为中介，如果外部原因需要某一特定的结构状态，行动者也自觉地实践，行动者就可能超越自发而达自觉，超越必然而获自由。就调判结合而言，当前社会转型的外部原因使该结构具有现实的合理性与妥当性，而内部的矛盾虽然是变迁的本质性因素，但在外部未产生足够变迁压力/动力的情形下，内部可以维持一种矛盾但与外因相匹配的平衡状态，而这种内部矛盾并不足以使整个结构解体，由此，整个系统结构就可以维持下去。例如在改革开放以前，由于正式开庭一极的力量太弱，尽管马锡五审判方式与正式开庭之间存在结构性矛盾，这种矛盾孕育着变迁的内在机制，但却无力改变什么，因而我国长期维持着"强马锡五审判方式＋弱正式开庭"状态，与当时的社会需求大致匹配。[1] 在调判结合的结构中，由于矛盾双方的力量大致相当，"不是西风压倒东风，就是东风压倒西风"，故此种结构像墙头草一样并不稳定，而且只能是一种过渡，因当前的调判结合是对"弱马锡五审判方式＋强正式开庭"状态的回调，当外部稍有偏向调解一方的风吹草动时，就可能向马锡五审判方式一极移动；而稍有偏向判决一方的力量时，则会维持调判结合的状态；只有当偏向判决一方的力量较强时，才会偏离马锡五审判方式。总体而言，调判结合并不会必然导致强化调解弱化判决，但由于其结构的不稳定性以及维持平衡的微妙性，实践中的确很容易走向强化调解弱化判决，而行动者的自觉将能够避免这一倾向。

第三，如何做到调判结合，并保持调判结合的平衡？一是法官要真正理解调判结合的内涵，调判结合并非指调解与判决各占一半，而是在形式上采取"能调则调，当判则判"的纠纷解决策略，在实质上对调解和判决给予同等程度的重视，既充分注意调解对于和谐的正功能，也充分注意不当调解对

---

〔1〕 需要注意区分"矛盾的性质"与"矛盾的强度"两个概念：矛盾的性质可分为结构性矛盾与非结构性矛盾，矛盾是结构性还是非结构性的与矛盾事物（如调解与判决）的本身性质有关；矛盾的强度是大还是小与矛盾双方在矛盾结构中的力量对比有关，如果双方力量相当，则矛盾强度最大，反之则矛盾强度越小。通过两者的排列组合，最终我们可以得到四类矛盾组合：强结构性矛盾；弱结构性矛盾；强非结构性矛盾；弱非结构性矛盾。改革开放前的"强马锡五审判方式＋弱正式开庭"矛盾强度较小，而当前的调判结合正处于矛盾强度最大的时候，但调解与判决的矛盾性质并没有改变。

于和谐的潜在实质损害（潜负功能），还要注意判决对于和谐的潜在促进（潜正功能）。二是从动态的角度把握调判结合。由于调解与判决的矛盾性，以及不同的时间、不同的地域、不同级别的不同纠纷状况，调判结合的平衡应该强调一种动态性，一段时期内可能偏向于调解，之后则需要注重判决，在调解与判决的动态变迁中寻求均衡，但此种变迁应该限定在一个相对较小的幅度内，而在对和谐社会与法治社会有同等程度的需求尚未发生整体性改变的前提下，调判结合的既定政策就不应该改变。鉴于当前强化调解的现状，要达到调判平衡就应该更多地关注判决。三是就调判结合的具体运作而言，可以对具体案件进行类型化，由法官针对不同的情形进行不同的处理。就是否适宜以及是否容易促成调解而言，可以从案件的性质以及当事人的态度两种维度上进行划分：适合调解的案件与不适合调解的案件；当事人倾向于调解的案件与当事人不倾向于调解的案件。这样，案件就可以类型化为四种情形：适合调解且当事人倾向于调解的案件；适合调解但当事人不倾向于调解的案件；不适合调解但当事人倾向于调解的案件；不适合调解且当事人也不倾向于调解的案件。这四种案件的数量并不是平均分布的，而是有着时间、地域、级别上的不同。对于第一种情形，显然应该促成调解；对于第二种情形，因为适宜调解，则应该尽可能引导当事人达成调解，但工作不宜做得过分，能调则调，不能调则罢，毕竟还不是"强化调解"；对于第三种情形，法官的态度应该是不过于积极，即便达成了调解，也应该注意调解结果不能违反法律的禁止性规定；对于第四种情形，法官可以提议调解，但不必浪费资源去促成调解。

此外，还需要避免以下不利于调判结合及其平衡的两种做法。一是全程调解。对调判结合而言，这显然是不妥当的，这将使得整个审判程序结构都异化成调解（程序），调判结合即被架空。笔者认为应该自最后一次开庭审判之后如未能达成调解就不能调解，或者最迟在判决作出后不能调解，否则肯定会重蹈以判压调的覆辙，而且，这反映的不是"调判结合"而是"强化调解"了。二是规定调解率。要求调解率显然是不正确的，因为对于绝大多数法官而言，调解是结案的理想方式，能调解的都会调解，再额外要求就显得强人所难。[1]不过，调解率对于法院而言则可能是理性的，如全程调解能够提高调解率一样，因为在和谐社会的背景下，调解率构成了法院的主要"政绩"。因此，避免给调解定指标的首要技术手段就是不再将调解率作为"政绩"，尽管这很难，但最高人民法院首先应该以身作则，在其工作报告中不再以高调解率为荣，最高人民法院应该让人们知晓，调解率并非评价担负和谐与法治双重重任的法院的唯一指标。[2]

真正落实了调判结合并不等于消解了调判结合的内部矛盾，目前为止，它们的矛盾仍然悬而未决。本章并没有试图解决矛盾，也不认为在调解与判决没有彻底分离的情况下能够解决矛盾，而只是搁置矛盾。正是这种矛盾，成为调判结合变迁的内因。[3]

（二）思想层面：和谐社会与法治社会关系的反思

尽管调判结合存在内部矛盾，但只要有意识地平衡二者的关系，调判结合还是不难做到的，说到底这不过是个"技术性"问题。如前所述，强化调解还可能

---

[1] 如前所述，调解率事实上的下降本质上可能是因为整体社会转型产生的价值多元而导致的某些矛盾难以调和造成的，调解率难以回到原来的水平可能是一个历史规律，而定指标显然会导致强制调解等一系列不当调解的产生。此外，从根本上分析，法院作为纠纷解决的最后一环，既便有很高的调解率，也是治标不治本，很难从根本上从源头上避免矛盾的产生，而如果司法没能建构起一种法秩序，这样的矛盾总是会使我们的司法疲于应付。因此，法院的高调解率从长远分析实际上并没有我们所期望的价值，一定程度以上的调解率能够促进和谐，但高调解率并不对应高度和谐，也无法从根本的秩序上保障和谐，而判决在最终意义上能够解决秩序问题。

[2] 根据《2009 年最高人民法院工作报告》，2008 年的调解率达到 58.86%，从表述上看包括一审、二审与再审案件，但排除了撤诉案件，应该说确实达到了一个相当高的水平。从理论上分析，如此之高的调解率本来应该对应着当事人对法院"满意率"的提升，然而，从 2009 年工作报告的通过率这一维度考察，竟然是有史以来最低的（75.3%），尽管笔者认为社会对法院评价度低的主要原因是社会转型期间法院处于国家与社会矛盾和社会内部矛盾的集中交汇点。参见徐昀："民事诉讼中'非正式开庭'"，载王亚新等：《法律程序运作的实证分析》，法律出版社 2005 年版，第 368 页。但奇怪的是，创新高的调解率竟然也没能帮上什么忙。也许，作为全国人大代表的梁慧星先生对法院过于重视调解的批评有一定的代表性。梁慧星认为，法院过去一年过分强调马锡五审判方式和民事调解，有的做法甚至背离了法律精神："有的法官跟当事人说，如果你不接受调解会如何如何！"参见赵蕾："谁投了两高报告的反对票？"，载 http://www.infzm.com/content/25692. 此类批评对最高人民法院而言也许是最意味深长的。

[3] 以上论述的是狭义的调判结合。笔者以为如果最高人民法院力图长久地坚持调判结合，则必然要转化为广义的调判结合——充分注意调解对于和谐社会的意义以及判决对于法治社会的意义，并根据社会转型的外部原因而给予不同程度的重视的结构。广义的调判结合实质上可以看作是"马锡五审判方式＋正式开庭"的稳定结构的另一种话语表达，在此意义上，调判结合获得一种恒定性，但也因此丧失了具体的指导价值，无论强化调解还是相反都符合"调判结合"。

因为法院对政治的误解，这种误解会导致有意识地强化。而法院对政治的误解，根源于不清楚和谐社会与法治社会的复杂关系，而这种复杂关系，正如调判结合的外部合理性与内部矛盾性一样，形成一种更深层次的困境，并令我们身陷其中。如果不进一步分析，找到问题最根本的原因，即便真正从技术层面做到调判结合也不过是治标不治本，我们仍然无法真正走出困境。

伴随着波澜壮阔的社会现代化转型的展开，法治社会与和谐社会先后成为社会转型的目标进而成为我们的学术热点，而当它们同时纳入我们的视野之际，一个不能回避的问题油然而生：和谐社会与法治社会的关系如何？法学界的主流观点是：和谐社会一定是法治社会，和谐社会的外延大于法治社会，法治社会是和谐社会的内在和本质要求，法治是构建和谐社会最重要的机制。[1] 然而，上述观点大致停留在政治正确的基础上，而如此大而化之地谈论法治社会与和谐社会似乎没有太多建设性。

实际上，上述论点所隐含的一个判断是，和谐社会上位于法治社会，这也意味着为社会和谐可以在一定程度上牺牲法治。故此，我们必须解决的一个前提问题是，和谐社会与法治社会究竟是上下关系还是同位关系。主流观点的依据是胡锦涛总书记在 2005 年初提出的和谐社会六要素，即"民主法治、公平正义、诚信友爱、充满活力、安定有序、人与自然和谐相处"。不过，2007 年召开的党的十七大不仅重申了构建社会主义和谐社会，也重申了"全面落实依法治国基本方略，加快建设社会主义法治国家"。换言之，两者都是我国现代化转型的总体宏观目标。因而，将和谐社会与法治社会放在同一层面并不违背政治的要求。

根据前文论述，调判结合的思路是统合了"和谐社会——纠纷解决——调解"与"法治社会——秩序建构——判决"两条线索，而调解与判决存在

---

〔1〕 例如，蒋传光、王秋玉："和谐社会与法治社会关系简论"，载《淮北煤炭师范学院学报（哲学社会科学版）》2006 年第 1 期；张文显："构建社会主义和谐社会的法律机制"，载《中国法学》2006 年第 1 期；张文显："加强法治、促进和谐——论法治在构建社会主义和谐社会中的地位和作用"，载《法制与社会发展》2007 年第 1 期；王利明："和谐社会应当是法治社会"，载《法学》2005 年第 5 期；罗豪才、宋功德："和谐社会的公法建构"，载《中国法学》2004 年第 6 期；刘俊海："社会主义和谐社会是法治社会"，载《法学论坛》2006 年第 6 期；卓泽渊："和谐社会与法治社会的双向建构"，载《南京社会科学》2006 年第 3 期。另外，有学者认为，从西方的实践分析，和谐社会是法治社会的高级阶段。不过，这种先法治后和谐的思路似乎有单线进化论之嫌，为此他认为在建设和谐社会的同时"还要做法治建设的'补课工作'"，如此一来，法治社会似乎又成了配角。参见何勤华："从法治社会到和谐社会"，载《法学》2005 年第 5 期。

结构性矛盾，那么和谐社会与法治社会也是矛盾的吗？这是一个十分严肃而且很难回避的问题。因此，客观准确地回答这一问题，不仅有利于扫清人们心中的阴霾，还能更清晰地认识我国现代化建设中存在的问题，从而具有真正的"建设性"。本章将论证，和谐社会与法治社会之间并没有结构性矛盾，但说它们毫无矛盾也不尽然，在某些情况下的确存在一些冲突。

首先，和谐社会与法治社会之间不存在结构性矛盾。结构性矛盾是一种与生俱来的本质上的冲突，但和谐社会与法治社会在总体方向上一致的。和谐社会应该是一种法治社会，和谐但无规则的社会最终将破坏和谐，比如柏拉图推崇的"哲学王"的"善人之治"，也许有一时的和谐，但却难以长久；而法治社会也应该是和谐的，一个冷冰冰的法治社会绝对不是人类最终向往的大同世界。

其次，和谐社会与法治社会不仅没有结构性矛盾，而且是相互需要功能互补的，因为两者都是现代化转型的目标，而单纯强调其中之一，可能最终两者都会受损，导致现代化的目标无法达成。这一点不同于调解与判决的关系，至少理论上两者并不需要相互依存。因此，我们应该将两者设想为相互弥补对方不足的过程：以法治弥补和谐可能存在的柔而无常，以和谐弥补法治可能存在的刚而不当。

再次，虽然和谐社会与法治社会之间相互需要，但两者还是存在某种程度的紧张。就目标而言，和谐社会要求的是实质的公平正义，而法治社会所能提供的是程序的公平正义，尽管程序公正很大程度上可以保障实体公正，但毕竟二者不能等同。和谐社会是人类至善的社会，而法治社会是人类"最不坏"的社会。这些冲突在性质上完全不同于马锡五审判方式与正式开庭之间存在的结构性矛盾——刻意地弱化程序与刻意地强化程序，因而是一种非结构性矛盾，可以通过政策的调整而解决，进而能真正实现"两手抓，两手都好"的局面。[1] 就过程而言，在建构和谐社会与法治社会的过程中可能会出现强调一者而损害他者的矫枉过正情形。

---

〔1〕 为什么调解与判决之间存在的是结构性矛盾而和谐社会与法治社会之间存在的是非结构性矛盾？笔者认为，其原因主要是"调解——和谐社会"的对应以及"判决——法治社会"的对应本身就是一种"理想型"的建构，即调解在一般意义上有利于和谐社会，判决在一般意义上有利于法治社会。就实际而言，调解并不一定就有害于法治社会，而判决也有可能有助于和谐社会。因此，从实际考虑，无论是和谐社会还是法治社会都可以内在地包容调解与判决，故会出现调解与判决之间、和谐社会与法治社会之间矛盾的性质不一致的情形。

鉴于两者的关系，本章认为，应该将和谐社会与法治社会设定为方向一致但目标不同的两种任务，为解决两者可能出现的冲突，建构和谐社会与建构法治社会应该存在一定的优先顺序，而何者优先应当根据某一时期社会转型的社会状况以及相应的社会需要来作出选择。由此，我们也可以得出一个社会转型的目标模型："和谐社会 + 法治社会"，其变迁原理与民事审判结构的变迁一样。具体而言，当过分强调"和谐"而危及法治的底线时，应该倡导法治优先；在过分强调法治而危及和谐底线时，应该倡导和谐优先。这种思路比法学界主流的和谐优位于法治或者大而化之地论证和谐与法治都需要（而不顾它们之间的潜在矛盾）的思路更具有建设性。

据此，和谐社会与法治社会的复杂关系，一方面是和谐社会与法治社会相对于总的社会转型而言具有外部合理性，另一方面是和谐社会与法治社会之间存在一定程度的紧张，而这种外部合理性与内部紧张性所引发的困境，构成了调判结合的外部合理性与内部矛盾性所引发的困境的更深层次的根源。[1] 调判结合的困境，导致了法院的强化调解；而和谐社会与法治社会的困境，导致了法院的和谐优先并进而强化调解。解决前一困境的方法是正确认识调解与判决的关系并真正做到调判结合，解决后一困境的方法是正确认识和谐社会与法治社会的关系并真正做到和谐社会与法治社会的同等重视，协调好和谐社会与法治社会的先后顺序。因此，两种困境的产生、问题与出路都是一一对应的。

在恢复性司法的名义下出现了"拿钱买命"、"拿钱买刑"的情形，有些做法显然已经超越了法治的底线，违背了人民最基本的法感情，只会离真正的和谐越来越远；[2] 而在要求调解率的情形下出现了强制当事人调解，这种调解无论如何也算不上和谐。因此，为达到对和谐社会与法治社会的同等重

---

〔1〕　虽然调解与判决之间的结构性矛盾与和谐与法治之间的非结构性矛盾在性质上并不相同，但在矛盾的强度上都是最大的。正是因为当前对和谐社会与法治社会同等需求，才导致了民事审判结构对调解与判决的同等重视。

〔2〕　例如，对于广东东莞的"赔钱减刑"，有网友评论称："看到这个标题挺吓人的，这个探索也挺吓人的，钱会不会成为天下无敌了？"。参见"《有感于广东东莞的'赔钱减刑'》评论"，载 http: //www. bokee. net/newcirclemodule/article_ viewEntry. do？ id = 536974&circleId = 100872. 笔者认为，民事审判领域的调判结合与刑事审判领域的宽严相济是对应的，而且它们面临的困境也是相同的，而实践对它们的背离也如出一辙，都是向调解、从宽的方向偏离。如果不准确把握宽严相济政策，并对恢复性司法的改革保持一个理性、冷静、客观的立场。

视，应该更多地强调法治。

## 六、结语

根据民事审判结构理论，作为一项长期酝酿慎重选择的司法政策，调判结合是法院对社会转型过程中和谐社会与法治社会的回应。调判结合要求对调解与判决的同等重视，根源于当前社会转型对和谐社会与法治社会的同等需求；而调判结合的外部合理性与内部矛盾性所产生的困境，以及构成前者更深层次根源的和谐社会与法治社会的外部合理性与内部紧张性所产生的困境，使得法院有意无意地选择偏向调解。

从现实的情况分析，无论是制度还是实践，当前的民事审判结构实质上已经偏离了调判结合，并进一步向马锡五审判方式一极靠近，而且实践中已经出现了过于重视马锡五审判方式一极的问题，但这些问题或者从总体而言并不太大（因而政治不会要求进行调整）或者刚刚显现（因而政治还没有作出回应），再加上制度运行的惯性，故在一段时期以内，民事审判结构将会处于偏重于马锡五审判方式一极的状态运作。[1]但是，如果我们不对此种状况

---

〔1〕　根据最高人民法院 2008 年底到 2009 年初关于调解的政策动向，可以认为当前的司法政策已经正式偏向了马锡五审判方式一极，而且，这样的偏向可以认为是最高人民法院慎重选择反复权衡的结果，大致包括三个标志性事件：

一是在 2008 年 11 月 14 日，最高人民法院主持召开"多元纠纷解决机制"国际研讨会，副院长沈德咏在该会议上指出，当前和今后一个时期内，必须着重做好两个方面的工作：一是要尽快培养一批高素质的调解员和具备调解技能的法官；二是要规范和完善公平的调解程序，确保调解协议的自愿性和合法性。参见陈永辉："多元纠纷解决机制国际研讨会举行，沈德咏强调立足国情改革完善多元纠纷解决机制"，载《人民法院报》2008 年 11 月 15 日。这第二方面的工作，实际上是最高人民法院对当前过度重视调解的做法的一种反思，但这种声音似乎并未占据主流。

二是在 2009 年 2 月，最高人民法院出台了《关于进一步加强司法便民工作的若干意见》。意见第 4 条规定基层人民法院应当"着重以调解方式解决纠纷，快速化解矛盾，提高诉讼效率"；第 6 条规定人民法庭"对于边远地区或者纠纷集中地区，应当定期不定期进行巡回办案，就地立案，就地审判，当即调解，当即结案，就地执行"；第 8 条规定人民法院可以邀请人大代表、政协委员、基层人民群众"协助人民法院调解和执行案件"，"经当事人同意，人民法院可以将案件委托人民调解委员会、有关行政部门、社会团体或者基层人民组织主持调解，调解达成协议的，由人民法院依法确认。"据此，可以认为马锡五审判方式通过该意见已经悄然"回归"。

三是在 2009 年 3 月 10 日，最高人民法院院长王胜俊在《最高人民法院工作报告》中提及了三项重要的制度变化：第一是明确提出了"继承和发扬'马锡五审判方式'"；第二是首次提出了"调解优先、调判结合"的原则，"高度重视运用调解手段化解矛盾纠纷"，"全面推进民商事案件调解工作"；第三是正式提出了"把调解贯穿于立案、审判、执行的全过程"，即"全程调解"。据此，最高人民法

保持高度警惕，而任由其发展，就很可能走很多弯路，很可能解构审判方式改革以来好不容易建构起来的法治理念，即使民事审判结构变迁的总体方向是波浪式前进或螺旋式上升，即便矛盾累积到一定程度民事审判结构就会向正式开庭一极运行，但这毕竟不是一个自然过程或者自然规律，而是由人所决定的。所幸的是，法学界对这一倾向的批评，以及法官们的"不情愿"，将会最大程度地避免这种解构，而这也在不经意间成为促使民事审判结构沿着既定方向变迁的"行动"，并"再生产"民事审判结构本身。

因此，除了民事审判结构需要回应社会转型的目标之外，我们还有必要更进一步，需要以建构论的视角来分析两者的关系。民事审判结构并不总是只能被动地迎合社会转型：一方面，我们的民事审判结构应该回应社会转型的现实需求；另一方面，我们还应该注意树立法治的最终理想，并在两者间保持一种必要的张力，使我们的民事审判结构尽可能地引导、创造、建构社会转型的需求。在这一过程中，既不能完全屈从于社会转型的需求，也不能离当下的社会转型的需求太遥远。这样，社会转型与民事审判结构的关系就有可能从单向的决定演变为双向的建构，从而使民事审判结构有可能积极地引导社会朝既定的方向尽快地转型。

事实上，本章的任务除了论证调判结合的正当性以及探讨调判结合的困境与出路之外，另一个核心目的，就是鉴于当前法学界对于司法政策回归调解而弥漫着的历史循环论或者法治悲观论氛围给予某种回应，同时也对可能出现的不加反思的盲目乐观情绪保持警觉。总体而言，本章的基本立场是一种建构主义的进化论。一方面，根据我国民事审判制度的历史变迁轨迹，我们的制度与社会确实处于以法治为目标的不断的发展进步之中，但这种进步是曲折且坎坷的，而历史的每一点微小进步都来之不易，都是当时各种社会思潮社会力量不断激荡交锋的结果，都凝聚着那个时代结构对行动的制约与行动对结构的超越；另一方面，这种进步只能代表过去而不能预示未来，我

---

（接上页）院已经正式明确了民事司法政策向马锡五审判方式一极转型。

不过，耐人寻味的是，在 2009 年 3 月 25 日发布的《人民法院第三个五年改革纲要（2009—2013）》中，虽然强调了司法改革的群众路线和司法为民，但关于调解的内容几乎可以说是"轻描淡写"，也没有提及马锡五审判方式。对于如此重大的司法政策转型，这样一个纲要性文件似乎没有理由不给予重视，而这是否意味着最高人民法院又在审慎地反思过度重视调解的问题？

们不能认为过去是进步的而未来必然会更进一步。今天，在社会现代化转型的关键"拐点"，一个循环论与进化论的十字路口，我们面临同样的历史境遇，也肩负同样的历史责任，而到底走向何方，将最终取决于我们每一个人的行动。

# 第四编

## 调解的制度完善

# 第 22 章 《人民调解法》的不足与人民调解制度的再完善

　　《人民调解法》的颁行，似乎意味着人民调解制度研究的阶段性终结，但事实上不应如此。本章将全面梳理人民调解在国家层面的制度流变，分析其运作不良的状况和制度缺陷的根源，在此基础上判断《人民调解法》是否有效回应了人民调解制度的缺陷，以及有效回应了社会的调解需要，最后提出统一"调解法"这一设想，并在整合我国既有调解资源的基础上，基于调解程序的基本原理，提出统一"调解法"的立法框架。

## 一、人民调解的制度沿革与制度缺陷

　　人民调解诞生于民主革命时期。新中国成立之后的 1954 年 3 月 22 日，中央人民政府政务院颁布《人民调解委员会暂行组织通则》，将人民调解的性质、任务、组织形式、工作原则和方法等加以规范化、制度化，第一次在全国范围内统一了人民调解制度，确立了人民调解的法律地位，人民调解正式制度化。也由此，确立了概念化的"人民调解"。之后，1982 年 12 月 4 日通过的《中华人民共和国宪法》第一次在国家根本大法中对人民调解进行了规定，为村、居委会一级的人民调解委员会的设立提供了最高法律依据。1989年 6 月 17 日国务院发布实施了《人民调解委员会组织条例》（以下简称《组织条例》），1990 年 4 月 19 日，司法部根据《组织条例》第 9 条第 2 款、第 2条第 2 款和第 10 条制定了《民间纠纷处理办法》。1994 年 5 月 9 日司法部根据《组织条例》第 7 条制定了《跨地区跨单位民间纠纷调解办法》。

　　新世纪以来，伴随着社会和谐和纠纷化解的要求，人民调解被推到了新的历史舞台，进一步制度化。2002 年 9 月 5 日最高人民法院审判委员会第1240 次会议通过了《最高人民法院关于审理涉及人民调解协议的民事案件的若干规定》（法释〔2002〕29 号），规定从 2002 年 11 月 1 日开始，经人民调解委员会调解达成的、有民事权利义务内容，并由双方当事人签字或者盖章的调解协议具有民事合同性质，由此明确了人民调解协议的法律效力。2002年9月11日，司法部出台了《人民调解工作若干规定》（以下简称《若干规定》），扩充了人民调解的组织形式，规定乡镇、街道、企业事业单位可以设立人民调解委员会，同时可以设立区域性、行业性的人民调解委员会，并对民间纠纷的受理和调解，以及对人民调解工作的指导进行了细致的规定，还统一了人民调解委员会工作所需的各种文书。《若干规定》与法释［2002］29号文件提升了人民调解的法律地位和社会威信，推动了人民调解的复兴。

另外，2002年《中共中央办公厅、国务院办公厅关于转发〈最高人民法院、司法部关于进一步加强新时期人民调解工作的意见〉的通知》、《最高人民法院、司法部关于进一步加强人民调解工作，切实维护社会稳定的意见》以及2007年《最高人民法院、司法部关于进一步加强新形势下人民调解工作的意见》，都旨在进一步强调人民调解的重要性。就法院调解的社会化或法院与诉讼外调解的衔接而言，1982年《民事诉讼法（试行）》第99条和1991年《民事诉讼法》第87条都规定了"邀请调解"，即在诉讼中邀请有关单位和个人协助调解；2004年《最高人民法院关于人民法院民事调解工作若干问题的规定》则规定了"（诉讼中）委托调解"，并细化了"邀请调解"；上述2007年司发［2007］10号文件重申了"（诉讼中）委托调解"，并规定人民法院对刑事自诉案件和其他轻微刑事案件，可以根据案件实际情况，参照民事调解的原则和程序，尝试推动当事人和解，尝试委托人民调解组织调解；2009年《最高人民法院关于建立健全诉讼与非诉讼相衔接的矛盾纠纷解决机制的若干意见》进一步明确了"（诉讼中）委托调解"和"邀请调解"，规定了"诉前（委托）调解"，并创设了司法确认程序，即对行政机关、人民调解组织、商事调解组织、行业调解组织或者其他具有调解职能的组织调解达成的具有民事合同性质的协议，人民法院对其依法审查后，以"决定"的形式确认其效力。同时，地方省市以地方性法规的形式制定了大量的人民调解相关规范的实施细则。2010年8月28日通过，自2011年1月1日起施行的《人民调解法》则将人民调解制度上升到国家基本法律的高度，对人民调解委员会、人民调解员、调解程序、人民调解协议等进行了规定。2011年3月21日最高人民法院审判委员会会议通过了《最高人民法院关于人民调解协议司法确认程序的若干规定》，就经人民调解委员会调解达成的民事调解协议的司法确认程序的管辖、要件、范围、审理、效力等进行了进一步的规定，由此正式确立了人民调解与司法的衔接机制。而 2011 年修改后的《民事案件案由规定》则规定了"请求确认人民调解协议效力"这一案由。

2011 年 4 月 22 日，中央社会治安综合治理委员会、最高人民法院、最高人民检察院、国务院法制办等 16 部门联合印发《关于深入推进矛盾纠纷大调解工作的指导意见》，第一次公开从全国层面提出了"大调解"。[1]该意见是对中共中央办公厅国务院办公厅转发的《中央政法委员会、中央维护稳定工作领导小组关于深入推进社会矛盾化解、社会管理创新、公正廉洁执法的意见》和《人民调解法》的落实，第 1 项指出："坚持调解优先，依法调解，充分发挥人民调解、行政调解、司法调解的作用。把人民调解工作做在行政调解、司法调解、仲裁、诉讼等方法前，立足预警、疏导，对矛盾纠纷做到早发现、早调解"。之后，根据《人民调解法》第 34 条的规定，"乡镇、街道以及社会团体或者其他组织根据需要可以参照本法有关规定设立人民调解委员会，调解民间纠纷"，司法部于 2011 年 5 月 12 日发布了《关于加强行业性专业性人民调解委员会建设的意见》，提出了建设行业性、专业性人民调解委员会的指导意见。2012 年修订之后的《民事诉讼法》则在"特别程序"中规定了调解协议司法确认程序，将调解组织调解达成的调解协议作为确认的对象，而并不限于人民调解协议，从而突破了《人民调解法》的限制。

人民调解已经实现了制度上的繁荣和立法位阶上的提升，但其纠纷解决能力却遭遇到了前所未有的挑战。据《2009 年中国人权事业的进展》白皮书披露：到 2009 年底，全国共建立人民调解委员会 82.3 万多个，共有人民调解员 493.8 万多人。全年共调解各类纠纷 767.6 万余件，防止民间纠纷转化为刑事案件 4.8 万多件，防止民间纠纷引起自杀 1.8 万多人。[2]可见，2009 年

---

〔1〕 事实上，早在 2009 年 12 月 31 日，《中共中央办公厅国务院办公厅转发〈中央政法委员会、中央维护稳定工作领导小组关于深入推进社会矛盾化解、社会管理创新、公正廉洁执法的意见〉的通知》（中办发〔2009〕46 号）就提出了大调解的思路，但该文件一直没有全面公开。2009 年 12 月 19 日周永康在全国政法工作电视电话会议上的讲话，反映了该文件的内容，参见周永康："深入推进社会矛盾化解、社会管理创新、公正廉洁执法，为经济社会又好又快发展提供更加有力的法治保障"，载《求是杂志》2010 年第 4 期。

〔2〕 根据 2011 年《中国特色社会主义法律体系》白皮书，2009 年人民调解组织调解民间纠纷 767 万多件，调解成功率在 96% 以上。目前，中国共有人民调解组织 82 万多个，人民调解员 467 万多人。"目前"是指何时，不得而知。事实上，知晓人民调解的运作和管理状况的人明白，迄今为止没有全国统一的人民调解登记台账，更没有联网网络办公，相关统计的准确性缺乏保障。

人民调解员人均调解的纠纷约 1.5 件，而实践中涌现的调解能手调解了大量的纠纷，因此可以断言，有大量的人民调解员是闲置的。同时，朱景文教授通过对 1981—2006 年间不同阶段民事纠纷的人民调解与民事一审的年均增长率、相关系数和比重的分析，指出，改革开放以来人民调解的作用在弱化，无论是调解的绝对数量还是相对于法院一审民事案件的比重都下降了。人民调解对诉讼没有起到分流的作用。[1]也即，人民调解之于社会纠纷的整体态势呈示弱状，人民调解的纠纷解决能力和纠纷解决数量没有随着社会的发展、纠纷的激增而实现相应的提高和增长，人民调解事实上处于退化的状态。

人民调解不能适应社会纠纷的状况，直接的原因在于人民调解制度本身的落后，体现为调解组织体系的僵化、调解员素质的参差不齐、调解工作保障的落后、调解员工作积极性的严重不足、调解程序的随意性和不规范性等，[2]这种人民调解落后于社会纠纷解决需要的状况，并没有随着《人民调解法》的制定而缓解，而人民调解出现社会不适应症的深层次原因则是人民调解面临的体制机制障碍及其与社会发展的脱节。

## 二、人民调解制度疲软的根源

人民调解是根植于现代化前夕的制度。人民调解制度赖以存在的社会基础已经被经济的发展、城市化的进程、社会的陌生人化、纠纷性质的大部法律化所置换。格式化的、标签化的人民调解，其政治意义大大超越实践意义。人民调解制度的疲软，则是由其根本缺陷导致的。

其一，政府控制与调解自治之间的矛盾与紧张，是人民调解制度运作不良、绩效不高的根源。调解需要调解员具有纠纷解决的积极性、主动性，依赖的是高素质的调解员个人，及其极大的耐心和热心，调解活动本身绝对带有助人为乐、做好事的成分。人民调解行业只能涌现个别典型，而不能使行业自身成为典型，原因在于，人民调解事实上是一种"政府控制的民间调解"，也就是我们常说的人民调解的"半官方"性质。组织的性质决定了组织的命运。体制内的人民调解要具有体制外调解的品质，是相当困难的。政府

---

[1] 朱景文："中国诉讼分流的数据分析"，载《中国社会科学》2008 年第 3 期。

[2] 关于人民调解制度的问题，参见徐昕：《迈向社会和谐的纠纷解决》，中国检察出版社 2008 年版，第 106 页。

控制下的人民调解，缺乏活力和动力，自然运作不良，绩效低下。因此，人民调解不能往行政化的方向发展，但现今的人民调解已经相当行政化。

其二，矛盾纠纷的法律性与人民调解员法律素养的不足之间的矛盾，是人民调解纠纷解决能力低下的根源。上文已经提到，根据官方的统计数据，2009 年人民调解员人均调解的纠纷约 1.5 件。人均 1.5 件以及大量的人民调解员闲置的事实，说明人民调解的纠纷解决能力整体上十分低下。能力不足的原因在于，主要立足于常识常理常情的传统人民调解思维和实践模式，已经难以适应中国社会的法律化进程。虽然人民调解员受过来自官方的培训，但人民调解员的法律素养和对纠纷的法律分析，有时难以达到"不违法"的标准（如通过人民调解离婚），而大多数情况下人民调解员难以按照法定的权利义务分配方式，提示公允的调解方案（如关于 8 级工伤事故、8 级侵权责任的赔偿金额的计算），而只能大而化之的"调"，导致的结果是人民调解与法律渐行渐远，而人民调解的公正性和权威性也就因此受损。[1] 伴随中国法律体系的完善，民事、劳动法律制度已经相当完善，"依法维权"以及"依法调解"在社会上已经渐成风气，法律介入矛盾纠纷的协商和调解成为自然而然的事情；同时，在很多情况下，对纠纷的认识和处理本身，就是法律作用的结果，即纠纷（及其处理）已经与法律局部融合，已经难以单纯地剥离出无涉法律的纠纷（及其处理），如纠纷的当事人（如妻子能不能代丈夫成为人民调解协议的当事人）、纠纷的性质（如工伤与侵权的区别）、调解协议条款的表达（如履行期限的约定、纠纷的一次性终结）等等。人民调解员法律素养的不足，已经与社会的法制进步脱节，而这严重影响了人民调解的纠纷解决能力。

人民调解的体制障碍及其与社会法制发展的脱节，导致了人民调解的组织虚化、人员溃散、激励与保障不足、动力不够、纠纷解决能力欠缺、运作不良等问题。虽然人民调解制度被宣扬为具有"群众性、民间性、自治性的性质和特征"，[2] 但实际上这些性质和特征是不稳定和缺乏硬性保障的，甚至是不真实的，因为人民调解的运作严重依赖党委政府的直接扶持和管理。由此，人民调解很难有独立性，更难以有自主性，而调解所必需的调解员的

---

〔1〕　事实上，笔者曾在不同的场合，从法院、司法局、法律援助等机构的工作人员那里，听到过关于人民调解牺牲一方当事人利益的事例。

〔2〕　崔清新、周英峰："盘点人民调解法七大亮点"，载 http://news. xinhuanet. com/2010 - 08/28/c_ 12494162. htm.

热心、自愿也就难以有长效的保障，对调解员的激励和保障也将始终缺乏长效性。总之，只要人民调解生存和运作的体制机制不变革，现有制度和资源对人民调解的激励和保障就始终是低效的，是"临时"的。

### 三、《人民调解法》评析

《人民调解法》的制定与颁行，是我国对完善人民调解制度的最新的一次尝试。那么，作为国家基本法律的《人民调解法》是否能够力克人民调解制度的缺陷呢？

（一）对《人民调解法》内容的评析

翻开《人民调解法》的文本，我们对其大部分法律条文并不会陌生，这些熟悉的条文见于上述国务院《组织条例》（1989）、《最高人民法院关于审理涉及人民调解协议的民事案件的若干规定》（2002）、司法部《若干规定》（2002）、《中共中央办公厅、国务院办公厅关于转发〈最高人民法院、司法部关于进一步加强新时期人民调解工作的意见〉的通知》（2002）、《最高人民法院、司法部关于进一步加强人民调解工作切实维护社会稳定的意见》（2004）、《最高人民法院关于人民法院民事调解工作若干问题的规定》（2004）、《最高人民法院、司法部关于进一步加强新形势下人民调解工作的意见》（2007）、《最高人民法院关于建立健全诉讼与非诉讼相衔接的矛盾纠纷解决机制的若干意见》（2009）。同时，官方媒体报道《人民调解法》有"七大亮点"：一是坚持和巩固了人民调解的群众性、民间性、自治性的性质和特征；二是进一步完善了人民调解的组织形式；三是进一步明确了人民调解员的任职条件、选任方式、行为规范和保障措施；四是进一步体现了人民调解的灵活性和便利性；五是法律确认了人民调解与其他纠纷解决方式之间的衔接机制；六是进一步明确了人民调解协议的效力和司法确认制度；七是加强了对人民调解工作的指导和保障。[1] 这四个"进一步"，一个"坚持和巩固"，一个"加强"说明《人民调解法》是在继承和延续旧有制度，而"五是法律确认了人民调解与其他纠纷解决方式之间的衔接机制"也是实践中已然实行的。

从条文性质上看，《人民调解法》纵然规定了调解的程序，但是，其规定主

---

[1] 崔清新、周英峰："盘点人民调解法七大亮点"，载 http://news. xinhuanet. com/2010 – 08/28/c_ 12494162. htm.

要是调解的"流程"，还不是严格意义上的程序规则，对人民调解可能涉及的程序规则问题，如诉讼时效、调解员的回避、调解员的保密义务、调解程序中信息的披露、调解中的证据在其他程序尤其是诉讼程序中的可采性等现代调解制度的基本程序规则问题，没有任何规定。同时对于人民调解协议纠纷与原纠纷的关系问题没有规定，而这一问题直接涉及对人民调解协议效力的解释问题。可以说，我国的人民调解制度仍旧停留在"临时性调解"（"ad‐hoc"conciliations）的阶段，离"规范化调解"（"institutional"conciliations）还有相当的空间。这种技术操作性上的不足是《人民调解法》延续旧思维、保守立法的结果，是《人民调解法》继承我国调解制度缺陷的结果。总之，《人民调解法》具有浓厚的法律编纂[1]性质，保守有余，创新不足。传统的人民调解不会因为《人民调解法》的制定而实现根本性的变革，其专业性的不足、组织网络的僵化、激励机制和保障机制长效性的欠缺等问题不会得到根本性解决。

《人民调解法》虽然创新不足，但仍有创新之处。其一，条文表述上有所立新；其二，有两大制度创新。下面细述这两大制度创新。

一是对人民调解组织的规定。如果只看《人民调解法》第 8 条，我们会以为是《人民调解法》在倒退，其只规定了村民委员会、居民委员会、企事业单位可以设立人民调解委员会。而《若干规定》已经将人民调解组织发展到了街道、乡镇一级，同时允许设立区域性、行业性的人民调解组织，有的地方在实践中还基于调解重大矛盾纠纷的需要设立了县级、地市级的人民调解委员会。事实上，在人民调解组织设置上，《人民调解法》虽定位于或者强调基层，但仍力求突破，该法第 34 条规定："乡镇、街道以及社会团体或者其他组织根据需要可以参照本法有关规定设立人民调解委员会，调解民间纠纷"，"其他组织"一语道破天机。按照媒体的报道，此规定"为乡镇、街道人民调解委员会及一些特定区域，如依托集贸市场、旅游区、开发区设立的人民调解组织和基层工会、妇联、残联、消协等群众团体、行业组织设立的新型人民调解组织保留了制度空间。"[2]"组织"并不是一个严格的法律概

---

〔1〕　法律编纂是指对某一部门法或某类法律的全部规范性法律文件加以整理、修改、补充，删除其矛盾、冲突、重叠的部分，增加适宜的内容，从而产生出一部新的、完备的法律。法律编纂是立法活动。参见舒国滢主编：《法理学导论》，北京大学出版社 2006 年版，第 192 页。

〔2〕　崔清新、周英峰："盘点人民调解法七大亮点"，载 http://news.xinhuanet.com/2010‐08/28/c_12494162.htm.

念，而是企业管理中的一个概念，由此，可以得出任何组织都可以设立人民调解委员会的结论。但是，笔者所要追问的是，这样立法的意义何在？目的恐怕在于尽可能广泛的发展人民调解组织。但是，在《人民调解法》的"附则"中做这样一种例外性的、补充性的规定，必然削弱立法目的。同时，也难以预期人民调解实务界会"例外地"努力发展人民调解组织。《人民调解法》没有力图将所有的民间调解、社会调解纳入人民调解的范畴，从而在事实上使用"人民调解"这一概念，反而力图将所有的民间调解、社会调解改造成为固化的、格式化的人民调解，这一做法绝对是徒劳的。

二是关于人民调解协议的效力。《最高人民法院关于审理涉及人民调解协议的民事案件的若干规定》第1条将经人民调解委员会调解达成的、有民事权利义务内容，并由双方当事人签字或者盖章的调解协议，定性为民事合同。《人民调解工作若干规定》复述了上述司法解释，并在第36条中规定，"当事人应当自觉履行调解协议"。而《人民调解法》第31条第1款则规定："经人民调解委员会调解达成的调解协议，具有法律约束力，当事人应当按照约定履行。"赵钢教授认为，应该从实体和程序两方面理解"具有法律约束力"，实体层面与《合同法》第8条的表达相同，程序法上即附条件的强制执行力。[1]《合同法》第8条规定："依法成立的合同，对当事人具有法律约束力。当事人应当按照约定履行自己的义务，不得擅自变更或者解除合同。"事实上，在民法理论以及《合同法》的法解释学著作中，合同的效力与合同的法律约束力（拘束力）是两个不同的概念。合同的效力，是指合同经过法律评价所反映出的效果，在我国法中反映为合同有效、无效、可撤销以及效力未定诸种情况。合同的拘束力（受合同的约束），是指除当事人同意或者有解除原因外，不容一方任意反悔请求解除，无故撤销。[2]具有法律约束力并不是合同的法律效力。由此，如果立足《合同法》第8条来理解《人民调解法》第31条可知，其一，《人民调解法》第31条仅仅是规定了调解协议的法律拘束力，而并没有规定调解协议的法律效力，其二，"当事人应当按照约定履行"仅仅是"具有法律约束力"的同义反复。

但是，需要注意的是，在诉讼法学界关于人民调解协议的效力的议论中，

---

〔1〕 赵钢："人民调解协议的效力辨析及其程序保障"，载《法学》2011年第12期。

〔2〕 参见韩世远：《合同法总论》，法律出版社2011年版，第152、154页。

所谓的"效力"，比较的对象是判决、裁定的效力，"人民调解协议的效力"中的"效力"，在语义上显然不同于"合同的效力"中的"效力"。由此可知，《人民调解法》并没有区分调解协议的拘束力和调解协议的法律效力，而第 31 条确是关于人民调解协议效力的规定，"具有法律约束力"即指调解协议的法律效力，即《人民调解法》是用调解协议的拘束力填充调解协议的效力。但调解协议"具有法律约束力"，民事合同也"具有法律约束力"，并不能当然推导出调解协议具有民事合同的性质。结合上述《最高人民法院关于审理涉及人民调解协议的民事案件的若干规定》以及《人民调解工作若干规定》可见，最高人民法院关于调解协议具有民事合同性质的规定并不符合《人民调解法》，而通过"具有法律约束力"这一表达，意在赋予人民调解协议高于合同或者区别于合同的效力。但问题在于，"具有法律约束力"之效力效果究竟为何？违背调解协议的后果何在？人民调解协议纠纷与原纠纷的关系何为？这些问题都不得而知。

事实上，调解协议是当事人各方意思表示一致的结果，"协议"大致上也是"合同"的同义语，调解协议在性质上就是合同。人民调解协议的合同性质，意味着了人民调解协议的效力可以按照《合同法》关于合同效力的规定予以处理。《民事案件案由规定》（法发〔2008〕11 号）也是将"人民调解协议纠纷"（包括（1）请求履行人民调解协议纠纷、（2）请求变更人民调解协议纠纷、（3）请求撤销人民调解协议纠纷、（4）请求确认人民调解协议无效纠纷）纳入"合同纠纷"项下，足见从合同角度处理人民调解协议纠纷是可行的。[1]《人民调解法》中"具有法律约束力"之规定，不如"民事合同性质"之规定明确，混淆了人民调解协议的约束力与法律效力，其本身缺乏

---

〔1〕《最高人民法院、司法部关于进一步加强人民调解工作切实维护社会稳定的意见》第 7 条规定："正确确定案由。人民法院受理的涉及人民调解协议的民事案件，案由仍按纠纷性质确定。但在司法统计时，应当将每类案件中包含的涉及人民调解协议的案件数量单独立项进行统计，以便有针对性地加强指导。"这样规定的原因在于 2000 年《民事案件案由规定（试行）》没有将人民调解协议纠纷归入案由，而 2008 年《民事案件案由规定》已经将人民调解协议纠纷作为独立的纠纷类型。但是，2011 年《最高人民法院关于修改〈民事案件案由规定〉的决定》删除了"人民调解协议纠纷"案由及其下级案由"请求履行人民调解协议纠纷"、"请求变更人民调解协议纠纷"、"请求撤销人民调解协议纠纷"、"请求确认人民调解协议无效纠纷"，增加了"请求确认人民调解协议效力"案由，可能的解释有两种，一是涉及人民调解协议的纠纷仍然按原纠纷性质确定，二是按照合同纠纷确定案由。案由其实就是诉讼标的。此番对涉及人民调解协议的案由的调整，对司法实务和调解理论都将产生影响，有待进一步的观察。

可操作性，也与人民调解的民间性质背离，即难以解释人民调解委员会主持调解达成的调解协议为何具有高于或者区别于其他诉讼外调解协议的效力。[1]

可以说，《人民调解法》的创新基本难以实现立法预期。

（二）对单独制定《人民调解法》的评价

多元化纠纷解决是一个体系化的工程。法院主导的多元化纠纷解决机制，是从诉讼外调解这一范畴来整体把握法院诉讼调解之外的调解机制的。最高人民法院对待诉讼外调解的态度是一样的，并没有高低偏颇。最高人民法院在文件中提及的调解组织有人民调解委员会、仲裁委员会专门设立的调解组织、商事调解组织、行业调解组织、其他具有调解职能的组织（《最高人民法院关于建立健全诉讼与非诉讼相衔接的矛盾纠纷解决机制的若干意见》第12项）。同时，最高人民法院提出，"要充分利用自身的资源来支持其他调解组织开展工作，有条件的地方可以在基层法院和人民法庭设立人民调解工作室等必要的办公场所，为其他组织调处纠纷提供支持，同时也要注意利用其他社会组织和有关部门的调解资源。"（《最高人民法院关于进一步贯彻"调解优先、调判结合"工作原则的若干意见》第26项）足见最高人民法院主导的多元化纠纷解决机制，是将所有诉讼外调解并列，无孰轻孰重之分。笔者认为，最高人民法院的这一做法是合理的，在实践中是可行的，在法（规范）的政策激励上是平等的。实践也表明，最高法院主导的多元化纠纷解决机制成效是显著的。

人民调解是我国多元化纠纷解决机制中的一种机制，同时也是众多诉讼外调解中的一种。如此格式化的、固化的人民调解仅仅是我国众多调解形式中的一种。既然《人民调解法》已经制定，那么逻辑顺延是，待行政机关调解、工会调解、律师调解、行业组织的调解、商业性的调解组织的调解、仲裁委员会下设的调解组织的调解等众多的调解形式发展一些时日，也成为"中国特色"、"东方经验"，[2]那么都应该制定相应的"调解法"。其实，合

---

[1] 王亚新认为，《人民调解法》关于人民调解协议"具有法律约束力"这一效力规定，体现在人民调解协议得以经由司法确认程序获得效力提升的资格，因此，其效力有别于并高于民事合同。参见王亚新："《民事诉讼法》修改与调解协议的司法审查"，载《清华法学》2011年第3期。笔者认为，这一"资格"与其说是人民调解协议的法律效力，毋宁说是其法律性质，理由在于，人民调解协议的效力显然是指未经司法确认的人民调解协议的效力。

[2] 据美国康奈尔大学法学院於兴中教授考证，人民调解在国际上并不享有"东方经验"、"东方一枝花"的美誉。西方的调解有着其自身的语义和语境，西方学者也并不认同西方ADR制度借鉴自

并这些调解形式的同类项后我们会发现，所剩无余。

姑且不论我国立法和政策制定中的部门利益争夺问题，由于《人民调解法》具有浓烈的法律编纂性质，《人民调解法》本身并没有发展和创新人民调解，而仅仅是固化或者说在法律地位上提高了人民调解。同时，由于在国家层面或者说在立法层面并没有诉讼外纠纷解决制度的系统性规划，因此，《人民调解法》很难被视为我国诉讼外纠纷解决制度系统化发展的阶段性产物。立法者"厚此薄彼"，不顾非诉讼纠纷解决机制全局而在人民调解领域单一突破，让人民调解率先打破平等，在法律地位上与其他诉讼外调解区别开来，兆示着政策与权力的倾斜配置，对实践中摸索出的由法院主导的多元化纠纷解决机制是不利的。加之中国社会自治性本身就发育不良，因此，社会真正通过调解消解自我纠纷的能力将继续长期地处于"孕育"阶段，中国调解制度的发展甚至会陷入一定的瓶颈。总之，不应该对人民调解单独立法。而既然已经制定了《人民调解法》，理性的处理是将其视为制定统一"调解法"之前的过渡产品，而立法机关则应该进一步谋划我国的诉讼外纠纷解决体系。

综上，《人民调解法》是立法者或者立法建议者延续旧思维的产物，该法没有对人民调解制度进行根本性改造，带有强烈的法律编纂的性质；《人民调解法》虽然没有将人民调解改造为行政调解，但固化了人民调解的政府背景，如该法第 6 条、第 16 条；并且，随着《人民调解法》的颁行，政府会更加"重视"人民调解，人民调解"半官方"的性质会更加明显。因此，《人民调解法》颁行后的人民调解制度仍旧是运作不良、绩效不高的制度。

### 四、统一"调解法"的必要性

人民调解运作不良，行政调解缺乏规范，民间、社会调解得不到法律保障等问题，导致民众日益增长的诉讼外纠纷解决需要得不到满足，并形成了巨大的调解供给缺口，因此，坊间一直有以统一的"调解法"取代"人民调

---

（接上页）中国调解传统。参见"'新时期调解创新与理论'学术研讨会纪要"，载徐昕主编：《司法·第 5 辑·调解的中国经验》，厦门大学出版社 2010 年版，第 8 页。如公元 922 年阿迈德·伊本·法德兰（Ahmad Ibn Fadlan）的日记就有对维京人（Vikings）惯于使用调解化解纠纷的记载。同时，韩国、马来西亚、波兰、阿塞拜疆、以色列、挪威和日本，都有历史文献记载调解的案例。参见 ［美］James A. Wall, John B. Stark, Rhetta L. Standife："调解的现状回顾与理论发展"，颜杰雄译，载《北京仲裁》2010 年第 2 辑。关于印度的调解传统，参见 Anil Xavier, "Mediation: Its Origin and Growth in India", Vol. 27 *Hamline Journal of Public Law and Policy* 275～282（2006）．

解法"，并进而在制度上推动调解制度全面发展的呼声。[1] 回答统一"调解法"的必要性这一追问，可以通过考察调解的性质、人民调解的效用以及新《民事诉讼法》的相关规定。

首先，调解概念的核心是当事人的"自愿"与"自治"。"自愿"从程序上赋予了调解合理性，"自治"从实体上赋予了调解合理性。可以说，只要是调解，其性质就应该是一样的。但是，由于调解主持者本身的权威性的差异，我国的法院调解成为法院行使审判权的方式之一，由此在我国形成"诉讼调解"与"诉讼外调解"两大类别。而我们要建构的多元化纠纷解决机制，主要是要建立多元化的诉讼外纠纷调解机制。各种形式的诉讼外调解并没有本质的区别，而人民调解委员会的调解与其他组织的调解，区别仅仅在于历史意义和政治意义。人民调解与其他调解，乃至当事人之间的和解，在性质上是一样的。

其次，前文已经指出，人民调解没有对诉讼形成有效的分流，对法院案件负担的分压作用是有限的，人民调解制度无论如何完善也不能满足社会所有的纠纷调解需要，社会亟需人民调解以外的其他民间、社会调解。一味地强调人民调解而忽视其他民间、社会调解的结果是社会自我化解纠纷能力的弱化，不利于社会和谐。

最后，新《民事诉讼法》面向所有的诉讼外调解，确立了调解协议司法确认程序，从而亟需统一"调解法"对所有的调解组织的设立条件和调解员的资质等作出规定，否则，2012 年修订之后的《民事诉讼法》第 194 条中提及的"调解组织"，除了人民调解组织，其它的调解组织就成了无根之木。[2]

总之，如果没有统一"调解法"对诉讼外调解的一并规定，以及对诉讼外调解与司法关系的规范，即使有了《人民调解法》，社会的纠纷调解需要仍然得不到满足，人民调解之外的大量其它形式的诉讼外调解不仅缺乏规范可循，而且缺乏发展的基本制度保障，这对我国初现端倪的多元化纠纷解决机制的进一步发展和完善是极其不利的。

---

[1] 唐俊："调解法已列入立法计划：'分进'还是'合击'"，载《法制日报》2007 年 11 月 23 日。

[2] 2012 年《民事诉讼法》第 194 条："申请司法确认调解协议，由双方当事人依照人民调解法等法律，自调解协议生效之日起三十日内，共同向调解组织所在地基层人民法院提出。"

### 五、统一"调解法"的法律框架

人民调解制度事实上被标签化了，其承载了太多纠纷解决之外的东西。一直以来，我们所强调的人民调解的重要性，实际上是一种误会。我们实际指的是民间调解的重要性，即民众自我通过调解，在国家不在场的情况下，实现纠纷化解。但鉴于"人民调解"已经标签化，同时人民调解委员会由司法行政机关管理的局面已经形成，因此，本章认为，统一"调解法"可以在承认并改进既有人民调解体系的前提下，并行规定"社会调解"，将"人民调解委员会"之外的其他所有诉讼外调解组织一并纳入"社会调解"范畴。"社会调解"包括仲裁委员会专门设立的调解组织、商事调解组织、行业调解组织、其他具有调解职能或开展调解业务的组织的调解，由此，开放纠纷调解市场，允许民间力量进驻纠纷解决的调解服务市场，成立从公益性到盈利性不等的各种调解组织，最大程度促进社会的自治和调解的多元化发展，并让人民调解制度在竞争中生存和发展。"社会调解"基于性质的不同，各调解组织可以自行决定是否收费及收费标准，因此，"社会调解"组织宜由工商行政管理机关和司法行政机关并行管理，行业进入上实现"准则制"，并辅以"社会调解"行业协会的自律管理。

行政调解具有多重含义，[1] 立足于民事纠纷的调解，本文所谓的行政调解仅指行政机关基于自身社会管理需要，对其职权涉及的民事纠纷进行的调解。行政机关主持调解不是行政权行使的结果，是行政机关在行使社会管理职能时对民事纠纷的附带性调解，体现的是行政权的公益性和服务性。因此，行政调解应该纳入统一"调解法"。诉讼调解是法院行使审判权的方式，诉讼与调解相结合的程序所导致的非议已经逐步消解，调审分离的制度障碍已经逐步打破，法官调解已成为一种趋势。[2] 同时，诉讼调解的发展方向之一是司法 ADR 性质的法院附设调解，而实践中已经有不少成功的经验。由于诉讼调解涉及司法权的行使问题，因此统一"调解法"中不宜规定。

基于以上论述，统一"调解法"应包括"人民调解"、"社会调解"、"行

---

〔1〕　范愉、李浩：《纠纷解决——理论、调解与技能》，清华大学出版社 2010 年版，第 196~197 页。一般认为，行政调解的范围包括行政争议和相关民事争议。

〔2〕　范愉等：《调解制度与调解人行为规范——比较与借鉴》，清华大学出版社 2010 年版，第 46 页。

政调解"三种形式。同时，统一"调解法"的制定还宜借鉴《联合国国际贸易法委员会调解规则》、《联合国国际贸易法委员会国际商事调解示范法》、《中国国际经济贸易仲裁委员会华南分会调解中心调解规则》、《中国国际贸易促进委员会/中国国际商会调解中心调解规则》、《北京仲裁委员会调解中心调解规则》等成熟的调解规则，以及日本《民事调停法》、韩国《民事调解法》、美国《统一调解法》、我国台湾地区"乡镇市调解条例"等"规范化调解"（"institutional" conciliations）的立法例，结合最高人民法院主导的多元化纠纷解决机制的成熟经验以及四川、江苏等地的"大调解"实践。在此基础上，本章认为，统一"调解法"在内容上至少应该包括如下事项：调解原则、调解案件范围、调解组织（设立程序）、调解人员（调解员资格及行为准则）、调解程序及诉调对接程序（调解的启动、推进、结束、诉前调解、委托调解、邀请调解）、调解规则（案件管辖、调解员确定与选定、调解员回避、诉讼时效、保密条款、信息披露条款、调解中的证据在其他程序尤其是诉讼程序中的可采性）、调解协议、司法确认程序、救济程序（调解协议无效、可撤销等效力问题的争执，协议解除后的争执）。在立法体例上可以采用总则加分则的模式，将上述三大调解的同类事项并入总则，特列事项归入分则。同时，可以考虑将刑事和解案件纳入调解案件范围。就调解协议的效力，宜规定经由"人民调解"、"社会调解"、"行政调解"三种调解达成的调解协议具有相同的法律效力，即合同效力，当事人应该自觉遵守和履行，并辅以司法确认程序予以保障。

# 第 23 章　人民调解的"广安模式"

　　人民调解制度在我国的发展，大致经历了一个产生、发展、繁荣、衰微、复兴的历程。现阶段，人民调解的复兴既是回应社会和谐的需要，又是回应多元化纠纷解决的需要。人民调解是一项群众司法制度，各地探索了很多提升人民调解功效的做法、制度。[1] 2008 年，四川省广安市经由临时组建的市级人民调解组织成功调解处理一起跨县级区域的民事纠纷，探索出了一条通过建立社会团体性质的市县人民调解委员会联合会发展市县级人民调解组织的路子。两年多来，以市县两级人民调解委员会联合会为组织架构平台的人民调解网络已经遍布广安市城乡，实现了人民调解组织的跨行业、跨地区发展，促进了人民调解机制的高效和有效运作，夯实了人民调解在"大调解"体系中的基础作用，推进了"大调解"体系的发展与完善。如今，以人民调解委员会联合会为制度依托，以社会自治为运作原则的人民调解"广安模式"已经基本成型，并形成。本章以对广安市人民调解活动的调研和参与式观察为研究基础，[2] 以对人民调解"广安模式"的产生、发展、成形、制度特色和发展理念为主要关注点，最终服务于人民调解"广安模式"的推广以及人民调解制度的整体完善。

---

　　〔1〕　关于我国各地对人民调解实践的一个梳理，参见毋爱斌："对我国人民调解各地模式的考察"，载《法治论坛》第 14 辑，中国法制出版社 2009 年版。

　　〔2〕　2010 年 3 月 1～2 日，广安全市范围的"大调解"体系调研一次，由广安市委政法委主持；2010 年 3 月 11 日，人民调解专项调研一次，由广安市司法局主持；此外，补充调研多次，并有在广安市人民调解委员会的调解工作经历。调研以对人民调解员和基层司法行政工作人员的访谈、对广安市司法局局长的访谈、对人民调解委员会调解室和个人调解工作室的参观、对调解案卷材料的查阅、对广安调解的规范性文件的收集为主。

## 一、人民调解委员会联合会的建立

建立人民调解委员会联合会是为了建立市县两级人民调解组织，而建立市级县级人民调解组织则是为了满足人民调解解决跨地区、跨行业、重大疑难民事纠纷的需要。满足这样的社会需要的构想渊源于一起现实的矛盾纠纷的解决。

2008年6月29日，贵州省瓮安县群体性事件发生的第二天，广安市武胜县一名15岁的初中毕业女生陈某，与网友一起在广安市广安区北辰湖公园玩耍时，自己不慎掉入湖中溺水身亡。死者陈某的父亲陈某某是一名退伍军人，得知其女死亡后，当天便与亲友赶到广安区并要求北辰湖公园赔偿，双方未达成协议。7月3日，死者之父陈某某情绪十分激动，扬言如果北辰湖公园不妥善处理此事，将制造惊天大案，这时他在广安的30多名战友，已集中进行声援，并聚集在北辰湖公园管理单位广安区规划和建设局。随着时间的推移，聚集和旁观的人越来越多，随时可能引发群体性事件。由于事发地在广安区，武胜县不方便出面调解，而闹事方当事人对广安区调解又极其不信任，故不接受调解。为此，当地政府有关领导授意由市司法局组织调解小组介入纠纷进行调解。但由于这起纠纷跨县级区域，该纠纷又不宜由广安区或武胜县任何一方的人民调解组织或司法行政部门主持调解，而广安市一级又没有人民调解组织，此时面临纠纷解决障碍。为了及时化解纠纷，避免矛盾升级，有关部门临时组建跨县域的市级调解组织，而该调解小组极易获得了当事人的认可，协助当事人双方就纠纷解决达成了一致意见，纠纷最终得到妥善处理。

上述非正常死亡纠纷是众多复杂疑难纠纷中的一例，折射出当前社会纠纷状况和纠纷解决机制所存在的不足。这起纠纷首先是一起跨县级地域的民事纠纷，而人民调解组织最高设在了乡镇、街道一级，根本没有跨县级区划的调解组织；同时，这起纠纷的当事人不诉诸司法，不理性诉求其主张，而是制造社会事件，通过造成社会影响引起社会关注，这极易为流言蜚语形成空间，乃至演变为群体性事件。这起纠纷的启示是，社会亟需跨地域的能调解重大疑难纠纷的人民调解组织。

为了满足新形势下纠纷解决的需要，基于对现实纠纷状况、纠纷解决需要以及传统人民调解组织之局限的认识和分析，广安市有关部门联合西南政法大学司法研究中心，开展通过试点推荐司法改革项目。在多方讨论、研究和协调的基础之上，建立人民调解委员会联合会的初步方案最终敲定，即倡议和发动各区市县所辖乡镇（街道）、村居、企业单位人民调解委员会及全体人民调解员自愿组成各区市县人民调解委员会联合会，再由联合会产生各区市县人民调解委员会，并在各区市县人民调解委员会联合会和人民调解委员会成立的基础上，建立广安市人民调解委员会联合会、广安市人民调解委员会以及其他类型的人民调解组织。

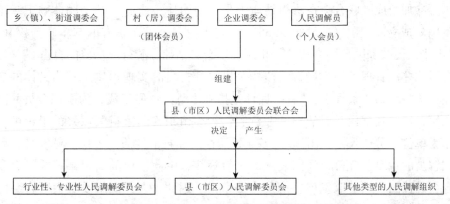

图 23-1：广安市各县（市区）人民调解委员会联合会创建示意图[1]

## 二、联合会的法律属性

人民调解是在人民调解委员会的协助下，纠纷当事人有效沟通，充分协商，从而化解纠纷的一种群众自治的纠纷解决方式。一直以来，人民调解都定位于基层自治。1989 年国务院《人民调解委员会组织条例》第 2 条规定人民调解委员会是村民委员会和居民委员会下设的调解民间纠纷的群众性组织。也因此，人民调解在组织结构上惯性地停留在了基层，而没有与经济社会发展同步发展。2002 年，司法部《人民调解工作若干规定》第 10 条规定乡镇、街道可以设立人民调解委员会，同时根据需要设立的区域性、行业性的人民调解委员会。由此，为人民调解组织的发展提供了制度空间。但是，如何设

―――――――――――

〔1〕　广安市人民调解制度创新与发展课题组：《广安市人民调解委员会联合会的完善与发展》，2009 年 12 月，第 9 页。

立区域性、行业性的人民调解委员会，仍旧是制度空白，同时没有现成的经验可循。而广安模式的核心在于组建了人民调解委员会联合会，将其定位为所辖区域各人民调解委员会和人民调解员自发组织，自愿参加的非营利性行业自律性群众性组织，从而提供了在法律框架下实现人民调解委员会区域性、行业性发展的可行方案。

1. 法律依据。联合会的法律依据在于国务院《社会团体登记管理条例》和司法部《人民调解工作若干规定》。

市县人民调解委员会联合会由市县所属各人民调解委员会和人民调解员自愿参加组成。联合会在法律性质上是社会团体，依据《社会团体登记管理条例》成立。我国《宪法》第35条规定了我国公民所享有的基本政治权利："中华人民共和国公民有言论、出版、集会、结社、游行、示威的自由。"《社会团体登记管理条例》则进一步为公民结社自由的实现提供了较为具体的途径，该条例第2条规定："社会团体是指中国公民自愿组成，为实现会员共同意愿，按照其章程开展活动的非营利性社会组织；国家机关以外的组织可以作为单位会员加入社会团体。"基于社团性质和自治性质，人民调解委员会和调解员的自愿联合符合社团发展的一般规律，由此形成的人民调解委员会联合会是社团组织争取发展空间的合法举措。因此，人民调解委员会联合会的建立是作为群众性组织的人民调解委员会以及作为公民的人民调解员实现其结社自由而成立的社会团体。

《社会团体登记管理条例》规定依其成立的社会团体须有自己的章程，并且章程应当包括宗旨、业务范围等若干事项。对此，联合会在自己的章程中规定业务范围包括成立同级的人民调解委员会和各行业性、专业性人民调解委员会，如《广安市人民调解委员会联合会章程》规定，联合会的业务范围包括组织成立广安市人民调解委员会和广安市各行业性、专业性人民调解委员会，由此实现了经由联合会产生市县两级人民调解委员会和相应的行业性、专业性人民调解组织。一定程度上，市县人民调解委员会联合会及其产生的市县人民调解委员会都严格遵守了法律的规定，是对法律的创造性适用。

2. 法律性质。人民调解委员会联合会的成员性质、产生方式决定了联合会本身的性质。因为联合会成员具有群众性、自治性特征，且通过自愿发起或参与的方式成立了人民调解委员会联合会这一民间社会团体，因而它具有群众性、自治性、独立性特征。

（1）群众性。所谓"群众性"，是指人民调解委员会联合会是从人民群众当中自生自发，有内生于基层社会的特性。首先，人民调解委员会是群众性组织之一，深入基层社会；其次，人民调解员来自广大群众，经群众选举或接受聘任而产生；再次，人民调解活动扎根于农村和城市基层社会生活的各个方面，人民调解委员会联合会及其会员可以随时随地以简便、灵活、快捷的方式解决民间纠纷。因而，人民调解委员会联合会是自下而上自主生成的民间社会团体，而非国家公权力外在附加创设的，因此它区别于国家通过公权力设立的官方机构。

但需注意，这种"群众性"区别于绝对的民间性和非官方性。这表现在三个方面：首先，联合会的成立获得了党委政府的积极引导和大力扶持。其次，在其职责上，体现出半官方的特征。根据我国《居民委员会组织法》和《村民委员会组织法》的规定，我国的基层群众性自治组织负有一系列协助政府管理的责任。人民调解委员会联合会正是群众性自治组织为了适应新形势、更好地履行职责、更充分地发挥作用而自愿联合成立的组织，自然也负有协助政府实施行政管理的职责。最后，人民调解委员会联合会及会员组织的工作机制与政府的行政管理部门协调配合、紧密联系。

（2）自治性。所谓"自治性"是指人民群众通过自我管理、自我教育、自我服务开展工作，管理国家和社会事务，实行民主选举、民主决策、民主管理、民主监督。尽管政府机关对人民调解委员会联合会的工作给予指导、支持和帮助，但仍不得干预依法属于其自治范围内的事务。

根据我国《宪法》第 2 条规定，国家的一切权力属于人民。人民当家作主的途径主要有两大方面：一是通过选举代表组成全国人大和地方各级人大，行使管理国家大事的权力；二是通过各种途径和形式，管理国家事务、经济和文化事务。在"各种途径和形式"中的一个重要的形式就是《宪法》第111 条所规定的按居住地区为城市或农村而设立的基层群众性自治组织，即居民委员会和村民委员会。而这些组织衍生的人民调解组织也是人民当家作主，通过调解纠纷来参与公共生活、管理国家和社会事务的一种方式。

（3）独立性。所谓"独立性"，即人民调解委员会联合会既不是国家机关的下级组织，也不属于任何其他社会团体或社会经济组织。虽然司法行政部门对人民调解组织负有指导、帮助、监督、行政性管理职能，但人民调解组织与国家机关及其他社会组织之间并不存在领导与被领导的关系，国家机关及其派出机构无权对它发布指示和命令。

### 三、人民调解广安模式的基本内容

人民调解"广安模式"是"以市、县（市、区）人民调解委员会联合会为龙头，市、县（市、区）人民调解委员会为主导，乡镇、村（居）人民调解委员会为基础，专业性和行业性调解委员会为补充的市、县、乡、村、组五级网络体系，实现多种纠纷解决机制有效衔接、良性互动，和平解决纠纷"的人民调解模式。广安模式的核心是以人民调解委员会联合会为平台，保障人民调解的社会性与自治性，统筹人民调解组织网络，提升人民调解纠纷解决能力，发展跨地域跨行业的调解组织。人民调解委员会联合会和人民调解的组织网络构成了广安模式的基本内容。

1. 联合会的基本职能。联合会是结社自由的结果，社会团体的设立是为了实现一定的组织目标。广安模式中，市、县（区市）人民调解委员会联合会的基本职能是：（1）产生市、县（区市）级人民调解委员会，以此保证人民调解组织的群众性、自治性；（2）对所辖区域各人民调解委员会进行业务指导和行业自律管理；（3）聘请人民调解员，建立人民调解员专家库，尤其是建立行业性、专业性、疑难重大纠纷的调解专家库。在具体实践中，以广安市人民调解委员会联合会为例，其《章程》规定，该联合会的业务范围为：（一）向相关单位制定人民调解规章制度时提出合理化建议；（二）组织成立广安市人民调解委员会和广安市各行业性、专业性人民调解委员会；（三）指导各人民调解委员会正常开展工作；（四）引导团体会员和个人会员自觉维护当地社会政治稳定；（五）代表并维护会员的合法权益，反映会员的意见、要求和建议；（六）为会员提供法律、人民调解业务知识咨询等服务；（七）开展全市人民调解业务知识培训和人民调解员的思想作风教育；（八）组织会员开展人民调解工作调查研究和经验交流活动；（九）定期或不定期公布广安市人民调解委员会和全市行业性、专业性人民调解委员会人民调解员专家库名单。

经由联合会统筹人民调解，实现人民调解员和人民调解组织的结构社会化，以此确保人民调解的社会性和自治性。

2. 人民调解的组织网络。联合会是人民调解组织和人民调解员的联合，是民间纠纷调解资源的联合。以联合会为组织平台，以联合会建设为发展契机，广安积极拓展人民调解的组织网络，实现了横向到边，纵向到底的人民调解组织网络体系，即以市、县（市、区）人民调解委员会联合会为龙头，市、县（市、区）人民调解委员会为主导，乡镇、村（居）人民调解委员会为基础，专业性和行业性调解委员会为补充的市、县（市、区）、乡（镇、办事处）、村（社区）、组和劝调员六级调解体系。其中，劝调员分布在农村院落、居民小区、"两新"组织（新经济组织、新社会组织）。[1] 联合会搭建了多种纠纷解决机制有效衔接、良性互动的平台，实现了人民调解内部的"大调解"，最终实现矛盾纠纷最大程度上的和平解决。

## 四、广安模式的制度优势

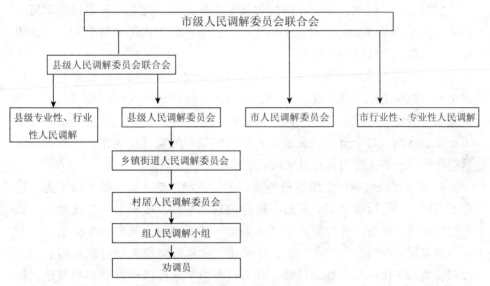

图 23-2：广安市人民调解组织网络体系[2]

广安模式以人民调解委员会联合会为基干。联合会是一个纠纷调解力量的组织平台，对提高人民调解组织的纠纷解决能力，促进人民调解积极发展成矛盾纠纷"大调解"体系，具有区别于人民调解常规机制的优势。

---

〔1〕　劝调员一般还担任"维稳信息员"。

〔2〕　广安市人民调解制度创新与发展课题组：《广安市人民调解委员会联合会的完善与发展》，2009 年 12 月，第 19 页。其中，劝调员是广安模式的新发展。

1. 建立调解专家库，有效整合及灵活调动社会资源解决纠纷。建立人民调解员专家库，集合多个领域中具备专业知识技能、富有调解经验的人士担任兼职调解员。当出现社会影响重大、疑难复杂、跨区域、跨行业、专业性强的纠纷，人民调解委员会联合会可从专家库中灵活抽派具备相关专业知识和能力的调解专家组成调解组，并指定首席调解员，对纠纷进行调解。这样的机制可以有效整合及灵活调动社会资源解决纠纷，极大地节约纠纷解决成本。此外，专家库也是产生专职调解员的有效途径。

2. 搭建了调解组织发展的平台，鼓励和培育新型调解组织，促进了调解组织的现代化发展。人民调解委员会联合会的重要职能是大力培育各种民间调解组织，为调解组织的发展搭建平台，开辟广阔发展空间，促进调解组织适应多样化、专门化、专业化的现代发展趋势。例如设立个人主持的调解工作室，[1] 律师调解组织，社区调解中心，企业和组织内部调解机构，社会团体、自治组织、行业协会的调解机构。

3. 加大了对人民调解的业务指导力度，强化了人民调解的行业自律，促进了人民调解工作的规范化，提升了人民调解组织解决纠纷的能力。人民调解委员会联合会的成立，为人民调解实现行业自律、提高业务指导水平打下了重要的基础，对于监督和促进各人民调解组织的规范化运作、提升人民调解组织的纠纷解决能力具有极大的促进作用。

4. 完善了人民调解组织网络体系和工作机制，整合了纠纷解决资源，建立了人民调解与行政调解、司法调解等的对接平台，使得各种对接建立在联合会的组织网络上，有力促进了"大调解"体系建设。联合会本质上是一种纠纷解决资源的联合和整合机制，在构建"大调解"格局中可以承担总揽人民调解组织工作机制调整的任务，并通过更为灵活的机构设置和与其他纠纷解决机制的协调对接来实现建设"大调解"格局的目标。总之，联合会一方面针对人民调解制度本身的缺陷和问题提出改革措施，提升和强化了人民调解本身的纠纷解决能力，另一方面搭建了一个多重力量介入纠纷解决的平台，最终，经由联合会为网络平台，促成人民调解与行政调解、司法调解的有机

---

[1] 目前在广安市的人民调解工作中已经涌现出一批热心调解工作、经验丰富、技术成熟的调解员，同时政府积极鼓励他们发挥专长，通过政府购买服务的方式，在政策和经费上支持他们开设个人主持的调解工作室，如"广安郭太平调解工作室"。截止2011年9月，广安已经建成个人调解工作室11个。

结合，多种解纠机制之间的沟通、协调、衔接，积极融入并推动"大调解"体系建设。[1]

### 五、广安模式的进一步完善

广安模式并不是至善至美的人民调解模式，其仍然有进一步发展和完善的制度空间，运作实效更是有待进一步提高。由于广安模式的前期发展，以政府推动和促进为主要发展动力，而真正体现社会调解的力量，如律师调解、社会组织的调解，并没有大量产生。广安模式也仅仅产生了十分有限的调解能手和调解工作室。同时，广安模式存在理念与实践的脱节，而这种脱节是广安模式自身难以避免和克服的，受到中国基层社会的维稳压力和党政运作逻辑影响。由此，从长远来看，广安现阶段对人民调解制度的改革仍处于深化探索阶段，需要在实践中继续不断总结和完善。广安模式的完善方向，或者说广安市人民调解委员会联合会的工作重心，应定位于四大方面：一是继续提升现有人民调解组织的纠纷解决能力；二是大力培育各种民间调解组织；三是积极参与司法 ADR 的构建；四是打造一个国内一流水准的专业化调解机构。[2]

第一，进一步提升人民调解的解纷能力。当今中国，调解网络虽然庞大，但组织建设、人员素质、工作方法等方面存在许多缺陷，从而导致纠纷解决能力明显不足，有必要改革和完善人民调解制度。建立人民调解委员会联合会是一项重大举措，但只是一个良好的开端，还需要以此为契机，扩大调解领域，完善组织网络，提高队伍素质，规范工作程序，增强法律效力，开拓创新，与时俱进，建立新机制，研究新情况，解决突出问题，从而促使人民调解这一具有中国特色的民主法律制度焕发新的生机与活力。

第二，大力培育各种民间调解组织。人民调解委员会联合会的重要职能之一是促进调解的社会化，鼓励社会力量发展调解。应充分发挥社会各方面的力量，借鉴国内外经验，鼓励建立各种形式的 ADR（代替性纠纷解决机构）。例如，继续通过政府购买服务的方式设立个人主持的调解工作室，鼓励

---

〔1〕 广安市人民调解制度与发展课题组：《广安市人民调解委员会联合会的完善与发展》，2009年12月，第 16～18 页。

〔2〕 参见徐昕："通过试点推进人民调解制度的改革"，载《法治论坛》第 14 辑，中国法制出版社 2009 年版。

建设律师调解组织、社区调解中心、企业和组织内部调解机构以及社会团体、自治组织、行业协会的调解。只要有助于解决纠纷，促进社会和谐，都可以大胆尝试。民间调解机构还可以往有偿服务的方向发展。

第三，积极融入司法 ADR，成为法院直接指导和支持的调解。司法 ADR 是 ADR 发展的重要方向，人民调解应该积极融入法院主导的诉讼与非诉讼纠纷解决机制的建设之中，积极做好诉前调解、委托调解、邀请调解，并发展法院附设调解，成为法院直接指导和支持的调解。广安模式的人民调解在法院附设调解方面还很薄弱，应该积极发展法院附设调解。

第四，建立广安调解中心。根据目前的方案，广安市及各区（市、县）人民调解委员会联合会下设人民调解委员会。我们建议，广安市人民调解委员会联合会下设广安调解中心，承担具体的调解工作，广安调解中心在各区（市、县）设分部，负责各区（市、县）的调解工作。区（市、县）联合会不下设人民调解委员会，其职能由广安调解中心承担。此举目标在于集中力量，将广安调解中心打造成国内一流水准的快捷、便利、高效的专业化调解机构。

需要注意的是，目前建立的人民调解委员会联合会与行政级别对应，层级性较为明显，在实践中容易走向行政化，因此，应特别强调其自治性，在制度设计特别是今后的实践中确保其自治性。

同时，以广安调解中心为切入点，借鉴仲裁程序及香港调解中心、北仲调解中心等纠纷解决机构的程序规则，制订完善的调解规则，并使之成为全市调解机构的范本。调解机构可以主动介入，当事人也可以申请调解；主动介入应当及时，防止纠纷升级，但仍需以当事人同意为前提；申请调解可以适当收取费用；当事人可以选择调解员；调解中心应根据纠纷的地域性、专业性特点组成调解庭，等等。关于专家库，应建立广安市全市范围的专家库；可以增加主动报名的方式；根据地域性、专业性和行业性特点，建立详细的专家资料库，方便纠纷当事人根据地域、专业等特点选择调解员；专家库信息可通过网络查询。并且，大力促进调解工作的规范化。建立健全调解工作制度（包括岗位责任制，例会，业务学习和培训，民间纠纷排查，免费和补贴，回访，业务登记，统计，档案，考评、表彰和奖励等各项规章制度），严格工作程序，克服工作中的随意性。

## 六、广安模式的推广

人民调解广安模式的形成贯穿了通过试点推广司法改革的思路，即科研机构与司法部门密切合作，以其工作为中心，针对司法实践和司法改革所面临的重大问题，进行司法的经验研究，在国家确定的司法改革框架下，提出或修正司法改革的实施方案，在实践中试点，进而对试点结果进行评估，不断完善改革方案，最终提炼出可在更大范围内加以借鉴的司法改革的经验和模式。[1] 广安模式的发展与成型，有现实的需要，有法理的依据，有实务的探索，有理论的支撑，并经历了"制度设计——实践探索——制度评估——制度调整——继续实践"这样的实验性改革路径，已经较为成熟，并具有较强的可推广性和可复制性。纵然如此，我们认为，广安模式的推广并不是要原封不动的移植照搬，更须推广广安模式的理念。

一是自治性理念。人民调解诞生之初便是群众自治的方式，但是在人民调解的后续发展中，由于其与经济社会发展的脱节，以及人民调解依附的传统社会结构的变化，人民调解的群众自治功能逐步弱化。广安模式的发展过程中，虽积极争取政府的支持和推动，但更注重吸收社会力量和整合民间资源，坚持群众自治原则，在法律上寻求发展依据，走社团化的发展道路，避免行政权干涉。由于传统人民调解的运作在财力和物力上都基本依赖于政府的财政支持，广安模式的人民调解则定位为一种政府购买服务的调解运作模式，从而严格区别于附属于政府的调解。

二是社会化理念。广安模式奉行相信社会和依靠社会的思路，坚持人民调解的社会化发展方向，力戒人民调解行政化弊病，让人民调解的组织发展回归社会，发展出独立的社会组织人民调解委员会联合会重新整合人民调解力量，使得人民调解不再主要依附于行政机构。同时，在外延上，力争使得人民调解与民间调解、社会调解相重合，淡化无意义的区别，重在调解的社会化。

三是法制化理念。广安模式的人民调解奉行"依法调解 公平正义"的实务操守，各级各类人民调解室均设置了以此为内容的标示。依法调解不仅是

---

〔1〕　参见徐昕："通过试点推进人民调解制度的改革"，载《法治论坛》第 14 辑，中国法制出版社 2009 年版。

对调解程序的规范性要求，如当事人自愿、尊重当事人诉权等，更是对实体处分的规范性要求，即要求调解员遵循实体法的规定，提出合法合理的处理建议供当事人参考。由此，最大程度避免了调解与法制的冲突，并强化了调解的法律权威。

广安模式的理念，显著地区别于现阶段人民调解制度的整体发展趋向，尤其是政府主导成了政府包揽、人民调解成了行政调解、群众自治不断被削弱等现象。但是，现阶段的广安模式的人民调解，是人民调解制度的局部的外部的调适，还不是人民调解制度的根本性内生性的变革，尽管广安模式也在朝此方向努力，但是这种努力能在多大程度上对抗中国的体制障碍和政治惯习，则难以预测。由此，广安模式促使我们进一步反思人民调解的体制机制问题和立法理念问题。

无论如何，人民调解广安模式的意义是重大的。它开启了人民调解制度发展的新局面，塑造了"调解优先"的社会氛围并为社会提供了有效的调解机制，为人民调解的发展注入了全新的理念——迈向社会自治的人民调解，更暗示了中国调解制度整体上的社会化发展方向。社会需要自治，政府也不可能无所不包，在纠纷解决的领域更是如此；但社会的自治绝不是社会与政府的分裂，而是体现出一种互动的关系形态。我们相信，如果自治性和社会化两大理念不断得到贯彻，人民调解广安模式定能不断丰富内涵，充盈外延，在多元化纠纷解决格局中实现社会的有序自治与自身的良性发展。

# 第 24 章　调解的传统与创新

## 一、中国传统调解制度的历史背景

调解制度在中国源远流长，早在西周时期，在地方官史中就有"调人"之职，其职能为"司万民之难而谐和之"。[1] 中国传统的调解制度的存在发展基础可以概括为以下几个方面：

（一）传统调解制度存在发展的基础[2]

中国传统文化的最高境界就是和谐，强调人与人之间以和为贵，以忍为上。儒家思想在中国封建社会被历朝历代的统治者利用和推崇，成为中国社会的主导思想。儒家"和为贵"、"中庸"、"息讼"的思想是数千年封建社会中调解制度的思想基础。孔子认为争议的最佳解决方法是诉诸道德而非求助于法律。

子曰："道之以政，齐之以刑，民免而无耻；道之以德，齐之以礼，有耻且格。"意思是说："用政令来引导，用刑法来整治，人们则只求免于刑罚但无廉耻之心；用道德来引导，用礼教来整治，人们就有羞耻之心，且能改过。"[3]

从某种程度上说，中国传统社会是"礼治的社会"，而非"法治的社会"，即"以礼入法"[4]。儒家思想的宗旨是通过"仁爱"建立和谐的社会关系。在这一思想传统的影响下，诉讼的出现被认为是对和谐社会的破坏。

---

〔1〕　参见宋才发、刘玉民：《调解要点与技巧总论》，人民法院出版社 2007 年版。

〔2〕　参见 Gabrielle Kaufmann – Kohler and Fan Kun, "Integrating Mediation into Arbitration：Why It Works In China?", Vol. 25 *J. Int' L. Arb/* 480～482（2008）.

〔3〕　《论语·为政》。

〔4〕　瞿同祖：《中国法律与中国社会》，中华书局 2003 年版，第 303 页。

让步是美德之体现，因为它阻却了摩擦和失谐。以中立第三方进行友好调解这种比较温和的纠纷解决方式促使人们息讼求是，达成和解，正与此理相谐。由于调解的理念体现了传统儒家文化追求自然秩序和和谐的理想，也与传统儒家文化的"无讼"理想一致，因此建立在儒家社会观念基础上的中国传统社会，调解制度被广泛的应用。

社会结构方面，中国传统社会的基本单位不是个人，而是个人所处于的社会单元：即家庭，宗族，村庄和行会。[1]人与人的关系是一种以氏族血缘相联系的伦理道德上的情感关系。人们常常用尽办法避免政府官员牵扯到其内部成员的纠纷中来。因此，人们被鼓励，甚至是被要求在求助法律救济之前用尽族内的救济方式。[2]地方执法官员，由于其大部分时间用在处理杀人，盗窃等重大案件中，也常常会主动将那些族内的纠纷送回宗族、村庄和行会内首先进行调解，以减轻其诉讼负担。

此外，中国古代社会法制的不健全以及对当事人诉权的限制也迫使当事人不得不寻找非正式的途径解决纠纷。中国的古代社会"民刑不分"。许多当今社会的民事纠纷在中国古代被当作刑事案件来处理。正式的法律程序常常涉及刑罚，以达到统治阶级的统治目的。此外，礼法结合，"德主刑辅、礼刑并用"的基本制度使得许多民事和刑事案件是通过"礼"而非"法"来解决的，因而给执法者带来很大的执法空间。由此导致的司法判决的不确定性以及执法官员的腐败都使得人们更倾向于用非诉的方法来解决民事纠纷[3]，甚至在大量刑事案件中也同样存在"私了"的情形。广为传播的诉讼之危害迫使人们远离衙门。中国古代谚语"饿死不做贼，冤死不告状"反映了广大民众对于法律和诉讼的畏惧。

最后，从经济结构来看，中国长达两千多年的封建社会一直处于自给自足的小农经济，没有形成经济的规模化和集团化，也没有产生对外贸易的需

---

〔1〕 参见 Stanley Lubman, "Mao and Mediation: Politics and Dispute Resolution in Communist China", Vol. 55 *California Law Review*, 1294 (1967).

〔2〕 Stanley Lubman, "Mao and Mediation: Politics and Dispute Resolution in Communist China", Vol. 55 *California Law Review*, 1294 (1967), p. 1297; Jerome Cohen, "Chinese Mediation on the Eve of Modernization", Vol. 54 *California Law Review*, 1223 (1966).

〔3〕 Wang Guiguo, "The Unification of the Dispute Resolution System in China Cultural Economic and Legal Contributions", Vol. 13 *J. Int' L. Arb*, 9 (1996).

求。相应的，小农经济下所产生的民事纠纷主要是产生在熟人之间的小规模的纠纷，主要涉及婚姻、土地和个人财产的争议。这种经济特点有利于调解的应用。邻里之间也倾向于采用和睦的方式来解决其间的纠纷，以求息事宁人，和睦相处。

（二）调解发展的模式

综上所述，儒家的厌诉思想，法律的不完善，传统社会的核心结构（家庭、宗族、村庄和行会），以及封建社会自给自足的小农经济均为调解在传统中国（从夏朝直到 1911 年清朝被推翻以前的封建王朝统治的中国）的滋生与发展提供了土壤。

值得指出的是，无论是西周时期的"调人"，还是元朝的村长裁判、调解，或明朝的老人"申明亭"，调解人都具有半官方的身份。调解成为官府审判与非正式裁判的过渡形态。由于中国古代法治的欠缺，从某种程度说，传统的调解制度是中国传统法律体系中不可缺少的一部分，而不仅仅是争端解决的一种"替代方式"。

## 二、中国调解制度在毛泽东时代的发展

从 1911 年封建王朝被推翻到 1949 年的共和制并没有明显的削弱对调解的偏好。传统的非正式的人民调解在国民党统治时期仍然是特征性的解纠方式。[1] 1949 年中华人民共和国成立后，作为重组中国社会努力的一部分中国共产党为纠纷解决重构了传统制度，并创设了新制度。这些变革下的调解制度是传统调解的延续还是变革？

（一）传统调解要素的变化

Cohen 教授认为，"纵然在儒家思想和'毛泽东思想'之间存在重大差别，两种主流意识形态显然都对诉讼怀有恶感，并且都高度倚重'批评—教育'，自我批评和'自愿'"。[2]

---

〔1〕 Stanley Lubman, "Mao and Mediation: Politics and Dispute Resolution in Communist China", Vol. 55 California Law Review, 1294 (1967), p. 1297.

〔2〕 Jerome Cohen, "Chinese Mediation on the Eve of Modernization", Vol. 54 California Law Review, 1223 (1966), p. 1226.

毛泽东主义在根本上关注的是改造个人思想。[1]依毛泽东主义看来，政治行动必须遵循并适用正确的"思想"。如果思想不正确，就必须被"改造"。个人及其阶级的思想和觉悟必须通过运用斗争工具和"思想改造"以"解决矛盾"的方式来改变。

毛泽东主义对改造个人思想的关注通过群众运动和政策声明而得以证明。毛泽东群众路线的思想起源于20世纪三四十年代，即"一切为了群众，一切依靠群众，从群众中来，到群众中去"。在这一思想的指导下，人民内部矛盾（区别于敌我矛盾）应当尽量通过说服教育的方式而非强制的方式解决。[2]为使共产主义的指导思想渗透到人民群众中去，许多民事纠纷都通过调解的方式得以解决。[3]

从社会结构上看，中国共产党通过弱化或完全废除家庭、宗族、村庄、行会来重组社会。在新的社会结构下，新的居民集体和工作集体产生。个人生活工作的基本单位是所谓的"基层"组织，即由市、区、街坊、到街道的无所不在的城市控制系统。调解组织渗透到城市的每个区或街道，以及农村的每个乡。[4]中国传统社会的结构土崩瓦解，国家权力借助于组织化逐步渗透到基层。这也造成了民间调解的组织化和制度化。

法律制度方面，在建国初期，法制化程度总体低下，民众的法律意识普遍比较淡薄。地方保护、执行难、边远地区依法判决面临传统文化或社区价值的抵制等因素导致某些纠纷无法严格按照法律通过审判的方式来解决，只能采取调解来避免对/错之间的两难选择，调解成为一种保全法律的面子的途径。

经济结构方面，社会主义建立初期实行计划体制。在计划经济体制下，一切经济活动受到国家指令的限制。按照 Clark 教授所描述的两种纠纷解决的理想类型来看，"考察个人之间解纷方式时，外部解决的标准模式可能经常是

---

[1] Benjamin Schwartz, "Modernization and the Maoist Vision - Some Reflections on Chinese Goals", *China Quarterly*, 3 (1965).

[2] Jerome Cohen, "Chinese Mediation on the Eve of Modernization", Vol. 54 *California Law Review*, 1223 (1966), p. 1201.

[3] Aaron Halegua, "Reforming the People's Mediation Systme in Urban China", Vol. 35 *Hong Kong Law Journal*, 717 (2005).

[4] 《人民调解委员会暂行组织通则》第 4 条。

适当的，但是在分析国有及集体企业之间的纠纷时，计划经济的体制经常使用内部解决的范式更恰当"。计划经济的传统模式实质上将国家视为一个巨型的纵向一体的制造厂，即"中国股份有限公司"。各政府部门就是公司的分公司，各企业就是工厂。在计划体制中，企业的主管机构对下属企业之间的纠纷的调解包含了强制因素。[1]

（二）调解模式

基于以上要素，调解制度仍然被广泛运用。然而，Lubman 教授认为共产党的调解实际上改变了调解纠纷的传统方式，因为传统社会的冲突观和共产主义的社会冲突观及两者解决冲突的方式是相互对立的。[2]调解的继续运用成为一种政治需要，成为共产党进行政策法令的宣传教育。Lubman 教授指出"共产党已将调解纳入了他们重新安排中国社会并动员群众支持执行党的政策的努力之中"。[3]

党的政策影响在人民调解制度中有着明显的体现。人民调解是在人民调解委员会的主持下进行的民间调解。人民调解制度萌芽于土地革命战争时期，并在 1954 年政务院颁布的《人民调解委员会暂行组织通则》（以下简称《通则》）中正式确立下来。在《通则》颁布的早期，人民调解委员会的主要任务是通过调解工作宣传社会主义的法律、法规、规章和政策，并通过纠正争议当事人对于共产主义信条的不当理解而使党的指导思想渗透到人民群众中去。与传统中国社会的调解不同，人民调解制度并不意在通过鼓励互谅互让以维护和谐。相反，调解"本质上是一项政治工作"，是社会控制的工具。[4]党的政策，而非当事人的各自需要，在人民调解中发挥着主导作用。

此外，法院自身也与基层组织一样，具有调解纠纷的功能。诉讼中的调解制度是在中华人民共和国成立之前，陕、甘、宁边区实行"精兵简政"的指导政策时期，在革命根据地建立起来的，目的在于减轻法院的负担和诉讼

---

〔1〕　Donald Clarke, "Dispute Resolution in China", Vol. 5 *Journal of Chinese Law*, 380 (1991) .

〔2〕　Stanley Lubman, "Mao and Medination: Politics and Dispute Resolution in Commumist China", Vol. 55 *California Law Review*, 1294 (1967), p. 1286.

〔3〕　Stanley Lubman, "Mao and Medination: Politics and Dispute Resolution in Commumist China", Vol. 55 *California Law Review*, 1294 (1967), p. 1287.

〔4〕　Aaron Halegua, "Reforming the People'Mediation Systme in Urban China", Vol. 35 *Hong Kong Law Journal*, 717 (2005), p. 715.

成本。新中国成立以后，此项制度被沿袭下来。1958 年毛泽东提出"调查研究，调解为主，就地解决"的号召，这成为当时指导民事审判工作的"十二字方针"。1964 年，遵照毛泽东同志依靠群众办案的指导思想，"十二字方针"发展为"依靠群众，调查研究，调解为主，就地解决"的"十六字方针"。1982 年颁布的《民事诉讼法（试行）》将原来民事审判工作以"调解为主"的方针和原则修改为"着重调解"的原则。[1] 同样的，法院的调解不仅仅停留在调解个案以满足双方当事人各自需要的层面，而是将其作为宣传教育的手段。

无论是人民调解，还是法院调解，其核心并非对正式审判程序的"非正式替代"，而是强调其类似于法院的正式性。在计划经济模式下所谓的调解可能不是基于自愿，而是强制。随着调解在中国的制度化，"调解已经越来越类似于审判了"。[2] 这使得调解的贯彻共产党改造社会政策的"政治功能"掩盖了调解的解决纠纷的"社会功能"。

### 三、转型时期中国调解制度的发展和创新

在当代中国，随着改革开放的开展，计划经济向市场经济转型，法制兴起，权利意识普及深化。纠纷解决方式随之也发生了变革。在转型社会体制下，人们越来越接受用诉讼、仲裁方式解决纠纷。调解制度在转型社会是否还应被继续推广？如果是，如何对调解制度进行改造和创新以适应新时期的社会需要？

（一）当代中国文化、法律、经济、社会结构因素的变化

如今，中国社会已从"无法可依"的时代过渡到"依法治国"的时代。随着法制化的进程和普法工作的不断深入民心，人们开始更多地关注法律并逐渐意识到自己的权利。上法院打官司已不再像以往那样为文化规范所贬抑。

随着社会主义市场经济体制的逐步建立，与之相应的社会服务体系正日趋完善，市场需要和当事人的自由意志选择，而非国家的宏观控制，在市场经济中发挥着主要的作用。此外，在新的经济体制下，社会矛盾不再只是发

---

〔1〕 参见宋才发、刘玉民：《调解要点与技巧总论》，人民法院出版社 2007 年版，第 109 页。

〔2〕 Donald Clarke, "Dispute Resolution in China", Vol. 5 *Journal of Chinese law*, 380（1991），p. 427.

生在个体公民之间，许多矛盾都涉及经济组织、公司企业等。新型纠纷也在不断出现，案件涉及诸如经济合同、债务、财产征用补偿、财产破坏等问题。

在社会结构方面，传统的熟人社会逐渐向所谓"陌生人社会"过渡。在城镇，居民越来越多的从传统的四合院搬到高层住宅楼，邻里之间几乎都不认识。因打官司而在邻里中丢面子、伤害与其他当事人的关系，在今天的中国城镇地区已不再是人们特别关心的问题。

（二）在转型时期继续发展还是弱化调解？

在转型的社会中，是否还应当强调调解的作用呢？有人认为调解与法治的理念相冲突。传统的法治理论认为，法治要求"在社会中确立正式的、公共性的法律体系的至上权威，各具法律全面调整或控制各种社会关系，实现社会的'法化'。"[1] 纯粹根据这一理论，调解似乎与法治社会相抵制，因为调解过程并不注重对法律规范的适用，同时调解缺乏严格的程序保障。

然而，以上的观点的前提是国家司法制度统辖社会纠纷的解决是法制现代化的唯一方向。事实上，国家司法制度无法也从未实际的成为解决社会纠纷的唯一角色。无论是在法律不发达的中国古代社会，还是法制化的今天，多样化的纠纷解决方式始终存在。[2]

笔者主张，调解和现代法治社会并行不悖。西方法治国家中调解的勃兴就充分的说明了这一点。值得强调的是，调解制度并非是中国的创举。两千年来教化西方人的《圣经》一直在告诫人们应该谋求在神职人员面前的"和"，而不是把纠纷诉诸法律和审判。这种以"无法"的社会为理想的思想，不仅为基督教所信仰，也成为马克思主义的基础。[3] 即使在法治和民众权利意识高度化的当代西方社会，正式的审判程序也不是寻求正义的唯一途径。

纵观世界各国的争端解决机制发展史，我们看到的是正式的和非正式的争端解决机制之间的不断替换。[4] 纠纷解决总是起源于非正式的方式。人们对于结果的可预见性的追求导致越来越多的规则纳入争端解决方式中，而使

---

〔1〕 范愉：《非诉讼纠纷解决机制研究》，中国人民大学出版社 2000 年版，第 328 页。

〔2〕 范愉：《多元化纠纷解决机制》，厦门大学出版社 2005 年版，第 331～332 页。

〔3〕 ［日］大木雅夫：《东西方的法观念比较》，华夏、战宪斌译，北京大学出版社 2004 年版，第 81 页。

〔4〕 Simon Roberts and Michael Palmer, *Dispute Processes*, 2nd edition, 2005, pp. 1～77.

其朝正式化的方向发展。[1] 最终，过多规则的纳入使得这一机制变得过于冗繁和缓慢。人们便开始需求非正式的替代方式。[2]

这一规律解释了法院体系的基本发展过程。[3] 诉讼形式的出现使得人类解决争议方式由私利救济过渡到公力救济。随着程序规则的不断引入和诉讼的过度运用，法院不堪重负，从而导致诉讼的迟延，诉讼成本过高等问题。20 世纪后半叶以来，法院机制的过于形式化和冗繁推动了西方国家纠纷解决的多元化运动的发展。法院体系外的调解作为一种替代性争端解决方式（"ADR"）发展起来。当事人自愿的私力救济成为依靠国家法院公力救济的补充。

由此可见，在转型社会中继续发展调解作为法院系统外的替代方式并不与建设法治社会相抵触。相反，这符合争端解决发展的一般规律，并能弥补诉讼及司法制度的不足。面对我国司法资源紧缺与案件数量剧增的矛盾，替代性争端解决似乎是一个不可或缺的途径。事实上，采用调解这种柔性的非诉讼解决纠纷机制已在国际经济生活中发挥着越来越重要的作用。

在我们着力加强法制建设和完善社会主义市场经济体系的今天，不仅要借鉴外国的成功经验，也应重视对本土文化的利用和改造，不仅要着眼现代，也要注重挖掘传统精华。调解在我国具有悠久的历史，在纠纷解决中发挥着重大的作用。我们应当从中吸取精华，并发扬光大。在建立和健全符合现代法治要求的司法制度的同时，也应当重新界定调解在当今社会的价值和作用，充分利用和发展本土的、传统的、非正式的调解机制。

（三）转型时期调解的创新

认识了继续发展调解制度的重要性，下一步的问题是，是否需要对调解制度进行改造和创新以适应新时期的社会需要？

1. 理念创新："自治型"模式。中国传统的调解和毛泽东时期的调解都含有国家控制的因素。即使是人民调解制度也似乎站在"压制"的立场，成为共

---

[1] 参见 Serge Guinchard, "L' évitement du juge civil", Jean Clam and Gilles Martin, ed., *Les transformations de la régulation juridique*, (Paris: LGDJ, 1998), p. 221 ~ 226.

[2] 参见 Susan Silbey and Austin Sarat, "Dispute Processing in Law and Legal Scholarship: From Institutional Critique to the Reconstruction of the Juridical Subject", Vol. 66 *Denv. UL Rev.*, 472 ~ 496 (1989).

[3] 参见 Simon Roberts and Michael Palmer, *Dispute Processes*, 2nd edition, 2005, pp. 2, 11; Lawrence M. Friedmann, "Courts over Time: a Survey of Theories and Research", Keith O. Boyum and Lynn Mather (eds.), *Empirical Theories about Courts*, 1983, p. 9, pp. 15 ~ 16; Frank E. A. Sander, "Alternative Methods of Dispute Resolution: an Overview", Vol. 37 *U Fla. L Rev.*, 3 (1985).

产党用于说服教育推行党的政策的手段，而非当事人追求程序利益的"自主"选择。这体现了调解作为"私法关系"在我国的"公法化"。在我国传统意义上所谓的调解与现代调解作为私力救济的性质和国际上 ADR 的理念十分不同。

在社会巨变的转型时期，多元化的社会价值赋予"正义"和"权力"以丰富的内涵，当事人根据不同的诉讼动机追求不同的程序利益。[1] 因此，在加强法制建设的同时，应当关注来自民间渠道的纠纷解决方式。应当强调调解的解决纠纷的社会功能，还原调解的"私法性"，即纠纷的当事人可以依照其利益而选用或放弃，而国家又对其选用不做干预。把民众对法庭的恐惧，转变为自主参与的法律观念，作为一种出于经济考虑的自主选择。在加强法制建设的同时，将调解作为解决纠纷的一种"替代手段"，而非"强制手段"，以减轻法院的压力和弥补诉讼制度的不足。

随着调解理念和功能的转变，调解员的调解方式也应当随之改变。与传统调解"息事宁人"，给双方各自一个"说法"的态度相比，现代社区纠纷的诉求越来越趋于理性化，即越来越诉求于维护自己实实在在的权利。随着法律意识的加强，人们在调解的过程中总是会与诉讼相对照，只有当调解能够更好地实现自己的利益时，他们才会选择这种方式。因此，毛泽东时期宣扬的模范调解员吴大娘"三番五次上门教育劝说"的调解方式[2]应转向重视当事人利益选择争取创造双赢策略的新方式。当事人选择调解方式的自主权和对调解结果接受与否的"自愿性"应当被强调。

国际上通行的调解理念也可以被应用在中国的调解实践中来。当事人常常会把所有精力都集中在自己的立场上，而往往忽略了自身的实际利益。调解员的作用在于通过其专业的知识把"当事人"和"问题"分开，重视双方潜在"利益"，而不是各自的"立场"所在，在调解中找出双方利益的共同点从而创造"双赢"的选择。[3]

2. 制度创新：发展商事调解。人民调解制度是在计划经济条件下，基于当时熟人社会、乡土社会的现实，基层群众组织在解决基层矛盾纠纷方面的

---

〔1〕　齐树洁："司法理念的更新：从对抗到协同"，载徐昕主编：《司法·第1辑·纠纷解决与社会和谐》，法律出版社 2006 年版。

〔2〕　鲁荣田、许彬："模范调解员吴大娘"，载《光明日报》1955 年 10 月 14 日。

〔3〕　参见 Roger Fisher, Willaim Ury and Bruce Patton, *Getting to Yes: Negotiating Agreement Without Getting In*, (Penguin, 1999).

确能够发挥重大作用。如今，随着社会的转型，经济主体的多样化和经济类型的复杂化，传统的基层人民调解组织已不能满足当事人解决各自纠纷的需要。为了适应转型时期的需要，对人民调解制度的改革势在必行。就这一问题而言，国内一些试点地区的改革经验值得借鉴。比如，为了适应新形势下基层人民调解组织不能适应化解跨区域、跨行业性、专业性和重大复杂矛盾纠纷的需要，广安市成立了人民调解委员会联合会并由联合会产生市县两级人民调解组织。这一"广安模式"是否可以被复制和推广到全国其他地区以适应转型时期的发展需要值得进一步研究探讨。

除了完善人民调解制度之外，发展商事调解也应当提到中国调解制度改革的日程上来。国内首个提供商事调解服务的机构是中国国际贸易促进会，又名中国国际商会。自1987年在北京设立第一个调解中心以来，中国国际贸易促进委员会/中国国际商会调解中心（"调解中心"）已经先后在全国各地设立了42个分支机构，逐步建立起遍及全国的调解网络。各调解中心使用统一的调解规则，在业务上受总会调解中心的指导。贸促会调解中心可以调解包括贸易、投资、金融、运输、知识产权、技术转让、不动产等多种商事纠纷。

然而，商事调解目前并未在全国广泛使用。自1987年成立至今二十余年来，调解中心一共仅受案4000余件。一方面，商事调解的概念还有待普及。另一方面，与国际商事调解的实践相比，国内的专业调解员仍十分缺乏。在调解中心的《商事调解员名册》中，有200余名中国籍调解员和40多名外籍（包括港澳台）调解员。[1] 这一数目远不能满足调解商事纠纷的需求。在推广商事调解的同时，应当加强专业调解员队伍的建设。加强调解员的培训和考核，培养和引进具有专业知识及/或实际经验的专业调解员。

近期，最高人民法院在推进中国的 ADR 实践方面已经有了重大举措。2009年4月颁布的《最高人民法院关于建立健全诉讼与非诉讼相衔接的矛盾纠纷解决机制的若干意见》，指出新时期应当"完善诉讼与仲裁、行政调处、人民调解、商事调解、行业调解以及其他非诉讼纠纷解决方式之间的衔接机制，推动各种纠纷解决机制的组织和程序制度建设，促使非诉讼纠纷解决方式更加便捷、灵活、高效，为矛盾纠纷解决机制的繁荣发展提供司法保障"。这表明最高司法审判机关在推进 ADR 实践方面的态度有了重大变化，这必将

---

〔1〕 参见中国国际贸易促进委员会/中国国际商会调解中心及其各分会调解中心的官方网站。

把调解实践推向一个全新的阶段。

　　3. 模式创新：仲裁和调解相结合的新发展。调解制度在中国的特点还在于它不仅能够被单独使用，还被广泛地运用于到诉讼和仲裁制度之中，以提高争端解决的效率。在西方 ADR 运动的推动下，能否把调解和其他 ADR 方式有效地运用到仲裁程序中成为仲裁界讨论的热门话题。由于各国不同的法律传统和对于仲裁员职责的不同观点，对于仲裁员是否可以参与调解这一问题，国际仲裁界还尚未达成一致。有人认为仲裁员和调解员的职能有本质的不同，因此仲裁程序和调解程序应当截然分开；也有人认为仲裁和调解两种制度的有机结合可以使得整个机制比单独使用其中一项技术更有效率。[1]

　　把调解结合到仲裁程序中，除了能体现双方当事人达成和解相对于通过第三者裁定解决纠纷的各种优势，比如节省诉讼成本、提高效率以及维系当事双方友好合作关系等，还能带来单独的调解程序所不具备的好处：比如，由于参加调解的仲裁员已经了解案件情况，继续由其进行仲裁可以避免新的仲裁员重新了解整个案情的重复劳动以及所带来的时间和费用成本的增加；其次，仲裁员本身进行调解可以达到程序控制的最佳化；再次，在仲裁过程中达成和解可以以裁决书的形式进行确认，从而能够依据《纽约公约》得到各国法院的承认和执行。中国的经验还显示把调解和仲裁程序相结合能带来比二者单独进行更高的成功率。[2]

　　然而，也有一些西方对于仲裁员兼任调解员身份提出了种种质疑，比如，

---

　　〔1〕　关于调解和仲裁是否能结合这一问题在仲裁界的讨论，参见 Klaus – Peter Berger, "Integration of Mediation Elements into Arbitration: Hybrid Procedures and 'Intuitive' Mediation by International Arbitrators", Vol. 19 *Arb. Int'L* 387 ~ 403 (2003); Gabrielle Kaufmann – Kohler, "When Arbitrators Facilitate Settlement: Towards a Transnational Standard", Vol. 25 *Arb. Int' L* 205 (2009); Michael Schneider, "Combining Arbitration with Conciliation", Albert Jan van den Berg (ed.), *ICCA Congress series no8* (1996), p. 76; Pieter Sanders, "The 1996 Alexander Lecture, Cross – Border Arbitration – A View on the Future", Vol. 62 *Arbitration* 173 (1996); David Plant, "ADR and Arbitration", Lawrence Newman and Richard Hill (ed.), *The Leading Arbitrators'Guide to International Arbitration*, 2008, p. 263; Julian Lew, "Multi – Institutionals Conciliation and the Reconciliation of Different Legal Cultures", Albert Jan van den Berg (ed.), *ICCA Congress Series no12* (2005), pp. 421 ~ 429; Arthur Marriott, "Arbitrators and Settlement", Albert Jan ven den Berg (ed.), *ICCA Congress Series no12* (2005), p. 533; Michael Collins, "Do International Arbitral Tribunals Have Any Obligations to Encourage Settlement of the Disputes Before Them?", Vol. 19 *Arb. Int' L* 343 (2003).

　　〔2〕　参见 Gabrielle Kaufmann – Kohler and Fan Kun, "Integrating Mediation into Arbitration: Why It Works In China?", Vol. 25 *J. Int' L. Arb* 480 ~ 482 (2008).

调解程序中如果进行"私访"可能会侵害正当程序原则；如果调解失败仲裁程序继续，此时如果由调解员本人担任仲裁员，仲裁员的中立性可能受到在其调解程序获取的内幕信息的影响。[1]针对国际上对于仲裁员兼任调解员的担心，国际律师协会颁布的《关于国际仲裁中利益冲突指导原则》（下称"《指导原则》"）中规定，如果仲裁员认为调解程序的进行影响到他（她）在随后仲裁程序中的中立性，则该仲裁员应当主动辞去仲裁员的职位。[2]

参考国际上的经验，在继续发扬中国调解和仲裁相结合的传统以提高"效率"的同时，要兼顾"公平"，有效地避免这一结合可能造成的负面影响。北京仲裁委员会（下称"北仲"）在这一方面的改革最为突出。2008年修订的北仲《仲裁规则》中规定："因调解不成导致调解程序终止的，如果双方当事人以避免裁决结果可能受到调解影响为由请求更换仲裁员的，主任可以批准。双方当事人承担由此增加的费用。"[3]该规则与《指导原则》的相关规定大相径庭。另外一个值得注意的动态是，借鉴国际商会和美国仲裁协会等仲裁机构在独立调解规则方面的经验，北仲于2008年推出了单独的《调解规则》。这样一来，当事人既可以根据北仲的《仲裁规则》选择由仲裁员进行调解，也可以根据新的《调解规则》向北仲申请由调解员进行单独的调解。这一创举既保留了中国仲裁与调解相结合的传统，同时又考虑到了国际上仲裁与调解程序分别的实践，给当事人提供了多样化的选择。

另一个方面，中国的这一成功实践可能成为国际ADR发展的借鉴。近期，设在英国伦敦的纠纷解决中心（"CEDR"）设立了一个国际商事仲裁有效促进和解专家委员会，由英格兰及威尔士前首席大法官、香港终审法院非常任法官Woolf勋爵和瑞士著名教授兼仲裁员Gabrielle Kaufmann - Kohler任主席。笔者曾有幸和Kaufmann - Kohler教授一起到中国北京、武汉、香港等地对一批专家学者进行了采访，以了解中国仲裁和调解相结合的成功经验。[4]

---

〔1〕 参见 Gabrielle Kaufmann - Kohler and Fan Kun, "Integrating Mediation into Arbitration: Why It Works In China?", Vol. 25 *J. Int' L. Arb* 480 ~ 482 (2008).

〔2〕 Otto L O de Witt Wijnen, Nathalie Voser, Neomi Rao, "Background Information on the IBA Guidelines on Conflicts of Interest in International Arbitration", Vol. 5 *Business Law International* 452 (2004).

〔3〕 北京仲裁委员会《仲裁规则》第58条第2款。

〔4〕 参见 Gabrielle Kaufmann - Kohler and Fan Kun, "Integrating Mediation into Arbitration: Why It Works In China?", Vol. 25 *J. Int' L. Arb* 480 ~ 482 (2008).

2009 年，纠纷解决中心发布了专家委员会的报告，并起草了《CEDR 在国际商事仲裁中有效促进和解的规则（草案）》。

正如唐厚志教授说的那样，"世界上存在一种正在扩展的文化，它赞成仲裁与调解相结合"。[1] 为了达到服务当事人的目的，应当继续发扬我国仲裁和调解相结合的传统，并在调解程序中采取必要的防范措施以保证程序的正当进行，从而使调解更有效的融合到仲裁程序中。

## 四、结论

综上所述，在转型社会中，应当一方面继续加强法制进程，为非诉讼纠纷解决方式提供有力的司法保障；另一方面应当强调调解作为替代性争端解决方式的作用，作为国家公力救济的补充。同时，应当强调商事调解的作用，加强专业调解员的队伍建设，继续发展调解与其他争端解决方式相结合的实践，促进各种纠纷纷解决方式相互配合、相互协调和全面发展，为当事人提供更多可供选择的纠纷解决方式。

---

〔1〕 Tang Houzhi, "Is There an Expanding Culture that Favors Combining Arbitration with Conciliation or Other ADR Procedures?", Albert Jan van den Berg（ed.）, *ICCA Congress series no 8*（1996）, p. 101.

# 第 25 章　迈向社会自治的人民调解

## 一、调解的地位

中国正处于从传统向现代、从计划体制向市场体制、从人治向法治急剧转型的过程中，面临着各种深层次的问题和困难，冲突和纠纷频繁发生，并日益呈现多样化、复杂化、扩大化、激烈化等特征，通过适当的途径及时有效地解决纠纷以及预防和控制纠纷已成为国家和社会面临的重大任务。同时，现代社会的纠纷日益复杂多样，建构多元化纠纷解决机制已成为世界性潮流。因此，在转型期间中国迫切需要建立和完善有效的多元化纠纷解决机制——公力救济、社会型救济、私力救济充分发挥优势，相互并存补充、有效衔接配合的良性互动的多元化纠纷解决机制，赋予当事人充分的选择机会，通过多元化、多层次的途径接近多样性的正义图景，以妥善解决纠纷，化解社会冲突，保障社会秩序在动态中实现均衡。

在多元化纠纷解决机制中，调解占据核心地位。作为最古老的纠纷解决方式之一，调解指在中立第三方的调停下，当事人协商解决纠纷。由于"和为贵"、"无讼"的传统法律文化，调解在中国的纠纷解决中自古以来就扮演着相当重要的角色。调解的优势显而易见，诸如，有利于和平、彻底、一次性地解决纠纷，降低纠纷解决的私人成本和社会成本，维系当事人之间的和谐关系，体现"以人为本"的纠纷解决理念以及自愿性、自治性、群众性、民主性、简易性、灵活性、实用性等特征，有助于保障秩序稳定与社会和谐。特别是在公力救济机制尚不健全的背景下，作为民众纠纷解决和权利救济机制，调解的作用就更加值得重视。因此，完善并大力推动调解的运用对于促进社会和谐至关重要。

人民调解是数十年来中国最重要的一种调解，指在人民调解委员会主持下，通过说服教育，规劝引导纠纷当事人互谅互让，平等协商，依照法律、政策和社会公德自愿达成协议，从而消除争执的群众自治性纠纷解决方式。它是继承发扬民间调解的传统，总结中国自第一次国内革命战争时期以来人民司法工作的经验，在 1954 年正式设立，经历了革命、建设和改革各历史阶段的长期实践，不断发展和完善起来的一项极具中国特色的纠纷解决机制。几十年来，人民调解制度在预防及解决纠纷方面发挥着重要作用，成为维护社会稳定与社会和谐的"第一道防线"。截止 2012 年 10 月，全国建立各类人民调解组织 82.4 万个，其中，村民（居民）人民调解委员会 67.4 万个，企事业单位人民调解委员会 7.9 万个，乡镇、街道人民调解委员会 4.2 万个，专业性、行业性人民调解组织 1.2 万个，形成了遍布广大城乡的人民调解组织网络体系。

## 二、问题与原因

长期以来，人民调解制度存在不少问题和缺陷，影响其功能的充分发挥。其中最重要的一个表现就是：人民调解的纠纷解决能力较低。人民调解员每年处理的民间纠纷平均只有一件左右，人民调解委员会解决的纠纷与法院审结一审民事案件的数量比由 1980 年代初的 17：1 降至目前的基本持平。除法院受理民事案件数量增长较快之外，这与人民调解的纠纷解决能力明显降低有很大关系。

人民调解制度存在纠纷解决能力低等问题，原因是多方面的，既有制度本身的缺陷，更有体制方面的深层原因。其中关键原因在于人民调解的体制性障碍。当下的人民调解是一种外生型调解和政府控制型调解，缺乏民间调解制度本应具有的内在活力。

传统的民间调解以自愿性、自发性和自治性为特征，是一种自下而上的内生型调解。但由于革命、建设等基层权力结构的重建和改造，民间调解资源遭受了严重破坏，士绅调解、宗族调解、乡治调解等传统民间调解所依靠的自治性权威结构被摧毁。而作为替代的人民调解并不具备足够的纠纷解决权威。实际上，人民调解制度是基层政权组织建设的一部分，是国家权力深入社会基层、实现对社会的根本性改造的手段之一。因此，人民调解制度是国家自上而下建立的外生型调解制度，其外生性、非自发性及非自治性从根本上导致纠纷解决能力不足。

除体制性根源外，人民调解制度的具体缺陷也是导致纠纷解决能力不足的重要原因。例如，调解组织不健全，绝大多数是居委会、村委会的另一表现形式，调解员基本为兼职甚至挂名，工作积极性不高，制度上未提供足够的激励，尤其是缺乏经费保障；调解员素质不高，缺乏调解技巧的训练，甚至几乎没有正规的调解培训课程，也没有资源支持调解员的培训计划，因而调解过程往往存在各种问题，如不保持中立，迁就不良习俗，迁就势大力强者，调解方法简单生硬，以罚代调，越权处罚，对罪与非罪、违法与合法的界限不清，过分强调"折中"和"事了"等；国家有关部门特别是政府和司法机关，对人民调解的支持力度不够，对人民调解委员会工作的指导和监督也未落到实处；人民调解的法律保障、组织形式、调解程序、工作范围、工作方法、队伍素质等不能适应纠纷解决的现实需要，调解协议的性质和效力长期以来没有得到法律的明确，人民调解立法滞后，立法导向出现严重的偏差等。

## 三、改革思路

人民调解的核心功能是纠纷解决，应当立足中国经验，借鉴国外做法，从体制改革和具体制度完善两方面入手，把提高人民调解的纠纷解决能力作为人民调解制度改革的目标。

### （一）破解体制性障碍，迈向社会自治型的人民调解

体制性障碍是导致人民调解制度绩效低下的关键原因。人民调解制度的发展方向应当明确定位于社会自治型民间调解，现有人民调解应当从外生型调解向内生型调解转变，以充分保障其自愿性、自发性和自治性，使其真正成为群众自我管理、自我教育、自我约束、自我服务的纠纷解决机制。

人民调解制度的发展可分为政府控制型、政府主导型、社会自治型三大阶段。传统的人民调解制度属于第一阶段，近年来许多地区对人民调解机制的创新大致处于第一阶段向第二阶段的过渡，未来的发展方向是迈向社会自治型的人民调解。

在推进人民调解工作的过程中，不必也不应将人民调解与民间调解截然区分，而应淡化两者的区别。人民调解要真正发挥效用，应当从半官方调解转化成真正的民间调解。随着人民调解制度的发展，"人民调解"的"人民"二字最终可以去掉，因为人民调解本身就是民间调解的一种，而所有民间调解从某种意义上来说都是"人民的调解"。就实质而言，推进人民调解工作与

民间调解工作的目标是一致的，甚至是完全同一的。

（二）巩固、健全、发展多种形式的民间调解机构

充分发挥社会力量，借鉴国内外经验，巩固、健全、发展多种形式的民间调解机构，促进调解组织的专门化、民间化、多元化及机制运作的灵活性，促使其发展为专业化、高水平的纠纷解决机构。现有人民调解的组织形式主要是基层群众性自治组织即村民委员会、居民委员会设立的人民调解委员会，以及企事业单位根据需要设立的人民调解委员会。这些调解组织是人民调解工作的基础，要巩固组织、规范工作和增强活力，适应新形势下化解民间纠纷的需要，随着社会的迅速发展，联合调解委员会、社区调解组织、乡镇和街道设立的调解组织、区域性和行业性调解组织等逐渐出现。但这仍然不够，应进一步培育新型民间调解机构。例如，建立调解工作室；试行"社区法官"的做法；建立医疗、教育、劳动、物业、消费等行业性调解组织；建立快捷、便利、高效的专业化调解机构；促进人民调解制度与法院、信访、公安、交警、检察、部分行政部门等机构的对接。甚至可以考虑建立专家型调解机构，针对商事等特定类型的纠纷，实行有偿调解服务。概言之，应破除各种不必要的限制，国内各种经验及国外各种形式的 ADR 皆可加以借鉴，只要有助于解决纠纷，促进社会和谐，皆可大胆尝试。

（三）提炼人民调解的中国经验并尝试推广和制度化

调解是一门基于经验的艺术，全国各地在调解实践中创造和总结出各种经验，应不断总结和推广。这些经验主要包括：（1）"大调解"模式，包括人民调解的广安模式、陵县模式、枫桥经验、南通模式、长宁经验、莆田模式、北京朝阳模式、深圳南山区桃园模式、石家庄"三位一体"模式等。（2）专门性、行业性人民调解，如北京"小小鸟"人民调解委员会、朝阳区社区物业纠纷调解委员会、丰台区长辛店街道办事处医患纠纷调处站，以及一些地区的医疗纠纷、交通事故、劳资争议、建筑纠纷、商事纠纷、消费纠纷调委会、边际纠纷调委会等。（3）人民调解的专业化，如上海人民调解李琴工作室、南京鼓楼区人民调解员的专职化。（4）人民调解工作机制创新，如云南金平和福建建阳的"以奖代补"激励机制、湖南华容的"民调评议"制度、北京怀柔"三调对接"制度等。

（四）优化调解员的队伍结构，提高调解员素质，促使调解员向专业化、
专门化方向发展

按不同类型、不同层次、不同地区人民调解委员会工作范围的特点和要
求，明确各类调解员必须具备的文化程度和法律政策水平。选聘具有较高思
想道德水平，为人公正，认真负责，热心调解工作，能联系群众，有威信和
民望，并有一定的法律、政策水平和文化水平，思想开放的人担任调解员。
同时，吸引一些热心公益事业、品行良好、有能力、有专业知识、思想新、
懂法律的高素质人才进入调解员队伍，如离退休的法律职业人士、法学专家、
法科研究生和其他志愿者，建立起一支老中青调解员相结合、专职人员与志
愿者相结合的调解员队伍。

发展有效的调解培训课程，为调解员编订简明实用的调解指南，通过举
办培训班、组织交流、经验介绍、现场观摩、以会代训、定期例会学习、分
析案例、邀请法官开展定期或不定期的咨询答疑、组织调解员旁听法院庭审
和调解、推荐调解员担任人民陪审员等多种途径，开展调解培训工作。基层
政府、各级司法行政部门和法院，特别是基层司法行政机关和基层法院、派
出法庭，应加强对调解工作的指导和监督。

建立有效的调解激励机制，例如，加大对调解工作的经费投入，落实调
解员的补贴，继续完善和推广一些地方创新的"首席调解员制"、"调解人员
等级制"和"持证上岗制"等经验，对于特定的专业化调解机构及商事等特
定纠纷的调解试行有偿调解服务等。

（五）改变调解的立法理念

目前的人民调解规则，重在对人民调解的规范和限制，这是一个方向性
误区。人民调解立法的功能应当包括：首先是促进人民调解工作的开展，其
次是方便民众更好地利用调解，最后才是规范人民调解工作。其中促进人民
调解工作的开展是人民调解立法最重要的宗旨，因为人民调解立法的性质应
定位于促进性立法。如前所述，应淡化人民调解与民间调解的区别，因此，
当下的立法任务是制定《调解法》，而非《人民调解法》。《调解法》的立法
理念应当进行方向性调整，以促进调解工作的开展和方便民众利用调解为
宗旨。

调解立法尤其需要考虑进一步提升调解协议的效力。2002 年 9 月，《最高
人民法院关于审理涉及人民调解协议的民事案件的若干规定》赋予经人民调

解委员会调解达成的、有民事权利义务内容，并由双方当事人签字或者盖章的调解协议以民事合同的效力。2009 年 8 月，《最高人民法院关于建立健全诉讼与非诉讼相衔接的矛盾纠纷解决机制的若干意见》完善诉讼与仲裁、行政调处、调解等非诉讼纠纷解决方式之间的衔接机制，赋予行政机关、商事和行业调解组织的调解协议以合同效力，明确法院确认和执行调解协议的程序，规定劳动争议调解协议亦可申请司法确认。赋予调解协议以合同效力有助于提升调解的地位，但效力有限且长期存在争议。长远而言，可考虑有条件地赋予人民调解等调解协议直接的法律效力，但这须以保证调解质量为前提。目前可考虑增加调解前置的案件类型，或对部分经过调解的案件实行一审终审。同时注意，法院在诉讼与非诉讼机制的衔接中不仅应对非诉讼纠纷解决机制给予指导和支持，也应履行相应的法律监督职责。